岑溪市行政区划图

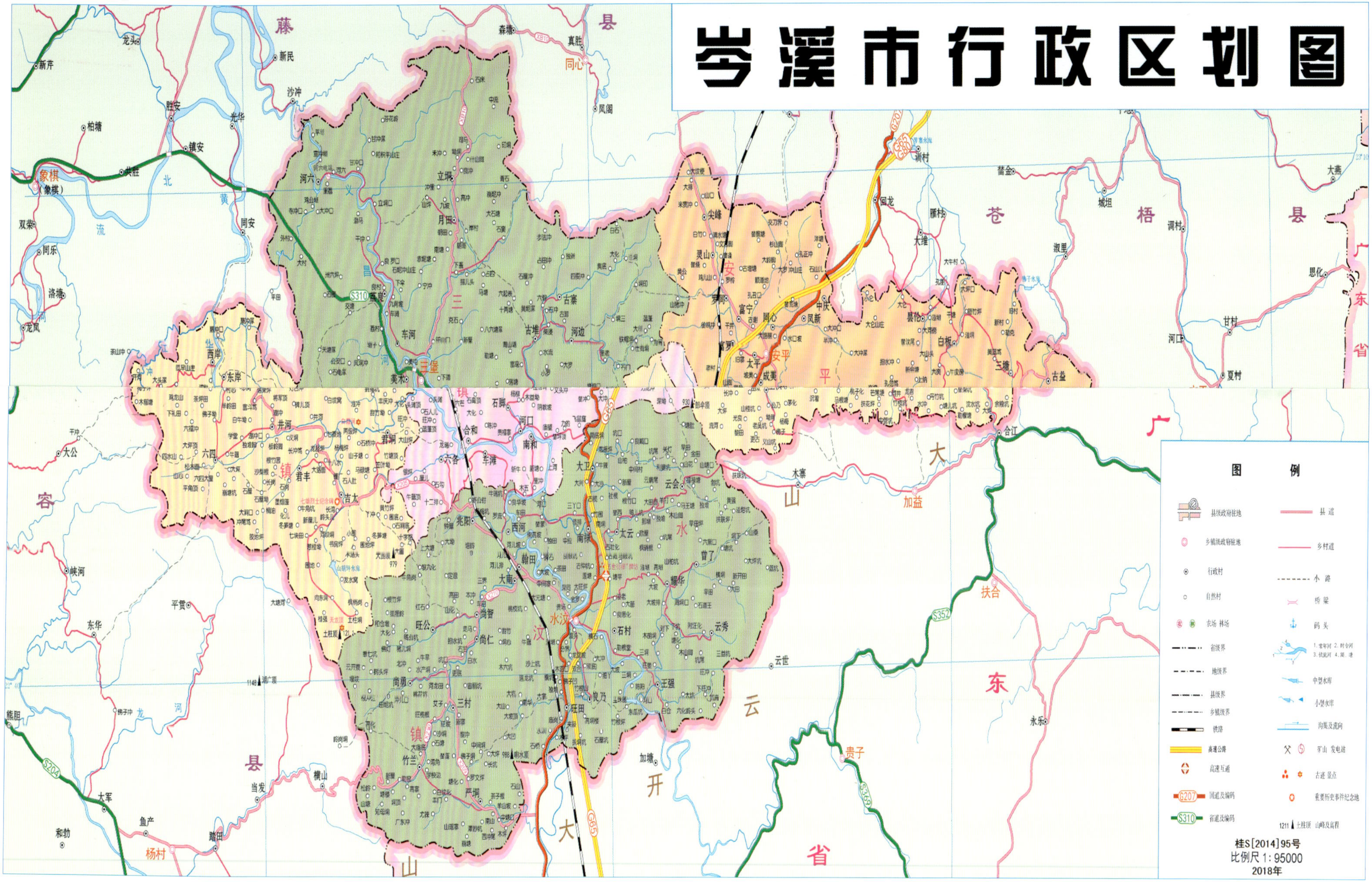

审图号：桂S（2014）95号　　广西地图院编制

岑溪年鉴 2018

数字岑溪 2017

SHUZI CENXI 2017

- 行政区域面积：2783 平方千米
- 镇：14 个
- 村民委员会：256 个
- 居民委员会：26 个
- 总人口：960944 人
- 耕地面积：3.73 万公顷
- 林地面积：20.39 万公顷
- 水域面积：53.2 平方千米
- 森林覆盖率：76.04%
- 粮食总产量：22.96 万吨
- 社会用电量：99951.11 万千瓦时
- 农机总动力：29.9 万千瓦
- 公路总里程：1697.62 千米
- 高速公路里程：128.3 千米
- 年平均气温：21.2℃
- 年降水量：1506.9 毫米
- 年日照时数：1643.9 小时
- 水资源总存量：39.25 亿立方米
- 地下水资源存量：13.81 亿立方米
- 水力资源可开发装机容量：13.1 万千瓦

- 地区总产值：312.56 亿元
- 财政收入：18.21 亿元
- 社会固定资产投资：308.58 亿元
- 社会消费品零售总额：83.67 亿元
- 外贸出口总额：10731 万元人民币
- 实际利用外资：5925 万美元
- 全年接待游客：326.66 万人次
- 新增城镇就业人数：5927 人
- 新增农村劳动力转移就业人数：14310 人
- 二氧化硫排放总量：2527 吨
- 化学需氧量排放总量：509 吨
- 全市小学（含教学点）：420 所
- 中学：33 所
- 幼儿园：112 所
- 特殊教育学校：1 所
- 中等专业学校：2 所
- 九年义务教育巩固率：99.98%
- 城乡居民基本养老保险参保率：98.12%
- 城镇居民人均可支配收入：30910 元
- 农村居民人均可支配收入：13353 元

- 地区总产值：312.56 亿元
- 财政收入：18.21 亿元
- 社会固定资产投资：308.58 亿元
- 社会消费品零售总额：83.67 亿元
- 外贸出口总额：10731 万元人民币
- 实际利用外资：5925 万美元
- 全年接待游客：326.66 万人次
- 新增城镇就业人数：5927 人
- 新增农村劳动力转移就业人数：14310 人
- 二氧化硫排放总量：2527 吨
- 化学需氧量排放总量：509 吨
- 全市小学（含教学点）：420 所
- 中学：33 所
- 幼儿园：112 所
- 特殊教育学校：1 所
- 中等专业学校：2 所
- 九年义务教育巩固率：99.98%
- 城乡居民基本养老保险参保率：98.12%
- 城镇居民人均可支配收入：30910 元
- 农村居民人均可支配收入：13353 元

年度要闻 2017

NIANDU YAOWEN 2017

领导调研

4 月 8 日，自治区主席陈武在岑溪市就加快县域经济发展进行专题调研，自治区副主席张秀隆参加调研和座谈。陈武考察岑溪市现代特色农业（核心）示范区、古典鸡产业（核心）示范区、泽仁现代商贸物流城等项目。

4 月 9 日，自治区党委副书记侯建国在岑溪市调研农业工作，考察现代特色农业（核心）示范区建设发展、特色农业种植项目等情况。8 月 9 日至 10 日，梧州市市长朱学庆带领调研组在岑溪市调研县域经济发展情况，在三堡镇汉世伟生猪养殖场、振兴石材加工区、筋竹镇义水村易地扶贫安置点、丹竹水库、马路镇广西鼎立稀土新材料科技产业园、南渡镇旅游文化广场、度园民俗文化展馆、邓公庙等地考察并主持召开调研座谈会。

2 月 20 日和 11 月 16 日，梧州市委书记黄俊华分别在岑溪市调研 2017 年经济社会发展工作、重大项目建设和电子产业发展情况。

岑溪市第十六届人民代表大会

2 月 16 日，岑溪市第十六届人民代表大会第二次会议召开，会议要求：全面贯彻党的十八大和中共十八届三中、四中、五中、六中全会精神，深入贯彻习近平总书记系列重要讲话精神，按照“五位一体”总体布局和“四个全面”战略布局，坚持稳中求进工作总基调，牢固树立和贯彻落实发展新理念，坚持以振兴实体经济和提升质量效益为中心，以推进供给侧结构性改革为主线，深入实施开放带动、创新驱动战略，以“三年一工程”为抓手，切实做好稳增长、促改革、调结构、惠民生、防风险各项工作，促进经济平稳健康发展和社会和谐稳定。11 月 13 日，岑溪市第十六届人民代表大会第三次会议举行第二次全体会议，依法选举羽国强为市人大常委会主任。

精准脱贫攻坚

2017 年，岑溪市筹措资金 1.77 亿元用于脱贫攻坚；选派 53 名第一书记和 4403 名扶贫工作队员、帮扶联系人驻村帮扶，重点落实基础设施建设、易地扶贫搬迁、产业扶贫、小额信贷、“雨露计划”、危房改造和教育扶贫等政策，全年实现 11 个贫困村摘帽，9850 人贫困人口脱贫。开展贫困人口动态调整和“回头看”工作，建设道路、饮水等基础设施项目 128 个。年度 315 户易地搬迁户的安置房全部入住。53 个贫困村都成立村民合作社。

第一届梧州·岑溪石材（建材）博览会

12月8日，第一届梧州·岑溪石材（建材）博览会在归义镇泽仁商贸物流城开幕，在开幕式上，有18个项目签约。

天龙顶山地公园获批国家AAAA级旅游景区

2017年，天龙顶山地公园成功入选国家旅游局《2017全国优选旅游项目名录》。12月29日，天龙顶山地公园获批国家AAAA级旅游景区。

岑水高速公路通车

1月5日，广西信达高速公路有限公司在旺田省界站举行岑水高速公路通车仪式，岑水高速公路正式通车。

美丽岑溪乡村建设

扎实推进宜居乡村建设，建成7个镇级、20个村级垃圾处理设施。全市282个村及自然村建有垃圾池1960个，村级专（兼）职保洁员5654人，购置垃圾运输车973辆、垃圾箱2865个，建成镇级垃圾焚烧炉19座。投入资金1806万元建成“第一公里·桥”78座。全市农村饮水安全巩固提升工程项目27个，总投资659.4万元，解决9个贫困村、17个面上村及1个易地扶贫搬迁项目饮水问题，受益人口8.69万人。马路镇和平村沼气管道化集中供气供肥项目竣工，并投入使用；投资46.2万元建设有机垃圾沼气化处理池100座。新创建梧州市级生态村12个。

石材企业“退城进园”

2017年，石材产业集聚发展和循环利用取得新突破，新增10家石材企业“退城进园”，新建石材废料综合利用项目3个，完成投资83.6亿元。天马石业岑红牌花岗岩板材获“广西名牌产品”称号。

“手机学堂”兴起

9月2日，“岑溪—华师网院‘乡村手机学堂’暨百名名师培养工程”项目启动仪式在市职教中心举行。全市乡村手机学堂平台同步构建教学视频资源1000多个，5000多名教师应用该平台资源参考备课、协同教学，覆盖中小学生10万人，越来越多的乡村小学通过“手机学堂”来辅助学习。

图片专辑

TUPIAN ZHUANJI

- 重要会议
- 扶贫攻坚
- 平安岑溪　和谐社会
- 文体卫生
- 交通建设
- 石材博览会
- 美丽岑溪　宜居乡村
- 生态农业

重要会议

2017 年 11 月 4 日，中国共产党岑溪市第十四届委员会第二次全体会议召开

（《今日岑溪》编辑部提供）

2017 年 6 月 29 日，岑溪市庆祝中国共产党成立 96 周年大会召开　　（《今日岑溪》编辑部提供）

2017 年 11 月 8 日，岑溪市召开党的十九大精神宣讲报告会　　（《今日岑溪》编辑部提供）

2017 年 11 月 13 日，岑溪市第十六届人民代表大会第三次会议召开　　（《今日岑溪》编辑部提供）

2017 年 7 月 14 日，中国人民政治协商会议岑溪市第十届委员会第三次会议召开

（《今日岑溪》编辑部提供）

2017 年 8 月 9 日，岑溪市新任村（社区）党组织书记和换届选举业务骨干培训班举行

（《今日岑溪》编辑部提供）

2017 年 4 月 28 日，岑溪市召开提升群众安全感工作分析会 （《今日岑溪》编辑部提供）

2017 年 4 月 6 日，岑溪市举办脱贫攻坚业务培训会 （《今日岑溪》编辑部提供）

2017 年 4 月 3 日，岑溪市人民医院举办全市手足口病防治知识培训 （岑溪市人民医院提供）

扶贫攻坚

2018年2月26日，岑溪市委书记陶辉为中庆村党员廖木森脱贫示范点赞，廖木森感谢党和国家支持，让他早日奔小康 （扶贫办提供）

2017年7月21日，梧州市委副书记蒋海东到岑溪调研扶贫产业油茶种植情况 （扶贫办提供）

2017 年 11 月 24 日，梧州市市长朱学庆到安平镇宝峰畜牧产业示范区调研种猪养殖产业发展情况

（扶贫办提供）

2017 年 4 月 25 日，广西林业精准扶贫科普惠农增收活动培训会暨苗木赠送仪式在大业镇举办，助力脱贫攻坚

（大业镇政府办公室提供）

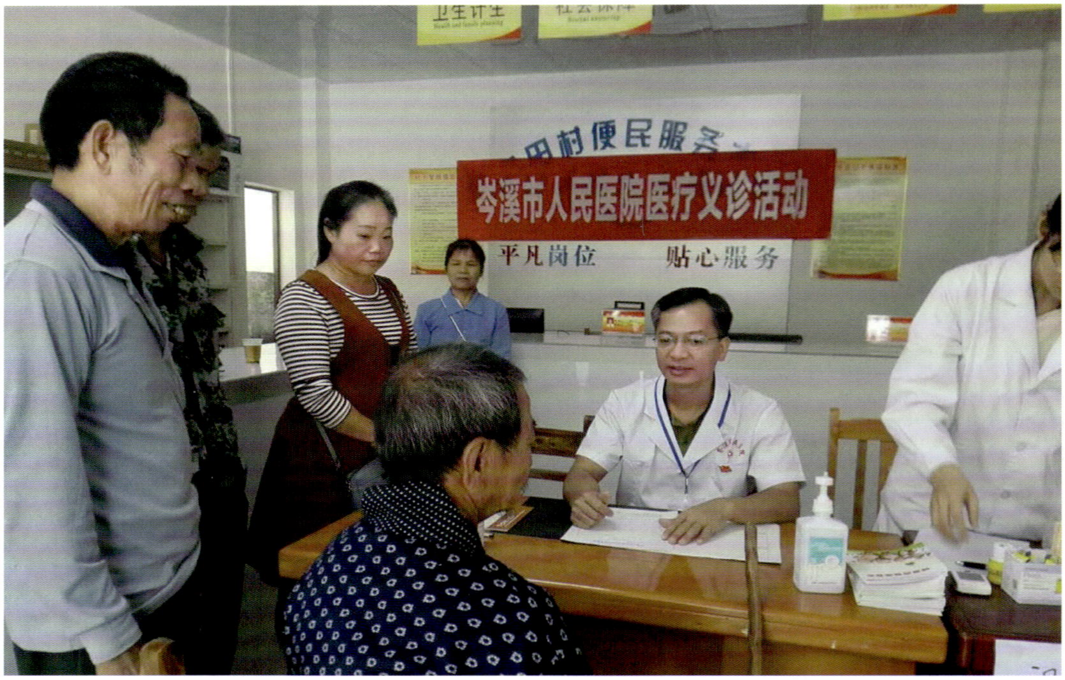

2017年5月5日，岑溪市人民医院党委书记、院长梁红斌带领党员到贫困村寮田村进行扶贫义诊活动（扶贫办提供）

2017年6月23日，岑溪市在安平镇举办小额贷款收益分配发放仪式（扶贫办提供）

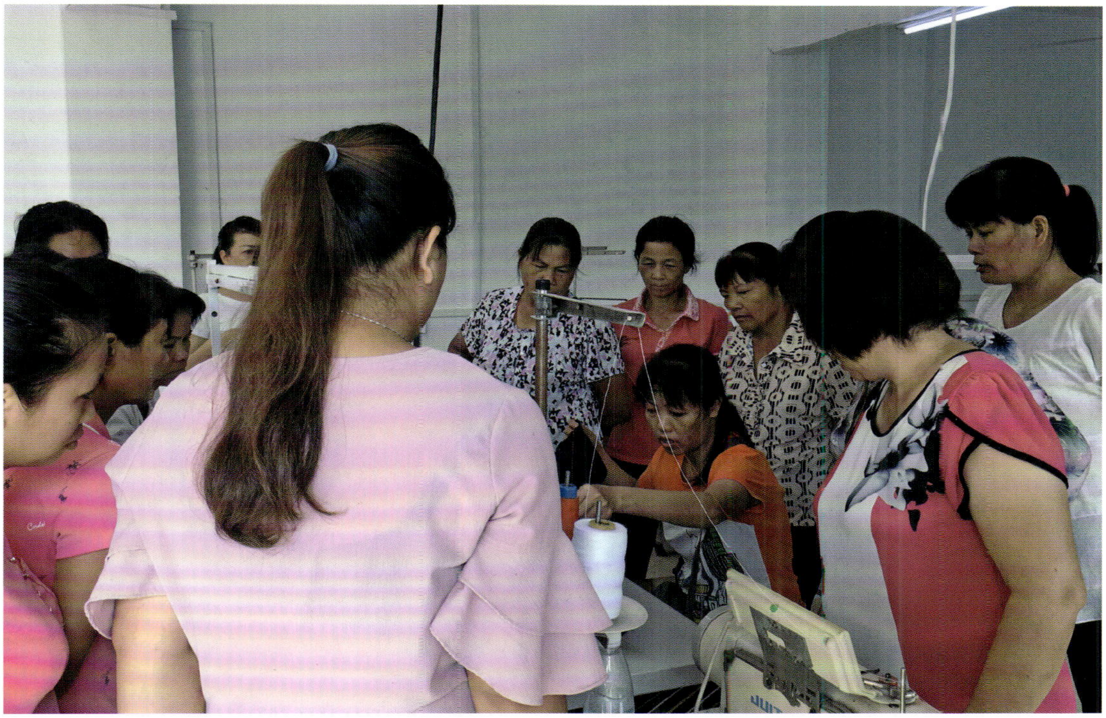

2017 年，马路镇伏六村引进岑溪市百裕集团服装有限公司到村开办制衣车间，为贫困户提供 25 个就业岗位 （扶贫办提供）

“扶贫车间”建在家门口，贫困对象在进行皮具加工 （大业镇政府提供）

2017 年 10 月 10 日，安平镇三塘村易地扶贫搬迁点贫困户搬迁入新居　　（扶贫办提供）

2017 年 12 月 14 日，大业镇古味易地扶贫搬迁集中安置点贫困户喜迁新居　　（大业镇政府提供）

岑溪市糯垌镇古河村发展村集体经济——光伏发电　　（扶贫办提供）

梨木镇塘坎村贫困户喜迁易地扶贫搬迁安置点　　（李家坚　摄）

南渡镇井河村“公司+基地+农户”龙头企业——天龙红茶基地　（文体局提供）

贫困户养殖三黄鸡　（扶贫办提供）

平安岑溪 和谐社会

2017 年 3 月 5 日，岑溪市开展雷锋日活动　　　　（《今日岑溪》编辑部提供）

2017 年 3 月 23 日，岑溪市开展综合治理宣传月集中宣传活动　　　　（政法委提供）

2017年9月26日，岑溪市司法局南渡司法所成功调解南渡镇君丰村李族相邻排水、道路争议纠纷
（甘武高 摄）

2017年11月8日，岑溪市举行平安建设志愿者服务队授旗仪式 （市政法委提供）

2017年12年4日，市司法局、市依法治市领导小组办公室牵头组织30多个市直单位在大广场开展以“学习贯彻党的十九大精神，深化推进岑溪法治建设实践”为主题的岑溪市2017年“12·4”国家宪法日集中宣传活动
（李汉金　摄）

2017年12月29日，市司法局结合党员“双报到”活动到岑城镇思英社区开展“法律六进”之法律进社区活动
（李汉金　摄）

2017 年 4 月 29 日，岑溪市老年人体育协会在人民广场组织开展联欢活动

（《今日岑溪》编辑部提供）

岑溪人民法院诉讼服务中心大厅

（李良炜　摄）

儿童节期间，岑溪市市长罗伟雄、市政协主席冯天德慰问福利院儿童　　（《今日岑溪》编辑部提供）

十九大精神夜讲堂　　（《今日岑溪》编辑部提供）

市志办人员参加2017年春节期间义工活动　　（市志办提供）

体校举行送温暖活动　　（文体局提供）

文体卫生

2017 年 3 月 8 日，大业镇古万村开展“三八”国际劳动妇女节游园活动　（罗啟杰　摄）

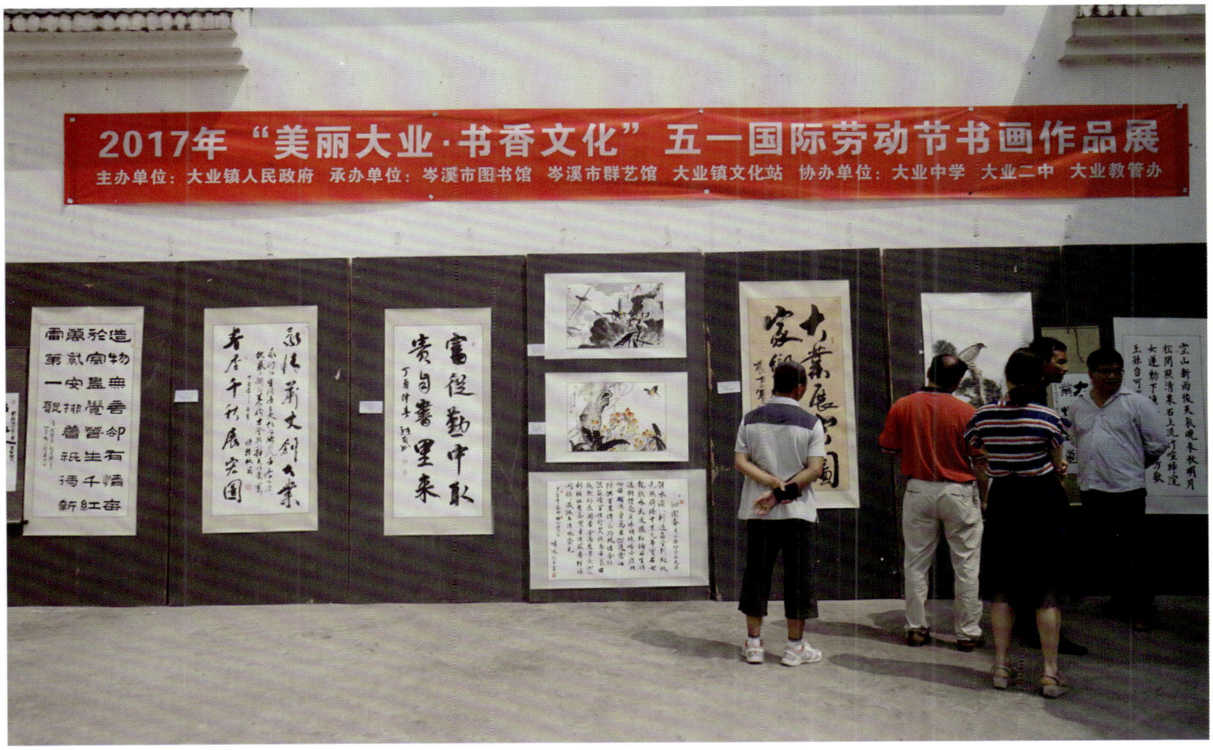

2017 年 5 月 2 日，大业镇组织开展“美丽大业 · 书香文化”五一国际劳动节书画作品展（大业镇政府提供）

2017 年 4 月 10 日，岑溪市开展扶贫政策宣传　　（《今日岑溪》编辑部提供）

2017 年 9 月 28 日，岑溪市举办喜迎国庆唱歌比赛　　（《今日岑溪》编辑部提供）

2017 年 9 月 28 日，岑溪市与广西民族大学签订战略合作签约仪式　　（邓晋州　摄）

2017 年 10 月 17 日，大业镇在会村小学开展“喜迎十九大”书画比赛　　（大业镇政府提供）

2017年10月27日，科技局派员参加第七届广西创造发明成果展　（江波　摄）

2017年11月28日，岑溪市第十三届运动会暨全民健身运动会开幕　（《今日岑溪》编辑部提供）

2017 年 9 月 28 日，岑溪市与广西民族大学签订战略合作签约仪式　　（邓晋州　摄）

2017 年 10 月 17 日，大业镇在会村小学开展“喜迎十九大”书画比赛　　（大业镇政府提供）

2017 年 10 月 27 日，科技局派员参加第七届广西创造发明成果展　（江波　摄）

2017 年 11 月 28 日，岑溪市第十三届运动会暨全民健身运动会开幕　（《今日岑溪》编辑部提供）

2017 年岑溪市春节晚会会场（一） （《今日岑溪》编辑部提供）

2017 年岑溪市春节晚会会场（二） （《今日岑溪》编辑部提供）

岑溪市足球进校园启动仪式暨小学生足球邀请赛　　　　　　　　　（文新广体局提供）

岑溪市举办文艺晚会庆祝第十六届人民代表大会第一次会议、政协岑溪市第十届委员会第一次会议　　　　　　　　　　（《今日岑溪》编辑部提供）

岑溪市组织"三月三"气排球比赛　　（岑溪市文新广体局提供）

6月13日，市志办举办《岑溪年鉴》撰稿人培训班　　（市志办提供）

春节游园活动　　（莫钰婷　摄）

农村公益电影放映现场
（市文新广体局提供）

送书下乡
（文新广体局提供）

归义镇双贵公园读书亭
（归义政府提供）

糯垌镇龙母文化活动　　　　（高飞鹏　摄）

归义镇谢村高大夫庙　　（归义镇政府提供）

糯垌镇龙母庙　　（高飞鹏　摄）

2017 年 3 月 14 日，岑溪市人民医院召开领导班子会议，讨论医德医风建设工作

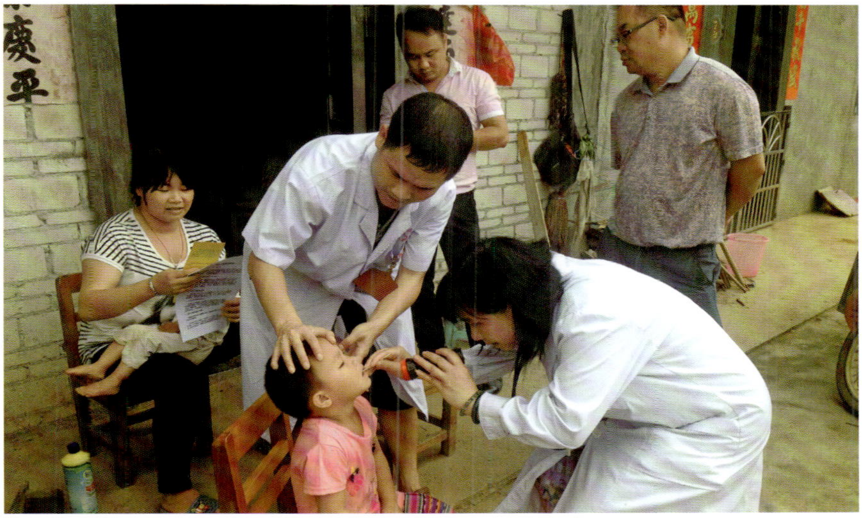

2017 年 5 月 10 日，岑溪市人民医院副院长农玉芳带队下村排查手足口病

2017 年 7 月 10 日，岑溪市人民医院副院长农玉芳在临床一线指导医务工作队

交通建设

梨河路施工现场　　（罗福志　摄）

梨木至大隆公路改造现场　　（廖寅光　摄）

扶贫道路施工现场
（扶贫办提供）

糯垌高棠村昝坳桥建设现场　　（张海亮　摄）

石材博览会

12月8日，第一届梧州·岑溪石材建材博览会在归义镇泽仁现代商贸物流城举行，图为博览会开幕式

（《今日岑溪》编辑部提供）

陶瓷展厅 （《今日岑溪》编辑部提供）

新闻记者采访 （《今日岑溪》编辑部提供）

石博会项目签约仪式　　　　　　　　（《今日岑溪》编辑部提供）

现场手工绘制工艺　　　　（《今日岑溪》编辑部提供）

记者同步制作新闻　　　　（《今日岑溪》编辑部提供）

石材产业发展论坛　　　　　　　　（《今日岑溪》编辑部提供）

美丽岑溪 宜居乡村

大坡村新农村一角 （归义镇政府办公室提供）

大坡新农村 （归义镇政府办公室提供）

九龙养殖场　　　　（归义镇政府办公室提供）

九龙山庄　　　　（归义镇政府办公室提供）

丰收美景映新村　　　　（杨籍梧　摄）

岑罗高速归义出入口　（归义镇政府提供）

泽仁物流城二期建设项目　（归义镇政府提供）

富宁新农村　（蒙城　摄）

六肥村小瀑布　　（蒋京珊　摄）

南渡镇社垌新村公共服务中心　　（莫恭明　摄）

新农村小园　（归义镇政府办公室提供）

安平镇富宁村致富路　（杨籍梧　摄）

生态农业

2017 年 3 月 10 日，岑溪市开展植树活动　　（《今日岑溪》编辑部提供）

南渡镇井河村“公司＋基地＋农户”龙头企业——天龙红茶基地　　（市文体局提供）

游客在岑溪市波塘镇六肥村采摘香瓜　（扶贫办提供）

归义阳光生态园　（归义镇政府提供）

安平镇尖峰村花生套种百香果基地　（安平镇政府提供）

大新村农民通过酬劳方式加入岑溪市诚谏镇顺昌蔬果专业合作社，种植韭菜花增加收入　（诚谏镇政府提供）

九原生态农业有限公司糯垌基地　　（刘东明　摄）

九原生态农业有限公司糯垌基地百香果包装车间　　（蒙庆孔　摄）

林业局领导到岑溪市软枝油茶种子园调研油茶产业发展情况　　　（林业局提供）

糯垌现代农业园区
（刘东明　摄）

糯垌现代农业园区　（蒙庆孔　摄）

糯垌镇古河村桃花 （高飞鹏 摄）

糯垌镇南方溪园格桑花 （莫萍 摄）

梧州市岑溪市西江果蔬产业（核心）示范区——黄金枸骨　　（糯垌镇政府）

梧州市岑溪市西江果蔬产业（核心）示范区——葵花园　　（糯垌镇政府提供）

乡村游客采摘百香果　　（扶贫办提供）

梧州市岑溪市西江果蔬产业（核心）示范区一角　　（糯垌镇政府提供）

岑溪年鉴

CENXI NIANJIAN 2018

岑 溪 市 人 民 政 府 主办

岑溪市市志编纂委员会办公室　编

方志出版社

Publishing House of Local Records

编 辑 说 明

一、《岑溪年鉴·2018》以马克思列宁主义、毛泽东思想、邓小平理论、“三个代表”重要思想、科学发展观、习近平新时代中国特色社会主义思想为指导，由中共岑溪市委、岑溪市人民政府主办，岑溪市市志编纂委员会办公室编纂。旨在全面、系统、准确地反映2017年岑溪市的政治、经济和社会各项事业的基本情况。本年鉴全方位记述2017年度岑溪市各行各业的基本情况和主要信息，特殊情况适当上溯或下延。本年鉴可为各镇、各单位和各部门科学决策提供依据，为社会各界包括海外人士了解、研究岑溪提供基本资料，并为编修岑溪地方志积累资料。

二、本年鉴类目、分目、条目的标题分别以不同字号和形式编排。其中条目用【 】表示，个别包涵多方面资料的条目，采用宋体加粗标题标明各资料的主题。

三、《岑溪年鉴·2018》设有特载、文件选编、调研文章选、大事记、概况、党政机关、人民团体、法治、军事、经济发展、经济管理和监督、农林水利、工业·信息产业、交通运输和邮政、商贸·旅游业、国土资源·城乡建设·环境保护、教育·自然科学、文化体育、卫生和计划生育、社会事务、各镇概况、荣誉·职称·百岁老人名册、附录等类目，并设图片专辑，突出、形象、直观地进行记载、宣传。

四、本年鉴统计数据主要由统计局提供，统计局没有的数据则由各单位提供。

五、本年鉴“荣誉·职称·百岁老人名册”类目上，收录的荣获国家级、省级先进单位和先进个人的名录，均由各单位提供；收录的获得副高级职称以上人员名单，由岑溪市人力资源和社会保障局提供；收录的百岁老人名单，由岑溪市老龄委提供。

目　录

特　载

政府工作报告 …… 1
岑溪市人大常委会工作报告(摘要) …… 9
岑溪市人大常委会 2017 年 1—10 月工作情况报告（摘要）…… 11

大 事 记

1 月 …… 15
2 月 …… 16
3 月 …… 16
4 月 …… 17
5 月 …… 18
6 月 …… 18
7 月 …… 18
8 月 …… 19
9 月 …… 20
10 月 …… 20
11 月 …… 21
12 月 …… 21

概　况

岑溪概貌 …… 23
　位置 …… 23
　面积 …… 23
　边邻 …… 23
　简况 …… 23
　行政区划 …… 24
　建置沿革 …… 25
　自然环境 …… 26
　自然资源 …… 26
　矿产资源 …… 26
　动植物资源 …… 28
　旅游资源 …… 28
　人口、民族和语言 …… 29
经济和社会发展 …… 30
　社会综合实力 …… 30
　基础设施项目建设 …… 30
　农业转型发展 …… 30
　抓服务稳工业 …… 30
　改革创新扩大开放 …… 30
　城乡生态发展 …… 31
　改善民生 …… 31
政治文明建设 …… 31
　民主法治建设 …… 31
　法治政府建设 …… 31
　党内民主建设 …… 32
　发展基层民主 …… 32
　民主党派参政议政 …… 33
　政府职能转变 …… 33
精神文明建设 …… 34
　群众性精神文明创建 …… 34

未成年人思想道德教育 …… 34
社会文化发展 …… 34
生态文明建设 …… 34
生态环境质量 …… 34
生态资源保护 …… 34
环境综合整治 …… 35
生态建设示范 …… 35
领导名录 …… 35
·2017 年岑溪市四大班子主要领导· …… 35
中共岑溪市委员会主要领导人名录 …… 35
岑溪市人大常委会主要领导人名录 …… 35
岑溪市人民政府主要领寻人名录 …… 36
中国人民政治协商会议岑溪市委员会主要领导人名录 …… 36

党政机关

中共岑溪市委员会 …… 37
党委机关概况 …… 37
市委办公室机构设置 …… 37
第三产业提速发展 …… 37
城市建设 …… 37
改善民生 …… 37
发展社会事业 …… 37
重要会议 …… 38
重要决策 …… 38
专题教育活动 …… 38
“美丽岑溪”乡村建设活动 …… 38
保密工作 …… 38
·组织· …… 39
组织机构概况 …… 39
“两学一做”学习教育 …… 39
党建载体创新 …… 39
领导干部队伍建设 …… 40
公务员职务与职级并行 …… 40
公务员招录 …… 40
干部教育培训 …… 40
党员队伍建设 …… 40
人才队伍建设 …… 41
现代远程教育 …… 41
·宣传· …… 41
机构设置 …… 41
理论学习 …… 41
宣传工作 …… 42
网络舆情引导 …… 42
社会主义核心价值观宣传教育 …… 42
·统一战线· …… 42
机构概况 …… 42
党外代表人士队伍建设 …… 42
建设非公经济服务平台 …… 43
非公经济人士理想信念教育实践活动 …… 43
民营企业扶贫攻坚 …… 43
光彩事业和慈善事业 …… 43
新的社会阶层人士统战 …… 43
基层统战 …… 43
镇商会换届 …… 44
民族宗教 …… 44
港澳台侨统战 …… 44
统战理论研究和信息宣传 …… 44
·机构编制· …… 44
编制管理机构 …… 44
全市机构概况 …… 44
行政单位设置与调整 …… 45
事业单位机构设置和调整 …… 45
事业单位法人登记管理 …… 46
编制管理 …… 46
·老干部工作· …… 46
机构概况 …… 46
离退休干部“两项建设” …… 46
老干部活动 …… 47
优化离退休干部服务 …… 47
·机关党建· …… 47
机构概况 …… 47
思想政治建设 …… 47

组织建设 …… 48
创先争优活动 …… 48
党风廉政建设 …… 48
双报到活动 …… 48
武装工作 …… 48
·党校· …… 48
机构设置 …… 48
干部培训 …… 49
科研成果 …… 49
会议服务 …… 49
岑溪市人民代表大会 …… 49
机构设置 …… 49
市十六届人民代表大会第二次会议 …… 49
市十六届人民代表大会第三次会议 …… 50
市人大常委会会议 …… 50
重大事项决议决定 …… 50
监督工作 …… 50
执法检查 …… 50
代表活动 …… 50
议案、建议办理 …… 51
人事任免 …… 51
人大信访工作 …… 51
岑溪市人民政府 …… 51
政府机构 …… 51
市人民政府常务会议 …… 51
重大举措和工作部署 …… 53
经济实绩 …… 55
政府采购 …… 55
·机关事务管理· …… 56
机构概况 …… 56
工作亮点 …… 56
·应急管理· …… 56
值守应急 …… 56
应急管理体系 …… 56
应急平台建设 …… 56
应急管理宣教培训及应急演练 …… 56
基层应急管理能力建设 …… 57
应急管理交流合作 …… 57
突发事件处置 …… 57
·电子政务· …… 57
“网上政府”建设 …… 57
政府网站管理 …… 57
电子政务外网运维管理 …… 57
中国人民政治协商会议岑溪市委员会 …… 58
机构设置 …… 58
全体委员会议 …… 58
常务委员会议 …… 58
征求意见协商会 …… 59
提案工作 …… 59
调研工作 …… 59
民主监督工作 …… 59
文史资料工作 …… 59
联谊与扶贫 …… 59
纪律检查与行政监察 …… 59
机构概况 …… 59
党风廉政建设 …… 60
纪律审查 …… 60
巡察工作 …… 60
廉政宣传教育 …… 60
队伍建设 …… 61
绩效考评 …… 61
机构概况 …… 61
制定绩效考评工作方案 …… 61
公众评议意见建议和整改 …… 61
绩效工作宣传 …… 61
绩效督查 …… 62
岑溪市绩效考评 …… 62
自治区、梧州市对岑溪市核验考评情况 …… 62
民主党派 …… 62
·中国民主同盟岑溪市总支部· …… 62
机构概况 …… 62
思想学习 …… 62
组织建设 …… 62
参政议政 …… 63

社会服务 …… 63
·中国致公党岑溪市委员会· …… 63
机构概况 …… 63
思想建设 …… 63
组织建设 …… 63
参政议政 …… 63
服务社会 …… 63
人力资源管理 …… 63
机构概况 …… 63
公务员队伍建设 …… 64
干部教育培训 …… 64
专业技术人员情况 …… 64
军转干部安置 …… 64
机关事业单位工资制度改革 …… 64
事业单位人事制度改革和管理 …… 64
人才交流与服务 …… 65
档案管理 …… 65
外事侨务工作 …… 65
机构 …… 65
外事工作 …… 65
侨务工作 …… 65
接待工作 …… 65
信访 …… 65
机构概况 …… 65
信访事项处理 …… 66
信访问题排查调处 …… 66
信访督查督办 …… 66
市领导大接访活动 …… 66
信访信息 …… 67

社会团体

岑溪市总工会 …… 68
机构概况 …… 68
重要会议 …… 68
工会组织建设 …… 68
帮扶困难职工 …… 69
创先争优 …… 69
工会活动 …… 69
就业指导和服务 …… 69
共青团岑溪市委员会 …… 70
概述 …… 70
基层组织建设 …… 70
青少年思想政治教育 …… 70
团建工作 …… 70
少先队工作 …… 70
关爱行动 …… 70
维护青少年合法权益 …… 70
青年志愿者服务 …… 71
岑溪市妇女联合会 …… 71
机构概况 …… 71
文明家庭活动 …… 71
维护妇女儿童合法权益 …… 71
巾帼脱贫行动 …… 71
关爱农村妇女儿童 …… 72
基层妇联组织建设 …… 72
科学技术协会 …… 72
机构设置 …… 72
基层科协和协会建设 …… 72
农村实用技术培训 …… 72
实施“科普惠农兴村计划” …… 72
实施全民科学素质行动计划纲要 …… 72
防灾减灾宣传工作 …… 73
科普活动 …… 73
青少年科技活动 …… 73
岑溪市归国华侨联合会 …… 73
机构概况 …… 73
归侨侨眷权益维护 …… 73
服务社会 …… 73
海外联谊 …… 73
参政议政 …… 73
侨联建设 …… 74
工商业联合会 …… 74
机构设置 …… 74

百企扶百村活动 …… 74
参政议政 …… 74
学习交流活动 …… 74
岑溪市文学艺术界联合会 …… 74
机构概况 …… 74
文艺创作活动 …… 74
开展千村万户文艺惠民工程 …… 74
文艺队伍建设 …… 75
文艺工作成果 …… 75
社会科学界联合会 …… 75
机构概况 …… 75
刊物出版 …… 75
科普宣传 …… 75
课题研究 …… 75
残疾人联合会 …… 75
机构概况 …… 75
康复工作 …… 76
扶贫和助残 …… 76
阳光家园计划 …… 76
教育和就业 …… 76
组织建设 …… 76
残疾人维权 …… 76
岑溪市红十字会 …… 76
机构概况 …… 76
应急救援及救护 …… 77
捐助和救援 …… 77
公民无偿献血和器官捐献 …… 77

法　治

市委政法工作 …… 78
机构设置 …… 78
服务发展大局 …… 78
维护社会和谐稳定 …… 78
社会治安综合治理 …… 79
基层基础建设 …… 79
执法监督 …… 79
政法队伍建设 …… 79
政府法治 …… 79
机构概况 …… 79
法制队伍建设 …… 79
政府法制监督 …… 79
行政诉讼和行政复议 …… 80
规范性文件及其他公文审查 …… 80
政府法律事务 …… 80
三大纠纷调处 …… 80
公安 …… 80
机构概况 …… 80
刑事案件侦查 …… 81
经济案件侦查 …… 81
治安管理 …… 81
禁毒工作 …… 82
户政管理 …… 82
流动人口管理 …… 82
出入境管理 …… 82
预审和监管工作 …… 82
神剑2号3+X专项行动 …… 82
五大战役 …… 83
其他专项行动 …… 83
涉枪涉爆违法犯罪专项行动 …… 83
大巡访工作 …… 83
重大活动安全保卫 …… 83
科技信息化建设 …… 84
道路交通设施建设 …… 84
车辆管理服务、交通违法查处 …… 84
检察 …… 84
机构概况 …… 84
刑事检察 …… 84
职务犯罪侦查 …… 84
预防职务犯罪 …… 85
监所检察 …… 85
民事行政检察 …… 85
控告申诉检察 …… 85
检察技术 …… 85

案件管理 …… 85
检务保障 …… 85
检察队伍建设 …… 86
法院 …… 86
审判机关机构概况 …… 86
案件审理 …… 86
刑事审判 …… 86
民事商事审判 …… 86
行政审判 …… 87
执行工作 …… 87
立案和信访 …… 87
审判监督 …… 87
诉讼服务中心建设 …… 87
司法救助 …… 87
司法公开 …… 87
信息化建设 …… 88
司法政务管理 …… 88
司法改革 …… 88
司法行政 …… 89
机构概况 …… 89
基层调解 …… 89
社区矫正 …… 89
安置帮教 …… 90
普法宣传 …… 90
法律服务 …… 90
法律援助 …… 90
公证业务 …… 90
队伍建设 …… 91
为民服务 …… 91
基层基础建设 …… 91

军　　事

人民武装部 …… 92
机构概况 …… 92
思想政治建设 …… 92
干部队伍建设 …… 92
军事训练 …… 92
征兵工作 …… 92
廉洁征兵 …… 93
武装部正规化建设 …… 93
后勤和装备建设 …… 93
双拥工作 …… 93
国防动员 …… 94
公安消防大队 …… 94
机构概况 …… 94
消防救援 …… 94
党风廉政建设 …… 94
思想政治建设 …… 94
岗位练兵 …… 94
队伍教育管理 …… 95
执法监督检查 …… 95
人民防空 …… 95
管理机构 …… 95
防空警报和疏散演练 …… 95
人防教育 …… 95

经济发展

分类经济 …… 96
国有企业 …… 96
集体企业 …… 96
个体私营企业 …… 96
外国和港澳台商投资企业 …… 96
投资开发和经济协作 …… 97
·扶贫开发· …… 97
管理机构概况 …… 97
扶贫开发概况 …… 97
产业扶贫培训 …… 97
精准识别动态管理 …… 97
“一帮一联”帮扶工作 …… 98
扶贫基础设施建设 …… 98
扶贫产业 …… 98
党建助脱贫 …… 99

政协助脱贫 …………………………………… 99
新型农业经营主体助脱贫 ………………… 99
休闲农业与乡村旅游助脱贫 ……………… 99
小额贴息信贷扶贫 …………………………… 100
易地扶贫搬迁 ………………………………… 100
电商扶贫 ……………………………………… 100
教育扶贫 ……………………………………… 100
行业扶贫和社会扶贫 ………………………… 100
医疗低保扶贫 ………………………………… 100
·招商引资· ………………………………… 101
外资利用 ……………………………………… 101
新引进项目 …………………………………… 101
·对外经济贸易· …………………………… 101
对外贸易概况 ………………………………… 101
进出口企业 …………………………………… 101
进出口商品 …………………………………… 101
财税金融 ……………………………………… 101
·财政概述· ………………………………… 101
机构概况 ……………………………………… 101
财政收支 ……………………………………… 102
国有资本经营预算收支 ……………………… 102
政府性基金收支 ……………………………… 102
社会保险基金收支 …………………………… 103
政府非税收入管理 …………………………… 103
财政支出管理 ………………………………… 103
基本建设项目资金管理 ……………………… 103
财政监督管理 ………………………………… 104
会计管理 ……………………………………… 104
财政扶贫资金管理 …………………………… 104
财政改革 ……………………………………… 105
·国家税务· ………………………………… 105
机构概况 ……………………………………… 105
国税收入 ……………………………………… 105
国税征管 ……………………………………… 105
重点税源管理 ………………………………… 105
纳税服务 ……………………………………… 106
国税稽查 ……………………………………… 106
税收信息化建设 ……………………………… 106
·地方税务· ………………………………… 107
机构概况 ……………………………………… 107
地税收入 ……………………………………… 107
减免税 ………………………………………… 108
重点税源监控 ………………………………… 108
税制改革 ……………………………………… 108
地税征管 ……………………………………… 108
纳税服务 ……………………………………… 109
·金融综述· ………………………………… 109
金融业机构 …………………………………… 109
存贷款情况 …………………………………… 109
·人民银行· ………………………………… 109
机构设置 ……………………………………… 109
小面额人民币“精准投放　定点回笼”试点
…………………………………………………… 110
农村信用建设 ………………………………… 110
创建金融支持现代农业示范基地 …………… 110
货币信贷 ……………………………………… 110
金融风险监测评估 …………………………… 110
征信管理 ……………………………………… 110
金融秩序维护 ………………………………… 111
支付结算平台建设 …………………………… 111
现金管理 ……………………………………… 111
·中国农业发展银行岑溪市支行· ………… 111
机构概况 ……………………………………… 111
存贷款情况 …………………………………… 111
贷款项目 ……………………………………… 111
·中国工商银行岑溪市支行· ……………… 111
企业概况 ……………………………………… 111
存贷款业务 …………………………………… 112
网络金融业务 ………………………………… 112
普惠金融 ……………………………………… 112
创新业务 ……………………………………… 112
内控管理与风险防范 ………………………… 112
·中国农业银行股份有限公司岑溪市支行·
…………………………………………………… 112

机构概况 …… 112
存贷款业务 …… 112
互联网金融业务 …… 112
·中国建设银行股份有限公司岑溪支行· …… 113
机构概况 …… 113
存贷款业务 …… 113
产品营销 …… 113
·中国邮政储蓄银行股份有限公司岑溪市支行· …… 113
机构概况 …… 113
存贷款情况 …… 113
贷款业务 …… 113
·桂林银行股份有限公司岑溪支行· …… 114
·广西岑溪农村商业银行股份有限公司· …… 114
机构概况 …… 114
存贷款业务 …… 114
创新业务 …… 114
企业文化 …… 114
普惠金融 …… 114
·中国人民财产保险公司岑溪支公司· …… 114
机构概况 …… 114
业务概况 …… 115
·中国人寿保险岑溪支公司· …… 115
机构设置 …… 115
业务概况 …… 115

经济管理和监督

计划管理 …… 116
机构概况 …… 116
计划编制与组织实施 …… 116
经济调研和监测预测 …… 116
固定资产投资管理 …… 116
重大项目建设 …… 116
重点项目前期工作 …… 117
国有资产监督管理 …… 117
机构概况 …… 117
国有资产管理 …… 117
物价 …… 117
机构概况 …… 117
价格管理 …… 117
价格监测 …… 118
价格监督检查 …… 118
价格认证 …… 118
价格成本调查 …… 119
市场监督管理 …… 119
机构概况 …… 119
市场主体登记管理 …… 119
商标管理 …… 120
广告管理 …… 120
市场行政执法 …… 120
消费维权 …… 121
“红盾护农” …… 121
打击传销 …… 121
特种设备安全监管 …… 121
产品质量监督 …… 121
计量管理 …… 121
标准化监督管理 …… 121
筹建食品安全检验检测中心 …… 121
食品药品稽查 …… 122
食品安全监管 …… 122
药品医疗器械安全监管 …… 122
保健食品化妆品安全监管 …… 122
食品药品安全宣传教育 …… 122
审计 …… 123
机构概况 …… 123
审计成果 …… 123
财政审计 …… 123
行政事业审计 …… 123
固定资产投资审计 …… 123
经济责任审计 …… 123
专项资金审计 …… 123
企业审计 …… 123

统计 …… 123
管理机构概况 …… 123
主要经济指标 …… 123
专项统计调查 …… 123
统计制度改革 …… 124
统计法制建设 …… 124
统计基础建设 …… 124
统计信息化建设 …… 124
统计服务 …… 124
经济社会调查与监测 …… 124
机构概况 …… 124
城乡住户一体化调查 …… 125
农民工监测调查 …… 126
月度劳动力调查 …… 126
农村党员培训情况抽样调查 …… 126
粮食产量抽样调查 …… 128
农产品生产者价格调查 …… 128
主要农产品中间消耗调查 …… 128
规模以下工业抽样调查 …… 128
批零住餐抽样调查 …… 128
主要畜禽监测调查和生猪调出大县调查 …… 129
党风廉政建设民意调查 …… 129
调查研究 …… 129
烟草专卖 …… 129
机构概况 …… 129
烟草销售 …… 129
烟草专卖管理 …… 130
安全生产监督管理 …… 130
机构概况 …… 130
安全生产基本情况 …… 130
安全生产专项整治 …… 130
“打非治违”专项行动 …… 130
非媒矿山攻坚克难专项行动 …… 130
安全隐患整改 …… 131
安全生产宣传教育培训 …… 131
安全生产领域改革工作 …… 131
烟花爆竹转型升级 …… 131

农林水利

农业 …… 132
机构概况 …… 132
“互联网 +”新业态 …… 132
粮食生产 …… 133
高效农业示范 …… 133
农业保险 …… 133
经济作物 …… 133
农业产业化 …… 133
农民培训 …… 133
农业执法 …… 134
农产品安全监测 …… 134
农业病虫害防治 …… 134
自然灾害 …… 134
红火蚁防治 …… 134
农业示范园区建设 …… 134
农村土地确权登记 …… 134
农业产业扶贫 …… 134
惠农项目 …… 134
“美丽岑溪”活动 …… 135
农业科技 …… 135
农业区划 …… 135
水果生产和管理 …… 135
水果专业合作社 …… 135
农业机械化 …… 135
机构概况 …… 135
农机专业合作社 …… 135
农机安全监督 …… 136
农机推广与补贴 …… 136
农机培训 …… 136
农机管理与服务 …… 136
林业 …… 136
管理机构概况 …… 136
林业成果 …… 137

营林生产 …… 137
森林资源管理 …… 137
森林防火 …… 137
野生动植物保护 …… 137
林业有害生物防治 …… 138
林业改革 …… 138
市区绿化 …… 138
木材加工企业管理 …… 138
农村能源生态建设 …… 138
管理机构 …… 138
项目建设 …… 138
水利 …… 138
水利管理机构概况 …… 138
水利固定资产投资 …… 139
抗旱救灾 …… 139
水库除险加固 …… 139
防汛抢险 …… 139
农村饮水安全工程 …… 139
防洪工程建设 …… 139
地方水电工程 …… 139
水行政执法 …… 140
水库移民工作 …… 140
概况 …… 140
水库移民扶助项目 …… 140
水库移民培训 …… 140
移民维稳工作 …… 140
落实国家水库移民政策 …… 140
移民资金管理 …… 140
水产畜牧兽医业 …… 140
机构概况 …… 140
水产畜牧业生产 …… 141
特种养殖 …… 141
养殖场污染减排 …… 141
生态养殖认证 …… 141
渔政执法 …… 141
人工增殖放流 …… 142
水产品质量安全监管 …… 142
动物疫病防控 …… 142
人畜共患病防控 …… 142
动物卫生监督 …… 142
屠宰管理 …… 143

工业·信息产业

工业概述 …… 144
管理机构设置 …… 144
工业经济基本情况 …… 144
工业项目投资 …… 144
技术创新 …… 145
化工产业 …… 145
食品工业产业 …… 145
医药工业产业 …… 145
机械电子产业 …… 145
建材产业 …… 145
纺织工业 …… 145
电力工业 …… 145
·水力发电· …… 145
水电管理机构概况 …… 145
经营指标完成情况 …… 145
技改增效扩容 …… 146
·电力供应· …… 146
管理机构概况 …… 146
供售电量 …… 146
农网改造升级建设 …… 146
自有资金项目建设 …… 147
供电服务 …… 147
调整电价 …… 147
岑溪工业园区 …… 148
管理机构概况 …… 148
工业集中区主要经济指标 …… 148
工业园区建设 …… 148
棚户区改造 …… 148
信息产业 …… 148
中国电信股份有限公司岑溪分公司 …… 148

中国移动通信集团广西有限公司岑溪分公司 …… 149
中国联合网络通信有限公司岑溪市分公司 …… 149

交通运输和邮政

交通运输 …… 150
管理机构 …… 150
公路概况 …… 150
公路建设 …… 150
桥梁建设 …… 150
公路养护 …… 151
路政管理 …… 151
航务管理 …… 151
便民码头和渡船建设 …… 151
道路运输行业管理 …… 151
公路运输量 …… 151
运政管理 …… 152
城市公共交通 …… 152
公路管理 …… 152
机构概况 …… 152
公路养护 …… 152
公路绿化 …… 152
桥隧养护 …… 152
路桥危改工程 …… 152
路政管理 …… 153
岑溪汽车总站 …… 153
概况 …… 153
营运情况 …… 153
邮政 …… 153
机构概况 …… 153
业务经营情况 …… 154
邮路 …… 154

商贸·旅游业

商业服务业 …… 155
商业服务业发展概况 …… 155
商业中心和市场发展概况 …… 155
食盐专营 …… 155
供销合作 …… 155
机构概况 …… 155
经济指标完成情况 …… 155
农资供应 …… 155
项目建设 …… 156
专业合作经济组织 …… 156
粮食业 …… 156
机构概况 …… 156
粮食储备与供应 …… 156
储备粮中心库建设 …… 156
放心粮油工程 …… 156
石油业 …… 156
石油企业概况 …… 156
中石化岑溪石油分公司 …… 156
旅游业 …… 157
管理机构概况 …… 157
旅游业概况 …… 157
旅游接待与收入 …… 157
旅游市场开发 …… 157
旅游区域合作 …… 157
旅游规划与项目建设 …… 157
旅游线路开发 …… 158
乡村旅游建设 …… 158
旅游行业管理 …… 158
旅游从业人员培训 …… 158
旅游饭店管理 …… 158
旅游安全管理 …… 159
旅游活动 …… 159

国土资源·建设·环境保护

国土资源管理 …… 160
管理机构概况 …… 160
国土资源规划 …… 160
耕地保护 …… 160

土地开发整治 …… 160
土地征收 …… 160
建设用地管理 …… 160
国土资源市场 …… 161
地质环境管理 …… 161
地籍管理 …… 161
不动产统一登记 …… 161
遥感监测图斑处理 …… 161
矿产资源 …… 161
土地资源执法监督 …… 162
城乡建设 …… 162
管理机构 …… 162
城市规划 …… 162
城镇化建设 …… 162
招商引资 …… 163
服务企业 …… 163
建筑市场管理 …… 163
建筑施工安全文明标准示范 …… 163
工程招投标管理 …… 164
工程造价管理 …… 164
市政建设和管理 …… 164
管理机构设置 …… 164
市政道路及设施建设 …… 164
市容环境卫生管理 …… 164
路灯改造和维护 …… 165
城市绿化美化 …… 165
城区燃气建设 …… 165
公园建设和管理 …… 165
行政执法 …… 165
城市供水 …… 165
管理机构概况 …… 165
项目建设 …… 165
管网维护 …… 166
供水服务 …… 166
饮水安全 …… 166
房地产管理 …… 166
管理机构设置 …… 166
廉租房建设 …… 166
房地产市场管理 …… 167
房地产开发 …… 167
住宅维修资金管理 …… 167
住房公积金管理 …… 167
公积金收支、管理 …… 167
环境保护 …… 167
管理机构概况 …… 167
主要污染物总量控制 …… 167
环境影响评价 …… 168
水污染防治 …… 168
环保专项行动 …… 169
环境执法监察 …… 169
环境质量 …… 169

教育·自然科学

教育 …… 170
机构设置 …… 170
教育概况 …… 170
教育经费收入与支出 …… 170
学前教育 …… 171
义务教育 …… 171
普通高中教育 …… 171
职业教育 …… 171
教育科研 …… 171
教育项目 …… 171
教育惠民 …… 171
师资队伍建设 …… 172
党建工作 …… 172
德育工作 …… 172
自然科学 …… 172
·科技研究和推广· …… 172
机构概况 …… 172
科技人才队伍建设 …… 173
科技计划项目与经费投入 …… 173
科技研究与项目管理 …… 173

科技交流与合作 …… 173
专利与知识产权 …… 173
科学技术普及与培训 …… 173
科技服务 …… 174
·气象· …… 174
机构概况 …… 174
气候概况 …… 174
主要天气过程 …… 175
气象服务 …… 175
科普宣传 …… 175
·水文· …… 175
机构概况 …… 175
测验项目 …… 176
水情服务 …… 176
站网监测 …… 176
水质监测 …… 176
·防震减灾· …… 176
机构概况 …… 176
防震监测 …… 177
防震应急 …… 177
防震宣传 …… 177

文化体育

文化新闻出版广播电视 …… 178
管理机构概况 …… 178
群众文化活动 …… 178
非物质文化遗产保护 …… 178
电影公益放映 …… 178
文化市场监督管理 …… 178
公共图书管理 …… 178
广播电视宣传 …… 179
文物工作 …… 179
新闻出版 …… 179
·广播电视网络· …… 179
机构设置 …… 179
网络建设 …… 179
党史市志编纂 …… 180
·党史资料编纂与研究· …… 180
机构概况 …… 180
党史编纂 …… 180
社会活动 …… 180
·市志编纂· …… 180
机构概况 …… 180
二轮市志编纂 …… 180
年鉴编修 …… 181
信息服务 …… 181
向上供稿 …… 181
·档案· …… 181
机构概况 …… 181
档案资源建设 …… 181
档案信息化建设 …… 181
档案执法检查 …… 182
档案利用 …… 182
档案宣传和培训 …… 182
体育 …… 182

卫生和计划生育

医疗卫生概况 …… 183
管理机构概况 …… 183
医疗机构概况 …… 183
诊疗情况 …… 183
公共卫生项目建设 …… 183
国家基本药物试点 …… 183
基本公共卫生服务项目 …… 183
妇幼健康管理 …… 184
医药卫生体制改革 …… 184
中医药工作 …… 184
农村医疗卫生 …… 185
中医特色专科建设 …… 185
爱国卫生 …… 185
疫情管理与控制 …… 185
艾滋病攻坚工程 …… 185

手足口病防治 …… 185
卫生监督执法 …… 185
医患纠纷化解 …… 185
行风建设 …… 185
卫生应急 …… 185
医政管理 …… 185
医学科技 …… 186
公共卫生服务 …… 186
健康扶贫 …… 186
综合性医疗服务 …… 186
综合医院概况 …… 186
医疗概况 …… 187
医疗改革 …… 187
临床路径的管理 …… 187
妇幼保健 …… 187
机构概况 …… 187
诊疗情况 …… 187
出生人口管理 …… 188
“降消”项目 …… 188
“一免二补”幸福工程 …… 188
地中海贫血防治 …… 188
预防艾滋病、梅毒、乙肝母婴传播 …… 188
妇女病普查 …… 188
盆底功能康复 …… 188
妇幼保健服务 …… 188
优化服务 …… 188
疾病预防控制 …… 189
管理机构概况 …… 189
疫情管理 …… 189
艾滋病防控 …… 190
免疫规划 …… 190
结核病防治 …… 191
健康教育 …… 191
公共卫生监测检验 …… 191
·中医药发展· …… 192
机构概况 …… 192
中医重点专科 …… 192
中医适宜技术推广应用 …… 192
计划生育 …… 192
计划生育管理 …… 192
流动人口管理 …… 193
卫生计生监督 …… 193
机构设置 …… 193
卫生行政许可工作 …… 193
公共场所卫生监督 …… 193
生活饮用水卫生监督 …… 193
学校卫生监督 …… 194
医疗机构卫生监督 …… 194
消毒产品卫生监督 …… 194
计划生育监督执法 …… 194
卫生行政执法 …… 194
国家“双随机”抽检工作 …… 195

社会事务

民政事务 …… 196
管理机构概况 …… 196
社会保障和救助 …… 196
抗灾救灾 …… 196
双拥优抚 …… 196
社会福利 …… 197
养老服务和项目建设 …… 197
婚姻和社团登记 …… 197
基层政权和社区建设 …… 197
地名普查 …… 197
就业和社会保障 …… 197
人力资源市场建设 …… 197
就业和再就业 …… 198
就业培训与职业技能鉴定 …… 198
养老保险 …… 198
失业保险 …… 198
医疗保险 …… 198
工伤保险 …… 198
生育保险 …… 198

机关事业单位养老保险 …………………… 198
城乡居民养老保险 ……………………… 198
城乡居民基本医疗保险制度整合 ………… 199
社会保障卡 ……………………………… 199
劳动合同和劳动争议仲裁 ………………… 199
劳动保障监察 …………………………… 199
灾害事故 ………………………………… 199
水灾 ……………………………………… 199
救灾抢险 ………………………………… 199
火灾 ……………………………………… 200
事故 ……………………………………… 200

各镇概况

岑城镇 ………………………………… 201
概况 ……………………………………… 201
基层党组织建设 ………………………… 201
农林牧渔业 ……………………………… 201
财政税收 ………………………………… 202
旅游产业 ………………………………… 202
重点项目建设 …………………………… 202
基础设施建设 …………………………… 202
生态环境建设 …………………………… 202
脱贫攻坚 ………………………………… 202
惠民与社会保障 ………………………… 202
文化·教育·卫生 ………………………… 202
平安岑城建设 …………………………… 203
廉政建设 ………………………………… 203
马路镇 ………………………………… 203
概况 ……………………………………… 203
基层组织建设 …………………………… 203
农林牧渔业 ……………………………… 204
特色产业 ………………………………… 204
财税金融 ………………………………… 204
重点项目建设 …………………………… 204
基础设施建设 …………………………… 204
扶贫与惠民 ……………………………… 204
就业与社会保障 ………………………… 205
文化·教育·卫生 ………………………… 205
招商引资 ………………………………… 205
南渡镇 ………………………………… 205
概况 ……………………………………… 205
基层组织建设 …………………………… 205
农林牧渔业 ……………………………… 206
工业 ……………………………………… 206
财税金融 ………………………………… 206
基础设施建设 …………………………… 206
社会保障与惠民 ………………………… 206
社会综治 ………………………………… 206
扶贫 ……………………………………… 207
招商引资 ………………………………… 207
文化·教育·卫生 ………………………… 207
旅游开发 ………………………………… 207
竹芒编织产业 …………………………… 207
水汶镇 ………………………………… 208
概况 ……………………………………… 208
农村基层组织建设 ……………………… 208
农林牧渔业 ……………………………… 208
工业 ……………………………………… 208
财税金融 ………………………………… 208
文化·教育·卫生 ………………………… 208
基础设施建设 …………………………… 208
社会保障 ………………………………… 209
社会综治 ………………………………… 209
扶贫与惠民 ……………………………… 209
招商引资 ………………………………… 209
旅游资源 ………………………………… 209
现代特色农业示范区建设 ………………… 209
大隆镇 ………………………………… 209
概况 ……………………………………… 209
农村基层党组织建设 …………………… 209
农林牧渔业 ……………………………… 210
工业 ……………………………………… 210
财税金融 ………………………………… 210

文化·教育·卫生 …… 210
基础设施建设 …… 210
惠民与社会保障 …… 210
社会综治 …… 210
扶贫 …… 210
招商引资 …… 211
梨木镇 …… 211
概况 …… 211
农村基层党组织建设 …… 211
农林牧渔业 …… 211
工业 …… 212
财税金融 …… 212
基础设施建设 …… 212
社会保障 …… 212
社会综治 …… 212
扶贫与惠民 …… 212
招商引资 …… 212
文化·教育·卫生 …… 212
大业镇 …… 213
概况 …… 213
农村基层党组织建设 …… 213
农林牧渔业 …… 213
工业 …… 213
财税金融 …… 213
基础设施建设 …… 214
西部农民创业园 …… 214
社会保障 …… 214
社会综治 …… 214
扶贫与惠民 …… 214
招商引资 …… 214
文化·教育·卫生 …… 214
筋竹镇 …… 215
概况 …… 215
农村基层党组织建设 …… 215
农林牧渔业 …… 215
工业 …… 215
财税金融 …… 215
基础设施建设 …… 215
文化·教育·卫生 …… 215
就业与社会保障 …… 216
社会综治 …… 216
扶贫与惠民 …… 216
招商引资 …… 216
发展现代特色农业 …… 216
新型城镇化建设 …… 216
生态乡村建设 …… 216
诚谏镇 …… 216
概况 …… 216
农村基层党组织建设 …… 216
农林牧渔业 …… 216
特色农业 …… 217
工业 …… 217
财税金融 …… 217
基础设施建设 …… 217
社会保障 …… 217
社会综治 …… 217
扶贫和惠民 …… 218
招商引资 …… 218
文化·教育·卫生 …… 218
归义镇 …… 218
概况 …… 218
农村基层党组织建设 …… 218
农林牧渔业 …… 218
工业 …… 218
财税金融 …… 219
基础设施建设 …… 219
就业和社会保障 …… 219
社会综治 …… 219
扶贫与惠民 …… 219
招商引资 …… 219
文化·教育·卫生 …… 219
石材加工业 …… 220
泽仁现代商贸物流城建设 …… 220
糯垌镇 …… 220

概况 …… 220
农村基层组织建设 …… 220
农林牧渔业 …… 220
工业 …… 220
财税金融 …… 220
基础设施建设 …… 220
农业示范区建设 …… 221
专业合作社 …… 221
社会保障 …… 221
社会综治 …… 221
扶贫与惠民 …… 221
招商引资 …… 222
文化·教育·卫生 …… 222
石材产业基地 …… 222
旅游资源开发和利用 …… 222
安平镇 …… 222
概况 …… 222
农村基层党组织建设 …… 222
农林牧渔业 …… 223
工业 …… 223
招商引资 …… 223
财税金融 …… 223
基础设施建设 …… 223
文化·教育·卫生 …… 223
特色农业 …… 223
就业和社会保障 …… 223
扶贫与惠民 …… 224
三堡镇 …… 224
概况 …… 224
农村基层党组织建设 …… 224
农林牧渔业 …… 224
工业 …… 224
财税金融 …… 225
基础设施建设 …… 225
文化·教育·卫生 …… 225
社会保障 …… 225
社会综治 …… 225
扶贫与惠民 …… 225
招商引资 …… 225
花岗岩石材开采与加工 …… 225
特色产业 …… 226
波塘镇 …… 226
概况 …… 226
农村基层党组织建设 …… 226
农林牧渔业 …… 226
工业 …… 227
财税金融 …… 227
基础设施建设 …… 227
社会保障 …… 227
社会综治 …… 227
扶贫与惠民 …… 227
文化·教育·卫生 …… 228

荣誉·职称·百岁老人名册

2017 年岑溪市获全国荣誉单位一览表 …… 229
2017 年岑溪市获自治区级荣誉单位一览表 …… 229
2017 年岑溪市获全国荣誉个人名单一览表 …… 230
2017 年岑溪市获自治区荣誉个人名单一览表 …… 230
2017 年岑溪市获高级职称人员名单一览表 …… 230
2017 年百岁老人一览表 …… 238

文 献

“美丽岑溪·宜居乡村”活动指导意见 …… 242
岑溪市加快推进供给侧结构性改革的实施方案 …… 263
2017 年岑溪市政务服务和公共资源交易工作要点 …… 269
岑溪市工业集聚区污水集中处理设施建设实施方案（摘要）…… 272

岑溪市畜禽规模养殖禁养区和限养区划定方案（摘要） …… 273
岑溪市开展一村（社区）一法律顾问工作实施方案 …… 278
岑溪市加快特色旅游发展实施方案 …… 281
岑溪市人大常委会关于我市脱贫攻坚工作情况的专题调研报告 …… 284
岑溪市人大常委会关于全市园区建设工作情况的调研报告 …… 287
岑溪市人大常委会关于我市宜居乡村工作情况的专题调研报告 …… 291
岑溪市人大常委会关于水果种植推广情况的专题调研报告 …… 294

附　录

2017 年岑溪市主要经济指标一览表 …… 298
2017 年岑溪市各镇财政收入完成情况表 …… 299
2017 年岑溪市各镇主要禽畜生产情况表 …… 300
2017 年岑溪市城乡居民基本养老保险情况简表 …… 300
2017 秋季岑溪市中学学生教师人数表 …… 301

特　　载

政 府 工 作 报 告

——2017年2月16日在岑溪市第十六届人民代表大会第二次会议上

市长　罗伟雄

各位代表：

现在，我代表市人民政府向大会作政府工作报告，请予审议，并请市政协各位委员提出意见。

一、2016年工作回顾

过去一年，面对经济下行压力持续加大的严峻形势，我市在上级党委、政府和市委的坚强领导下，在市人大、市政协的监督支持下，牢固树立和践行新发展理念，坚持创新驱动，坚持推进供给侧结构性改革，全力打好稳增长和脱贫攻坚战，经济运行稳中有进、缓中向好，社会保持和谐稳定，完成了全年主要目标任务，实现了"十三五"良好开局。

——经济运行总体平稳。完成地区生产总值270.45亿元，增长8.2%，总量在梧州市各县（市、区）排名第一，在全区位居前列。完成固定资产投资271.45亿元，增长6.31%。实现财政收入19.79亿元，同比下降1.0%，但财税结构进一步优化，非税收入占比下降0.6个百分点。粮食产量继续保持平稳增长，居民消费价格指数涨幅保持较低水平。就业形势总体稳定，城镇新增就业6050人，农村劳动力转移就业11568人，均超过全年预期目标。

——发展新动能加快成长。创新驱动发展战略持续推进，互联网与各行业加速融合，我市编制的稀土新材料产业发展规划列入自治区"十三五"产业发展和县域经济发展规划。全年新登记注册企业和个体工商户等各类市场主体3837户，增长18.35%。新动能对稳就业、促发展发挥了积极作用。

——人民生活进一步改善。全年民生支出达32.35亿元，占公共财政预算支出的78%。全体居民可支配收入实际增长9.2%，快于经济增速。年末居民储蓄存款余额增长12.46%，新增20.38亿元，人民群众的"钱袋子"越来越鼓，幸福感和获得感不断提升。

一年来，我们主要做了以下工作：

（一）全力以赴稳增长，发展态势更加稳健。

强化要素保障，坚持上项目稳投资。筹措资金9.07亿元，支持交通基础设施、产业园区、一河两岸新城区等工程项目建设，征地搬迁攻坚战取得积极成效，完成征地2956亩，拆迁房屋3.67万平方米，有效缓解了项目资金和土地瓶颈。扎实开展项目攻坚活动，114个重点建设项目顺利推进，完成投资73.22亿元。

推动提质增效，坚持降成本稳工业。积极落实自治区降成本41条政策措施，累计为企业减负4700多万元。帮助11家工业企业获得贷款6.8亿元，有效缓解企业融资难、融资贵等问题。石材产业“退城进园”取得新成效，新增入园企业10家。一批陶瓷企业技改项目和新产品实现投产。新兴产业加快发展，中铝岑溪稀土回收利用项目实现产出，完成预定税收目标。规上工业增加值完成159.3亿元，增长10.4%。

突出示范带动，坚持树品牌稳农业。西江果蔬产业（核心）示范区提档升级，累计新增投资2600万元。建成4个市、县、乡三级现代特色农业示范区，其中，岑溪市古典鸡产业（核心）示范区晋升为“广西四星级现代特色农业（核心）示范区”。品牌农业建设步伐加快，岑溪古典鸡被评为“国家地理标志保护产品”。积极培育新型农业经营主体和新型职业农民，新增农民专业合作社53家、家庭农场19家。特色优势农业产业不断壮大，新增品牌蔬菜播种面积1187亩，水果产值达18.33亿元，增长7.55%。全市农林牧渔业总产值完成63.38亿元，增长3.5%。

发展现代服务，坚持抓三产稳消费。泽仁现代商贸物流城二期工程稳步推进。批发零售、餐饮住宿、商贸流通等行业均保持15%以上高速增长，全市服务业经济进一步繁荣。加大旅游宣传推广力度，全年接待游客280万人次，实现旅游收入29亿元。积极完善和落实第三产业扶持政策措施，新增入库限上企业15家。第三产业增加值完成58.06亿元，增长7.9%，占地区生产总值比重更加稳固。社会消费品零售总额完成73.35亿元，增长10.39%，消费对经济增长的拉动作用更加明显。

改善收支结构，坚持培税源稳财政。全市10万元以上纳税企业207户，创税8.9亿元，增长0.48%。在全市财政十分紧张的情况下，大力争取上级资金补助，积极盘活我市存量资金，完成财政八项支出28.83亿元。

（二）统筹城乡抓协调，生态环境更加宜居。

城镇建设扎实推进。启动城市建设与管理提升百项工程。《岑溪市城市总体规划（2015—2030）》修编工作基本完成。自治区百镇建设示范工程有序推进，城镇配套基础设施进一步完善，一批传统村落改造和新农村建设项目顺利实施。筋竹镇和筋竹镇云龙村分别被评为全区历史文化名镇、名村。

交通基础建设扎实推进。岑水高速公路建成通车，我市高速公路“四通”格局正式形成。南环过境公路实现全线粗通，南渡至陆川二级公路加快建设，岑罗铁路复工相关工作取得新进展，一批农村公路建设项目特别是17个贫困村屯内道路硬化工程建成通车。全市通客运班车行政村达218个，通达率为85.2%，群众出行更加方便快捷。

生态文明建设扎实推进。“美丽广西·生态乡村”活动取得新成效，1520个示范村屯绿化工作、14个农村饮水安全巩固提升工程全部完成。推动36个中央环保督察组反馈问题扎实整改。主要污染物排放量控制在目标范围内。市水质检测中心建成并投入使用，完成40个农村集中式饮水源划定工作，成功创建4个自治区级生态乡镇、61个梧州市级生态村。完成造林5.5万亩，森林抚育11万亩，森林覆盖率达73.01%。市林业局获“全国绿化先进集体”称号。

（三）大胆改革促创新，发展活力更加充沛。

重点领域改革扎实统筹推进。大力推动供给侧结构性改革，有序开展“三去一降一补”各项工作，取得初步成效。落实支持农民工等新市民购房、棚户区改造货币化安置等措施政策，加快房地产去库存，商品房成交4509套50.35万平方米，增长51.6%，成交金额17.06亿元，增长47.5%，商品房库存消化周期从上一年的18个月下降到14个月左右，为梧州市去库存作出了突出贡献。全年办理小微企业流动资金无还本续贷183笔共6.87亿元，切实帮助小微企业降本增效。加强政府债务管控，我市政府债务控制在自治区核定限额范围内，确保风险可控。深化“放管服”改革，取消行政审批34项，调整9项，清理规范行政审批中介服务事项72项。全市农村金融助农服务点和服务站达429个，农村金融服务水平显著提升。全面推进农村土地确权登记工作，全市确权试点面积累计达100%。积极推行自治区综合行政执法改革试点工作，组建市场监督管理局、市政管理局和市城市管理监察综合执法大队，提升城市治理能力。市供销合作社被评为全区供销合作社综合改革试点考核评估“优秀单位”。

大众创业、万众创新氛围浓厚。开展“就业援助月”和“春风行动”，实施“乐业工程”，全年完成职业技能培训5404人，完成年任务的110.29%。全市实现创业23246人，其中，为1499名创业者办理小额贴息担保贷款6200多万元，创业成功率得到提升。实施专利倍增计划，全市发明专利受理量177件，获专利授权29件，增长38%。

开发合作成效明显。招商引资实际到位资金110.13亿元，同比增长15.67%，新引进项目76个。组团参加第十三届东盟博览会和第十三届梧州宝石节。粤桂合作进一步加强，签订粤桂（岑信）省际商贸旅游养生产业合作示范区框架协议，成功举办广西家禽、水产、畜牧“智慧善养与智慧交易”高峰论坛。

（四）千方百计惠民生，发展氛围更加和谐。

脱贫攻坚首战告捷。实现1555户7100贫困人口脱贫、14个贫困村出列的年度目标。整合2.02亿元建成脱贫攻坚基础设施建设项目335个。实施312户1507人的易地扶贫搬迁项目建设。完成11158户贫困户评级授信，授信金额4.1亿元，发放贫困户小额信贷2.27亿元。

社会保障和各项事业全面推进。投入资金12.57亿元完成11个方面45项为民办实事项目。棚户区改造开工建设2045套，完成农村危房改造1500户，人民群众特别是困难群众的住房条件得到改善。大病保险实现全覆盖，实现患者出院基本医保、大病保险和医疗救助一站式结算，全民医疗保障更加健全。城乡低保标准全面提高，社会救助水平进一步提升。推进学前教育三年行动，义务教育均衡发展通过自治区评估验收，扩大高中阶段办学规模，学校、城乡、区域间教育发展水平的差距不断缩小。稳步推进县级公立医院综合改革试点工作和分级诊疗制度建设，两孩政策全面实施，市卫协会获“2016年度全国先进农村（基层）卫协会”称号。26个村级公共服务中心加快建设，“农家书屋”覆盖率100%，举办各类文体活动累计157场，群众文体生活进一步繁荣。

社会大局和谐稳定。排查各类民间矛盾纠纷1825件，调解成功率达99.1%。开展信访积案攻坚化解活动，结案18件。排查治理存在事故隐患的工矿、道路运输等企业1132家，发现并整改一般事故隐患952项，安全生产形势持续稳定向好。拆除违章建筑60间，捣毁42处非法盗采稀土点、18个非法采砂场，抓获犯罪嫌疑人14人，对“两违一非”行为起到极大震慑作用。建成市综治中心和网格管理中心，11个城市社区实行综治网格化管理，刑事案件发案率下降14%。强化食品药品监管，确保食品药品市场规范有序。落实传染疾病监测和防控措施，打赢了手足口病防疫战。

（五）严转作风提效能，发展保障更加坚实。

深入开展“两学一做”学习教育和政府系统“两多一敢”活动，推动作风转变和履职能力提升。以“两个责任”清单全覆盖为抓手，推动政府系统落实全面从严治党主体责任。认真落实中央八项规定精神和国务院“约法三章”，“三公”经费支出下降29.79%。全面推进依法行政，规范行政复议工作。完成43个市政府部门权力清单和责任清单“两单融合”并对外公布。完善财政投资管理办法，审核预、结算基建项目1338个。认真执行市人大及其常委会决议决定，自觉接受人大法律监督、政协民主监督和社会公众监督，高度重视和高质量办好人大代表建议和政协委员提案共206件。特别是市第十六届政府班子履职以来，切实在转作风、重规范、提效能上下功夫，出台了《岑溪市人民政府议事规则（试行）》，完善行政决策机制，强化权力运行机制和监督机制，着力提高依法行政、全面履职的能力和水平，树立起了风清气正干劲足的政府形象。

一年来，国防动员和后备力量建设不断加强，军民融合、人民防空等工作取得新成果，我市连续第九次荣获“双拥模范城”称号。编制、审计、统计、新闻出版、民族宗教、外事侨务、农机、水库移民、档案、地震、水文、气象等工作取得新进步，工会、共青团、妇女儿童、残联、科协、社会科学、慈善、档案、地方志等工作取得新成效,中直、区直驻岑各单位为岑溪经济社会发展作出新贡献。

各位代表,成绩来之不易,回顾过去一年的工作,我们深深体会到:政府工作的每一点进步、每一份成绩,是自治区、梧州市和市委科学决策、坚强领导的结果,是市人大、政协有效监督和鼎力支持的结果,是各单位和社会各界密切配合、积极参与的结果,是全市人民齐心协力、奋力拼搏的结果。在此,我代表市人民政府,向各位代表、委员,向各民主党派、无党派人士和社会团体,向离退休老领导、老同志,向驻岑部队和政法干警,向所有关心、支持岑溪发展的各界人士,表示衷心的感谢并致以崇高的敬意!

在肯定成绩的同时,我们也清醒地看到,我市经济社会发展中还存在一些矛盾和问题,主要表现在:主要经济指标基数大,增长空间有限;项目投资不足,拉动经济增长作用不明显;财源税源后劲不足,财政刚性支出大幅增加;工业产业发展受挫,部分企业经营困难;我市面临原有优势弱化、新旧动能转换青黄不接、经济增长后劲不足的严峻挑战。对此,我们将牢固树立目标导向、问题导向,认真采取措施,切实加以解决。

二、2017 年工作安排

今年是实施"十三五"规划的重要一年,也是供给侧结构性改革的深化之年。当前,我国经济发展长期向好的基本面没有变,积极的因素不断涌现。自治区深入推进"双核驱动"战略,加快构建两广一体化发展,新的发展动能不断释放。我市既处于重要战略机遇期,又处于爬坡过坎的关键期,必须保持开拓进取的锐气和昂扬向上的士气,战略上坚持持久战,战术上打好攻坚战,努力在新常态中抢抓新机遇,实现新发展。

今年政府工作的总体要求是:全面贯彻党的十八大和十八届三中、四中、五中、六中全会精神,深入贯彻习近平总书记系列重要讲话精神,按照"五位一体"总体布局和"四个全面"战略布局,坚持稳中求进工作总基调,牢固树立和贯彻落实发展新理念,坚持以振兴实体经济和提升质量效益为中心,以推进供给侧结构性改革为主线,深入实施开放带动、创新驱动战略,以"三年一工程"为抓手,切实做好稳增长、促改革、调结构、惠民生、防风险各项工作,促进经济平稳健康发展和社会和谐稳定,以优异的成绩迎接党的十九大胜利召开。

今年全市经济社会发展的主要预期目标是:地区生产总值增长 7%,固定资产投资增长 7%,规模工业增加值增长 7%,财政收入增长 1%,社会消费品零售总额增长 11%,进出口总额增长 5%,城镇、农村居民人均可支配收入分别增长 7%、9%。居民消费价格指数涨幅控制在 3%左右,城镇登记失业率控制在 4.5%以内。

为完成上述目标任务,重点抓好以下六方面的工作:

(一)打好产业转型升级攻坚战,振兴实体经济。

实施农业强基行动。深化农业供给侧结构性改革。确保全年粮食播种面积保持在 70 万亩以上,粮食产量保持在 23.5 万吨以上。优化农业产品结构,发展壮大岑溪古典鸡、砂糖桔、百香果、坚果等特色种养业。加大"三品一标"农产品品牌创建力度。大力培育新型农业经营主体,力争新建农民专业合作社 30 家、家庭农场 15 家以上,培育农业产业化龙头企业 3 家以上。加快推进现代特色农业示范区建设,力争新建梧州市级以上示范区 2 个,县乡级示范区 3 个。扎实推进第三次全国农业普查工作,完成农村土地经营权确权登记颁证工作,进一步释放改革红利,激发农业农村生产经营发展活力。推进智慧善养和智慧交易对接平台和大数据中心建设,促进农产品产销对接。

实施工业提质行动。推动石材建材、铅锌矿、林产林化、纺织服装、家电电子等传统优势产业"二次创业",延长产业链条,提升产业层级。培育发展稀土新材料、风力发电等新兴产业,加快打造 50 亿元、100 亿元产业集群。继续抓好 4 个石材加工区建设,用 2 年时间推动探花、十里长街等分散石材企业全部实现?"退城进园",引进 2 家以上石材废料综合利用项目。筹建石材（建材）展销博览中心，举办首届石材（建材）展销博览会。推进陶瓷企业创新提质。引导永泰、龙湾矿等铅锌矿企业技改增效。推动纺织服装企业提升自动化生产水平和产品档次。依托中铝广西有色稀土公司，在推进花岗岩矿区伴生稀土资源安全、环保综合回收的基础上，谋划和争取上马稀土开采、冶炼分离和深加工项目，培育下游产业，推动鼎立高性能钕铁硼永磁材料项目投产，逐步建设桂东南稀土产业基地。

实施服务业提效行动。加快泽仁商贸物流城二期工程建设，引进和培育1–2家大型商贸和综合物流企业。推动明华、新发地农产品综合批发等一批农贸市场开工建设。发展商务会展经济，搞活石材建材、汽车、家电、农产品等各类展销促销活动。发展全域旅游，推动天龙顶山地公园创建4A景区和整体对外招商，新建一批星级乡村旅游区和农家乐，争创“广西特色旅游名县创建备选县”。推进县域电商发展，依托阿里巴巴、京东、乐村淘等电商平台，完善“县、镇、村”三级电商服务体系，解决物流配送“最后一公里”问题，争创“国家电子商务进农村示范县”。支持农商行惠农商城、供销社东银等本地电商平台与实体店铺深度融合，加大岑溪古典鸡、砂糖桔、米粉、腐竹、百香果等农产品电销力度。支持第三产业各行业发展壮大，力争新增入库限上企业20家以上。

（二）致力园区和项目建设，扩大有效投资。

强化投资支撑。初步安排重点建设项目110项，总投资212亿元，年计划投资46.39亿元，重点前期项目12项，总投资22.57亿元。加快南环过境公路二期工程前期工作，推进南渡至陆川、水汶至吉太、糯垌至平南四灵二级公路建设，建成梨木至大隆、三堡至波塘等县乡联网公路，争取新建一批农村公路项目。投资4300万元，积极开展农村群众出行“第一公里?桥”攻坚战，新建桥梁和改造危桥63座。配合推进“县县通天然气”，争取西气东输岑溪支线管道铺设工程尽快开工，继续推进城区燃气管道建设。实施农村电网改造升级工程。加快推进丹竹水库工程建设，抓好节水灌溉、渠道连通、中小河流域治理等水利工程实施。

推进产业园区建设。规划定位产业园区的功能布局，加快推进我市产城融合发展。改革创新管理模式，组建市工业园区管委会，建立健全与园区发展相适应的规划、建设、管理、招商、运行和服务体系。重点推进西部农民创业园、石材加工区、泽仁现代商贸物流城、鼎立新材料产业园等园区基础设施和配套设施建设，提升园区功能和承载能力，大力引进企业和项目投资建设，培育发展新动能。

优化投资软环境。改革我市“三年一工程”工作机制和考核机制，严格执行首问责任制、限时办结制、责任追究制和服务公开承诺制度，大力营造优质高效的服务环境和规范有序的市场环境。着力提高政府公信力，及时兑现对企业和投资者的承诺，大力营造亲商的信用环境和公平优质的投资环境。积极开展招商引资活动，力争全市招商引资到位资金108亿元以上。发挥政府投资的导向和杠杆作用，重点围绕基础设施、公共服务、民生工程等领域，向社会推出一批PPP项目，力争民间投资有较大幅度提升。

（三）推进全面深化改革，激化发展新活力。

围绕“三去一降一补”推进供给侧结构性改革。去产能方面，积极协调帮助企业解决实际困难，通过整合、拍卖、兼并重组的方式，有序退出一批陶瓷、电子等产业中的“僵尸企业”。去库存方面，推进棚户区改造货币化安置工作，鼓励和支持农民工购房，积极探索公租房以购代建，逐步建立购租并举的住房制度。适当控制新增建设用地指标和商业地产开发规模，进一步缩短存量商品房消化周期。去杠杆方面，完善政府投融资平台，利用各类基金、政府债券等多渠道筹集项目建设资金，深入开展银企对接活动，鼓励和引导金融机构加大对优质企业的贷款支持。降成本方面，深入落实自治区降成本41条措施，降低实体经济企业在税赋、融资、电力方面的成本，确保企业得到更多实质性优惠。补短板方面，解决好人民群众普遍关心的突出问题，探索推进就业、教育、医疗、文化、社保、住房等涉及群众切身利益的民生体系改革。

深化重点领域改革。继续推进“放管服”改革，深化行政审批制度改革，严控新设行政许可，清理规范行政审批中介服务事项，规范和优化行政审批流程。统筹推进工商登记前置审批事项，加强事中事后监管制度。推进政务服务电子化、网络化，政务服务监察手段规范化、透明化。全面推进国有林场改革，积极推进财税、水利体制、供销合作社等领域的改革。

扩大开放合作推进区域合作升级。配合做好洛湛铁路电气化改造工程和玉梧城际铁路规划研究等前期工作，推动岑罗铁路复工建设。推进岑罗、岑信区域合作，加快粤桂(岑信)省际商贸旅游养生产业合作示范区规范建设。

(四)加快新型城镇化建设，打造宜居城市。

实施城市建设管理提升百项工程。筹集资金25亿元以上，完善城市总体规划，抓好市中心区域控制性详细规划、广告设置、乡村建设等一批专项规划修编。重点推进解放大道延长线、南环路辅路、城东大桥等一批市政道路建设以及工农路、大中路等旧城街道改造。抓好城区棚户区改造，规划建设市区公共停车区，优化布局农贸市场。加快地下综合管廊、人防地下空间、供水管网改扩建等项目前期工作。大力创建文明城市，突出抓好城市环境综合整治，重点加强交通秩序、市场秩序、街道经营秩序等整治工作，提升城市整体形象。

统筹推进镇村建设。加快各镇扩容提质，推动各镇镇区路网建设、农贸市场、地下管网等基础设施建设，重点抓好水汶、筋竹镇自治区百镇示范工程建设。加快11个镇级污水处理厂和27个镇村两级垃圾处理中心建设。将孝亲文化、长寿文化与城镇建设、生态休闲旅游有机结合，打造南渡旅游特色小镇、水汶粤桂长寿小镇等产业鲜明、内涵丰富的特色小镇。在巩固提升“清洁乡村”“生态乡村”成效的基础上，大力推进“宜居乡村”建设活动，重点实施产业富民、服务惠民、基础便民等专项活动，切实改善农村生产生活条件。

加强生态环境保护治理。严格执行“水十条”，落实“河长制”，加强河道采砂管理，规范排污许可，加大饮用水水源地保护，确保水质达标率在95%以上。严格执行“大气十条”，加快淘汰黄标车和老旧车，在道路扬尘、工地施工等方面长效发力，控制PM10浓度以及二氧化硫、氮氧化物排放量等指标在自治区下达范围内。严格执行“土十条”，加强地质灾害和农业面源污染防治，促进土地节约集约使用。规范矿产资源管理，严格新设采矿权准入，实施矿区地质环境恢复治理和土地复垦。大力开展造林绿化活动，保持森林覆盖率在73%以上。加强环境监测，抓好环保督察问题整改落实。严厉打击生态环境保护、矿产资源开采、土地使用和建设等领域的违法行为。

(五)保障和改善民生，建设和谐共享社会。

坚持打好脱贫攻坚战。深入实施精准脱贫“七个一批”“十大行动”，确保实现14个贫困村和11700贫困人口脱贫摘帽。推进贫困村屯级道路、水利、网络、农村电网、贫困户危房改造等项目建设。大力推动产业扶贫，努力探索“一村一品”模式，培育和巩固贫困村的特色产业。实施易地扶贫搬迁1633人。加强小额信贷工作，采取委托经营、合作经营等多种模式，提高股份资产收益，帮助贫困户增加收入。

切实筑牢民生保障底线。筹措资金13亿元以上，继续集中力量办好一批民生实事，其中，确保完成我市本级确定的10件民生实事。大力推进创业带动就业，健全创业政策扶持体系和创业就业服务体系。加快推进结合新型城镇化支持农民工等人员返乡创业试点工作，积极构建归义泽仁物流园和建材城“创业孵化基地”服务平台。深入推进全面参保计划，进一步扩大社保覆盖范围。全面落实城乡最低生活保障工作，完善社会救助体系，支持社会慈善、社会捐助、社会福利等事业发展。

加快发展社会事业。加快学校办学基本标准达标建设，确保通过国家级义务教育均衡发展督导评估。加快明都小学、思湖小学筹建及市三小扩建工作，解决市区入学难和大班额问题。抓紧镇级中心幼儿园建设，推进学前教育改革发展实验区工作。全面推进义务教育学区制管理改革，提高学校管理水平，提升教育教学质量。抓好公共文化设施建设，实行“二馆一站”免费开放。广泛开展全民健身活动。深入推进县级公立医院综合改革、县乡村卫生服务一体化管理和分级诊疗制度建设，确保全市新农合参合率达98%以上，贫困人口参合率100%。提升妇幼保健服务能力。加强爱国卫生、卫生监督和重大疾病防控工作，提高群众医疗保障受益水平。做好“三网三库”信息管理服务平台建设，争创国家级数字档案馆。

加强和创新社会治理。深入推进“平安岑溪”建设，加强“天网工程”和综治信息化、网格化建设，抓好反恐防恐、禁毒等工作，严密防范和依法惩治违法犯罪活动。创新群众诉求处理方式，着力解决信访突出问题和社会纠纷。抓好矛盾化解、综治防控体系建设及司法改革等工作，推动政法工作迈上新台阶。加快推进食品药品安全和监管体制改革各项工作，确保人民群众食品药品安全。加强“打非治违”工作，严格落实安全生产责任制和责任追究制，以“零容忍”的态度，严防重特大事故发生。

同时，加强国防动员、国防教育、民兵预备役和人民防空建设，推动军民融合深度发展，继续争创“全区双拥模范城”。依法保障公民特别是妇女、未成年人和残疾人的合法权益。支持工会、共青团、妇联等人民团体发挥桥梁纽带作用，继续抓好民族宗教、外事侨务、涉台、审计、统计、气象、地震、水文、邮政、通信、地方志等工作。

（六）加强政府自身建设，提升为民服务形象。

坚持依法履职。全面履行政府职能，深化行政审批制度改革，实行权力清单、责任清单动态管理。加强重大行政决策合法性审查工作，做好重大行政决策后期评估试点工作。加强和改进行政复议和行政应诉工作，积极推动行政机关负责人出庭应诉。进一步规范行政执法行为，提高依法行政的水平。深入推进政务公开，深化简政放权，依法接受市人大及其常委会的监督，自觉接受人民政协的民主监督，接受社会公众监督，让权力在阳光下运行。

坚持务实担当。始终保持奋发有为的精神状态，把推动岑溪发展的责任扛在肩上，主动作为，务实担当，在“真”字上花力气，在“实”字上下工夫。营造崇尚实干的氛围，让实干在岑溪蔚然成风，推动岑溪各项工作干在实处、走在前列。加强作风和能力建设，增强政治意识、大局意识、核心意识、看齐意识，打造高素质专业化的公务员队伍。健全督查问责机制，坚决整肃庸政懒政怠政行为。

坚持开拓创新。跳出思维定势，克服工作惯性，摆脱路径依赖，以改革创新倒推问题破解之道。始终保持开拓创新的锐气，以“敢闯敢干敢为天下先”的精神，把岑溪置于全新发展坐标下，在改革创新上先行一步，工作落实上主动一步，创造更好的条件、整合更大的资源、争取更多的项目、筹集更多的资金，赢得岑溪发展新机遇、新空间、新前景。

坚持廉洁从政。坚持把纪律和规矩挺在前面，以全面从严治党统领政府各项工作，严格执行党的廉洁自律准则、纪律处分条例、问责条例。强化行政监察和审计监督，加强对重点领域、关键环节、重要岗位权力运行的监督制约，确保各项政策落实到位。

各位代表！拼搏正当其时，圆梦适得其势。让我们紧密团结在以习近平同志为核心的党中央周围，在上级党委、政府和市委的坚强领导下，紧紧依靠全市人民，以更加饱满的激情、更加昂扬的斗志、更加务实的作风，锐意进取、奋力拼搏，为岑溪加快实现与全国全区同步全面建成小康社会、基本建成山水宜居的桂东南副中心城市而努力奋斗，以优异的成绩迎接党的十九大胜利召开！

《政府工作报告》名词解释

高速公路“四通”格局：东边岑罗高速通向罗定、云浮、广州等珠三角地区，南边岑信高速通向信宜、茂名，西边岑兴高速通向玉林、南宁，北边岑梧高速通向梧州、桂林。

三去一降一补:中央提出的供给侧结构性改革五大任务,具体为去产能、去库存、去杠杆、降成本、补短板。

商品房库存消化周期:同期可供租售量(存量)/(报告期内出让数量+租量)。

“放管服”改革:国务院关于推进简政放权、放管结合、优化服务等改革的决策部署。

“两违一非”:指违法建筑,违法用地,非法采矿。

“两多一敢”:梧州市政府在全市政府系统开展“多下基层、多解难题、敢于担当”活动。

“两个责任”清单:党风廉政建设党委主体责任清单和纪委监督责任清单。

国务院“约法三章”:一是政府性的楼堂馆所一律不得新建;二是财政供养的人员只减不增;三是公费接待、公费出国、公费购车只减不增。

“三品一标”:无公害农产品、绿色食品、有机农产品和农产品地理标志。

“第一公里·桥”攻坚战:以解决农村群众出行难的问题为目的,按照“政府主导、群众参与、分步实施、建管并重,安全畅顺”的基本要求,建设、改造、加固一批群众身边的,影响群众出行、制约产业发展的农村桥梁,彻底消除群众出行“第一公里”遇到的“险、难、阻”问题,有效改善农村地区公共交通环境和农村群众出行、经济发展基础条件。

“三年一工程”:梧州市委、市政府确定今年梧州市开展“三年一工程”活动为“重大项目攻坚年”“服务企业年”“园区建设(招商)年”和“第一公里·桥”攻坚工程。

“水十条”:2015 年 4 月国务院印发的《水污染防治行动计划》,简称为“水十条”。主要内容:一、全面控制污染物排放;二、推动经济结构转型升级;三、着力节约保护水资源;四、强化科技支撑;五、充分发挥市场机制作用;六、严格环境执法监管;七、切实加强水环境管理;八、全力保障水生态环境安全;九、明确和落实各方责任;十、强化公众参与和社会监督。

“河长制”:2016 年 12 月中共中央办公厅、国务院办公厅印发《关于全面推行河长制的意见》,要求到 2018 年年底前全面建立河长制。主要组织形式是全面建立省、市、县、乡四级河长体系,各省(自治区、直辖市)设立总河长,由党委或政府主要负责同志担任;各省(自治区、直辖市)行政区域内主要河湖设立河长,由省级负责同志担任;各河湖所在市、县、乡均分级分段设立河长,由同级负责同志担任。

“大气十条”:2013 年 9 月份国务院印发的《大气污染防治行动计划》,简称为“大气十条”。主要内容:一、加大综合治理力度,减少多污染物排放;二、调整优化产业结构,推动产业转型升级;三、加快企业技术改造,提高科技创新能力;四、加快调整能源结构,增加清洁能源供应;五、严格节能环保准入,优化产业空间布局;六、发挥市场机制作用,完善环境经济政策;七、健全法律法规体系,严格依法监督管理;八、建立区域协作机制,统筹区域环境治理;九、建立监测预警应急体系,妥善应对重污染天气;十、明确政府企业和社会的责任,动员全民参与环境保护。

“土十条”:2016 年 5 月,国务院印发的《土壤污染防治行动计划》,简称为“土十条”。主要内容:一、开展土壤污染调查,掌握土壤环境质量状况;二、推进土壤污染防治立法,建立健全法规标准体系;三、实施农用地分类管理,保障农业生产环境安全;四、实施建设用地准入管理,防范人居环境风险;五、强化未污染土壤保护,严控新增土壤污染;六、加强污染源监管,做好土壤污染预防工作;七、开展污染治理与修复,改善区域土壤环境质量;八、加大科技研发力度,推动环境保护产业发展;九、发挥政府主导作用,构建土壤环境治理体系;十、加强目标考核,严格责任追究。

“二馆一站”:图书馆、群艺馆和文化站。

“三网三库”:三网指档案局域网、电子政务外网、互联网;三库指档案目录数据库、数字化全文数据库、多媒体数据库。

岑溪市人大常委会工作报告（摘要）

2017年2月16日在岑溪市第十六届人民代表大会第二次会议上

市人大常委会主任　罗阳灿

各位代表：

我代表市第十六届人大常委会向大会报告工作，请予审议。

换届以来主要工作

市十六届人大常委会于2016年9月由市第十六届人民代表大会第一次会议依法选举产生。四个多月来，在市委的坚强领导下，常委会坚持党的领导、人民当家做主、依法治国有机统一，忠实履职，主动作为，共召开常委会主任会议5次，常委会会议5次，听取和审议“一府两院”专项工作报告8项，作出决议决定6项，实现了新一届常委会工作的良好开局。

一、认真履行监督职责

监督权是人大的一项重要职权。常委会坚持问题导向，更加注重监督工作的针对性，更加注重改进监督工作的方式方法，更加注重监督和支持相结合，努力增强监督实效。

加强工作监督。常委会听取和审议了市人民政府关于2015年财政决算的报告、关于2015年度市本级预算执行和其他财政收支的审计工作报告、关于2015年度审计整改工作情况的报告、关于招商引资和园区建设、棚户区改造情况报告、关于农村公共文体设施建设情况的报告、关于全市“六五”普法规划实施情况的报告、关于2016年为民办实事项目实施情况的报告、关于市十六届人大第一次会议代表议案、建议、批评和意见办理情况的报告、关于提请审议2016年财政预算收支调整方案的议案、关于《岑溪市城市总体规划（2015—2030）》（草案）的议案、关于在公民中开展法治宣传教育的第七个五年规划（草案）的议案。作出了关于《岑溪市城市总体规划（2015—2030）》的决议、关于开展第七个五年法治宣传教育的决议，审查批准了2016年市本级预算调整方案。此外，常委会主任会议还专题听取了市交通局关于乡村道路建设及养护工作情况的报告。常委会对相关报告提出审议意见4份，交由市人民政府研究处理。

加强法律监督。常委会组织执法检查组对我市实施治安处罚法的情况进行执法检查，并听取和审议了执法检查组的专题报告。常委会要求法院进一步增强主动公开、主动接受监督的意识，完善司法公开工作机制，以公开促公正，以透明促廉洁。要求检察机关更新侦查监督观念，完善各项制度，加强队伍建设，不断提高监督侦查法治化水平。

完善监督工作方式方法。常委会在听取审议专项工作报告前，坚持组织调研组围绕相关议题深入调研，全面了解情况，抓住突出问题，增强审议的针对性。在执法检查和专项调研中，均由常委会领导牵头，邀请人大代表参加，把听取报告和召开座谈会与实地检查结合起来，重视听取基层干部群众的意见建议。审议后要求“一府两院”认真研究处理常委会的审议意见，按时限报告落实情况。

二、依法做好人事任免

常委会坚持党管干部原则与依法任免国家机关工作人员的有机统一，确保市委人事安排意图的顺利实现。换届以来，共任免我市国家机关工作人员37人次，其中市人大机关工作人员9人次，市政府组成部门领导28人次。严格执行宪法宣誓制度，市人民代表大会及常委会共组织2批81人次公开进行宪法宣誓，激励和教育国家机关工作人员忠于宪法、遵守宪法、维护宪法。

三、发挥代表主体作用

一是组织闭会期间代表活动。分四个片区召开全体市人大代表座谈会，认真听取代表的意见建议；组织市十六届人大代表开展年终视察活动；组织梧州市十四届人大岑溪代表团代表到蒙山县开展生态乡村、城镇建设、精准扶贫集中视察活动，提出了一批高质量、有价值的意见建议。二是组织代表培训。举办人大代表和人大干部履职培训班，配合梧州市人大常委会组织部分在我市工作的梧州市十四届人大代表到全国人大培训中心参加履职培训班学习，进一步增强代表的履职能力。三是进一步完善代表联络平台建设。加强市人大机关和各镇的“人大代表之家”建设，为人大代表开展学习交流、接待选民和收集社情民意提供了很好的履职平台。四是认真办理代表建议。在市十六届人大一次会议上，代表共提出建议、批评和意见61件，已交由市政府及有关承办单位办理，并按规定答复代表。

四、着力加强自身建设

常委会坚持用习近平总书记系列重要讲话精神和治国理政新理念新思想新战略武装头脑、指导实践、推动工作。坚持党组学习制度和建立机关周一学习例会制度，认真学习贯彻党的十八届六中全会精神，以及自治区第十一次党代会、梧州市第十三次党代会精神和我市第十四次党代会精神，深入开展“两学一做”学习教育，进一步增强政治意识、大局意识、核心意识、看齐意识。认真落实两个主体责任，积极推进党风廉政建设。

举办常委会组成人员履职培训班。换届后，针对常委会组成人员新人多的特点，邀请梧州市人大常委会的相关领导就常委会的主要工作、特点和程序，以及组成人员依法履职等内容进行授课，提高常委会组成人员履职能力和水平。开展“履新第一课”学习研讨，增强做好新时期人大工作的使命感和责任感。

组织常委会机关党员干部开展“双报到”、抓党建促扶贫攻坚“双联系”等活动，服务好挂点联系的重点企业、重点项目，帮助协调解决征地拆迁和融资工作中的问题。筹集资金支持常委会领导及人大机关挂点联系村开展生态乡村建设、脱贫攻坚等工作，支持马路镇伏六村村级公共服务中心建设。

重视人大信访工作。对群众来信来访做到件件有着落、事事有回音，群众对人大信访工作满意度稳步提升。去年11月，自治区人大常委会在梧州市召开了全区人大信访工作经验交流会，我市在会上作了书面经验交流发言。

各位代表，新一届常委会的工作有了一个良好的开局，取得了一定的成绩。但是，我们也清醒地看到，面对新形势新任务新要求，常委会的工作还存在着监督实效不强，常委会联系代表和代表联系群众的渠道不宽，自身建设不足等问题。对这些问题，我们将在今后的工作中认真研究，下大力气加以解决。

今年主要工作任务

2017年，市人大常委会工作的总体要求是：坚持以邓小平理论、“三个代表”重要思想、科学发展观为指导，深入贯彻习近平总书记系列重要讲话精神和治国理政新理念新思想新战略，全面贯彻落实党的十八大、十八届三中、四中、五中、六中全会精神，牢固树立创新、协调、绿色、开放、共享的发展理念，坚持党的领导、人民当家做主、依法治国有机统一，依法行使职权，为全面完成2017年工作目标任务做出积极贡献。

一、增强监督工作实效

常委会要突出监督重点，推进依法监督、有效监督，把监督与支持有机结合起来，促进“一府两院”依法行政、公正司法，确保市委重大决策部署的贯彻落实，推动人民群众普遍关注的问题的解决。

一是加大工作监督力度。坚持围绕中心，服务大局，突出重点，讲求实效，扎实开展监督工作。把人民群众最关心的急事、大事、难事作为监督重点来抓。重点听取和审议市人民政府关于脱贫攻坚工作推进情况、新型农村合作医疗工作情况、农村土地承包经营权确权登记颁证工作情况、社区矫正工作情况等报告，以及听取和审议市人民法院关于执行工作情况的报告，市人民检察院关于侦查监督工作情况的报告。对群众及人大代表普遍关注的热点问题所涉及的单位进行专题询问，推动相关工作深入开展。听取和审议预决算报告、审计工作报告，审查批准2016年市本级决算，听取和审议2017年上半年国民经济和社会发展计划及预算执行情况的报告，督促审计年度预算执行和其他财政收支发现存在问题的整改落实，促进预算管理水平提高和我市经济社会平稳健康发展。

二是切实加强法律监督。组织开展保险法、执业医师法、食品安全法、社区矫正实施办法等法律法规贯彻实施情况的执法检查，积极配合上级人大开展执法检查，保证宪法和法律在我市的正确施行。

二、做好人事任免工作

依法做好市国家机关工作人员的任免工作，促进市国家机关组织建设。全面落实宪法宣誓制度，对人大选举和常委会任命的国家机关工作人员实行向宪法宣誓。

三、加强代表工作

认真落实“双联系”制度，进一步密切常委会与代表、代表与群众的联系。坚持常委会组成人员联系基层代表制度，听民声、查民情、汇民智。扩大代表对常委会工作的参与，认真听取吸纳代表意见建议。继续完善“人大代表之家”代表履职场所和服务联络平台建设。加强代表履职和办理代表建议沟通、交流，继续由常委会领导牵头开展代表重点建议督办工作，推动办理方式创新和办理质量提升。认真组织好代表小组活动、专题调研、集中视察。抓好常委会组成人员和市人大代表学习培训，指导各镇抓好人大代表学习培训，不断提高人大代表素质和履职能力。

四、推进自身建设

坚持把思想政治建设摆在首位，深入贯彻习近平总书记系列重要讲话精神和治国理政新理念新思想新战略，切实增强政治意识、大局意识、核心意识、看齐意识，在思想上政治上行动上同以习近平同志为核心的党中央保持高度一致。认真贯彻落实中央“八项规定”精神和自治区党委、梧州市委以及我市市委的有关规定，推进党风廉政建设落实。加强机关干部队伍建设，巩固和拓展“两学一做”学习教育成果，以风清气正、求真务实的作风推进人大各项工作开展。加强对各镇人大工作的指导，密切工作联系，增强人大工作整体实效。

各位代表，站在新的起跑线上，使命催人奋进。让我们紧密团结在以习近平同志为核心的党中央周围，高举中国特色社会主义伟大旗帜，在市委的坚强领导下，开拓进取，扎实工作，为我市全面实现“两个建成”目标多做贡献，以优异的成绩迎接党的十九大胜利召开！

岑溪市人大常委会 2017年1—10月工作情况报告（摘要）

——2017年11月12日在岑溪市第十六届人民代表大会第三次会议上

市人大常委会党组书记　羽国强

各位代表：

现在，我受市十六届人大常委会委托，向大会报告市人大常委会2017年1—10月工作情况。

2017年1—10月工作情况

2017年，市人大常委会在市委的正确领导和上级人大的指导下，贯彻落实党的十八大、十八届三中、四中、五中、六中全会以及党的十九大精神，紧紧围绕市委的中心工作和改革发展稳定大局，认真履行宪法和法律赋予的职责，充分发挥了地方国家权力机关的作用。2017年1—10月，市十六届人大常委会共召开常委会主任会议9次，常委会会议8次，听取和审议“一府两院”专项工作报告16项，作出决议决定4项，为推动全市经济社会发展做出了积极贡献。

一、依法加强监督工作

市人大常委会紧紧围绕全市中心工作，切实

加强对“一府两院”工作的监督，增强监督实效，促进“一府两院”依法行政、公正司法。

加强计划预算审查监督。市人大常委会听取和审议了市人民政府关于我市2016年决算、2016年预算执行和其他财政收支的审计工作，关于我市2017年上半年国民经济和社会发展计划执行情况，关于我市2017年上半年预算执行情况报告，并作出相关决议。

加强专项工作监督。市人大常委会听取和审议了市人民政府关于我市脱贫攻坚工作情况，社区矫正工作情况，代表议案、建议、批评和意见办理情况，2016年为民办实事项目实施情况，我市园区建设工作情况等专项工作报告。常委会主任会议还听取了市人民政府关于农村土地承包经营权确权登记颁证工作报告，财政专项资金绩效评价工作报告。

市人大常委会领导和常委会组成人员对市人民政府及相关职能部门的报告进行了认真的审议，充分肯定了市人民政府及相关职能部门的工作，针对存在的一些问题，提出了相关的审议意见和建议。市人大常委会向市人民政府提出相关工作报告审议意见5份，交由市人民政府研究处理。

加强法律监督。市人大常委会支持和督促“一府两院”依法行政，不断优化全市法治环境。组织开展了社会保险法、执业医师法、食品安全法、社区矫正实施办法等法律法规的执法检查。配合梧州市人大做好行政复议法、产品质量法、气象法、民办教育促进法、渔业法等执法检查以及环境质量和环境保护目标完成情况专题调研活动。

市人大常委会高度重视群众来信来访工作，共受理群众来信来访19批(次)、42人次，并按照“分级负责，归口办理”的原则，及时转办、催办、督办和反馈，为维护全市社会稳定发挥了重要作用。

二、认真行使决定权和任免权

规范行使重大事项决定权。市人大常委会对事关我市经济社会发展的重大问题和经济运行情况，深入开展调查研究，坚持邀请人大代表和相关单位负责人参加调研活动，听取意见和建议，及时作出决议、决定。先后作出《关于批准岑溪市2016年财政决算的决议》《关于批准岑溪市2017年财政预算收支调整方案的决议》。

依法行使人事任免权。严格人事任免程序，依法任免国家机关工作人员46人次，其中决定任命20人次，接受辞职、免职26人次，为地方国家机关有效运转提供了组织保障。组织新任命的国家机关工作人员进行宪法宣誓，激励和教育国家机关工作人员忠于宪法、遵守宪法、维护宪法。

三、依法开好市十六届人大二次会议

今年2月15—17日，召开岑溪市第十六届人民代表大会第二次会议，听取和审议了市人民政府工作报告，审查和批准岑溪市2016年国民经济和社会发展计划执行情况与2017年国民经济和社会发展计划(草案)的报告，批准2017年国民经济和社会发展计划。审查和批准岑溪市2016年预算执行情况的报告和2017年预算(草案)，批准岑溪市2017年预算。会议还听取和审议了市人大常委会工作报告，市人民法院工作报告，市人民检察院工作报告，并作出相关决议。

四、认真做好代表工作

人大代表是人大工作的力量源泉、智慧源泉、活力源泉。市人大常委会始终把支持和保障代表依法履职作为代表工作的重点，不断拓宽代表履职途径，丰富代表履职内容，畅通代表反映民意渠道。

积极搭建履职平台。抓好“人大代表之家”“人大代表联络工作站”等代表履职平台建设，市、镇人大代表按照选举产生的选区到人大代表之家(联络站)报到，接待选民和联系人民群众，听取人民群众的意见和建议，了解和收集当地经济社会发展、民生保障等方面的情况。市人大常委会领导经常到人大代表之家(联络站)视察指导，参与接待选民，解答问题或问计于民。平时对群众反映或提出的问题，由接访代表或政府部门现场宣传政策、解疑释惑。对群众反映需要办理的问题，均及时转交政府相关部门限时办理答复，属镇级职权范围内可以解决的，交由所在地镇政府办理；涉及市层面相关部门解决的问题，由市人大常委会办公室汇总及时转交市政府相关部门限时办理答复。对在各级代表之家活动中收集到的问题,各镇人大和市人大常委会都进行跟踪督办,较好地回应了群众的诉求。今年6月,我市人大常委会在全区人大代表联系人民群众履职平台建设经验交流会上作了典型经验发言。

开好片区代表座谈会。今年6月,市人大常委会组织市十六届人大代表分别在马路、大隆、大业和糯垌镇召开片区代表座谈会,代表们结合闭会期间各自收集到的群众关心、社会关注的农村道路建设、宜居乡村、产业发展、农村人饮、医疗卫生、村干部待遇等提出意见和建议,座谈会共收集到意见和建议70多条。市人大常委会对代表提出的意见和建议,认真进行梳理分析,分类归纳,转给市政府及有关部门限期研究处理,要求全部以书面形式答复代表。

组织开展代表活动。坚持邀请市人大代表列席市人大常委会会议、参加执法检查、专题调研和视察活动。今年7月,组织梧州市十四届人大岑溪代表团代表到南环过境公路和边邻的容县就重点项目建设和旅游产业发展开展了集中视察和专题调研活动。委托各镇代表团组织市十六届人大代表围绕我市重点项目建设及群众关心的热点难点问题,开展形式多样的调研和视察活动,较好地发挥了代表在闭会期间的作用。

抓好议案、建议、批评和意见的办理。市十六届人大二次会议共收到代表提出的议案、建议、批评和意见35件,人大常委会及时向市政府及有关部门进行交办,并明确办理时限。目前,已答复代表20多件。

五、做好责任团队工作和市委交办的中心工作

市人大常委会班子成员和处级干部深入挂点联系的责任团队,协调责任团队成员单位,统筹推进"三年一工程"、"三整治一提升"、征地拆迁、脱贫攻坚等工作,服务好挂点联系的重点企业、重点项目,着力破解责任团队推进工作过程中遇到的困难和问题。市人大常委会机关干部到挂点联系的诚谏镇,挂点联系的诚谏镇黎垌村、思和村、美和村,与责任团队的其他单位同心协力,紧密配合,扎实开展各项工作。

六、开展专项工作调研

根据市委陶辉书记的指示,结合市人大常委会2017年工作要点和2017年主要工作安排,市人大常委会成立4个专题调研组,由市人大常委会副主任担任组长,部分常委会委员、人大机关工作人员及部分市人大代表为成员,开展水果种植品种、脱贫攻坚、园区建设等专项工作调研。专题调研组深入到相关部门和镇以及部分行政村、项目建设现场进行实地调研、召开座谈会,广泛听取意见和建议,了解基本情况、工作进度、主要做法和成效,以及存在的问题和今后的工作计划等,形成书面调研报告,经市人大常委会会议审定后报市委,为市委决策提供参考。宜居乡村工作专项调研计划在本月下旬开展。

七、全面加强自身建设

注重学习提高。加强市人大常委会机关党建工作,深入推进"两学一做"学习教育制度化、常态化,实行干部职工周一集中学习制度,人大机关干部的理论和业务水平得到提高。

加强作风建设。认真贯彻落实中央"八项规定"精神和自治区党委、梧州市委以及我市市委的有关规定,加强市人大常委会机关作风建设,全面落实党风廉政建设责任制。

扩大交流宣传。办好《岑溪人大》刊物和"岑溪人大"电视栏目,加大对外宣传力度,引导、鼓励我市人大宣传工作者积极向上级人大刊物(网站)及党报党刊投稿,展现我市人大代表履职情况,树立我市人大和人大代表的良好形象。

加强镇人大工作指导。进一步加强市镇人大工作和建设规范化工作,制定镇人大主席或副主席列席市人大常委会会议制度,抓好镇(村)"人大代表之家""人大代表联络工作站"建设,全市人大工作的整体合力不断增强,得到了梧州市人大和自治区人大的充分肯定。今年10月12日,糯垌镇人大在全区推进县乡人大工作和建设经验交流会上作了典型经验发言。

各位代表，市人大常委会所做的工作和取得的成绩，是市委正确领导、市人大常委会组成人员和全体代表共同努力的结果，是市人民政府、市人民法院、市人民检察院积极配合的结果，是各镇人大、全市人民以及社会各方面大力支持的结果。在此，我谨代表市人大常委会表示衷心的感谢！

下一步人大工作建议

2017年很快就要过去，我们要按照市委9月26日召开的县域经济推进暨年度工作百日攻坚大会的要求，鼓足干劲，扎实工作，全面完成2017年的人大各项工作目标任务。同时，要提前做好2018年工作的谋划。

在即将到来的2018年，我们将迎来改革开放40周年，中国特色社会主义进入新时代。新时代，新征程，人大工作任重道远，使命光荣，市人大及其常委会要以马克思列宁主义、毛泽东思想、邓小平理论、“三个代表”重要思想和科学发展观以及习近平新时代中国特色社会主义思想为指导，坚持和完善人民代表大会制度，坚持党的领导、人民当家做主、依法治国的有机统一，认真学习贯彻党的十九大精神和习近平新时代中国特色社会主义思想，在市委的坚强领导下，认真履行宪法和法律赋予的各项职责，更好地发挥地方国家权力机关的作用，加强对“一府两院”的法律监督和工作监督，促进依法行政、公正司法，维护公平正义，推动科学发展与社会和谐，为谱写岑溪人民美好生活新篇章做出新的更大贡献！

大　事　记

1 月

1 日　第三次全国农业普查全面启动，岑溪市近 2000 名普查员开始进村入户，对全市 20.38 万户农户开展普查。此次农业普查涉及全市所有的镇、涉农社区、行政村、农村住户和农业生产经营单位，普查内容包括农业从业者基本情况、农业土地利用与流转情况、农业生产与结构情况、新型农业经营主体与农业规模化、产业化发展情况等 10 个方面。

3 日　岑溪市召开全市经济工作会议，总结经验探索规律，分析当前经济形势，部署 2017 年经济工作。会议提出经济发展的主要目标是：地区生产总值增长 7%，规模以上工业总产值增长 7%，规模以上工业增加值增长 7%，第三产业增加值增长 8.5%，财政收入增长 1%，固定资产投资增长 7%，社会消费品零售总额增长 11%，城镇居民人均可支配收入增长 8%，农民人均纯收入增长 10%。

△　市检察院举行首批入额检察官宣誓仪式。21 名入额检察官在市检察院检察长魏钟生的带领下，向国旗和宪法宣誓。

5 日　岑水高速公路正式通车。

△　自治区高级人民法院副院长林玉棠率领自治区考评督查组到岑溪市督察 2016 年度综治（平安建设）工作及 2017 年自治区“两会”和春节期间信访维稳工作。梧州市委常委、政法委书记文建中，岑溪市市长罗伟雄、市政法委书记梁达斌、公安局局长孙有昌等领导陪同。督查组在安平镇综治信访维稳中心、富宁新农村、人民医院古塘病区、市道路交通事故“五位协同”调处中心和新成立的市综治中心和网格监管中心对平安建设、网格化管理、综治中心建设、综治信息化建设工作进行检查督导。

10 日　岑溪市召开“美丽岑溪·宜居乡村”活动动员大会。

12 日　岑溪市召开 2017 年见义勇为表彰会，岑溪市见义勇为促进会对盘秀坤、李京平等 11 人进行表彰奖励。

△　市卫计局、红十字会在水汶镇尚仁村开展“扶贫攻坚，红十字在行动”慰问活动，向该村的二十多户贫困家庭送去爱心温暖被、龟苓膏、折叠背包等物品。

13 日　春运的第一天，岑溪市在筋竹镇黄陵村春运服务站启动“汇聚暖流 情满旅途”春运服务活动，市委副书记卢宽、市人大常委会副主任谢梅、副市长伍瑜参加活动。

15—17 日　市组团参加 2017 年广西综合性高校毕业生双向选择洽谈会和教育系统专场双选会。市人社局、教育系统、卫计系统等用人单位在此次的双选会共计划招聘 115 人。有 100 名毕业生签约。

18 日　市第十六届人大常委会举行第四次会议，听取和审议有关报告和人事任免事项，决定岑溪市第十六届人民代表大会第二次会议于 2017 年 2 月 15 日至 17 日在城区召开。

△　梧州市红十字会组织工作人员到归义镇大冲村开展博爱送万家活动，给贫困户送去关怀和温暖。梧州市红十字会当天发放总价值1万多元的大米、棉被、龟苓膏等慰问物资，惠及30余名贫困户人员。

20日　市妇联举办“贫困母亲两癌救助金”发放仪式，向61名被救助的妇女每人发放救助金1万元。

21日　岑溪市在人民广场举行“美丽岑溪”乡村建设生态乡村活动总结暨宜居乡村活动启动大会。此次大会表彰奖励“美丽岑溪”乡村建设示范村14个，先进带头人60名、模范保洁员40名、示范户1000户。

21日晚　全市民办幼儿园文艺节目展示晚会在市人民广场举行。有18家民办幼儿园参与演出，爵士鼓、花样篮球、舞蹈、武术、音乐情景剧、茶艺表演等精彩节目轮番上演。

23日　自治区教育厅公布第二批广西青少年校园足球特色示范学校名单，归义镇石坡中心小学是梧州市4所上榜学校中唯一的乡村小学。

24日晚　昆仑决城市英雄“学府一号杯”拳王争霸赛在市体育馆举行。来自全国各地的18位拳手组成红蓝两队进行对决。岑溪文体中心武林飞国际泰拳武术训练营的韦昌锋在52公斤级比赛中，获得冠军。

24日　岑溪解放大桥水景工程（七彩瀑布）正式亮灯试水。

是月　筋竹镇获授自治区历史文化名镇称号，筋竹镇云龙村确定为自治区历史文化名村。

2月

8日　上午10点15分左右，一辆沥青罐车行驶至包茂高速岑溪互通匝道转弯时，翻下斜坡，车头尾脱节，轮胎脱落，造成车上两人当场死亡。

20日　梧州市委书记黄俊华在岑溪市调研2017年经济社会发展工作，

22日　梧州市委常委、副市长吴浩岭在岑溪市检查指导“第一公里·桥”惠民工程建设进展情况，要求努力提升农村地区桥梁综合通行保障能力，彻底解决群众出行“第一公里”遇到的“险、难、阻”问题。首批“第一公里·桥”惠民工程糯垌镇大地大桥开工建设。

23日　农业部基层农技推广系统改革与建设补助项目现场考评组在岑溪市南渡镇、归义镇考评。

△　广西爱无疆社会工作服务中心岑城镇社区矫正项目点挂牌成立，标志着广西首家镇级社区矫正服务站点落户岑溪，这是岑溪市司法部门创新社区矫正工作方式方法的有益尝试，将与广西爱无疆社会工作服务中心共同营造一种理解包容、合作互助的创新社区矫正模式和良好的管理环境。

27日　新华社广西分社副总编辑张周来等一行五人到波塘镇杨亦村对“船夫老师”倪华成进行采访报道，详细采录他四十多年如一日护送学生上下学和每天的教学工作。

3月

6—7日　2017年梧州市林业工作会议在岑溪市召开，梧州市副市长黄恩和岑溪市市长罗伟雄、副市长梁健以及各县（市、区）政府分管领导、林业局局长、国有林场代表参加会议。与会人员还到归义镇大坡新农村村屯绿化点、马路镇明兴木业有限公司、软枝油茶种子园参观。

7日　如新中华儿童心脏病基金广西项目暨专家义诊公益活动在人民医院开展，专家现场对符合筛查条件的儿童进行义诊，对疑似先天性心脏病的患儿进行免费普查。为符合资助条件的患儿开辟入院绿色通道，广西青基会“如新中华儿童心脏病基金”提供资金资助、广西中医药大学附属瑞康医院为贫困家庭患儿减免手术费用，特困家庭患儿将实现“零”手术费用。这次义诊活动筛查疑似先天性心脏病患儿89名，其中确诊需要手术32人，9人待进一步检查，48人属于复诊或者未患病，有约40人等待筛查。

△ 梧州市深化供销合作社综合改革工作会议在岑溪市召开。

7—8 日 自治区安监局督查组在岑溪市部分企业（归义镇思塘爆竹厂、超雄石材有限公司、筋竹镇横垌红大石场）督查安全生产工作落实情况。

9 日 岑溪市召开 2017 年易地扶贫搬迁工作会议，会议通报 2016 年易地扶贫搬迁工作进展情况和 2017 年工作计划，要求 2016 年的建设项目在 2017 年 10 月底前实现群众搬迁入住，2017 年建设项目要在 12 月底前实现基本完工、80%搬迁人口入住的目标；要坚持易地扶贫对象勾选标准、住房建设面积标准、控制住房建设成本三条底线，全力推进易地扶贫搬迁项目建设。

17 日 市餐饮业商会在榕湖饭店开展厨艺交流活动，来自新兴、信宜、梧州、容县、贺州、蒙山等周边县市酒店、饭店的厨师交流厨艺，展示 138 道特色菜品。

18 日 15 时 37 分，G80 线广昆高速 276 千米马路出口附近，一辆客车发生交通事故，2 人当场死亡，1 人重伤，4 人轻伤。

△ 梧州市妇联“产业到家 牵手妈妈”巾帼脱贫行动现场推进会在岑溪市召开。与会人员还到广西巾帼科技示范基地——信畅坚果示范基地参观学习，并参加植树活动。

27 日 桂林澳群彩印有限公司向水汶镇兆阳小学捐赠 10 套学生课桌、6 张讲台、2 套电脑和 2 张乒乓球台。

4 月

1 日 个人信用报告自助查询机在人民银行岑溪市支行正式投入使用，这是梧州市辖区县域首台个人信用报告自助查询机。

7 日 自治区减轻农民负担工作执法检查组在岑溪市南渡镇、归义镇检查，通过走访当地卫生院、学校、村级公共服务中心，详细了解岑溪市减轻农民负担工作开展情况。

△ 自治区督查组在岑罗高速路、三威林产督查安全生产各项措施落实情况。

8 日 自治区主席陈武在岑溪市就加快县域经济发展进行专题调研，自治区副主席张秀隆参加调研和座谈。陈武考察岑溪市现代特色农业（核心）示范区、古典鸡产业（核心）示范区、泽仁现代商贸物流城等项目。调研期间，陈武主持召开座谈会，听取梧州市以及岑溪市、苍梧县、藤县、蒙山县工作汇报。

9 日 自治区党委副书记侯建国在岑溪市调研农业工作，考察现代特色农业（核心）示范区建设发展、特色农业种植项目等情况。梧州市市长朱学庆、市委副书记蒋海东和岑溪市领导陶辉、罗伟雄陪同调研。

12 日 自治区督查组在岑溪市开展解决拖欠农民工工资问题专项督查。自治区督查组要求完善维权援助和调解机制，开展专项整治非法挂靠、违法分包行为，全面推行劳务实名制和“一卡通”工资专户制度，建立健全“恶意欠薪”惩处机制，从源头遏制农民工被欠薪和恶意讨薪行为。

△ 梧州市人大常委会副主任程权带领调研组在岑溪市，就梧州市十四届人大常委会五年立法规划和 2018 年立法工作计划开展调研。

14 日 市召开“三整治一提升”活动动员部署会。部署开展“整治市容市貌环境”“整治社会治安环境”“整治行政效能”和“提升经济社会发展环境”活动。

18 日 2 时 45 分，南渡镇（北纬 21.67°，东经 110.98°）发生 2.2 级地震，震源深度 6 千米。震中区位于南渡镇雅奏村丫勒冲与湖塘笃交界处，其中盘古村、井河村震感明显。

△ 市人民法院对案件庭审进行网络直播，审理的非法买卖枪支案件是庭审直播的第一案。

24 日 岑溪市首次使用飞机喷药防治森林病虫害，此次的喷药面积涉及梨木镇的梨木社区、南沙村、高围村、塘坎村、双元村、里汉村、三益村以及大隆镇的福隆村、那蓬村、大峡村周围的松林，施放 3 吨对人畜无害，对环境无污染的生防菌。

25 日 2017 年广西林业精准扶贫科普惠农

增收活动培训会暨苗木赠送仪式在大业镇举行,此次活动为群众发放4万多株马尾松苗木。

28日 岑溪市首家创业孵化基地授牌仪式在建材城创业孵化基地(服务站)举行,该基地已与梧州学院签订校企合作协议。

5月

2日 由北京东方同庆文化传媒有限公司摄制出品的电影《那树繁花》在南渡镇举行开机仪式。中央电视台、新华法制网等新闻媒体人员到场。

7日 市工信局联合梧州盐务管理局在岑溪市区某粮油批发部查获9吨由中盐舞阳盐化有限公司生产的精制盐,也就是之前被各大媒体曝光的"臭脚盐"。

23日 6时11分 岑梧高速公路梧州往岑溪方向糯垌收费站附近发生一起货车侧翻的交通事故,造成2死1伤。

△ 在岑溪市科目一考场,岑溪大队车管所"警邮合作"EMS邮寄考生驾驶证便民业务正式启动。

26日 南环过境公路实现全线贯通。南环过境公路经过火车站、工业园区、柠檬酸厂,并与岑溪东高速出口连接线相接,总投资3.2亿元。

31日 岑溪市林业局森林公安局成功破获一起非法猎捕野生动物案,抓获一名涉嫌非法猎捕珍贵、濒危野生动物的嫌疑人,解救国家二级保护野生动物领角鸮活体一只。

6月

14日 广西中等职业学校"双师型"教师示范教学巡讲活动在岑溪市中专举行。与会人员观摩市中专、柳州市一职校、广西机电工程学校、广西理工职业技术学校"双师型"教师展示的"电子技术工艺基础""雨刮开关""小溪的行程"等教学示范课。

20日 市车管所正式执行国家机动车号牌管理改革,与全区同步采用全国统一选号系统,车牌选号可以随机"50选1"。

22日 国务院第四次大督查自治区第三督导组在岑溪市督查项目建设。

28日 市直属机关工委组织市直单位党员义工在人民广场开展题为"党员义工连万家 为民服务当先锋""七一"集中为民服务活动。发放宣传资料、免费提供咨询服务、免费维修、免费义诊,宣传安全生产、卫生保健、土地规划审批等有关内容。

△ 市组织开展重点建设项目集中开竣工活动。这次集中开竣工有77个项目,总投资127707.6万元,涉及基础设施、交通、社会民生、工业企业等领域。其中开工项目49项,总投资76900.3万元;竣工项目28项,总投资50807.3万元。

△ "中国体育彩票杯"2017年岑溪市龙舟赛正式开赛,来自党政系统、教育系统、水汶镇、岑城镇等18支代表队参加比赛。

29日 市司法局、信访局等八个市直单位工作人员到岑城镇思英社区,结合"党员活动日"活动召开市直单位共建社区"双报到"活动联席会议,讨论和落实解决社区供电不足、村道和路灯工程建设等问题。

30日 广西第四届农民工技能大赛岑溪市初赛在市中专举行。来自全市各项目工地、家政中心、维修工种和茶馆的200多名农民工参加钢筋工、育婴师、养老护理员、电焊工、汽车维修电工、茶艺师等工种比赛。

△ 岑城镇新兴社区联合市委组织部、团市委、市旅游局等"双报到"单位,开展"党员义工进社区,为民服务当先锋"活动。

6月 广西电视台"百寿探秘"摄制组到岑溪市采访水汶镇南禄村潘兆文、糯垌镇塘坡村廖旭光百岁老人,并进行前期拍摄。

7月

1日 岑溪市在南环过境公路举办"庆'七一'"自行车比赛,此次赛事场地定于南环过境公路,起点位于南北大道延长线与南环过境公路交界处，全长12千米，参加人员有150多名，分3个组比赛，其中男子成人组需进行3圈36千米比拼，女子组和青少年组需进行2圈24千米比拼。

△ 岑溪市举行庆“七一”男子篮球邀请赛，这次男子篮球邀请赛在市文体中心体育馆举行，岑溪、苍梧、藤县、容县、北流、贺州八步区等男篮参赛。

3日 中迅集团和加拿大客商到岑溪市就项目投资环境进行考察。

10日 上海欣隆信息科技有限公司考察组到三堡镇沙村考察并落实火龙果种植项目。

11日 农业银行广西区分行互联网金融服务“三农”一号工程及“农银e管家”电商平台现场推介会在岑溪市委党校会议中心召开。农行梧州分行分别与梧州市商务局、岑溪市人民政府、意向客户签订合约。参会人员还到岑溪市古典鸡产业（核心）示范区现场观摩。

17日 由岑溪农商行和市妇幼保健医院合作建设的首个银医自助系统“银医一卡通”项目在妇幼保健医院启动。妇幼保健医院综合大楼候诊大厅、各楼层科室均配备有自助机，前来就诊的患者只要利用二代身份证或就诊卡，通过银医自助系统的终端即可实现在该院自助办卡、挂号、缴费等服务。

8月

1日 岑溪市在南渡镇设立生源地信用助学贷款乡镇代办点，这是梧州市第一个在乡镇设立的助学贷款代办点。8月1日起，国家开发银行生源地信用助学贷款岑溪市南渡镇代办点在南渡镇正式开始办理业务。南渡镇以及邻近乡镇的学生都可以前来办理，不用集中到市学生资助管理中心办理。

8日 第九届广西体育节（岑溪分会场）开幕，2017年“澳瑞特杯”第二届广西跳绳王民间争霸赛（岑溪市赛区），在市文体中心体育馆拉开序幕。此次比赛由自治区体育局主办、岑溪市文化新闻出版广电体育局承办。

△ 全国第九个全民健身日，2017年岑溪市“建科院杯”暑假五人制足球精英赛，在市文体中心五人制足球场举行。此次精英赛由市文化新闻出版广电体育局主办，广西建筑科学研究院设计院桂东分院赞助冠名，岑溪市足球协会承办，有梧州市、玉林市、罗定市、岑溪市等12支球队共140名球员参加比赛。

9—10日 梧州市市长朱学庆带领调研组在岑溪市调研县域经济发展情况，朱学庆一行先后到三堡镇汉世伟生猪养殖场、振兴石材加工区、筋竹镇义水村易地扶贫安置点、丹竹水库、马路镇广西鼎立稀土新材料科技产业园、南渡镇旅游文化广场、度园民俗文化展馆、邓公庙等地考察。

11日 中国石材协会考察组到岑溪市考察石材产业发展情况。

△ 由自治区地方志编撰委员会办公室组织的《广西长寿志》栏目组到岑溪市拍摄外景。

21日 晚上9点左右，南渡镇高垌电站附近有9人乘用自制浮具，在渡口电鱼，浮具侧翻，9人全部落水，5人死亡。事故发生后，岑溪市市长罗伟雄、党委常委杨明明，公安局长孙有昌立刻带领公安、消防、卫计等相关部门人员赶赴现场开展搜救工作。

25日 梧州市政协组织住梧自治区政协委员在岑城镇樟木古街，就如何做好古街区（村落）的保护、开发、利用开展视察活动。梧州市政协副主席关远芳、李贞梅、韦宁、曹垂龙陪同。

27日 岑溪农商银行和岑溪市各学校合作，为学生和家长们提供线上微信公众号缴费和线下扫二维码缴费这两种方便快捷的缴费方式。城西幼儿园、迪星幼儿园、金苹果幼儿园、市第三小学、岑溪中学等11所学校开通微信交学费服务。

28日 梧州市委副书记蒋海东在岑溪市调研，先后在梧州市西江果蔬（核心）示范区、塘坪水库以及水汶镇等地调研田园综合体建设、水汶镇粤桂·长寿小镇建设、南禄村扶贫人口动态调整和村“两委”换届等方面情况。

30日　梧州市人大常委会副主任谢凌云、苏建中带领调研组，在岑溪市调研推动实体经济发展和产业转型升级工作。调研组一行先后在糯垌镇开创石业有限公司、九原生态农业有限公司考察，与相关部门负责人、企业代表进行深入交流，共同研究探讨新思路和新举措。

9月

1日　梧州市建筑行业质量安全生产会议在岑溪市召开。会议对获“梧州市2017年上半年建筑施工安全文明标准化工地”三项工程的承建企业进行表彰，并对全市建筑施工安全质量管理工作进行部署。与会人员观摩获得自治区示范性建筑施工安全文明标准化工地荣誉的金海国际1号、2号楼及地下室工程的安全设施设置和施工现场管理工作。

2日　“岑溪—华师网院‘乡村手机学堂’暨百名名师培养工程”项目启动仪式在市职教中心举行。“乡村手机学堂”是岑溪市教育局联合华南师范大学网络教育学院共同研发的学习平台。

12日　广东国保安防保安服务有限公司正式接管岑溪市城区市容秩序辅助管理工作。当天出动执法人员和辅助管理人员230人，执勤车辆30多辆，清理占道摆卖摊档130多摊，规范摩托车停放30多辆，清理劝导超门槛经营40多家。

△　岑溪市长罗伟雄带领岑溪代表团参加第十四届中国—东盟博览会系列活动。岑溪市信畅坚果开发有限公司到博览会参展。

13日　岑溪市与桂林市润信电力有限公司签订金沙水电站建设项目，项目计划总投资7500万元。同时，还与福建古田县木灵石材有限公司签订异型材石材加工项目，项目计划总投资2.5亿元。

15日　岑城镇思英社区召开妇女第一次代表大会，这是成立妇代会以来村（社区）召开的第一次妇女代表大会。标志着岑溪市的村（社区）妇代会改妇联工作正式启动。

18日　现代化生猪养殖产业化项目汉世伟集团岑溪三堡生猪养殖场一期工程举行竣工仪式。养殖场建筑占地面积12公顷，总建筑面积5.86万平方米，其中标准化猪舍面积5.5万平方米；首批引进2100头美系大白、长白母猪。

△　梧州市革命老区产业扶贫工作交流现场会在岑溪市召开，广西老促会会长张少康、梧州市政法委书记文建中参加现场会。

19日　岑溪市与中国明阳风电集团有限公司以及已落户岑溪市的3家风电开发公司（华能新能源股份有限公司、中广核新能源广西分公司和华润电力投资有限公司）举行座谈会，洽谈风电项目合作事宜，并签订合作项目。中国明阳风电集团有限公司计划在糯垌镇、筋竹镇辖区内投资开发13万千瓦风电项目，计划总投资12.5亿元。

20日　广西科学院院长金城一行到外贸鸡场、波塘镇六肥村进行科研需求调研。

24日　自治区党委政府第四督查组在岑溪市督查贯彻落实习近平总书记4月视察广西重要讲话精神情况。督查组先后到马路、岑城、糯垌、三堡等镇督查。

27日　水汶至吉太二级公路改造工程开工建设。水汶至吉太二级公路改造工程起于水汶镇金罗大桥工程引道，终于南渡镇吉太社区街道，总长17.21千米，预算总投资约1.1亿元，拟采用二级公路标准铺设水泥混凝土路面，设计速度为40千米/小时。

29日　岑溪市举行推动全民健身和全民健康深度融合工作启动仪式。从9月至11月，市疾控中心、岑城镇卫生院、归义卫生院开展鼻咽癌早诊早治筛查活动，年龄30岁至69岁的居民可进行免费筛查。

10月

15日　2017年“好家庭杯”广西八段锦王民间争霸赛（岑溪赛区）在市文体中心举办，在团体赛中，健身气功队获得第一名，岑溪正源太极拳馆获得第二名,"陈正雷太极"岑溪一队获得第三名。在个人赛中,成年女子组5人、成年男子组3人、中老年男子组6人、中老年女子组6人分别获奖。

19日 广西军区副司令员屈绍刚带领检查组在岑溪市检查民兵军事训练开展情况。梧州军分区司令员张汉川和岑溪市委书记、人武部党委第一书记陶辉陪同检查。

26日 "党旗领航·助力脱贫"暨广西贫困村"第一书记"农产品公益巡展活动在市人民广场举行,参展单位有200多家,参展人数600多人。此次巡展时间为10月26日至31日,巡展设3个展馆,两百多个展位;全市14个镇、53个贫困村及9家涉农扶贫龙头企业全部参展,第一书记农产品展馆内设置有52个展位,其中41个展位为特色农产品,11个展位为广西其他县市第一书记特色农产品。

27日 自治区考评组在岑溪市考评验收县级现代特色农业示范区创建工作。考评组先后在糯垌镇龙母种猪产业示范区和筋竹镇大新山庄柑橘产业示范区进行考评验收。

28日 重阳节当天,岑溪一爱心企业为岑溪市500多名65岁以上老人,举办"大爱洒满天下"岑溪首届中国长寿之乡孝文化节之百寿盛宴。

29日 台湾花莲县交流团一行20多人到岑溪市开展增进基层民众交流联谊活动。交流团先后参观九原生态农业有限公司和安平镇富宁新农村。

11月

8日 经中共岑溪市直机关工委批复,中国共产党岑溪市社会组织综合委员会成立并召开第一次党员大会,会议选举产生中国共产党岑溪市社会组织综合委员会第一届领导班子。

△ 岑溪市首个两新组织党群活动服务中心——汇港园区党群活动服务中心正式投入使用。

13日 岑溪市第十六届人民代表大会第三次会议举行第二次全体会议,依法选举羽国强为市人大常委会主任。

15—16日 澳门街坊总会爱心人士到岑溪中学和诚谏镇大新中心小学开展捐资助学活动,对部分学业优良、家境贫困的学生每人捐助800元至1000元不等的助学金。此次活动共捐赠助学资金7万多元,并赠送一批学习用品。

16日 梧州市委书记、人大常委会主任黄俊华在岑溪市调研重大项目建设和电子产业发展情况。

△ 岑溪碧桂园项目举行奠基仪式,岑溪碧桂园位于岑溪中专旁边,总占地面积13.53公顷。

17日 岑溪市第十三届运动会青少年组暨2017年岑溪市中小学生运动会在市七中田径场开幕。有30支代表队2000多名运动员参加此次运动会,时间从11月17日到25日,设有篮球、足球、乒乓球、田径四大比赛项目。

24日 梧州市市长朱学庆在岑溪市宣讲党的十九大精神,并在安平镇宝峰猪场、岑城镇木榔易地扶贫搬迁点、马路镇伏六村百裕制衣厂、归义镇寿乡香坚果基地就农业及扶贫工作进行调研。

28日 岑溪市第十三届运动会在市体育中心公共体育场开幕。

29日 由人民网广西频道、中国共产党新闻网广西分网组成的"广西两新党建巡礼"宣传报道组走进岑溪市,采访广西梧州市百裕实业有限公司党支部、岑溪市汇港仓储有限公司党支部、岑溪市九原生态农业有限公司党支部等两新组织党组织的工作经验作法与创新模式。

12月

1日 岑溪市召开华南师大—广西岑溪乡村手机学堂应用现场会,展示乡村手机学堂应用的特色、亮点以及成果。

7日 国家安监总局督查组在岑溪市督查烟花爆竹安全监管工作。

8日 由中国石材协会和岑溪市人民政府共同主办的"精美石都·魅力岑溪"第一届梧州·岑溪石材建材博览会在归义镇泽仁商贸物流城开幕,

在开幕式上，有18个项目在石材建材博览会招商签约仪式上签约。这次石材建材博览会设置七大展馆，展位面积约2.7万平方米，有展位305个，参展企业340家，其中：石材企业102家，机械加工装备参展企业26家，陶瓷参展企业8家，旅游美食参展企业25家，汽车参展企业17家，房地产参展企业12家，金砂玉参展企业40家，岑溪名特优产品参展企业90家。还展出书画作品150件，展出中小学生创意作品100件。

△ 梧州·岑溪稀土产业发展论坛在岑溪中学举行。下午，第一届梧州·岑溪石材建材博览会石材产业发展论坛在市委党校举行。

10日 岑溪市孔庙迁建落成仪式暨首届祭孔大典在东山公园孔庙举行。来自社会各界人士以及孔子后裔代表等700多人参加仪式。

12日 岑溪市举行“助力岑溪·电商扶贫”公益活动启动仪式。此次活动，部分企业代表分别向岑溪市各镇的扶贫对象、困难及残疾家庭捐赠棉被和发放惠民补贴卡。

29日 岑溪市天龙顶山地公园景区获批为国家AAAA级旅游景区。

概　况

岑溪概貌

【位置】 岑溪市位于广西壮族自治区东南部边境，梧州地区南端，城区处于北纬22°55′，东经111°。市境东、南界广东省郁南、罗定、信宜三县（市），西连广西区内的容县，北邻藤县，东北接梧州市龙圩区。市境处于北纬22°37′～23°13′，东经110°43′～111°22′，在北回归线之南，属世界时区东区，地方时比北京时间迟36分钟。是大西南与珠三角经济圈的接合部，是大西南资源型经济与沿海外向型经济的连接点，是大西南东出粤港澳的桥头堡。

【面积】 境内东自筋竹镇大王村，西至马路镇旺庆村，东西最大横距63.7千米；南自水汶镇严垌村，北至三堡镇立垌村，南北最大纵距66.6千米。全市总面积2783平方千米，其中山地、丘陵面积2293平方千米，占总面积82.39%；耕地面积3.73万公顷，占总面积7.47%；水域面积53.2平方千米，占总面积1.91%；其他面积228.8平方千米，占总面积8.22%。全市面积占广西总面积的1.17%。

【边邻】 市境邻一省六市县，边界线长约300千米，与广东省毗邻的有筋竹镇、梨木镇、水汶镇3个镇17个村庄，与广西壮族自治区内的市县毗邻的有水汶镇、南渡镇、马路镇、波塘镇、三堡镇、安平镇、诚谏镇7个镇34个村庄。

【简况】 2017年，岑溪市辖14个镇，市人民政府驻地岑城镇，行政区域面积2783平方千米。洛（阳）湛（江）铁路、包茂高速公路、广昆高速公路、国道207线和324线过境，市境内较大的河流有黄华河、义昌江。耕地面积3.73万公顷，农田有效灌溉面积1.76万公顷，粮食播种面积46167公顷，粮食总产量229559吨。社会用电量9.5亿千瓦时。农机总动力29.9万千瓦。公路里程1697.62千米，其中高速公路128.35千米。主要旅游景区有石庙山、白霜涧、天龙顶山地公园等三个旅游景区，旅游景点有龙母诞生地、邓公庙、关帝庙、“五世衍祥”牌坊、谢村传统村落、孝子祠、樟木古街7个景点，全年接待国内游客326.66万人次。岑溪是全国最大的花岗岩石材生产基地之一，岑溪红花岗岩资源丰富，储量约20亿立方米。著名地方产品有岑溪古典三黄鸡和砂糖橘、玉桂、桂圆肉和软枝油茶。岑溪市是中国花岗岩之都和全国花岗岩石材生产基地、中国玉桂之乡、中国古典三黄鸡之乡、中国观赏石之乡、中国民间文化艺术之乡、中国绿色名市、全国生态文明先进市、全国农村教育体制改革先进县（市），又是自治区创建无公害水果生产基地县（市）和“创建广西无公害粮食生产示范基地县”。2008—2010年，连续三年被中共广西壮族自治区委员会和人民政府评为“广西科学发展十佳县”。1992—2011年，连续八年获全自治区双拥模范城。2010年获“中国绿色名市”称号。2012年，岑溪市获得“中国长寿之乡”称号，被评为“全国计划生育优质服务先进县（市）”和“全国农村中医药工作先进单位”，成为西部地区农民创业促进工程国家试点县，是梧州市唯一的试点县（市）。2018年被文化和旅游部命名为2018—2020年度“中国民间文化艺术之乡”。获自治区全民健身与全民健康深度融合示范县（市、区），获自治区双拥模范城称号，这是连续十次获得的荣誉。

【行政区划】 岑溪市行政区划为辖14个镇（岑城镇、马路镇、南渡镇、水汶镇、大隆镇、梨木镇、大业镇、筋竹镇、诚谏镇、归义镇、糯垌镇、安平镇、三堡镇、波塘镇），282个村（居）民委员会。其中，村民委员会256个，社区居民委员会26个。

表1

2017年各镇村（社区）居委会设置情况表

镇村（社区）委员会名称	设置情况
岑城镇	辖11个社区居民委员会（樟木社区、城厢社区、龙井社区、甘冲社区、新兴社区、富民社区、孝坊社区、义洲社区、二奇社区、思英社区、明都社区）和14个村民委员会（乌峡村、天星村、古塘村、探花村、龙灯村、思孟村、木堋村、山心村、垌尾村、寮田村、大锦村、黄沙村、六凡村、六田村），共25个村（社区）
马路镇	辖2个社区居民委员会（马路社区、昙容社区）和18个村民委员会（善村、福塘村、义垌村、中林村、车垌村、和平村、水平村、伏六村、五星村、大和村、大垌村、旺庆村、昙雅村、上双村、永固村、岭腰村、荔王村、六新村），共20个村（社区）
南渡镇	辖2个社区居民委员会（南渡、吉太）和24个村民委员会（义新村、杨冲村、中和村、西竹村、西兰村、六梭村、社垌村、古太村、都雅村、六丰村、高垌村、泊口村、雅奏村、旺练村、坡舍村、峡宝村、苏河村、高创村、盘古村、平石村、君丰村、六四村、君垌村、井河村），共26个村（社区）
水汶镇	辖1个社区居民委员会（水汶社区）和22个村民委员会（石村、旺田村、良乃村、南禄村、太云村、云会村、大卫村、耀华村、曾子村、王强村、翰田村、大南村、西河村、兆阳村、尚智村、旺公村、尚仁村、三村、竹兰村、严垌村、云秀村、尚勇村），共23个村（社区）
大隆镇	辖1个社区居民委员会（西宁社区）和14个村民委员会（车滩村、六各村、合和村、河口村、南和村、石脚村、湴河村、白碟村、义修村、旺坡村、大峡村、那蓬村、福隆村、均昌村），共15个村（社区）
梨木镇	辖1个社区居民委员会（梨木社区）和16个村民委员会（里汉村、三益村、塘坎村、高围村、大旺村、南沙村、双元村、泗祥村、白护村、沙琴村、社护村、平田村、河木村、水井村、大坡村、云开村），共17个村（社区）
大业镇	辖1个社区居民委员会（大业社区）和14个村民委员会（板么村、思回村、泗龙村、杨乐村、新村、古静村、双凇村、会村、古万村、古味村、胜垌村、奕清村、大猷村、同福村），共15个村（社区）
筋竹镇	辖1个社区居民委员会（筋竹社区）和17个村民委员会（中围村、义水村、云龙村、大王村、黄陵村、横垌村、双担村、横山村、马芹村、石芹村、志明村、望间村、罗敏村、黄茅村、新联村、昙市村、石龙村），共18个村（社区）
诚谏镇	辖1个社区居民委员会（诚谏社区）和19个村民委员会（新华村、陀村、石桥村、乾厢村、河三村、永安村、治安村、孔任村、大新村、思和村、大良村、美和村、南大村、沙田村、黎垌村、白丈村、天堂村、长坡村、双坪村），共20个村（社区）

续表 1

镇村(社区)委员会名称	设 置 情 况
归义镇	辖 1 个社区居民委员会(新圩社区)和 22 个村民委员会(思塘村、荔枝村、龙王村、金坡村、昙龙村、大寨村、勒水村、谢村、万里村、金鸡村、大冲村、保太村、秋风村、石坡村、双贵村、美伦村、义和村、赤黎村、古皮村、垌头村、永义村、永和村),共 23 个村(社区)
糯垌镇	辖 1 个社区居民委员会(糯垌社区)和 20 个村民委员会(古淡村、平坡村、古兰村、黄塘村、塘坪村、古河村、龙樟村、龙母村、大地村、绿云村、塘坡村、海杰村、三兴村、地麻村、新塘村、新田村、叶伦村、高棠村、昙海村、平炉村),共 21 个村(社区)
安平镇	辖 1 个社区居民委员会(太平社区)和 16 个村民委员会(古院村、成美村、同心村、中庆村、凤新村、富宁村、富罗村、尖峰村、灵山村、罗同村、治垌村、白板村、纯堤村、昙伦村、三塘村、古益村),共 17 个村(社区)
三堡镇	辖 1 个社区居民委员会(三堡社区)和 24 个村民委员会(木坪村、月田村、立垌村、河六村、车河村、美术村、荔良村、安山村、富冲村、简塘村、祝庆村、扶南村、新安村、平山村、沙村、蒙冲村、蒙布村、三合村、孔龙村、振大村、古淮村、古寨村、河边村、蒙奇村),共 25 个村(社区)
波塘镇	辖 1 个社区居民委员会(波塘社区)和 16 个村民委员会(新廉村、荔村、南垌村、容坡村、和村、六肥村、龙田村、双门村、杨亦村、东岸村、西岸村、古冻村、蛟塘村、合水村、大公村、六岑村),共 17 个村(社区)

【建置沿革】　秦始皇三十三年(前 214 年),市境属南海郡(一说桂林郡),以后各朝代市地归属和名称屡有变更。唐武德五年(622 年),以永业县地置南义州,分置安义(在今市东部)、龙城(在今市中部)、义城(在今市西部)三县,州治设在龙城县。同时析原泷州的正义县置连城县(在今市南部),划归南义州。唐贞观元年(627 年)废南义州,所属县隶南建州。贞观二年复置义州,仍以原属县归属。贞观五年又废义州,其所属县仍归南建州,次年复置义州,故岑溪有古义州之称。唐天宝元年(742 年),改义州为连城郡,隶容州管内经略使。唐至德二年(757 年),改安义县为永业县,龙城县为岑溪县,是为岑溪县名之始[一说建于汉武帝元封五年(前 106 年),据明崇祯《梧州府志》卷之三"郡事志"记载:"元封五年初置交趾部刺史领七郡治苍梧始置猛陵岑溪二县。"]。

民国二十九年(1940 年),岑溪被定为三等乙级县。1949 年 11 月 28 日,岑溪解放,属广西梧州专区,1951 年梧州专区与郁林专区合并称容县专区,岑溪隶属之。1951 年及 1953 年,原藤县的糯垌、三堡两区先后划归岑溪,1958—1971 年属梧州专区,1971 年到岑溪撤县设市时(1995 年 12 月),岑溪则属梧州地区。1995 年 12 月 1 日岑溪设市,1997 年 4 月起属梧州市代管。2005 年 7 月 24 日,岑溪市撤并乡镇 3 个(撤销樟木镇,整建置并入岑城镇,岑城镇人民政府驻地不变;撤销昙容镇,整建置并入马路镇,马路镇人民政府驻地不变;撤销吉太乡,整建置并入南渡镇,南渡镇人民政府驻地不变),全市由原来的 16 个镇和 1 个乡调整为 14 个镇,是年至今全市辖岑城镇、马路镇、南渡镇、水汶镇、大隆镇、梨木镇、大业镇、筋竹镇、诚谏镇、归义镇、糯垌镇、安平镇、三堡镇和波塘镇,共 14 个镇,有村(居)民委员会 282 个,其中村民委员会 256 个,社区居民委员会 26 个。

【自然环境】

地质 岑溪市境位于南华准地台之华夏褶皱带西缘钦州残余地槽博白坳陷与云开台隆东部东段，境内褶皱断裂发育，岩浆活动频繁而剧烈。区域构造走向，主要为北东向，次为东西向、北西向及近南北向。构造断裂纵横交错，新老构造重叠干扰现象较为显著，成矿条件属太平洋成矿带。

地层 境内地层从古生代到新生代均有出露，但缺失石炭、二叠、三叠系地层。主要地层有寒武系、奥陶系、志留系、泥盆系、白垩系、侏罗系、第三系、第四系，以奥陶系砂页岩最发育，白垩系红层次之，加里东期混合岩和燕山期花岗岩、火山岩、次火山岩又次之。

地貌 市境属云于大山北麓东段的丘陵山区，云开大山余脉从广东省信宜市北延于市境南部、东部和中部，主峰有土柱顶、老鸦巢、石豹顶、大芒顶、尖锋山、老湖顶等；勾漏山余脉从容县东延于市境西部和北部，于西南部与云开大山余脉相连接，主峰有鸡笼山、滑竹顶、三界顶等。境内山丘连绵起伏，其间有黄华河、义昌江和糯垌河及河谷小平原、小盆地，构成“川”字形的地貌。

全市地势东南高，西北低，由东南向西北倾斜，中部稍平。南部最高的土柱顶海拔 1211 米，西北部最低的都目河谷，海拔 50 米，中部城厢街海拔 100 米，最高点与最低点相对高度差为 1161 米。

气候 2017 年，岑溪市年平均气温为 21.2℃，比历年平均气温偏低 0.5℃，月平均气温在 13.5℃～27.4℃，12 月平均气温最低，6 月平均气温最高，年极端最高气温 36.0℃（8 月 22 日），年极端最低气温 2.0℃（12 月 19 日）。年降雨量为 1506.9 毫米，年日照时数为 1643.9 小时。

【自然资源】

土地资源 全市土地面积 278300 公顷，其中山地 26400 公顷，占总面积的 9.5%；丘陵地 212900 公顷，占总面积的 76.5%；海拔 200 米以下的小平原、小盆地 29100 公顷，占总面积的 10.45%；台地 3600 公顷，占总面积的 1.3%；水域 6300 公顷，占总面积的 2.26%。

水资源 境内雨量充沛，水资源丰富，总存量 39.25 亿立方米。市境河流多，落差大，可供利用的水能资源也很丰富。水能资源主要分布在黄华河的中下游和义昌江下游，其余分布在这两河的支流河段上。全市水能资源总蕴藏量 13.1 万千瓦，可开发 8.3 万千瓦；境内有水电站 63 座，总装机容量 7.07 万千瓦。

地下水存储于岩土体中，全市地下水资源每年 138129.4 万立方米，可开采资源每年 26909.3 万立方米。境内矿泉水符合国家标准界限指标的有三种类型。

偏硅酸型 各地均有发现，检验合格的为大隆镇凤凰山矿泉水，偏硅酸含量为每升 85.4～86.9 毫克，钠含量每升 27.15 毫克，矿化度每升 310.6 毫克，日出水量在 20 吨以上，已开采。

碳酸型 现已发现有两个泉眼，碳酸氢根含量达 279 毫克 / 升以上，日出水量约 200 吨。水中矿物质含量钙 54～64 毫克 / 升，锂 0.02 毫克 / 升，锶 0.083 毫克 / 升，锌 0.054 毫克 / 升，属低矿化度的碳酸氢钙型矿泉水。

蒸馏水型 绿云山泉水水质的矿化度低，经中山医科大学化验，参考矿化度每升 30 毫克，是罕见的天然纯水。

【矿产资源】 境内已发现的矿藏，金属矿有铅、锌、钛、铜、钨、锰、金、银、锆、铁、锡、镭、钼、钪、铀、钍、稀土 17 种；非金属矿有花岗岩、沸石、珍珠岩、萤石、黑曜石、云母、石英、大理石、重晶石、磷、硫铁矿、白云石、石灰石、独居石、煤、膨润土、高岭土、金砂玉、蒙脱石、稀土等。

金属 铅锌储量 800 万吨，主要分布在诚谏镇河三村至安平镇大冲村一带，糯垌镇和筋竹镇也有。河三、佛子冲铅锌矿，其矿区面积有十多平方千米，多组呈北东走向的大矿脉延伸 3～5 千米，Zn+Pb 品位 3%～10%以上。

钛主要分布在糯垌镇的黄塘、平塘、古河、大竹、龙樟、三兴、海杰村一带，品位较高，含钛 48%～

51%、磷 0.02%～0.03%。此外在南渡镇的西竹、古太、红光、平石村，马路镇的昙容、岭腰、菉王村和岑城镇的古塘村也有。全市钛铁储量 600 多万吨。

金分布面较广，全市 14 个镇均发现有脉金、沙金。脉金主要分布在筋竹的鸭坑、石鹅肚、三就坑、三块、那螂顶、昙市等地；有破碎带型、破碎带石英脉型、石英脉黄铁矿型。筋竹石罗金矿位于筋竹镇北部的昙市、那埌至石龙村之间，面积约 2.9 平方千米。梨木白护金矿位于梨木镇东南面的白护村附近，面积约 2.6 平方千米。大隆力的金矿位于大隆镇西北方向的河口至西宁村之间，面积约 1.6 平方千米。安平中庆金矿位于安平镇中庆村附近，面积约 1 平方千米。

银主要分布在筋竹镇的鸭坑一带，含银品位最高的每吨 4000 多克，并发现有重 40 多克的自然银。

非金属矿 花岗岩以中酸性黑云母花岗岩为主，灰白及红色较多。灰白色细粒花岗岩结构紧密，抗压强度大于每厘米 700 千克，抗折强度大于每厘米 60 千克。颜色均匀，磨光后光泽度较好。红色花岗岩以钾长石、石英为主，颜色鲜红夺目，磨光后光泽度较好，取名“岑溪红”。灰白色花岗岩主要分布于波塘镇的合水、三堡镇的月田、南渡镇的平石、梨木镇的河木。红色花岗岩主要分布于马路、岑城、糯垌一带的长岗顶岩体，储量约 20 亿立方米。

磷主要是南渡岩体西部旺庆伟晶岩群岩脉中含磷，储量 30 多万吨，品位一般为五氧化二磷大于 12%，最高达 30%。

黑曜岩主要分布于水汶盆地南部的吉太社区，西起沙冒顶，东至石豹山，矿体主要赋存于流纹状霞细斑岩和角砾凝灰岩中，矿体呈东西走向，断续出露长约 10 千米，宽 3 千米，厚度约 5～40 米，远景资源量约 7500 万吨。主要矿物成分为玻璃质，约占 93%～98%，次为长石、石英、角闪石、云母、少量铁质等，品位 K_2O 为 3～13.4，容重为 177.6～340.5 千克 / 立方米。黑曜岩颜色为黑色，玻璃光泽，贝壳状断口，硬度 5.2～6.4，比重 2.2～2.4，折光率 1.492～1.506，耐火度 1300℃～1380℃，膨胀系数 7～15 倍。全玻璃质结构、玻璃雏晶结构，斑状构造。

珍珠岩主要分布在水汶盆地火山岩中，矿体呈北西走向，长 600 米，宽 150～600 米，厚 2～25 米，C 级资源量 530 万吨，D 级资源量 250 万吨。主要矿物成分为玻璃质，约占 80%～90%，次为长石、石英、云母等，品位：K_2O 15.95，平均 7～11，容重 71.5～300 千克 / 立方米，一般为90～140 千克 / 立方米。颜色多为肉红色、褐色，珍珠光泽、油脂光泽。贝壳状断口，硬度 5.2～6.4，比重 2.2～2.4，折光率 1.492～1.506，耐火度，1300℃～1380℃，膨胀系数 7～30 倍(14.3～26)。玻基斑状结构，珍珠构造、角砾构造，是广西发现的唯一矿种。

沸石主要分布在大隆镇凤凰山一带，矿体走向北西，长约 1.5 千米，宽 0.3 ～0.5 千米。矿石以丝光沸石为主，品位为 30%～60%，储量为 1000 万～3100 万吨，是广西发现的唯一矿种。

膨润土主要分布在大隆镇白碟村、大业镇泗龙及思回村附近。

高岭土主要分布在大业、筋竹、南渡、岑城、安平、大隆等镇，资源量约 1 亿吨以上。其中吉太至大隆白碟、均昌北西南东走向的矿带断续出露约 10 千米，按矿体分布出露情况可分为三个矿段，即南渡君垌矿段、大隆白碟古王垌矿段、大隆均昌矿段，又分为四个矿体，其中三个矿体分别长约 800 米，宽约 50 米，矿体延深约 40 米；另一个矿体长约 1500 米，宽约 150 米，厚约 100 米，整个矿区高岭土资源量(333)约 4600 万吨。吉太至岑城寮田北东走向的矿带划分为二个矿体，分别长约 500 米，宽约 50 米，矿体延深约 70 米。整个矿区高岭土资源量(333)约 3 万～4 万吨。安平风新东西走向高岭土矿床出露长约 1 千米，以单个矿体出现，宽约 30 米，矿体延深约 50 米。整个矿区高岭土资源量(333)约 250 万～300 万吨。以上高岭土大多数赋存于奥陶系以及白垩系地层的风化带中，属残积亚型砂质高岭土矿床。筋竹云龙至大王北东走向矿体断续出露约3千米，按矿体分布出露情况可分为云龙和大王矿段，矿体赋存于晚侏罗世浅灰色细粒花岗岩断裂带中，属热液型风化高岭土矿床。

观赏石主要品种有金砂玉、梨皮石、黄蜡石、金纹石、黄石、黑石、红石、水晶晶簇、层解石、方解石晶簇等。这些品种集中蕴藏于该市境内的黄华河、义昌江一带和广西佛子冲铅锌矿体中，总蕴藏量约17万立方米。金砂玉产于黄华河中，其质色形纹俱佳。金砂玉原石是有较好水洗度的石英岩玉，其质地致密、温润，石色为黄色、金黄色、红色、褐黄色、灰色，多为扁圆状石体，石形有一定变化。

【动植物资源】 境内野生动物、植物很多。有植物资源134科333属633种，其中有乔木279种；还有格木和紫荆等国家三类保护植物的珍贵树种。岑溪市辖区内野生动物种类比较多。属国家I级保护的野生动物有蟒蛇，白颈长尾雉；属国家II级保护的野生动物有穿山甲、小灵猫、鸳鸯、原鸡、灰背隼、游隼、小鸦鹃、褐翅鸦鹃、虎纹蛙、大壁虎、白鹇等。

列入广西地方重点保护的野生动物：两栖类有黑框蟾蜍、沼蛙、泽蛙等；爬行类动物有玉斑锦蛇、百花蛇、眼镜王蛇、金环蛇、银环蛇、乌梢蛇、三素锦蛇、滑鼠蛇、尖吻蝮等；兽类动物有果子狸、豹猫等；鸟类动物有灰胸竹鸡、小杜鹃、林八哥、画眉、红耳鹎、红嘴相思、银耳相思、白头鹎、白喉红臀鹎、雉鸡、红胸田鸡、鹩哥、灰兰鹊、喜鹊、大嘴乌鸦、小黄莺、大山雀、棕腹啄木鸟、棕被伯劳等。

【旅游资源】

白霜涧 白霜涧瀑布位于吉太河与君垌河交汇处附近，落差约86米，宽约20米，丰水季节，瀑布之水分三级奔流而下，落差较大处形成瀑布、深滩。神仙滩位于瀑布上游，河水清澈见底，河床是一块块巨大的石块有规则地拼成，其中有多个很深的穴眼。滩后有一潭，深不见底。漂流项目是该景区主要的游乐项目，全程漂流河段5.8千米，水文落差120米，用时约2小时。

石庙山 位于岑溪市水汶镇，因巨石下有一盘古庙而得名。石庙山属于丹霞地质结构，奇石林立，大小不同，形态各异，似飞禽、走兽、人物等，栩栩如生，巨石顶上树木葱郁，四周却光滑陡峭，无法攀登，各种自然景观千姿百态。盘古庙旁常年有泉水流出，清澈甘甜。这里雨量充沛，夏季凉爽，冬季温和，植物原生类型属亚热带常绿阔叶林，大面积的植被属次生类型，树种繁多，野生动物有170种以上，列入国家一级保护动物的有黄腹角雉，国家二级保护动物有10多种，自治区重点保护动物有20多种。

土柱顶 海拔1211米，为桂东南第二高峰，森林植被良好，为砂岩地质结构，远眺似一擎天石柱。三面绝壁，唯有东北面山路险峻，勉强能上，一路怪石嶙峋，造型奇特。森林资源丰富，植被属次生类型，以常绿树为主，山顶灌丛矮林，由于垂直海拔与季节不同，呈现出丰富多彩的变化。另有宽阔的高山草地、高山湖泊、高山溪流形成的瀑布群。有一批国家保护的动植物，其中红豆杉为一级珍稀濒危保护植物。2008年作为招商引资项目建设，把土柱顶及周边景区整合，统称“天龙顶山地公园”，公园位于岑溪市南渡镇吉太社区，面积16平方千米。天龙顶山地公园有瀑布、溪涧、断崖、气象景观、高山草地、珍贵树种、小气候环境等许多景点，2013年12月27日开始对外营业，开放景点有石桥头、龙袍谷、回音谷、红豆神树、石钟鼓、桂薤庙和书画摄影写生基地展厅等。

邓公庙 南渡邓公庙始建于明末，是当时乡人为纪念有德行的邓清羽士（字子真）而修建的，清雍正十二年（1734年）重修，现存前殿、中殿、后殿。古庙雕梁彩栋。其梁、柱、檩、椽均用格木制作，梁架构造仍保留明代建筑风格。最具有历史艺术价值的是四根蟠龙柱，每根高5.4米，直径40厘米，四条蛟龙雕工精细，形态威猛生动，是广西唯一仅存的古代木雕龙柱，十分珍贵。被自治区人民政府于1994年7月8日公布为省级重点文物保护单位。

关帝庙　南渡关帝庙位于南渡镇黄华河畔，与邓公庙毗邻。始建于清道光九年(1829 年)。其庙宇雕塑、壁画、石狮、楹联和碑刻保存较好，有较高艺术价值。近年已维修过,它与相邻的自治区文物保护单位邓公庙构成一处旅游景点。

水汶牌坊　“五世衍祥”牌坊位于水汶镇南禄村莲塘坳。该牌坊是清朝同治皇帝为表彰岑溪水汶镇南禄村百岁寿星刘运昌五代同堂而建，建于同治七年(1868 年),砖结构,坊高 11 米,宽 10 米,厚 1.1 米,坊顶饰翘角飞檐,坊身有各种人物花卉鸟兽,灰塑,造型独特。牌坊里还镶嵌梧州知府、岑溪知县等官宦的题词碑刻。2000 年被定为广西区级重点文物保护单位。

龙母庙　位于岑溪市糯垌镇大竹村(今为龙母村)。龙母村历史上有一座规模壮观的龙母庙,“文化大革命”时被毁,至今碑文、石刻、龙珠断墙残壁犹存。

樟木古街　位于岑溪市区的东北部，初时叫长宁圩(原名太平圩),也叫常宁圩,当地人称樟木圩,古街东出口有一棵古樟树,因而得名樟木圩。古街由两街四巷组成,两街为肇福街和廻龙街,四巷为叶京(经)巷、盐埠巷、邓公庙巷和竹行巷,全长约 1200 米,宽 2 ~ 6 米,有店铺民居 400 多间。古街成型于明嘉靖年间(1522—1566 年),民国时期十分繁荣,为岑溪辖区内四大古圩镇之一。樟木古街现存的旧民居多为清末民国初建造，全部为砖瓦、砖木结构,是一个较为完整的古建筑群。街内有樟木大井，乾隆四年岑溪县志记载:“长宁圩东南有泉,从葛仙地脉涌出,亦清冽可饮。”这就是樟木大井,因坐落在廻龙街,又称廻龙大井，位列岑溪四大名井之首,是一处不可移动的鲜活的“文物古迹”。还有五社八庙,五社即廻龙社、聚龙社、老祖社、展塘社和太福社,八庙是上山庙、北帝庙、财神庙、邓公庙、关帝庙、观音庙、雷祖庙和水月宫庙。

谢村古城　位于岑溪市归义镇谢村,清顺治九年(1652 年)岑溪县府为躲避叛军而寄居谢村,作为临时办公场所。古城的东南西北各有一座城门,至今仍基本保存当年的风貌。古城内古巷纵横交错,小巷道路用青砖和石板铺成,城内的建筑高低不一。沿巷两边是店铺,后面是住宅。西门、南门两边各镶嵌着对联,南门对联是“美俗留传百世,淳风继续千秋”,西门的对联是“春夏秋冬出入恒由斯道,士农工贾往来咸进是门”。古城里还有雕梁画栋的豪门大宅院，这些大宅院其中一些是书香门第的人家,如一住宅门前“兄弟拔元”的清朝道光古牌匾,就见证着当时读书人的功成名就。岑溪历史上官阶最高的从三品官员、清代两浙盐运使高熊徵和南京保卫战中为国捐躯的抗日名将高致嵩的故居就在古城内。

【人口、民族和语言】

人口　2017 年末，全市总人口 960944 人,其中城镇人口 429307 人,乡村人口 531637 人。人口最多的镇是岑城镇(165313 人),其次是南渡镇(89662 人),再次是糯垌镇(82653 人);人口最少的镇是安平镇(34380 人)。男性人口 514166 人,女性人口 446778 人。全市出生人口 20114 人,60 岁以上老年人 116007 人,其中百岁以上老人 121 人。

民族　2017 年,全市人口中,壮族人口 5315 人,汉族人口 953285 人,其他少数民族人口 2344 人。其中人口 100 人以上的有壮族、瑶族、苗族、侗族、布依族、黎族、仫佬族。

语言　岑溪市居民主要操桂南次方言——岑溪白话，岑溪白话属于桂南片区内的勾漏片粤语次方言。随着普通话的推广和外来人口的增多,普通话也成为重要的交往语言，带有港澳色彩的粤语词汇不断渗入地方口语中,“洋泾浜”式语言也逐渐出现口语中。安平镇治垌村、古麻自然村和太平社区旧寨自然村、坡脚自然村、雅塘自然村中在内部使用汉语客家方言,对外使用白话。岑溪白话具有汉语及其所属方言的共同特征,同时,它的语音、词汇、语法等方面还不同程度地带有地方色彩。其中生产,生活用语有的还带有瑶语、壮语语音成分。

（市志办）

经济和社会发展

【社会综合实力】 2017年，岑溪市完成地区生产总值312.56亿元，增长10.6%，在全区位居前列。完成固定资产投资308.58亿元，增长13.7%。财政收入18.21亿元。规模以上工业增加值191.91亿元，增长13.7%。全年民生支出34.33亿元，占公共财政预算支出的86.3%。第三产业增加值65.74亿元，增长9.9%；存贷款总量分别增长10.25%和14.2%。城镇和农村居民人均可支配收入分别为30910元和13353元。就业形势总体稳定，城镇新增就业7057人，农村劳动力转移就业12780人。

【基础设施项目建设】 2017年，规划编制金海国际、一品尊府、欣建天宸等项目，规划编制中小学教师公租房、学生宿舍、卫生院等公建项目68宗，办理用地规划设计条件168宗以及城区各路段私建的规划设计89宗。

建成大隆、梨木、大业等7个镇级和岑城龙登、马路中林、南渡坡舍等20个村级垃圾处理中心。招商引资到位资金6.83亿元，占年度任务的113.8%。推进思湖路延长线西段、城北文教区北侧道路、岑溪市城区控制性详细规划编制、市区人行道改造及道路修复、城北路街道综合整治改造等6个新型城镇化示范项目建设，6个项目已全部开工，项目总投资4000万元，年度计划投资2150万元，完成投资2550万元，占年度投资118.6%。筋竹镇百镇建设示范工程计划投资2509万元完成投资2529万元，占总投资100.8%，镇区景观改造工程、道路改造工程、镇区亮化工程等10个建设项目全部完成；水汶镇百镇建设示范工程年度计划投资1120万元，9个建设项目，年度完成投资1200万元，占年度投资107%。2017年，岑溪市"基础便民"农村改厨改厕总投资1235万元，农村改厨任务6500户，实际完成6781户，完成率104.3%；农村改厕任务6500户，实际完成6500户，完成率100%；村屯公共照明设施建设试点15个，总投资30万元，已全部竣工投入使用，村庄基础设施得到进一步完善。

【农业转型发展】 2017年，岑溪市新获自治区认定的示范区5个(其中县级2个，乡级3个)，新获自治区认定的三星级示范区1个。获认定的示范区数量在梧州市排名前列。农业示范区面积也由2016年的325.33公顷，发展到2017年底的614.2公顷，同比增加188.79%。全市新建立土地股份合作社3家，新注册成立农民专业合作社53家、家庭农场17家；全市完成农林牧渔业总产值66.36亿元，同比增长4.7%，农村居民人均可支配收入13354元，同比增长9%。

【抓服务稳工业】 2017年，推进工业企业参与电力市场化交易，降低企业用电成本。岑溪市列入自治区电力市场化交易工业企业6家，用电量1.3亿千瓦时，全年约降低成本500万元。推动落实自治区41条和28条降成本措施，降低企业制度性交易成本、人工税费成本、金融财务成本。多举措搭建完善政银企合作平台，积极为企业争取融资。通过与广西金融投资集团有限公司合作为企业融资推荐担保服务，推荐融资30800万元，办理助保贷(惠企贷)贷款1600万元。新增石材企业"退城进园"10家，累计50家，新建石材废料综合利用项目3个。市委、市政府围绕"三年一工程"活动，由市领导带队，镇和市直部门组成14个责任团队服务企业，将过去只服务30家重点企业扩大到全面服务89家规模以上企业。每个责任团队服务6~8家企业，全市各镇各部门以问题为导向，精准服务、跟踪服务，为企业排忧解难。

【改革创新扩大开放】 2017年，招商引资项目实际到位资金135.62亿元，增长33.96%。引进中国500强中铝公司、西骏公司等一批重点龙头企业。组团参加第十四届东盟博览会和第十四届梧州宝石节。成功举办第一届梧州·岑溪石材(建材)博览会,吸引340多家企业参展。

【城乡生态发展】 扎实推进宜居乡村建设,“产业富民”“服务惠民”“基础便民”专项活动成效明显,农村改厕、改厨取得阶段性成果。农村生活垃圾治理两年攻坚行动稳步实施,建成7个镇级、20个村级垃圾处理设施。新创建梧州市级生态村12个。投入资金1806万元建成“第一公里·桥”78座。严格执行“水十条”“大气十条”“土十条”,全面推行河长制,地表水和集中式饮用水水源地水质达标率均为100%。完成植树造林3722公顷,森林覆盖率保持在73%以上。启动露天采石场专项整治以及矿山地质环境恢复与综合治理工作。

【改善民生】 全年财政支出中民生支出34.33亿元,占公共财政预算支出的86.3%。脱贫攻坚实现“一帮一联”全覆盖,开展贫困人口动态调整和“回头看”工作。投入财政扶贫专项资金1.73亿元,加快贫困村基础设施建设和产业发展,建设道路、饮水等基础设施项目128个。2017年度315户易地搬迁户的安置房全部达到入住条件。53个贫困村都成立村民合作社。11个贫困村出列、农村贫困人口9850人实现脱贫。2017年,自治区提前下达1120户农村危房改造任务,其中:建档立卡贫困户531户、低保户131户、农村分散供养五保户161户、贫困残疾人家庭14户、一般贫困户283户。年底,农村危房改造1120户全部开工,其中,953户已竣工。筹措资金8.83亿元完成11方面41项为民办实事项目。发放低保、优抚安置等民政资金2.37亿元。实施棚户区改造1643套、农村危房改造1120户。创新推行“乡村手机学堂”,优质教育惠及乡村。义务教育均衡发展工作在通过自治区评估验收的基础上,高分通过国家级评估认定。获自治区批复开展全民健身与全民健康深度融合试点工作,建成村级公共服务中心21个,更新75个村的农家书屋出版物,累计组织开展文艺演出324场,免费放映公益性电影3072场,观众约11万人次。积极探索优化医疗卫生资源新模式,开展县域医疗服务共同体试点工作,把归义镇卫生院作为市人民医院的分院进行管理,加快妇幼保健院综合大楼二期等4个项目建设,120急救中心投入使用,基层医疗卫生机构建设达标率100%,县内就诊率90.12%,门诊次均费用基本保持零增长,住院次均费用同比下降8.86%。市国税局、第一小学、归义镇金鸡村分别获全国文明单位、文明校园、文明村称号。

(政府办)

政治文明建设

【民主法治建设】 健全行政决策机制、行政执法监督机制、推进法治政府建设。认真做好规范性文件和重大行政决策的合法性审查工作,凡是以市政府名义颁布的规范性文件,均先由市法制办对其合法性进行审查把关并提出意见后,再经市长办公会议讨论审议。2017年,经法制办对有关文件进行审查把关的送审公文共361件,其中,审查规范性文件9件,一般性文件308件,重大决策36件,招商引资合同8份。加强行政复议办案程序制度,完善行政复议办案流程。2017年,共收到行政复议申请案件5件,受理4件,其中维持3件,根据复议建议书依法撤销处罚1件。

(法制办)

【法治政府建设】

深化行政审批制度改革 建立规范行政审批的管理制度。依法取消和下放行政审批事项,严格实行行政审批目录化、编码化管理,再造行政审批流程,减少审批环节,提高审批效率,构建权责明确、透明高效的行政审批事中事后监管机制,建立健全行政审批责任追究制度。依法清理和规范行政审批中介服务事项。不得擅自设定行政许可。规范性文件不得设定行政许可，严禁以备案、登记、注册、年检、认证等形式变相设定行政许可。

实行权力清单动态管理 严格执行政府及部门权力清单、责任清单制度，消除权力设租寻租空间。按照法定职责必须为和权责一致的要求，全面完成市政府工作部门、依法承担行政职能的事业单位权力清单、责任清单的清理和权力运行流程的编制，并向社会公布。严格执行国家公布的负面清单制度，确保各类市场主体依法平等进入清单之外领域。依法清理并公布本级收费目录清单。没有法律法规依据的收费基金项目、政府提供普遍公共服务或者体现一般性管理职能的没有法律法规依据的行政事业性收费、没有法定依据的行政审批中介服务项目及收费一律取消。

重大行政决策合法性审查 严格执行有关合法性审查的具体规定，完善行政机关内部重大决策合法性审查机制。政府或者部门的法制机构应当通过书面审查、实地调研考察、公开听取意见、组织政府法律顾问进行咨询或者论证等多种方式，在规定期限内完成对决策方案及相关材料的审查，并出具合法性审查意见书。重大行政决策未经合法性审查或者经审查不合法的，不得提交讨论。

推进行政执法体制改革 按照自治区执法重心下移和执法力量下沉基层的要求，把机构改革、政府职能转变调整出来的人员编制重点用于充实基层执法力量；大幅减少行政执法队伍种类，加大关系群众切身利益的重点领域执法力度，重点在市场监督、公共卫生、安全生产、文化旅游、资源环境、农林水利、交通运输、城乡建设、商务等领域内推行综合执法；完善各镇行政执法体制，深化各镇国土资源、村镇规划、环保、安监“四所合一”机构改革。健全行政执法和刑事司法衔接机制，完善案件移送标准和程序，建立健全行政执法机关、公安机关、检察机关、审判机关信息共享、案情通报、案件移送制度。

创新行政执法方式 推广运用说服教育、劝导示范、行政指导、行政奖励等非强制性执法手段。健全公民和组织守法信用记录，完善守法诚信褒奖机制和违法失信行为惩戒机制。

（政府办）

【党内民主建设】

民主决策 中共岑溪市委注重发挥法治的引领和推动作用，带头做到依法、科学、民主决策，自觉运用法治思维和法治方式深化改革、推动发展、化解矛盾、维护稳定，为经济社会发展提供有力的法治保障。进一步规范行政行为，推进综合执法体制改革，加快执法重点向基层下移，加大涉及群众切身利益的重点领域执法力度，坚决排除对执法活动的非法干预。支持和保障司法体制改革有序推进，确保法院、检察院依法独立行使职权，提升司法公信力。

民主选干 严格执行新修订的《党政领导干部任用条例》，坚持新时期好干部标准，规范干部选拔任用工作程序，严把民主推荐关、干部考察关、干部酝酿关和集体讨论决定关，不断提高选人用人公信力。市委十四届一次全会以来，市委常委会共集体讨论任免14批共318名干部。

民主监督 积极探索协商民主基层实践，全力支持人大及其常委会围绕中心、服务大局，全面履行职能，特别是推进人大做好依法监督和协调服务工作。全面推进政务公开，主动要求市政协开展对市委选人用人及基层党建工作进行民主监督，通过听取被监督部门汇报、查阅资料、现场旁听观摩、问卷调查和召开专场座谈会等形式，掌握客观全面的第一手资料，指出问题不足和改进建议，助推民主监督再上新台阶。

（市委办）

【发展基层民主】

政务公开 坚持以公开为常态、不公开为例外原则，推进决策公开、执行公开、管理公开、服务公开、结果公开。完善政府信息公开制度，拓宽政府信息公开渠道，进一步明确政府信息公开范围和内容。重点推进财政预算、公共资源配置、重大建设项目批准和实施、实施精准扶贫和精准脱贫、社会公益事业建设等领域的政府信息公开。完善突发事件信息发布等制度，充分利用新媒体平台做好对热点敏感问题的舆论引导，及时回应人民群众关切。创新政务公开方式，加强互联网政务信息数据服务平台和便民服务平台建设，构建基于互联网的一体化政务服务体系，提高政务公开信息化、集中化水平。各行政机关围绕政府中心工作，以政府网站、政务微博微信、政务客户端、网络问政、领导信箱、政务公开日等为载体，扩大公众参与的领域和范围。对国民经济和社会发展规划、年度计划、财政预决算、社会管理事务、政府规章和重要政策措施、重大建设项目，以及市场监管、惠民政策措施的执行落地等方面，要通过征求意见、听证座谈、咨询协商、列席会议、媒体吹风等方式，扩大公众参与政策制定、执行和监督。2017年全年政府网站信息发布数量8453条，其中部门发布信息5083条，转载岑溪新闻网重要公务活动信息1928条，收到群众投诉建议类信息702条（已回复427条，已受理未回复273条，尚未受理2条）。2017年岑溪市公安局、机关事业单位共开设微信公众号28个，均保持信息更新，及时公布惠民惠企信息。

村务公开　全市282个村（社区）都设有村务公开栏，并定期和不定期更新公开栏内容，及时公布精准扶贫、低保、特困救助、救灾款物发放、农民建房用地和村级事务、工程招投标、财务收支等情况。全市所有村（社区）都通过村民代表大会选举产生成立村务监督委员会，随时监督检查村务；还组织市镇人大代表督促检查各村村务公开民主管理工作落实情况。

【民主党派参政议政】　2017年，岑溪市各民主党派、工商联等统战成员开展专题调研活动，启动“助力‘十三五’·同心谋发展”主题实践活动，围绕2017年度市委、市政府重大战略部署和中心工作，形成有分析、有措施、有对策的调研报告，如市民盟总支部撰写《岑溪市创建中国特色小镇的调研报告》，上送民盟广西区委员会再送自治区党委。全年各民主党派、工商联等统战成员向党政部门撰写议案、提案50多份（独写或合写），如市民盟成员（民盟梧州市委委员）刘新华撰写的提案《关于加强岑溪对外形象宣传的建议》被列为一号提案，市工商联撰写的提案《关于发挥商会作用，推动非公有制经济发展的建议》和市致公党委员会撰写的提案《关于加强城市建设和管理，全面提升我市城市品位的建议》被列为重点督办提案或好提案。

（市统战部）

【政府职能转变】　全面推进依法行政，规范行政复议工作。完成43个市政府部门权力清单和责任清单“两单融合”并对外公布。完善财政投资管理办法，审核预、结算基建项目1338个。出台《岑溪市人民政府议事规则（试行）》，完善行政决策机制，强化权力运行机制和监督机制。创新政务服务模式，围绕跨部门服务事项理顺和优化内部工作关系，重塑政务服务形态，推动政务服务模式从分散走向统一、从碎片和部分走向整体、从低级走向高级的升级。年内整体性服务模式覆盖跨部门服务事项的60%以上，真正让“信息多跑路，群众少跑腿”。创新市场和社会治理监管模式。围绕“先照后证”改革后联动监管、“双随机一公开”、信用监管等方面工作，以信息化平台为支撑，规范细化自由裁量权，对服务事项全过程网上监察。开展事中事后行政监管过程与结果的网上公开、监管过程可网上追溯与核查、公众可网上参与监督和网上评价等事中事后监管创新。年内权力清单内权力运行过程和运行结果100%网上公开、网上接受社会监督。推进移动政务服务应用。依托移动互联技术，以行业为主线，统一标准，积极开发智能手机等移动终端政务服务、政务公开、行政权力APP应用，同时充分发挥微信、微博等社交媒体政务服务作用，提升网上办事服务的便捷度。

（政府办）

精神文明建设

【群众性精神文明创建】 深入开展“文化科技卫生”三下乡活动，进一步深化文明村镇、文明单位、文明家庭、文明校园创建工作，岑溪市归义镇金鸡村被评为第五届全国文明村，岑溪市国税局被评为第五届全国文明单位。岑溪市第一小学被评为全国文明校园，市公安局梁伟芹家庭被评为全国最美家庭，李锦梅家庭被评为第一届自治区文明家庭，岑溪市第五中学、岑溪市南渡镇盘古中心小学被评为自治区文明校园，培育安平镇富宁村为第十七批自治区文明村，培育第三小学、人民医院为第十七批自治区文明单位。

【未成年人思想道德教育】 进一步拓展思想教育平台，充分发挥乡村学校少年宫主题作用，在举办舞蹈、音乐、体育和美术等活动的同时，深入开展“做一个有道德的人”、‘厉害了我的娃”——岑溪好少年评选、“学习和争做美德少年”网上学习、“学雷锋”志愿服务、中华经典诗文诵读等主题活动。陀彩丽获得自治区“未成年人思想道德建设工作先进工作者”称号。

（宣传部）

【社会文化发展】 2017年，岑溪市开展各类文艺活动150多次，参与活动人员5000多人次。建成21个村级舞台，21个篮球场。全市有120个村级公共服务中心和120个戏台，有岑城甘冲、岑华、樟木古街、上奇和梨木社区、马路五星等6个牛娘剧场。全市有53个业余牛娘（文艺）团队，业余牛娘（文艺）队员500多人，有40个群众舞蹈协会（队），群众舞蹈队员3000多人，有16个业余歌咏队，村级公共服务中心文艺队800多人。每年的“非遗日”（即6月第二个星期六）前后，组织各镇牛娘队到市牛娘剧场进行大会（展）演。参加大展演的32队640名演员。开展戏曲振兴发展进校园活动，把戏曲人才培养与开展“结对子、种文化”活动有机结合，全年开展7次活动，参加人数1595人次。2017年1月4日岑溪市群众艺术馆邀请广东音乐名家到于岑溪市第七中学举办岑溪市群众艺术馆音乐进校园（社区）活动，参加人数1200人次。

（文新广体局）

生态文明建设

【生态环境质量】 2017年，完成1—12月城区环境空气质量监测，获取343天有效监测数据，优良天数342天，其中优272天，良70天，轻度污染1天（为2017年农历大年初一），环境空气优良率为93.7%；环境空气PM10浓度均值为34微克/立方米，达到《环境空气质量标准》规定的二级标准。完成黄华河、义昌江地表水及其出境断面地表水环境质量监测4次，水质达标率100%；完成城区饮用水源水质监测4次，市区规划水源地四滩水库水质监测1次，水质达标率77.7%；完成1—12月黄华河水质自动监测站上游跨省界入境断面水质检测，13项水质指标均达到地表水环境质量Ⅲ类水质标准。

【生态资源保护】

水资源保护 2017年，岑溪市申报4个水污染防治行动计划项目储备库建设项目；对市计划列入减排重点工程的3家污水处理厂进行现场调查并收集相关减排资料。成立“十三五”镇级污水处理设施项目建设工作领导小组，11个镇级污水处理设施项目完成立项环评、可研及招投标等前期工作。完成市区3个集中式饮用水源环境状况评估工作及22个镇级饮用水源和40个农村集中式饮用水水源基础信息调查工作。清理义昌江饮用水水源保护区内堆放的垃圾，设置饮用水水源保护区范围内严禁倾倒、焚烧工业固废和垃圾等废弃物警示牌。

大气保护 2017年，印发《岑溪市大气污染防治2017年度实施计划》和《岑溪市2017—2018年冬春季空气质量专项整治行动方案（征求意见稿）》，严格执行落实扬尘治理“九个百分百”措施，加强建筑工地管理及扬尘污染控制，加大对“泥头车”的现场监督和执法力度，严厉查处“泥头车”非法营运、超高超载、漏渣、撒渣等污染道路行为，提高道路机械化清扫率，提升道路保洁工作效率，降低道路扬尘污染。

土壤资源保护 重金属整治项目是“对诚谏镇470亩农田开展污染调查评估，编制污染农田治理方案，实施治理与安全利用”，补助资金为400万元，建设地点在岑溪市诚谏镇河三、永安等几个村，建设时间要求在专项资金下达后的两年内完成治理修复工程。已完成对项目实地详细踏勘、前期污染调查监测，完成对项目定位采点取样，已经组织专家对环境调查报告和风险评估报告进行咨询工作。完成补充土壤监测、农作物监测数据，正在进行实施方案的编制完善工作。

【环境综合整治】 2017年，环保局联合市政局、住建局、文新广体局、公安局联合出动750多人次开展噪声整治行动，对15家KTV、酒吧，72家夜宵、大排档和广场舞进行现场检查，发放宣传资料约1200份。拆除酒吧低音炮设备72个。约谈全市主要楼盘的开发商，责令开发商严格执行作业时间，不能影响居民正常的作息时间。

【生态建设示范】 2017年，全市完成147个梧州市级生态村和9个自治区级生态镇、9个自治区级生态村创建工作。

（市环保局）

领导名录

2017年岑溪市四家班子主要领导

【中共岑溪市委员会主要领导人名录】

书记：陶辉

副书记、市政府党组书记、市长：罗伟雄

副书记、市委党校校长：卢宽

市委常委、人武部政委：杨发斌（任至2017年7月）

市委常委、市政府副市长、党组副书记：吴伟华

市委常委、宣传部部长、市政府副市长、党组成员：梁健

市委常委、纪委书记：韦优（任至2017年12月）

市委常委、纪委书记、市监察委员会主任：蔡云馨（2017年12月任职）

市委常委、政法委书记、市法学会党组书记：梁达斌（任市委常委、政法委书记职务任至2017年11月；任市法学会党组书记职务任至2017年12月）

市委常委、政法委书记、市法学会党组书记：练泽明（2017年11月任市委常委、政法委书记；2017年12月任市法学会党组书记）

市委常委、组织部部长：韦学文

市委常委、统战部部长：李励兴

市委常委、副市长（挂任）：唐峰

市委常委、办公室主任：杨明明

【岑溪市人大常委会主要领导人名录】

市人大常委会主任、党组书记：罗阳灿（任市人大常委会主任任至2017年11月；任党组书记任至2017年10月）

市人大常委会主任、党组书记：羽国强（2017

年11月任市人大常委会主任;2017年10月任党组书记)

市人大常委会副主任、党组副书记:胡六才

市人大常委会副主任、党组成员:唐永清

市人大常委会副主任:徐伟翔

市人大常委会副主任、党组成员,市总工会主席:谢梅

【岑溪市人民政府主要领导人名录】

市　长:罗伟雄

副市长:吴伟华、梁健、唐峰、胡伟、孙有昌、杜诚(任至2017年11月)、伍瑜(2017年12月任职)、邓宇(挂任)

【中国人民政治协商会议岑溪市委员会主要领导人名录】

主　席:冯天德

副主席:唐家明、沈红梅、覃广平、陈展涯

党政机关

中共岑溪市委员会

【党委机关概况】 2017年，岑溪有中国共产党地方委员会63个，其中：乡镇委员会14个，市直单位委员会5个，村（社区）委员会44个。

【市委办公室机构设置】 2017年，市委办公室设秘书股、督查室、综合股、政研股、信息股、政策法规股、接待股、行政股、机要局和保密局。5月，市委办公室设第一秘书股、第二秘书股、第三秘书股、文电股、督查室、政研股、信息股、政策法规股、机要局和保密局。主任杨明明，副主任李旭亮、黎芸、林绍峰、李芳明（2017年9月任职）、覃汉全（2017年11月任职），保密局局长陈坤良，机要局局长莫宏飞。

【第三产业提速发展】 2017年，新注册电商4家，累计登记45家。全年新增入库限上企业45家。泽仁二期、明华农贸市场、九原生态农业公司桂东农产品交易中心和生鲜电商产业园等服务业重点工程加快推进。引进投资13亿元的碧桂园项目。天龙顶山地公园成功创AAAA级旅游景区。

【城市建设】 全市116个重点项目完成投资43.91亿元，其中21个列入梧州市层面重点推进项目完成投资19.09亿元，占年任务的105.29%。岑水高速公路于2017年1月建成通车，全长9.4千米的南环过境公路2017年5月全线通车；投资3亿元的汉世伟现代生猪养殖项目实现当年洽谈、当年开工、当年投产；丹竹水库、南渡至陆川二级公路等重大项目建设也在有序推进。

【改善民生】 全市享受低保对象40万户次68.3万人次，发放城乡低保补助金1.23亿元。2017年，财政扶贫专项资金投入1.77亿元，其中本级配套资金1427.72万元；易地扶贫搬迁全年任务378户、1832人，年底，完成主体建设房屋311套，搬迁入住232户、1123人；公共服务、饮水工程、交通基础设施项目开工128个，完成投资3276.97万元。全市“第一公里·桥”惠民工程项目完成桥梁建设79座，完成投资1806万元，占全年目标预计投资总额的120%。

【发展社会事业】 扎实推进县级中专综合改革，在全市中小学校推行中层领导竞聘上岗；组建12个学区，推进义务教育均衡发展；推进学前教育改革发展实验区，制定《岑溪市普惠性民办幼儿园认定和管理办法》；推进校园足球发展，归义镇石坡中心小学被定为第二批广西青少年校园足球特色示范学校。开展戏曲进乡村、进校园活动，2017年戏曲进校园129所中小学，占全市中小学的94.8%。开放群众艺术馆的展览馆、图书馆，新建27个村级公共服务中心。

【重要会议】 2017年1月20日，召开中国共产党岑溪市委员会常委班子2016年度民主生活会，会议主要议程：岑溪市委书记陶辉代表岑溪市委常委班子作有关情况汇报和对照检查，市委常委班子成员开展批评和自我批评。梧州市委副书记蒋海东对民主生活会进行点评并讲话。

【重要决策】 创建工作责任团队，探索协商民主基层实践，实施“三二一”机制，开展“三整治一提升”，强调创新驱动，推动经济社会发展相得益彰。抓好“三年一工程”、脱贫攻坚、乡村建设工作。建立重点项目推进机制；定期开展调研，及时召开会议，主动对接重点项目，经常性地深入现场；加大扶贫资金投入力度，抓好党建促扶贫、特色产业发展和村级集体经济工作，成立村民合作社。

深化平安岑溪建设，投入100多万元财政资金推进市、镇综治中心和网格化管理建设；深化天网工程建设等社会治安防控工作；推进法治建设，统筹社会发展，办好教育医疗等十大为民办实事重点项目。

分类施策抓好农村党建、社区党建、机关党建、非公党建和学校党建五大板块，层层压实主业主责；落实“全程纪实”机制，推动组织生活规范化；高标准开展“两学一做”学习教育，将“第一公里·桥”等惠民工程作为推进“双争”行动和先锋联创工程的生动实践，把党建资源转化为攻坚优势。抓好中央、自治区、梧州市各类巡视巡察督查反馈意见整改工作。针对中央第三巡视组对广西巡视“回头看”发现存在的4大类7小项问题、自治区第一巡视组巡视“回头看”发现的8大类22小项问题和梧州市前三轮巡察发现的7大类15小项共性问题，迅速制定整改方案，逐个对账销号。

【专题教育活动】 实行市委常委会“逢会必学”和常委“轮流主讲”制度，推广“十九大精神夜讲堂”，以上率下推动党员干部学懂弄通做实党的十九大精神；推进“两学一做”学习教育常态化制度化，依托“党员活动日”“两范一提高”等载体，“三会一课”得到落实。创新开展“三强三立三提升”活动，树立先锋形象。2017年，举办各类专题培训班16期，培训各级领导干部3152人次，全面提升各级领导干部素质。

【“美丽岑溪”乡村建设活动】 岑溪市美丽乡村办把改善农村人居环境作为一项重中之重的“民生工程”来抓，通过围绕“五个一”“一中心六服务”“三改六提三增”，多方整合资金，实施“第一公里·桥”惠民工程建设，“第一公里·桥”惠民工程桥梁建设任务71座，开工率100%。突出整合、突出示范、突出优先、突出基础，实现宜居乡村“三民”活动有序推进、实现乡村建设活动坚强保障、实现连心真惠民、实现乡村建设活动提档升级。2017年，建成“村级综合服务中心”187个，全市14个镇全部实现就业信息联网，所有村委会配备有卫生室，配备乡村医生256人，乡村医生覆盖率100%；易地扶贫搬迁计划建房378套，移民搬迁1418人，全市所有安置点已开工建设，搬迁入住315户；完成农村危房改造828户，完成农村公路整治隐患里程20.6千米，完成输配电线路315.4千米，一户一表改造6806户，村屯公共照明设施建设试点15个已完工。全市282个村及自然村建有垃圾池1960个，村级专(兼)职保洁员5654人，购置垃圾运输车973辆、垃圾箱2865个，建成镇级垃圾焚烧炉19座。

【保密工作】 岑溪市国家保密局既是市保密委员会的办事机构，又是市人民政府主管全市保密工作的职能部门，履行政府保密工作执法职能和专管保密工作的职能。2017年，先后4次组织全市涉密人员150多人次参加自治区、梧州市、岑溪市举办的“保密警示教育”“保密检查技术培训”等培训教育活动，开展“七五”保密宣传活动，发放保密宣传资料2000多份。配备完善市涉密机关、单位保密技术防护专用系统，投入经费7万多元新增购置一套网络版保密检查工具。定期与不定期开展保密监督检查工作，对全市重点涉密机关、单位开展保密“三大管理”和检查查处，全市开展保密专项检查4次、常规保密检查2次，到乡镇、市直等50个单位，检查计算机312台。无违反、失、泄密问题发生。

（市委办公室）

组织

【组织机构概况】 2017年，岑溪有中国共产党地方委员会63个。其中：乡镇委员会14个，市直单位委员会5个，村（社区）委员会44个。基层党组织中党总支部193个、党支部1293个。其中“两新”党组织189个。中共岑溪市委组织部内设办公室、研究室、干部一股、干部二股、干部教育股（挂市委干部教育工作领导小组办公室牌子）、干部监督股、组织一股（挂市农村基层组织建设工作办公室牌子）、组织二股、组织三股（挂市委组织员办公室牌子）、人才工作股（挂市委人才工作领导小组办公室牌子）、公务员管理股、信息管理股等12个职能股室，下辖二层机构岑溪市党员干部现代远程教育工作管理办公室（参照公务员管理单位）、岑溪市领导干部考试与测评中心（事业单位）、岑溪市紧缺人才储备中心（事业单位）。2017年核定市委组织部行政编制15名（含市委常委、组织部长编制）、机关后勤服务事业编制1名，实有部长1人，副部长4人（1名副部长由市委老干部局局长兼任），正副股长（主任）7人，其他干部职工3人。市委常委、组织部部长：韦学文，副部长：杨华凤（女）、陈小勇、梁越、李静（女，2017年11月任职）。核定岑溪市党员干部现代远程教育工作管理办公室编制4名，实有4人。核定岑溪市领导干部考试与测评中心编制5名，实有4人，核定岑溪市紧缺人才储备中心编制11名，实有2人。

【“两学一做”学习教育】 突出以学促做，推动“两学一做”学习教育见实效。紧紧围绕十九大这个主线，加强政治引领，坚定不移地把迎接十九大、服务十九大、学习宣传贯彻十九大精神，作为贯穿全年的重大政治任务，抓牢抓实。十九大召开后，将学习贯彻十九大精神作为“两学一做”学习教育的重要学习内容，开设十九大精神研讨班专题学，组建讲师团下乡辅学，以牛娘戏和气象大喇叭送学，教育引导群众把思想和行动统一到大会确定的目标和任务上来。以“两范一提高”活动为契机，创新开展“三强三立三提升”（强党性、强服务、强担当，立制度、立标杆、立平台，提升支部规范化水平、提升党员先锋模范作用、提升支部书记综合素质）活动，推动学习教育常态化制度化在基层取得实效。着力打造“党群连心桥”，将“第一公里·桥”惠民工程作为推进“双争”行动和先锋联创工程的生动实践，搭建“一室两会”平台，引导党员争当“三大员”，把党建资源转化为攻坚优势。全面落实“全程纪实”机制，以“一证四制”（党员管理证、“三会一课”全程纪实制度、“党员活动日”制度、领导干部上党课制度、巡回督查制度）为载体，推动组织生活规范化。

【党建载体创新】 在“西江党旗红”引领下，拓展“岑山溪水党旗红”品牌内涵。实施“党委着力管、书记面对面”工程，采取每月点对点调研督导、每季度听取基层党建汇报和党建领导小组专题研究推进等办法，建立常态化党建点题破题机制。组建14个重点工作责任团队，把党建、脱贫攻坚等放到各责任团队同布置、同推进、同考核、同落实。落实党员活动日、全程纪实等制度，推动“三会一课”等组织生活规范化。推行党建促脱贫攻坚“五为主”模式，整合脱贫资金1.7亿多元，落实脱贫项目128个，《中国组织人事报》整版报道岑溪党建促脱贫攻坚新模式。创新推行以“党建强、教育强，全局化整体谋划、精细化建强组织、常态化发挥作用、制度化落实保障”为主要内容的“双强四化”工程，规范完善教育党建组织架构，涌现了党建和教育教学互融共进的“孝爱育人”“红心向党”等一批示范品牌。继续推行农村基层党组织“星级化”管理，全市有19个村（社区）党组织获得五星级，33个村（社区）党组织获得四星级，49个村（社区）党组织获得三星级。以开展“村党支部建设年”和“两范一提高”活动为抓手,抓实清理、规范各级各领域基层党组织机构设置、主体责任、组织生活、议事规则和党员领导管党治党工作职责。积极探索推行流动党员“双重管理、双向服务”机制,建立3个流动党员服务驿站。

【领导干部队伍建设】 坚持把政治标准作为选人用人的首要标准,突出“一把手”选拔配备,推动精准科学选人用人落到实处，全年调整科级领导干部302人次，其中提拔科级领导干部（含事业单位)90人(正科级14人,副科级76人),班子成员年龄、经历、专长、性格互补的结构更趋合理。坚持把“知事、知岗、知情、知人”统一起来,根据干部任职资格条件、学历、专业特长进行分类，建立正(副)科级后备干部、少数民族干部、妇女干部、党外干部等干部信息数据库，分类型分层次研判和管理干部，为建设高素质专业化干部队伍奠定良好基础。加大优秀年轻干部的培养选拔力度,至2017年底,全市“80后”科级领导干部90名(正科级领导干部8名，副科级领导干部82名)。建立“轮岗实践+专岗锻炼”机制,全年推荐24名政治素质好、有发展潜力的年轻干部到自治区、梧州市、广东等地挂职锻炼或跟班学习,储备了一批有发展眼光、有多岗位锻炼经历的优秀“青苗人才”。抓好超职数配备干部等日常管理监督工作,2016年9月底已完成整改消化任务。严格落实党委书记、纪委书记“双签字”等措施,加强和改进领导干部个人有关事项报告工作,切实将“两项法规”要求落到实处。加大巡察等工作共享力度,全面掌握干部遵纪守法等情况,防止“带病提拔”“带病上岗”。充分发挥人民政协的民主监督职能,主动接受市政协对选人用人的民主监督,2017年主动邀请市政协委员列席观摩民主推荐领导干部会议32次。出台《岑溪市关于支持干事创新建立容错纠错机制的暂行办法》,以容错纠错机制为敢负责的干部负责、为敢担当的干部担当,让干部轻装上阵、敢作善成。

【公务员职务与职级并行】 岑溪市从2015年1月起建立公务员职务与职级并行制度，主要依据任职年限和级别晋升职级,实行职级与待遇挂钩,实现职务与职级并行。岑溪市依照干部管理权限进行分工，副科级晋升正科职级以及正科级晋升副处职级由市委组织部负责，科员级晋升副科职级由市人社局负责,通过初核上报、复核测评、公示审批等程序进行办理晋升手续,2017年，办理晋升职级60人。

【公务员招录】 岑溪市由市委组织部负责全市党群线公务员招录工作，人社局负责全市行政线公务员招录工作,2017年，通过全区公务员考试共招录35名公务员[含参照公务员法管理机关(单位)工作人员]。

【干部教育培训】 2017年，岑溪市干部教育紧紧围绕“两个建成”的奋斗目标和换届后干部队伍建设需要,根据《2013—2017年岑溪干部教育培训规划》以及《2017年岑溪市干部教育培训工作要点》,按照“分类别、分层次”思路,坚持把理想信念教育作为主体班次和其他培训班的必修内容，大力抓党性党风党纪、社会主义核心价值观和党史国史教育，坚持不懈用马克思主义基本原理和中国特色社会主义理论体系武装干部头脑，全年组织举办新任乡镇领导班子成员培训班、新任科级干部培训班、中青年干部培训班等重点班次16个,培训干部3152人次，实现换届后乡镇科级领导干部和新任职科级干部培训全覆盖。各部门单位举办有关业务培训班95期，培训干部17635人次,调训干部4700人次,依托广西干部网络学院和广西教育培训网,网络培训15357人次。市级党政领导班子上讲台授课10人次以上,完成全年培训工作任务。

【党员队伍建设】 严格执行《中国共产党发展党员工作细则》,按照年初制定的《发展党员指导性计划》,根据“抓源头、定承诺、重教育、保质量”的工作思路,通过实行"推优育苗""接力培养""跟踪考察""发展党员票决"四个机制,扎实推进发展党员工作。2017年,全市新发展党员410名,年末全市党员32580名。党员队伍中,女性党员8650名,占党员总数的26.55%;少数民族党员149名,占党员总数的0.45%;大专及以上学历党员9011名,占党员总数的27.65%;35岁及以下的党员7022名,占党员总数的21.55%;工人700名,占党员总数2.14%;农牧渔民党员19254名,占党员总数的59.09%;党政机关工作人员党员1970名,占党员总数的6.04%;其他职业人员党员52名,占党员总数的0.16%;离退休职工党员4212名,占党员总数的12.92%。

【人才队伍建设】 大力引进培养创新驱动发展的高层次(紧缺)人才,围绕岑溪市打造"桂东南副中心城市"战略目标,编制并发布《2017年岑溪市高层次(紧缺)专业人才目录》,赴武汉市开展高层次(紧缺)人才招引宣讲活动。实现第一期"拎包入住"人才公寓16套,并启动人才公寓的配套建设。合理运用岑溪市紧缺人才储备中心11个周转全额事业编制,全年储备中心挂靠人才2人,全部具有硕士学历。深化校地人才交流,首次面向部分重点高校,开展暑期高层次(紧缺)专业人才社会实践活动,吸引3名来自北京大学等高校硕博研究生到岑溪挂职锻炼。做好人才关爱工作,开展市领导走访慰问优秀人才活动。深化对人才个体的关爱服务,为引进到岑溪的8位高层次人才解决安居、入职、配偶工作等问题。

【现代远程教育】 牢固树立"互联网+党建"的工作理念,主动适应组织工作新常态,通过四个"强化"推动远程教育创新发展、转型升级、提高质量。强化阵地功能,发挥远程教育宣传作用,配合"两学一做"学习教育加强思想理论武装,组织收看十九大开幕会和自治区宣讲团活动,推动十九大精神进乡镇、进农村、进社区,大力宣传组织部门在抓好干部队伍建设、加强基层组织建设、发挥组织部门先锋模范作用等各方面工作的做法和成效,为组织工作营造良好的社会舆论氛围。强化创新意识,丰富平台教育形式,在汇港工业园区建设非公企业站点,多角度宣传百裕、九原等企业的"红色力量"。创新远程教育学习日制度,从8月份起把每月的党员活动日确定为远程教育"固定学习日"。做好"八桂先锋"智慧党建手机APP宣传推广工作,将远程教育宣传服务延伸到手机上,真正实现点对点精准教育、宣传和管理。强化服务意识,延伸平台服务触觉,为35个站点更新电视机,提升站点服务质量。开展远程教育季度集中学习,完善月通报考评机制,摄制《百花香园引凤来》等电教片推广"岑溪做法",深入开展"十个助力工程",把远程教育网络打造成为基层党建综合服务平台。强化自身建设,提升服务能力,推动远程教育上平台、上电视、上手机,制播的《一只手撑起一片天》获2017年全区优秀党员教育电视片典型人物类一等奖,利用"岑溪党建"微信公众号定期不定期发布本地党建信息,穿插发布党中央的决策部署和其他地区的特色经验做法,为传播党的声音、服务党员群众发挥重要作用。

(中共岑溪市委组织部)

宣　传

【机构设置】 2017年,宣传部内设秘书股、干部股、理论调研股、宣传股、对外宣传股、精神文明建设股、文化艺术协调股、未成年人思想道德建设工作股、市互联网信息办公室等股室。部长梁健。

【理论学习】 健全中心组理论学习计划制度,建立"四学"制度,深化督学导学制度,统筹安排党委(党组)中心组理论学习,组织市委中心组专题学习习近平总书记视察广西时的重要讲话精神、习近平总书记"7·26"重要讲话精神,把十九大报告纳入专题学习内容,推动理论学习和"两学一做"学习教育常态化制度化。以夜讲堂、小讲堂、微宣讲等形式开展系列理论宣讲活动，市委领导、宣讲团成员等深入村（社区）开展集中学习活动，引导广大党员及群众把思想统一到国家相关政策精神上来，把力量凝聚到各项工作任务上来。做好学习贯彻习近平总书记视察广西时的重要讲话精神宣讲报告会、党的十九大精神宣讲报告会、法治宣讲报告会。

【宣传工作】 围绕实力岑溪、宜居岑溪、平安岑溪、幸福岑溪、创新岑溪建设等，在岑溪新闻开设《社会主义核心价值观》《岑溪发展大家谈》《砥砺奋进的五年》等多个小专栏，在《梧州日报》开设《区域新闻·岑溪》专版，策划开展市“两会”、“两学一做”学习教育、“三年一工程”活动、“美丽岑溪·宜居乡村”、第一届梧州·岑溪石材建材博览会等宣传活动，多角度、高密度地宣传报道市委、市政府的重大决策部署及经济社会发展的良好态势。推出《学习贯彻党的十九大精神领航新征程》《党的十九大》专栏，掀起全市学习宣传贯彻十九大精神的高潮。紧扣党的十九大、供给侧结构性改革、脱贫攻坚等重大主题进行立体式对外宣传，有效推进“外宣＋”模式，大力实施2017年“大外宣”项目“第一届梧州·岑溪石材建材博览会”。加强与中央、自治区主流媒体战略合作，上级主流媒体采用报道2012篇（条）。深入开展戏曲进乡村活动，经验做法被《广西宣传》、新华社《高管信息》等大力推广。

【网络舆情引导】 2017年，集中开展以“网络安全为人民，网络安全靠人民”为主题的国家网络安全宣传周活动。关注网上舆论动态，加强舆情分析研判，先后处置马路镇名爵陶瓷厂员工讨薪事件、马路中学校园欺凌事件等重大突发事件和热点敏感问题。联合公安网警到属地网站开展检查工作，指导网站完善各项相关制度，落实主体责任。加强队伍建设和人员培训，成立网信办和网研中心，建立由20个成员组成的网评员队伍，加强对网评员、各镇宣委和属地网站负责人的学习培训，开展网络舆情监测、引导、应对等各项工作。2017年，在人民网和梧州零距离受理1154份网络问政，答复率100%。

【社会主义核心价值观宣传教育】 继续以“五进”为载体，在全市全面开展社会主义核心价值观宣传活动。打造寒山书院核心价值观宣传教育基地，先后建设归义镇、南渡镇、糯垌镇等宣传示范镇，建设气象局、审计局、供水公司、市总工会等宣传示范单位，建设市一小、市三小、盘古小学等宣传示范学校，建设归义荔枝村、金鸡村、安平富宁村等示范村（社区）。充分利用传统媒体和新媒体开展社会主义核心价值观宣传，举办岑溪市“我的教师梦”、“奋进的五年、身边的感动”——喜迎十九大故事讲演比赛、“我推荐、我评议身边好人”等活动。2017年，波塘镇杨亦小学退休教师倪华成获得第六届全国助人为乐道德模范提名奖，水利供水有限公司覃立旺获得第六届全国敬业奉献道德模范提名奖。

（市委宣传部　高国斌）

统一战线

【机构概况】 2017年，市委统战部内设秘书股、社会联络股、民族宗教股、台湾工作股、民族宗教事务管理办公室、台湾事务办公室。部长李励兴，副部长高艺、覃健智、严镜涛（2017年12月7日离任）、盘素文（2017年12月7日到任）。在全市重新构建市、镇、村（社区）三级统战工作网络，实现镇统战工作有平台、有经费、有人员、有作为；村（社区）统战工作有平台、有人员。

【党外代表人士队伍建设】 坚持和完善“党委出题、党派调研、政府采纳、部门落实”的工作机制，支持民主党派、党外代表人士开展调研活动，民盟岑溪市总支部完成自治区党委点题的关于特色小镇建设的调研报告。加大党外代表人士培养推荐力度，健全组织部门与统战部门的联系协调合作机制，进一步完善全市党外科级后备干部人才库，选派两位民主党派人士到梧州挂职学习。规范党外代表人士工作的协调沟通机制，建立由统战部牵头，党政有关部门参加、社会有关团体参与的联席会议制度，促进党外代表人士工作政策措施全面落实。加强交流培训引导，促进党外代表人士素质提升，11月27日至11月30日，联合市委组织部、党校举办2017年党外代表人士培训班；建立健全有关数据库。通过“三子”办法和“四同样”措施以及“六项制度”，为4名到岑溪挂职锻炼的党外代表人士创造良好的工作、学习、生活环境。

【建设非公经济服务平台】 围绕“三年一工程”活动，切实做好非公经济服务平台建设各项工作，搭建“法律直通车、商银合作、春风行动企业招聘周”等服务平台，为非公有制经济持续健康发展提供政策、法律、金融、科技、人才等全方位服务与支持。推动实施“一企一策”，加快转变经济发展方式和推进经济结构战略性调整，提升优势产业竞争力，培育发展一批产业龙头企业，解决企业在经济新常态下出现的困难和问题。推动市招商引资工作，到位资金106亿元，部分招商项目年内开工建设。9月28日召开岑溪市促进非公有制经济发展系列政策情况汇报会，推动非公经济企业健康发展。

【非公经济人士理想信念教育实践活动】 立足“四信”主题，开展非公经济人士理想信念教育实践活动，通过各种报告会、研讨会、现场会、培训班和各种宣传平台，切实把思想和行动统一到中央和市委、市政府的决策部署上来。同时，学习自治区书记彭清华和主席陈武对非公经济的批示精神，以政治培训和共识教育为主导，进一步凝聚非公经济人士的共识，促进非公经济人士健康成长。

【民营企业扶贫攻坚】 深化“百企扶百村”活动，加强“结对子”动态管理数据库的更新与完善，促成53个民营企业（商会、协会）与53个贫困村结成对子，并签订帮扶协议；民营企业投入款项约280万元人民币用于贫困村基础设施建设、资助贫困村民开展生产以及开展助学、助残、助困、助老等各种慰问活动，受益群众约3000人；帮助、指导、扶持贫困村民种植砂糖橘、软枝油茶、坚果、百香果和饲养网箱鱼、三黄鸡、山羊等。

【光彩事业和慈善事业】 引导并推动各界人士参与光彩事业和慈善事业等社会公益事业。如引导广西区政府驻广州办事处副巡视员莫育敏带领广东企业考察团到岑溪投资考察。11月15日至16日，澳门街坊会联合总会一行40人先后到岑溪中学、诚谏镇大新中心小学开展“2017广西助学探访”活动，向这两所学校优秀生和贫困生捐助约10万元人民币；11月18日，澳大利亚华侨魏基成夫妇向贫困群众捐赠1500件冬衣，价值10多万元。桂林澳群彩印有限公司向水汶兆阳小学捐赠一批教学设备，价值约3万元人民币。岑溪市聚信车行到三堡古寨小学开展捐资助学活动，捐助资金近1万元人民币。

【新的社会阶层人士统战】 建立健全由党委统一领导，统战部门牵头协调，组织、宣传、工商、民政等有关部门，工、青、妇等群团组织参与的新的社会阶层人士统战工作联席会议制度，形成工作合力；重点掌握群体当中的领军人士，每一类人都掌握有一定数量的人员，并建立完善新的社会阶层人士基本信息数据库。

【基层统战】 推动基层标准化建设扩面、提质，按照“五有”（有人员、有经费、有制度、有场所、有平台）、“三好”（工作氛围好、工作载体好、工作业绩好）的标准在全市所有镇推进统战工作标准化建设。选择水汶、三堡、大业、筋竹、马路、糯垌、归义7个镇作为2017年基层统战工作标准化示范点建设，并通过梧州市委统战部验收，糯垌镇被评为2017年度梧州市基层统战工作标准化建设示范点。

【镇商会换届】 成立领导小组，指导工作开展；多方沟通，与各镇党委、市工商联充分交换意见，营造“心齐、气顺、风正、劲足”的氛围；选对选准，对新一届商会领导层候选人进行考察，在考察工作中，做到好中选优、优中选强，使最后落实的新一届商会领导人符合有关规定，具有凝聚力、作用明显、特色鲜明”的特点。6月底，十四个镇级商会换届工作圆满结束。

【民族宗教】 建立三级民族宗教信息员网络，有信息员303人，做好民族宗教监测评价处置工作；建立民族关系监测评价处置机制，做好“民族工作信息员、民族关系协调员、民族工作专家顾问”民族工作“三支队伍”的建设工作；做好防御宗教渗透工作，开展基督教非法聚会点治理，做好信教群众的思想转化工作，维护社会稳定；做好民族宣传工作，促进“圆通寺”建设。

【港澳台侨统战】 加强指导台办积极为台胞、台属、台商服务，认真做好市组团赴台湾参观考察的申请、立项、呈报等相关工作，有一个考察团成功赴台湾考察。

【统战理论研究和信息宣传】 撰写《促进新的社会阶层人士健康成长之探讨》《县域新的社会阶层人士统战工作的探索——以岑溪市为例》《桂粤相邻县域经济合作中的统战力量之考察与思考》《县级人民政协更好地开展民主监督工作的几点思考》等统战与政协理论研究文章6篇，向上级提交5篇，刘新华撰写的论文《促进新的社会阶层人士健康成长之探讨》得到自治区党委统战部的肯定并刊登在《中国优秀领导干部论坛(2017卷)》，刘新华撰写的论文《如何保证县级人民政协民主监督提高监督实效》入选广西第九次人民政协理论与实践研讨会论文集，刘新华撰写的统战部课题组论文《桂粤相邻县域经济合作中的统战力量之考察与思考》和《县域新的社会阶层人士统战工作的探索——以岑溪市为例》获梧州市委统战部奖励；写出统战宣传信息稿件42篇，被《中国统一战线》《广西统战信息》《梧州统战信息》《梧州统战》《梧州日报》等刊物采用，市委统战部和刘新华分别获梧州市2017年度统战信息工作先进单位奖和梧州市2017年度统战信息工作优秀信息员奖。

（刘新华）

机构编制

【编制管理机构】 岑溪市机构编制委员会办公室(简称市编委办)是机构编制委员会(简称市编委)的常设机构，既是市委的工作部门，又是市政府的工作部门。事业单位登记管理局是市编委办的下属机构参照公务员管理的事业单位。2017年，岑溪市机构编制委员会主任罗伟雄。机构编制委员会办公室主任刘金植，在编人员6人。事业单位登记管理局局长黄洁凤，在编人员3人。

【全市机构概况】 行政部门：市委部门机构10个，定编数189名，其中行政172名，后勤事业17名，实有人数149人，其中行政133人，后勤事业16人。人大机构1个，定编25名，其中行政22名，后勤事业3人；实有人数26人，其中行政23人，后勤事业3人。政协机构1个，定编24名，其中行政22名，后勤事业2名；实有人数25人，其中行政23人，后勤事业2人。政府部门机构23个，定编502名，其中行政461名，后勤事业41名；实有人数458人，其中行政423人，后勤事业35人。群团组织机构5个，定编26名，其中行政23名，后勤事业3名；实有人数25人，其中行政22人，后勤事业3人。政法机关(公检法司)机构5个，定编653名，其中行政635名，后勤事业18名；实有人数600人，其中行政583人，后勤事业17人。乡镇政府(包括乡镇党委)，定编623名，其中行政574名，后勤事业49名；实有人数508人，其中行政463人，后勤事业45人。

事业部门机构709个。现行编制总数15892

名，其中全额 11985 名，差额 2527 名，自收自支 1380 名。实有人数全额 10288 人，差额 1600 名，自收自支 1609 人。

【行政单位设置与调整】 2017 年 1 月根据《岑溪市公安局领导职数及内设“巡警大队”更机构更名的批复》（岑编〔2017〕1 号），岑溪市公安局内设机构“巡警大队”更名为“特巡警大队”，“情报大队”更名为“技侦技术情报大队”，其机构级别、职能及人员级别不变。重新核定公安局领导职数。根据《中共岑溪市委组织部内设机构更名的批复》（岑编〔2017〕2 号），中共岑溪市组织部内设机构更名及调整，调查研究股更名为“研究室”，干部股更名为“干部一股”，“青干股”更名为“干部二股”；“电化教育股”更名为“信息管理股”；“组织股”调整为“组织一股”（加挂“市农村基层组织建设工作办公室”牌子）、“组织二股”和“组织三股”（加挂“市委组织员办公室”）。根据《关于中共岑溪市委巡察工作领导小组办公室机构编制事项通知》（岑编〔2017〕4 号），调剂中共岑溪市巡察工作领导小组办公室机构编制。根据《岑溪市安监局增设内设机构的批复》（岑编〔2017〕5 号），岑溪市安全生产监督管理局增设内设机构“职业安全健康监督管理股”，增加内设机构领导职数 1 名。

2017 年 6 月，根据《关于市纪律检查委员会向市一级党和国家机关派驻纪检机构人员编制的通知》（岑编〔2017〕28 号），重新核定市纪委向市一级党和国家机关派驻纪检机构人员编制。

2017 年 7 月，根据《关于同意设立市法院诉讼服务中心的批复》（岑编〔2017〕18 号），岑溪市人民法院设立岑溪市人民法院诉讼服务中心。根据《关于划转市人民政府接待职能职责的通知》（岑编〔2017〕27 号），将市人民政府办公室负责“接待”的职能职责划入市机关事务管理局管理。原在市人民政府办公室挂牌的“岑溪市外事侨务接待办公室”更名为:“岑溪市外事侨务办公室”（挂牌）。机关事务管理局加挂“中共岑溪市委员会岑溪市人民政府接待办公室”牌子（简称“市接待办”）。根据《关于岑溪市绩效考评领导小组办公室管理体制调整的通知》（岑编〔2017〕20 号），岑溪市绩效考评领导小组办公室（以下简称“市绩效办”）挂靠主管部门调整为中共岑溪市委员会办公室。

【事业单位机构设置与调整】 2017 年 1 月，根据《关于市新型农村合作医疗管理中心管理体制调整通知》（岑编〔2017〕3 号），原市卫生和计划生育局管理的岑溪市新型农村合作医疗管理中心并入岑溪市社会保险事业局，其职能、机构、编制、人员、基金、资产、档案、新型系统及数据等并划转。2017 年 1 月 10 日，根据《关于成立岑溪市国有资产管理中心的通知》（岑编〔2017〕7 号），成立岑溪市国有资产管理中心。2017 年 1 月，根据《关于成立岑溪市金融办的通知》（岑编〔2017〕8 号），成立岑溪市金融工作办公室，为市财政局管理的财政全额拨款的事业单位。根据《关于撤销岑溪市项目办和高工项目办的通知》（岑编〔2017〕9 号），撤销岑溪市工业和信息化局项目开发办公室和岑溪市林业局高工、项目办公室。根据《关于岑溪市六云小学更名的批复》（岑编〔2017〕10 号），岑溪市糯垌镇六云小学更名为“岑溪市糯垌镇绿云小学”。根据《关于同意设立岑溪市投资项目审批服务中心的批复》（岑编〔2017〕11 号），设立岑溪市投资项目审批服务中心，为市发展和改革局管理的全额拨款的事业单位。

2017 年 3 月，根据（关于市工业园区管理委员会级别的通知》（岑编〔2017〕13 号），明确岑溪市工业园区管理委员会为相当于正科级事业单位。

2017 年 7 月根据《关于调整市美丽岑溪镇村建设领导小组办公室机构编制事项的通知》（岑编〔2017〕14 号），将市“美丽岑溪”乡村建设领导小组办公室调整为常设办事机构，为市委办公室管理的事业单位。根据《关于设立铁路护路联防领导小组办公室的批复》（岑编〔2017〕15 号），设立岑溪市铁路护路联防工作领导小组办公室，为市委政法委员会管理的财政全额拨款的事业单位。根据《关于设立市国土资源信息中心的批复》(岑编〔2017〕16号),设立岑溪市国土资源信息中心,为市国土资源局管理的财政全额拨款的事业单位。根据《关于设立市公共资源交易管理和政务服务机构等事项的批复》(岑编〔2017〕17号),设立岑溪市政务服务监督管理办公室,为市人民政府办公室的内设机构。根据《关于设立岑溪市农村供水和改水项目管理站的通知》(岑编〔2017〕19号),设立岑溪市农村供水和改水项目管理站,为市水利局管理的财政全额拨款的事业单位。根据《关于岑溪市计划生育协会列入群团序列》(岑编〔2017〕21号),岑溪市计划生育协会列入群众团体序列。根据《关于同意岑溪市水利局设计室更名的批复》(岑编〔2017〕22号),岑溪市水利局设计室更名为岑溪市水电规划计划室。根据《关于重新核定中小学教职工编制的批复》(岑编〔2017〕23号),重新核定岑溪市中小学教职工编制。根据《关于调整互联网新闻传播研究中心等单位编制的通知》(岑编〔2017〕24号),调整岑溪市互联网新闻传播研究中心、岑溪市劳动保护教育中心、岑溪市文物管理所(博物馆)、岑溪市群众艺术馆、岑溪市救助管理站、岑溪市社会福利院编制。根据《关于撤销岑溪市委市政府机关幼儿园和岑溪市武装部招待所的通知》(岑编〔2017〕25号),撤销岑溪市人民武装部接待所,岑溪市委市政府机关幼儿园。根据《关于设立市未成年人救助保护中心等单位编制的通知》(岑编〔2017〕26号),设立岑溪市未成年人救助保护中心,在岑溪市救助管理站加挂牌子,实行一套人马两块牌子的管理模式。

2017年8月,根据《关于印发市七坪林场三定的通知》(岑编〔2017〕33号)、《关于印发市软枝油茶林场三定的通知》(岑编〔2017〕34号)、《关于印发市紫胶林场三定的通知》(岑编〔2017〕35号),岑溪市七坪林场、市软枝油茶林场、市紫胶林场,依照“广西、梧州、岑溪市一系列国有林场改革实施方案”(桂发〔2016〕12号、梧发〔2016〕24号、岑发〔2016〕5号文)变更为财政全额拨款的事业单位,并确定其职责、内设机构、人员编制。

2017年9月,根据《关于撤销市房地产评估所的通知》(岑编〔2017〕38号),撤销岑溪市房地产评估事务所,其在编人员(含退休人员)和资产及债权债务等划入岑溪市房地产公司。

【事业单位法人登记管理】 2017年登记在列的事业单位709个,年度报告公示709个,年度报告率100%,办理设立登记的单位10个,变更登记事项114项,注销登记事业单位3个,年度报告、设立、变更、注销事项全部在网上进行,依程序进行审核,及在网上公示。

【编制管理】 继续完善“广西机构编制管理实名制管理系统”,发挥实名制管理系统的优势,实现“横向到边,纵向到底”的机构编制实名制精细化管理。注重动态,发挥资源平台作用,形成包括机构、编制、领导职数、实有人员、混岗人员、临聘人员等信息的机构编制实名制数据库,对数据库实行动态调整,实时更新,凡涉及机构、编制、人员信息有变动的及时调整。实现机构编制部门与组织、财政、人社等部门信息共享,杜绝超编进人及吃“空饷”等问题的发生。注重成果运用发挥监督平台,开展机构编制审计和超编进人,超职数配备领导干部等专项督查。

(市编制办公室)

老干部工作

【机构概况】 老干部局办公地址在岑溪市城北路13号。内设秘书股、服务股。2017年,有编制9人,在编8人,其中,行政编制3人,机关后勤事业编制5人。局长杨华凤(女)。

【离退休干部“两项建设”】 加强离退休干部思想政治建设,坚持每月15日老干部集中学习,重点学习习近平新时代中国特色社会主义思想、十八届六中全会、十九大会议精神、《关于进一步加强和改进离退休干部工作的意见》中办发〔2016〕3号、《关于进一步加强和改进离退休干部工作的实施意见》桂办发〔2017〕6号文件等。10月18日，组织65名离退休干部观看十九大开幕式，11月15日，举办十九大精神专题报告会。全年组织政治理论学习12次。加强离退休干部党组织建设，抓好以市国税局、林业局和市人大机关离退休干部党支部为示范点的离退休党支部建设。全市有11个离退休干部党支部。

【老干部活动】 开展“畅谈十八大以来的变化，展望十九大胜利召开”活动，全年组织离退休干部参观调研市政建设、工业企业建设、扶贫攻坚活动5次。在离退休干部中开展“党的十九大召开前人民群众期盼的问卷调查”活动，以书面问卷形式，向200名离退休老干部发放问卷调查，问卷设置24个问题，了解老干部对十九大的信心，对民生、文化、教育、医疗、环境等方面的期盼和建言。每月学习日组织老干部开展以“谈变化，议发展”为主题的学习座谈会。开展以“话发展，看巨变”为主题的山歌编写活动。围绕十九大精神、脱贫攻坚、城市建设等主题，引导有兴趣爱好编写山歌的离退休干部30人撰写山歌，收集创作山歌130篇。政府办退休干部陆锐鸿创作的《“三大生态”振中华》等山歌在广西老干部工作网刊登，陆锐鸿获2017年全区老干部“赞颂新变化，喜迎十九大”山歌征集个人二等奖，老干局获集体三等奖。10月13日和14日分别在市人民广场和糯垌镇平炉村举办以“赞颂新变化，喜迎十九大”为主题的岑溪市离退休干部文艺晚会。组织老年社团开展以“我为脱贫攻坚献良策”为主题的助力扶贫攻坚活动。5月23日，协同梧州市委老干部局，到岑溪市筋竹镇石芹村开展“助力脱贫攻坚老年社团携手乡村行”活动。岑溪市农业局、科技局退休专家进行砂糖橘、百香果种植技术培训，培训贫困户50多户、200多人，市人民医院为群众开展健康义诊。组织一批老干部志愿者、关工委“五老”人员，到糯垌、归义等4个镇、4个村开展调研，特别是对贫困家庭中青少年的调查研究，摸准帮扶对象，做到精准扶贫，确定扶贫举措。

【优化离退休干部服务】 做好春节慰问老干部工作，市四家班子领导登门慰问44位居住在城区的离退休老干部；组织70位离退休干部健康检查。老干部局干部职工与离退休干部进行“一对一”结对帮扶，定期走访，对有困难的给予帮助；对无固定收入、无医疗保障的4名离休干部的遗孀，给予关怀照顾，进行慰问。完善离休干部“三个机制”，按时足额发给离休费，按规定报销离休干部医药费；深化亲情服务和社区养老服务工作，为老干部提供亲情化、个性化、多样化的服务，给80周岁以上22位老干部送生日蛋糕祝寿，为43名建国初期参加革命工作的老干部，审核发放医疗补助费和护理费。2017年1月，由中共梧州市委组织部、岑溪市委组织部联合拍摄以梁禄振从事老干部工作23年先进事迹的党员教育电视片《情暖夕阳》在腾讯网、岑溪电视台播放。6月，梁禄振被梧州市委评为“梧州市群众身边最美党员”。11月，局长杨华凤被自治区党委组织部、老干部局、自治区人社厅评为全区老干部工作先进个人，记个人二等功一次。

（梁禄振）

机关党建

【机构概况】 市直机关工委是中共岑溪市委的派出机构，在岗在编11人，辖机关党委14个，党（总）支部183个，党员5300人。工委书记林源波，纪工委书记魏明（任至2017年11月），覃广盈（兼工委委员，2017年11月任职）；武装部部长贤卓荣。

【思想政治建设】 2017年，制定《岑溪市直属机关2017年度党建目标管理责任制考评办法》，与84个党组织书记签订党建责任书，落实党建工作责任。明确机关、学校、国有企业和“两新”组织党组织各有侧重的管理方式,按照“月查季评半年小结年底算总账”的方式,完善党建台账资料。建立组织生活会、民主评议党员、谈心谈话、“三会一课”和“党员活动日”等活动制度,班子专题研究党建工作7次,听取党建汇报4次。贯彻落实中央有关学校、国企党建会议和文件精神,按照任务清单抓落实,各党组织举办学习习近平总书记视察广西重要讲话、“7·26”讲话和十九大等精神学习会250期(次)、研讨会和座谈会500场(次)。

【组织建设】 全年举办党支部书记、党务干部业务培训班4期,800名机关党务干部参加培训。把党费收缴工作作为党建工作考核的重要内容,安装启用“党费云”党费手机缴交平台,提供电子渠道交纳党费,使用党员管理证,规范党费收缴。党组织统一使用组织部和工委统一制作的会议记录本、党费收缴记录本;党员活动室按“八有”标准设置,统一使用梧州规定的西江党旗红标识、党员示范岗、党员示范室(科、股、组、车间)和党员责任区。换届改选食品公司等7个党支部,党员人数100名以上的国税局、供销社等6个总支升格为党委,党员人数50名以上、100名以下的一小等4个支部升格为党总支。成立社会组织综合党委和“小个专”(小微企业、个体工商户、专业市场)党委,新增成立5个社会组织党支部,实现全覆盖。审批吸收预备党员70名,审批预备党员转正式党员54名。完成上半年党员统计和全国党员信息录入工作。

【创先争优活动】 推进“两学一做”学习教育常态化制度化,在机关党组织开展“双争”、“两范一提高”和“三亮一树”活动。开展“双争”行动和“先锋联创”工程,引导党员做到“四个合格”。推进创新性工作,组织到梧州市、玉林市玉州区、北流市和贺州市钟山县学习取经,把检察院、地税局、岑溪中学、市三小、人民医院等23个党组织作为机关、企事业和“两新”党组织党建示范点来抓,确定创建方案和党建品牌,起到示范作用。表彰先进基层党组织25个、落实党建工作目标责任制先进单位15个、优秀共产党员131名和优秀党务工作者75名。

【党风廉政建设】 成立党风廉政建设责任制领导小组,落实党风廉政建设“主体责任”“监督责任”,专题研究党风廉政建设工作2次,上廉政党课1次,集中学习“两准则、一条例”4次,集体廉政谈话2次,一对一谈话11次,述职述廉1次,落实中央八项规定精神“回头看”工作,加强廉洁自律。

【双报到活动】 开展“双联系”和“双报到”活动,推动社区与“双报到”单位之间党建工作深度融合。市直机关各基层党组织派出420名党员干部到53个贫困村联系、帮扶1300户困难群众。组织市直机关4570名党员到岑城镇11个社区开展“双报到”活动,市直机关党组织与社区党组织共召开党建联席会议44次,筹集资金10万元分别在春节、“七一”、重阳节期间慰问社区老人、老党员和困难群众700人,为社区党的建设、平安建设出谋献策。工委派出4名队员为水汶镇曾子村11户贫困户(其中跟踪4户)提供种苗和资金1万元,支持西河、曾子两个村1万元党建经费,抓党建促脱贫攻坚。

【武装工作】 市直机关组建民兵应急独立连等9个分队,基干民兵406人,完成民兵调整组建工作,组织民兵军事训练5期(550人次)。夏秋季征兵工作进行网上报名,严格标准条件、审查把关,政治思想教育到位。

(林源波、吴伟基)

党 校

【机构设置】 岑溪市委党校位于岑溪市岑城镇甘冲社区。党校内挂岑溪市行政学校牌子,内设办公室、教务处、电化教学管理中心、总务处、图书馆、科研咨政室。2017年,校长卢宽(市委副书记),常务副校长元思勇。

【干部培训】 2017年，举办各级各类班次22期，培训人数5877人。其中主体班次3期，培训人数129人；专题培训班次8期，培训人数3072人；部门办班13期，培训人数2676人。其中科级及以下干部培训人数1807人，村“两委”干部培训人数964人，基层党组织负责人培训人数800人。组织市理论宣讲团深入农村、机关、学校、社区、乡镇、企事业单位，开展80多场次，宣讲党的十八届六中全会、党十九大精神和习近平总书记视察广西重要讲话精神。

【科研成果】 2017年，党校在广西党校（行政学院）系统第六届“桂海论坛”征文比赛中，田树峰论文获三等奖；由区党校举办的“学习宣传贯彻党的十九大精神 推动广西经济社会持续健康发展”征文比赛中，田树峰论文获奖，并被邀请参加研讨会作为参会代表发言。完成咨政报告两篇：其中由元思勇副校长撰写的《以当年梧州市开展“两整一会战”为借鉴，扎实推进我市“三整治一提升”活动》的咨政报告获得市委书记陶辉的肯定性批示，并转四位常委抓落实。田树峰老师执笔的《完善市内交通基础设施 疏通城市“动脉”——整治市容环境之市内交通疏堵建议》也获市委书记肯定性批示。田树峰老师负责的2017年度梧州市委党校课题《岑溪市旅游业“长寿名牌”建设专题研究—依托“长寿”名片之效应 打造“长寿、休闲、养生”旅游市场》按时结题。余敏秀、田树峰老师在梧州市社科联刊物发表的论文分别获三等奖和优秀奖，余敏秀老师在《梧州日报》《鸳江论坛》《今日岑溪》各发表文章一篇，在岑溪市机关党建通讯发表文章三篇；韦向晖老师投稿岑溪市社科联刊物论文两篇，其他老师共投稿《鸳江论坛》论文四篇。

【会议服务】 接待自治区政府主要领导到岑溪调研、梧州·岑溪第一届石材建材博览会石材发展高峰论坛、梧州市中小学校党建工作推进会和市人大、政协等重大会议、重大活动60多场次，服务2.3万人次。

（市委党校 余敏秀）

岑溪市人民代表大会

【机构设置】 市十六届人大常委会主任：罗阳灿（任至2017年11月）、羽国强（2017年11月任职），副主任：胡六才、唐永清、徐伟翔、谢梅（女）。人大常委会内设机构有：人大常委会办公室，办公室主任韦林；法制和内务司法委员会，主任委员周献三；财政经济委员会，主任委员莫光波；教科文卫与民族工作委员会，主任甘素凡（女，任至2017年7月）；农业农村与环资城建工作委员会，主任陆灿升；选举联络工作委员会，主任关崇超。

【市十六届人民代表大会第二次会议】 2017年3月1日至3月3日，在市会议中心（市委党校）召开市第十六届人民代表大会第二次会议，应出席会议代表297名，实到代表290名。会议主要议程：听取和审议市人大常委会主任罗阳灿所作的市人大常委会工作报告；听取和审议市人民政府市长罗伟雄所作的政府工作报告；审议市发展和改革局局长甘梅所作的关于岑溪市2016年国民经济和社会发展计划执行情况与2017年国民经济和社会发展计划（草案）的报告，审查和批准岑溪市2016年国民经济和社会发展计划执行情况与2017年国民经济和社会发展计划（草案）的报告，批准2017年国民经济和社会发展计划；审议市财政局局长陈向前所作的关于审查和批准岑溪市2016年预算执行情况和2017年预算（草案）的报告，审查岑溪市2016年预算执行情况和2017年预算（草案）的报告，批准岑溪市2017年预算；听取和审议市人民法院院长吴卓贤所作的市人民法院工作报告；听取和审议市人民检察院检察长魏钟生所作的市人民检察院工作报告；会议审议并表决通过各项工作报告的决议。

【市十六届人民代表大会第三次会议】 2017年11月11日至11月13日，在市会议中心（市委党校）召开市第十六届人民代表大会第三次会议，应出席会议代表296人，实到代表264名。会议主要议程：听取市人大常委会党组书记羽国强作关于市人大常委会2017年1—10月工作情况的报告；听取市人民政府市长罗伟雄作关于市2017年1—10月经济运行情况的报告；会议依法选举市十六届人大常委会主任羽国强、委员朱显驹、高耀斌。

【市人大常委会会议】 2017年，举行市十六届人大常委会会议10次（市十六届人大常委会第四次至十三次），讨论决定全市政治、经济、教育、科技、文化、卫生、环境资源及民政等重大事项；听取和审议"一府两院"有关工作情况报告；审查批准年度财政决算，审议通过年度国民经济和社会发展计划执行情况、财政预算执行情况和年度财政审计工作情况的报告；任免人大常委会机关及"一府两院"国家机关工作人员。

【重大事项决议决定】 2017年，市人大常委会会议先后审议通过《关于批准岑溪市2016年财政决算的决议》《关于批准岑溪市2017年财政预算收支调整方案的决议》《岑溪市人大常委会关于批准岑溪市2017年预算收支第二次调整方案的决议》等决议、决定。

【监督工作】 市人大常委会通过专题调研、视察、听取和审议专项工作报告、执法检查等形式，强化跟踪监督工作，监督和支持"一府两院"及其组成部门依法行政、公正司法，推动全市各项工作开展。2017年，市十六届人大常委会听取和审议了市人民政府关于2016年为民办实事项目实施情况的工作报告、关于2016年财政决算情况的报告、关于2016年预算执行情况和其他财政收支的审计工作报告、关于2017年上半年国民经济和社会发展计划执行情况的报告、关于2017年上半年预算执行情况的报告、关于审计查出问题的整改情况的报告、关于脱贫攻坚工作情况的报告、城镇居民医疗保险工作情况的报告、文物保护工作情况的报告、环境质量和环境保护目标完成情况的报告；市人民法院关于执行工作情况的报告，市人民检察院关于侦查监督工作情况的报告。听取和审议市人民政府关于调整岑溪市2017年财政预算收支的议案和关于岑溪市2017年预算收支第二次调整方案的议案。常委会主任会议还专题听取了市人民政府关于农村土地承包经营权确权登记颁证工作、高中教育工作、精神病人管理情况、全面实施二孩政策情况等报告，市财政局关于财政专项资金绩效评价情况的报告，市人大常委会对各项工作报告均作出了相关的审议意见，汇总整理常委会审议意见8份，及时送"一府两院"研究整改，并加强跟踪督促和检查，确保人大监督收到实效。

【执法检查】 2017年，市人大常委会先后组织执法检查组对贯彻实施《中华人民共和国社会保险法》《中华人民共和国执业医师法》《中华人民共和国食品安全法》《社区矫正实施办法》等法律法规的情况开展执法检查。配合自治区人大和梧州市人大开展《中华人民共和国献血法》《中华人民共和国行政复议法》《中华人民共和国产品质量法》《中华人民共和国气象法》《中华人民共和国民办教育促进法》《中华人民共和国渔业法》《中华人民共和国网络安全法》《中华人民共和国循环经济促进法》等执法检查。通过执法检查，针对有关法律法规在贯彻实施过程中存在困难和问题，及时提出整改意见和建议，督促有关部门认真整改。

【代表活动】 6月20日至23日，市人大常委会组织市十六届人大代表分为四大片区，分别在马路镇、大隆镇、大业镇和糯垌镇召开各片区代表座谈会，片区代表座谈会收集到意见和建议70多条。常委会办公室及时对意见建议进行分类汇总并反馈给市政府及有关部门研究处理。7月19日，市人大常委会组织梧州市十四届人大岑溪代表团代表在岑溪市和容县开展专题调研活动，对岑溪市重大项目南环过境大道和容县旅游产业项目建设开展专题调研活动。11月29日至30日，市人大常委会组织在岑溪市选举产生的自治区第十二届和梧州市第十四届人大代表开展年终视（考）察活动，先后对重点项目碧桂园项目建设情况，北流市工业发展和旅游产业发展情况，以及钦州市钦南区项目建设和人大工作进行视（考）察活动。

【议案、建议办理】 市十六届人民代表大会第二次会议期间，代表提出建议38件，交由19个承办单位研究办理。常委会有关委室与市政府办公室切实发挥督促与联系沟通作用，协调处理代表建议办理过程中出现的问题，代表建议已全部办理答复完毕。代表所提建议已经解决或基本解决的11件，占总数的28.9%，正在解决或将列入规划逐步解决的24件，占总数的63.1%，因条件、政策或其他原因所限，一时难以解决的3件，占总数的8%。

【人事任免】 2017年，市人大常委会召开常委会会议10次，常委会先后任免市地方国家机关工作人员53人次，其中任命23人次，免去或接受辞去职务30人次。接受罗阳灿辞去市人大常委会主任职务，任命市人大机关工作人员1人次，免去市人大机关工作人员1人次；任命徐安毕为岑溪市人民政府副市长，接受杜城辞去市人民政府副市长职务；任命市政府工作人员2人次，免去市政府工作人员1人；任命市人民法院工作人员17人次，免去市人民法院工作人员26人次；任命市人民检察院工作人员2人次。人事任免事项全部通过。认真落实宪法宣誓制度，对任命的国家机关工作人员颁发任命书并进行宪法宣誓，增强被任命国家机关工作人员的宪法意识、责任意识和公仆意识。

【人大信访工作】 2017年，受理人大代表和群众来信来访27件（次），接待来访93人次，常委会按照“分级负责，归口办理”的原则，及时转办、催办、督办和反馈，及时妥善解决人大代表和群众反映的合理诉求，化解社会矛盾，促进社会稳定。

（陈雪萍）

岑溪市人民政府

【政府机构】 政府部门机构23个（政府办公室、发展和改革局、工业和信息化局、教育局、民政局、财政局、人力资源和社会保障局、国土资源局、环境保护局、住房和城乡建设局、交通运输局、水利局、农业局、林业局、文化新闻出版广电体育局、卫生和计划生育局、审计局、市场监督管理局、市政局、安全生产监督管理局、扶贫开发办公室、统计局、水产畜牧兽医局），定编502名，其中行政461名，后勤事业41名，实有人数458人，其中行政423人，后勤事业35人（公安局、司法局列入政法机关，监察局与纪委合署办公不计人）。乡镇政府14个。2017年，政府办公室内设机构有：秘书股、督办股、行政股、综合股、信息股、保密股、调研股、人事教育股、法制办公室、财会股、外事侨务接待办公室（2017年7月变更为外事侨务办公室）、市人民政府督查室。办公室主任梁翔峰，副主任焦瑞波、刘斌、韦己、韦瀚、王燕（2017年10月任职）、黄宝剑（任至2017年10月）、伍世明（任至2017年4月），纪检组长赖深全（任至2017年11月）、李志红（2017年11月任职）。

【市人民政府常务会议】 2017年，召开13次常务会议。

1月20日，会议主要议题有：关于审议《岑溪市碧桂园房地产开发项目投资合同书（送审稿）》，关于审议《岑溪市华润电力10万千瓦风电开发项目投资协议书（送审稿）》。

1月25日，会议主要议题有：关于审议《岑溪市粤桂长寿小镇开发项目投资框架协议(送审稿)》。

2月22日,会议主要议题有:关于讨论社会主义新农村道路建设项目采用政府购买服务模式问题,关于审议《岑溪市公共租赁住房管理暂行办法(送审稿)》。

3月23日,会议主要议题有:关于审议2017年度市直单位部门预算"一下""二下"收支控制数。

4月28日,会议主要议题有:关于审议《关于进一步加强烟花爆竹生产企业安全管理的实施意见(送审稿)》,关于审议《岑溪市城市防洪应急预案》《岑溪市防御台风应急预案》《岑溪市洪涝灾害应急预案》《岑溪市抗旱应急预案)》《岑溪市山洪灾害防御预案(送审稿)》。

5月24日,会议主要议题有:关于审议《岑溪市法治政府建设实施方案(2016—2020年)(送审稿)》,关于审议《岑溪市国有林场改革实施方案(送审稿)》,关于审议《岑溪市处置非法占地建筑物的实施意见(送审稿)》,关于审议《岑溪市车辆停放服务收费管理办法(送审稿)》。

6月9日,会议主要议题有:关于审议《岑溪市粤桂长寿小镇开发项目建设合同(送审稿)》,关于审议《岑溪市城区街道清扫保洁和城区公共绿化养护管理购买服务方案》《岑溪市购买市容秩序辅助管理和城市照明设施管护购买服务方案(送审稿)》。

7月28日,会议主要议题有:关于听取市安监局关于岑溪市2017年上半年安全生产工作情况汇报,研究部署有关工作;关于听取市环保局关于岑溪市2017年上半年环保工作报告,研究部署有关工作;关于听取市市场监督管理局关于岑溪市2017年上半年食品药品安全监管工作情况汇报,研究部署有关工作;关于讨论市国资公司申报发行2017年企业债券问题,研究有关事项;关于讨论"十三五"污水处理设施工程相关问题,研究有关事项;关于审议市住建局负责编制的《岑溪市城市公共厕所专项规划(2015—2030年)(送审稿)》,研究有关问题;关于审议市房产局起草的《岑溪市公共租赁住房管理暂行办法(送审稿)》,研究有关问题;关于审议市物价局起草的《岑溪市公租房租金收费标准(送审稿)》,研究了有关问题;关于审议市投资促进局提交的《岑溪市岑焰瓶装燃气站项目投资合同书(送审稿)》,研究有关问题;关于审议市教育局起草的《岑溪市乡村教师支持计划实施方案(送审稿)》,研究有关问题;关于审议市水利局提交的《黄华河、义昌江河道采砂规划(2017—2021年)(送审稿)》,研究有关问题;关于讨论研究给予潘国强、曾繁日、梁可、谢强政纪处分问题。

7月31日,会议主要议题有:关于传达贯彻自治区县域经济发展大会暨年中工作会议精神及梧州市年中工作会议精神,研究部署岑溪市县域经济发展等工作;关于听取市扶贫办关于2017年上半年脱贫攻坚工作汇报,研究部署有关工作;关于审议《岑溪市城市公交线路运营权服务质量招投标工作方案(送审稿)》,研究有关问题;关于审议《岑溪市波塘镇南垌异形材石材加工项目投资合同书(送审稿)》。

8月30日,会议主要议题有:关于审议《岑溪市政府部门权责清单两单融合方案(送审稿)》,研究部署有关工作;关于审议《岑溪市财政专项扶贫资金管理办法(试行)(送审稿)》,研究有关问题;关于审议《岑溪市财政专项扶贫资金镇级财政报账制管理实施细则(试行)(送审稿)》,研究有关问题。

10月26日,会议主要议题有:关于学习自治区党委书记彭清华在《关于进一步加强食品安全工作情况的报告》上的批示精神,听取市市场监督管理局关于我市食品安全工作情况的汇报,研究部署相关工作;关于听取市信访局关于2017年岑溪市信访工作的汇报,研究有关问题;关于审议《岑溪市2018—2020年部门中期财政规划和2018年部门预算(送审稿)》,研究有关问题;关于审议《岑溪市中心城区雨水收集(海绵城市)专项规划(2016—2030)(送审稿)》,研究有关问题;关于讨论调整我市县级公立医院人员绩效工资总量问题,研究有关工作;关于审议《岑溪市医疗机构设置规划(2016—2020年)(送审稿)》,研究有关工作;关于审议《关于对岑溪市新农村建设项目用地的意见(送审稿)》,研究有关问题;关于审议《利用社会资金加快推进岑溪市城乡建设用地增减挂钩试点工作方案(送审稿)》,研究有关问题;关于听取市监察局关于原机关事务管理局副局长覃智就违纪问题,以及原住建局副主任科员吴金源涉嫌贪污罪的情况通报。

11月6日,会议主要议题有:关于审议市发改局起草的《中共岑溪市委员会 岑溪市人民政府关于加快我市县域经济发展的实施意见(送审稿)》,研究有关问题;关于审议市发改局起草的《岑溪市县域经济发展分类考核实施方案(送审稿)》,研究有关问题;关于审议市水利局起草的《岑溪市全面推行河长制工作方案(送审稿)》,研究有关问题;关于审议市水利局起草的《岑溪市小型水利工程确权发证暂行办法(送审稿)》,研究有关问题;关于审议市水产畜牧兽医局起草的《岑溪市畜禽规模养殖禁养区和限养区划定方案(送审稿)》,研究有关问题;

关于听取市监察局关于原公安局党委委员、副政委、交通管理大队大队长盘涌辉,原公安局交通管理大队特勤中队指导员严明,原财政局公务员陈展烽违纪事实及处理意见的情况通报。

12月21日,会议主要议题有:关于审议市文新广体局牵头起草的《岑溪市全民健身和全民健康深度融合试点工作实施方案(2017—2020)(送审稿)》,研究有关问题;关于审议市国土资源局牵头起草的《岑溪市深化工业用地市场化配置先行改革实施办法(送审稿)》,研究有关问题;关于审议市投资促进局牵头起草的《岑溪市招商引资优惠政策》《岑溪市招商引资激励暂行办法(送审稿)》,研究有关问题;关于讨论调整2017年财政预算收支问题,研究有关问题;关于审议市水利局牵头起草的《岑溪市黄华河义昌江河砂开采权出让方案(送审稿)》,研究有关问题;关于审议《广西岑溪智慧城市建设方案(送审稿)》,研究有关问题;关于审议《岑溪市国企人员薪酬的实施方案(试行)(送审稿)》,研究有关问题;关于审议《岑溪市思湖路延长线(西段)道路建设工程整改方案(送审稿)》,研究有关问题;关于听取市监察局关于市强制隔离戒毒所副科级干部罗秋,市运输管理所原所长黄小宁,市公安局交管大队原副中队长黄红英,原教育局党组成员、副局长杨名扬违纪事实及处理意见的情况通报;关于审议《关于培育特色小镇工作实施方案(送审稿)》,研究有关问题;关于审议《岑溪市人民政府关于加快特色旅游发展实施方案(送审稿)》,研究有关问题;关于审议《岑溪市关于加快提升工业园区发展水平的实施方案》(送审稿),研究有关问题;关于审议《岑溪市关于加快县域现代特色农业示范区建设实施方案(送审稿)》,研究有关问题;关于审议《关于金融支持县域经济发展的实施方案(送审稿)》,研究有关问题;关于审议《岑溪市农村集体回建地及集体预留用地管理暂行办法(送审稿)》,研究有关问题;关于审议《岑溪市打击非法买卖土地、非法占地和违法建设工作方案(送审稿)》,研究有关问题。

【重大举措和工作部署】

工作部署 2017年1月3日,岑溪市召开全市经济工作会议,总结经验探索规律,分析当前经济形势,部署2017年经济工作。会议明确2017年经济工作的总体要求:全面贯彻落实国家、自治区和梧州市的各项重大战略决策部署,结合岑溪实际,抓住县域经济社会发展的规律和特点,找准自身定位,以“三年一工程”为抓手,加快转变经济发展方式,大力推进产业结构优化调整,切实保障和改善民生,统筹社会各项事业发展,持续促进岑溪的改革稳定发展。会议提出2017年经济发展的主要目标是:地区生产总值增长7%,规模以上工业总产值增长7%,规模以上工业增加值增长7%,第三产业增加值增长8.5%,财政收入增长1%,固定资产投资增长7%,社会消费品零售总额增长11%,城镇居民人均可支配收入增长8%,农民人均纯收入增长10%。

会议强调要牢固树立五大发展新理念,始终

以五大发展理念统领经济工作，找准发展定位，理清发展思路；着力推进园区产业发展，培育经济增长新动力，实现稳中求进发展。各镇各有关部门要主动适应经济发展的新常态，坚持项目投资拉动，推进基础设施和重点项目建设；加快产业结构调整，着力推进工业提质增效，加强“三农”工作，着力推进三产提速发展；要加快新型城镇化建设，改善民生、推动创业、扩大就业，增强社会保障能力，抓好民生实事工程，统筹发展社会事业。

项目建设 2017 年，筹措资金 9.07 亿元，支持交通基础设施、产业园区、一河两岸新城区等工程项目建设。开展项目攻坚活动，推进重点建设项目 114 个，完成投资 73.22 亿元。完成征地 2956 亩，拆迁房屋 3.67 万平方米。

降成本稳工业 落实自治区降成本 41 条政策措施，累计为企业减负 4700 多万元。帮助 11 家工业企业获得贷款 6.8 亿元。石材产业“退城进园”取得新成效，新增入园企业 10 家。一批陶瓷企业技改项目和新产品实现投产。新兴产业中铝岑溪稀土回收利用项目实现产出，完成预定税收目标。规上工业增加值完成 159.3 亿元，增长 10.4%。

发展示范农业 新增种植百香果、火龙果等优质水果面积 2.5 万亩。澳洲坚果种植面积和肉桂、八角等林下经济作物种植面积扩大到 32 万亩。西江果蔬产业(核心)示范区提档升级，累计新增投资 2600 万元。建成 4 个现代特色农业示范区，其中，岑溪市古典鸡产业(核心)示范区晋升为“广西四星级现代特色农业(核心)示范区”。投资 3 亿元的汉世伟现代化生猪养殖项目建成投产。岑溪古典鸡被评为“国家地理标志保护产品”。寿之元山茶油荣获广西著名商标。创建并获自治区新认定现代特色农业县级示范区 2 个、乡级示范区 3 个，入围乡级示范区 2 个。广西岑溪九原生态农业被科技部列为星创天地。培育新型农业经营主体和新型职业农民，新增农民专业合作社 53 家、家庭农场 19 家。特色优势农业产业不断壮大，新增品牌蔬菜播种面积 1[illegible]87 亩。全市农林牧渔业总产值完成 63.38 亿元，增长 3.5%。

发展第三产业 完善和落实第三产业扶持政策措施，新增入库限上企业 15 家。第三产业增加值完成 65.74 亿元，增长 9.9%，服务业批发零售、餐饮住宿、商贸流通等行业均保持 15%以上增长。泽仁现代商贸物流城二期工程稳步推进。加大旅游宣传推广力度，全年接待游客 280 万人次，实现旅游收入 29 亿元。社会消费品零售总额完成 73.35 亿元，增长 10.39%。

城镇化建设 启动城市建设与管理提升百项工程。《岑溪市城市总体规划(2015—2030)》修编工作基本完成。累计投入资金 2.2 亿元，持续实施城市建设管理提升百项工程，一水厂扩建、城区供水管网改扩建、一河两岸路网管网和旧城街道改造等一批重点基础设施项目加快推进。大力抓好交通秩序、市场秩序、街道经营秩序等城市环境综合整治工作，岑溪市获重新确认为“自治区卫生城市”。筹措资金 5400 多万元，推进马路、梨木、大业、归义、糯垌、安平等镇区基础设施项目建设。筋竹、水汶自治区百镇建设工程完成投资 2600 万元。归义、南渡、筋竹、水汶镇列入梧州市第一批特色小镇培育名单。马路镇岭腰新城村入选第三批广西传统村落。筋竹镇和筋竹镇云龙村分别被评为全区历史文化名镇、名村。

交通基础建设 岑水高速公路建成通车。南环过境公路实现全线粗通，南渡至陆川二级公路加快建设，岑罗铁路复工相关工作取得新进展，一批农村公路建设项目特别是 17 个贫困村屯内道路硬化工程建成通车。全市通客运班车建制村 218 个，通达率 85.2%。

生态文明建设 “美丽广西·生态乡村”活动取得新成效，实施农村生活垃圾治理，建成 7 个镇级、20 个村级垃圾处理设施。投入资金 1806 万元建成“第一公里·桥”78 座。完成 1520 个示范村屯绿化工作，14 个农村饮水安全巩固提升工程全部完成。推动 36 个中央环保督察组反馈问题扎实整改。主要污染物排放量控制在目标范围内。市水质检测中心建成并投入使用，完成 40 个农村集中式饮水源划定工作，成功创建 4 个自治区级生态乡镇、61个梧州市级生态村。完成造林5.5万亩,森林抚育11万亩,森林覆盖率73.01%。市林业局获“全国绿化先进集体”称号。

重点领域改革 大力推动供给侧结构性改革,有序开展“三去一降一补”各项工作。落实支持农民工等新市民购房、棚户区改造货币化安置等措施政策,加快房地产去库存,商品房成交4509套50.35万平方米,增长51.6%,成交金额17.06亿元,增长47.5%,商品房库存消化周期从上一年的18个月下降到14个月左右。全年办理小微企业流动资金无还本续贷183笔6.87亿元。深化“放管服”改革,取消行政审批34项,调整9项,清理规范行政审批中介服务事项72项。全市农村金融助农服务点和服务站429个。全面推进农村土地确权登记工作,全市确权试点面积100%。积极推行自治区综合行政执法改革试点工作,组建市场监督管理局、市政管理局和市城市管理监察综合执法大队,提升城市治理能力。市供销合作社被评为全区供销合作社综合改革试点考核评估“优秀单位”。

脱贫攻坚 实现1555户7100贫困人口脱贫、14个贫困村出列的年度目标。整合2.02亿元建成脱贫攻坚基础设施建设项目335个。实施312户1507人的易地扶贫搬迁项目建设。完成11158户贫困户评级授信,授信金额4.1亿元,发放贫困户小额信贷2.27亿元。

社会保障 投入资金12.57亿元完成11个方面45项为民办实事项目。棚户区改造开工建设2045套,完成农村危房改造1500户。大病保险实现全覆盖,实现患者出院基本医保、大病保险和医疗救助一站式结算。城乡低保标准全面提高,社会救助水平进一步提升。推进学前教育三年行动,义务教育均衡发展通过自治区评估验收,扩大高中阶段办学规模,学校、城乡、区域间教育发展水平的差距不断缩小。稳步推进县级公立医院综合改革试点工作和分级诊疗制度建设,两孩政策全面实施,市卫协会获“2016年度全国先进农村(基层)卫协会”称号。

社会和谐稳定 排查各类民间矛盾纠纷1825件,调解成功率99.1%。开展信访积案攻坚化解活动,结案18件。排查治理存在事故隐患的工矿、道路运输等企业1132家,发现并整改一般事故隐患952项,安全生产形势持续稳定向好。拆除违章建筑60间,捣毁42处非法盗采稀土点、18个非法采砂场,抓获犯罪嫌疑人14人。建成市综治中心和网格管理中心,11个城市社区实行综治网格化管理,刑事案件发案率下降14%。

【经济实绩】 2017年实现地区生产总值312.56亿元,增长10.6%。完成固定资产投资308.50亿元,增长13.7%,投资拉动经济增长的作用进一步增强。财政运行质量稳步提高,财税结构进一步优化,实现收入18.21亿元。工业生产形势逐步好转,实现规模以上工业增加值191.91亿元,增长13.7%。新增城镇就业7057人。全年民生支出达34.33亿元,占公共财政预算支出的86.3%。第三产业增加值65.74亿元,增长9.9%;存贷款总量分别增长10.25%和14.2%。城镇和农村居民人均可支配收入分别达30910元和13353元。

(市政府办公室)

【政府采购】 2017年,市政府采购管理工作以服务经济社会事业发展为中心,深化“放、管、服”改革,政府采购计划由审批制改为备案制,优化政府采购流程。进一步扩大定点采购范围,将原来的办公耗材定点采购范围扩大至办公设备及耗材实行定点采购,将小额工程定点采购额度由30万元以下扩大为200万元以下。进一步加强政府采购监管,加大对售后服务监督检查,促进扶贫、教育、卫生、交通、水利、城建等领域工程类采购项目落地实施。全年完成政府采购项目762个,政府采购金额106460万元,同比增加41546万元,增长64%,节约资金3500万元,同比增加1919万元,增长121%。其中:全年完成工程类政府采购项目197个,采购金额79399万元,比上年增加34499万元,增长76.8%;服务类采购项目103个,采购金额7325万元，比上年增加2819万元，增长62%；货物类政府采购项目462个，采购金额19736万元，比上年增加4228万元，增长27%。

（市财政局）

机关事务管理

【机构概况】 岑溪市机关事务管理局成立于2007年10月，为正科级参照公务员管理事业单位。在原市委行政股、市政府后勤服务中心的基础上，将市委办公室、市政府后勤服务中心的后勤管理职能和人员及建制划入市机关事务管理局管理，核定编制68个。2009年取得参公资格，并任命首任局长（其他班子成员为2013年任命）。2012年底批准成立党组。2013年，班子成员7人，局长一正三副、党组书记、副书记纪检组长各一名。局长由市委办副主任兼、党组书记由市政府办公室副主任兼。2017年，班子成员5人。局长一正三副，一名纪检组长，局长及党组书记由市委办副主任兼任，10月撤销纪检组长，班子成员4名。在职在编63人。局长、局党组书记黎芸。设置有办公室、节能监督管理股、人事股、财务管理股、车辆管理股、行政管理股、后勤服务管理股、保卫股8个股室。

【工作亮点】 2017年3月，梧州市2016年度能源资源消费统计数据会审培训会在岑溪市召开，对岑溪市的公共机构节能工作所取得的成效给予充分的肯定。岑溪市于2016年9月建成“TEVC2.0电动汽车群智能充电系统”和12个充电桩，投入63万元完成岑溪中学4万平方米的校园照明改造。

（蓝卫）

应急管理

【值守应急】 实行24小时专职人员值班制度和节假日及重要时段领导在岗带班制度，制定严格的突发事件信息上报制度。明确信息报告要素、时限、渠道和责任主体，强化对重要值班信息的查询、跟踪和汇总，规范突发公共事件信息接收、收集和报送工作，提高信息报送的效率和质量。2017年，市政府值班室接报值班信息389条（涉及各类突发事件信息165条），其中：各镇政府报送156条（件），市各有关部门报送223条（件），市委、市政府领导指示件90件次，通过手机短信息向领导编报发送应急快讯100次2760条。上报梧州市政府总值班室90件次。没有迟报、漏报、瞒报的情况。

【应急管理体系】 调整市应急委和应急管理办公室工作人员，及时调整全市18个专项应急指挥机构成员。各镇、各单位也都按要求进一步调整充实应急工作领导小组，把应急管理工作纳入日常工作安排。全市上下初步形成“分类管理、分级负责、条块结合、属地为主”的应急管理体制。

【应急平台建设】 根据梧州市的统一部署，结合实际情况，聘请中山大学欣纬软件技术有限公司设计市应急平台建设方案，设计方案明确市应急平台建设的规模、主要内容、技术路线等，计划投资80多万元。2017年底已经完成项目的招投标工作，并开始建设。维护使用好全区视频会议（会商）系统，做好每月两次的视频系统值班点名会议汇报工作，及时准确向上级汇报两周以来岑溪市值班工作情况和突发事件信息。

【应急管理宣教培训及应急演练】 加强干部应急知识专业培训，提高各级领导干部和应急管理人员的应急管理水平。各专项应急指挥机构也根据各自的工作情况组织开展不同的应急知识专题培训班，如岑溪市防汛抗旱指挥部举办防汛业务知识培训班、市地质灾害应急指挥部举办地质灾害防治知识培训等。进一步健全应急预案体系建设，完善应急管理预案。2017年，对全市部分专项应急预案进行修订，有突发公共卫生事件应急专项指挥部等5个应急专项应急机构根据实际情况修订各部门的应急预案。制订2017年应急演练计划，并协调各单位开展演练。截至2017年12月止，开展大小各类应急演练70多次。

【基层应急管理能力建设】 2017年，继续抓好基层应急管理规范化工作，努力把马路镇综合应急救援队伍建设项目打造成自治基层应急管理示范点。经过自治区考核组的严格评审考核，马路镇被定为首批自治区基层应急管理示范点。

【应急管理交流合作】 2017年，岑溪市与广东信宜市开展跨区域应急联动合作，双方建立两地应急联动工作机制。双方签订应急联运合作协议。

【突发事件处置】 2017年，岑溪市成功处置70多起大小突发事件，其中“8·21”意外事件的处置是一个成功的案例。2017年8月21日晚，岑溪市南渡镇发生一起私自制造浮具到高垌村黄华河“水过洲”河段非法电鱼致5人溺水死亡的意外事件。事件发生后，岑溪市在自治区和梧州市领导的指导下，全力高效开展搜救、事件调查、后勤保障、舆情稳控和善后处置工作。事件原因已调查清楚，涉事的5名死者的后事已全部妥善处理，事件的各阶段工作妥善处理完毕。

（市政府应急办）

电子政务

【“网上政府”建设】 全面推进“互联网＋政务服务”、政务公开、行政权力运行等方面的信息化工作，依托上级建设使用的一体化网上政务服务平台，全面公开政务服务、行政权力和公共资源交易事项，推进网上办事，推动政务服务“一窗进出（一个窗口进出），双线协同（线上线下业务协同），三线联办（跨地区远程办理、跨层级联动办理、跨部门协同办理）”，通过政府门户网站广泛开展新闻发布、听证座谈、咨询协商、意见征集、在线访谈、公众评议、公共政策解读等政民互动活动，扩大公众参与；建立有统计专项调查部门参与的公众意见收集、处理、分析的网上互动机制；建立公众参与机制，鼓励引导群众网上分享办事经验，开展满意度评价，不断研究改进工作；充分利用政务微信、微博、移动客户端（APP）等新媒体及其互动功能，搭建政民政企互动新平台。政府网站主动做好对接自治区人民政府门户网站（全区政务服务的总门户）准备，形成统一的服务入口，避免重复分散建设，实现一网办理。

【政府网站管理】 依托政府门户网站，统筹整合行政权力运行、行政执法信息、行政执法监督。通过全区统一的行政权力网上运行平台，全面推动行政权力全流程网上办理、网上公开，实现行政权力运行全过程网上留痕、可追溯、可核查，并实现行政执法机关之间行政执法数据共享和业务协同。配合推进政府网站集约化建设，将政府门户网站迁移到上级统一的政府网站集约化平台。各镇各部门及其他有关单位不再单独建设政府网站，要利用上级政府网站技术平台开设子站、栏目、频道等，主要提供信息内容，编辑集成、技术安全、运维保障等由上级政府网站承担。

【电子政务外网运维管理】 定期对电子政务外网的机房环境安全、设备安全、纵向及横向网络安全、信息安全、管理制度落实情况等方面开展安全巡检工作，承载各政务部门的业务对接，保障政务外网安全稳定运行。2017年协助有关单位接入运载国家、自治区层次纵向业务7个，分别是国家突发事件预警信息发布系统、广西网上信访系统、广西投资项目在线并联审批监管平台、工商“三证合一”数据交换共享平台、“12358”全国价格举报管理信息系统、桂妇幼儿健康服务信息管理系统、应急办视频点名系统。至2017年底，全市已有94个单位接入电子政务外网。

（政府办、发改局）

中国人民政治协商会议岑溪市委员会

【机构设置】 中国人民政治协商会议岑溪市委员会(简称岑溪市政协)成立于1981年1月,是中共岑溪市委领导的,由各民主党派,无党派人士、人民团体、少数民族代表和各界爱国人士参加的爱国统一战线组织,是实现中国共产党领导的多党合作和政治协商的重要机构,是发扬社会主义民主的重要形式。政协岑溪市第十届委员会主席冯天德,副主席:唐家明、沈红梅(女)、覃广平、陈展涯。市政协内设机构为"一室三委",即:办公室、经济科技联谊委员会、提案法制委员会、教文卫体学习委员会。秘书长:李旭亮(任至2017年7月),胡洋文(2017年7月任职),经济科技联谊委员会主任冯勇波,提案法制委员会主任区文生,教文卫体学习委员会主任王伟。办公室主任刘宏(任至2017年11月)、赖坚(2017年12月任职),副主任吴莲(女)、李娟(女)。

【全体委员会议】 2017年2月14日至16日在岑溪市城区召开中国人民政治协商会议岑溪市第十届委员会第二次会议,会议主要议程:听取和审议政协岑溪市第十届委员会常务委员会工作报告;听取和审议政协岑溪市第十届委员会常务委员会关于十届一次会议以来提案工作情况报告;列席岑溪市人大十六届二次会议,听取和协商讨论市人民政府工作报告及其他工作报告;审议通过政协岑溪市第十届委员会第二次会议有关决议。中国人民政治协商会议岑溪市第十届委员会第三次会议,于2017年7月13日至14日在岑溪市城区召开。会议主要议程:听取和审议政协岑溪市第十届委员会常务委员会2017年上半年工作情况通报;补选政协岑溪市第十届委员会秘书长。

【常务委员会议】 2017年1月13日,在市政协会议室召开政协岑溪市第十届委员会常务委员会第二次会议。会议的主要议程:听取和审议市政协各民主评议工作组2016年的评议报告;与会人员对市教育局、文新广体局、卫生和计划生育局、水产畜牧兽医局2016年的重要工作进行民主测评;市政协分别向市委、市政府递交2016年民主评议市教育局、文新广体局、卫生和计划生育局、水产畜牧兽医局的报告;市政府领导做重要讲话;市委领导做重要讲话;听取市政协各专委汇报2016年度工作情况;学习贯彻自治区第十一次党代会精神;市政协领导讲话。

2月8日,在市政协会议室召开政协岑溪市第十届委员会常务委员会第三次会议。会议的主要议程:协商讨论市政府工作报告,听取提案办理情况通报;审议有关召开市政协十届二次会议有关事项:协商通过召开市政协十届二次会议的决定;通过参加市政协十届二次会议列席人员名单;审议通过市政协十届二次会议议程(草案);审议通过市政协十届二次会议日程(草案);审议通过市政协十届二次会议大会秘书长、副秘书长建议名单;审议通过市政协十届一次会议以来的常委会工作报告(草案),并确定报告人;审议通过市政协十届一次会议以来的提案工作报告(草案),并确定报告人。

2月16日,在市委党校综合楼西一楼报告厅召开政协岑溪市第十届委员会常务委员会第四次会议。会议的主要议程:听取各组召集人汇报讨论和审议的情况;审议通过大会各项决议(草案)。

7月10日,在市政协会议室召开政协岑溪市第十届委员会常务委员会第五次会议。会议的主要议程:听取和评议市发改局通报2017年工作情况,听取和评议市政局通报2017年工作情况,听取和评议市场监督管理局通报2017年工作情况;关于人事任免问题,学习《中共中央办公厅印发关于加强和改进人民政协民主监督工作的意见的通知》(中办发〔2017〕13号);审议《政协岑溪市委员会关于开展市委选人用人和抓基层党建工作民主监督的实施方案(草案)》,协商通过召开市政协十届三次会议的决定(草案);审议通过市政协十届三次会议议程(草案)、市政协十届三次会议日程(草案)，审议通过市政协十届三次会议大会执行主席建议名单、市政协十届三次会议大会秘书长、副秘书长建议名单；审议通过市政协常委会2017年工作情况。协商通过提交市政协十届三次会议增选的市政协秘书长人选，审议通过市政协十届三次会议增补市政协秘书长选举办法(草案)。

7月14日，在市委党校综合楼东一楼培训室召开政协岑溪市第十届委员会常务委员会第六次会议。会议的主要议程是：各组汇报讨论情况；通过市第十届政协秘书长候选人名单，提交大会选举；通过《大会选举办法(草案)》，提出总监票人、监票人建议名单，提交大会通过。

【征求意见协商会】 2017年，市政协领导班子成员开展发展生产、清洁环境、化解矛盾活动，促进领导干部在密切与基层群众的联系中增进感情，查找不足。市政协班子成员累计主持召开工作协调会、听取意见会15场，帮助解决实际问题21个。

【提案工作】 政协委员、政协各参加单位和政协各专门委员会运用提案形式履行职能。2017年，收到提案53件，经审查，立案53件，所立案的提案全部交办。其中委员个人提案31件，委员联名提案18件，集体提案4件。审查的分类情况是，经济建设方面13件，占24.53%；政治建设方面4件，占7.55%；文化建设方面4件，占7.55%；社会建设方面24件，占45.28%；生态文明建设方面8件，占15.09%。

【调研工作】 2017年，市政协组织委员围绕十届二次会议提出任务，市政协开展“走访委员、服务企业”活动，走访石材、陶瓷、房地产、农业龙头企业、三产服务业等37家代表性委员企业，收集整理委员企业存在的问题和意见建议74条，提交市委、市政府，市委、市政府通过召开专题会议研究，协调相关责任团队帮助委员企业解决发展中遇到的困难和问题。

【民主监督工作】 开展对市委选人用人及基层党建进行民主监督，通过听取被监督部门汇报、查阅资料、现场旁听观摩、问卷调查和召开专场座谈会等形式，听取社会各界的声音，收集与被监督单位以及监督对象的工作情况，掌握客观可靠、真实全面的第一手资料，指出切中要害的主要问题和不足，提出切实可行的改进建议和措施30多条。8月底形成《岑溪市基层党建民主监督村级党组织换届工作专题报告》交市委参考，《广西日报》《广西政协报》先后对此项工作做专题报道，12月1日岑溪市政协领导在自治区市县政协工作经验交流会上做书面发言。

【文史资料工作】 市政协在岑溪电视台设立政协新天地专题宣传栏目，专门播放政协的宣传报道，并不定期录播政协委员风采。2017年录播委员风采17期。政协岑溪市委员会办公室组织编纂出版《岑溪抗战史略》，完成梧州政协文史馆岑溪展区史料的收集，展示岑溪政协36年发展历程；组织书画摄影爱好者参加梧州“西江情”书法美术摄影展，4人作品获奖。

【联谊与扶贫】 2017年，市政协组织委员围绕县域经济、脱贫攻坚、基层党建、城镇化建设等课题开展考(视)察活动15批次247人次，形成调研报告5份。先后接待上级政协和自治区内外政协组织到岑溪市视察调研22批次278人次，广泛交流，探索新形势下政协工作的规律。继续开展“脱贫攻坚政协委员在行动”和“三帮五个一”活动，全年发动273名政协委员募捐扶贫资金157万元，捐集衣服、果苗等物资价值合计100多万元。

(岑溪市政协办公室)

纪律检查与行政监察

【机构概况】 岑溪市纪委监察局设置有办公室、党风政风监督室、信访室、第一纪检监察室、第二纪检监察室、第三纪检监察室以及案件审理室7个内设机构。纪委书记韦优（市委常委），监察局局长张金明（纪委副书记）。有二层机构岑溪市反腐倡廉信息教育管理中心，派驻（出）纪检机构17个。

【党风廉政建设】 2017年，与各级党委（党组）签订责任状，以上率下推动责任传递、压力传导。召开2016年党委（党工委、党组）书记落实党风廉政建设主体责任述职评议会，召开"两责任一推进"集体约谈会，抓好2016年"两个责任"年度考评考核。市纪委制定班子和个人监督责任清单，与市直纪检组、乡镇纪委签订责任状；领导班子下沉基层广泛开展约谈，督促和夯实各级党组织落实管党治党"两个责任"。建立信访通报和责任抄报制度，由联系分管的市领导督促整改，从制度层面解决主体责任落实弱化、虚化、形式化问题。抓住重要节点，加强监督检查和警示提醒。紧盯隐形变异"四风"问题，将违反中央"八项规定"精神问题作为巡察监督、线索处置、执纪审查的重点，深挖细查开展贯彻落实"中央八项"规定精神"回头看"工作。抓好公车使用管理手续不完善、办公用房超标、违规发放津补贴等突出问题整改，明确五类疑难问题整改标准。全年查处违反"中央八项"规定精神案件16件，涉及科级干部3人；有1486名党员干部主动交代问题，上缴违纪款93.44万元。开展党员干部违规经商办企业专项清理工作。全市4047名党员干部进行自查登记并作出承诺，甄别核实存在违规经商办企业73人，党员干部本人自行提出整改和自我纠正73人，对违规经商办企业和持非上市公司股份194名党员干部进行纠正处理。查处违规经商办企业案件2起，给予政纪处分1人，提醒谈话、限期整改170人。

在全市282个村（社区）全面铺开建设农村廉政工作站，把廉政工作站、廉政监督员、村（居）务监督委员会的人员、机构、制度"三合一"有机整合，建设群众家门口的"纪委"，将监督触角向基层延伸拓展，强化基层党内监督。

【纪律审查】 持续发挥各级纪检监察机关联动作用和"大兵团"作战优势，抓住"关键少数"，重点审查"三类人"，严查基层"微腐败"，坚决减存量、遏增量，实现办案安全零事故。全市纪检监察机关受理各类信访举报550件（同比下降28.76%），立案438件；结案490件，给予党政纪处分486人，移送司法机关2人，通报曝光8批次18起32人。其中：乡镇纪委立案317件，派驻纪检组立案33件。制定"第一种形态"月报制度和实施意见，把各级党组织挺在"第一种形态"前沿，全市纪检监察机关运用"四种形态"处理干部1189人次，其中：第一种形态704人次，占59.21%；第二种形态462人次，占38.86%；第三种形态6人次，占0.5%；第四种形态17人次，占1.43%。开展扶贫领域监督执纪问责工作，将扶贫领域监督问责工作纳入"两个责任"进行考核。召开扶贫领域监督执纪问责工作约谈推进会，召开违纪款清退现场会，清退违纪款4.38万元，在市区大广场和各乡镇轮回开展公开大接访15场，利用民生资金监管平台实施精准监督，启动扶贫领域专项巡察。受理扶贫领域信访举报149件，扶贫领域立案166件，结案203件，给予党政纪处分199人。

【巡察工作】 制定《岑溪市巡察工作实施办法（试行）》《岑溪巡察工作部门协作配合有关意见》，起草《市委巡察工作领导小组会议制度》《岑溪市巡视巡察整改督查工作制度》等系列工作制度。开展巡察工作，全年开展5轮巡察，巡察33个单位党组织，占全市党委（党组）总数66个的50%，收到和发现问题线索700多条，转立案78条。在180多个村和基层站所设立巡察意见箱，张贴巡察公告，在各级媒体播出巡察新闻40多条，向全市科级干部和被巡察单位干部职工发送1.5万条巡察工作宣传短信。

【廉政宣传教育】 2017年，市纪委班子和上级领导在市委党校上廉政党课十多次，组织全市党员干部收看《打铁还需自身硬》《巡视利剑》等系列电视专题片，组织收看勤廉榜样主题情景报告会，组织力量拍摄勤廉榜样视频并依托岑溪纪检监察网等媒体开辟“勤廉榜样”专题（专栏）。开展“示警明纪 筑牢防线”专题教育活动，开展廉政风险点排查，制定完善各自部门廉政风险防控措施。着力抓好中央、自治区、梧州市、岑溪市等主流媒体稿件报送宣传工作，2017 年，宣传报道上稿 65 篇；在重要节点向全市党员领导干部发送廉洁提醒短信 5 万条。打造南渡寒山书院、糯垌廉政文化院子、筋竹廉政文化古街等廉政文化教育示范基地。在全市各级各单位建立各种党风廉政建设宣传阵地，建设党风廉政警示教育数字平台，多形式开展廉洁教育，构建党风廉政建设宣传大格局。

【队伍建设】 推进纪律检查体制改革，全面完成市纪委派驻机构改革工作，市纪委向市一级党和国家机关派驻纪检机构有 16 个纪检组和 1 个纪工委。推进乡镇纪委规范化建设，市财政拨款 80 万元到 14 个镇建设接待室、谈话室，设置同步录音录像，实现乡镇纪委接待窗口标准化建设。印发《岑溪市乡镇纪委规范化建设实施意见》，印制《乡镇纪委规范化建设》和《案卷规范化建设》两本书，建立信访举报、案件审查、审理、谈话、保密等制度，以管理制度化和业务规范化建设夯实基层纪检监察工作基础。推进深化国家监察体制改革试点工作，按照中央和自治区党委、梧州市委和岑溪市委的统一部署，改革试点工作按照“动员部署、转隶组建、推进融合、建章立制、深化延伸”五个阶段实施，2017 年 12 月底前完成动员部署阶段的工作。

（纪委办公室　甘华）

绩效考评

【机构概况】 岑溪市绩效考评领导小组办公室于 2009 年 12 月 8 日设立，为市绩效考评领导小组的常设办事机构。2017 年 7 月 13 日，根据《关于岑溪市绩效考评领导小组办公室管理体制调整的通知》（岑编〔2017〕20 号）精神，岑溪市绩效考评领导小组办公室不再挂靠岑溪市纪委、监察局，调整挂靠主管部门为中共岑溪市委员会办公室。核定行政编制 3 名，设正、副主任各 1 名，主任由正科长级领导担任，专职副主任由副科长级领导担任。绩效办主任贤鼎华。岑溪市绩效评估中心于 2016 年 9 月 29 日设立，属市绩效考评领导小组办公室管理的事业单位，核定全额拨款事业编制 3 名，领导职数设主任 1 名。主要职责：协助开展年度绩效管理的指标考核、社会评价、察访核验、数据采集、创新加分、统计报告、综合评估等工作；协助市绩效办做好绩效信息系统管理和投诉受理工作。

【制定绩效考评工作方案】 科学制定岑溪市 2017 年度绩效考评工作方案，实行按季度考核，出台绩效考评评（扣）分细则、领导评价方案、公众评议方案、加（减）分考评细则、考核规范、核验规范等一系列配套文件，不断细化、量化各项考评指标，明确考评标准和程序，强化操作性。

【公众评议意见建议和整改】 在自治区、梧州市和岑溪市公众评议中，收集到的意见、建议共 134 条，通过对所收集的意见建议进行分析、梳理，形成整改工作方案，由市委办、市政府办联合印发《岑溪市 2016 年度绩效考评群众意见建议整改工作方案》（办发〔2017〕22 号）（以下简称《方案》），将整改任务分解到各镇和市直相关的 35 个部门（单位）。将公众评议意见建议的整改工作列入相关单位 2017 年度绩效考评指标来进行考核。截至 2017 年 12 月 31 日，各整改责任单位对 2016 年度公众评议意见建议的整改工作已经全部完成，获得梧州市绩效考评的加分。2018 年 4 月 26 日，梧州市绩效办反馈 2017 年度岑溪市的公众评议得分 931.01 分。

【绩效工作宣传】 按照《方案》文件确定的整改项

目，向各整改牵头单位收集整改工作成效材料，在今日岑溪、岑溪新闻网公众号、市政府门户网站和岑溪电视台等主流媒体公布整改工作成效。有整改任务的镇通过政务公开栏在当地公开整改工作成效，具体的整改项目在项目实施地、村（社区）委会进行公布。召开2017年度社会评价工作动员会，在今日岑溪、岑溪新闻网公众号、市政府门户网站和岑溪电视台等主流媒体开辟绩效宣传专栏，展示2017年度岑溪市委、市政府实施为民办实事项目的成效；在中小学校开展“小手牵大手”活动、群众大走访活动、发放《岑溪市绩效考评社会评价活动宣传册》和12月1日组织36个市直单位在市人民广场进行集中展示整改工作成效等形式多样的活动，接受群众监督，确保意见建议整改落到实处。

【绩效督查】 2017年，岑溪市绩效办不断完善督查工作制度，创新督查工作运行机制，统筹协调机关绩效督查、市委及政府督查和“三年一工程”活动督查等力量开展工作，重点加强对自治区及梧州市为民办实事项目的督查。2017年，市绩效办组织开展督查活动25次，发出整改通知书30份，跟踪督办存在问题30个。实施绩效管理“问效问责清单制”，对不按时整改的单位发问效问责通知书，对5个单位18人进行问责处理。

【岑溪市绩效考评】 2017年，岑溪市绩效办牵头组织对全市89个行政（含参公）单位开展绩效考评工作。全市各相关单位高度重视绩效考评工作，切实加强领导、健全机构、制定方案，将绩效考评工作深入到内设股室、二层单位，部分单位细化到个人，充分发挥绩效考评的杠杆作用，促使各部门、各单位广大干部职工工作作风进一步转变，工作效率明显提高。

【自治区、梧州市对岑溪市核验考评情况】 2017年，岑溪市的部分绩效考评指标代表梧州市接受自治区的核验，所核验的指标全部通过自治区的考评。梧州市从指标考核、公众评议、领导评价、察访核验和工作创新5个环节对岑溪市的年度工作绩效进行综合考核。岑溪市绩效考评综合得分为861.07分，其中指标考核848.58分、公众评议931.01分、领导评价935.12分。

（市绩效办公室）

民主党派

中国民主同盟岑溪市总支部

【机构概况】 中国民主同盟岑溪市总支部下设两个支部：科技经济支部和文教卫支部。领导配置一正两副。总支部主委李国，科技经济支部主委李伟，文教卫支部主委陈海允。2017年底，有盟员40人，其中：教育文化界11人，医药卫生界1人，机关事业单位界13人，经济界15人；盟员中大学以上学历21人，高级职称4人。

【思想学习】 民盟岑溪市总支部带领盟员认真学习贯彻中共十九大精神，以及自治区、梧州市的民盟会议精神。推荐杨刚业到自治区统战部、民盟自治区委联合举办的党外干部培训班学习。推荐杨刚业、梁小荣、蒙德范、贺勇到岑溪市统战部举办的党外干部培训班学习。李国到梧州市委党校参加梧州市统战部举办的党外处级干部培训班。

【组织建设】 民盟岑溪市总支部把组织建设放在重要位置，抓住一切有利时机向社会各界宣传岑溪民盟的组织建设，并定时举办社会活动，发展教育、科技、卫生、政府机关、商界等各界优秀人才加入民盟组织。2017年，发展岑溪市副市长邓宇、岑溪市祥胜科技有限公司总经理陈俭文加入民盟组织，推荐盟员梁小荣、贺勇分别到梧州市人社局、万秀区角嘴街道办事处挂职副科级岗位锻炼。6月12日，李国作为会议代表参加广西民盟十三次代表大会。12月13日，李国被梧州市民宗委聘请为第一届咨询委员会专家委员。

【参政议政】 6月，民盟岑溪市总支部组织骨干盟员到南渡、水汶、归义、筋竹等特色镇和广东省肇庆市、中山市、珠海市对特色镇建设进行调研，并向盟区委递交针对性可行性强的特色小镇调研报告；11月份，民盟岑溪总支部协助罗定市民盟组织到贺州开展铁路经济情况调研。盟员李伟在政协会议提出关于将城北路改造为步行商业街的建议等提案被政府采纳。全年有盟员委员6人提交提案15件。

【社会服务】 2017年1月，总支部出资为归义镇金坡村12户贫困户24人每人购买12万元的人身保险。总支部还深入糯垌镇开展精准扶贫助残助学活动，为新田村残疾人贫困户解决小孩入学和就业增收等实际问题。

（梁小荣、蒙德范）

中国致公党岑溪市委员会

【机构概况】 致公党岑溪市委员会属行政单位。2017年，中国致公党岑溪市委员会有党员66人。其中，高级职称18人，中级职称40人，研究生学历2人，本科以上学历40人，大专以上学历54人。党员中归侨、侨眷23人。2017年，主委李钧文。获得高级职称的有卫计系统支部的邓卓锋、韦棋、黄琼兰。

【思想建设】 2017年5月11日，组织部分致公党成员学习中共十八届六中全会精神。5月26日，岑溪市致公党骨干党员和新进党员培训班在市委党校举行，致公党岑溪市委会委员和骨干党员代表以及新进党员共26人参加培训。9月8日，班子成员进行廉政建设的学习。到广西社会主义学院、梧州社会主义学院、岑溪市委党校学习15人次。除集中学习，还根据自身的特点，要求党员们在各自的单位上加强自学和写学习心得体会。

【组织建设】 2017年7月25日，成立中国致公党岑溪市机关支部，8月28日成立中国致公党岑溪中学支部，8月29日成立中国致公党岑溪市第一中学支部和中国致公党岑溪市卫计系统支部，9月4日成立中国致公党岑溪市第三中学支部，经各支部筹备委员会召开党员大会，通过无记名等额选举，产生各支部主委、副主委、组织委员。党员主要分布在文化、教育、卫生、财贸、社会团体、非公经济人士等各个部门。

【参政议政】 致公党的政协委员、人大代表积极参与各级组织开展的调研活动，深入基层，了解民意；传达民意，为市委、政府决策提供参考。一年来，致公党的政协委员提交提案6件，其中梁宏燕的《关于加强城市建设和管理全面提升我市城市品味建议》作为岑溪市2017年重点督办的提案。

【服务社会】 9月13日，致公党岑溪市委会组织人员赴波塘镇开展送医下乡义诊服务活动，发放健康宣传资料1000多份，免费赠送宣传预防艾滋病的一次性杯子500多个和宣传预防手足口病的纸巾盒300多个，服务群众300多人次。

（致公党岑溪市委　黎火霞）

人力资源管理

【机构概况】 岑溪市人力资源和社会保障局（简称人社局）设内设15个机构：办公室、政策法规股、培训就业股、公务员股、规划财务股、专业技术人员管理股、事业单位人事管理股、工资福利股、军官转业安置工作股、社会保险股、社会保险基金监督股、劳动监察与信访股、调解仲裁管理股、农民工工作股、劳动关系股。下设7个下属事业单位：岑溪市人才交流服务中心、岑溪市就业服务中心、岑溪市社会保险事业局、岑溪市劳动保障监察大队、岑溪市劳动人事争议仲裁院、岑溪市技工学校、岑溪市人力资源和社会保障信息中心。局长、党组书记李璐坚。

【公务员队伍建设】 2017年，完成机关公务员（参公单位）考录工作，招录公务员（参公人员）33名。做好机关公务员、参照公务员法管理的机关（单位）工作人员年度考核结果核准，完成备案2389人。做好行政机关公务员、参照公务员法管理的机关（单位）工作人员任免工作，任免职务101人，其中：任职90人，免职11人。做好2015年度机关公务员、参照公务员法管理的机关（单位）工作人员记三等功及嘉奖工作，记三等功50人，嘉奖412人次。做好行政机关公务员、参照公务员法管理的机关（单位）工作人员身份登记工作，办理新录用、调任、定向培养等方式进入机关身份登记88人。根据《关于广西县以下机关建立公务员职务与职级并行制度的实施意见》（中办发〔2015〕4号）、《印发〈关于广西县以下机关建立公务员职务与职级并行制度的实施意见〉的通知》（桂人社发〔2015〕9号）文件精神，开展实施县级以下公务员职务与职级并行制度工作，审批科员晋升为副科职级36人。完成2017年度行政机关公务员（参公人员）年度统计1843人。其中：公务员1249人，参公人员594人。因职能、名称、编制等原因变化办理参公单位重新报批手续，报自治区公务员局审批单位16个，已获批单位1个（岑溪市农业行政综合执法大队）。

【干部教育培训】 2017年，做好专业技术人员公需科目继续教育活动，累计发放合格证书13521人。组织全市2400多名公务员（参照公务员管理人员）参加自治区人社厅开设的公务员全员培训、“互联网+”网络学习。组织42名机关公务员、参照公务员法管理工作人员参加全市新进公务员初任培训班。

【专业技术人员情况】

2017年岑溪市事业单位专业技术职称基本情况表

表2

时间	专业技术职务人数（人）			合计（人）
	高级	中级	初级	
2017年	367	4619	5881	10667

2017年岑溪市公有经济企业专业技术职务基本情况表

表3

时间	专业技术职务人数（人）			合计（人）
	高级	中级	初级	
2017年	0	1	86	87

【军转干部安置】 2017年，贯彻落实桂人社发〔2002〕82号文件精神，妥善解决企业军转干部生活困难补助69人，发放生活困难补助99.06万元；参加医疗保险、大病救助61人，支付保险费8.96万元。重要节日慰问企业军转干部69人，发放慰问金7.19万元。享受上级关爱基金69人，金额1.77万元。安置1名军转干部到市纪检监察部门工作。做好“两会一节”期间维护好社会稳定，做好企业军转干部稳定工作，没有发生企业军转干部越级上访。

【机关事业单位工资制度改革】 2017年，做好机关事业单位工资日常管理，审核机关工作人员和参照公务员管理单位人员两年考核称职以上晋升工资档次变动工资、五年考核称职以上晋升级别变动工资1891人次。审核事业单位年度考核合格晋升薪级变动工资12893人次。完成职务、岗位调整的工资变动和人员调动、新录用人员的工资审核7586人次。办理全市机关、事业单位工作人员退休手续360人。

【事业单位人事制度改革和管理】 深入贯彻落实《事业单位人事管理条例》，参与事业单位分类改革和行业体制改革，落实和规范事业单位岗位设置管理工作。2017年，全市应纳入事业单位岗位设置管理工作的事业单位413个，完成岗位设置工作事业单位413个。完成63个新调整编制的事业单位岗位设置工作。进一步推进聘用合同制度、岗位管理制度和公开招聘制度，加强和规范人事管理，办理岗位变动2682人次，其中管理岗位313人次，专业技术岗位1616人次，工勤技能岗位45人次，新增见习期333人次，核减375人次。做好2016年事业单位年度考核和备案工作，完成备案单位401个，考核人数12592人，其中优秀1853人，合格10351人，不确定等次388人，不合格等次3人，待定等次7人。组织开展机关事业单位防治"吃空饷"问题长效机制建立情况专项督查工作，责令2人退出违纪款。办理事业单位工作人员的调动手续201人。

【人才交流与服务】 2017年，通过参加各类高校毕业生双向选择会或政府所属人才交流服务机构组织的人才招聘会，引进100名本科学历以上人才。面向社会公开考试招聘事业单位工作人员104名。招募8名"三支一扶"大学生志愿者到市基层支医、支教、支农、扶贫。办理大中专毕业生报到和求职登记手续2576人次。做好广西离校未就业高校毕业生报到系统实名登记1320人次。加强流动人员人事档案管理工作，接收、整理大中专毕业生及流动人员档案3800册，转出档案436册；正常办理人事关系代理手续241人。为企业招聘人才提供中介服务3次。

【档案管理】 2017年，接收人事档案119份，转出人事档案50份。全年查阅干部档案1127人次，其中，干部档案948人次，离退休干部档案9人次，工人档案170份。

（市人社局办公室）

外事侨务工作

【机构】 外事侨务接待办公室是政府内设机构，2017年7月，变更为外事侨务办公室，主任韦瀚。

【外事工作】 2017年，办理公务人员出国出境手续3人次。即：2017年6月25日至29日，应加拿大安大略省佛仑特央市市长罗杰的邀请，以中共岑溪市委书记陶辉为团长的代表团一行3人（陶辉、甘梅、朱耀宏）对佛仑特央市进行为期5天的友好访问。期间，考察千岛湖景区旅游项目、蛋鸡养殖和鸡蛋生产全自动化项目以及多伦多、渥太华的城市建设项目，并会见四个市长及华裔参议员，主要就旅游发展、农业生产发展及城市合作等方面进行探讨和交流。

【侨务工作】 深入开展《中华人民共和国归侨侨眷权益保护法》的宣传贯彻工作，开展宣传活动1次，发放宣传资料600份，落实各项侨务政策，维护广大侨众合法权益。接待侨众来信来访15人次，其中涉侨纠纷1件。春节期间，深入到水汶、大隆、南渡等重点侨乡和市区、市直，慰问老归侨及贫困户124户，发放慰问金4万元。加强与新加坡、马来西来、泰国华侨社团和知名人士联系，接待华侨华人团组3个、22人次。

【接待工作】 坚持"热情、周到、得体、大方、安全、节约"和"为改革开放、经济建设服务"的原则。严格执行接待程序、报告制度和接待标准。接待经费日清月结，专款专用。全年接待到岑溪市检查、考察的各级、各地领导及客商430批，4580多人次，接待费约91.3万元。

（市外事侨务办公室）

信　访

【机构概况】 岑溪市信访局是市委、市政府主管信访工作、专门承办人民群众信访反映诉求问题的机构，内设综合股、市委书记市长公开电话受理

2017 年 11 月 6 日，市委书记陶辉(右三)在水汶镇开展信访工作

中心。2017 年，局长曾任凡。在编人员 8 人，其中局长 1 人、副局长 2 人、正科级干部 1 人、主任科员 1 人、副主任科员 1 人、工勤人员 2 人。

【信访事项处理】 2017 年，信访局着力打造"阳光信访""责任信访""法治信访"，推行网上信访、推进积案化解、推开信访改革、推动业务提升，优化畅通群众诉求表达的渠道。全年处理群众来信 87 件，同比减少 17 件；接待群众来访 253 批 980 人次，同比批次减少 104 批，人次减 255 人次；受理网上信访 26 件，同比增 18 件，增 225%；市委书记市长公开电话受理中心受理群众来电反映问题 90 件。全年受理群众来信、网访、来访、电话投诉反映信访事项 468 件。其中：予以阅存 98 件，解释答复了结 87 件，转有关部门办理 178 件，立案调查处理 105 件，已办结 102 件，3 件正在办理中，结案率 97%以上。

【信访问题排查调处】 按照《岑溪市矛盾纠纷调处化解"三二一"工作机制》，坚持每月一排查，特殊时期每天排查"零报告"的矛盾纠纷排查工作制度，建立和健全市、镇、村三级矛盾纠纷排查化解工作平台，对各类矛盾纠纷进行全面排查。突出对涉及土地征用补偿、房屋拆迁安置、房地产开发、企业改制、三大纠纷、劳资纠纷、"两路"建设等"热点""难点"矛盾纠纷进行重点排查调处，对排查出的问题建立台账，落实化解责任单位及责任人，及时化解，2017 年，排查出信访突出问题、疑难复杂矛盾纠纷 64 件，已化解 61 件，结案率 95%以上。

【信访督查督办】 坚持把"事要解决""息诉罢访"作为解决人民群众信访诉求的出发点和落脚点，着力解决群众反映的合理诉求。对受理的及市领导接待的信访案件，当场能解决的当场予以答复；一时不能解决的按照"谁接访、谁负责、谁包案、谁督办"的工作原则，逐案建立台账，由接访领导包案督办，责任单位主要责任人作为第一责任人具体负责，明确时限，落实责任，限期办结，给上访群众一个满意的答复。对包案办理的重大信访案件，市领导亲自协调解决，跟踪督办，群众不息诉罢访不放过，问题不解决不罢休，使一大批疑难复杂的信访问题得到及时有效解决。市委、市政府将领导干部"大接访"活动及包案督办信访案件纳入全市工作"大督查"范围，与项目、经济、综治和环境卫生整治、安全生产等工作同督促、同检查、同考核、同奖罚，着力推动"事要解决"，2017 年，督查督办的领导批示件 152 件，其中疑难复杂的信访事项 20 件。

【市领导大接访活动】 坚持在每月的 16 日(遇节假日则顺延为 19 日)组织开展市委书记公开大接访活动，敏感时期在市信访局增设大接访专场，市委、人大、政府、政协四大班子领导亲自接访，直接面对上访群众听取群众反映的信访诉求，想方设法解决反映强烈的热点、难点问题和一些长期累积的重信重访问题。2017 年，开展市委书记大接访 45 次，市四大班子领导 82 人次参与市委书记公开大接访，接待来访群众 169 批次 865 人次，受理信访事项 160 件，其中当场解决 57 件，市领导批示有关部门办理 103 件，按时办结 98 件，结案率 95%以上。

2017 年 8 月 7 日，市长罗伟雄（前排左三）带案在三堡镇开展信访工作

【信访信息】 2017 年，进一步拓宽信访渠道，创新信访工作机制，强化信访工作措施，多措并举切实解决人民群众的矛盾纠纷。继续完善律师参与涉法信访工作制度，派出律师或法律工作者 45 人次参与市委书记大接访、重大涉法信访问题的听证调解等工作，着力化解涉法信访和疑难复杂矛盾纠纷 18 件，维护信访人的合法权益；完善市人民群众诉求调处中心机制，全年调处疑难复杂矛盾纠纷 23 件，结案 22 件，结案率 95%以上。实行领导干部下访、走访制度，同时加快推进诉访分离和逐级走访，引导信访群众依法按政策维护自身合法权益，全年市领导干部下访、走访 75 次，化解 25 件矛盾纠纷。推行网上信访，网上信访系统运行效果好于预期，群众满意度评价 85%以上。全年排查出信访积案 33 件。与各镇、市直各相关单位通力合作，协调解决全市信访积案 31 件，其中包括完成梧州市交办的 5 件信访积案任务。加强信访宣传，实施信访复查复核制度，举办 4 期信访业务培训班，培训 395 人次。发放《依法信访漫画手册》《网上信访》等宣传资料 1.5 万份，宣传开展网上信访、依法逐级走访、诉访分离、信访事项复查复核等信访工作制度改革，引导信访群众依法逐级走访。

（市信访局）

社会团体

岑溪市总工会

【机构概况】 岑溪县总工会于 1954 年 4 月正式成立,1995 年 12 月 1 日，改为岑溪市总工会。属群团组织,参公单位,行政编制 6 个(其中工勤编制 1 个)。2017 年在编在岗 6 人，退休人员 9 人,配备领导班子 3 人,主任科员 1 人,副主任科员 1 人,工勤人员 1 人。三定方案时下设 4 部 1 室:办公室、组织宣教部、生产生活保障部、财务部、女工部,2015 年经市委批准增设“经费审查办公室”。二层机构有工人文化宫。工人文化宫属事业单位。自收自支编制,核定编制 4 名,2017 年实有在编在岗人员 4 人,退休人员 5 人。

【重要会议】 2017 年 4 月 12 日,召开岑溪市总工会十四届委员会第四次全体会议，市人大常委会副主任、总工会主席谢梅主持,会议审议通过《关于邓恩成同志不再担任岑溪市总工会第十四届委员会常务委员职务的决定》《关于李运锋等 6 位同志替补为岑溪市总工会第十四届委员会委员和邓恩成等 6 位同志不再担任岑溪市总工会第十四届委员会委员职务的决定》《关于张晖同志替补为岑溪市总工会第十四届经费审查委员会委员和张素贤同志不再担任岑溪市总工会第十四届经费审查委员会委员职务的决定》。

2017 年 6 月 2 日，梧州市全市厂务公开会议在岑溪市总工会召开,市人大常委会副主任、总工会主席谢梅主持,梧州市总工会谢海益到会指导,当天参加会议的包括三县一市三城区的工会代表和 6 个市直管厂务公开民主管理示范单位代表,共 35 人参加。与会人员先后观摩岑溪市水利供水有限公司工会和广西岑溪农村商业银行股份有限公司工会的建设情况。

2017 年 8 月 30 日,市总工会召开十四届委员会第六次全体委员会议。会议由市人大常委会副主任、市总工会主席谢梅主持,市委组织部领导到会指导,会议通过《关于苏红征同志不再担任岑溪市总工会第十四届委员会常务副主席、委员职务的决议》。

2017 年 12 月 15 日，市总工会召开工会改革座谈会。会议由市人大常委会副主任、市总工会主席谢梅主持,各镇工会、企事业工会、非公经济组织工会等 22 家工会组织代表参会,会议讨论通过《岑溪市总工会改革实施方案(草案)》。

【工会组织建设】 2017 年，全市基层工会组织 704 家,职工 38517 人,会员 37028 人,职工入会率 98%,工会联合会 27 家,全市公有制企事业单位 144 个,建制率 100%。实行厂务公开和建立职代会(或会员大会)制度 144 个,建制率 100%。全市已成立工会组织的非公有制企业 399 个，职工人数 15244 人,会员 14939 人,入会率 98%,实行厂务公开和建立职代会(或会员大会)制度 359 个,建制率90%。完成基层工会换届35个，指导3个基层工会召开职代会。新组建工会28家，发展会员837人。已建成示范职工书屋19家，其中全国示范职工书屋2家，全区示范职工书屋3家，梧州市级示范职工书屋14家。建立大隆镇那蓬村职工之家、汇港物流园区党群共建示范点。

【帮扶困难职工】 开展“情暖返乡路工会伴你行”主题暖冬行动，筹措3万元用于“暖流行动”和“美丽乡村”慰问服务返乡农民工活动，送清凉慰问活动。走访慰问11个外业作业单位，该活动投入经费35750元。开展金秋助学活动，投入资金72600元帮扶救助28名困难职工子女。筹措10.82万元，慰问131名建档困难职工和65名各级劳动模范。年内对16位已建档的特困职工作为2017年日常生活救助对象，全年每户特困职工家庭累计资助3600元，共发放救助款57600元。2017年困难职工建档立卡68人，职工医疗互助保障参保2763人，赔付20人，赔付金额31157.57元。为9220位农民工赠送农民工意外伤害保险。推进女职工“关爱行动”，免费为女职工进行“两癌”（乳腺癌、宫颈癌）筛查。

【创先争优】 2017年，岑溪市总工会获2016年度梧州市工会工作先进单位。朱少华、蔡海彬、吴静文、许曲煌、何东洋、林畅获梧州“五一”劳动奖章，岑溪市龙湾公司、广西岑溪农村商业银行股份有限公司营业部、岑溪公路管理局岑容一级公路收费站、岑溪市水利供水有限公司第一水厂运行部、广西新海通信科技有限公司、广西银象电气科技有限公司、广西三威林产岑溪市人造板有限公司获广西“安康杯”优秀班组称号，广西桂水电力股份有限公司岑溪发电公司大湾电站生产车间、岑溪市公安局交通管理大队车管所获梧州“五一”工人先锋号，岑溪市水利供水有限公司获梧州“五一”劳动奖状。

【工会活动】 组织各类文体活动，筹措1万元组织开展全市女职工“‘三八’节趣味运动会”；开展庆祝“六一”活动，筹措3000多元慰问挂点村困难家庭儿童。“五一”期间组织气排球、羽毛球混合、五人制足球赛、乒乓球比赛，组队参加梧州市总工会“五一”气排球、羽毛球比赛，分别获得第二名、第四名；送文化、电影下乡活动15场，举办庆“五一”主题文艺晚会。组织2017年金融系统职工运动会。

2017年7月27日，市总工会职工到工地开展“夏送清凉”慰问活动

【就业指导和服务】 举行2017年“春风行动”暨企业用工现场招聘会。招聘会进场人数4500多人次，接待洽谈人数2000人次，初步达成就业意向1020多人，现场录用人数200多人，发放“春风行动卡”、就业培训政策、社会保障政策、农民工维权及企业宣传资料2.8万份。

（市总工会）

共青团岑溪市委员会

【概述】 共青团岑溪市委员会是共青团的县级地方组织，是岑溪市共青团组织的领导机关。2017年全市有基层团委49个(14个镇团委，33个学校团委，2个机关团委)，1个团工委，基层团支部1137个，专兼职团干部1193人，团员48917人。共青团岑溪市委员会属社会团体，内设办公室、组织部、宣传部、青年工作部、学校部5个职能股室。人员核定编制4名，其中行政编制3名，机关后勤服务人员事业编制1名，实有4人。团委书记梁桂源(女，任至2017年8月)、高耀斌(2017年9月任职)。

【基层组织建设】 开展加强团干部队伍建设、基层团组织建设、团的作风建设三项工作。在巩固现有团组织的基础上，探索创新农村专业合作组织团建、区域化团建工作。利用乡镇团委工作经费，在基层团组织建设青少年之家13个。全力推进中学共青团改革，规范学生入团程序、中学团组织组织生活等，促进基层团组织规范化建设。

【青少年思想政治教育】 开展“青春喜迎十九大·不忘初心跟党走”系列主题活动。在4月下旬至5月下旬期间，团岑溪市委通过开展集中入团仪式、“我的青春我的梦”征文比赛、微团课比赛、“我的青春我的团”演讲比赛等系列活动纪念五四运动98周年暨建团95周年，充分发挥先进青年典型的示范带动作用，引导和激励广大青少年为实现全市“两个建成”目标贡献青春力量。按照从严治团的部署要求，在全市团组织中开展“学习总书记讲话·做合格共青团员”教育实践，通过组织团员自学、主题团课、交流座谈等专题学习教育，组织开展组织生活会、入团仪式、团员亮身份、团员志愿服务活动等系列实践活动。据统计，全市各级团组织开展各类活动124场次。

【团建工作】 以“联系青年，服务青年”为宗旨，结合“两学一做”学习教育，引领团员青年坚定共产主义理想信念，树立正确的世界观、人生观和价值观。加强自身建设，开创有序性团组织局面。完善团建工作机制。通过整合资源建平台、丰富活动活平台、建章立制管平台的措施，按照“224”的工作模式(qq群、微信群形成两个沟通平台；青年志愿者队伍和本村返乡大学生队伍组成两支服务队伍；开展公益活动、文体娱乐活动、法律宣传、技能培训四类服务)，在青年队伍中营造浓厚学习氛围，让团组织真正成为提高青年干部整体素质的重要阵地。通过举办团干部培训班、上廉政党课、定期沟通交流等，强化对团干部的日常教育管理；切实加强团的作风建设，扎实开展团干部联系青年工作，深入基层、学校，倾听、了解青年需求和呼声。

【少先队工作】 不断推进少先队改革工作，通过建立微信群、微信公众号等新媒体平台，把团队最新改革方案，上级团队的通知，以及团队改革的做法、亮点活动送到微信上，让更多人共享少先队优秀资源。扎实开展少先队组织规范化建设、少先队辅导员队伍建设、小队干培养、少先队文化活动等。开展擦亮爱国主义读书教育活动、科技创新大赛、科技创意活动室品牌，活动覆盖全市479所学校，覆盖率100%。2017年，各级少先队组织开展“喜迎十九大——我向习爷爷说句心里话”“14岁集体生日”等主题队日活动。

【关爱行动】 围绕脱贫攻坚工作，岑溪共青团依托青协、青年文明号集体、社会爱心组织等，开展青春扶智、青春助业、青春公益三大行动。2017年，组织开展“有爱相伴·圆梦‘六一’”活动、“健康扶贫，助力脱贫攻坚”爱心义诊、走访慰问困难群众、关爱留守儿童等活动10场。开展“心守家园”助学行动，送款17.78万元，受助学生280人次。

【维护青少年合法权益】 联合公、检、法、司扎实开展送法进校园活动，年内全市开展各类的送法进校园活动200多场次。开展青春护苗行动，在寒暑假期间，在各镇、村（社区）开展校外青少年安全自护教育，组织返乡大学生为青少年开展安全防范技巧、应急逃生技能，如何防骗保护自己等。2017年，全市各级组织开展各类关爱服务活动400多场次。编印《为了明天，关爱青少年成长》法律知识读本，将《中华人民共和国未成年人保护法》等相关法规、自我保护常识、青少年易发的犯罪案例警示等内容，以图文解说的形式汇总成册，并通过各种宣传活动发放到家长、青少年手中，发放宣传手册3万多册。

【青年志愿者服务】 建立健全具有岑溪市特色的青年志愿者服务体系，组织青年志愿者参与到全市各类志愿服务活动中。根据实际组织开展“温暖回家路·文明返乡行”春运志愿服务、“行善立德·榜样在身边”学雷锋志愿服务月活动、禁毒宣传、“美丽岑溪·生态乡村”、“三整治一提升”环境综合整治活动、奖学助学晚会、第一书记农产品巡展活动、第一届梧州·岑溪石材建材博览会等全市重大项目活动等，推动志愿服务制度化、常态化。全市有关爱留守儿童志愿者、青年网络文明志愿者、美丽乡村青年志愿者等5000多人。

（团委）

岑溪市妇女联合会

【机构概况】 岑溪市妇女联合会（简称妇联）内设办公室、组织联络部、权益部、宣传部、儿童部。编制内人数8人，其中行政编制7人，机关后勤事业编制1人。在编在职8人，退休2人。妇联主席杨萼。

【文明家庭活动】 2017年，开展寻找“最美家庭”活动，梁伟芹家庭获“全国最美家庭”，李锦梅家庭获“广西最美家庭”，甘运莲家庭、吴宏永家庭、李晓云家庭、林锦文家庭、陈小清家庭获“梧州最美家庭”称号。配合岑溪市委宣传部在全市广泛开展“文明家庭”评选活动，参与自治区妇联举办2017年“秀家风　晒亲恩”家庭微视频大赛，选送5个作品参赛，其中梁伟芹家庭、李锦梅家庭获鼓励奖，获奖视频在岑溪电视台、梧州电视台播出。在全市14个镇以及胜垌村、富罗村、中庆村开展十九大精神和男女平等基本国策宣传活动，参加的妇女群众700多人。

【维护妇女儿童合法权益】 以“建设法治中国·巾帼在行动”活动为契机，举办村妇女干部法律知识培训1期，在大业镇大业街摆摊设点开展“三八”妇女维权宣传周活动。2017年5月30日，岑溪市妇联、市检察院在安平镇中庆村“儿童家园”联合举办“下基层、进村屯”法律知识宣传活动；“六一”节期间岑溪市妇联邀请岑溪市妇幼保健院的医师，分别在岑溪市第一小学、第二小学以及实验小学开展“为了明天——青春期健康教育知识”讲座。在全市各镇开展禁毒宣传活动，签订“不让毒品进我家”家庭承诺书2500多份，发放各种宣传资料2万多份。接待妇女群众来信来访16件，处理率100%，大量妇女儿童维权案件化解在基层。成立岑溪市“惜缘家庭辅导室”。11月，市妇联和市人民法院联合在市法院挂牌成立岑溪市“惜缘家庭辅导室”，由律师、心理咨询师、市妇联干部、志愿者等组成调解员，主要帮助婚姻当事人树立正确的生活态度及婚恋观念，引导当事人在离婚前先接受辅导服务。

【巾帼脱贫行动】 开展“春风行动”，送岗位、送政策下乡宣传，帮助妇女实现就业。市妇联会同市人力资源和社会保障局、总工会、扶贫办共同开展春风行动，为女农民工搭建就业平台。分别在安平镇和岑城镇等4个乡镇开展“春风行动”送岗位、送政策服务活动4场次，有3000名妇女前往现场求职应聘，有230名求职者与用人单位达成就业意向。各级妇女干部配合市人社局到村级举办创业培训、育婴师、家政服务等职业技能培训班14期，为758名妇女(其中建档立卡贫困妇女201名)提供免费就业培训。信畅坚果有限公司被全国妇联认定为全国巾帼科技示范基地。6月6日,市妇联和信畅坚果有限公司联合举办岑溪市2017年农村妇女坚果栽培技术培训活动,活动以“巾帼建新功 共筑中国梦”为主题,结合“产业到家·牵手妈妈”巾帼脱贫行动,依托全市巾帼科技示范基地——信畅坚果有限公司,组织糯垌镇及周边乡镇200多名农村妇女进行坚果种植技术及管护知识培训活动。开展家政培训“大篷车”进贫困村活动。市妇联和岑溪市幸福家政公司联合在糯垌镇叶伦村、安平镇中庆村和大业镇胜垌村,开展“月嫂”技能、养老护理技能、育婴技能、插花技能等培训,有282名妇女参加培训,其中建档立卡贫困妇女38名。做好精准扶贫工作,到结对帮扶对象家中宣传精准扶贫的有关政策,帮扶3户贫困户,3户都获得低保补助和扶贫贷款参与企业入股分红;2户子女获得寄宿生补助,有1人获得残疾人补助、1户子女获得雨露计划补助。

【关爱农村妇女儿童】 全年慰问贫困妇女儿童161名,送去慰问金71万元,其中获得“贫困母亲两癌救助”中央专项彩票公益金有61人,总金额61万元。举办“妇女健康知识”讲座1期。开展宫颈癌和乳腺癌免费筛查工作,为农村妇女免费筛查宫颈癌11397人、乳腺癌10759人。将82名农村贫困“两癌”患病妇女信息录入全国妇联农村妇女“两癌”数据采集系统。筹集资金26万元,严格按照广西创建“儿童家园(儿童之家)”项目评估验收标准,创建13所“儿童之家”。加强未成年人思想道德建设,开展“争做合格家长 培养合格人才”家庭教育大讲堂八桂行活动33场次,参加活动的家长1900多人。

【基层妇联组织建设】 做好村“两委”女干部培训工作,11月,市委组织部和市妇联联合在14个镇举办全市村(社区)“两委”女干部及村(社区)妇联正、副主席培训班,参训人数600多人。全市282个村(社区)全部完成村妇代会改建妇联工作。

(市妇联)

科学技术协会

【机构设置】 岑溪市科学技术协会内设办公室、科普部、学会部3个部门。2017年,党组书记、主席李小模。

【基层科协和协会建设】 2017年,抓好基层科协的培育和发展,对各镇科协主席进行业务知识培训,举行各镇科协授牌仪式;市科协撰写《岑溪市科协系统深化改革实施方案》,并获得市委审定通过;加强对全市10个农技协会的督促指导。

【农村实用技术培训】 邀请有关专家开展农村实用技术培训工作,分别在南渡、波塘、糯垌等镇举办以砂糖橘、百香果、高产花生、坚果培管理技术为主要内容的“五个一”农村适用技术培训班4期,培训村干部、致富能手、贫困户、砂糖橘、百香果种植户、党员和其他群众220多人。

【实施“科普惠农兴村计划”】 加强对“科普惠农兴村计划”项目资金的科学化、规范化管理,指导农技协、科普示范基地、农村科普带头人建好科普惠农服务站。根据“科普惠农兴村计划”的改革要求,经申请评比,水汶镇俊波特色水果协会获得上级巩固提升改造资金10万元。

【实施全民科学素质行动计划纲要】 实施农民科学素质行动,全年举办各种农村科技培训班89期次,培训农民9800多人次,发放技术资料12000多份。开展职业技能培训和产业培训,参训人数707人次;依托劳动保障部门,进行创业培训250人次,劳动力转移培训1500人次,党员创业就业培训2500人次。推进未成年人科学素质行动,组织开展青少年科技创新大赛等活动。进一步强化公务员和事业单位人员的科学素质行动。网络培训 2476 人。

【防灾减灾宣传工作】 结合 5 月 9 日至 15 日防灾减灾宣传周的“减少灾害风险，建设安全城市”主题，市科协联同市应急办、民政局、地震局等部门深入学校、社区、各镇开展防灾减灾科普宣传和防震减灾应急疏散示范演练系列活动。在南渡一中学开展岑溪市防震减灾应急疏散示范演练和防震减灾科普宣传活动，在南渡镇街道举办减灾防灾安全科学知识普及活动；结合市防震减灾巡回展览活动，在各镇开展防灾减灾宣传活动。

【科普活动】 10 月 1 日至 19 日，邀请广西科普演讲团蒋应时、马力平、甘海鸥、程建祥、刘祖汉、江爱平等 6 位专家到岑溪中学、市一中、市三中、岑溪市第一小学、岑溪市第二小学等学校开展巡回科普报告会，3600 名学生听课受益。11 月 5 日，在波塘镇举办 2017 年“党员活动日”暨“十月科普大行动”科普宣传活动，免费向群众发放各类种养方面书籍、《南方科技报》、《家庭医药》杂志、“美丽广西·清洁乡村”及各种宣传资料 5500 多份，展出展板 90 多块，2000 多名群众在活动中受益。

【青少年科技活动】 联合市教育局，组织参加 2017 年自治区级、梧州市级青少年科技创新大赛。大赛收到各类作品 302 件，获得梧州市级奖励 7 项，其中：二等奖 4 项，三等奖 3 项；获得自治区级奖励 7 项，其中：一等奖 1 项，二等奖 3 项，三等奖 3 项。

（市科协办公室）

岑溪市归国华侨联合会

【机构概况】 岑溪市归国华侨联合会（简称岑溪市侨联）成立于 1957 年，是参照公务员法管理的事业单位，内设机构有办公室和经济联络部。2017 年，侨联主席、党组书记赵小丽。有在职职工 7 人，其中编制 6 人，公益性岗位 1 人。

【归侨侨眷权益维护】 2017 年接待来访 11 件，其中寻亲 8 件，成功帮助马来西亚及泰国 6 位侨胞分别找到位于水汶镇、马路镇、南渡镇失去联系几十年亲人。2017 年春节、“七一”、重阳节前夕，对困难归侨侨眷、归侨空巢老人、归侨侨眷代表人士等进行走访慰问。全年到水汶、大隆、南渡等重点侨乡走访慰问困难归侨侨眷 31 人次。

【服务社会】 2017 年 11 月底获得澳大利亚华侨魏基成慈善列车捐赠冬衣 1500 件，发放给岑溪市部分贫困户及困难群众。发动侨界政协委员参与市政协组织的“脱贫攻坚政协委员在行动”捐资活动，7 名侨界政协委员捐款 17000 多元。市侨联从日常经费中拨付资金 5000 多元支持 2 个挂点村开展工作，协助振大小学向市教育局申请获得维修进校道路和校舍资金 5 万元，协助三合村和振大村向市文新广体局各联系申请获得一套体育健身器械（每套价值 8000 元）。

【海外联谊】 通过微信群、QQ 群等公众平台增进与海外侨胞及其社团联系，宣传家乡发展变化和优势。2017 年接待回国观光、考察投资、探亲、祭祖等来自美国、日本、马来西亚、新加坡等国家的海外侨胞 13 批 119 人次。参与各项联谊活动，3 月底，主要领导参加在南宁市召开的第十八届世界广西同乡联谊大会，9 月份参加第 14 届中国—东盟博览会，11 月份参加在广东江门市举行的第三届世界广府人恳亲大会。

【参政议政】 组织引导岑溪市侨界政协委员、人大代表参加两会，及时反映归侨侨眷和海外侨胞意见和要求，通过议案、提案形式参政议政，2017 年岑溪市侨界政协委员提交提案 6 件。

【侨联建设】 推进侨联改革工作，根据中央、自治区、梧州市及岑溪市关于群团改革工作的部署，抓好侨联改革的各项工作，2017年12月底完成《岑溪市侨联改革实施方案》，通过岑溪市委审核并发文。

（市侨联）

工商业联合会

【机构设置】 岑溪市工商业联合会（简称工商联）是财政预算全额拨款单位，地址岑溪市大中路58号。2017年，内设机构有办公室、组织宣传股、经济联络股。主席朱妙红。2017年工商联连续三年获全国"五好"县级工商联示范点称号。

【百企扶百村活动】 利用致富感恩、生态乡村、扶贫攻坚"百企扶百村"、光彩事业等活动载体，引导广大非公有制经济人士履行社会责任。组织2次轮值副主席参与扶贫攻坚慰问活动，动员会员参与岑溪市开展"点亮微心愿·共筑脱贫梦"主题活动，开展"百企扶百村"活动，部分民营企业对口扶持53个贫困村，企业通过产业扶贫、就业扶贫、捐助扶贫等形式参与扶贫攻坚行动。动员工商联委员联组政协委员参与岑溪市第十届政协委员脱贫攻坚促进会捐资活动，捐资40多万元。

【参政议政】 2017年，以工商联为单位向政协提交《关于发挥商会作用，推动非公有制经济发展的建议》《大力推进"互联网+"行动，发展以农村电商为重点的电子商务》《关于村级卫生所纳入一体化管理及农民参加新型农村合作医疗环境下，完善医疗服务模式》等3个提案。

【学习交流活动】 2017年10月13日，广东省云浮市工商联主席带队和部分行业商会企业家代表30余人到岑溪市开展经贸交流活动。云浮市工商联经贸考察团重点考察岑溪市岑城商会、南渡商会、天龙顶旅游项目。

（市工商联）

岑溪市文学艺术界联合会

【机构概况】 2017年，岑溪市文联设主席1人，副主席2人，主席、党组书记朱昌斌。文联下有岑溪市书法家协会、岑溪市美术家协会、岑溪市作家协会、岑溪市摄影家协会、岑溪市楹联学会和岑溪市诗词学会。

【文艺创作活动】 2017年，市文联组织开展文艺创作，全年出版4期《岑溪文艺》。举办"秀美岑溪""岑山溪水好风光"等摄影展，举办梧州·岑溪石材建材博览会"精美石都，魅力岑溪"的书法、美术、摄影作品展览。春节期间举办义写义赠春联、义赠书籍等文化三下乡活动。6月30至7月4日，岑溪市文联联合岑溪市委宣传部等部门举办岑溪市庆祝中国共产党成立96周年书法美术作品展。开展文艺交流和采风活动，组织文艺家先后到长洲区和蒙山县等地，参加梧州市文艺家"深入生活扎根人民"主题实践活动和梧州市作家协会深入贯彻习近平文艺思想暨中国作协改革方案研讨班。6月10日至11日，岑溪市美术家协会组织会员到贺州市开展美术创作写生活动；12月2日至3日组织9名文艺家参加梧州市作协组织的吉太风情采风活动。

【开展千村万户文艺惠民工程】 进一步做好"千村万户文艺惠民工程"工作，通过"走下去，请上来"的联合模式，为基层文艺骨干提供培训学习平台，提升文艺村、文艺户的文艺创作和表演水平。2017年昙容社区、波塘镇南垌村、诚谏镇孔任村，被命名为自治区级"千村万户文艺惠民工程"文艺村，莫特、冯千乘、李赞、李立阳、庞小凤、陈达盛6户家庭被命名为自治区级"千村万户文艺惠民工程”文艺户称号。全市有自治区级“千村万户文艺惠民工程”文艺村11个，文艺户20个。向上级文联申请“文艺惠民工程”项目资金5000元，支持岑溪市自治区级文艺村——糯垌社区文化建设，春节在糯垌镇举办以“我们的中国梦”为主题的2017年文艺晚会。

【文艺队伍建设】 2017年培养发展徐志加入广西摄影家协会。2017年4月27日，梧州市文联、岑溪市文联联合举办2017年梧州市“千村万户文艺惠民工程”岑溪基层文艺骨干戏曲培训班，岑溪市各文艺村、文艺户以及社区等基层文艺骨干约40人参加培训班。培训班邀请国家二级演员、国家艺术基金会项目——广西南派粤剧表演人才培养项目授课老师张福伟和国家一级演员、梧州市戏剧曲艺家协会副主席陈静老师为学员培训指导。

【文艺工作成果】 2017年春节期间组织楹联学会、诗词学会会员参加全区春联作品创作征集活动，向自治区文联报送春联作品120副，其中获自治区级1金、4银、3铜奖。组织发动全市文艺爱好者参加梧州市“西江情”书法美术摄影展，提供展示岑溪市风景、风土人情及经济社会建设成就的书法美术摄影作品40多幅。

（梁杰英）

社会科学界联合会

【机构概况】 岑溪市社会科学界联合会（简称社科联）成立于2010年12月，内置机构有办公室、学会工作部、科普培训部、学术编辑部，编制5人，工作人员8人。2017年有委员35名，常务委员19名，秘书长1名，兼职副主席5名，专职副主席2名，主席1名。党组书记、主席李海鹰。年末有团体会员8个，会员495人。

【刊物出版】 2017年，收集市社科联成立以来社科工作者在国家、自治区、市和县级传媒发表的社科研究成果，进行整理出版论文集《岑溪市社科优秀论文集》，收录的文章涉及哲学、政治学、社会学、经济学、教育学、法学、管理学等方面，约20万字。2017年出版4期《岑溪社会科学》，约40万字。

【科普宣传】 2017年5月，先后组织部分所属协会和市直有关单位一起走进梨木镇梨木社区，开展社科普及进社区活动，宣讲党的十九大精神和相关的扶贫知识，发放资料3000多份，接受群众咨询100多人次。7月和12月，先后在基建科普基地开展四次科普宣传活动，1200多人次参与社会科学知识普及。10月，在岑溪一中举行科普大讲坛报告会暨科普知识有奖问答活动，先后有1500多在校师生参加报告会。12月13日，开展科普下乡活动，宣传党的十九大精神，把党的政策及时送到群众手中。12月14日，在市职中举行十九大精神宣讲报告会，700多公众参与报告会。

【课题研究】 2017年，先后向自治区申报《岑溪市岑溪市加快县域工业发展的对策研究》课题。根据全市的中心工作，确定本级课题。确定一个农村土地确权研究课题，《农村土地承包经营确权现状及对策》课题已经全面完成。全年有1个课题被梧州市级以上立项，另外，岑溪市本级课题立项2个。

（市社科联）

残疾人联合会

【机构概况】 岑溪市残疾人联合会成立于1991年1月，1994年定级为正科级群团机关，是将残疾人自身组织和事业管理机构融为一体的残疾人事业团体。岑溪市残联内设机构有：办公室、教育就业股、康复股。2017年末，有干部职工8人，苏绍斌任理事长。

【康复工作】 制定《岑溪市残疾精准康复服务行动实施方案》，抓好康复协调员的配置和培训，使他们掌握残疾人的残疾类别和等级，进行康复需求的筛查确定对象，做好基本辅具适配。2017年，全市基本康复任务1722人，基本辅具适配510人，年内完成评估发放辅具326件326人。筛查假肢、矫形器适配对象20人，已输送6人到自治区康复中心装假肢；完善智障儿童康复训练中心建设，为20个智障儿童提供康复训练。巩固“全国白内障无障碍县（市）”形成长效机制。全年为全市600名贫困白内障患者施行复明手术并补助人工晶体费用，市“新农合”把白内障复明手术作为特殊病种加大报销比例，受助患者仅需负担医疗费约600元。

【扶贫和助残】 组织残联机关党员干部分别与挂点村建档立卡贫困残疾人（户）结成对子，每个班子领导成员挂钩联系户3户以上，坚持每月两次以上以“帮、包、带、扶”的方式联系入户，通过送政策、送良种、送技术、送信息等服务，帮扶贫困残疾人家庭发展生产，脱贫致富。把纳入2017年脱贫的271户建档立卡贫困残疾人家庭确定为帮扶对象，每户扶持资金1000元。严格按照自治区《阳光助残扶贫基地项目管理办法》，经财政局评估、班子集体讨论决策，选择有岑溪市恒辉养猪专业合作社和岑溪市致臻生态养殖有限公司作为残联的扶贫基地，9月份，两个基地已完成对拟脱贫的贫困村的225户贫困残疾人进行帮扶，每户免费发放中鸡50羽、饲料20千克，价值1380元。开展残疾人家庭无障碍改造，完成改造30户，项目补助资金16万元。

【阳光家园计划】 是自治区及梧州市、岑溪市政府连续四年列入为民办实事工程的项目，严格规范做好审核、公示、建档、发放各个环节，把全市建档立卡贫困户（就业年龄段）的智力、精神和重度肢体残疾人列入项目补助对象。全年为 666名建档立卡贫困残疾人每人发放1500元补助，共发放99.95万元居家托养补助；为全市181名重度精神残疾人免费到市第三人民医院和青山医院托养机构享受一年服务。

【教育和就业】 配合教育部门做好特教学校的办学工作，对残疾人学生考取大学、中专和高中给予助学金补助，全年有204名残疾学生获广西残疾人助学金补助，其中本科1人，大专1人，高中1人，特殊教育学生残疾学生201人，全年补助金额共8.69万元。选送盲人参加梧州市残联举办的盲人按摩培训班。

【组织建设】 深入开展“强基育人”工程，进一步规范基层残疾人组织建设，各镇配备好理事长和专职委员，镇残联和村（社区）残协残疾人专职委员296人，年补贴金额52.8万元。残疾人基本信息数据更新工作，完成核库24261人，入户调查23302人，电话登记195人，查无此人8人，已搬迁41人，空挂户5人，外出49人，死亡661人，并按上级要求完成调查数据录入，抽样复录差错率为零。

【残疾人维权】 以残疾人法律救助中心残联工作站为平台，为残疾人提供“优先、优质、优惠”的法律服务，不断扩大为残疾人提供法律救助服务的范围和内容。全年为残疾人提供法律咨询5人次，提供法律援助2例。

（市残联）

岑溪市红十字会

【机构概况】 岑溪市红十字会成立于1993年9月，始于2010年7月28日独立建制后，为副科级参公管理事业单位，归市委、市政府管理。核定编制2名，现有工作人员2名，工作经费列入财政预算，设专职副会长1名，工作人员1名，2015年，办公地点迁到育才路。

【应急救援及救护】 2017年在大业镇大献村委举行地震应急演练疏散，并组织红十字会知识、疾病预防知识、应急救护培训等5期培训班，培训村民400多人次，提高村民应对突发性灾害的应急处置能力。

【捐助和救援】 协助政府改善贫困地区乡村的医疗卫生条件，推动“红十字天使计划”的实施，使用上汽通用五菱捐赠的专项善款115万元建设诚谏镇博爱卫生院和筋竹镇双担村博爱卫生站，其中100万元用于建设诚谏镇博爱卫生院。为全市边远山村的孤弱群体以及精准扶贫户送去价值8.3万元的棉被、衣服、花生油、面条等日常生活用品。慰问10户人体器官捐赠的爱心家庭，发放价值3800元的慰问品。开展针对先天性心脏病和唇腭裂患儿施行“救心行动”“微笑行动”和白血病救助等关爱弱势群体医疗救助行动，受益者28人，帮助弱势群体节约医疗费用104万元。

【公民无偿献血和器官捐献】 2017年，全市无偿献血人数8322人，献血量约303.05万毫升，完成上级红十字会分配的造血干细胞采样入库任务。协调当地医院、相关部门和单位开展人体器官捐献工作，2017年，与人民医院、中医医院共同促成6例人体器官捐献。

（市卫计局办公室）

法　治

市委政法工作

【机构设置】　2017年，市委政法委设有办公室、人事政工股、宣传调研股、执法监督股、市委维护稳定工作领导小组办公室、社会治安综合治理委员会办公室、防范和处理邪教问题领导小组办公室、法学会。政法委书记梁达斌，政法委副书记、防范处理邪教办主任高山岚，政法委副书记、维稳办主任韦昌生，政法委副书记、综治办主任龚崇文。

【服务发展大局】　2017年，岑溪市政法部门各司其职，共同为社会稳定、经济发展服务。综治办紧抓平安建设、社会治安综合治理。维稳办抓好欠薪、企业改制、征地拆迁、农村三大纠纷等重点领域整治工作，推进重点项目社会稳定风险评估工作。审判机关努力践行司法为民的要求，妥善审理涉民生案件，为五大发展营造良好的法治环境。检察机关对损害民生民利的职务犯罪案件进行重点查办。公安机关认真开展集中整治、打击违法犯罪行动，始终保持对各类刑事犯罪的高压态势，将打击违法犯罪工作与市中心工作相结合，重点打击盗采稀土违法犯罪行为。司法行政机关坚持常态化开展矛盾纠纷排查化解工作，及时化解矛盾纠纷，并切实发挥法律服务职能，公证部门、法律援助中心、法律工作者切实为群众、弱势群体办实事。

【维护社会和谐稳定】　重点抓好春节、各级“两会”、2017年“一带一路”国际合作高峰论坛、东盟博览会、梧州宝石节等重大活动期间社会和谐稳定，抓好劳资纠纷、两路纠纷、房地产纠纷等重点领域整治工作，抓好突出信访问题排查化解工作。各级调解组织调解纠纷1875件，调解成功1836件，调解成功率97.9%以上，化解大量民间纠纷，预防群体性、突发性事件的发生，及时解决影响社会的不稳定因素。

2017年12月23日，岑溪市举行“平安岑溪文化行”晚会（市政法委）

【社会治安综合治理】 推进网格化管理建设，抓好综治E通信息系统日常管理工作，录入综治事件信息1993条，办结1951件，办结率97.89%，实现网格化管理100%覆盖，提升村（社区）网格化服务管理水平。推进天网工程建设，已建成公安“天网”751个，微天网探头8155个，小天网探头1079个，安装“智能联控网”（又叫车安网）8752个。加强公共安全视频监控联网应用，已经实现1068个探头互联共享到市综治中心，织严社会治安防控网。组织开展综治（平安建设）宣传活动，不断提高群众对综治及平安建设参与率和知晓率。加强社会面防控，建立以特巡警大队为主体，其他警种力量为辅助的应急处置队伍；以“大巡访+”为抓手，深入开展“六访三问三讲三留”工作；开展“平安建设志愿者”服务、红袖章巡逻活动，促进社会治安稳定。

【基层基础建设】 推进综治中心建设，部署开展“综治中心建设年”活动，投入10多万元对市级综治中心进行规范化建设；投入87多万元财政资金对全市14个镇和282个村（社区）进行综治中心建设和网格化管理建设，全面完成建设任务。司法行政机关继续搭建法律援助网络建设，建设岑溪市人民法院、武装部、信访局法律援助工作站，扩大法律援助覆盖面。

【执法监督】 执法监督部门认真开展执法检查活动，按规定对自治区和梧州市督办的案件进行办理，同时及时协调辖区内的重大、疑难案件和群众关注的“热点”问题，督办案件3件，协调案件3件；处理群众来信来访15件，全部给予答复。加强贯彻落实中央“三个规定”工作，全年政法系统没有发生违法中央“三个规定”情况。

【政法队伍建设】 深入开展“两学一做”学习教育、党员干部教育、自治区党委第一巡视组巡视“回头看”反馈意见整改落实、“八项规定”回头看、“三整治一提升”活动行政效能提升、从严治警“五查五整顿”、落实从严治党“两个责任”清单等一系列活动，深入排查、整改政法队伍在思想、执纪、作风、办案、管理等方面存在的问题，进一步强化干警党性、纪律和廉洁意识，提高政法队伍拒腐防变能力。政法系统集体、个人获得30多项区级以上表彰奖励。2017年，全市群众对政法队伍满意度平均得分96.53分，全区排名16名，比上一年度得分提高3.4分，排名提高25名。

（岑溪市委政法委）

政府法治

【机构概况】 2017年，市法制办公室主任王燕。负责规范性文件备案、审查工作；组织规范性文件的清理工作；协调执法中有关部门或单位对有关法律法规的理解不同而产生的矛盾；指导或者受市政府和有关部门的委托，进行行政复议、应诉；按照市政府的统一部署，参与或者组织对行政执法监督检查。

【法制队伍建设】 2017年初制定工作学习计划，每月定期定时学习两次，每次学习不少于3小时，主要以法律、法规和业务学习为主，使干部队伍业务能力和水平进一步有了明显提高。增加3名法律顾问助理到法制办工作，充实法制办队伍。

【政府法制监督】 市法制办作为市政府的行政执法监督部门，严格按照自治区法制办下发的文件要求，配合做好2017年行政执法人员资格（续职）考试工作。2017年8月23日，在南宁市参加2017年全区行政执法人员资格（续职）考试工作会，学习行政执法人员考试网上报名系统的具体操作及网上资格审核的相关注意事项，抓好岑溪市的行政执法人员资格审核和持证上岗制度，严格执法主体资格认定。有222名人员于11月4日在梧州市参加行政执法考试。对未参加考试或考试未通过的人员，不予办理行政执法证件，不得从事行政执法工作。

根据《广西壮族自治区行政执法监督办法》(自治区人民政府令第55号)和《2017年岑溪市行政执法案卷评查工作方案》(岑执监发〔2017〕1号)文件精神，做好行政执法案卷考评专项监督检查工作,市行政执法监督局组织检查小组于2017年9月30日集中到市人社局六楼会议室，抽查市国土局、安监局、市场监督管理局等10个单位自2016年9月1日起至2017年7月31日止已经结案的行政许可、行政处罚、行政强制各5卷连号案卷。

【行政诉讼和行政复议】 在办理行政复议案件中，坚持“以人为本,复议为民”的思想,摆正政府与群众的关系,认真履行行政复议职责。加强行政复议办案程序制度,完善行政复议办案流程。根据案件在办理过程中的不同阶段,制定相关规则,对案件的审理过程实行全程动态跟踪管理。认真履行法定职责,做好出庭应诉工作,维护岑溪市人民政府依法行政的权威,最大限度保护公民、法人或者其他组织的合法权益。2017年,25件诉讼案件,市法制办受市政府委托出庭参加行政应诉17件，如诚谏社区陈耀家起诉案，马路善村云松三组土地纠纷案,探花村冯家友等人征地案等,胜诉率100%。

【规范性文件及其他公文审查】 做好规范性文件和重大行政决策的合法性审查工作，在法律和政策的框架内促成有利于经济社会发展的利好政策出台。凡是以市政府名义颁布的规范性文件,均先由市法制办对其合法性进行审查把关并提出意见后,再经市长办公会议讨论审议。2017年,经法制办对有关文件进行审查把关的送审公文361件，其中:审查规范性文件9件,招商引资合同8份。参加政府领导召集的研究协调各类问题的工作会议30多次，将服务重点从列席市政府办公会议发言转变为参与合同审查修订、规范性文件起草调研、为政府重大决策事项(项目)提供合法性审查等。如对《岑溪市车辆停放服务收费管理办法》《关于处置非法占地建筑物的实施意见》等重要规范性文件出具合法性审查意见，得到政府和有关部门的采纳,确保岑溪市政府规范性文件依法制定。

【政府法律事务】 在对重大项目的招商引资、重要合同等作出决策前,必须先由法制办审查把关。2017年，审查与东莞市好易实业投资有限公司签订的《岑溪市粤桂长寿小镇开发项目建设合同》等招商引资经济合同8份,涉及金额44多亿元。

【三大纠纷调处】 岑溪市“三大纠纷”调处工作领导小组办公室,主要负责检查、督导、指导和协办本市土地、山林、水利纠纷案件调处工作。2017年,调处“三大纠纷”案件84件,其中:土地纠纷62件，山林纠纷17件，水利纠纷5件。调结83件,其中:土地纠纷62件,山林纠纷16件,水利纠纷5件，调结率为98.8%；山林纠纷1件在调处中。接待群众来信0件,接待来访群众62人次,在调处工作中没有造成损失。

(陈钰宇)

公　安

【机构概况】 岑溪市公安局设置机构:3个室（纪检监督室、政工室、警务保障室)、1个中心(指挥中心)、13个大队(技侦技术情报大队、出入境管理大队、法制大队、预审大队、网络警察大队、国内安全保卫大队、经济犯罪侦查大队、禁毒大队、刑事侦查大队、治安管理大队、交通管理大队、特巡警大队),下辖21个派出所(城中派出所、城南派出所、城北派出所、城西派出所、樟木派出所、马路派出所、昙容派出所、南渡派出所、大隆派出所、吉太派出所、水汶派出所、诚谏派出所、梨木派出所、大业派出所、筋竹派出所、归义派出所、新塘派出所、糯垌派出所、安平派出所、波塘派出所、三堡派出所),3个监管场所(看守所、拘留所、强制隔离戒毒所)、1个事业单位(互联网信息安全中心),有在编人员363人(民警355人、非警行政编制1人、事业编制2人、工勤5人)、警务辅助人员520人(含交警)。有一级公安派出所2个,二级公安派出所10个,三级公安派出所9个。2017年,公安局党委书记、局长、督察长孙有昌。党委副书记、政委云龙(政委任至11月,副书记任至12月),副局长刘朝、陈斌,副政委林荣江、盘涌辉(任至6月),党委委员刘朝、林荣江、陈斌、廖之北、盘涌辉(任至6月)、韦锋(任至6月)。

【刑事案件侦查】 2017年,立刑事案件1389起,同比下降31.31%;破案731起,同比下降43.25%;抓获犯罪嫌疑人499人,同比下降2.35%;刑拘519人,同比上升14.21%;逮捕499人,同比上升8.94%;移送起诉463人,同比上升18.77%。抓获网上逃犯93人,打掉各类违法犯罪团伙25个、抓获团伙成员133人(其中黑恶团伙17个、成员91人)。立拐卖妇女、儿童案件4起,破案4起;立"两抢一盗"案件998起,侦破450起,抓获犯罪嫌疑人153名,缴获被盗抢汽车16辆、摩托车60辆及其他赃款赃物一批。

侵财类案件 全年立侵财类案件998起,同比下降37.63%;破案450起,同比下降53.13%。抓获违法犯罪嫌疑人194人,逮捕(含直诉)166人,追缴回被盗抢汽车16辆、摩托车60辆及其他赃款赃物一批。打掉团伙13个,抓获团伙成员60人,破案27起。其中"两抢"案件立案28起,与上年同比下降67.44%;盗窃案立案751起,与上年同比下降39.87%。成功破获4.29盗窃猪花团伙案、雷某等人盗窃家鸡团伙案、廖某光等人抢夺手机团伙案、11.15盗窃电脑配件团伙案等一批有广泛社会影响的侵财类案件。

命案侦破 岑溪市公安局严格贯彻执行命案侦破工作机制,全年命案发案6起,破案6起,破案率100%。成功侦破"2017.10.22"覃某英被碎尸案。2017年10月23日9时许,该局接到群众报警称:其母覃某(70岁)于10月22日10时许被梁某接出去后一直未回,经发动家属寻找未果,希望警方给予帮助。接报后,副市长、公安局局长孙有昌高度重视,立即指示由刑侦大队牵头迅速成立专案组开展侦查破案工作。经初查,立覃某被绑架案进行侦查。2017年10月23日,公安机关将犯罪嫌疑人梁某抓获归案。经审讯,犯罪嫌疑人梁某诱骗覃某到岑溪市新兴路某房屋内商谈借贷还款问题,因嫌疑人无力按时返还巨额借款,提出延期还款遭拒绝。二人因商谈不下发生争执,在争执过程中梁某用铁棍将覃某击倒,梁某就拿出事前伪造好的收条及借据用覃某的手指在上面按指纹,伪造其借款已还清,还伪造覃某欠其250万元的借据。梁某担心作案被人发现,随后对覃某尸体做肢解、粉碎处理,并将碎块冲到下水道。死者身上衣物嫌疑人分两次带离现场丢弃。

【经济案件侦查】 全市立经济犯罪案件62起,侦破25起,刑拘39人,逮捕26人,取保候审16人,监视居住1人,抓获逃犯10名,涉案金额3000万元,为群众挽回经济损失2000余万元,收缴假币87200元。破获公安厅督办案件1起,其中传销案件1起。

【治安管理】 2017年,受理治安案件2901起,查处1206起,查处违法人员1949人,治安拘留1338人。其中:查处赌博案件273起,查处954人;查处涉黄案件53起,查处83人。侦破刑事案件18起,抓获犯罪嫌疑人35人,刑事拘留34人,逮捕24人,移送起诉30人。打击处理食品药品案件1起,取保候审1人。核查公安部、公安厅发起集群战役食药案件线索16条。调解案件277起,调结277起,调处矛盾纠纷532起,调结532起,调结率均达100%。

重点行业监管 2017年,治安管理大队指导和督促全市中小学、幼儿园、金融网点、金银首饰卖场等重要部位开展安全检查,督促落实人防、物防、技防措施。年内检查学校538所、单位65个、企业52家,发现并整改隐患13处;组织250人次检查物流寄递企业20次。对全市40家加油站开展拉网式排查,指导做好散装汽油销售监管工作。全市有登记在册旅馆111家,年内处罚2家,警告

13 家;有登记在册娱乐场所 16 家,开展统一清查行动 10 次，抓获涉毒人员 250 多人，取缔无证 KTV1 家,发现整改隐患 5 处。在行业管理系统上传信息 416545 条,公安机关通过监督检查和系统比对,在旅馆查获治安案件 34 起,破获刑事案件 26 起;抓获违法犯罪嫌疑人 90 人,其中抓获逃犯 10 人,协助破案 10 起。

肇事精神病人管理 岑溪市公安局开展对肇事肇祸精神病人、非正常上访重点人员等的排查管控工作，全市摸排出非正常上访重点人员 24 人,并录入全国非正常上访重点人信息系统管理。对摸排出的重点人员按照属地管理和分类控制原则,明确管控级别、责任单位、责任局领导、责任所队领导和责任民警,确保不发生重点人员漏管、失控及越级赴邕进京上访事件。摸排肇事肇祸精神病患者 689 人,录入信息系统重性肇事肇祸精神病患者 689 人,年内无肇事肇祸精神病人案件发生。

【禁毒工作】 2017 年，破获毒品刑事案件 77 起。抓获 86 人,逮捕 90 人,查处吸毒人员 725 人,强制隔离戒毒 260 人,社区戒毒 93 人,缴获各类毒品 35.21 千克,与 2016 年同比上升 1.98 倍。全年禁毒工作呈现“三个增长”:查处吸毒人员 725 人,与 2016 年同比上升 9.2%;强制隔离戒毒 260 人,与 2016 年同比上升 16.6%；缴毒 35219.54 克,与 2016 年同比上升 1.98 倍。全市有在册吸毒人员 2658 人,其中艾滋病存活患者 396 人。年内,岑溪市强制戒毒所人民医院古塘病区收治重症吸毒人员 102 人(其中艾滋病吸毒人员 23 人),门诊治疗 982 人次,住院治疗 6 人。

【户政管理】 2017 年,办理出生入户 19270 人、死亡注销 9845 人、迁入 1883 人、迁出 5996 人、市内变动 2497 人、漏报补录 281 人,受理居民身份证 95536 张、临时身份证 8640 张。截至 12 月 31 日,该局通过入户调查、部门协调、特事特办、程序简化等帮助群众解决无户口人员、无个人合法房产等人员落户 560 人,结合该市的精准扶贫工作,优先解决 15 个贫困村的贫困家庭无户口人员的落户问题。7 月 1 日起,全市各派出所户籍窗口均开通身份证跨省异地受理业务，能办全国所有省份的身份证。受理异地居民身份证 468 证、挂失申报受理 5304 证。

【流动人口管理】 2017 年，岑溪市公安局有流动人口协管员 15 名，专门负责流动人口的登记、核查工作。截至 12 月 31 日，完成出租屋登记 818 间、商铺 1776 间,登记流动人口 8014 人,发放流动人口居住证 12 证,出具居住证明 1534 份。

【出入境管理】 2017 年，出入境管理部门签发出入境证件 73313 证次，其中因私护照 7580 个,往来港澳通行证 15905 证次,往(来)港澳签注 49436 次，往来台湾地区通行证 392 证次。办证总量与 2016 年相比增加 31184 证(次),同比增长 72%。查获“三非”外国人 48 人,遣送 48 人。

【预审和监管工作】 2017 年，批准刑事拘留 519 人(731 件案件)、提请逮捕 519 人(731 件案件),批准逮捕 499 人(674 件案件),批捕率 96%,取保候审 49 人(45 件案件),监视居住 14 人(13 件案件),移送起诉 499 人(674 件案件),起诉率 100%,定性定罪准确率 100%,年内无冤、假、错案发生。岑溪公安监所管理部门实现在押人员管理“零事故”。岑溪市看守所实现连续 19 年安全无事故。

【神剑 2 号 3+X 专项行动】 2017 年,继续深入开展“神剑 2 号 3+X”专项行动 。“3”是指打击盗抢骗违法犯罪、涉黑涉恶违法犯罪、涉毒违法犯罪活动。“X”是指危险驾驶、打击赌博违法犯罪。

涉黑涉恶违法犯罪 立涉黑涉恶案件 104 起，同比下降 12.61%；破案 63 起，同比上升 12.50%。其中敲诈勒索立案 1 起,破案 0 起;寻衅滋事立案 32 起，破案 22 起；故意毁坏财物立案 28 起,同比上升 86.67%,破案 1 起;故意伤害立案 30 起,同比下降 31.82%,破案 26 起;开设赌场立案9起，同比下降55%，破案11起。刑事拘留156人，同比上升26.83%，逮捕109人。打掉17个涉恶团伙，抓获团伙成员66人；上报黑恶团伙17个，认定17个；上报黑恶人员91人，认定66人，抓获逃犯39人。

盗抢骗违法犯罪 立“盗抢骗”案件996起，其中盗窃类案件立案751起，同比下降39.87%；破案374起，同比下降43.28.3%。其中“两抢”案件立案28起，同比下降67.44%；破案16起，同比下降92.59%。诈骗案件立案217起，同比下降12.50%；破案59起，同比上升22.92%。

涉赌违法犯罪 接报涉赌警情136起，同比下降21.8%。其中查处涉赌案件285起，其中涉赌刑事案件12起，涉赌行政案件273起。打击处理涉赌违法人员982人，刑拘28人，逮捕20人，行政拘留450人，罚款504人。捣毁涉赌窝点81个。

危险驾驶 交通管理大队深入开展“神剑2号3+X”涉刑危险驾驶违法行为专项整治行动，设置固定执勤点6个，投入警力42135人次、车辆4207辆次，查纠、处罚交通违法行为107302起，暂扣各类违法车辆5482辆，行政拘留41人，吊销机动车驾驶证244本，暂扣机动车驾驶证30本。立交通肇事刑案32起，同比下降34.69%；危险驾驶刑案20起，同比上升42.86%；刑事拘留30人，同比下降25%；逮捕22人，同比下降33%；发生交通肇事致死逃逸案件6起，侦破6起；发现酒驾、毒驾217起，其中酒驾150起，毒驾67起；涉刑酒驾20起，刑事拘留20人。

【五大战役】 2017年8月25日，开始开展大追捕、大收戒、大清查、涉黑恶、行政拘留“五大战役”专项行动五大项工作。自治区公安厅千名督捕逃犯已到案10人，历年涉黑恶逃犯已到案24人，其他逃犯20人，打黑除恶逮捕（直诉）70人。清查歌舞娱乐场所370家（次），旅馆业1114家（次），网吧427家（次），民爆单位356家（次），出租屋1543家，寄递物流292家（次），发现隐患193处，整改193处。抓获违法人员963人，查处治安案件438起，行政拘留646人。抓获涉毒人员375人，行政拘留324人，强制隔离戒毒122人。交警立刑案52起（交通肇事刑案32起，危险驾驶刑案20起，）刑事拘留30人，逮捕22人，行政拘留41人。侦破死亡交通事故逃逸案件6起，与2016年同期相比，刑案减少11起，下降17%。其中交通肇事刑事案件发案减少17起，同比下降34.69%；危险驾驶刑事案件发案增加6起，上升42.86%；刑事拘留减少10人，同比下降25%；逮捕减少11人，同比下降33%。

【其他专项行动】 2017年，经侦大队立组织领导传销案1起，侦破1起，刑事拘留4人，逮捕7人。破获区厅督办案件1起，捣毁传销窝点6个，清查出租屋24户，解救受骗人员7人，教育遣散传销人员52人。立非法经营稀土案6起，侦破6起，刑事拘留19人，逮捕3人，取保候审11人。在“夏季风暴”和“国门利剑2017”专项行动中，经侦大队与岑溪市烟草专卖局联合执法，查获19起烟草非法经营案，破案6起，刑事拘留6人，逮捕3人，取保候审2人，监视居住1人，缴获卷烟一批，案值1000多万元。

【涉枪涉爆违法犯罪专项行动】 持续推进“神剑2号”收缴枪爆物品专项行动。9月27日，侦破9.26寻衅滋事案，抓获涉案人员12人，缴获作案用枪支3支。全年侦破涉枪涉爆案件25起，逮捕14人，直诉20人，收缴枪支34支、子弹1093发、手雷弹1枚，检查收缴管制刀具15把。

【大巡访工作】 2017年，开展大巡访工作出动警力14608人次，其中车巡4761人次，步巡9847人次。巡访路线5751条，走访群众18335人次，服务群众3075人次，走访商铺7504间，走访学校436间，娱乐场所148间。协助破获刑事案件16起，抓获违法犯罪嫌疑人30人；查处行政案件45起，抓获违法人员151人。

【重大活动安全保卫】 2017年，投入各类安全保卫的警力22110人次，圆满完成安全保卫任务50多次。主要有梧州市“邀您上春晚”活动、岑溪市教育扶贫暨奖学助学活动、岑溪市2017年龙舟赛、岑溪市第十三届运动会、第十四届中国—东盟博览会、中国—东盟商务与投资峰会、“一带一路”峰会、第一届梧州(岑溪)石材建材博览会、岑溪市南渡越野车比赛、岑溪市天龙顶山地公园景区创国家AAAA级旅游景区迎检、“党旗领航 助力脱贫”暨广西贫困村“第一书记”农产品公益巡展走进岑溪活动、梧州国家森林公园复查迎检、拆除龙井菜园四组违法建筑、拆除思湖路原东海纺织厂路口违法建筑、拆除解放大道延长线旁违法建筑、上奇社区城郡七组违章建筑、梧州市中级人民法院岑溪执行死刑和各级“两会”，以及元旦、春节、中秋、国庆等重大节假日和自治区领导、中央党校领导、全国人大代表、梧州市政府主要领导到岑溪调研考察等重要活动。

【科技信息化建设】 大力推进“三个天网”(天网工程、小天网工程和微天网工程)建设，年内建成“天网”系统位置点852个，探头773个，“小天网”系统建成位置点191个，探头1079个；“微天网”系统建成位置点1132个，探头8155个。利用“三个天网”系统布控信息50余条，协助侦破案件280多起。

【道路交通设施建设】 交通管理大队以遏制重特大道路交通事故发生为工作重点，结合2016年度自治区绩效考评群众意见建议整改要求，开展道路交通基础设施建设。年内重新施划道路标线15000平方米、学校人行横道标线20条、增设红绿灯2处、改造升级5处，设置市区道路分隔栏3840米。

【车辆管理服务、交通违法查处】 2017年12月，国家开始允许县级车管所办理新能源汽车注册、转移和转入登记。全市入户摩托车、小车共21874辆，其中：小车5076辆，摩托车16754辆，轻便摩托车40辆，低速车4辆(农用车，设计最高时速不超70千米)。车辆转移登记3965辆，变更登记570辆，抵押登记1813辆，注销登记29辆。机动车检验60902辆，其中检验农用车、小车2508辆。新增驾驶员7685人，转出驾驶员1884人，补换证本28282本，增驾申领663人，注销153本。查处交通违法行为27182起，查纠12224起，暂扣各类违法车辆1964辆，行政拘留28人。

（冯海清）

检　察

【机构概况】 岑溪市人民检察院内设机构16个，分别为政工科、办公室、侦查监督科、公诉科、反贪污贿赂局、反渎职侵权局、职务犯罪预防局、监所检察科、民事行政检察科、控告申诉检察科、检察技术科、人民监督员办公室、案件管理办公室、司法警察大队、监察科、派驻筋竹检察室。2017年，党组书记、检察长魏钟生，党组成员、副检察长陈肇毅、曾繁坤，副检察长于延华，党组成员、纪检组组长曾琼（女），党组成员、政工科科长孔日德(2017年5月任职)，党组成员、反贪局局长，李文强，检察委员会专职委员钟少斌。

【刑事检察】 2017年，批捕各类刑事犯罪嫌疑人498人，同比下降4.41%；提起公诉571人，同比下降9.29%。坚决惩治黑恶势力犯罪，依法严惩故意杀人、抢劫、绑架、放火等严重暴力犯罪和个人极端暴力犯罪，批捕该类犯罪嫌疑人102人、起诉82人。依法打击偷拐骗、黄赌毒等多发性犯罪，批捕该类犯罪嫌疑人237人、起诉241人。严厉打击危害食品药品安全犯罪。继续推行刑事和解、检调对接、释法说理等工作机制，依法不批捕犯罪嫌疑人102人、不起诉8人。加强对未成年人的特殊司法保护，依法开展未成年犯罪嫌疑人社会调查、分案起诉、犯罪记录封存等工作。

【职务犯罪侦查】 始终坚持对检察事业高度负责

的精神，认真贯彻上级关于反腐败斗争的决策部署，坚持“老虎”“苍蝇”一起打，惩治、预防两手抓，确保力度不减、节奏不变，积极回应人民群众对惩治腐败的强烈期盼。2017 年，立查职务犯罪 17 人，其中：处级以上干部 1 人，科级干部 4 人，为国家和集体挽回直接经济损失 190 多万元。深入开展查办发生在群众身边的“四风”和腐败问题等专项工作，立查征地拆迁、教育就业、医疗卫生等领域直接侵害群众利益职务犯罪 6 人。围绕人民群众反映强烈的“为官不为”“为官乱为”问题，立查国家机关工作人员渎职侵权犯罪 2 人。深入开展打击行贿犯罪专项行动，立查行贿犯罪 6 人。

【预防职务犯罪】 深化职务犯罪源头治理，充分发挥警示教育基地功能，开展党员干部警示教育 3342 人次。积极参与社会诚信体系建设，为工程招投标、政府采购、金融信贷等提供行贿犯罪档案查询服务 10060 人次。深入基层开展村（社区）“两委”职务犯罪预防宣传，营造风清气正的政治氛围。不断开拓预防途径，与中国邮政集团岑溪分公司共同开展“预防职务犯罪邮路”活动，借助邮政投递业务扩大预防范围。

【监所检察】 加大对刑事执行活动的监督力度，纠正刑事执行活动违法 8 人（次），切实维护在押人员合法权益，保障刑事诉讼活动顺利进行，监管场所连续 19 年保持安全无事故。深入推进管制、缓刑、假释、暂予监外执行检察监督工作，对 217 人（次）的社区服刑人员进行检察监督。深入开展财产刑执行专项检察活动，核查财产刑执行案件 441 件。加强羁押必要性审查，提出释放或变更强制措施建议 29 人，建议被采纳率 96.55%。

【民事行政检察】 高度重视进入检察环节的民事行政诉求，依法审查处理各类民事行政监督案件 9 件。对认为确有错误的民事行政生效裁判，提请抗诉 1 件并获上级检察院支持。对不符合抗诉条件的申请监督案件，及时做好息诉工作，引导当事人依法、理性表达诉求。加强对审判人员违法行为和民事执行活动的监督，监督纠正民事审判、民事执行活动中的违法情形 3 件。

【控告申诉检察】 进一步完善检务接待大厅“一站式”服务建设，处理群众控告、申诉、举报 82 件，接待群众 296 人次。推进涉法涉诉信访工作机制改革，对重大敏感热点案件及时分析研判，妥善办理涉法涉诉信访案件 6 件，实现案结事了，减少矛盾积累和信访上行。开展国家司法救助，对 3 名生活确有困难的被害人提供司法救助金 3.8 万元。

【检察技术】 检察技术部门受理各类技术案件 30 件，其中：技术性证据审查（法医文证审查）9 件，技术协作 20 件，检验鉴定案件 1 件。技术部门积极推动电子检务工程建设，已经开展光纤综合布线工程；保障计算机网络畅通和安全，定期开展保密专项检查，检查维护监控设备，构筑坚实的信息化平台，为业务部门提供技术保障。

【案件管理】 建立形式审查与实体审查相结合的受案初审工作机制，严把案件入口关，进口受理案件 823 件，接收卷宗 1039 册。强化办案期限监控和案件质量同步监督制度，实现对执法办案活动全过程的动态管理和实时监督，通过流程监控纠正办案部门办案不规范情形 12 次，推动执法办案规范化。

【检务保障】 全力提高检务保障工作水平，有效保障各项检察工作顺利开展。坚持经费保障向办案一线倾斜，科学编制年度预算，合理分配经费开支，确保办案办公经费的落实。规范公务用车，严格执行用车审批、节假日封存等制度。规范办文办会和公务接待，在“做精、做细、做专”下功夫，实现工作效率与效果统一。加强检察文化建设，成功承办梧州市检察机关“第四届文化周”活动。加强司法警察编队管理，加强和规范用警，全面提升保障能力和水平。

【检察队伍建设】 全面贯彻落实从严治党、从严治检新要求，加强对检察队伍的教育、管理和监督。深入学习贯彻党的十九大精神，扎实推进“两学一做”学习教育常态化制度化，以习近平新时代中国特色社会主义思想为指引，始终坚持党对检察工作的绝对领导，自觉把党的路线方针政策和上级重大决策部署贯彻落实到检察工作各方面。健全党组学习调研、联系服务企业、帮扶挂点村等制度，狠抓主体责任落实，充分发挥党组领导核心作用。把抓好党建作为最大政治任务，认真落实党建工作责任制，积极开展“两范一提高”“党建工作示范点”等争先创优活动，检察院党总支部连续3年被评为“先进基层党组织”。加强检察教育培训，实行全员培训、定期研修等制度，以一线办案人员为重点，开展各类业务培训、岗位练兵1844余人次。深入巩固司法规范化活动成果，认真落实司法办案及其他不规范突出问题的整改措施，建立健全15项制度，推进规范司法行为常态化。依法接受人大监督，主动向人大报告司法体制改革和侦查活动监督工作。自觉接受社会各界监督，广泛开展检察开放日、举报宣传周、检察长接待日等活动，畅通人民群众有序参与和监督检察工作渠道。检察院连续6届获全国检察机关“文明接待室”荣誉称号，获得地市级以上表彰有13个集体、21人次。派驻看守所检察室被自治区检察院评为“二级规范化检察室”，1个案件获评全区检察业务竞赛“精品案件”，1人在检察业务援疆工作获得最高人民检察院通报表扬，1人在检察宣传工作获自治区检察院通报表扬。

（市检察院　莫菲婷）

法　院

【审判机关机构概况】 2017年，法院设置有20个部门：办公室、研究室、监察科、政工科、信息技术科、法警大队、民一庭、民二庭、行政庭、刑庭、审监庭、审管办、诉讼服务中心（2017年7月设立）、执行局、立案庭、交通审判庭、糯垌法庭、南渡法庭、大隆法庭、筋竹法庭，有在职在编干警108人，其他工作人员68人。岑溪市人民法院党组书记、院长吴卓贤，党组副书记、纪检组长钟涛（任至2017年4月），党组副书记、副院长吴汉北（党组副书记职务于2017年6月任职），党组成员、副院长梁德强，副院长吴东健，党组成员、政工科长李先明（任至2017年5月）、梁东波（2017年5月任职），党组成员、执行局长谢文达（任至2017年9月）、徐北昌（2017年9月任职）。

【案件审理】 岑溪市人民法院全年受理各类案件5108件，同比上升17.78%，审结4270件，同比上升19.37%，法定审限内结案率99.07%，生效裁判正确率99.24%，生效案件改判率、生效案件发回重审率、司法赔偿率、信访投诉率均为0，没有发生因审判执行不当影响社会稳定和经济发展的事件。

【刑事审判】 全年受理刑事案件448件，审结426件571人。其中，审结“两抢一盗”案件79件124人，故意伤害、强奸等暴力犯罪案件15件21人，毒品犯罪案件78件88人，交通肇事案件47件47人，危险驾驶案件16件16人，非法制造、买卖、非法持有枪支案件18件18人。积极做好未成年人犯罪案件的审理和社区矫正工作，教育感化挽救失足青少年。法院刑事审判庭被评为自治区级“青少年维权岗”。

【民事商事审判】 全年受理民事案件2987件，结案2656件，其中审结婚姻家庭纠纷案件659件，合同纠纷案件1300件，机动车交通事故责任纠纷案件388件。创新调解方式方法，通过网络远程视频调解、多方联动调解、抓庭前、庭中、庭后调解等方式，努力促使当事人的纠纷得以和谐解决。全年民商事案件以调解方式结案943件，以撤诉方式结案297件，调撤率52.2%。成功调解马路镇养殖龙头企业绿盛山猪养殖场合伙协议纠纷等案件。

【行政审判】　全年受理行政案件59件(行政诉讼案件23件,行政非诉审查案件36件),结案56件(行政诉讼案件20件,行政非诉审查案件36件),行政诉讼案件23件,结案20件;审查行政非诉执行案件36件。法院还加强与行政机关的沟通和联系,送法到行政机关,支持行政机关加强行政应诉培训工作,为行政机关负责人出庭应诉、旁听庭审、案例研讨等方面提供便利,助力法治政府建设。

【执行工作】　落实"党委政法委领导、各联动部门积极参与,人民法院依法主办"的执行工作机制,形成执行工作强劲合力。与公安、工商、国土、房产、银行等部门共建网络执行查控系统,实现互联互通、信息共享,对被执行人信息和主要财产形式"一网打尽"。入驻淘宝网大力推进网络司法拍卖,采取网络司法拍卖案件150件,成交93笔,金额5800多万元,平均溢价率51.3%,为当事人节省佣金210多万元。加强与公安、金融等部门的协作配合,推进失信行为联合惩戒体系建设,年内公布失信人员名单308人,对246名被执行人限制高消费,对38名被执行人实施司法拘留,对53名被执行人处以罚款的强制措施,移送公安机关追究拒执罪案7件7人,已对4案4人作出有罪判决。全年执结案件1139件,标的5.9亿元。

【立案和信访】　全年立各类案件3579件,其中立民事案件1702件、刑事案件411件、行政案件62件(含行政非诉案件)、执行案件1400件(包括执行案件1284件,执行异议审查35件,恢复执行案件81件),适用特别程序案件4件,印发受理、应诉、举证、传票、风险告知等各种法律文书5万多份。立案窗口当场立案率超过99%,"立案难"问题已经得到基本解决。做好信访工作部署,制定突发事件应急预案,加强立案信访舆情监测。2017年,该院无非正常访案件,无涉诉信访包案化解任务;没有发生案件当事人赴邕、进京集体上诉、超级上诉的事件;没有发生因立案或案件审理、判后答疑处理不当导致案件当事人赴邕、进京上诉事件、群体性事件。

【审判监督】　开展民间借贷案件质量专项评查活动,通过评查,摸清近三年来民间借贷案件情况,准确把握民间借贷案件质量,深入分析民间借贷案件审判执行工作中存在的裁判尺度不统一、法律适用不统一的问题,提高民间借贷案件的审判质量,防范和制裁虚假诉讼行为,提高司法公信力;对被梧州市中级人民法院发改的案件进行了全面的评查分析,并形成评查报告,分析原因,指出存在问题,明确整改要求,对降低上诉案件发改率提出意见建议;对结案的部分裁判文书进行评查和自查,找出裁判文书存在的问题,对原因进行分析并提出整改意见建议和督促落实整改;通过庭审观摩、案件质量评查、文书评查工作常态化,对庭审、案件、文书开展季度性评查,以促进案件质量提高。

【诉讼服务中心建设】　推进诉讼服务中心升级版建设,将中心打造成法院面向社会的多渠道、一站式、综合性诉讼服务中心。诉讼服务中心全年为人民群众办理立案登记手续3579件,办理诉前财产保全案件60件,接受群众咨询750人次,送达法律文书3500多件7000份,为法官收转各类材料4541件,办理司法鉴定案件60件,司法拍卖案件30件,接受人民群众来信3件,来访8件,诉前联动调处矛盾纠纷753件。2017年,在梧州市中级人民法院组织的全市法院诉讼服务中心"星级"评选中,岑溪市人民法院诉讼服务中心再次被评为梧州市五星级诉讼服务中心。

【司法救助】　2017年,为29名符合条件的当事人办理司法救助,发放司法救助资金1案3人、救助金2.5万元。

【司法公开】　完善司法公开三大平台功能,加大裁判文书上网监督管理力度,全院符合上网条件裁判文书全部上网。2017年,上网文书2112件,符合上网条件的文书上网率100%。全年发布微信信

2017年11月1日，岑溪法院法官通过网络远程视频调解案件

梁世忠　摄

息131期，单条最高阅读量超过1.1万人次。在2017年发布的44期“广西政法微信排行榜”中，有43期进入前十名的位置，31期进入前三名的位置。在微信公众号建立与司法公开三大平台、法院官方网站、微博的链接，完善查询、咨询、举报的功能，通过关注法院微信公众号，让智能手机成为人民群众的掌上微法院、口袋里的法治教科书。4月实现与中国庭审公开网互联互通，有两个审判庭的庭审可以直接在中国庭审公开网直播，在中国庭审公开网直播庭审214件。

【信息化建设】　高度重视庭审公开，阳光司法，投入资金在第一审判庭和第六审判庭增加中国庭审公开网的配套直播设备，利用科技法庭内摄像机和语音设备，通过模拟信号完全隔离、经转播设备处理后将庭审音视频信号同步接入中国庭审公开网、法院官方微博、法院官方微信公众号以及新浪法院频道等播出平台，扩大受众面，将庭审直播从PC端扩展到手机端，让群众随时随地享受指尖上的司法服务。建成一间设备先进、功能齐全的“网络远程视频调解室”。调解室内安装电脑、电视机、摄像头、麦克风等设备，可供网络远程视频调解使用。

【司法政务管理】　法院办公室全年传阅各类文件1300多份，发文103份，其中岑法类66份，岑法报类12份，岑法组类25份；进一步完善阅档制度，对外单位和个人查阅档案把好关口，办理调档查阅372人次245卷220册；院政工科完成2017年招录公务员计划的报批材料和2018年公务员招录计划。为3名干警调出、3名干警调入、4名干警退休、2名干警在职死亡等办理相关手续，办理20多名干警提拔任用、考察等手续，为2名干警办理职务职级并行工作，为3名新招录公务员办理转正定级以及公务员登记手续。

【司法改革】　组建五大团队21个小团队，落实各团队员额法官、法官助理和书记员。2017年，法院制定《案件分配工作实施细则》，严格按照随机分案为主、指定分案为辅的原则进行案件分配；制定《专业法官会议工作规则》，落实立案、民事、刑事、行政、执行五个专业法官会议组成人员，召开专业法官会议8次，讨论案件9件；制定《关于审判责任制的暂行规定》及《法官助理、书记员职责分工暂行规定》，明确职责分工和责任，进一步强化法官审判责任意识，提升司法公信力；制定《法官权益保障委员会章程》及《法官权益保障委员会工作细则》，维护法官合法权益。落实院庭长办案责任，院庭长开庭审理案件已经成为常态，法院领导、专委主办案件633件，审结568件，结案率89.73%。在民事案件繁简分流工作方面，在立案庭设立由4名入额法官、4名法官助理和4名书记员组成的速裁审判团队，分流到立案速裁庭的案件达到院机关受理民事案件的51.28%以上。速裁庭办理速裁案件879件，已结案837件，结案率95.22%，速裁案件平均结案32天。

（市法院）

司法行政

【机构概况】 岑溪市司法局内设机构6个：办公室、法制宣传股、基层工作股、社区矫正和安置帮教工作股、律师和法律援助管理股、公证管理股，派出机构有14个基层司法所，在职行政（政法专项）编制人员48人。2017年，党组书记、局长莫健松，党组副书记、副局长廖宙光，党组成员、纪检组长甘浩江，党组成员、副局长程亚炳，副局长黎小云（女）。

【基层调解】 2017年，岑溪市282个村（社区）完成村级人民调解委员会换届工作。全市各级调委会有调解员1915人。贯彻落实岑溪市基层矛盾纠纷调处化解“三二一”工作机制，坚持村级至少调解三次，镇级至少调解二次，市级调解一次，如经市级调解仍不成功的，引导群众走司法途径解决的模式，切实把矛盾纠纷化解在基层、消除在萌芽状态，做到“小事不出村，中事不出镇，大事不出市”。各级调委会排查各类矛盾纠纷1875件，调处矛盾纠纷1875件，调处成功1836件，调解成功率97.9%。梧州电视台、岑溪电视台先后对糯垌司法所、岑城司法所调解工作进行专题报道，宣传实施基层矛盾纠纷调处化解“三二一”工作机制取得的新成效。5月，岑溪市司法局糯垌司法所所长陈伟勇获中华人民共和国司法部表彰为全国模范人民调解员；11月，岑溪市司法局获中华全国人民调解员协会表彰为人民调解宣传工作先进集体。

2017年11月6日，市司法局岑城司法所成功调解一起岑城镇龙登村因鱼塘崩塌而产生的损害赔偿纠纷　　卢萍　摄

【社区矫正】 组织开展“岗位练兵争当能手”活动，推进社区矫正工作队伍思想政治、纪律作风和业务能力建设，增强队伍创造力、凝聚力、战斗力。落实岑溪市社区矫正中心建设工作，完善社区矫正功能室的基础设施建设，从硬件上促进社区矫正工作规范化。深入推进社区矫正制度建设，不断规范社区矫正工作执法行为。按照要求对社区服刑人员实行严管、宽管和普管分类管理，对重点人员进行结对重点帮助矫正。贯彻执行社区服刑人员月汇报、月面谈、月走访、不定期督查制度，促进矫正方案落实。切实做好社区矫正“四防”工作，即防脱管、漏管、虚管和再犯罪，利用“司法E通”信息监管平台，每日对社区服刑人员实行定位跟踪，发现问题及时进行越位警示；在敏感时期和重大节假日期间对社区服刑人员进行“滚动式”排查，切实掌握其工作生活情况及行踪轨迹，实时掌控，实时监管。截至2017年12月底，累计接收社区矫正人员1063人，累计解除社区矫正人员921人。年内提请撤销缓刑3件，提请撤销假释1件，提请收监执行刑罚1人。

【安置帮教】 落实刑满释放人员的平台衔接工作,对重点帮教对象做到必接必送,及时对刑满释放人员进行排查,做好舆情研判。对排查中发现有特殊困难的刑满释放人员,开展面对面帮教;对有重新犯罪倾向和现实危害的刑满释放人员,列为排查回访的重点对象,实行必访、必帮、必控制度,保持常态沟通,掌握其动态。对回农村原籍安置的刑满释放人员,着重帮助落实责任田、责任山;对外出务工和经商的,尽可能提供就业经商信息或推荐参加人社局、农业等部门开展的技术培训,让其掌握一技之长,自主创业。2017年,岑溪市司法局依托岑溪市富兴家建材厂(企业)建立安置帮教基地,企业对刑满释放人员和其他普通员工做到同工同酬,政治上不歧视,工作上多帮助,生活上多关心。基地运行期间,没有收到刑满释放人员基本权利受到侵犯的投诉。截至2017年12月底,接回重点安置帮教刑释人员20人,安置衔接392人,帮教389人。

【普法宣传】 重点抓好青少年和农民的法治宣传教育,在全市各中小学校相继开展"与法同行,助力成长""关爱明天,普法先行""大手拉小手"等法治宣传活动950多场次,其中,针对"校园欺凌"等热点话题的法治宣传活动50多场次。结合"法律六进""法律惠民""精准扶贫、爱心帮扶、法律服务、打赢脱贫攻坚战"等活动,到各乡村(特别是贫困村)开展法治宣传活动50多场次。落实法治文化场所建设,在岑溪中学建成"青少年法治教育基地"。大力推进"互联网+法治"宣传工作模式,通过"岑溪司法"微信公众号发布信息102期230条,通过"岑溪司法"微博发布信息190条,开通"岑溪司法"头条号,头条号信息与微博内容同步发布。12月4日,由市依法治市领导小组办公室、市司法局牵头组织30多个市依法治市领导小组成员单位,在市人民广场开展以"学习贯彻党的十九大精神深化推进岑溪法治建设实践"为主题的宪法集中宣传活动。

【法律服务】 深入推进一村(社区)一法律顾问工作,2017年,指派四间律师事务所和市法律援助中心共24名律师到226个村(社区)担任法律顾问,其中建立116个法律顾问示范点,实现贫困村法律顾问全覆盖。法律顾问示范点设有独立的法律顾问室,落实定期服务和工作日志制度,制度上墙,对外公开法律顾问联系方式及服务时间。法律顾问每月到村(社区)法律顾问室值班8小时,为群众提供解答法律问题咨询、宣传法律知识、参与民间纠纷调解或提供调解意见等服务,每年至少开展一次法律宣传讲座,协助村(社区)出版一期法律宣传板报。村级法律顾问为村民7000人次提供法律咨询解答,发放法律宣传资料约5万份,出版宣传板报226期,开展法律宣传讲座226次,参与或提供调解指导意见189件。

【法律援助】 市法律援助中心通过"12348"法律咨询热线,为群众提供法律知识服务。全年接待来电法律咨询948人次。严格执行法律援助案件的受理、审批、分流、档案管理等流程制度,监督、指导律师和基层法律服务工作者承办法律援助案件,开通农民工、残疾人法律援助案件绿色通道,简化审查程序,即受理即审批,承办律师直接到案件地受案登记、收集相关证据资料,减少农民工、残疾人诉累。2017年,市法律援助中心办理法律援助案件716件,其中:办理刑事法律援助案件127件,民事诉讼案件222件,劳动仲裁非诉讼案件367件。继续深入开展搭建法律援助网络建设工作。4月,在市人民法院建成法律援助工作站,8月,分别在人民武装部、信访局建成法律援助工作站,村级法律援助联络员队伍在2017年村级干部换届选举后完成重新组建。

【公证业务】 围绕党委、政府中心工作,对岑溪市300多套廉租房的抽号配租工作进行全程公证监督,确保公平、公开、公正。针对老年人落实小额遗产继承酌情减免公证费用、80岁以上老年人免费办理遗嘱公证、承诺"一次性告知"让老年人最多跑一次、预约为行动不便的老年人上门办理公证等便民措施。进一步推动公证机构规范化建设，建立健全公证机构各项内部管理体制，严格规范办证程序，认真贯彻落实公证执业“五不准”的规定（一、不准为未查核真实身份的公证申请人办理公证；二、不准办理非金融机构融资合同公证；三、不准办理涉及不动产处分的全项委托公证；四、不准办理具有担保性质的委托公证；五、不准未经实质审查出具公证书），对公证事项进行自查自纠，确保无违规操作和审核不严问题。2017年，公证处办理公证业务1002件，其中：国内（境内）公证业务795件，涉外和涉港澳台公证业务207件，全年接待咨询4000余人次。根据司法部、自治区人民政府关于公证体制改革的工作部署，开展公证机构体制改革工作，10月，岑溪市机构编制委员会批复同意设立岑溪市公证处为岑溪市司法局管理的财政全额拨款公益二类事业单位。

【队伍建设】 推进“两学一做”学习教育常态化制度化，落实司法局党支部“三会一课”制度，组织党员干部学习党章、党的十九大报告精神和习近平总书记系列重要讲话精神，提高党员干部理论水平，武装全体党员干部的思想和行动，增强党性观念。按照市委开展“党员活动日”和“三整治一提升”活动的工作部署，动员党员干部积极参与“平安岑溪、法治岑溪”创建活动，结合司法行政职能工作，为广大群众提供便捷高效的法律服务，在普法宣传中展示党员干部形象。贯彻落实党风廉政建设“两个责任”清单，完善工作机制，强化责任考核。围绕党风廉政建设的要求，结合全面从严治警“五查五整顿”专项行动的开展，经常性开展实地监督检查，年内对14个司法所开展监督检查3轮，对局机关6个机关股室现场督查4次，着力整改司法行政系统工作、思想作风等方面存在的问题。

【为民服务】 岑溪市公共法律服务体系在依托原有“温馨之家·贴心服务”平台的基础上，建成“一平台六中心”，14个镇的公共法律服务工作站和141个村级公共法律服务工作室已建成并投入使用，为群众提供人民调解、律师服务、法律援助、公证服务、安置帮教、社区矫正、法律宣传等一站式服务。2017年，接待人民调解来访群众3405人次，调解纠纷773件，调解成功762件；接待律师服务来访306人次，办结案件113件；接待法律援助来访1215人次，办理法律援助案件701件；接待公证服务来访4100人次，办理公证事务781件；接待安置帮教来访470人次，帮扶432人；接待社区矫正来访178人次，帮扶163人；接待法律宣传来访6964人次。

【基层基础建设】 2017年8月，岑溪市司法局司法业务用房正式启用，公证服务大厅、公共法律服务中心、法律援助中心、社区矫正中心按照规范化标准建设并投入使用。14个基层司法所达到规范化建设的标准，有200平方米以上的独立办公用房，外观统一、标牌统一、徽章统一、标识统一、规章制度统一、工作流程统一。2017年，进一步加强和巩固“示范所”和“五好”司法所建设工作，岑城司法所、马路司法所、南渡司法所、梨木司法所、糯垌司法所、三堡司法所、波塘司法所、诚谏司法所、安平司法所9个司法所打造成为“示范所”，其中诚谏司法所达到“五好”司法所标准。

（市司法局　谢越）

军　事

人民武装部

【机构概况】 岑溪市人民武装部组建于1951年6月,2017年,武装部编制20名,其中编制干部6名,现有干部6人,编制职工14名,在编13名(其中民兵军事训练基地职工7人,仓库职工6人),部长孙健,政委邹裕起。全市设15个基层武装部,专武干部编制41名,实有专武干部38人。岑溪市人民武装部被广西军区评为"全面建设先进团级单位"。

【思想政治建设】 党的十九大召开以后,人武部把学习贯彻党的十九大精神作为当前和今后一个时期首要的政治任务来抓实抓牢。专题组织学习十九大精神,采取集中授课、领读串讲、个人自学等方式,组织干部职工读原著、学原文、悟原理。编印《十九大精神要点问答》口袋书、参观李植华烈士纪念馆,开展重温入党誓词活动;给每名党员购买新修订的《中国共产党章程》,开展手抄党章活动。组织全体干部、职工围绕学习贯彻党的十九大精神开展讨论交流,各人结合自己的思想认识,结合工作实际开展讨论和体会交流,不断把党的十九大精神的学习引向深入。持续做好全面彻底肃清"郭、徐"流毒影响,认真组织学习上级纪委通报的违规违纪问题,吸取深刻教训,深入推进军委审计组发现反馈问题整改、迎接上级明察暗访组检查等具体举措为抓手,停止有偿服务。根据军队停止有偿服务时间表,于2017年4月底前终止11个门面出租。

【干部队伍建设】 2017年,武装部新调整4名班子成员。定期召开党委会,党小组会进行汇报思想,定期进行党课教育,提高党性修养和思想觉悟,班子内发扬民主监督,在民主生活会上大家敢于主动揭短亮丑、坦诚相见,既有红红脸、出出汗的紧张和严肃,又有加加油、鼓鼓劲的宽松与和谐,达到改进问题、促进班子团结的目的。所有大项工作和经费开支都是经过集体研究决定。2017年,岑溪市人民武装部保障科科长蒋兴全被广西军区评为"优秀基层干部";岑溪市人民武装部军事科科长杜卫杰被梧州军分区记嘉奖一次。

【军事训练】 1月至3月,以军事技能和民兵工作业务为主要内容,突出基本理论、基本技能、基本业务,分3批组织全市282名民兵营长进行业务集训,集训10天。根据军事训练计划组织民兵进行军事训练,注重夯实基础训练课目,每月定期对应急连训练5天,各分队也按计划组织军事训练。2017年12月9日,梧州军分区组织对岑溪市在职干部和民兵应急独立连进行军事训练考核,取得总评良好的成绩。2017年,岑溪市人民武装部部长孙健被梧州军分区评为"军事训练先进个人"。

【征兵工作】 2017年征兵要求征集的兵员文化层

2017 年 12 月 8 日，市武装部对在职武装干部进行军事训练考核 市武装部 供

次较往年有很大的提高，给征兵工作带来诸多新的挑战。利用春节、寒暑假期外出务工人员和学生返乡之际，组织专武干部和民兵营长走村入户宣传，悬挂征兵宣传横幅、张贴海报、分发征兵宣传单和宣讲征兵政策，张贴海报 3000 张、分发宣传单 1 万多份。在全市 9 所高中和 1 所职中开展“征兵宣传进校园系列活动”，把征兵政策宣讲到每个高中(职中)毕业班；协调岑溪市电视台在黄金时段播放征兵宣传片、下发大学毕业生花名册，对大学毕业生进行一对一的宣传发动，动员他们参军入伍，确保能够征集到更多高学历兵员。在《广西武装》发表《坚持“五个突出”抓实年度征兵工作》，大力营造征兵氛围。协调岑溪市卫计局，依托岑溪市中医院，对照征兵体检要求，采购 20 多万元的征兵体检器材，在岑溪市中医院 2 号楼设置封闭式的征兵体检站，推广征兵体检信息化管理系统，实现征兵体检的全过程可视化，保证征兵工作公开透明。利用征兵体检信息化管理系统对体检结果和数据进行信息化管理，既可以对体检结果追查历史又使得体检数据一目了然，提高体检效率。2017 年，梧州市率先在岑溪市试点新兵役前训练，结合军区《预定新兵役前教育训练参考教案》，拟制训练计划和保障计划，严格按照相关《条令条例》抓好预定新兵的日常管理，落实一日生活制度和封闭式管理规定，严密组织施训。

【廉洁征兵】 成立廉洁征兵工作领导小组，建立廉洁征兵监督员，落实廉洁征兵每天“零报告”制度、组织征兵工作人员签订廉洁征兵承诺书、设立征兵工作举报信箱和举报电话、征兵工作张榜公示、廉洁征兵回访等措施，狠抓廉洁征兵工作落实。对群众反映的征兵工作中的问题，无论事情大小，都要严肃对待，认真调查核实，一查到底。实现连续 38 年无责任退兵，征兵工作没有发生一起违规违纪问题。

【武装部正规化建设】 持续抓好人武部正规化建设，进一步规范保密室、作战室、国防教育室、后勤“两室一库”和仓库正规化建设。进一步规范和统一 15 个基层武装部硬件和软件建设，15 个基层武装部均有办公室、情况研究室、国防教育室、资料室和物资器材库，达到“功能齐全、设施完备、秩序正规”的要求。2017 年，继续抓好 21 个基层民兵营规范化建设，通过“以点带面、逐年抓建”的方式逐步完成全市 282 个基层民兵营规范化建设。

【后勤和装备建设】 2017 年，为兵检站购置电脑、打印机、新兵役前训练服装、档案密集柜等物资；改造娱乐室为常驻民兵宿舍，完成民兵营长集训、民兵训练、应征青年体检，新兵役前训练等大项活动的经费和物资保障。各项工作按照预算投入经费，按照标准做好，工作开展顺畅，综合保障能力有所提高。

【双拥工作】 人武部部党委始终把支援地方经济社会发展作为一项重要工作来抓，按照“积极参与、发挥优势、量力而行、有所作为”的原则，努力为岑溪市的建设发展做出贡献。与市财政局、人民医院、第二小学等 5 个单位结为军民共建单位。人武部领导参加岑溪市“三年一工程”活动，帮助挂点村镇排忧解难，落实分配的督办项目。2017 年年初，带领梨木镇云开村帮扶队伍和村委确定村集体种植百香果 20 亩的计划，协调“政协委员在行动”活动赠送果苗3000株，2月至5月，人武部先后出资购买8吨百香果专用肥，扶持百香果种植项目。7月为扶贫户送上助学资金2000元。10月9日，广西军区转发《立足偏远贫困村实际，聚力攻坚定点扶贫》一文介绍岑溪市，武装部帮扶梨木镇云开村的经验做法——要求各地结合实际，采取务实措施，推进扶贫工作落地见效。岑溪市武装部负责帮扶的梨木镇云开村按标准要求于2017年完成脱贫任务。

【国防动员】 认真搞好国防潜力调查，修订战备方案，与地方相关单位搞好方案对接，形成实战化、精确化方案体系。改造常住民兵宿舍，加强营区应急力量，加大应急处突演练力度，确保遇有情况能够妥善处理。结合清明节防山火和雨季防汛，组织市民兵应急独立连和各镇应急分队进行森林灭火和抗洪抢险演练。2017年，选定21个民兵营正规化建设点，配发的宣传展板、办公用品、防护器材已全部到位。

（市武装部）

公安消防大队

【机构概况】 岑溪市公安消防大队隶属梧州市公安消防支队，是公安机关行政执法和刑事司法力量的组成部分，是公安机关领导下同火灾作斗争的一支实行军事化管理的部队，执行解放军的“三大条令”和兵役制度，纳入武警序列，实行公安机关领导，条块结合，分组管理的管理体制。现有消防力量由现役消防官兵、政府专职消防员和消防文员组成。2017年，大队长付军，教导员潘攀。

【消防救援】 2017年消防大队接到报警156起，其中火灾98起，抢险救援58起，出动消防车辆446辆次，警力1680人次，抢救被困人员105人。消防大队在参与处置“10·21”火灾扑救中，1人立三等功，2人获支队嘉奖表彰，中队被公安部表彰为“十九大安保”工作先进单位。

【党风廉政建设】 2017年，大队党委班子围绕开展“六查六防”工作，专门开设163.com专用邮箱，广泛接收官兵的意见和建议，畅通上下沟通反映渠道，使全体官兵反映有门，坚决杜绝越级匿名举报行为，全年实现“零举报、零投诉”目标。落实消防局《进一步加强新形势下党风廉政建设的意见》的通知，结合开展“八项规定回头看”活动，进一步强化“两个责任”落实，推动党委“转职能、转方式、转作风”，坚持把纪律和规矩挺在前面，把党规党纪刻在心上，用好监督执纪“四种形态”，让拉衣扯袖、红脸出汗成为常态，避免小错变大错，释放有责必问、问责必严的强烈信号。建立完善廉政档案，组织所属干部填报个人事项申报表，建立完善干部亲属涉消事项排查档案。

【思想政治建设】 深入开展“维护核心、听从指挥”主题教育活动，结合学习习近平总书记系列重要讲话和十九大精神，大力扩展学习内容，从多个层面丰富学习生活，增强教育针对性和时效性，切实做到入脑入心，培养官兵令行禁止的纪律作风；广泛开展摸底和谈心活动，准确了解掌握官兵所想、所做、所需，及时发现官兵思想上存在的各种问题，有针对性地进行教育，引导始终保持积极健康、乐观向上的精神状态。利用党团活动日之机，组织开展足球、篮球、乒乓球比赛等丰富多彩的文体活动，活跃警营气氛，增进战友间的情谊，丰富官兵警营文化生活。

【岗位练兵】 以干部、骨干为训练重点，以体能为基础，按照《梧州市消防支队2017年度灭火救援全员岗位实战化练兵实施方案》的要求，科学制定训练计划，落实干部跟班训练，加强训练安全防护，无干部跟班训练期间，禁止组织开展高空危险科目训练，如绳索攀爬操、攀登15米金属拉梯操等科目训练，防止发生训练伤亡事故。结合辖区民房火灾多、高速路救援事故多等特点，按照职责有分工，训练不分家的练兵思想，不分科目、不分人员、全员参加，严密组织开展基础体能、装备操作和班（组）合成等科目的训练，完成全年灭火救援、世博会消防安保和十九大安保等战斗任务。深刻吸取柳州市融水县“5·30”、柳州市三江县“9·04”火灾事故教训，由大队军政主官亲自带队深入辖区重点单位开展实战演练和“六熟悉”，确保遇有突出情况，部队能快速出动、灵活处置，防止重特大亡人事故发生，确保社会火灾环境稳定。

【队伍教育管理】 面对日益繁重复杂的形势任务，大队深入贯彻落实消防局“甘肃”会议精神，坚持把“两个经常性”工作作为“固本强基、凝心聚力、提质增效”的重要法宝，着眼思想帮教，紧盯细微环节，在教育人、温暖人、稳定人上持续用力、久久为功，有力促进部队全面建设，“两个经常性”工作达标率100%。深入开展安全“五无”创建、安全大检查等活动，严格落实请（销）假制度，逐级签订安全管理责任状和私家车使用协议书等，采取人防、物防、技防等多重手段，实行全方位多角度管控，做到常抓常紧，堵牢漏洞，实现安全稳定的目标。严格车辆派遣审批程序和“八小时外”、双休日、节假日车辆安全管理，坚决执行“三不原则”在车辆驾驶室张贴“驾驶员行车八不准、二注意、一熟悉”和严禁酒驾标识，并将其作为驾驶员应知应会重要内容，定期对驾驶员进行安全行车教育。

【执法监督检查】 2017年，大队坚持政府主导、部门联动、多警联勤的方针，推动地方党委政府落实《消防安全责任制实施办法》，保持社会火灾形势稳定。强化党委、政府领导责任，提请地方政府出台消防安全责任制实施办法，明确各行业部门及各镇人民政府的消防工作责任，推动政府落实“十三五”消防规划相关工作，定期组织消防安全委员会开展消防监督检查。落实行业部门监管责任和社会单位主体责任，定期召开消防安全委员会联席会议，研究解决消防规划、消防站建设、车辆器材装备配备、重大和区域性隐患整治等消防安全瓶颈性难题。严格责任追究，推动市政府出台落实消防安全责任制有关规定，提请政府牵头集中约谈重大火灾隐患和火灾事故单位法定代表人，并通过政府官网定期公布消防安全不良行为信息。大力开展火灾隐患排查，围绕高层建筑、电动车、电气火灾、汗蒸场所、校外“午托”机构、幼儿园、消防控制室等开展专项治理。圆满完成“十九大”、第14届中国—东盟博览会及梧州宝石节等重大消防安保任务。治理整改商贸城、华盛物业等单位火灾隐患7202处。强化消防安全网格化管理，结合“平安社区”创建活动，全市80%的街道乡镇消防安全网格已实现实体化运行，60%的街道社区达到“平安社区”创建标准，157家消防安全重点单位建成微型消防站，50%的商业区、旅游区、开发区等重点单位集中区域建立消防安全联防协作机制。

（消防大队）

人民防空

【管理机构】 人民防空办公室在岑溪市住房和城乡建设局内挂牌，2017年，人防办主任张坚（住建局副局长）。

【防空警报和疏散演练】 2017年9月18日，组织开展全广西同步进行防空警报试鸣工作，警报鸣响率100%。在警报试鸣过程中，市区中小学开展紧急疏散和隐蔽演练活动，部分镇中小学校也组织进行疏散演练。

【人防教育】 在孝坊社区、市教育局、百裕制衣厂和市一中、二中、三中、五中、六中、七中、八中、文华学校、南渡中学、吉太中学、梨木中学、大业中学12所中学开展人防教育工作，有60名社区人员、80名机关工作人员、200名企业员工和4862名学生完成人防知识学习和考试、通过考核。

（钟金宏）

经济发展

分类经济

【国有企业】 至 2017 年年底，岑溪市有食品公司、糖烟酒公司、饮食服务公司、嘉安公司等 23 家国有企业，在册职工 1521 人，退休职工 632 人。除市食品公司实现经济效益和社会效益外，市饮食服务公司、市嘉安公司、市木材公司等靠出租铺面收入维持日常开支，其余企业均资产存量不多甚至无资产，职工均已下岗多年。已完成改制的国有企业有 53 家：市工业供销公司、市滕兴皮革厂、市钛白粉厂、市造纸厂、市百货公司、市饮料厂、市富杰水泥厂、市五金交电公司、市汽修厂、市印刷厂、市淀粉厂、市桂丰食品工业有限公司、市机械厂、市汽车站、市商业集团公司、市果蔬公司、市红楼宾馆、市大酒店、市物资总公司、市电力公司、市四滩电站、市大湾电站、市都目电站、市波塘电站、市西牛头电站、市义新砂砖厂、市医药公司、市外商投资公司、市外贸鸡场、市冶金建材厂、市纸业公司、市石材公司、南渡物资公司、市水电安装公司、市化肥厂、水电构件厂、粮食系统、市供水公司、市松香厂、市教育印刷厂、市柠檬酸公司、市日立化工厂、市模压制品公司、市外贸公司、市经济开发总公司、市百山石材有限公司、市综合贸易公司、市石材发展公司、市远东金刚石厂、市桂发宝石工艺公司、市民政灯具厂、市民政纸箱厂、市水电物资公司。

【集体企业】 岑溪市的集体企业主要有供销社、二轻联社。供销联社有直属企业 4 个：岑溪市土产公司、岑溪市日杂公司、砂砖厂、岑溪市农资公司；基层供销合作社 16 个。2017 年，全市供销合作社系统商品总销售额 90780 万元，利润总额 127 万元。全市有各类农民专业合作社 47 家，其中 2017 年新增 6 家；农民专业合作社联合社 6 家，其中 2017 年新增 2 家。二轻联社系统所属企业有虹辉贸易部（原二轻公司）、二轻修理社、天华石材石业有限公司、岑溪市嘉辉石业有限公司。2017 年，二轻工业总产值 2000 万元。

【个体私营企业】 2017 年，新发展个体工商户 3501 户，从业人员 8052 人，注册资金 38883.06 万元。个体工商户累计发展 20405 户，从业人员 43993 人，注册资金 181058.70 万元。私营企业 4273 户（含分支机构），从业人员 8618 人，注册资金 746275.3 万元。

【外国和港澳台商投资企业】 2017 年，岑溪市新引进外商和港澳台商投资企业 2 家，合同投资总额 193.98 万美元，合同外资额 121.79 万美元。2017 年末，有外商投资企业 25 家，其中：港澳台商投资企业 24 家，占 95.83%；其他国家外商投资企业 1 家，占 4.17%。现有外商投资企业以工业企业为主，主要有农业综合开发、打火机、电子、皮革、石材和文具用品等行业。截至 2017 年全市现有正常生产外商投资企业17家，分别为：岑溪伟正石材有限公司、广西岑溪大埕文具用品有限公司、广西龙腾皮革有限公司、广西岑溪大富纸业有限公司、广西岑溪新富春农业综合开发有限公司、广西岑溪东洋火机塑料有限公司、岑溪正丰石材有限公司、广西岑溪光大纸业有限公司、广西岑溪市创信火机制造有限公司、广西岑溪互益纺织有限公司、岑溪顺兴福皮业有限公司、广西岑溪华渊家具有限公司、优耐电子(岑溪)有限公司、广西七星精进能源科技有限公司、岑溪市怡达电子有限公司、广西信汇农业发展有限公司、岑溪市康泰养老服务有限公司。

（市工信局）

投资开发和经济协作

扶贫开发

【管理机构概况】 根据岑溪市人民政府下发的《岑溪市人民政府关于印发岑溪市扶贫开发办公室主要职责内设机构和人员编制规定的通知》(岑政发〔2016〕39号)文件精神，单独设立岑溪市扶贫开发办公室，为市人民政府工作部门，不再在农业局挂牌；将农业局承担的扶贫开发工作职能划出，交由市扶贫开发办公室承担。2016年经市直工委批准，设立岑溪市扶贫开发办公室党组。2017年，扶贫办主任陈晓东。撤销扶贫办纪检组。核定行政公务员编制6人，实有6人。内设机构有办公室、产业组、基础设施组、培训组、宣传组和信息管理中心共“一室四组一中心”；二层机构有岑溪市扶贫信息中心，为全额拨款事业单位，核定事业编制3人，实有2人。

【扶贫开发概况】 2017年，岑溪市筹措资金1.77亿元用于脱贫攻坚。其中：中央资金4020.22万元，自治区资金2033万元，梧州市资金243.33万元，岑溪市配套资金1427.27万元，新增政府债券1亿元。选派53名第一书记和4403名扶贫工作队员、帮扶联系人驻村帮扶，重点落实基础设施建设、易地扶贫搬迁、产业扶贫、小额信贷、“雨露计划”、危房改造和教育扶贫等政策。全年实现11个贫困村摘帽，9850个贫困人口脱贫。实施就业扶贫政策，开展“就业援助月”和“春风行动”等活动，组织岑溪市38家企业分别到各镇举办企业用工招聘会共11场，提供3500多个就业岗位，同时为进场求职者提供就业培训等政策咨询，发放宣传资料4.1万份。实现新增就业10253人，其中，农村劳动力转移就业9422人，就业困难人员再就业331人。审核的农民工创业担保贷款有10笔，发放贷款135万元。涉农保险覆盖和保障能力增强。岑溪市有承保能繁母猪3510头，完成率35.1%，承保育肥猪2.1万头，承保率26.25%；完成水稻保险17.6万亩，覆盖糯垌、三堡、安平、波塘、马路、南渡6个镇。

【产业扶贫培训】 产业专责小组根据各贫困村的产业发展实际和农民的需求，采取到贫困村集中培训或是田间地头现场指导的方式，开展百香果栽培技术、三黄鸡养殖技术、柑橘园及澳洲坚果病虫害综合防治等产业技术培训，产业培训做到贫困村全覆盖。在贫困村培训1800人，发放培训资料2500多份，实现每一贫困户都有一人参加产业技术培训。农业、畜牧、林业等部门采取贫困村一村一名技术员的包村制度，确保产业技术指导到位。开展汽修、计算机操作等培训有91人参加，参加中期培训的贫困家庭有27名，参加短期培训的扶贫对象100多人。

【精准识别动态管理】 2017年，岑溪市通过加强动态管理工作业务培训，对精准识别户进行再核验再排查、交叉督查、利用接访中群众反映的情况进行及时纠错、重新核实信息，做到精准录入，对

2014年和2015年退出户按照2017年贫困户脱贫摘帽“八有一超”标准(主要是“两不愁三保障”)全面进行入户核验。对建档立卡档外的再次排查,对是否存在因灾、因残、因病、因学致贫的情况、是否存在“应纳未纳”情形、是否存在退出不准不实且“应返未返”情形、运用财产检索结果是否存在未入户核实评议、是否采取“一刀切”情形动态调整标准、程序是否符合自治区的相关要求、是否存在规模限制情形、“应纳尽纳”贫困户、整屯搬迁应纳尽纳是否存在不实事求是、评议农户生活困难程度而唯分数论情形、农户对此次动态调整工作知晓情况、镇村两级档案台账是否按照自治区下发的贫困人口动态调整档案归档清单进行归档整理、动态调整人员基础信息在全国扶贫开发信息系统中是否真实准确等八项内容进行严格检查,重点关注各镇涉毒人员家庭和外出务工人员家庭,对财产检索结果再次核查是否存在“应剔未剔”情况,确保做到“应纳尽纳”“应返尽返”“应剔尽剔”。全年度举办动态管理培训班5次,参训人员2000多人次;重新精准识别出应纳尽纳贫困户133户546人、返贫退出户23户107人。抓好“一户一册一卡”发放,发放贫困户帮扶手册12299套、帮扶联系卡12299张。市督查组加强对“一户一册一卡”工作进行督查,督查4次,组织各镇开展交叉检查3次。

【“一帮一联”帮扶工作】 2017年,岑溪市重新选派扶贫工作队分队长7名,调整第一书记5名,53个贫困村党组织都派有第一书记。先后选派4403名帮扶联系人做好帮扶工作,做到“一帮一联”全覆盖。以镇为单位,14个镇组成14个重点工作责任团队,市直单位都分配到14个责任团队中,市领导分别担任团队的责任领导。开展以单位联系贫困村、干部联系贫困户为主要内容的“双联系”活动。在双联系活动中,后盾单位支持阵地建设资金200多万元,单位和党员干部通过慰问、发放救灾物资等形式捐赠物资100多万元;引导贫困村发展特色产业40多个,成立专业合作社20多个。采取“党组织搭平台、贫困群众提心愿、整合力量来圆梦”的方式,发动机关党组织、党员干部、社会组织、非公企业、热心人士参与自愿认领贫困村(户)微心愿主题活动,发动“两新”党工委、各镇商会和帮扶单位党员干部认领微心愿180多条,涉及资金5万多元。协调卫计、教育、农业、团市委等部门开展送健康、送图书、送技术等活动,落实图书8000多册,体育用品一批;市区医院到贫困村开展义诊活动500多人次。

【扶贫基础设施建设】 2017年,岑溪市投资10543.97万元,建设扶贫基础设施项目128个,其中:投资3803.77万元建设交通基础设施项目112个,安全人饮提升工程建设项目11个,村级公共服务设施建设项目5个。投资6720万元改造1120户贫困户危房;投资20.2万元解决202户贫困户有电视看。交通基础设施项目112个,项目总投资3131.77万元。其中:投资150万元建设贫困村连通工程4个,投资388.1万元建设“第一公里·桥”惠民工程25个,投资54万元建设安保工程1个。投资241.5万元建设水库移民通屯道路项目1个。投资2297.67万元建设20户以上自然村(屯)屯级道路建设项目81个,建设里程67.55千米。总投资491万元实施11个人饮项目,解决584户农户饮水问题。投资165万元建设村级公共服务中心项目3个(宣传栏3个、篮球场3个、戏台3个)。投资16万元建设贫困村宽带网络项目2个。投资6720万元,对2017年度计划目标任务1120户(其中建档立卡贫困户531户、低保户131户、分散供养五保户161户、贫困残疾人家庭14户、一般贫困户283户)进行危房改造。实际开工建设913户,完工528户,完成投资3168万元

【扶贫产业】 2017年,岑溪市投入600万元产业扶持资金,其中:422万元用于扶持产业发展,给予每个预脱贫摘帽村产业扶持资金50万元;其余的180万元用于对扶贫帮扶成效显著的企业、家庭农场、种植大户的奖励,企业、家庭农场、种植大

户每带动1户贫困户创业或就业脱贫的，给予奖励。扶贫产业开发项目14个：其中，三黄鸡项目275.95万元，覆盖全市53个贫困村，受益人数35408人。软枝油茶种植19.47万元，面积60多公顷，百香果种植36.59万元，面积64.7公顷，三华李种植16万元，面积26.8公顷，澳洲坚果种植11.29万元，面积13.7公顷，砂糖橘种植18.66万元，面积63.6公顷，生猪养殖14万元，饲养量270头，香蜜顺梨种植14.92万元，面积19.5公顷，八角种植3.6万元，面积15公顷，香芋南瓜种植3.107万元，面积33.4公顷，其他（芒果、番石榴、益智）种植8.5万元，面积17公顷。

【党建助脱贫】 岑溪市积极探索“党建＋精准扶贫”新机制，深入开展“一对一”结对帮扶和“双联系”活动。通过自下而上民主推荐，实行经过市镇政治关、作风关和廉洁关的“三关”联审，把好选人用人关，选举产生新一届村“两委”班子。实施“领头羊”培训工程，对贫困村党组织书记分类按需培训。开展4期村级干部专题培训班，培训1200人次。投入798万元实施村级服务场所规范化建设，推行农村基层党组织“星级化”管理，对所辖的282个建制村（社区）党组织全部进行摸底分类，选定部分重点村参与评星定级或储备，全面打造“五个好”党支部，实现“六个有”目标要求。创新开展“党旗领航·千企扶千村”活动，组织民营企业和爱心团体捐资助学。每个贫困村都有1个以上帮扶企业，帮助贫困村发展特色产业，完善基础设施。举办“党旗领航·助力脱贫”暨广西贫困村“第一书记”农产品公益巡展走进岑溪活动，提供平台让贫困村产业扬品牌、拓销路，引导企业参与贫困村产业建设，带领贫困户脱贫致富。协调卫计、教育、农业、团市委等部门开展送健康、送图书、送技术等活动，捐赠图书8000多册，体育用品一批；市区医院到贫困村开展义诊活动500多人次。

【政协助脱贫】 岑溪市第十届政协倡议和发动政协委员认捐超过180万元。捐资5万元，为45户没有电视机的贫困户购买电视机；捐资37万元，支持37户贫困户进行危房改造；捐资15万元，支援1个贫困村村级服务中心建设；捐资28万元，跟踪帮扶140户生活特别困难的贫困户；在2017年岑溪春节联欢晚会现场捐款40万元用于助学。免费为贫困户发放总价值37.5万元的百香果苗1.8万株、香蜜顺梨集苗1.37万株、坚果苗2000株。筹集价值200多万元物资和筹集助学金70多万元，解决一批贫困户生产、生活、就业以及上学等方面问题300多个。

【新型农业经营主体助脱贫】 2017年，岑溪市新注册建立农民专业合作社33个，新注册家庭农场10家。全市累计有农民专业合作社469家、家庭农场69家、农业产业化重点龙头企业28家。农业龙头企业参与“产业扶贫”活动。如岑溪市威隆果蔬科技有限公司采用“公司＋合作社＋基地＋农户”的经营模式，开展蔬果标准化种植示范推广，免费赠送贫困户辣椒苗26万株，瓜苗1万多株，其他蔬菜苗13万株。岑溪市九原生态农业有限公司采取“公司＋基地＋电商＋农户”模式，免费赠送百香果苗19万株给1007户贫困户种植，面积16.67公顷。2017年10月23日，成立岑溪市发展壮大村集体经济工作领导小组，指导村级成立村民合作社。53个贫困村都成立村民合作社，至11月底，所有村（社区）都成立有村民合作社。

【休闲农业与乡村旅游助脱贫】 岑溪市通过发展“旅游＋”“生态＋”等休闲农业与乡村旅游模式，打造乡村休闲农业旅游项目助脱贫。如糯垌镇古河村的旅游扶贫产业开发项目，归义镇大坡新农村示范点、阳光农业生态园、西江果蔬产业（核心）示范区休闲观光农业园和筋竹砂糖橘采摘游等，拉动周边地区的餐饮、住宿、娱乐等产业发展，为当地村民提供就业岗位和创业空间。全市有农家乐6个、乡村旅游点3个，从业人数150人，带动贫困户9户、25人，接待游客30万人次，总收入1500万元，人均增收1万元。

【小额贴息信贷扶贫】 2017年，为4748户贫困户发放扶贫小额信用贷款22873.95万元。其中：委托经营1831户，自主经营2917户。9月底，新增部分的扶贫小额贷款106户、金额295.69万元。下半年，由于扶贫企业认为委托经营资金需给8%的贫困户分红，贷款成本过高，因此不再接受委托经营资金，扶贫小额信贷只对自主经营的贫困户发放，2017年度扶贫小额信贷发放与2016年相比大幅减少。

【易地扶贫搬迁】 岑溪市易地扶贫搬迁工程项目实行以分散安置为主、集中安置为辅。2017年，上级下达搬迁任务308户1418人，实际安排308户1494人，其中：统筹安置189户897人，自行解决宅基地119户597人。全市所有安置点已开工建设，已完成住房建设101栋，搬迁入住75户364人。2016—2017年搬迁户属2017年脱贫的130户房屋已搬迁入住。

【电商扶贫】 岑溪市有三大电商平台：乐村淘电商平台、邮乐购电商平台、九原农珍网。乐村淘电商平台建有102个服务网点，其中：县域服务中心1个，镇级工作站10个，村级服务网点91个。邮乐购电商平台建有200个服务网点。岑溪市九原生态农业有限公司利用自己的九原农珍网以及天猫和京东旗舰店，采取“公司+基地+农户+电商”的形式解决当地贫困户生产和销售特色优势农产品。岑溪市外贸鸡场、岑溪市威隆果蔬农业有限公司等企业利用“基地+网络”参与产业扶贫。

【教育扶贫】 2017年，雨露计划扶贫培训项目安排中央财政扶贫专项资金450万元。春季学期有中高职学生736人申请，每人1500元，发放补助110.4万元。秋季期已有本科、中高职贫困生1290人通过申请。落实义务教育阶段各项补助政策。春季期全市义务教育阶段家庭经济困难寄宿生生活补助受助学生33726人，补助金额1955.5万元；高中国家助学金受助学生3478人，金额485.03万元；高中建档立卡等家庭经济困难学生免学杂费受助学生2522人、免收金额222.48万元；高中库区移民子女免学费受助学生620人，免收29.66万元；中职免学费受助学生2936人、免收金额220.2万元；中职国家助学金受助学生453人，补助金额45.3万元；办理生源地信用助学贷款5563人，助学贷款3790.1万元；资助贫困大学生1095人，补助金额207.5万元。组织社会力量捐资助学，市奖学助学协会筹措资金21万元，资助学生150人，奖励贫困学生56人。

【行业扶贫和社会扶贫】 岑溪市广泛动员各部门各行业和社会各界参与扶贫，整合社会力量和社会资源，逐步构建“政府主导，各方参与”的大扶贫格局，在认真抓好“千企扶千村”行动的基础上，通过宣传发动和遴选扶贫企业带动，动员和发动更多的行业和社会力量参与到脱贫攻坚中来，合力推动扶贫工作的深入开展。外贸鸡场有限公司、九原生态农业发展公司、宝峰畜牧有限公司等十多家企业以及一大批社会爱心人士参与脱贫攻坚帮扶工作，带动创业或吸纳贫困劳力到企业务工增收。举办“党旗领航·助力脱贫”暨广西贫困村“第一书记”农产品公益巡展走进岑溪活动和“助力岑溪·电商扶贫”公益扶贫活动。农产品公益巡展当场销售额超过300万元，筹集1.7万元善款，资助贫困家庭学子完成学业。“助力岑溪·电商扶贫”公益扶贫活动现场捐赠棉被140张。

【医疗低保扶贫】 做好贫困患者救治工作，建档立卡贫困患者4218人，已经救治4218人。落实大病救治工作，九种大病建档立卡贫困患者72人，已救治72人，救治率100%。开展家庭医生签约服务，辖区贫困人口签约率100%。岑溪市贫困人口20826人参加城乡居民基本养老保险，其中：领取待遇5752人。全市建档立卡贫困人口参加新农合53727人，其中：低保与扶贫重合人数有22008人，残疾人新农合补助176人，已纳入计划生育个人缴费补助的贫困人口279人。对符合低保条件的精准扶贫对象按月发放低保金，发放2883.35万元,农村低保169609人次受益。精准扶贫贫困人员补助22539人,发放新农合补助202.85万元。

（市扶贫办梁铁）

招商引资

【外资利用】 2017年,岑溪市招商引资项目(包括续建项目)169个,总投资345亿元,累计完成到位资金111.42亿元,完成年任务106亿元的105.1%,同比增长10.1%。其中:实际利用外资5925万美元,完成年任务5850万美元的101.3%,同比增长12.7%;实际利用区外境内资金107.41亿元,完成年任务101.96亿元的105.3%,同比增长10.1%。

【新引进项目】 全市新引进项目97个,合同总投资121.58亿元,到位资金48.99亿元,完成新引进项目到位资金年任务31.8亿元的154.0%、开工率93.75%。主要有明华农贸市场、闽辉石材、三堡三合花岗岩综合利用、稀土分离等项目,其中中铝、碧桂园、明阳风电等为世界500强企业。

（市投资促进局）

对外经济贸易

【对外贸易概况】 2017年,岑溪市外贸经济受国内外市场环境不利因素影响,全市年进出口总额13218万元人民币,完成年度目标任务的112.0%,同比下降24.2%。其中:出口10731万元人民币,同比下降13.3%,占全市进出口总额的81.2%;进口2487万元人民币,同比下降50.8%,占全市进出口总额的18.8%。全年累计进出口总额超1500万元人民币以上的重点外贸企业有5家,累计进出口总额10755万元人民币,占全市进出口的81.4%。

【进出口企业】 2017年,岑溪市有进出口实绩的外贸企业16家,分别为:广西岑溪市创信火机制造有限公司、岑溪大富纸业有限公司、广西岑溪大埕文具用品有限公司、岑溪顺兴福皮业有限公司、岑溪市天马石业有限公司、岑溪市星唛火机制造有限公司、优耐电子(岑溪)有限公司、岑溪市中宇贸易有限公司、岑溪市超雄石材有限公司、广西岑溪市君尼亚生料带有限公司、岑溪市辉林木业有限公司、岑溪市桂海林化机械加工厂、岑溪市伟兴工贸有限公司、岑溪市宏达汽车服务有限公司、广西岑溪明越商贸有限公司、岑溪市中兴纺织服装有限公司。

【进出口商品】 岑溪市进出口商品主要以劳动密集型和生产资源型产品为主,产品科技含量和附加值低,在国际市场中的竞争力低,其中:主要出口产品有打火机、电子、文具、石材、胶合板、文具和纺织服装,占全市出口总额的90.3%;主要进口产品有生皮和塑料,占全市进口总额的88.9%。

（市工信局）

财税金融

财政概述

【机构概况】 岑溪市财政局成立于1956年6月,资金管理局成立于1992年。2017年财政局内设办公室、人事教育股、预算股、国库股、行政政法股、教科文股、农业股、农发办、经建股、会计股、监督检查法规办公室、综合股、社保股、企业股、国资股、金融股、农村财政财务管理股、政府采购监督管理股、非税收入征收管理股19个行政股室和局属财政预算编审中心、财政投资评审中心、国库支付中心、收费票据管理中心3个参照公务员法管理事业单位。财政局局长陈向前,资金管理局局长梁凯柱。2017年1月，设立财政局管理的岑溪市金融工作办公室、岑溪市国有资产管理中心2个全额拨款事业单位。下属14个镇财政所(参照公务员法管理事业单位)。全局现有在职职工60人(局机关39人，局属参照公务员法管理事业单位21人),14个镇财政所在职职工115人。财政局2017年获岑溪市“三年一工程”活动先进单位,财政局2017年被梧州市委组织部评为2016—2017年“美丽广西”乡村建设(扶贫)先进后盾单位。2017年陈再明被自治区财政厅、人力资源社会保障厅记全区财政系统个人二等功；罗敏被自治区党委组织部评为2016—2017年度全区优秀贫困村党组织第一书记；莫品龙被梧州市委组织部评为2016—2017年“美丽广西”乡村建设(扶贫)优秀工作队员。

【财政收支】 2017年,全市财政总收入436033万元,财政总支出418767万元,收支相抵后,年终总结余17266万元。

财政收入 全市财政总收入436033万元,其中：当年组织一般公共预算收入139014万元,上级补助收入243232万元,地方政府债券转贷收入36229万元,调入资金450万元(主要是政府性基金及国有资本经营预算资金调入一般公共预算),调入预算稳定调节基金147万元，待偿债置换一般债券上年结余453万元;上年结余16508万元。(注:2017年全市组织财政收入182135万元,完成年度预算的91.1%,同比下降8.7%。按收入项目分，其中,(1)税收收入130819万元，下降0.52%;(2)非税收入51316万元,下降14.2%。按收入级次分,其中:(1)上划中央收入32287万元,同比增加6734万元,增长26.4%;(2)上划自治区收入10834万元,同比减少1197万元,下降9.9%;(3)地方一般公共预算收入139014万元,同比减少22965万元,下降14.2%)。

财政支出 一般公共预算总支出418767万元,其中:地方一般公共预算支出397898万元,上解支出1227万元，政府债务还本支出19316万元。2017年地方一般公共预算支出主要项目是:(1)一般公共服务支出31918万元,同比增长1.6%;(2)公共安全支出15886万元,同比增长13.3%;(3)教育支出129483万元,同比增长9.6%;(4)科学技术支出164万元,同比下降38.1%;(5)文化体育与传媒支出3279万元，同比下降48.7%;(6)社会保障和就业支出60034万元,同比增长28.6%;(7)医疗卫生与计划生育支出59967万元,同比增长7%;(8)节能环保支出2566万元,同比下降24.7%;(9)城乡社区支出17219万元,同比下降6%;(10)农林水支出47970万元,同比增长3.2%;(11)交通运输支出7842万元,同比下降51.6%;(12)资源勘探信息等支出1612万元,同比增长15.1%;(13)商业服务业等支出803万元,同比下降57.1%;(14)金融支出112万元，同比增长387%;(15)国土海洋气象等支出3263万元,同比下降39.3%;(16)住房保障支出10261万元,同比下降63.1%;(17)粮油物资储备支出842万元,同比增长209.6%;(18)债务付息支出3511万元,同比增长4.5%;(19)债务发行费用支出36万元,同比下降10%;(20)其他支出1130万元,同比下降94.1%。

【国有资本经营预算收支】 全市国有资本经营预算收入610万元,完成年预算的101.7%。其中:利润收入100万元,产权转让收入250万元,其他国有资本经营收入260万元。全市国有资本经营预算支出549万元,完成年预算的99.8%,调出资金61万元,收支平衡。

【政府性基金收支】 政府性基金预算收入总计57997万元。其中:当年组织地方政府性基金预算收入55419万元，完成年预算的128.3%，增长21.9%;上级补助收入2404万元;上年结余174万元。2017年政府性基金预算支出总计57127万元,其中：政府基金支出56738万元，完成年预算的98.5%;调出资金389万元(结转规模超过当年收入30%部分的基金转入一般公共预算调出)。政府性基金收支相抵，年终结余 870 万元。

【社会保险基金收支】 社会保险基金收入：市本级统筹管理的社会保险基金（城乡居民基本养老保险基金、机关事业单位基本养老保险基金，下同）收入 66530 万元，完成年预算的 161.2%，其中：城乡居民基本养老保险基金收入 15428 万元，增长 10.2%；机关事业单位基本养老保险基金收入 51102 万元（含清算数），增长 226.3%。社会保险基金支出：市本级统筹管理的社会保险基金支出合计 59961 万元，完成年预算的 164.1%。其中：城乡居民基本养老保险基金支出 9894 万元，增长 3.5%；机关事业单位基本养老保险基金支出 50067 万元（含清算数），增长 219.7%。收支相抵，社会保险基金本年收支结余 6569 万元，年终滚存结余 30696 万元。

【政府非税收入管理】 2017 年非税收费项目 314 个，其中中央批准的收费项目 235 个，自治区批准的收费项目 79 个。全市全口径政府非税收入完成 106735 万元，比上年同期增加 1445 万元，增长 1.37%。其中：纳入预算管理的一般公共预算非税收入 51316 万元，比上年同期减少 8520 万元，下降 14.2%，政府性基金预算收入 55419 万元，比上年同期增加 9965 万元，增长 21.9%。纳入预算管理的一般公共预算非税收入 51316 万元中，主要科目完成情况：专项收入 2816 万元，下降 10.3%；行政事业性收费收入 9186 万元，下降 4.9%；罚没收入 2736 万元，增长 48%；国有资本经营收入 18477 万元，下降 52.6 %；国有资源（资产）有偿使用收入 9486 万元，增长 394.6%；其他收入 8326 万元，增长 99.6%。

【财政支出管理】 加强部门预算管理，压减一般性支出和“三公”经费支出。全市“三公”经费支出（公务用车购置及运行维护、公务接待经费、因公出国出境经费）1033 万元，同比下降 12.7%。一般公共服务、公共安全、教育、科学技术、社会保障和就业、医疗卫生与计划生育、节能环保、城乡社区的八项支出 317237 万元，占公共预算支出79.7%。涉及教育、社会保障、医疗卫生、文化体育、节能环保、农林水、交通运输、城乡社区和住房保障等社会民生支出 343693 万元，占公共预算支出 86.4%，其中主要支出有：教育支出 129483 万元，社会保障和就业支出 60034 万元，医疗卫生与计划生育支出 59967 万元，文化体育与传媒支出 3279 万元，节能环保支出 2566 万元，农林水支出 47970 万元，交通运输支出 7842 万元，城乡社区支出 17219 万元，住房保障支出 10261 万元。

【基本建设项目资金管理】 2017 年，全市获得上级预算内专项基本建设补助资金 21112.89 万元，其中：中央预算内项目资金 8240.19 万元，大中型水库移民后期扶持资金 964.22 万元，水利发展资金（中小河流治理项目）3241 万元，地方小型水库移

2017 年，岑溪市投入农业综合开发项目资金 975 万元在梨木镇、诚谏镇建设高标准农田建设 0.65 万亩，图为农田灌区基础建设 甘浩源 摄

民财政扶持专项资金53万元，农村危房改造资金484.81万元，中央土壤污染防治专项资金400万元，自治区地质灾害治理项目资金117万元，车辆购置税收入补助地方资金用于一般公路建设项目资金2609万元，中央对地方成品油价格和税费改革转移支付增长性补助资金544万元，政府还贷二级公路取消收费后补助资金1067万元，“美丽广西·宜居乡村”农村改厕改厨任务及自治区本级财政补助资金617.5万元，其他项目建设资金2775.17万元。市本级还安排2017年地方政府新增债券资金5783万元用于基本项目建设。2017年财政部门核拨预算内基本建设项目资金支出26934.5万元，其中：中央预算内项目支出8707.1万元，廉租房建设支出1506万元，中小河流治理项目支出146万元，基础设施项目支出770万元，污水管网建设项目支出320万元，公路建设项目支出5568万元、农村学前教育推进建设项目支出200万元、农村危房改造项目支出2871万元，百镇名村建设项目支出1500万元，其他基础设施等支出5346.4万元。

【财政监督管理】 从2017年3月起，组织检查组对9个行政事业单位进行2016年度会计监督检查，进一步规范单位财务管理，提高会计信息质量。根据自治区财政厅《关于在全区开展“小金库”等问题专项检查工作的通知》（桂财监〔2017〕15号）和中共岑溪市委办公室《关于印发岑溪市贯彻落实中央“八项规定”精神“回头看”工作实施方案》（办发〔2017〕15号）的要求，牵头组织开展“小金库”等问题和贯彻落实中央“八项规定”精神“回头看”专项检查，通过检查追缴应缴财政专户款280.15万元，清退违规发放津补贴14.14万元，清退超标准报销差旅费1.06万元。按照自治区财政厅、物价局、工业和信息化局、民政厅《关于全面开展涉企收费自查自纠工作的通知》（桂财税〔2017〕28号精神，组织相关部门成立检查组对全市26个涉企收费单位进行重点检查，清理规范涉企收费行为，减轻企业负担。深入开展2017年度预决算公开情况专项检查，全市45个一级预算单位进行自查自纠。组织力量对民政局等部门进行重点检查，进一步强化预决算公开工作，增加部门预算执行透明度，接受社会监督。

【会计管理】 加强会计从业人员业务培训，对全市1875位有会计从业资格人员进行网络远程继续教育。组织260人参加会计专业初级职称考试，36人获得会计专业技术初级职称。组织26人参加会计专业中级职称考试，5人获得会计专业技术中级职称。抓好财政支农政策培训，对全市282个村（社区）564个村干部及各村（居）务监督委员会主任进行村级财务管理制度等相关法规制度培训。组织开展2016年度行政事业单位内部控制报告编报工作，对各行政事业单位内控编报业务人员进行培训，全市46个市直主管部门、单位和14个乡镇财政所按期按质完成2016年度行政事业单位内部控制报告编报工作。抓好代理记账机构管理工作，根据区财政厅《关于开展2017年全区代理记账机构换证及年度备案工作的通知》（桂财会〔2017〕9号），搭建代理记账机构管理系统，开展代理记账机构换证及年度备案工作，全年申办换（补）证及年度备案的代理记账机构6个，通过审核合格完成年度备案并发放代理记账机构许可证4个，完成代理记账机构换证及年度备案工作。

【财政扶贫资金管理】 2017年，全市筹集财政扶贫专项资金17308万元支持扶贫攻坚，其中：中央资金4020.22万元，自治区资金1569万元，梧州市资金243.33万元，岑溪市本级预算安排资金1475.28万元，新增政府债券（用于扶贫开发）资金1亿元。全年扶贫专项资金支出16661.64万元，完成支出进度96.27%。重点用于农村基础设施、生产发展、社会发展、扶贫小额贷款风险补偿金、扶贫小额贷款贴息、易地扶贫搬迁、扶持贫困村村集体经济发展等。切实加强扶贫资金管理，出台《岑溪市财政专项扶贫资金管理办法（试行）》（岑政办发〔2017〕68号）和《岑溪市财政专项扶贫资金镇级财政报账制管理实施细则（试行）》（岑政办发

〔2017〕67号），规范扶贫资金拨付程序，加强扶贫资金的管理和监督。

【财政改革】 深化预算编制改革，编制2017—2019年中期财政规划和中长期支出责任总规模，加强预算收支调控。推进预算支出绩效管理改革，对市直45个一级预算单位预算支出实行绩效评价，重点项目涉及资金3.04亿元。推进农业综合开发改革，对总投资924.2万元的年产1000吨澳洲坚果加工项目、150头基础母猪示范场扩建项目和225亩贡柑种植基地新建项目实行“先建后补”，提高农发产业化项目建设投资供给。扩大政府购买服务，投入资金2976万元，对城区街道清扫保洁等5个公共服务项目实行政府购买服务。加强政府采购和财政投资评审放、管、服改革，全年完成政府采购项目762个，采购金额10.64亿元，节约资金3500万元；完成财政投资评审项目1246个，审核资金10.56亿元，审减资金9477万元。

（陆海章）

国家税务

【机构概况】 2017年，岑溪市国家税务局内设办公室、政策法规股、征收管理股、财务管理股、人事教育股、监察室、收入核算股、纳税服务股、机关党办、信息中心。党组书记、局长莫南机。下属机构有稽查局，派出机构有岑溪市国家税务局岑城税务分局、岑溪市国家税务局南渡税务分局、岑溪市国家税务局筋竹税务分局、岑溪市国家税务局糯垌税务分局。2017年，岑溪市国家税务局获得“全国文明单位”荣誉称号，办税服务厅荣获广西三八红旗集体荣誉称号，1人荣获2011—2015年度全区法治宣传教育先进个人称号。

【国税收入】 2017年，岑溪市国税局累计组织税收收入53618万元，同比增收15589万元，增长40.99%。其中：自治区国税局口径累计组织税收收入48280万元，同比增收13763万元，增长39.87%，完成上级局下达的年度税收目标任务48000万元的100.58%；梧州市政府口径累计组织税收收入48616万元，同比增收15506万元，增长46.83%，完成梧州市政府下达的年度目标任务47000万元的103.44%；车辆购置税累计入库5338万元，同比增收1826万元，增长51.99%。另外，全年办理出口退税905.86万元，办理免抵调库757.39万元。

【国税征管】 转变税收管理方式，提升管理有效性。规范行业税收管理，推出新的税收管理模式，加强对花岗岩行业、建筑用石、河砂、高岭土等资源类行业的管理，实现资源类行业的税收连续增长。建立“营改增”行业专业化、服务型的管理团队，加强对外来企业、房地产企业、驾培行业的沟通和辅导。联合地税局对全市970户个体“双定”户进行调查并进行定额调整，月增税款10.65万元。联合地税局、财政局、物价局等职能部门对全市生活服务业和娱乐业52户开展税收核查，促使纳税人补缴增值税172万元，规范对生活服务业的管理。强化税收风险管理，加强对金三系统的决策二包的应用，通过决策二包进行风险应对231户次，入库税款2114.87万元。完成上级局下发风险应对任务30户次，入库增值税6.27万元。进行纳税评估，组织对288户纳税人进行日常纳税评估，入库税款757.34万元。全面清理欠税，清理欠税及滞纳金119万元。把国税、地税、国土三方联合管理花岗岩的数据信息和从电力部门取得用电信息反馈给税源管理部门，实行数字管税。深化商事制度改革，推进“六证合一”和“两证整合”。通过工商信息交换办理市场主体，办理税务登记2257户，办理注销税务登记157户。推进实名制办税，对增值税一般纳税人、领用发票的小规模纳税人和个体工商户信息采集完整率分别是96.1%、97.11%和96.14%。委托邮政代开代征，实现征纳双减负。邮政代开发票5402份，代开金额3449.5万元。

【重点税源管理】 通过加强税收预测分析，加强重点税源监控，抓好对重点税源企业的经济税收情况分析，及时掌握税基变化情况。2017年，年纳税额达5万元以上的重点税源企业436户，共入库税款43452万元，同比增收12381万元，增长39.85%。其中：年纳税额1000万元以上层次的企业5户，分别是广西岑溪农村商业银行股份有限公司、岑溪市水利电业有限公司、广西壮族自治区烟草公司梧州市公司岑溪营销部、广西岑溪市龙湾矿业有限责任公司、广西佛子矿业有限公司，共入库税款12169万元，同比增收2635万元，增长27.64%。年纳税额100万元～1000万元层次的企业64户，共入库税款17606万元，同比增收4419万元，增长33.51%。年纳税额10万元～100万元层次的企业208户，共入库税款9769万元，同比增收2227万元，增长29.53%。年纳税额5万元～10万元层次的企业159户，共入库税款3908万元，同比增收3100万元，增长383.19%。

税务人员到广西岑溪九原生态农业有限公司宣传税收优惠政策、指导、帮助企业成为岑溪首家成功申领增值税电子普通发票的企业

秦嘉浩　摄

【纳税服务】 认真贯彻落实各项税收优惠政策，2017年，受理改善民生类减免税收1743万元，西部大开发类减免税收1406万元，促进小微企业发展类减免税收3740万元，鼓励高新技术类3万元，节能环保类182万元，支持金融资本市场类1588万元，支持服务三农类减免税收1062万元，支持文化教育类减免税收168万元，支持医疗卫生事业类2983万元。国地税联合办税，引导纳税人关注及使用“办税便利通”平台及“广西国税”等微信公众号；互设窗口共同为纳税人服务。率先在梧州地区实现“一窗一人一机双系统”联合办税模式。实行便民办税措施。公开二维码一次性告知制度，做好简并申报和纳税信用C级以上纳税人的取消增值税发票认证工作。增加发票认证、发票代开、发票发放等纳税人自助终端，率先在梧州国税系统推行车辆购置税自助办税。以提升纳税遵从度与满意度为目标，贯彻落实首问责任、限时办结、预约办税、延时服务、24小时自助办税等服务措施，最大化便利纳税人。加强纳税信用评价结果增值应用，推行税务总局的“银税互动”守信激励措施，为企业融资4000多万元。由局领导带队成立服务企业团队，持续深入开展“联户进企”活动，联户进企4137户，收集意见建议170多条。2017年，在广西国税系统纳税人满意度调查中，国税局在全自治区120个县（区）国税局中排名第一位。

【国税稽查】 始终坚持依法治税，维护税收公平公正，建立健全随机抽查和案源管理制度，全面推行国地税联合稽查，强化税警协作，完善税收违法“黑名单”联合惩戒制度。抓好稽查主业，堵漏增收，重点对饮食娱乐业、汽车销售、建筑安装业、采矿业、医药医疗行业等行业开展税收检查和专项整治活动，严厉打击偷逃税行为。全年稽查查结31户，查补入库税款、罚款、滞纳金合计667万元。

【税收信息化建设】 推进“互联网＋税务”，推广使用“办税便利通”网上办税平台，增加多种自助办税终端，实现信息采集、申报缴税、发票业务等涉税事项网上办理，初步形成网上办税为主、自助办税和其他社会办税为辅、实体办税服务厅兜底的办税模式。用好用活金税三期工程，推广使用增值税发票管理新系统，依托信息技术手段和大数据增值应用，在“信息管税、堵住漏洞、防控风险”上做加法，抓好事中事后管理，通过金税三期风险管理平台定期对各类纳税人进行风险特征扫描，按风险等级开展风险核查、疑点分析、风险阻断，力求做到分析准确、推送科学、应对及时，提升风险管理有效性。

（市国家税务局　陈明媚）

岑溪市国税局率先在梧州地区实现“一人一窗一机双系统”联合办税模式　刘蔼莹　摄

地方税务

【机构概况】　2017 年，岑溪市地税局内设办公室、法规税政股、征管和科技发展股、征收服务股（对外称办税服务厅）、收入规划核算和财务管理股、人事股和监察室 7 个股室，党组书记、局长胡斌。下设岑城、南渡、水汶、大业、糯垌、马路、归义 7 个税务分局；年末在职干部职工 122 人（女 32 人，公务员 86 人、事业编 2 人、工勤 6 人、助征员 7 人、劳务派遣 21 人），退休干部职工 25 人。全市 7 个基层分局人员继续集中局机关大楼上班，分设大企业、小企业、建安房地产、资源类和个体税收 5 个税源管理组，分类管理地方税收。纳税评估组继续负责该局税收风险评估管理，办税服务厅与征收服务股对内相对分开管理，并按照国地税合作要求，设在该局的国地税联合办税服务厅由该局负责管理，设在市国税局的国地税联合办税服务厅由市国税局负责管理，同时设在该局与市国税局的联合办税服务厅互派挂职征收服务股副股长各 1 名。地税局获评 2017 年度梧州市地税系统绩效管理优秀单位、2017 年度梧州市地税系统党风廉政建设责任制考评优秀等次、岑溪市 2017 年机关绩效考评优秀等次；团支部获广西“五四红旗团（总）支部”荣誉称号，1 人记二等功，1 人获梧州市“优秀共青团干部” 荣誉称号，1 人在全区地税系统纳税服务类 2017 年“岗位大练兵，业务大比武”活动中获“岗位能手”称号。

【地税收入】　2017 年，累计组织地税收入 83408 万元，同比减收 25115 万元，下降 23.14%，剔除“营改增”因素减收 11936 万元，下降 12.53%。累计组织市政府口径收入 83490 万元，同比减收 23070 万元，下降 21.65%，占同期岑溪市财政收入 18.21 亿元的 45.85%。组织收入在连续 7 年超过财政收入半数之后，2017 年组织收入占全市财政收入比例同比下降 8%。地税收入总量在梧州市 9 个征收单位中排名第一，约占梧州市政府口径地税收入 44.4 亿元的 18.8%。市地税收入在 2015 年达到国地税分税制以来的 11.78 亿元高峰，2016 年 5 月起全面推开“营改增”后，地税收入大幅减少，2016 年是 10.85 亿元，至 2017 年市地税收入已持续2年同比下降。征收地方教育附加827万元,地方水利建设基金3万元,残疾人就业保障金126万元,代征增值税410万元,代收工会经费478万元,代征社会保险费14286万元。年入库超亿元的税种有2个,分别是耕地占用税2.72亿元、土地增值税1.07亿元。

【减免税】 切实落实国务院6项、自治区降成本“新28条”等各项减免税政策措施,全年为162户企业减免税3639万元,落实支持改善住房税收优惠政策,为5016户购房者减免契税3052万元,为各类纳税人减免政府性基金76多万元。

【重点税源监控】 2017年入库地方税税款超5万元的企业有370户(不含临时户),合计入库地方税税款6.16亿元,占全市地税收入总额的73.86%,同比减收1.55亿元,下降20.1%。其中:入库超1000万元纳税人10户,合计入库4.27亿元;100万元至1000万元纳税人46户,合计入库1.28亿元;10万元至100万元纳税人175户,合计入库0.52亿元。2017年上缴地方税排名前10位企业见下表。

2017年上缴地方税排名前10位企业情况表

表4　　　　单位:万元

序号	纳税人名称	2017年缴纳地方税	2016年缴纳地方税	增减%
1	岑溪市国有资产经营有限公司	8141.23	31668.75	-74.29
2	岑溪市土地收购储备中心	7700.73	0.00	
3	岑溪市交通运输局	6276.10	5538.21	13.32
4	岑溪市国大矿业投资管理有限公司	5452.00	8084.84	-32.57
5	岑溪市国土资源局	4576.69	5581.41	-18.00
6	中铝广西岑溪稀土开发有限公司	3484.24	712.15	389.26
7	广西岑溪市龙湾矿业有限责任公司	2243.47	898.82	149.60
8	广西佛子矿业有限公司	1939.67	656.82	195.31
9	岑溪市恒益投资有限公司	1563.75	0.00	
10	岑溪市宏祥投资有限公司	1291.22	0.00	

【税制改革】 根据自治区人民政府工作部署,梧州市是全区地税部门代征社会保险费改革试点城市。7月20日与梧州市各县(区)同步启动代征社会保险费改革试点工作。7—12月,改革试点工作平稳推进,累计代征社会保险费1.43亿元。做好环境保护税开征准备。制定环境保护税实施工作方案,收集2014—2016年及2017年上半年排污费总体征收数据、分户分类收费数据、排污企业名册等信息,分析测算税源,做好政策宣传和业务培训,为2018年1月1日起征收环境保护税法打下基础。深化商事制度改革。专人负责“多证(企业营业执照、税务登记证、组织机构代码证、社会保险登记证、统计登记证、企业印章准刻证)合一”和“两证(个体工商户营业执照、税务登记证)整合”受理工作,接收处理工商部门传递332户企业办证信息、2234户个体工商户办证信息。严格审核纳税人的注销税务登记申请和税务登记变更申请,全年办理注销登记3600多户,办理变更税务登记事项8000多条。持续深化行政审批制度改革。落实国务院“放管服”措施,对涉及地税部门的4项行政审批事项及时取消,调整为备案管理。该局仅保留“对办理税务登记核准”行政许可事项。编制77项行政权力运行流程,报岑溪市人民政府备案并在市政府官网平台公开。

【地税征管】 出台《转变税收征管方式实施工作方案》,推进征管工作转方式防风险。承接梧州市地税局税收风险应对任务8批次159户风险纳税人,评估发现问题纳税人104户,查补税款122万元,加收滞纳金14万元。联合市财政、国税、物价部门,选取52户代表性纳税人开展税收核查,查补税款67.6万元,加收滞纳金3.7万元。以代征社会保险费为契机,加强市机关、事业单位个人所得税管理,提高个人所得税全员扣缴申报面和征收率,全年个人所得税入库5496万元,同比增收1579万元,增长40%。强化税收户籍管理,联合国税部门清理注销虚假户、长期非正常户2734户。设立14个工作队与岑溪市政府设立的14个服务企业责任团队建立点对点工作联系机制，开展税收专项清理和“百日攻坚行动”工作，帮扶160多家重点企业实现地方税收1.6亿元。抓好岑溪市国地税合作3.0版51项合作事项的落实，国地税联合办理税务登记、变更和注销合计5700户（次），联合个体户“双定”5373户，联合税收分析2期；为国税部门代开发票1800份，代征税款410万元；通过比对共享涉税信息30多万条，入库税款增加690万元（其中国税450万元，地税240万元）。

【纳税服务】 推进国地税合作优化办税环境，协助岑溪市政府出台《岑溪市深化国税地税征管体制改革实施方案》，在梧州市率先推出“一窗一人一机”（在一个办税窗口，一个工作人员操作一台电脑同步办理国税、地税业务）联合办税模式，可一次性办理申报征收、优惠备案等53项国地税涉税事项。推广网上办税、自助办税、微信办税、全区通办、同城通办等多元化服务，启动“税邮合作”，与市国税局联合委托全市9个邮政服务网点代开发票、代征税款服务，全年邮政部门代征地方税费80多万元。

（陈海文）

金融综述

【金融业机构】 岑溪市共有金融管理部门2家、银行机构9家、保险机构19家、证券机构1家、小额贷款公司2家、担保公司1家。金融管理部门包括中国人民银行岑溪市支行和中国银行业监督管理委员会梧州监管分局岑溪办事处。银行机构包括中国农业发展银行岑溪市支行、中国工商银行股份有限公司岑溪市支行、中国农业银行股份有限公司岑溪市支行、中国银行股份有限公司岑溪支行、中国建设银行股份有限公司岑溪支行、桂林银行股份有限公司岑溪支行、中国邮政储蓄银行股份有限公司岑溪市支行、广西岑溪农村商业银行股份有限公司、岑溪市北部湾村镇银行有限责任公司。共有网点63个，从业人员760人。保险机构包括中国人民财产保险股份有限公司岑溪支公司、中国太平洋财产保险股份有限公司岑溪支公司、中国大地财产保险股份有限公司岑溪营销服务部、华安财产保险股份有限公司岑溪支公司、天安财产保险股份有限公司梧州中心支公司岑溪营销服务部、安邦财产保险股份有限公司梧州中心支公司岑溪市营销服务部、中国平安财产保险股份有限公司岑溪支公司、阳光财产保险股份有限公司梧州中心支公司岑溪营销服务部、中国人寿财产保险有限公司岑溪支公司、鼎和财产保险股份有限公司岑溪支公司、北部湾财产保险股份有限公司岑溪支公司、都邦财产保险股份有限公司广西分公司岑溪市营销服务部、中国人寿保险有限公司岑溪支公司、中国人民人寿保险股份有限公司岑溪支公司、中国太平洋人寿保险股份有限公司梧州支公司岑溪营销部、泰康人寿保险股份有限公司梧州支公司岑溪市营销部、新华人寿保险股份有限公司岑溪支公司、太平人寿保险有限公司岑溪支公司、阳光人寿保险股份有限公司岑溪支公司，共有网点19个，从业人员2658人。证券公司有国海证券股份有限公司岑溪支公司。小额贷款公司有岑溪市宏宇小额贷款公司和岑溪市港湾小额贷款股份有限公司。担保机构有广西金融投资集团岑溪市办事处。

【存贷款情况】 2017年12月末，全市金融机构各项存款余额199.28亿元，比年初增加18.53亿元，增长10.25%；各项贷款余额148.32亿元，比年初增加18.44亿元，增长14.20%。

（人民银行岑溪市支行）

中国人民银行岑溪市支行

【机构设置】 中国人民银行岑溪市支行（与国家外汇管理局岑溪市支局合署办公）是中央银行中国人民银行的派出机构，依据上级行授权在辖区内履行职责，内设机构包括办公室、综合业务股、会计国库股、货币金银股和保卫股。2017年，行长黄伟胜。

【小面额人民币"精准投放 定点回笼"试点】 根据南宁中支行统一部署，梧州中支行选取岑溪作为首批试点地区，开展小面额人民币"精准投放 定点回笼"试点工作，此次试点工作在岑溪市选取10个乡镇作为试点乡镇，每个乡镇选取2个村级金融服务站设立小面额人民币兑换点，并在每个试点乡镇的农商行营业网点开设1个小面额人民币专门兑换窗口，开展小面额人民币的兑换及残损币回收工作。从9月22日兑换点的成立至年末，投放小面额人民币（20元以下）1010.76万元，回收539.43万元，残损币回收395.6万元，同比小面额现金投放增加645.8万元，回笼小面额现金增加163.5万元。

【农村信用建设】 引导岑溪农商行率先推行"支农再贷款+信用+贷款证+小额农贷"模式，打通农户贷款"最后一公里"，成功撬动农户信贷市场并降低融资成本，实现支农再贷款高效运用、农村信用体系建设成果转化、农民贷款便利化及银行风险防控的"多赢"格局。至2017年12月，已发放贷款证9536户，其中对持证农户4717户发放贷款共1.8亿元。

【创建金融支持现代农业示范基地】 5月15日，创建两个金融支持现代农业示范基地：广西岑溪九原生态农业有限公司示范基地和岑溪市信畅坚果开发有限公司示范基地。2017年，两个基地共获得1750万元信贷支持。

【货币信贷】 组织召开金融机构行长（董事长）联席会议或货币窗口指导会议，引导金融机构，坚持稳中求进的总基调，紧紧围绕供给侧结构性改革需要，做大做强金融总量，优化金融资源配置，支持地方经济产业优化升级。2017年12月末，全市金融机构各项存款余额199.28亿元，比年初增加18.53亿元，增长10.25%；各项贷款余额148.32亿元，比年初增加18.44亿元，增长14.20%。落实优惠准备金率等政策的激励约束政策，促使辖内农行三农部、农商行和村镇银行提高农村金融服务水平，加大对农村经济的支持力度，2016年辖内农商行考核指标全部达标，2017年继续享受优惠准备金率政策，按12月底存款余额计增加信贷资金9228万元。做好支农再贷款管理工作，为法人金融机构增加可用信贷资金。对每笔支农再贷款资金使用、投向情况进行现场核查，及时纠正使用过程中的存在问题，促进支农再贷款资金投向、使用利率正确合规，年内累计向辖内两家法人机构发放支农再贷款15笔57800万元，收回2笔7000万元，支农再贷款余额51800万元。切实做好金融扶贫工作，引导金融机构做好各项金融精准扶贫工作，至12月底，扶贫贷款4799户，扶贫贷款余额23414万元，财政贴息金额1064万元。推进农民工创业担保贷款模式。协调推进辖内邮政储蓄银行、农商行分别与市财政、人社部门续签农民工创业贷款合作协议，保证农民工创业担保贷款业务顺利开展，该项贷款42户，金额399万元。做好存款准备金管理工作，指导两法人机构做好新的存款准备金计算方法，确保两法人金融机构足额缴交法定存款准备金。

【金融风险监测评估】 强化系统性风险监测和评估，切实防范金融风险，通过建立辖内法人金融机构流动性监测框架，分析监测辖内银行业金融机构及非金融业金融机构的风险情况及存在问题，及时将相关指标、报表和报告上报。要求辖内两法人机构做好存款保险费缴费工作。组织相关人员参加上级行举办的反洗钱业务培训班学习和远程培训学习，组织辖内各义务单位开展反洗钱知识宣传活动3次，按要求转发反洗钱风险提示相关文件给相关单位。

【征信管理】 在梧州辖区率先在县域使用个人信

用报告自助查询机，从4月份起开始使用至12月份接待查询8003人次，在利用自助查询机外，还提供手工查询服务，全年接待手工查询2015人、异议处理5户、企业查询客户174户。做好征信知识宣传教育工作，开展征信信息安全保护警示教育专题讲座两期，培训人数120多人，组织辖内银行业金融机构成立"立信"青年志愿队，深入校园、社区、挂点村开展宣传活动十多次，还组织举办岑溪市金融系统全国第十个信用日"我与征信那些事"征信专题演讲比赛活动。加快推进农村信用体系建设，深入开展信用户、信用村、信用镇、信用市"四级联创"活动。累计创建信用户94548户，占比54.79%；创建信用村143个，占比55.86%；创建信用镇7个，占比50%。

【金融秩序维护】 组织开展对桂林银行岑溪支行综合执法检查，组织对辖内农行、中行开展征信管理工作现场检查工作，做好岑溪农商行文化支行加入人民银行金融服务管理系统。做好金融消费权益保护工作，全年接受金融消费投诉案件6起，经中心成功处理的4起；组织辖内金融机构开展金融消费权益保护宣传活动3次，接受咨询50多人次。

【支付结算平台建设】 加强支付体系建设，引导金融机构建设农村金融服务站和农村金融便民服务点444个，实现农村金融全覆盖，让支付的创新、支付工具最新的发展成果能惠及更广大的农村地区。大力推广电子商业汇票，继续推进非现金支付工具使用，做好个人银行账户分类管理工作，严格执行人民币银行结算账户管理有关制度，派专人负责账户核准开户、变更、销户业务工作。全年开立单位银行结算账户1470户，变更单位银行结算账户781户，撤销银行结算账户693户。完善国库管理，提高国库公共服务能力。强化内控管理，确保国库资金安全。全年办理预算收入69840笔，金额254945万元，预算支出23007笔，金额527793万元，退库444笔，金额9723万元。做好国债发行管理工作，对每期国债发行首日开展巡查工作，确保国债发行工作顺利。

【现金管理】 严格执行发行基金管理规定，确保发行基金安全无事故。全年办理入库业务346笔，金额24.65亿元。出库业务325笔，金额16.16亿元。继续开展零容忍治理假币工作，督促辖内金融机构执行《中国人民银行假币收缴鉴定管理办法》的规定，做好柜台假币收缴工作，收缴假币143150元，假美元700元；做好公安机关和群众的假币鉴定及没收工作，没收假币87200元，鉴定假币4笔；开展人民币反假知识宣传4次。做好回笼券钱捆新包装袋的更换和冠字号码查询系统的安装工作。

（人民银行岑溪市支行）

中国农业发展银行岑溪市支行

【机构概况】 农业发展银行岑溪市支行（简称农发行）成立于1997年，位于岑溪市北环大道40号，是国家政策性银行，主要业务是国家政策性的粮油棉收储和国家核准的其他贷款业务。2017年，有员工17人，行长苏湘。

【存贷款情况】 2017年末，各项贷款余额9.01亿元，比年初增加1611万元，增长1.82%；各项存款余额3.34亿元，比年初减少7469万元，减少18.3%。

【贷款项目】 2017年，农发行发放贷款17280万元，其中：归义镇城中村棚户改造项目13000万元，南环过境公路贷款2000万元，外贸鸡场有限公司165万元，市储备粮收购630万元。新项目营销主要有棚户区改造、营林造林及生态旅游、教育扶贫、交通扶贫、健康扶贫等，项目意向贷款41亿元。

中国工商银行岑溪市支行

【企业概况】 工商银行岑溪市支行下辖支行营

业室、工农路支行、永达支行三个对外营业网点，管理明都电信大楼、城东路、大中路、义洲大道东、玉梧大道东、法院自助服务区六个离行式自助银行。2017年，行长潘羽。资产负债总规模22.7亿元。

【存贷款业务】 2017年，各项存款余额10.5亿元，占全市社会存款总量的5.26%，存量同业排名第三，其中：储蓄存款余额8.4亿元，比上年增加0.3亿元；对公存款余额2.1亿元，比上年增加0.3亿元。各项贷款余额12.3亿元，比上年增加0.2亿元，占全市社会贷款总量的8.3%，存量同业排名第三。年末不良贷款余额2581万元，贷款不良率为2.1%。年末贷存比例118%，以全市5.26%的存款总量占有全市8.3%的贷款总量规模。

【网络金融业务】 2017年，融E联营销推广持续保持梧州分行辖区前列，营销推广融E联任务完成率734.23%，占辖区总量的38%；一键支付完成全年任务的131.23%，较全行的平均水平高20%；融e行移动端客户完成全年任务的151.16%，均排名梧州第三名；全年融e行动户客户净增、企网证书版、融e购成交客户数等主要指标超额完成任务，完成率分别是116%、137.14%、121.38%。

【普惠金融】 扎根区域经济和金融生态建设，加大对涉农产业、企业以及县域村镇的金融创新和资源配置力度，推动信贷资源向县域和农村倾斜。全年小微企业贷款新拓户12户，完成全年任务171%，拓户任务完成率稳居辖区第一，全年累计发放小微企业贷款35笔，金额10532万元。

【创新业务】 成功做成“三个首笔”创新信贷业务，提高信贷业务市场竞争力。一是顺应企业短期融资票据化趋势，成功拓展支行首笔“电子票据贴现”业务；二是丰富中小企业融资品种多样性，成功发放支行首笔小微企业“网上小额贷款”业务；三是率先在梧州辖区与市人民法院签订《个人法拍房贷款的合作协议》，大胆尝试发放首笔个人“法拍贷”业务。

【内控管理与风险防范】 扎实开展“学规定、守纪律、防风险、保安全、促发展”的主题教育活动及内控合规“执行强化年”活动，先后开展组织聆听学规定专题讲座，组织学规定网上答题、闭卷考试，参加学规定知识竞赛，撰写学规定心得体会，组织廉洁谈话开展合规教育，组织岗位履职培训等形式多样的活动，使广大员工熟识并正视本职岗位特点，贵在学，重于行，坚决杜绝侥幸心理，坚定合规操作决心，全行实现全年安全经营，无重大事故和经济案件发生。

（工商银行岑溪市支行）

中国农业银行股份有限公司岑溪市支行

【机构概况】 中国农业银行岑溪市支行现有公司业务部/三农对公业务部、个人金融部/农户金融部、风险管理部/信用管理部、运营财会部、综合管理部/工会工作部5个内设部门，10个对外营业网点，其中城区网点4个，乡镇网点6个，分别在归义、大业、筋竹、水汶、南渡、三堡6个镇。全行员工134人。

【存贷款业务】 2017年末，人民币各项存款余额达35.27亿元，占市场份额17.79%，其中对公存款余额7.63亿元，储蓄存款余额27.64亿元。各项贷款余额24.16亿元，占市场份额16.29%，市场份额占比比年初提升0.53%，全年累计投放贷款3.74亿元。其中，涉农贷款1.82亿元，农户贷款1148万元；全行风险管理考核评价保持在A+级；实现中间业务收入2384万元，营业收入1.15亿元。

【互联网金融业务】 2017年，岑溪市支行大力发展互联网金融业务，构建企业与个人交易平台，实现企业、农户线上销售产品，拓宽企业、农户销货渠道，为农业经营主体提供小额存贷款、支付结算和保险等金融服务，全面提升“三农”服务水平，并带动零售业务发展，把更多金融产品惠及广大人民群众。全年创收937万元，广西分行互联网金融服务三农一号工程启动会在岑溪市召开，并在总行“惠农e通”互联网金融服务三农平台建设推广会上岑溪市支行代表广西分行做经验交流，获得总行的肯定并成为全国农行互联网金融业务标杆，评为“2016—2017年度中国农业银行网络金融业务先进集体”。成立6个攻坚队伍，突出服务三农，获总行“县域青年英才金融服务三农突击队”称号和“运营基础管理先进单位”称号，全行实现无重大责任事故和无重大案件，内控管理持续保持一类行。岑溪市支行职工书屋“悦读书社”2017年获中华全国总工会职工示范书屋称号。

（农业银行岑溪市支行）

中国建设银行股份有限公司岑溪支行

【机构概况】 中国建设银行股份有限公司岑溪支行位于义洲大道70号，下辖1个内设部门（综合部）、3个营业网点（营业部、解放路支行、城东路支行）、5个离行式自助银行（北环路222号、工农路25号、义洲大道商贸中心、解放大道文化广场转角、解放大道73号）。在市内各乡镇设置有“裕农通”普惠金融服务点5个，助农取款服务点15个。2017年，行长黎燕。

【存贷款业务】 2017年，各项存款余额143789万元，比年初增加30188万元，增长26.57%，其中：企业存款余额57215万元，比年初增加23888万元，储蓄存款余额86573万元，比年初增加6300万元；各项贷款余额121891万元，比年初增加45972万元，增长60.55%，其中：单位类贷款余额37219万元，比年初增加13503万元，个人类贷款余额84672万元，比年初增加32469万元；不良贷款余额1013万元，不良贷款率0.83%。

【产品营销】 向岑溪市西部地区农民创业促进工程国家试点县（市）创业园发放新型城镇化贷款2亿元和理财产品5000万元；向“幸福城”“金海国际城”“欣建国际”等楼盘发放个人住房贷款8541万元，发放个人住房公积金委托贷款6002万元；信用卡客户新增2110户，办理居民购置小车、房屋装修等消费用途的信用卡专项分期业务5202万元；对公结算账户新增148户，搭建“悦生活”金融生态圈云服务平台36个；拓展建行移动支付品牌“龙支付”客户数8277户，POS商户新增63户，一码付商户新增185户，商户全年累计交易量1.98亿元。

（建设银行岑溪支行）

中国邮政储蓄银行股份有限公司岑溪市支行

【机构概况】 中国邮政储蓄银行股份有限公司岑溪市支行成立于2008年4月，2017年，有营业网点15个，其中自营网点3个，代理网点12个。按照地域分，城区网点5个，乡镇网点11个，分别分布在马路、南渡、三堡、糯垌、归义、大业、筋竹、诚谏、梨木、大隆、水汶。金融从业人员有150人（其中自营60人）。行长徐剑宏。

【存贷款情况】 2017年末，岑溪市邮政金融储蓄余额31.33亿元，其中自营网点个人储蓄存款余额6.99亿元，公司存款余额2139万元；贷款余额4.57亿元。其中：小额贷款余额0.21亿元，消费贷款余额1.09亿元，个人商务贷款余额1.67亿元，小企业贷款余额1.58亿元。

【贷款业务】 对全市的桂圆肉行业开展专项营销，组织该行老客户召集桂圆肉加工、销售的客户到马路镇开展业务推介会，宣传该行的家庭农场贷款，通过该场业务推介会成功发展家庭农场贷款10笔，金额500万元。对全市的支栏行业（石材行业）

作为一个重点项目营销，成功营销并放款一笔贷款金额3000万元小企业贷款。截至12月末，岑溪市支行石材行业存量客户64户，贷款余额约9600万元，其中：个商约3086万元，小企约6470万元，小额约44万元。安排信贷员利用贷后检查向老客户的亲戚朋友宣传贷款业务、由老客户组织开小型业务推介会，起到客户以老带新作用。截至12月末，成功放款92笔小额贷款，金额1986.6万元，其中农民工创业贷款11笔，105万元，还有8笔金额80万元正在办理中；家庭农场贷款34笔，金额1255万元。

（邮政储蓄银行岑溪市支行）

桂林银行股份有限公司岑溪支行

桂林银行岑溪支行设立网点1个、社区支行（解放大道、明都新城、大中路），职工34人。2017年，行长李青云。年末，桂林银行各项存款余额43149.22万元，其中：储蓄存款余额25006.4万元，对公存款余额18142.82万元；各项贷款余额31031.26万元。

（桂林银行岑溪支行）

广西岑溪农村商业银行股份有限公司

【机构概况】 广西岑溪农村商业银行股份有限公司（岑溪农村商业银行）有营业网点24个（营业部、城中支行、广场支行、岑城支行、城北支行、城东支行、思湖支行、文化支行、马路支行、昙容支行、南渡支行、波塘支行、三堡支行、糯垌支行、新塘支行、安平支行、归义支行、大业支行、筋竹支行、诚谏支行、梨木支行、大隆支行、水汶支行、新圩分理处），其中乡镇16个，城区8个。2017年，有员工290人。党委书记、董事长朱显驹，党委副书记、行长杨洪德，纪委书记、监事长刘晓燕。

【存贷款业务】 2017年末，岑溪农村商业银行各项存款余额92.28亿元，比年初增加9.7亿元。各项贷款余额72.74亿元，比年初增加7.26亿元，其中涉农贷款72.44亿元，涉农贷款占贷款总额比例为99.59%。不良贷款1.69亿元，不良贷款占比2.33%。

【创新业务】 2017年，正式开办代理贵金属业务，销售贵金属产品228笔，金额13.9万元。取得外汇交易中心会员资格，正式对外开办外汇业务。累计发行15期自主理财产品，募集资金5.2亿元。将理财销售过程“双录”覆盖全市所有营业网点，将风险产品销售全过程进行录音录像。

【企业文化】 开展如清明节祭奠烈士、“三八”妇女节艺术插花、传帮带师徒拜师仪式、学雷锋朗读、“好书共品读”读书交流会、贺中秋迎国庆文艺晚会等健康向上的主题文化活动，组织员工开展慰问百岁老人、慰问光荣院老人、社会志愿服务等活动，参加岑溪市银行业业务技能比赛获团体第一名和两个单项第一名，参加梧州辖区农合机构首届职工运动会获四项第一，营业部获“2017年度中国银行业文明规范服务百佳示范单位”称号，营业部母婴室被自治区总工会授予“爱心妈咪小屋”称号，岑溪农商银行被中国银监会评为2017—2018年度全国标杆农商银行。

【普惠金融】 全市设196个便民服务点，67家金融综合服务站，统一配置必要的物品（点钞机、保险柜、宣传品），在人民银行指导下设了20个小面额人民币兑换点，改善贫困村金融服务环境。组织开展金融知识万里行，金融知识进校园、进社区等宣传教育活动。与医院合作开展银医一卡通项目，发放社保卡约36万张。

（岑溪农商行）

中国人民财产保险公司岑溪支公司

【机构概况】 中国人民财产保险股份有限公司岑

溪支公司，是中国人民财产保险股份有限公司梧州市分公司下属的县级支公司，主要经营机动车辆保险（含交强险）、单位（家庭）财产保险、货物运输保险、农业保险以及人身意外伤害保险、责任保险等业务。公司地址：岑溪市大中路66号，内设机构7个：经理室、综合部、三农部、直销部、中介部、理赔分部、营销部。2017年，经理黄英杰。

【业务概况】 2017年，人民财产保险公司岑溪支公司实现签单保费4649.8万元，同比增长38.89%，同比增加保费1301.8万元，其中：车险保费3004.3万元，同比增长45.35%；非车险保费1162.3万元，同比增长30.94%；农业险保费483.2万元，同比增长23.55%。实现利润438.8万元，费用指标控制在辖区内平均水平。配合市政府推动政策性三农险种开展，签单承保育肥猪保险、能繁母猪、水稻保险和政策性森林保险，全年收入三农险保费483.2万元，处理政策性农险赔案600多件。加强三农保险基层服务体系建设，设立“三农保险服务站”6个，在村建立“三农保险服务点”6个，从事三农保险业务的乡镇营销员10人，服务站、点聘任有协保员140多人。2017年，公司承办城镇居民、农村居民新农合大病医疗保险。

（人保财险岑溪支公司）

中国人寿保险岑溪支公司

【机构设置】 中国人寿保险股份有限公司岑溪支公司内设机构：综合部、个险销售部、团体业务部、银行保险部、培训部、客户服务中心。2017年，经理陈伟梅。签订劳动合同员工24人，签订保险代理合同的保险营销员1000人。支公司获总公司“成长百强”称号。获广西分公司2017年度银保创新成就奖、广西分公司2017年度银保渠道业务发展标杆奖。

【业务概况】 2017年，中国人寿保险岑溪支公司完成总保费2.2亿元，同比增长11%，首年新单保费8955万元，达成预算指标的98.7%，首年期交4296万元，达成预算指标的90.3%，十年期交2634万元，达成预算指标的84.7%，短期险1875万元，达成预算指标的96.8%，意外险保费收入1291万元，短险简单赔付率29%。全年为3559位客户办理理赔业务，赔款支出1208.35万元。

（中国人寿保险岑溪支公司）

经济管理和监督

计划管理

【机构概况】 岑溪市发展和改革局为政府综合经济管理部门。内设秘书股、工业农经股、固定资产投资股、社会发展股、规划综合股5个股室（不含科技局、物价局）。局长、党组书记甘梅（女）；下设二层机构岑溪市政府投资项目评审中心、岑溪市经济信息中心、岑溪市行政审批服务中心。2017年，党组副书记、副局长林振东。在职在编干部23人，其他工作人员1人。

【计划编制与组织实施】 2017年，编制《关于岑溪市2016年国民经济和社会发展计划执行情况与2017年国民经济和社会发展计划（草案）的报告》提交市十六届人大二次会议审查通过并组织实施。2017年，全市地区生产总值312.56亿元，同比增长10.6%，其中第三产业增加值65.74亿元，同比增长9.9%；规模以上工业总产值630.4亿元，同比增长19.3%；工业增加值195.6亿元，同比增长12.9%；规模以上工业增加值630.39亿元，同比增长19.3%；固定资产投资308.5亿元，同比增长13.7%；财政收入18.21亿元，同比下降8.7%；城镇居民人均可支配收入30910元，同比增长8%；农民人均可支配收入13353元，同比增长9%。

【经济调研和监测预测】 加强各阶段经济运行分析，深入各单位、企业、项目一线调查研究，跟踪、研究分析经济运行情况和稳增长政策贯彻落实情况，提出工作建议，每季度形成国民经济和社会发展计划执行情况通报各镇、部门和单位，全年编印4期。

【固定资产投资管理】 深化投融资体制改革，推广PPP模式，鼓励政府和社会资本合作；规范政府投资管理，编制三年滚动政府投资计划；优化项目审批管理流程，实现投资项目在线并联审批。通过抓项目建设促进投资增长，2017年，全市完成固定资产投资308.5亿元，同比增长13.7%。

【重大项目建设】 2017年度列入自治区层面统筹推进重大项目3个：泽仁现代商贸物流城二期、丹竹水库和玮达投资置业公司石材加工业优化提升示范工程。泽仁现代商贸物流城二期项目进入配套服务区主体建设完成，正在装修，丹竹水库正在进行大坝主体浇筑，玮达公司石材加工业优化提升示范工程建成厂房6万平方米，建成道路12000平方米，平整土地约23公顷，有15家企业入园，年产各种石材4000万平方米。年内申报获批中央预算内投资项目14个，总投资2.07亿元，获得补助资金8430万元。至年底，全市2016—2017年583户2797人易地搬迁人口已全部搬迁入住。协助组织实施"三年一工程"活动重点建设项目116个，年度完成投资43.95亿元，占年计划的102.58%。

【重点项目前期工作】 建立政府投资项目储备库,收录三年行动计划项目165个,总投资139.88亿元,其中:基础设施项目98个,总投资40.1亿元,公共服务设施项目39个,总投资31.33亿元,产业发展项目28个,总投资68.45亿元。上报三年行动计划2018年实施项目117个,总投资112.37亿元。得到梧州市前期经费支持项目7个,获前期经费170万元;统筹安排岑溪市级前期经费500万元,安排项目11个。全年备案项目127个,计划总投资129.67亿元;审批立项、可研、初设项目58个,总投资61.47亿元。

(市发改局 甘梅、梁菡)

国有资产经营管理

【机构概况】 岑溪市国有资产经营有限公司(以下简称"公司")成立于2001年8月,前身是原岑溪市国有资产投资营运管理有限公司,公司注册地岑溪市大中路58号二楼,公司注册资金人民币3000万元。公司是独立核算,依法经营的有限责任公司(国有独资公司),对岑溪市政府以授权的(以市政府文件为准)行政事业单位和国有企业的国有资产及城市基础设施进行经营管理、投资建设;公司经营范围:国有资产经营(授权范围内)、基础设施投资建设、旅游景区开发、房屋租赁、陶瓷制品的生产、销售(限分公司经营)。2017年,公司总经理覃勇强。年末有职工15人,设立有办公室、财务部、综合业务部、项目经营部、景区经营部等科室。

【国有资产管理】 2017年,通过公开拍卖、有偿转让等方式处置岑溪市公务用车改革车辆及岑溪市科达家电研发中心设备、各镇水厂资产,资产处置收入约2.15亿元。做好岑溪市公务用车报废车辆处置工作,加强行政事业单位经营性资产经营管理,实现铺面租金收入543万元;加强对各镇水厂的财务监督管理,实现水费收入487万元;加强景区基础设施建设,发展生态旅游、文明旅游,天龙顶山地公园获国家AAAA级旅游景区;南环过境公路两旁辅路工程、城市建设和管理提升百项工程(一期)项目取得银行贷款4.1亿元。经市人民政府同意国有资产经营有限公司作为发行企业债券单位,开展申报发行15亿元人民币企业债券前期工作,为岑溪市大业镇农民创新产业园(债券)项目筹集资金。

(市国资公司)

物　价

【机构概况】 物价局是实行公务员法管理正科级政府挂牌单位,核定编制数7个,实有公务员5人,二层机构价格监督检查分局、岑溪市价格成本调查监审分局实行参照公务员法管理,价格监督检查分局核定事业编制7个,实有人数7人;价格成本调查监审分局核定事业编制6个,实有人数4人(挂市价格认证中心牌子),价格认证中心为挂牌二层机构,与价格成本调查监审分局一套人马,两块牌子,无人员编制,人员在价格成本调查监审分局调剂使用。2017年,局长潘海荣。

【价格管理】 深化行政审批制度改革,规范行政审批事项,组织编制岑溪市物价局权责清单,于2017年10月在岑溪市人民政府网站平台公布,同时编制权力运行流程图报有关部门审核实施。贯彻执行《广西壮族自治区定价目录》,定价项目实行清单管理。按照价格管理权限,经请示人民政府同意,对市同达出租车汽车有限公司出租汽车运价、华宇、常安、桂通机动车辆综合性能检测有限公司的机动车安全技术检验、机动车尾气检测收费标准、大业、水汶镇自来水供水价格、市人民医院重症监护病房和新生儿病房床位费收费标准进行成本测算批复。

规范收费管理,贯彻事中事后的监管,落实自治区、梧州市简政放权，放管结合，转变政府职能的精神，大力推进价格行政审批和权力清单，责任清单，涉企收费目录等的清理和公布，按照《广西区定价目录》的定价权限和价格审批“接、管、放”的要求，严格执行市定价目录，和财政局一起编制的《行政事业性收费目录》，并在政府信息公开统一平台进行了公示，接受社会监督。做好年度行政事业性收费情况统计工作，2016年行政事业性收费单位使用全国收费动态监督和进行收费统计，年度统计100%；通过收费情况统计，督促各收费单位在收费地点及单位网站的醒目位置做好收费公示，自觉接受社会监督。落实降价减费政策，分4批取消22项和停征25项行政事业性收费，降低商标注册收费。其中：取消公安管理部门的机动车抵押登记费、公民出入境证件费、机动车行驶证工本费，环保部门环境监测服务费，房产部门白蚁防治费、房屋转让手续费，物价部门非刑事案件财物价格鉴定费。停征城市放射性废物送贮费、委托性卫生防疫服务费、产品质量监督检验费、计量收费、认证费、检验检测费。降低公安部门收取的公民出入境证件费、机动车行驶证工本费、临时入境机动车号牌和行驶证工本费，降低农业部门收取水土保持补偿费、农药实（试）验费。取消地籍档案资料信息咨询等3项收费和放开普通公路车辆救援服务收费等4项经营服务性收费。调整电价结构，降低电力成本。从2017年7月1日起，降低全市一般工商业销售电价和大工业电价，0.72分/千瓦时。从2017年1月1日起全面放开食盐价格，实行市场调节价。继续实施涉企收费清单管理。动态调整《岑溪市政府定价经营服务性收费目录清单》，公布在网上以便于社会监督和公众监督。完善价格监督体系，维护市场价格秩序，加强12358价格举报电话平台建设，宣传发动群众广泛参与价格社会监督，做好价格举报电话值守，全年接受价格举报咨询17件，零距离问政33件，对群众反映的价格咨询问题，能耐心做好解释，做到事事有回音，件件有答复。

【价格监测】 做好相关商品服务价格监管工作，维护市场价格秩序。加强市场价格动态监测，密切注视市场价格动态，重点做好粮油、肉、禽、蛋、蔬菜、液化气等生活必需品和交通客运票价、医疗服务价格和相关商品价格的监测，采价人员严格按照“定时、定点、定品种”的原则，实地采集市场价格，及时掌握市场供求变化和价格动态情况，将监测收集的价格情况如实上报上级价格主管部门。每月定期出版一期《岑溪物价信息简报》，全年出版12期。对主要消费商品和服务价格水平变动情况的价格监测统计，全年主要商品物价零售总指数平均101%，与2016年同期相比上涨1个百分点，其中：消费品价格指数平均101.16%，与2016年同期相比上涨1.16个百分点，食品类价格指数平均99.52%，与2016年同期相比下降0.48个百分点；农业生产资料类价格指数平均98.96%，与2016年同期相比下降1.04个百分点。

【价格监督检查】 开展交通、旅游专项整治，做好元旦、春节等重要时段的市场价格监管工作，有效地督促落实明码标价，维护市场价格秩序。对电业公司2016年以来执行自治区销售电价、输配电价、阶梯电价、差别电价等政策情况进行检查，抽查垃圾中转站、看守所、社区等相关单位，执行情况良好。对2016年以来取消、停征、减免收费项目较多的建设领域中的住建、国土、房产、地方银行等7家相关单位进行检查。各单位能严格实行收费公示制度，涉企收费情况整体良好。联合房产局对辖区范围内各房地产开发公司、房地产中介机构商品房销售价格行为进行检查。对检查过程中发现的问题，责令开发商严格按照《商品房销售明码标价规定》进行明码标价，严格执行“一套一标”，不得使用虚假或者不规范的价格标示误导购房者，并限期整改。联合市场监督管理局等部门开展违规经营高价销售医疗器械和保健品专项整治行动。部署开展电信领域和城市供水、供气价格重点检查。

【价格认证】 2017年，受理涉案价格认定160件，涉及金额815万元，严格遵循价格认定工作的操作规程，做到价格认定程序合法、计算准确、出具结论及时，全价格认定结论无一进行复核裁定。存量房交易量577宗，价格认定涉及金额18426万元。8月，对住宅存量房交易计税价格进行一次调研，并作适当的调整，通过专家评审，从实施情况看，工作较为顺利，无争议个案发生。

【价格成本调查】 2017年，根据区物价局的部署及工作安排，扎实做好农本调查工作。完成早籼稻、晚籼稻、木薯三个直报调查和常规调查任务，撰写《2017年度早籼稻成本收益调查简析》《2017年度晚籼稻成本调查简析》《2017年度木薯成本收益调查简析》。完成自治区安排的农资购买、农户存粮、农户种植意向等专题调查任务，形成《2017度农户存粮情况调查简述》《2017年度农户购买农资调查简述》等专题调查报告。做好粮食、化肥价格每周询价工作，做到周一采价、周二上报，采价时了解其变动的趋势，上报粮食、化肥价格询价报表52份。充分利用询价掌握的情况及对价格趋势的分析，为国家及自治区政府有关部门制定三农发展政策提供了重要的决策依据。为市征地办和财政局制定征地补偿提供粮食市场收购价格。做好定价成本监审，按照成本监审的工作规程，深入到监审企业进行实地察看，查阅企业财务账本资料，依据成本监审的合法性、相关性、合理性的原则进行成本核算，出具同达出租汽车有限公司的出租汽车运价、华宇、常安桂通机动车辆综合性能检测有限公司汽车安全技术检测收费标准、机动车尾气检测收费标准；大业、水汶镇自来水供水的价格；市人民医院重症监护病房床位和新生儿病房床位费收费标准7个价格成本监审报告。

（市物价局）

市场监督管理

【机构概况】 2017年9月15日，岑溪市市场监督管理局正式搬迁，原工商局、食药监局、质监局各股室、各基层所正式开始合署办公，10月16日正式挂牌成立，各市场监督管理所也陆续挂牌。完成改革试点工作，统一执法文书，初步统一行政执法文书57种，其中54种为基本执法文书，3种为相关案卷资料，已提交法制办备案。7月份起，统一采用市场监督管理局新制作文书。统一权责清单，将工商、食药监和质监的权力清单和责任清单进行全面清理汇总，清理汇总权责事项853项，权责清单已通过市编委办审核后，上报工商、食药监、质监上级业务局。2017年10月31日，正式成立中共岑溪市个体工商户小微企业专业市场委员会。

岑溪市市场监督管理局内设机构有：秘书股、人事股、行政审批股、市场主体监管股、反不正当竞争与商标广告监管股、市场合同与网络商品交易监管股、消费者权益保护股、质量计量监管股、特种设备安全监管股、行政法规与食品安全综合协调股、食品生产与餐饮服务监管股、食品流通与保健食品化妆品监管股、药品医疗器械监管股。直属机构有岑溪市市场监督管理综合执法大队。派出机构有城中市场监督管理所、城东市场监督管理所、城西市场监督管理所、城北市场监督管理所、马路市场监督管理所、昙容市场监督管理所、南渡市场监督管理所、吉太市场监督管理所、水汶市场监督管理所、大隆市场监督管理所、梨木市场监督管理所、大业市场监督管理所、筋竹市场监督管理所、诚谏市场监督管理所、归义市场监督管理所、糯垌市场监督管理所、安平市场监督管理所、三堡市场监督管理所、波塘市场监督管理所。下属事业单位：岑溪市食品安全检验检测中心、岑溪市计量检定测试所、岑溪市食品药品监督管理所。

2017年，市场监督管理局在职职工210人，其中：公务员102人，工勤人员7人，事业编人员101人（其中参公64人）。党组书记、局长邓兴杰。

【市场主体登记管理】 结合行政审批制度改革、商事制度改革和“355070”（企业3个工作日内注册开业、5个工作日内获得不动产权证、50个工作日内取得工业生产建设项目施工许可证、70个工作日内完成投资项目全阶段审批）放管服改革优化营商环境工作，同步推进企业简易注销登记、电子执照和全程电子化登记新模式，并将企业注册登记由原来15个工作日提速到3个工作日内办结并发放营业执照。年度企业年报率、个体工商户年报率、农民专业合作社年报率几项指标都名列梧州市第一。

2017年底，岑溪市有各类市场主体25829户，注册资金1156954.95万元，分别比2016年增长27.3%和50.7%。其中内资企业706户，注册资金173704.87万元。私营企业4273户（含分支机构），从业人员8618人，注册资金746275.36万元。外资企业38户，注册资金12413.16万元。农民专业合作社445户，成员人数3477人，注册资金55916.08万元。个体工商户累计发展20405户，从业人员43993人，注册资金181058.70万元。2017年度新发展个体工商户3501户，从业人员8052人，注册资金38883.06万元。

【商标管理】 积极培育发展农产品商标、广西著名商标，做好商标富农服务工作，力求在驰名商标方面培育申报，农产品商标申请量都在逐年增长。全市有注册商标658件，其中农产品商标136件、服务商标85件。2017年，完成广西名牌产品2个（广西名牌产品为广西岑溪天马石业股份有限公司生产的岑红牌花岗岩板材、岑溪市外贸鸡场有限公司生产的古典牌肉鸡）；广西著名商标2个，著名商标名称分别是“古典”“寿之元”。全年查处商标侵权案9件。

【广告管理】 围绕岑溪市委、市政府的中心工作，严厉打击虚假违法广告，把关系人民群众健康安全和违法问题易发多发的虚假医疗、药品、保健品、美容服务、化妆品广告以及虚假房地产等广告作为整治重点，坚持在重监管严处罚的同时，采取违法广告提示，约谈、责令改正、召开广告经营单位会议，强调行业自律，维护社会稳定。在媒介上，重点对电视台、广播电台、当地报纸广告进行治理，在对象上，重点治理发布虚假违法广告的广告主、广告经营者和广告发布者，促进广告市场有序发展。2017年，出动执法人员24人次、车辆23辆次，检查经营主体88户，立案查处发布虚假内容的广告案1起，净化广告市场环境。

【市场行政执法】 严格依法执法，开展多项专项整治行动，2017年全系统行政处罚案件177件。

开展流通领域商品质量抽检工作，2017年，市场监督管理局进行2轮22批次化肥抽样送检，其中有7批次不合格。对抽检不合格的化肥进行立案查处6起，结案6起，罚没款2.78万元。全年抽检成品油4户10个批次，其中汽油6个批次，柴油4批次，检验结果全部合格。

开展查处无照经营行为，检查市场主体3012户，依法取缔无照经营户48户，立案48起，没收非法所得53260.2元，罚款45212.5元，两项合计98472.7元上缴国库。发责令限期整改54户，引导办证319户，发放行政指导告诫书4份。通过整治，各镇主要街道经营户持照率100%，亮照率95%。

亿佳超市　　赵玲　摄

开展清理“僵尸企业”工作，对辖区内已停止经营活动的市场主体进行全面清理，并根据其具体情况分别做出处理。2017 年，依法对 26 户企业以及 371 户个体工商户进行吊销营业执照的处理。

【消费维权】 2017 年 3 月 13 日，岑溪市市场监督管理局围绕“网络诚信 消费无忧”主题，牵头联合烟草、文化、公安等 20 个部门开展纪念“3·15”国际消费者权益日宣传活动，制作宣传板报 57 个，横幅、标语 73 条，展示打假维权图片 40 多幅，发放宣传资料 2.6 万份，接受群众咨询 3120 多人次，集中销毁查获的 490 多个品种、标值 100 多万元的各类假冒伪劣产品。开展“诚信经营 放心消费”创建工作，全市已有 40 户经营户申报创建“诚信经营 放心消费”示范店，所申报门店已得到梧州市局的认定。开展老年人消费教育宣传活动，5 月 9 日，联合岑溪市老干部局挂牌建立老年人消费教育基地，并制作相关宣传板报。5 月 26 日，岑溪市市场监督管理局在糯垌镇举办一期老年人消费教育大讲堂，引导老年人树立科学理性的消费理念，活动期间发放《消费提示》宣传手册 600 余本，接受老年人咨询 50 多人次。岑溪市 12315 投诉举报中心受理消费者投诉举报 105 起，全部按要求进行调解和处理，接受消费者消费咨询 120 余起，为消费者挽回经济损失 20.5 万余元；“12331”投诉举报中心接到食品药品投诉举报 50 余起，接受群众食品药品咨询电话 80 多次，根据投诉举报线索立案 1 起，全部按要求在规定期限内办结。

【“红盾护农”】 根据“红盾护农行动方案”的要求，开展农资市场专项检查行动。2017 年，全系统出动执法人员 268 人次，车辆 83 台次，检查农资经营户 328 户次，发出责令改正通知书 3 份。

【打击传销】 全年开展打击传销行动 18 次，出动执法人员 273 人次，出动车辆 177 台次，发放打击传销宣传资料 7000 多份、悬挂横幅标语 36 条，制作宣传车 2 辆。捣毁传销窝点 6 个，清查出租屋 24 户，立案一起，破获一起督办案件，刑事拘留传销骨干 4 人，逮捕 7 人（其中 3 人 2016 年刑拘），取保候审 1 人，抓逃犯 5 人，解救受骗人员 7 人，教育遣散传销人员 52 人，受理投诉举报 4 起，查获传销产品西服 4 套及有关传销内容的书籍、笔记本一批。

【特种设备安全监管】 组织开展全市特种设备安全生产大检查行动，重点检查电梯、锅炉、起重机械、场（厂）内机动车辆、压力容器、压力管道、大型游乐设施等特种设备使用单位在用的特种设备，检查特种设备使用单位 233 家、设备 724 台，下发特种设备安全监察指令书 16 份，消除各类事故隐患 35 处。

【产品质量监督】 协助自治区质监局、梧州市质监局开展产品质量监督抽检工作，抽检企业 17 家，其中：爆竹 7 家 7 批次，食品相关产品 5 家 5 批次，人造板 5 家 5 批次。督促石材中心开展石材年度定期检验，抽检花岗岩板材 12 批次，检验结果均合格。组织开展幼儿园纤维制品、食品相关产品、能效计量、眼镜配制计量器具、生产许可监督、地条钢、危险化学品、建材产品、电气火灾综合治理等一系列各门类的专项执法行动，出动检查人员 260 多人次，检查企业 67 家次。

【计量管理】 配合政府和企业的节能减排工作，完善能源消耗计量制度，为能耗企事业单位的节能降耗提供服务活动。2017 年 4 月 1 日以后，对属于强检计量器具实行免费检定，年内检定计量器具 8700 多台次，其中减免收费 50 多万元。

【标准化监督管理】 2017 年，市场监督管理局动员企业开展产品标准和服务标准的声明工作，派出专人上门指导企业开展标准声明工作。全市完成产品标准声明 54 项。

【筹建食品安全检验检测中心】 岑溪市食品安全

检验检测中心项目总投资1400万元，经招标且签订合同金额为1384.42万元，完成投资总额98.89%，实际支付资金598.6万元，其中中央预算内投资占500万元，已经提交资料申请市财政拨付的资金约260万元，其他资金将根据合同约定，验收合格后再申请拨付。仪器设备及招标采购工作已经全部完成，各项仪器设备将陆续进场安装，中心全部人员均具备检验资格。

【食品药品稽查】 2017年，食品药品行政处罚案件86起，罚没款合计221540.48元。其中：食品生产环节立案14起，罚没合计55910.5元；食品流通环节立案9起，罚没合计20081.5元；餐饮服务环节立案9起，移交公安部门1起，罚没合计75488.6元；药品案件37起，罚没合计62532.81元；医疗器械1起，罚没合计37000元；化妆品1起，罚没合计330元。

【食品安全监管】 构建食品安全从“农田到餐桌”的无缝监管体系。落实区域监管责任制，开展元旦、春节、中秋等重要节日食品安全、春季秋季学校食堂食品安全、学校食品安全风险隐患排查整治、迎接十九大、“两会”“两节”期间食品安全隐患大排查大整治、旅游景区餐饮服务食品安全、酒类生产经营、全市食用植物油等专项整治行动，完成“两会”、中高考、“石材博览会”等重要活动期间7次专项保障工作，为6万人次的食品安全提供保障。切实加大食品快速检测和抽样送检力度，对756批次流通食品样品进行快速检测，检测结果均为合格。对全市进行320批次的食用农产品监督抽检，合格食品317批次，合格率99.06%。对全市餐饮环节进行4批次监督抽检，合格率100%；对全市生产企业进行87批次监督抽检，其中合格食品85批次，合格率97.7%。

【药品医疗器械安全监管】 开展元旦、春节假日药品、医疗器械生产、经营环节的安全生产和专项检查工作，检查药品生产企业2家次，药品经营企业300多家，医疗器械生产企业10家次、医疗器械经营企业36家，医院及卫生院40多家次，私营诊所及村卫生所103家，责令18家药店、22家诊所对存在问题限期整改，对销售、使用超过有效期药品的52家单位立案查处。2017年，上报药品不良反应312例，其中新的、严重的不良反应报告118例，占比37.8%，严重医疗器械不良事件上报22例，占比44%。2017年4月起，由岑溪市市场监督管理局牵头，联合物价、城管、卫计、消防等职能部门，在全市范围内开展违规经营医疗器械、保健品专项整治行动。这次整治行动主要针对以免费体检体验、夸大保健功效、宣称治疗效果、赠送各种小礼品、假借亲情呵护等方式欺骗消费者，高价销售医疗器械、保健品的违法经营行为。

【保健食品化妆品安全监管】 开展功能饮料类保健食品、化妆品“颜色行动”专项整治，出动执法人员311人次、123车次，检查保健食品经营户312户次和化妆品经营户215户次。开展保健食品和化妆品监督抽检，完成6个批次的保健食品抽样送检，检验结果均为合格；抽检化妆品10个批次，检验结果均为合格。开展化妆品不良反应监测工作，完成化妆品不良反应监测77例。加强对保健食品经营户的业务指导，将规范经营的梧州市大参林连锁有限公司岑溪分店和岑溪市至佳百货超市有限责任公司推荐到广西2017年度保健食品经营“红名单”，成功通过核定。

【食品药品安全宣传教育】 通过食品安全宣传周、食品安全投诉举报等形式，多层次、多载体开展宣教活动，建立与媒体的沟通协作机制，重点宣传整治行动的措施和成效，动员全社会共同参与食品安全监管。通过组织学习新的食品安全法，召开业主、职工会议、发放有关宣传资料等形式，提高企业管理人员及职工的法律意识及业务工作水平。

（陈滢）

审　计

【机构概况】 2017 年岑溪市审计局内设秘书股、法规股、经济责任审计股、财政金融审计股、经贸审计股、行政事业审计股、农业和外资运用审计股、固定资产投资审计股等股室,岑溪市政府投资审计中心、岑溪市经济责任审计分局属审计局二层机构。编制 18 人,在编 18 人。党组书记、局长李瑜。

【审计成果】 2017 年完成审计项目 54 个,查出主要问题金额 27.27 亿元,(其中:违规金额 741.8 万元,管理不规范金额 27.20 亿元),应上缴财政 251.4 万元,应减少财政拨款或补贴 431.8 万元,应归还原渠道资金 65591 万元,应调账处理 54790 万元;已上缴财政 251.4 万元,已归还原渠道资金 65591 万元,调账处理 54790 万元。提交审计工作报告 54 份,审计信息 11 篇,被采用 6 篇。

【财政审计】 完成财政审计项目 4 个,查出主要问题金额 26.83 亿元(其中:违规金额 30.89 万元,管理不规范金额 26.82 亿元)。

【行政事业审计】 完成行政事业审计项目 1 个,审计某镇人民政府某领导干部离任审计项目,查出违规金额 73.06 万元。规范被审单位的财务收支行为。

【固定资产投资审计】 完成政府固定资产投资审计项目 36 个。查出违规金额 526.68 万元,核减工程款 431.80 万元,应上缴财政 64.33 万元,已全部上缴。

【经济责任审计】 完成领导干部任期经济责任履行情况审计项目 12 个,查出违规金额 215.05 万元,管理不规范金额 98.92 万元;提出整改意见 11 条。审计发现主要问题是未及时足额上缴政府非税收入、违规大额使用现金、支付报账手续不符合规定等。

【专项资金审计】 2017 年,完成专项资金审计项目 2 个,查出违规金额 6 万元,管理不规范金额 11.4 亿元。

【企业审计】 完成企业审计项目 1 个,查出管理不规范金额 3648.38 万元。

（林汝石）

统　计

【管理机构概况】 岑溪市统计局内设秘书股、统计法规制度股、国民经济综合核算统计股、工业统计股、固定资产投资统计股、贸经社会服务业统计股、农村统计股、能源与资源环境统计股、计算股九个职能股。下属事业单位 1 个,岑溪市社会经济调查中心。2017 年,党组书记、局长王超伦(2017 年 9 月任党组书记、2017 年 12 月任局长)。在职人员 21 人,其中行政编制 7 人,事业编制 7 人。

【主要经济指标】 2017 年,全市实现地区生产总值 312.56 亿元,同比增长 10.6%。其中第一产业增加值 36.57 亿元,同比增长 4.5%;第二产业增加值 210.25 亿元,同比增长 12.1%;第三产业增加值 65.74 亿元,同比增长 9.9%。农林牧渔业总产值 63.88 亿元,同比增长 4.5%;规模以上工业总产值 630.40 亿元,同比 19.3%;全社会固定资产投资完成额为 308.58 亿元,同比增长 13.7%;社会消费品零售总额 83.67 亿元,增长 14.1%。居民收入稳步增长,城镇居民人均可支配收入 30910 元,增长 8.0%,农村居民人均可支配收入 13353 元,同比增长 9.0%。

【专项统计调查】

第三次全国农业普查 农业普查每十年进行

一次，第三次农业普查的标准时点为2016年12月31日。第三次全国农业普查分前期准备、入户登记、数据处理3个阶段。2017年1月1日至2月28日为入户登记阶段，近3000名普查员持数据采集器(PDA)按时完成农户、规模农业经营户和农业经营单位的普查任务。3月1日至12月31日为普查数据处理、分析和评估公布阶段。岑溪市统计局王文林被评为第三次全国农业普查先进个人。

人口变动抽样调查 根据《自治区2017年人口变动抽样调查实施方案》，此次调查分前期准备、入户登记、数据处理3个阶段。10月发动宣传，11月1日至11月15日入户登记，11月底进行调查数据汇总及处理。此次调查，在岑溪市9个镇的15个小区中进行，调查户1054户，登记的人数4543人，出生人口51人，死亡人口19人。经评估推算，岑溪市常住人口81.03万人，城镇化率52.08%。

【统计制度改革】 2017年11月，全区投资统计改革培训会议后，成立固定资产投资统计制度方法改革试填试报工作领导小组，组织协调推进岑溪市固定资产投资统计改革工作。经两次试填试报，对岑溪市500万～5000万元项目库进行全面调研摸底、梳理核对和数据分析。

【统计法制建设】 完善统计执法监督机制，坚持走依法治统之路。5月，根据区统计局统计执法检查"双随机"抽查工作的要求，开展关于2016年度从业人员及工资总额年报表数据开展质量巡查，检查单位15个，查处统计违法案件3件。11月，组织统计局全体职工参加2017年度全区学法用法考试，通过率100%。以"统计开放日"和"全国宪法日"为契机开展统计法宣传活动。发放宣传资料《中华人民共和国统计法、地方统计调查项目审批流程图120份。

【统计基础建设】 10月，梧州市、自治区统计局对各镇统计站统计工作规范化进行核查。岑溪市诚谏镇、南渡镇人民政府被评为2017年广西乡镇(街道)统计工作规范优秀单位。10月，组织41名基层统计人员参加专业技术资格的学习和考试，7人获得相应的专业技术职称，其中：6人获自治区级的中级职称，1人获初级职称。

【统计信息化建设】 统计局配备约20平方米的独立机房，统计网络视频会议系统，不间断电源、空调、消防等设备。要求各镇按照"四化"(统计管理制度化、统计业务流程化、统计调查法制化、统计手段现代化)的标准，规范镇统计工作，各镇配备2名专(兼)职统计员。对全市13个镇统计站进行规范化建设，进行验收，其中南渡、诚谏、大隆、梨木4个镇统计站通过自治区级验收。2017年，南渡、诚谏等镇通过自治区级复验。

【统计服务】 做好统计监测预警。针对统计改革和经济运行的存在问题，深入基层开展统计调查，对经济运行及时做好预警研判，撰写《统计综合信息监测预警专报》5期，及时为市委、市政府领导提供决策参考。做好统计分析和信息上报工作。统计局全年报送岑溪市委信息17篇，被采用5篇，报送岑溪市政府信息45篇，被采用14篇，完成年任务的160%。自治区统计内网采用10篇统计信息。其中《浅谈岑溪市一套表联网直报企业信息化建设》被市委、市政府、梧州市局、自治区统计局同时采用。

（市统计局）

经济社会调查与监测

【机构概况】 国家统计局岑溪调查队前身是1984年8月成立的广西壮族自治区岑溪县农村抽样调查队，1989年3月改为广西壮族自治区岑溪县农村社会经济调查队，2007年1月，撤销广西壮族自治区岑溪市农村社会经济调查队，组建国家统计局岑溪调查队，由国家统计局实行垂直管理的正科级机构，依法独立行使统计调查、统计监督的职权，独立向国家统计局和广西调查总队上报调查结果，并对上报的调查资料的真实性负责。岑溪调查队内设4个股（室）：综合法规股、农业调查股、住户调查股、专项调查股。人员核定编制9名，其中：队长1名，副队长1名，纪检监察员1名。2016年2月24日，经中共岑溪市直属机关委员会批准设立党支部。3月1日召开全体党员大会，选举产生中国共产党国家统计局岑溪调查队支部，黄海深当选为第一届支部书记。2017年，队长、支部书记黄海深。岑溪调查队获得广西市县级调查队目标管理考核良好等级、广西住户调查工作先进集体三等奖。2017年抽样调查项目主要有城乡住户一体化调查等14项，其中城乡住户一体化调查、粮食产量抽样调查和生猪调出大县调查3个项目的调查结果数据作为推算岑溪市的数据。

【城乡住户一体化调查】 调查内容主要包括居民现金和实物收支情况、住户成员及劳动力从业情况、居民家庭食品和能源消费情况、住房和耐用消费品拥有情况、家庭经营和生产投资情况、社区基本情况以及其他民生状况等。样本调查小区由国家统计局住户调查办公室抽出，使用第六次全国人口普查的普查小区名录作为抽选调查小区的抽样框资料（按照2010年11月人口普查时点的行政区划抽选的），采用与人口规模成比例（PPS）的方法抽取。2017年，岑溪市抽样调查10个住户点，106个住宅户。具体分布在岑城镇樟木社区、南渡镇南渡社区、大隆镇西宁社区、糯垌镇糯垌社区、糯垌镇高棠村、安平镇尖峰村、诚谏镇陀村村、大业镇双松村、筋竹镇望间村、马路镇昙雅村。城镇居民部分：4个社区调查40个住宅户。农村住户部分：6个调查村调查66户。根据调查资料结果推算出岑溪市2017年全体居民人均可支配收入22320元，同比增长9.2%。其中：城镇居民人均可支配收入为30910元，同比增长8.0%；农村居民可支配收入13353元，同比增长9.0%。城镇居民人均生活消费支出16854元，同比增长7.59%。人均食品烟酒支出4300元，同比增长4.73%；人均衣着支出406元，同比增长4.93%；人均居住支出4022元，同比增长7.90%；家庭生活用品及服务支出789元，同比增长4.24%；人均交通和通信费用支出4125元，同比增长3.99%；居民人均教育文化娱乐服务支出1722元，同比增长17.50%；人均医疗保健支出1136元，同比增长4.22%；其他用品和服务支出354元，同比增长114.39%。农村居民人均生活消费支出8996.7元，同比增长9.51%。人均食品烟酒支出2101.5元，同比增长4.04%；人均衣着支出216.8元，同比增长3.68%；人均居住支出2028元，同比减少13.81%；家庭生活用品及服务支出523.2元，同比增长8.25%；人均交通和通信费用支出1607.6元，同比增长43.87%；教育文化娱乐服务支出1506.6元，同比增长19.54%；人均医疗保健支出754.8元，同比增长46.71%；其他用品和服务支出258.2元，同比增长0.01%。

岑溪调查队人员在城乡住户调查点糯垌镇糯垌社区了解群众生活情况，检查记账户生活收支账记录情况　　岑溪调查队　供

2016—2017 年岑溪市城镇居民收入结构表

表 5　　单位:元

	2017 年	2016 年	名义增长率%
可支配收入	30910	28620	8.00
(一)工资性收入	8224	7827	5.08
(二)经营净收入	13450	12597	6.77
(三)财产性收入	900	798	12.82
(四)转移性收入	8336	7398	12.67

2016—2017 年岑溪市农村居民收入结构表

表 6　　单位:元

	2017 年	2016 年	名义增长率%
可支配收入	13353	12250	9.0
(一)工资性收入	4858	4648.6	4.51
(二)经营纯收入	3321	2896.7	14.65
1. 第一产业纯收入	606.8	481.1	226.13
(1)农业收入	136	127.8	6.43
(2)林业收入	215.3	133.7	61.03
(3)牧业收入	254.5	222.1	14.58
(4)渔业收入	1	−2.5	−139.38
2. 第二产业纯收入	0	0	0
3. 第三产业纯收入	2714.2	2415.6	12.36
(三)财产性纯收入	250	180.2	38.74
(四)转移性纯收入	4924	4524.5	8.83

【农民工监测调查】　通过定期收集农民工相关信息,准确反映农民工数量、流向、结构、就业、收支、生活、社会保障及创业等情况,从宏观上把握农民工发展变化情况,为制定科学的农民工政策、加强和改善农民工工作提供科学依据。调查主要内容包括:住户成员基本情况;劳动力就业基本情况;外出从业人员及当地非农务工人员工作条件、收支情况、生活情况和社会保障情况;农村劳动力当地非农自营和创业情况;农民工子女教育情况;调查小区人口、劳动力及举家外出情况等。2017 年,岑溪抽取 6 个农村住户调查点,66 户农户共 276 人进行调查。

【月度劳动力调查】　主要是为及时、准确地反映我国城乡劳动力资源、就业和失业人口的总量、结构和分布情况,为政府准确判断就业形势,制定和调整就业政策,改善宏观调控,加强就业服务提供依据。2017 年,在岑溪抽取 10 个调查点,每个调查点每月对 4 户家庭户进行调查, 月度劳动力调查的标准时间为每月 10 日零时,入户登记时间为每月 10 日至 14 日,采用移动采集终端 PDA 进行专项调查数据采集传输,数据直接上报平台。

【农村党员培训情况抽样调查】　该调查主要是为准确获取农村党员教育培训取得的成效及农村党

表 7

2017 年岑溪市农民工监测调查年报资料表

指标名称	单位	代码	监测调查数
期内住户常住成员数	人	205	276
劳动力人数	—		
1. 整劳动力	人	368	173
2. 半劳动力	人	369	77
年末从业劳动力分类	—		
1. 当地非农务工	人	384	39
2. 当地非农自营	人	385	31
3. 在外劳动力	人	386	107
该季度从事的主要行业	—		
1. 第一产业	人	432	75
2. 第二产业	人	433	93
3. 第三产业	人	438	72
本年度主要从业地区	—		
1. 乡内	人	803	136
2. 乡外县内	人	804	3
3. 省内县外	人	805	5
4. 国内省外	人	805	96
当前就业状况	—		
1. 当地务农	人	919	81
2. 当地非农自营	人	920	29
3. 当地非农务工	人	921	29
4. 外出从业	人	922	101
外出从业地区	—		
广东	人	1017	95
广西	人	1030	8
从事当前工作的时间	—		
其中:1 年以下	人	1117	14
1～2 年	人	1118	21
2～5 年	人	1119	24
5 年以上	人	1120	49
平均每月收入	—		
1500～2000	人	1146	0
2000～3000	人	1147	3
3000～5000	人	1148	81
5000 以上	人	1149	24

员的培训需求、建议意见等信息资料，完善农村党员教育培训的组织管理工作，进一步提高农村党员教育培训工作水平，提高农村党员“双带”能力，更好地发挥农村基层党组织及党员在推动农村改革发展、打赢脱贫攻坚战和美丽乡村建设中的积极作用，为各级党组织提供决策参考依据。2017 年，岑溪在城乡住户一体化调查网点中的 6 个农村村委会开展调查，抽取了每个村党支部书记或村委会主任 1 名，按随机抽样原则抽取 3 名在家的中共党员进行问卷调查，数据直接上报国家统计局广西调查总队。

调查员在粮食产量调查点现场收取稻谷样本　　岑溪调查队　供

【粮食产量抽样调查】　县级粮食产量抽样调查的内容包括主要粮食作物和小品种粮食作物两部分。对稻谷等主要粮食作物的播种面积和单位面积产量采用抽样调查的方法；对玉米、黄豆、红薯、马铃薯等其他小品种粮食作物播种面积和产量，利用小区域估计等方法进行测算，最终推算出调查县的夏粮、早稻、秋粮以及全年粮食产量。样本调查小区以第三次全国农业普查资料为基础，编制普查小区抽样框，由广西调查总队根据国家统计局的抽样误差控制要求，按照国家统计局统一的抽样程序抽选。2017 年岑溪粮食产量抽样调查点 15 个，其中 10 个为省级样本点：分布在马路镇六新村、梨木镇沙琴村、南渡镇盘古村、大业镇会村、大业镇古味村、安平镇尖峰村、三堡镇木坪村、三堡镇立垌村、波塘镇蛟塘村，归义镇垌头村；再加上 5 个（分别为：马路镇善村、马路镇永固村、糯垌镇海杰村、糯垌镇古淡村、糯垌镇绿云村）共 15 个为县级样本点。2017 年经调查资料结果推算出岑溪市粮食总产量 229560 吨。

【农产品生产者价格调查】　农产品生产者价格调查是为了全面收集农产品生产价格资料，客观反映当地农产品生产价格水平和结构变动情况，满足农业与国民经济核算需要，为各级政府制定农业保护与农产品流通政策提供决策依据，向社会各界提供优质的农产品价格信息服务。主要调查生产者在报告期出售的农产品名称、出售数量、价格、金额。2017 年岑溪抽选样本 14 个，分布在岑溪市外贸鸡场有限公司、岑溪市宝然禽业养殖有限公司以及归义镇新圩社区、筋竹镇筋竹社区、糯垌镇糯垌社区、糯垌镇昙海村、安平镇尖峰村、马路镇水平村、南渡镇中和村、大隆镇溢河村。

【主要农产品中间消耗调查】　主要农产品中间消耗调查是为了掌握农林牧渔业中间消耗水平及变动情况，满足农业增加值核算和国民经济核算的需要。调查项目包括种子、饲料、肥料、燃料、农药、农机具等物质消耗与修理、运输、防疫、技术咨询等生产服务支出两部分。2017 年岑溪抽选样本 9 个，分布在岑溪市外贸鸡场有限公司、岑溪市宝然禽业养殖有限公司以及糯垌镇新塘村、南渡镇中和村、归义镇谢村村。

【规模以下工业抽样调查】　该调查主要是反映规模以下工业的基本情况、基本总量，为国家进行国民经济核算提供基础数据。由广西调查总队对岑溪列入自治区企业名录库的企业采用目录抽样，抽取的企业称为目录企业样本；自治区企业名录库外的企业称之为非目录企业，对非目录企业采用整体群抽样，即先抽取样本村进行调查。2017 年，岑溪抽取 19 家目录企业、24 个样本村进行调查。

【批零住餐抽样调查】　通过调查获取批发和零售业、住宿和餐饮业比较可靠的基层样本单位数据，为推估、评价全国分行业和网上零售统计数据提供参考依据。调查内容为样本单位的基本情况与经营情况，2017年岑溪抽取5个样本单位进行调查。

【主要畜禽监测调查和生猪调出大县调查】 调查内容包括广西主要畜禽（猪、牛、羊、禽）存栏、产品产量出售价格等情况和生猪调出大县的生猪生产及价格变化情况等。2017年，岑溪调查9个大型猪场，63个中小型猪场，中小型牛场3个，大型鸡场3个，中小型鸡场12个，散养小区5个。经国家统计局核定反馈，2017年岑溪年末生猪存栏38.5万头，同比增2.31%；能繁殖母猪4.11万头，同比增2.21%；全年生猪出栏53.07万头，同比增1.51%。

2017年岑溪生猪生产调查表（调查网点数）

表8

指　标	调查数量
期末存栏（头）	50539
能繁母猪（头）	7020
出售肉猪头数（头）	121490
出售肉猪重量（千克）	15073464
出售15千克以下仔猪头数（头）	32163
15千克以下仔猪重量（千克）	491169

2017年家禽生产调查表（调查网点数）

表9

指　标	调查数量
期末存栏（羽）	3493345
出售家禽羽数（羽）	5334411
出售家禽重量（千克）	8827756
禽蛋产量（千克）	504610

【党风廉政建设民意调查】 2017年，受中纪委和自治区纪委委托，国家统计局决定在广西开展党风廉政建设民意调查。目的是为了深入了解群众对党风廉政建设的意见和看法，重点了解党风方面存在的突出问题，正确评估反腐败斗争形势，为党和国家制定有关政策提供参考依据。调查对象为18～65周岁的城乡居民。采用住户规模比例法（PPS）抽选社区（村），按照随机等距抽样原则，在社区（村）中抽选调查户。岑溪抽取4个社区，10个行政村150人进行问卷调查，使用移动采集终端PDA进行专项调查数据采集传输，数据直接上报平台。

【调查研究】 2017年，岑溪调查队围绕社会经济信息和地方经济社会发展中的热点、难点、焦点问题，深入到田间地头、集贸市场，农产品产区、住户调查点、企业车间，认真开展调查研究，为党委、政府领导决策提供内容翔实、数据可靠、建议合理的调查分析。全年撰写调查信息20篇，被采用36篇次。其中：中央领导批示1篇次，国办领导批示1篇次，中办采用2篇次，国办采用3篇次，国家统计局领导批示5篇次，国家统计局采用6篇次，广西区党委领导批示1篇次，广西区党委采用8篇次，广西区政府采用9篇次。

（岑溪调查队）

烟草专卖

【机构概况】 1984年12月，成立岑溪县烟草局，1985年1月，成立岑溪县烟草支公司。2004年1月，取消岑溪市烟草公司法人代表资格，县级公司更名为营销部。岑溪市烟草专卖局（营销部）由岑溪市人民政府和梧州市烟草专卖局（公司）双重领导，实行一套人马、两套牌子、统一管理的管理模式，主要负责烟草专卖法律法规宣传、卷烟打假、烟草市场专卖管理、卷烟营销及配送等。烟草专卖局设有办公室、专卖股、稽查大队、市场部、物流中转站、城区专卖管理所（服务站）、三堡专卖管理所（服务站）、筋竹专卖管理所（服务站）、水汶专卖管理所（服务站）等机构。2016年，办公地址迁至火车站路口站前大道。2017年，局长（经理）韦元初。

【烟草销售】 2017年，销售卷烟21938.09箱，销售额5.14亿元。上缴税利13826.4万元，其中增值税入库2008.85万元。

【烟草专卖管理】 开展联合清理整顿卷烟市场和国门利剑专项整治走私烟等专项行动，全年查处各类违法经营案件143起，其中涉及假烟案件12起，走私烟案件105起；案值万元以上案件49起；查扣各类违法卷烟1280.7万支，其中假烟36.94万支、走私烟1090.9万支；查获违法烟叶2.74吨、烟丝14.89吨；涉烟案件中，刑事拘留5人，逮捕4人。

（市烟草专卖局）

安全生产监督管理

【机构概况】 岑溪市安全生产监督管理局（简称安监局）属市政府行政职能部门，属市财政一级预算单位，2017年，内设秘书股、法规与教育培训股、监督管理一股、监管管理二股、监督管理三股、烟花爆竹监督管理股、职业安全健康监督管理股7个职能股和执法监察大队、劳动保护教育中心2个二层机构。党组书记、局长陈锋亮。

【安全生产基本情况】 2017年，全市发生生产安全事故18起，死亡25人，同比事故起数、死亡人数分别下降43.75%、37.5%。其中工矿商贸行业发生生产安全事故2起，死亡2人，同比事故起数、死亡人数分别下降77.79%、80%；道路交通生产安全事故16起，死亡23人，同比事故起数、死亡人数分别下降30.43%、23.33%，其中发生一起死亡3人的较大道路交通事故。没有发生农机、工矿商贸、水上交通等生产安全事故。

【安全生产专项整治】 开展以非煤矿山、危险化学品和烟花爆竹等重点行业领域的安全生产专项整治工作，全年检查发现安全隐患460项，完成整改460项，对违反《中华人民共和国安全生产法》及其他法律法规的生产经营单位处以7.58万元行政处罚。其中分别在4—6月、7—10月期间，组织开展全市性安全生产大检查活动2次，进行全方位、不留死角的安全生产大排查大整治工作，及时发现、消除安全问题隐患，排查非煤矿山安全隐患248项，下达限期整改指令书14份，248项安全隐患已完成整改；危险化学品方面排查安全，下达责令限期整改指令书7份，71项隐患已完成整改；烟花爆竹方面排查整改安全隐患32项，打击利用民房制造、存储私炮的窝点12个，查扣价值约15.46万元的私炮。

【“打非治违”专项行动】 2017年，组织开展联合行动7次，出动1210人次、出动车辆337车次。发现3家次已经停产停业的烟花爆竹生产企业非法存储烟花爆竹成品，33家无证销售烟花爆竹，有证销售不合法的烟花爆竹成品的零售店63家，利用民房制造、存储私炮的窝点12个，没收处理价值约16.96万元的非法烟花爆竹成品，依法销毁非法生产的烟花爆竹生产原材料、半成品一批。对存在违规行为的1家非煤矿山生产企业责令立即停产整顿，并处以行政处罚，罚款1万元人民币。发现1家加油站、1家打火机生产企业分别存在安全隐患管理违法行为和工作违规作业行为，下达相关执法文书并立案查处，两起案件予以企业行政处罚，罚款2.5万元人民币。全年未发生一起因非法违法生产经营引起的安全事故。

【非煤矿山攻坚克难专项行动】 2017年，完满完成自治区金属非金属矿山攻坚克难工作各项任务，关闭非煤矿山3座，其中：关闭尾矿库1家，尾矿库闭库、销号2家。开展非煤矿山专项整治行动，重点检查地采矿山的领导带班执行、下井人员登记、安全生产主体责任落实情况，通风系统是否正常使用，露天开采矿山重点检查是否存在越界越层开采、安全生产主体责任落实情况、工作面边坡是否符合安全要求等内容；加强对停产石场的安全监管，严厉打击未经许可复产、私自生产的非法行为。检查矿山企业231家，排查安全隐患269项，下达限期整改指令书18份。汛期期间对全市46座非煤矿山企业的排水系统、9座尾矿库的排洪设施、坝体稳定性进行重点检查,及时消除安全隐患 45 项。

【安全隐患整改】 2017 年，全市有 5 项隐患列为“五级”(即自治区级、市级、县级、乡镇级、村级)重点监督整改项目，五项县级重点督办隐患全部按时完成整改工作。全年开展排查治理事故隐患的工矿企业 466 家，发现并整改一般事故隐患 379 项;排查道路运输等重点行业领域企业 666 家,发现并整改一般事故隐患 168 项,整改率 100%。

【安全生产宣传教育培训】 开展“安全生产月”活动,利用电视台滚动插播宣传标语 70 余条,悬挂条幅 178 条，召集 20 个企业召开安全生产专题会议。利用安全生产宣传咨询日组织 20 个单位在市人民广场设立咨询台，发放安全宣传资料 5000 余份，安全常识小册子 400 多册，现场有 500 多名市民来咨询。组织举办安全生产知识培训班和《中共中央国务院关于推进安全生产领域改革发展的意见》宣讲培训班，邀请自治区法规科技处处长李友芳和自治区工程技术研究所所长谢登禹分别对市现职科级领导干部和企业负责人进行安全知识培训，培训 700 多名生产经营企业从业人员。全市生产经营企业举办应急演练 98 次,参演人员 2220 人次。

【安全生产领域改革工作】 通过制定《关于推进安全生产领域改革发展的实施方案》,进一步明确分工任务；组织市安委会成员单位和重点企业的主要负责人参加上级安委办举办的《中共中央国务院关于推进安全生产领域改革发展的意见》(以下简称《意见》)宣讲培训班;印发宣贯《意见》工作方案。具体措施有：严格安全生产履职绩效考核,制定印发《岑溪市安全生产委员会关于开展 2017 年安全生产工作职责和目标管理考核的通知》；多措并举强化安全监管队伍建设,落实 2 名参公编制给安监局增设“职业安全健康监督管理股”,给予安监局增加 10 名安全生产协管员；充实镇级安全监管执法装备,利用自治区乡镇安监站专项资金为全市 14 个镇安监站购买电脑、打印机、相机及录音笔等设备;加强园区安全生产监管力量建设,成立安全生产监管机构,落实责任,明确工作范围。

【烟花爆竹转型升级】 2017 年，岑溪市召开 5 次专题会议,研究烟花爆竹产业结构调整升级问题,研究制定《岑溪市烟花爆竹产业结构调整和转型升级实施方案》以及配套的政策性奖补方案,市安监局制定《关于进一步加强烟花爆竹生产企业安全管理的实施意见》。采取更严更实的工作措施，切实解决烟花爆竹企业退出面临的压力，严格落实烟花爆竹生产企业主体责任，督促企业切实加强隐患自查自纠,确保隐患排查到位;制定切实可行的余废药物销毁工作方案，明确销毁余废药物参与人员安全责任，确保销毁余废药物过程中绝对安全;加强警示宣传教育,强化从业人员安全意识，发动广大群众积极监督举报烟花爆竹非法违法行为。全市所有烟花爆竹生产企业的主要负责人、主要控股人与企业所在村委、属地镇政府签订《岑溪市烟花爆竹生产企业承诺书》，承诺坚决执行烟花爆竹安全管理的“七个统一”,并按照自治区产业发展规划在 2019 年 12 月 31 日前无条件主动退出烟花爆竹生产。

（安监局）

农林水利

农　业

【机构概况】 岑溪市农业局设农业局机关、农业局党组。农业局内设有秘书股、计财股、粮油经作股、政策法规股、科技教育股、经营管理股、粮食管理股共7个股室，下辖1个挂靠单位（粮食局）、5个参公单位（市经管站、种子站、区划办、农技站、执法大队）、9个事业单位（植保植检站、土肥站、环保站、培训中心、农技中心、农科所、龙眼苗圃场、茶叶站、蚕种场）、14个乡镇农业站。2017年，党组书记、局长朱耀宏。局系统有干部职工210人，其中：机关干部18人（农业局12人，粮食局6人），参公人员39人，事业单位153人（其中：市级65人，镇88人）。事业单位中有：农业研究员1人，高级农艺师3人，农艺师59人，助理农艺师40人，技术员2人，职员7人；工勤人员中有41人：高级工12人，中级工20人，初级工4人，普工5人。

【"互联网+"新业态】 2017年，抓"互联网+"发展，市农业局支持配合广西岑溪九原生态农业有限公司筹建桂东农产品交易中心和桂东生鲜电商产业园。公司2017年投入300多万元，完成征地15公顷，向全市14个镇53个贫困村、1007户贫困户捐赠20万株优质百香果种苗，同时对几千户普通困难农户给予种苗采购补贴，扶持种植百香果约200公顷。8月24日，京东集团邀请岑溪市在"2017年特产扶贫看京东"产品发布会上作"搭乘京东电商快车·全速推进产业扶贫"的讲话。创建农村电商平台，2017年，全市新注册的电商4家，累计全市登记电商45家，其中：有限责任公司27家，个体工商户18家。企业住所登记在镇的14家，其中规模较大的有广西岑溪九原生态农业有限公司和岑溪市乐村淘电子商务有限公司。岑溪市乐村淘电子商务有限公司在城区建设有一个电子商务公共服务中心，与14个镇和大部分村合作，打造"乐村淘商城体验店"（电

九原电商产业园包装车间　　市农业局　供

子商务服务站点），初步构建形成覆盖市、镇、村的三级农村电子商务服务体系。岑溪市邮政分公司围绕广西区分公司“打造农村电商”战略的实施，结合政府推进“工业品下乡、农产品进城”计划，已经建成200个村邮乐购综合便民服务平台中心。

【粮食生产】 2017年，岑溪市实施藏粮于地、藏粮于技战略：稳定粮食播种面积，落实粮食安全行政首长责任制，推广良种良法，开展粮食高产创建活动。全年粮食播种面积462公顷，粮食总产量22.96万吨；推广种植超级稻面积1.57万公顷。投入资金50万元，发放水稻种子7248千克，推广高标准农田建设项目300公顷。

推广粮食良种 市种子管理站在马路镇实施粮作新品种展示示范项目，全年实施面积6.67公顷，展示水稻品种125个（其中超级稻12个），玉米品种6个，参展企业（个人）13个。全市推广种植超级稻1.57万公顷，优质稻1.76万公顷。主要推广品种有：桂两优2号、Y两优1号、德香4103、Y两优087、博优系列1167、1178、202等优质稻品种。常态化推广粮食种植配套技术。推广防寒育秧、旱育稀植、塑盘抛秧、免耕抛秧、配方施肥、病虫害综防、科学排灌等各项先进农科技术。全市推广水稻防寒育秧1.44万公顷，塑盘育秧抛秧2.67万公顷，其中免耕抛秧0.53万公顷；测土配方施肥3.1万公顷，玉米地膜覆盖栽培0.2万公顷，玉米免耕栽培0.13万公顷。

【高效农业示范】 结合实施高效农业示范项目，在水汶、大隆、安平3个镇实施高标准农田建设项目，建立样板322公顷，发放种子7248千克。

【农业保险】 做好2017年政策性水稻保险试点实施工作，在马路、南渡、糯垌、安平、三堡、波塘等6个镇开展政策性水稻保险试点1.07万公顷。至2017年底，全市投入政策性水稻保险资金373.2万元，完成水稻保险面积1.24万公顷。

【经济作物】 全市种植经济作物14573公顷，其中：花生3367公顷，木薯7333公顷，果蔗333公顷，蔬菜1900公顷，西瓜667公顷，其他经济作物967公顷。

蔬菜生产 建设“菜篮子”基地66.67公顷、品牌蔬菜基地161公顷。全市蔬菜总产量47.18万吨。

中药材生产 全市新种中药材面积167公顷，累计种植中药材面积636公顷，年产中草药材1853吨。

【农业产业化】 在岑城、马路、归义、安平、糯垌等镇建立品牌蔬菜基地，在筋竹、大业、归义、诚谏、马路、南渡等镇建立砂糖橘基地3333公顷，在筋竹罗敏村和诚谏大新、孔任村建立韭菜花基地67公顷，在水汶镇建立淮山薯基地83公顷，在归义镇金坡村建立“安安火龙果引种试验示范基地”33公顷。加快农产品“三品一标”（无公害农产品、绿色食品、有机农产品和农产品地理标志）建设。2017年，新红日水果专业合作社的砂糖橘、林妙淮山薯专业合作社的白玉淮山薯、粟米获中国绿色食品A级产品认证。至2017年底，全市农产品生产企业或生产合作社（种植业）有4家获得“无公害食品”认证，6家获得“绿色食品”认证，2家获得第三方（非农业系统）“有机食品”认证企业。全市新注册成立农民专业合作社56家、家庭农场17家、农村土地股份合作社2家，村民合作社282个，推荐梧州市级农业龙头企业2家，农民专业示范社6家。至2017年底，全市有农民专业合作社439家、家庭农场63家、农业产业化重点龙头企业28家。其中，岑溪市外贸鸡场有限公司属自治区级农业产业化重点龙头企业。

【农民培训】 全年组织200多名新型职业农民学员开展以砂糖橘为主的产业生产现场培训，提高砂糖橘种植技术和病虫害防治技术等。深入镇、村、组开展种养技术培训，举办培训班（场次）125期次，印发宣传资料3万份，培训农民2.18万人次。

【农业执法】 开展农业执法宣传,组织上街宣传5次,下乡宣传59次,接受群众咨询1.25万人次,发放宣传资料2.3万份。依法加强种子市场监管。全市立案7件,已结案7件,其中:种子3件、肥料2件、农药2件。出动宣传执法车81辆次、执法人员508人次,检查农资经营单位239个次,整顿市场99个次,抽样送检肥料样品11个,农药样品7个。

【农产品安全监测】 2017年,岑溪市与14个镇安监站签订《农产品质量安全监管责任书》,与352个新型农业经营主体签订承诺书;向果蔬种植户发送农产品质量安全知识短信3000多条。全市组织抽检农残样品12038个,合格12033个,合格率99.96%。

【农业病虫害防治】 抓好水稻“两迁”(稻纵卷叶虫、稻飞虱)害虫等农作物重大病虫害的监测与防控。全年印发病虫情报16期,防治水稻病虫65.14万亩次,挽回稻谷损失1.79吨;抓好柑橘黄龙病防控。全年发布木虱防治情报3期,指导果农防治柑橘木虱43万亩次。在归义、筋竹、糯垌、安平、南渡、马路、诚谏、大业、水汶、梨木、三堡、波塘等镇实施无人机飞防柑橘黄龙病1万亩,减缓黄龙病传播速度。

【自然灾害】 2017年,岑溪市经历冰(霜)冻、暴雨、台风、洪涝等自然灾害,影响较大的是5月份的洪涝灾害与8月份的天鸽台风灾害。自然灾害造成农业直接经济损失178.75万元,其中果树受灾面积16.6公顷,果树损失101.95万元;农作物受灾面积93.8公顷,粮食损失44.51吨。

【红火蚁防治】 2017年,分别于4月18日、9月29日举办红火蚁普查、防控技术培训班,部署开展疑似红火蚁的普查、监测、防治工作。市农业局在3月20日至11月25日进行25次疑似红火蚁施药防治,施药防治地点主要有岑城、马路、南渡、归义、糯垌、安平、三堡等镇部分发生点,组织指导相关企业开展普查、监测、施药工作。全市投放防治蚁药1535.7千克,防治面积133公顷,防治效果85.7%以上。

【农业示范园区建设】 全面规划落实14个镇17个点作为创建示范区基地,实现农业示范区创建全面铺开和各镇全覆盖。2017年12月8日,岑溪市大新山庄柑橘产业示范区、岑溪市龙母猪场被广西区人民政府认定为广西第二批县级示范区,岑溪市归义镇火龙果产业示范园、岑溪市安平宝锋畜牧业示范园、岑溪市归义镇寿乡香坚果苗木繁育示范园3个示范园被广西区人民政府认定第二批乡级示范园,岑溪市外贸鸡场被认定为自治区三星级示范区。农业示范区面积由2016年的325公顷,发展到2017年的614公顷,同比增加188.79%。

【农村土地确权登记】 推进“三权分置”改革,确保人、财、物及时到位。明晰土地承包权归属,把承包田块、面积、空间位置和权属证书落实到户。全市完成农地二轮审核公示,农地确权登记颁证可发证率97.5%,培训工作人员7215人,发放资料15.64万份。

【农业产业扶贫】 实施产业富民、产业扶贫战略,为256个村制定村级经济发展计划,推动村级集体经济发展项目115个,打造256个现代农业生产示范基地,培育180个带动农户增收的新型农业经营主体,建设218个农村电子商务服务点,带动贫困村贫困农户增收。

【惠农项目】 2017年,审核批准实施一事一议财政奖补项目404个,项目总投资6590万元,其中财政奖补5988万元,群众自筹602万元,改善人民群众出行环境、畅通农民致富道路。除经核减已被非农征用、发展林果业等改变用途的耕地,以及长年抛荒地、占补平衡中“补”的面积和质量达不到耕种条件的耕地等不予补贴外,全市确认耕地地力保护补贴面积14456.73公顷、补贴标准195.43元/亩,补贴资金42379167.48元。投入资金21万元，继续完善农村集体资产“三资”(资金、资产、资源)平台,平台正在安装调试,相关数据正在录盘、校对中。

开展清洁田园随手捡活动　　市农业局　供

【“美丽岑溪”活动】 在糯垌镇建设“清洁田园”活动示范点200公顷。开展“清洁田园”活动培训19期次,培训2000多人次;回收农资废弃物(农膜、秧盘、农药瓶等)12.6吨,常态化实施“田间废弃物清捡工程”，清除农业、林业、畜牧业等农业生产废弃物100多吨,农民群众的环保自觉性得到进一步提高。

【农业科技】 围绕“科教兴农”“科技强农”“农业供给测构调整”“产业富民”战略,开展农村中等专业实用人才培养、新型职业农民培育、冬春农业科技大培训等农业科教工作。邀请广西区农村改革指导处处长罗应平宣讲解读中央一号文件及“一二三产业融合”知识,邀请广西经贸学校梁元超讲师讲授“农村电商模式”知识。全市举办砂糖橘种植管理技术、病虫害防治技术,柑橘黄龙病防控技术、粮食生产高产优质配套技术、测土配方施肥技术、病虫害综合防控技术等专业技术培训班78期,建立联系点57个,全市282个村(社区)均组织培训。开展现场培训或指导155场次,培训农民1.35万人次，发放技术资料书籍1.35万份,5000人次收看网络大讲堂,咨询服务8180人次。

【农业区划】 进一步创新农业遥感技术，挖掘优势特色产业资源,继续做好农业资源调查工作。分别到14个镇采集31个200亩规模以上耕地、园地土壤样品,为富硒产业开发提供有效依据。调查休闲农业资源,6个景区(景点)和农家乐入选全区休闲农业APP系统,“岑溪市阳光生态园”获“2017年广西休闲农业与乡村旅游示范点”。对岑溪市土地资源、农村经济和农业生产条件、主要农产品生产、农业生产结构变化情况的数据进行收集整理,为自治区农业资源数据电子化、标准化处理收录入库提供保证。配合遥感监测队做好岑溪市古典鸡产业(核心)示范区航测调查。

(市农业局秘书股)

【水果生产和管理】 1987年8月，成立岑溪县水果办公室,为副科级财政全额拨款事业单位,归县农业委员会管辖。1991年3月，明确岑溪县水果办公室为县政府直属正科级财政全额拨款事业单位。1999年5月,更名为岑溪市水果事业局,为财政全额拨款正科级事业单位,内设秘书股、生产技术股、水果流通管理股和财务股。2011年5月,自治区公务员局批复岑溪市水果事业局为参照公务员法管理的事业单位。办公地址：岑溪市新兴路96号,局长、党组书记聂振宇。2017年,水果总产量21.73万吨,比上年增长10.4%。巩固并进一步抓好“全国绿色食品原料(砂糖橘)标准化生产基地”的各项建设,在筋竹、岑城、安平建设三个示范点，示范面积66.67公顷。做好标准果园建设工作,指导筋竹镇大新山庄建设县级示范区,指导归义镇安安农业等4个合作社建设乡级示范区。在马路镇马路社区建立一个3.6公顷的贡柑高产优质示范点。在筋竹镇筋竹社区建立一个面积12.4

公顷的柑橘黄龙病防控示范点。全年举办各种形式的培训10期,培训1100多人次,发放技术资料2300多份。

【水果专业合作社】 全市有注册水果专业合作社210个,其中2017年新增水果专业合作社19个。有砂糖橘采后商品化处理生产线40多条。

(市水果局)

农业机械化

【机构概况】 岑溪市农业机械化管理局属参照公务员管理的事业单位,下辖农机安全监理站、农机推广站、农机校3个事业二层单位和农机供应公司1个企业单位以及14个镇级农机管理服务站,全系统在职在岗干部职工117人。2017年,党组书记、局长刘婕。

【农机专业合作社】 2017年末,全市经工商部门注册成立并在农机部门备案的农机专业合作社28个,注册资金688.9万元,合作社成员254人,拥有农机具342台套,资产总额822.5万元。

【农机安全监督】 2017年,抓好农机经销商、农机维修网点的监督管理工作,做好农机宣传教育、技术检审、执法监控工作,开展农业机械安全大排查、安全专项整治活动,出动2587人次,检查拖拉机1537台次、驾驶员1587人次,查处违法拖拉机及其驾驶员98台/人;全年完成拖拉机年检1726台。

【农机推广与补贴】 2017年末,全市农机总动力29.9万千瓦,有各种农用机械55874台。水稻机械化作业面积3.2万公顷,水稻耕种收综合机械化水平67%。耕种收综合机械化水平39%。全年推广新机具1700台套,其中:插秧机6台、收割机18台、微耕机及其他1676台。完成中央补贴资金169.85万元。在马路镇马路社区、归义镇义和村、大业镇古味村和糯垌镇古淡村开展现场演示活动。全年培训农民和农机手2450人次,农机具检修2514台套,组织25648台套机具下田作业,完成机耕作业面积3.16万公顷。

【农机培训】 2017年,集中培训农机技术223人,其中拖拉机技术培训123人。在诚谏镇举办2期农村机手培训,集中培训100人。

【农机管理与服务】 开展农机检查,检查农机产品经营、生产单位和农机维修网点,重点检查“三无”农机产品和假冒伪劣农机产品,全年开展农机维修网点检查120次,检查维修网点36家,更换到期网点证件17份。通过电视、广播、张贴标语、出墙报、印发宣传资料和开展技术咨询等形式宣传农机安全知识、警示教育、新机具新技术等,印发宣传资料2万份,张贴标语3500份。在耕季生产和收割期间组织农机技术人员2000多人(次)深入农村、田间做好机耕生产和收割服务工作。

(市农机局)

林　业

【管理机构概况】 岑溪市林业局是岑溪市人民政府主管林业和林业经济发展的工作部门。林业局机关行政编制35人,参照公务员管理45人,全额事业编制193人。2017年,局长罗正梅。局内设股室有:秘书股、计划财会股、人事股、营林股、林政资源管理股、法制股、处纠办,森林公安局(实行与公安局双重领导的管理体制)。二层机构有防火办、林政稽查大队、森防站、种苗站、林场站、绿委办、林业技术推广站、林业工作站、林业服务中心、木材检查站、专业森林消防队。5个二层独立核算事业单位:七坪林场、软枝油茶林场、紫胶林场、软枝油茶种子园、林科所。

林业局局长到岑溪市软枝油茶种子园调研

【林业成果】 2017年，全市林地面积20.67万公顷，其中生态公益林4.36万公顷，商品林16.31万公顷；商品林中经济林2.53万公顷，速生丰产林3.1万公顷。林木总蓄积量143.59万立方米，森林覆盖率76.04%。开展第二次古树名木资源普查工作，完成外业普查和卡片录入等工作，全市有古树1410株，其中由林业部门调查确认的古树1393株，古树名木调查工作于2017年9月下旬以97分的成绩通过自治区的检查验收。

【营林生产】 全年完成造林3722公顷，占计划任务的124%。完成一面坡林相改造抚育101.85公顷。森林抚育森8000公顷，义务植树177万株，完成计划任务的101%。组织开展村屯绿化成效检查，全市2015—2016年由林业部门组织建设的示范村屯绿化点121个，其中绿化大苗存活率90%以上的示范村屯有94个；派出7支工作队39人，对成效差的村屯提出整改，督促施工单位及时进行补种补植、抚育、施肥。

【森林资源及管理】 做好野生动物保护、林地保护宣传、速丰桉树和大叶栎采伐管理改革试点工作，投入8.28万元，完成2017年度森林覆盖率样地调查核检工作，通过区林业厅的检查验收；投入40万元，完成2016年度林地和森林变更调查工作。发展林下经济、森林旅游12万公顷，产值26亿元。

2017年，签发商品材采伐证蓄积394965立方米，出材量295912.8立方米；签发木材运输证5400份，材积108355立方米（吨）；上级部门和该部门依法审核审批临时占用林地6个，面积8.92公顷；长期占用林地19个，面积100.69公顷；收缴森林植被恢复费1938.03万元。全年查处涉林刑事案件立案30起，破案20起（其中5起为历年积案），林业行政案件133起，为国家挽回经济损失164.38万元。

【森林防火】 全年投入市、镇森林防火资金30万元，挂防火宣传横幅1140条，张贴防火标语2万张，发放森林防火知识小册子3万份，宣传围裙1万条、防火知识宣传资料4万份，发送森林防火信息270万条，出动护林防火宣传车辆2000余次，开展护林防火宣传。全市发生森林火灾4起，过火面积24.37公顷，受害面积5.14公顷，烧毁立木蓄积278.7立方米、受害率0.03‰。森林火灾受害率目标控制在1‰以下。

【野生动植物保护】 开展“世界野生动植物日”和“爱鸟周”宣传活动，通过悬挂横幅、张贴标语，散发资料、倡议书等形式，宣传保护野生动植物的法律法规及保护野生动植物的意义。组织森林公安、林政、稽查大队等执法人员40多人次，深入农贸市场、餐馆酒店、花鸟市场、野生动物产品经营集散地、野生动物驯养繁殖场等场所，开展专项执法行动，打击破坏珍稀濒危野生动植物违法犯罪活动。

【林业有害生物防治】 2017年，投入22.9万元利用飞机喷施药物对梨木镇、大隆镇800公顷松突圆蚧病虫进行防治，这是岑溪市首次使用飞机喷药防治林业病虫害。全市林业有害生物防治作业面积1638.27公顷，无公害防治面积1630.4公顷，无公害防治率为99.5%，成灾面积373.53公顷，成灾率1.89‰。林业有害生物受灾率目标控制在4.2‰以内。

【林业改革】 继续开展集体林权制度改革，认真做好林权证发放查缺补漏纠错及林权配套改革工作。全市累计确权发证面积19.33万公顷，确权发证率96%；发放林权证12.9万本，涉及农户12.3万户，宗地40.33万宗。完成政策性森林保险完成9.8万公顷，办理林权抵押贷款16件，林权抵押面积966公顷，贷款金额2000多万元。

【市区绿化】 投入资金87.9万元，在东山公园景区改造的花化彩化混交林抚育施肥86.51公顷。

【木材加工企业情况】 全市有208家木材加工企业。规范木材经营加工管理工作，常态化在全市范围内对木材经营加工企业及个人开展经营生产和事后监督检查工作，加强安全生产的宣传教育，对存在违法加工木材及安全隐患的木材经营加工企业（厂）下达整改通知书，责令其限时完成整改措施。做好三威人造板、宝亿木业公司技术服务工作。全市完成生产木材产量46.8万立方米，人造板产量64.3万立方米 完成林业部门固投10.10亿元，实现林业总产值130.02亿元。

（市林业局）

农村能源生态建设

【管理机构】 岑溪市农村能源办公室是参照公务员法管理单位，成立于1991年5月，1991年7月定为局（科）级建制事业单位。办公地址工农路79号。2017年在编职工19人。2017年，党组书记、主任黄正平。

【项目建设】 根据自治区林业厅《关于落实2017年自治区财政金山银山工程项目建设资金的通知》（桂林计发〔2017〕49号）要求，加快农村能源转型升级，岑溪市项目有筋竹镇太阳能路灯、马路镇和平村沼气管道化集中供气供肥和有机垃圾沼气化处理。筋竹镇太阳能路灯项目实施地点筋竹镇望闾村。项目资金10万元，安装太阳能路灯22杆，2017年10月竣工，验收合格投入使用。马路镇和平村沼气管道化集中供气供肥项目投入资金20万元，2017年底竣工验收，已经投入使用。项目建有厌氧消化沼气池50立方米，250升一体化脱硫塔1台、增压泵1台。沼气利用设施有输气管道1200米，燃气灶具10套；沼肥利用设施有储液池20立方米，抽渣泵1台，抽液泵2台；沼气配送及监控房8平方米，沼气远程监控系统1套。有机垃圾沼气化处理项目总投资46.2万元，建设处理池100座：其中：自助区财政投资24.5万元，县级财政配套资金1.7万元，农户自筹20万元。自治区投资主要用于沼气灶具及配件、主要建材、技工工资。该项目在筋竹镇、水汶镇、梨木镇、大隆镇、波塘镇、诚谏镇6个镇建设“一池三改”沼气池100座（户）。其中：筋竹镇横垌村20座、筋竹社区7座、新联村10座。水汶镇耀华村14座、西河村2座。梨木镇里汉村16座。大隆镇车滩村7座。波塘镇西岸村10座。诚谏镇长坡村11座、新华村3座。沼气池采用双管道水压式混凝土结构，容积8立方米以上。

（市能源办）

水 利

【水利管理机构概况】 岑溪市水利局办公地址城

东路60号，机关编制11个，实有人数11人，内设机构4个：人事秘书股、计划财务股、水政水资源股、水利水电股；直属事业单位8个，共有编制99个，实有人数80人。其中：水政监察大队编制10个、实有人数9人；水电规划计划室编制3个、实有人数2人；水土保持监督管理站（水土保持委员会办公室）编制7个、实有人数3人；防汛抗旱指挥部办公室编制4个、实有人数2人；水利工程管理站编制7个、实有人数6人；农村供水和改水项目管理站编制13个、实有人数10人；水库安全管理站编制51个、实有人数44人；城区防洪堤管理所编制4个、实有人数4人。二层事业单位7个，共有编制179个，实有人数97人。其中：塘坪灌区水电管理所编制56个、实有人数28人；荔新灌区水电管理所编制52个、实有人数31人；石鹤水库水利电力管理所编制18个、实有人数7人；珊瑚坪水电管理所编制13个、实有人数7人；赤水水库管理所编制15个、实有人数3人；水土保持试验站编制4个、实有人数4人；水电物资公司编制21个、实有人数17人。2017年，党组书记、局长覃文天。

【水利固定资产投资】 2017年，全市完成水利固定资产投资15432.53万元元，占计划任务1.50亿元的102.88%。其中：岑溪市丹竹水库完成投资1.2亿元，完成小农水项目投资967万元和防洪工程项目投资2400万元。

【抗旱救灾】 2017年1月至12月降雨量1506.9毫米，与历年同期平均值（1474.4毫米）基本持平。各镇人民政府、各水管所组织人员做好灌区渠道的清淤和维护工作，全年无重大旱灾发生。

【水库除险加固】 全市水库除险加固于2015年前完成，2017年完成七座水库除险加固工程竣工验收，分别是勒塘水库、垌尾水库、松岭水库、定盘水库、古榄水库、昙京水库、永义水库。

【防汛抢险】 2017年，受2个台风影响，出现5场暴雨，分别是3月18日、7月2日、7月23日、8月23日、8月27日。造成农林牧渔业、工业、交通运输业和水利设施等较大的经济损失，全市累计受灾人口5.95万人，造成直接经济损失14012.5万元，其中：水利设施直接经济损失10261万元。全年启动3次应急响应，派出12个防汛抗旱工作技术指导组和18个防汛抗旱工作督查指导组，出动300多人次深入镇、村、组开展防汛抗旱知识宣传，及时对防汛安全隐患进行检查，督促和指导各镇和相关单位落实责任制和安全防范措施。灾情出现后全市派出2046人次，投入资金58.2万元，及时转移受灾群众，抢修道路、供电设施，修复农田水利设施30多处。

【农村饮水安全工程】 2017年，全市农村饮水安全巩固提升工程项目27个，其中政府新增债券扶贫项目19个，解决9个贫困村、17个面上村及1个易地扶贫搬迁项目饮水问题，受益人口8.69万人，涉及建档立卡贫困人口饮水4845人。项目主要建设内容为：新建水源工程、清水池、输配水管网、改造厂区净化设施等。27个项目总投资659.4万元，其中：中央预算资金110万元，自治区补助资金261万元，政府新增债券扶贫项目资金288.4万元。

【防洪工程建设】 黄华河马路镇南渡镇河段整治工程完成投资1600万元，完成护岸4千米。义昌江诚谏镇河段整治工程完成投资800万元，完成护岸2千米。

【地方水电工程】 全市水力发电站62座，装机总容量70499千瓦，其中装机容量最大为四滩电站13500千瓦。全市水电站除高垌水电站、丰田水电站发电供广东电网使用外，其余辖区内水电站发电均上岑溪地方电网。2017年，全市水电站发电量2.47亿千瓦时，发购电量总计10.01亿千瓦时。新建水汶镇金沙水电站工程，于2017年10月份开工，批复投资3935万元。规划中的大河六电站正在开展前期准备工作；2017年新增四滩、波塘2个电站增效扩容改造项目和水汶电站生态机组改造项目，投资3057万元。

【水行政执法】 2017年，利用“世界水周”“中国水日”进行宣传教育，利用新闻宣传25次，增强广大群众水行政法制意识。加强队伍建设，提高水行政执法水平；严格取用水审批程序，规范取用水行为；严格执行政策，加强规费征收；积极开发水资源，解决群众饮水难的问题。2017年，发放取水许可证23本。全市发生水事违法案件8起，其中立案查处非法采砂案8起，收缴处罚款24万元。处理水事纠纷2起，征收水资源费268万元，河道巡查出动720人次，出动车辆120车次，3船次，捣毁非法采砂点12个，拆解采砂船只8艘，柴油机5台，抽砂泵3台。

（市水利局）

水库移民工作

【概况】 岑溪市水库移民工作管理局是正科级全额拨款的事业单位，内设办公室、计划财务股和后扶安置股。2011年4月经自治区公务员局批准为参照公务员法管理事业单位。核定编制6人，现有在编人员6人，有中级专业技术人员3人，初级专业技术人员1人，本科学历4人，专科学历3人。2017年，局长覃隆强。

【水库移民扶助项目】 2017年，获上级资金950万元推进移民基础设施项目建设。完成2个水库移民村屯道路项目建设，望里水库归义镇古皮村九、十组改建通屯道路硬化工程，全长1.45千米，投资53万元；波塘水库波塘镇荔村新塘组改建通屯道路硬化工程，全长0.78千米，投资32万元。

【水库移民培训】 全年举办1期网箱养鱼技术提高培训班，培训95名水库移民。抓好水库移民种养殖业的跟踪回访工作，有针对性地为库区移民群众提供致富技术，为解决移民就业问题，提供“智力”支持。

【移民维稳工作】 采取落实责任制，由领导挂点，层层抓落实，每月深入库区和移民安置区开展库区移民矛盾纠纷排查化解工作。全年接待库区移民来访22批次253人。移民来信1份，答复1份，全部按规定处理答复完毕。全年没有发生库区移民赴邕进京到市集体上访、非正常上访和群体性上访事件。

【落实国家水库移民政策】 落实各项水库移民政策，国家出台的大中型后期扶持和连带影响的水库移民政策有二项：一是发放大中型后扶直补资金每人每年600元，按季度发放到移民户存折；二是就读普通高中的水库移民子女免除学费和就读九年义务教育的水库移民子女寄宿生生活补助。就读小学的水库移民子女寄宿生生活补助每年1000元，就读初中的水库移民子女寄宿生生活补助每年1250元。每年秋季入学，做好审核就读普通高中的水库移民子女免除学费和就读九年义务教育的水库移民子女寄宿生生活补助的身份认定工作，年审核人数3300多人。

【移民资金管理】 全面加强项目资金的检查和监督，根据工程进度按资金申请拨付程序项目资金到施工单位账户，全年没有出现截留、挤占、挪用、贪污和骗取水库移民资金的现象。

（莫艺琳）

水产畜牧兽医业

【机构概况】 岑溪市水产畜牧兽医局位于岑溪市义洲大道648号，是市政府主管渔业、畜牧业、饲料工业、兽医和畜禽屠宰管理工作的工作部门。内设机构有兽医与药政股(市重大动物疫病防治指挥部办公室)、秘书股、畜牧水产与饲料股和畜禽屠宰行业管理股。二层机构有岑溪市动物卫生监督所、岑溪市动物疫病预防控制中心、岑溪市渔政渔港监督管理站、岑溪市畜牧站、岑溪市种畜场、岑溪市畜牧三黄鸡场、岑溪市鱼种场,在14个镇设立镇级水产畜牧兽医站;代管岑溪市食品公司。2017年,党组书记、局长陈南生。全系统在职人员146人,退休人员35人。在职人员中大学本科学历17人,大学大专27人,中专(高中)54人,中专(高中)以下48人。行政管理人员10人,行政执法人员12人,中级技术职称41人,初级技术职称43人。

【水产畜牧业生产】 2017年全市生猪存栏43.95万头,家禽存栏1016.76万羽(其中三黄鸡886.5万羽);肉牛出栏0.9万头,同比增长1.12%;肉猪出栏48.89万头,同比增长2.02%;家禽出栏2300.97万羽,同比增长-1.56%,三黄鸡出栏2030万羽,同比增长-0.52%;水产品产量2.2411万吨,同比增长5.15%;全市肉类总产量7.9303万吨,同比增长0.31%。水产畜牧业产值21.032亿元。

【特种养殖】 马路镇绿盛山猪养殖有限公司有山猪存栏1248头,2017年出栏1012头。岑溪市筋竹镇恒东水产养殖场主要经营龟、鳖的养殖、技术推广、组织、收购养殖的龟、鳖,该场在有草龟、绿钱草龟、花杂草龟、欧宅龟、亚巨龟、北石龟、南石龟、鳄鱼龟、珍珠鳖、安南鳖、钱安鳖等13个品种,有种龟7000只,商品龟10000只,龟苗30000只左右的养殖规模,年利润100万元。大力推广中蜂活框饲养技术,全市蜂群饲养量有3.2万群,蜂蜜产量27.2万千克,产值1000多万元。成立市养蜂协会,会员有156人。成立四个养蜂专业合作社:分别是岑溪市金健养蜂专业合作社、岑溪市南兴养蜂专业合作社、岑溪市中信养蜂专业合作社、岑溪市乌峡村养蜂专业合作社。

【养殖场污染减排】 2017年完成5个申报农业部减排认定工作。制定岑溪市畜禽养殖禁养区、限养区划定工作,规划用3年时间,全市禁养区内畜禽规模养殖场(小区)全部搬迁或依法关闭转产,畜禽养殖污染问题得到遏制。2017年,畜禽规模养殖场(小区)均建有与粪污产生量相匹配的粪污处理设施和贮存利用设施,实现畜禽粪便无害化处理和综合利用,畜禽养殖造成的面源污染得到有效控制农村环境质量得到有效改善。

【生态养殖认证】 2017年经广西畜禽现代生态认证养殖场有16个,第一批认证有2个场,岑溪市筋竹亿生养殖场,五星级,岑溪市智顺畜牧业发展有限公司,四星级。第二批认证6个场,岑溪市马路镇冼盛文养殖场上水冲猪场,五星级,岑溪市筋竹镇盛兴生猪养殖场,四星级。岑溪市绿盛山猪养殖有限公司、岑溪市大业镇超强养猪场、岑溪市成天养猪场、广西宝峰畜牧业有限公司,3个场三星级。第三批认证8个场,岑溪市三堡益发猪场,五星级,岑溪市正兴农业综合开发有限公司、岑溪市筋竹万象生猪养殖场,四星级,岑溪市筋竹镇泽弟猪场、岑溪市梨木镇众发养猪场、岑溪市三堡正发生猪养殖专业合作社、岑溪市梨木镇业兴养猪场、岑溪市大业镇李伟贤养猪场,三星级。2017年末,全市认证的场30个(2016年认证有14个),其中五星级的有4个,四星级有11个,三星级有15个。2017年有规模场42个,其中:40个生猪养殖场,2个养鸡场。

【渔政执法】 贯彻落实《中国水生生物资源养护行动纲要》和自治区水产畜牧兽医局开展打击非法捕捞作业专项整治行动的精神,保护渔业资源和生态环境,在全市范围内开展非法捕捞专项整治行动。坚持巡查与执法相结合、部门执法与联合执法相结合、资源养护与资源管理相结合"三结合",通过多部门合作等方式进行,不断加大渔业资源监管工作力度。2017年,市渔政渔港监督管理站组织开展各种江河巡查180航(车)次,出动执法人员830人次，开展联合执法10多次，检查各种渔船260多艘次，查处非法电鱼案件1起。

【人工增殖放流】 2017年7月20日举行人工增殖放流活动，在波塘镇波塘码头黄华河河段和马路镇伏六村六足渡口投放草青鱼（规格在6厘米以上）、鲢鱼（规格在8厘米以上）、标志鱼（规格在12厘米以上）等鱼苗65.9万尾，其中：青鱼10.14万尾，鲤鱼20.28万尾，标志鱼（青鱼120尾、鲢鱼250尾）。

【水产品质量安全监管】 全市水产品质量安全监测采样计划19份，完成20份送检任务，快速监测完成25份，检测结果均为合格。

【动物疫病防控】 2017年全市高致病性禽流感、牲畜口蹄疫、小反刍兽疫的应免密度100%，群体免疫密度90%以上，各项抗体检测合格率70%以上，群体保持较高的抗体水平。2017年末全市猪存栏36.35万头；牛存栏0.37万头；羊存栏0.61万只；家禽222.98万羽。全市进行猪口蹄疫免疫84.35万头/次，使用口蹄疫苗181.27万毫升；牛口蹄疫免疫0.87万头/次，羊口蹄疫免疫1.04万头/次，使用牛羊口蹄疫苗8.82万毫升；高致病性禽流感免疫770.53万羽/次，使用高致病性禽流感苗472.59万毫升；小反刍兽疫免疫0.65万只/次，使用小反刍兽疫疫苗1.41万头份。重大动物疫病监测及流行病学调查 严格按照《2017年岑溪市动物疫病监测与流行病学调查计划》的要求，全面落实全市动物疫病监测和流行病学调查计划，坚持“定时、定点、定量、定性”监测制度，切实抓好口蹄疫、禽流感、高致病性猪蓝耳病、猪瘟、小反刍兽疫、布鲁氏菌病等重点疫病的监测及流行病学调查工作。认真做好外贸鸡场、宝然鸡场、龙母猪场、华鑫猪场等规模畜禽场、14个镇及重点交易市场的重大动物疫病流行病学调查、免疫抗体水平的监测，全面了解和掌握全市动物疫病的病原分布、流行规律，掌握疫情动态与免疫抗体水平，及时预警预报，科学防控动物疫病，按时完成猪牛口蹄疫、禽流感、猪瘟、鸡新城疫、布病、牛结核病的流行病学调查、病原学监测、血清学检测等工作任务。配合自治区、梧州市血清采样、突击性工作任务及各种送检、送报材料。按要求高致病性禽流感、新城疫、牲畜口蹄疫、猪瘟每月监测一次，每月采集检测畜禽血清40份以上。并将检测结果按要求上报自治区、梧州市动物疫病预防控制中心。全市自行检测鸡新城疫免疫血清1038份，免疫抗体合格数1001份，免疫抗体合格率96.44%；检测禽流感免疫血清2076份，免疫抗体合格数1997份，免疫抗体合格率96.61%；禽流感（H7N9）病原学检测1685份，阳性数0份，阳性率0%；检测口蹄疫免疫血清1836份，免疫抗体合格数1623份，合格率88.40%；检测猪瘟免疫血清1055份，免疫抗体合格数944份，合格率89.48%；检测小反刍兽疫免疫血清371份，免疫抗体合格数331份，合格率89.22%。超额完成自治区、梧州市、岑溪市疫控中心下达的各项送检任务。

【人畜共患病防控】 2017年，全市牛布鲁氏菌病检测场户数21户，检测牛346头，检测结果全部为阴性；羊布鲁氏菌病检测场户数31户，检测羊1092只，检测出阳性场户数1户，阳性羊5只，场户阳性率1.89%，动物个体阳性率0.46%；猪布鲁氏菌病检测场户数5户，检测猪2907头，检测结果全部为阴性；家畜布鲁氏菌病检测率100%。严格按照《岑溪市2017年狂犬病防控工作实施方案》中有关规定，加强对狂犬病免疫工作开展。在4月、10月组织开展狂犬病免疫工作。年末全市家犬存栏11982只，全年免疫犬16238只，免疫率93.28%。同时加强疫情管理，规范执行疫情报告制度。全年未有疫情报告。

【动物卫生监督】 全部备案的规模养殖场签订《规模养殖场动物产品质量安全承诺书》，发放《畜禽养殖企业产品质量安全告知书》。养殖场建立动物检疫申报制度、养殖档案制度、强制免疫制度、疫情报告制度和病死畜禽无害化处理制度等动物防疫制度。15个屠宰场签订《屠宰场动物产品质量安全承诺书》，落实动物屠宰检疫申报制度、"瘦肉精"自检制度、每日清空活体动物及其排泄物和车辆、环境、场地清洁消毒制度。兽药经营企业签订《兽药经营企业产品质量安全经营承诺书》，督促企业建立购销记录和兽药经营质量管理等制度。切实加强对规模养殖场、家畜定点屠宰场、兽药经营企业和活禽交易市场的监管，特别是加强对养殖场死亡动物无害化处理的监管，全年对每个监管对象现场检查3次以上。开展"畜禽养殖环节专项整治"和"兽药经营使用专项整治"等专项整治工作，进一步规范全市兽药、饲料及饲料添加剂等投入品经营使用行为。全年抽检猪尿样2545份，抽检结果均为阴性。全年立案查处案件10件，立案结案率100%。出动执法巡查车辆200多台次，执法人员2000多人次，对全市养殖投入品市场进行巡查，查处经营假劣兽药1起，没收假劣兽药126包。

【屠宰管理】 全市屠宰检疫生猪22万头，定点屠宰检疫率100%；规模养殖场、定点屠宰场签订动物防疫、动物产品质量安全责任书(告知书或承诺书)100%，兽药经营企业、规模养殖场、定点屠宰场监管覆盖面100%；全年立案查处案件11件，立案结案率100%；完成农业部、自治区、梧州市下达的抽样任务，样品合格率97%以上，在养殖、屠宰环节开展"瘦肉精"快速检测2545份，结果全部为阴性，全年不发生重大动物产品质量安全事故；全市累计出动屠宰执法巡查3830人次，私屠滥宰得到有效所有制；出动执法巡查车辆451台次，执法人员3511人次，对全市进行执法巡查，查处无检疫证明案件8起，没收猪肉97.5千克。举办培训班2期，培训人员120多人次，执法人员、兽医培训覆盖面100%。开展生猪屠宰监管"扫雷行动"，持续对生猪屠宰违法行为保持高压严打态势，通过日常监管、监督抽检、集中整治、群众举报等方式，对辖区内生猪屠宰活动实施全面、细致排查，并组织开展广泛宣传活动，采取发放明白纸、告知书、约谈、签订责任书等方式，强化屠宰法律法规、安全知识和职业道德诚信教育，督促引导屠宰企业建立健全屠宰环节质量安全内控制度和安全生产管理制度。全年出动执法巡查车辆451台次，执法人员3511人次，对全市进行执法巡查，查处无检疫证明案件8起，没收猪肉97.5千克，并进行无害化处理。

（市水产畜牧兽医局）

工业·信息产业

工业概述

【管理机构设置】 岑溪市工业和信息化局，组建于 2011 年 5 月，简称岑溪市工信局，为岑溪市人民政府工作部门，原市经贸局职责划入市工信局，承担推进全市工业化信息化建设，加强内贸工作，加快工业化和信息化融合、内外贸融合职能，内设秘书股、人事股、经济运行股、投资规划股、中小企业股 、能源和信息股、市场秩序股、商贸服务股、对外经济股 9 个股室，下辖中小企业服务中心、商务稽查大队、节能监察中心、乡镇企业技术服务指导站和市场开发服务中心 5 个事业单位，负责国企办、石材办、陶瓷办日常工作。工信局办公地址岑溪市玉梧大道东 76 号。2017 年，党组书记、局长莫石坚。

【工业经济基本情况】 2017 年，全市有工业企业 1032 家，其中规模以上工业企业 90 家，生产总值达 10 亿元以上企业 24 家，亿元以上企业 56 家。主要行业有非金属矿采选业、非金属矿物制造业、有色金属采选业、木材加工业、家具制造业等 20 多个，其中，石材产业、林产林化、有色金属、电子制造业、陶瓷制造业、服装纺织业六大产业成为岑溪市的支柱产业。全市 90 家在库规模以上工业企业总产值 630.4 亿元，同比增长 19.4%；销售产值 613.19 亿元，同比增长 16.59%，其中：轻工业销售产值 76.8 亿元，重工业销售产值 536.39 亿元；规上工业增加值 191.91 亿元，同比增长 13.7%。全市累计工业用电量 38340.79 万千瓦时，同比增长 6.82%。从行业类型看，石材行业实现产值 176.06 亿元，同比增长 17.29%；林产林化类企业实现产值 168.17 亿元，同比增长 23.26%；电子制造业企业实现产值 69.3 亿元，同比增长 21.94%；陶瓷行业企业实现产值 77.32 亿元，同比增长 27.9%；有色金属行业企业实现产值 18.68 亿元，同比增长 35.86%；服装纺织制造业企业实现产值 20.18 亿元，同比增长 0.71%；建筑材料行业企业实现产值 26.77 亿元，同比增长 29.4%。

【工业项目投资】 2017 年，岑溪市完成工业投资 1608480 万元，完成全年目标任务的 100.22%，同比增长 0.6%。技改投资 703266 万元，制造业投资 1312074 万元，同比增长 -7.70%。重点实施以工业化的转型升级为发展重点的，科技含量高、带动力强的工业项目。岑溪市新建球陶瓷有限公司、岑溪市茶仔龙林业科技发展有限公司等企业加大装备和生产线技术改造、节能减排改造力度，企业产品质量、生产效率明显提高。茶仔龙林业科技发展有限公司引进花生油压榨设备精炼设备以及配套设备等，对生产线进行技术改造，形成高标准的生产能力，年新增销售收入 1000 万元，项目总投资 1400 万元，其中固定资产投资 1200 万元，铺底流动资金 200 万元，项目自筹资金 1400 万元。

【技术创新】 2017年，岑溪市新动力陶瓷有限公司采取高速碳化硅烧嘴，助燃风采用与抽热管连接技术，提高企业转型升级。

【化工产业】 2017年，全市化工产业（含规上企业）年总产值4.47亿元。规模以上有岑溪市祥胜科技有限公司、广西岑溪恒信钛白有限公司。

【食品工业产业】 岑溪市食品加工产业主要有肉禽加工业、果蔬加工业、食用油加工业等，主要产品有三黄鸡肉类加工制品、砂糖橘、桂圆肉、坚果等无公害绿色环保食品，玉桂、八角香料制品，花生油、软枝茶油、米粉等特色食品。全年食品工业产业（含规上企业）销售收入约17.56亿元。规模以上企业有岑溪市三角淀粉有限公司、岑溪市外贸鸡场有限公司等。

【医药工业产业】 2017年，岑溪市有广西岑溪市安阳堂药业有限公司规模以上医药工业企业1家。全市医药工业产业（含规上企业）年产值1.23亿元。

【机械电子产业】 岑溪市机械电子产业涉及农机、精密模具、电感线圈、汽车及各种高能电池、电表箱等门类众多行业。至2017年底，岑溪市家电产业园引进澳利电子、汇正茂电子、新海通信、优耐电子、银象电器等30多家企业（其中规模以上5家）。2017年机械电子产业（含规上企业）年产值69.30亿元。

【建材产业】 岑溪市建材产业主要以花岗岩、木材、水泥制品、陶瓷、墙体材料、装饰材料、化学建材及页岩砖等为原材料，产品主要是建筑瓷砖、花岗岩装饰板材、轻质砖、新型墙体材料、新型防水密封材料、新型保温隔热材料和装饰装修材料等。其中石材产业为支柱产业，2017年，建材产业（含规上企业）总产值202.83亿元。全市花岗岩加工企业有432家，全市建材工业规模以上企业有30家。

【纺织工业】 岑溪市抓住东部密集型企业向西部转移的机遇，推进纺织产业转移，形成东中西部纺织产业优势互补、协调发展的新格局，引进和发展劳力密集型、技术操作简单和市场前景看好的毛纺织加工业。2017年，岑溪市重点扶持中兴纺织、百裕服装、联益服装等龙头企业，全市规模以上纺织工业企业有4家。2017年全市纺织工业（含规上企业）总产值约20.18亿元。

（市工信局）

电力工业

水力发电

【水电管理机构概况】 岑溪市水利发电有限公司成立于2005年6月9日。2011年12月30日，广西水利电业集团有限公司所属发电企业实行改制重组，由岑溪市水利发电有限公司与岑溪市水汶水利发电有限公司合并组建成立广西桂水电力股份有限公司岑溪发电分公司。2017年，公司总经理陈启义。有在册员工888人，公司设经理工作部、财务部、人力资源部、生产技术部、安全监察部5个职能部门，资产总额27297.53万元。下辖四滩、都目、波塘、大湾、西牛头、水汶6座水电站，总装机容量35960千瓦，年发电量1.3亿千瓦时。近年先后承包苍梧发电分公司的武爽、新建、参田3座电站和贵州平塘河湾电站及岑溪市银河水电有限公司山坪电站的运行管理，选派部分人员到集团公司属下的新疆克州布仑口水电站参与发电运行。2017年1月接管容县六堡水电有限公司六堡电站的运行管理。2017年大湾电站获得集团公司“创建安全生产优秀班组”称号，公司实现安全生产“零”事故的目标。

【经营指标完成情况】 2017年，实现发电量

自治区水利厅、梧州水利局领导检查四滩电站大坝　　发电公司　供

17024.02 万千瓦时，与 2016 年同期的 17952.46 万千瓦时下降 5.17%，完成计划 14983 万千瓦时的 113.62%。实现销售电量 16813.79 万千瓦时，与 2016 年同期的 17734.60 万千瓦时下降 5.19%，完成计划 14900 万千瓦时的 112.84%。营业总收入 4979.61 万元，与 2016 年同期的 5201.98 万元下降 4.27%，完成计划 4522.00 万元的 110.12%。

【技改增效扩容】 2017 年 11 月，四滩、波塘电站“十三五”增效扩容技改项目工程及水汶生态电站改造工程开始开工建设。三个电站技改工程完成后将增加装机容量 3700 千瓦，技改后公司总装机容量达 39660 千瓦。

（岑溪发电分公司）

电力供应

【管理机构概况】 岑溪市水利电业有限公司成立于 2003 年 10 月，是广西农村投资集团有限公司与岑溪市电力公司共同出资组建的有限公司（其中农投集团占 86%的股份，市电力公司占 14%的股份）。2017 年，党委书记、董事长陈启义，党委副书记、总经理李瑶伟。公司总资产 8.5 亿元，员工 612 人，下设 8 个职能部室，17 个供电营业所，25 座变电站（其中 110 千伏变电站 6 座，主变 9 台，变电容量 492 兆伏安，110 千伏线路 6 条，线路长度 75 千米；35 千伏变电站 19 座（其中 18 座实现双电源供电，城西、古万变未投入运行），主变 32 台，主变电容量 321 兆伏安，35 千伏线路 32 条，线路长度 352 千米；10 千伏配变总容量 342 兆伏安，10 千伏公用线路 121 条主干线，线路长度 2270 千米。有用电客户 26.5 万户，日均负荷 12.5 万千瓦，日最大负荷 20.5 万千瓦。

【供售电量】 2017 年，公司实现供电量 95761.02 万千瓦时，比 2016 年增长 4.93%。实现售电量 88482.99 万千瓦时，比 2016 年增长 4.94%，上缴税收 2680 万元。全市社会总用电量 99951.11 万千瓦时，其中工商业用电量 55475.29 万千瓦时。

【农网改造升级建设】 完成 2015 年农网改造升级工程新增投资项目（30 亿）部分的建设。该项目工程集团公司设计批复总投资 12287.67 万元，包括 110 千伏项目 2 个，35 千伏项目 8 个，10 千伏项目 66 个，自动化改造项目 3 个。完成 2016 年第一批农网改造升级工程建设。该项目工程建设集团公司设计批复总投资 4474.99 万元。项目包括：新建及改造 10 千伏线路 17 条，10 千伏线路 68.208 千米，新建及改造配电台区 84 个，新增及更换配电变压器 84 台，容量 10650 千伏安，10 千伏分支线 18.195 千米，低压线路 229.01 千米，改造户表 6806 户，总表改造 1780 个台区，旧表改造 19305 户。完成 2017 年第一批农网改造升级工程初步设计上报工作，总计划投资 4933 万元。该项

工人正在为供电设备检修　　市电业公司　供

目工程建设的内容为:1.35千伏项目2个,2.10千伏项目79个，新建及改造10千伏线路20.92千米;台区项目:新建及改造配电台区71个,新增及更换配电变压器68台，容量20735千伏安,10千伏分支线路7.57千米,0.4千伏线路76.24千米,0.23千伏线路48.54千米。其中10千伏项目工程已开工建设。完成2017年第二批农网改造升级工程初步设计上报工作，总计划投资6592万元,该项目工程建设的内容为:35千伏项目3个：改造35千伏大隆变电站1座,主变1台,容量5兆伏安，新建及改造35千伏线路2条，总长21.7千米。10千伏项目86个，新建及改造10千伏线路56.203千米,台区77个,新增及更换配电变压器77台，容量18555千伏安，低压线路184.09千米,改造一户一表9550户,其中10千伏项目工程已做好开工前期工作。完成2015年农网改造升级工程(10亿)结算资料上报工作。完成2015年农网改造升级工程新增投资项目(30亿)部分工程结算资料上报工作。

【自有资金项目建设】 完成大业镇10千伏古味线移动支线安全隐患整改工程、新增昙容五星村兰底配电台区、水汶镇严垌村西冲台区、上奇社区奇营新村台区工程的建设改造,投资54.71万元。做好10千伏北环线二水厂段线路改造工程、新增岑城镇育才箱变台区、吉太变10千伏社区线七块田支线天龙顶分支新建工程、吉太天龙顶山地公园配电变压器新建工程、三堡镇木坪村木坪2#台区等10个工程的勘测设计工作,计划投资115.19万元。

【供电服务】 进一步推进政务服务事项集中办理和服务窗口标准化建设，涉及面向群众的所有服务事项均在政务服务中心办理。增加微信支付缴费方式,提升服务水平。充分发挥“966022”供电服务热线职能,2017年度通过座席话务服务，接收广大用户各类咨询1670多件，办结率100%。利用手机短信平台,主动、及时、准确地向客户发布信息,包括电费账单、计划停电、故障停电通知等,提高信息覆盖面积。

【调整电价】 根据《广西壮族自治区物价局关于合理调整电价结构有关事项的通知》(桂价格〔2017〕34号）文件精神，从2017年7月1日起，降低一般工商业、大工业电价0.72分/千瓦时。一般工商业电价由原来0.8421元/千瓦时下降到0.8175元/千瓦时,降幅2.46分/千瓦时,2017年为一般工商业用户减少电费支出160多万元。进一步推进电力体制改革和市场化交易工作，通过加强与大工业用电户和重要用户的供用电业务联系，及时了解和收集用户对供电服务的意见和需求，为重要用户开展重点服务活动。2017年累计完成直接交易电量7246.63万千瓦时，降低企业用电成本247.39万元。

（市电业公司）

岑溪工业园区

【管理机构概况】 岑溪市国城工业区开发有限公司是岑溪市人民政府设立的工业园区投融资公司,于2006年6月26日成立,经营范围:投资与资产管理,高新科技开发,基础设施投资建设。根据市人民政府授权,负责全市工业园区的规划、开发、建设、经营和管理工作。同时挂"岑溪市工业集中区管理委员会"和"梧州市陶瓷产业园大业集中区管理委员会"牌子,以"一套人马、三个牌子"开展园区的管理工作。2017年,国城公司下辖四个子公司:岑溪市华宇工程测绘有限公司(2010年7月成立)、岑溪市樟木古街开发有限公司(2013年6月成立)、岑溪市创业建设投资有限公司(2014年3月成立)、岑溪市宏盛投资建设有限公司(2016年3月成立)。岑溪市工业园区管理委员会于2017年6月11日正式挂牌成立,内设机构5个、人员编制13人。在编人员5人。

【工业集中区主要经济指标】 岑溪市工业集中区实现工业总产值240亿元,占年目标任务206.16亿元的116.41%,实现工业增加值72亿元,占年目标任务60.45亿元的119.1%,实现税收41352万元,实现工业项目投资101211万元;基础设施投资32338万元,占目标任务32338万元的100%。梧州市陶瓷产业园大业集中区 实现工业总产值58亿元,占年任务54.61亿元的106.21%;实现工业增加值17.4亿元,占年任务13.4亿元的129.85%;实现税收9860万元。

【工业园区建设】 2017年,继续推进工业园区规划建设工作。确立以岑溪市工业园区为主体,按照"一区三园多基地"的模式归并整合各类园区,突出主导产业,推动特色产业发展。主要开展的规划调整工作有:分别对鼎立新材料科技产业园、农民创业园、家电产业园、粤桂(岑溪)农副产品加工商贸示范基地等进行规划环评调整工作。主要完成的基础设施建设工作有:重点推进鼎立新材料产业园区建设,新材料产业园污水处理厂正在开展前期工作,获得自治区工信委扶持资金600万元;做好一级路边挡土墙建设,园区水厂交付给马路镇政府经营管理;新引进的西骏项目已经开始进行场地平整和进厂道路简易铺设。推进农民创业园进园大道建设工作,进园大道完成道路基础层铺设,总工程量已完成60%以上;进园大道两旁土石方工程已完成50%,园区自来水厂已经开工建设,已完成总工程量的40%;园区进双松村方向道路正在设计中。新动力退让给进园大道的土地已落实,已重新修建好围墙和道路;新建球退让给进园大道的土地已落实,待厂房内物品搬离可拆除,并施工建设。粤桂(岑溪)农副产品加工商贸示范基地完成征地范围内的清表工作。筋竹陶瓷片区完成萤石矿选址工作,正在做好场地平整的前期工作;完成筋竹铅锌矿选矿厂选址工作。西竹园区协助一外商办食品厂初步选址工作。善村工业园协助一外商办米粉厂初步选址工作。家电产业园协助南环路做好紫坭园区段设计标高变更、园区厂区岔路口等建设工作。

【棚户区改造】 截至2017年底,市归义城中村棚户区改造项目到位资金2.7亿元,其中农发重点建设基金1.4亿元,贷款1.3亿元。已累计投入资金8185万元。一期工程北回建区建设正在建设中,二期工程主要包括完全小学、幼儿园、公建配套服务用建房建设以及改造范围内片区(回建预留地、出让区)的道路交通及照明工程、管网布设、公园绿地、环卫工程的基础设施建设,正在进行前期工作。

(国城公司)

信息产业

【中国电信股份有限公司岑溪分公司】 简称岑溪

电信公司，管理马路、南渡、水汶、大隆、梨木、归义、大业、筋竹、诚谏、安平、糯垌、三堡、波塘等13个镇电信业务运营。2017年，岑溪分公司公司总经理卢韬。年末用工总量81人，其中在岗合同制员工81人，党员39人，在职人员中，本科(含双学士)学历33人，专科学历27人，高中、技校14人，初中及以下文化10人。公司业务总量同比增幅10.45%。发展天翼、宽带业务，向农村业务发展。中国电信岑溪分公司网点份额占比37.5%，其中县城商贸城核心商圈网点份额41.4%。全年累计完成投资6000多万元。完成设备改造及AD端口减容万余端口。

【中国移动通信集团广西有限公司岑溪分公司】 公司有营业服务网点15个，其中：自营服务厅8个，委托加盟营业厅7个。社会渠道网点219个。2017年末，在编员工110人，其中合同工107人，劳务派遣工3人。服务渠道网点覆盖岑溪市区及乡镇197个村，全市移动客户总数40.12万户。岑溪分公司持续开展4G网络的建设工作，新建119个4G基站，扩容35个4G基站，岑溪市区、乡镇镇区及高等级公路以上沿线移动4G网络规模覆盖率98.26%，完成14个乡镇100M宽带用户的网络接入，新增及扩容35889个光纤家庭宽带端口。

【中国联合网络通信有限公司岑溪市分公司】 简称中国联通岑溪分公司，是中国联通梧州分公司分支机构。2017年，公司员工40人。有营业服务网点95个，其中自营服务厅1个，自建他营服务厅7个，社会渠道87个。市区宽带覆盖率97%以上，宽带覆盖10个乡镇及70个村。建成开通350站点，岑溪市区、乡镇、村落的网络覆盖率92%。

交通运输和邮政

交通运输

【管理机构】 岑溪市交通运输局为岑溪市人民政府工作部门，正科级行政单位，内设秘书股、财会股、综合股、法规股、交通战备办公室5个职能股室，下辖市公路管理所、市航务管理所、市运输管理所3个副科级二层事业单位（自收自支单位）及岑城镇、南渡镇、大隆镇、大业镇、糯垌镇5个镇级交通管理站（自收自支单位）。2017年，党组书记、局长梁四光。年末在编在岗干部职工98人，其中机关行政编制10人，事业编制88人；大学本科24人，大学专科52人，中专（高中）22人；中级职称20人，初级职称39人，管理人员10人，高级工1人，中级工6人，初级工3人，普工9人。

【公路概况】 2017年，全市有公路里程1697.62千米，其中：高速路128.35千米，一级公路21.66千米，二级公路122.65千米，三级公路89.33千米，四级公路1309.46千米，等外公路26.16千米。

【公路建设】 2017年，完成南环过境公路一期工程建设，全长9.3千米，按一级公路标准设计，概算总投资31785万元，于2017年6月底已完工，10月经梧州市交通工程质量监督站进行质量检测，评定为合格工程，12月下旬，岑溪市人民政府组织有关部门对南环过境公路一期工程进行交工验收。做好南环过境公路二期工程项目前期工作，建设规模8.8千米，按一级公路标准设计，计划总投资3.66亿元。

全年统筹推进重点交通建设项目6个，完成投资7974万元。其中梨木至大隆、新塘至三兴工业园区公路改建工程为续建项目，另外4个项目为新开工项目；水汶至吉太二级公路于9月下旬正式开工，梨木至河木公路在11月上旬开工，思英至波塘公路11月底开工，归义至大隆（归义至梨木段）公路12月中旬开工建设。

农村公路续建建设项目17个，完成投资1100多万元，其中：县乡联网路项目3个，窄路拓宽工程9个（7个已完工，2个正在建设），3个农村公路安保工程已完工，2个农村公路路面维修工程正在建设中。

上级立项的农村公路建设项目有24个，年度计划总投资6238万元，其中：安防工程3个，危桥改造工程1个，窄路加宽建设项目3个，县乡联网路项目3个，新建桥梁项目2个，路面大修工程4个，连通工程8个。2017年12月底，已完工项目17个，在建工程2个，有3个项目完成前期工作，准备组织工程招投标工作，还有2个项目正在开展前期工作，累计完成投资1500多万元。

【桥梁建设】 2017年，上级立项的渡改桥及新建桥梁项目2个，为水汶镇水汶社区金罗大桥和大业镇泗龙村过则桥，12月底完成项目的前期工

诚谏石桥村凤凰桥　　张海亮　摄

作，正组织工程招投标工作。按照“政府主导、群众参与、分步实施、建管并重、安全畅顺”的基本要求，把“第一公里·桥”与“美丽岑溪·宜居乡村”建设、脱贫攻坚、农村交通基础设施建设有机整合、重新铺排，如期完成71座桥梁新建、改建任务，其中：危改桥梁10座，新建桥梁61座，累计完成投资1501.2万元，项目建成后涉及受益人口6.4万人。

【公路养护】 全年投入550多万元用于公路养护和抢修水毁公路。设立15个养护组，实行人员承包、定期考核的形式，对全市316千米县道与个别乡道实施养护工作。按照乡道1500元/年·千米和村道1000元/年·千米的标准拨付养护经费给各镇政府，协调和指导各镇政府组织实施对全市1049千米的乡村道路养护工作。

【路政管理】 全年查处路政案件27起，治理违法摊点23个，清理占用公路、乱堆乱放178处2810平方米，拆除非公路标志35个。会同市治超办处罚超限运输车辆359台。

【航务管理】 全市有渡口26个，分布在水汶、大隆、南渡、马路、波塘、三堡6个镇，有横水渡船21艘，346个客位，客圩渡船18艘，1080个客位，年内完成客运量88万人。2017年，在春运“渡运安全月”“防汛抗旱宣传月”“安全生产月”国庆节、中秋节期间宣传水上交通安全，印发宣传资料5000余份、制作宣传横幅40条，安全告知卡500份，宣传板报20幅。联合梧州海事局、梧州市港航处和岑溪相关镇政府围绕“树立安全新理念，强化内部管控和隐患治理”及“全面落实安全主体责任”的主题，举办2期安全教育和应急演练活动。检查渡口278个(次)、船舶410艘(次)，发现隐患、整改隐患61件，整改率100%。

【便民码头和渡船建设】 投入资金66余万元，建设马路镇新城渡口、乇垌渡口、大隆镇河口渡口、合和渡口、三堡镇大坡渡口、大冲渡口等6个便民候船亭；维护横水渡船9艘，修复水毁严重的马路滩箩渡口和波塘客运码头；竖立渡口警示牌25个、重新堪划水位警戒线等。

【道路运输行业管理】 全年受理道路运输行政许可申请273件，全部作出予以行政许可决定，年内完成客货运输车辆年审1906辆。培训大车、小车、摩托车驾驶学员23100人。新办理维修企业23家，到期换证60家。全市拥有机动车维修业户377家，9月，对23家一类二类维修企业进行质量信誉考核工作。新增通客运村7个，全市256个村有225个村通客运车辆，通达率88%。

【公路运输量】 全市开行客运班线60条，有各种营运机动车2298辆，其中班线客车205辆7205个座位，货运车辆数2093辆。完成公路客运778万人，客运周转量54587万人千米；货运量1362

万吨，货运周转量143083万吨千米，客货运周转量148542万吨千米，同比增长10.1%。

【运政管理】 深入开展"六打六治""打非治违"和"黑车"专项整治行动，打击非法营运、"黑车"非驾等各类交通运输违法违规行为。重点对6家运输企业开展安全大检查，检查企业385家（次），发现和完成整改安全隐患33起，整改率100%。上路检查车辆3224辆次，查处违章案件221起，其中查扣非法营运车辆27辆。

【城市公共交通】 岑溪市有公共汽车公司2家，出租汽车公司1家（同达出租汽车有限公司）。岑溪市公共汽车有限公司有公共汽车65辆，其中大巴21辆，小巴44辆，开行归义、马路、新塘、火车站、昙容等公交线路5条。岑溪市泽仁公共汽车有限公司拥有公交车3辆，仅开行岑溪广场至泽仁物流园公交线路。岑溪市出租汽车有限公司拥有出租车60辆，全部正常营运。

（岑溪市交通运输局）

公路管理

【机构概况】 岑溪公路管理局是桂东公路管理局下属正科级国有事业单位，局机关设在岑溪市市区北环大道299号，负责管养岑溪市境内的国道207线（岑苍二级公路和南水二级公路）、国道324线（容岑一级公路和岑罗二级公路）、县道202线（大业至诚谏公路）、县道203线（岑溪至玉林公路）共175.8千米。岑溪公路管理局机关内设路政执法大队、办公室、财务科、养护与工程管理科、安全与国有资产管理科、政工科6个科室，下设马路、南渡、昙容、盘古、归义、筋竹、新村、大隆、旺田、糯垌10个养护站（组）。单位编制人数114人（不含路政大队），在职在编职工94人，其中：管理人员24人、生产工人70人；高级职称3人、中级职称15人、初级职称17人，技师11人，高级工53人、中级工5人、初级工1人。编外聘用人员20人，其中原聘用3人，2016年4月接收收费站转岗人员17人。公路局继续巩固获得的自治区级文明单位、文明庭院、和谐单位、双文明公路局等自治区级荣誉；3月，被重新确认为自治区卫生先进单位。巩固一类双文明养护站4个，巩固梧州市安康杯竞赛优胜企业、工人先锋号等梧州市级荣誉2个。

【公路养护】 2017年，年终优良路率73.3%，完成计划任务的100%（计划任务为73.3%）；完成路面修补折算成沥青罩面1厘米厚，面积112175.2平方米，完成计划任务的114.33%（计划任务98113平方米）。

【公路绿化】 及时对空白路段进行补种植路树，种植1110株紫荆树。对已成熟、老化、对过往行车存在较大安全隐患的345株速生桉树进行有计划采伐，有效保证公路交通安全。对弯道内侧、平交道口及遮挡标志、标牌的路树进行修剪，全年修剪222处，保证行车视距良好，行车安全。

【桥隧养护】 严格按照桥隧相关制度进行养护、检查，投入222万元对G207线K3238+850古平桥旧桥部分拆除重建，已完成工程量的90%。投入49万元对管养路段的桥梁按桥梁规定要求进行定期检查，特别是对2016年5月20日被砂船撞击的G207线K3318+662水汶大桥进行检查，保证运营桥梁处于良好技术状态。按桥梁养护管理要求投入18.2万元对管养的桥梁进行小修，更换桥梁标志牌38套（个），翻新油刷桥梁栏杆3860米，更换黄华河大桥、河口中桥、更口桥等桥梁伸缩缝57米。

【路桥危改工程】 严格执行《桂东公路管理局关于印发〈桂东公路管理局养护工程管理办法（修订）〉的通知》要求和桂东局的安排，对列入国省干线危桥改造 G207 线 K3238+850 古平桥项目、国道 324 线 K1310+676～K1315+600 路面大修工程按桂东局要求进行维修；对 G207 线 K3281+738～+770 路基大中修项目、G207 线 K3297+960～K3298+100 危险路段整治项目按规定进行设计、招标、施工管理，两个项目已完成施工，质量合格。

【路政管理】 截至 2017 年 11 月 20 日，查处路产赔（补）偿案件 40 起，追回路产损失赔（补）偿款共 17.77 万元；办理路政许可审批 9 起，办理路政许可年审 32 起，收取涉路许可路产补偿款 10.13 万元。流动治超检查货运车辆 12581 辆次，查处违法超限运输车辆 289 辆次，卸载车辆 289 辆次，卸载货物 4495.06 吨；处理后续违法超限车辆 600 辆次，申请法院强制执行 16 起，罚款共 35.84 万元。

（岑溪公路局）

岑溪汽车总站

【概况】 广西梧州超大金晖运输集团有限公司岑溪汽车总站隶属广西梧州超大金晖运输集团有限公司，是道路旅客运输一级企业。岑溪汽车总站经营业务主要有公路旅客运输、客运站场、货物快运、汽车维修及汽车零配件供应、旅宿、酒家、商铺出租等。2017 年，汽车总站内设办公室、财务科、生产经营、安全技术科等部门，总经理、支部副书记王美峰，副总经理、支部书记韦健生。下辖市区内岑溪汽车客运站、探花汽车站及乡镇的大业汽车站、水汶汽车站、三堡汽车站、2 个乙类汽车修理厂；总站获梧州市国家税务局和梧州市地方税务局授予的 2017 年度纳税信用级别“A 级纳税人”称号。

岑溪汽车总站拥有营运客车 183 台，开通班线有：跨省班线 22 条，分别是罗定、肇庆、广州、佛山、南海、番禺、清远、东莞、东莞常平、东莞虎门、深圳、龙岗、宝安、福田、珠海、中山、顺德、惠州、阳江、高州、信宜、开平；跨地市班线 8 条，分别是南宁、柳州、桂林、百色、贵港、玉林、贺州、桂平；梧州市内班线 3 条，分别是梧州、藤县、蒙山；岑溪内班线 19 条，分别是安平、三堡、波塘、蛟塘、龙田、赤黎、诚谏、孔任、陀村、河三、枫桥、义水、筋竹、平塘、盘古、吉太、河木、水汶、竹兰。

【营运情况】 2017 年，完成客运量 477.99 万人次，与上年同比下降 3.85%；周转量 34338.11 万人公里，与上年同比下降 12.83%。上缴税金 360 万元。全年无上报考核责任行车事故。事故率、死亡率、伤人率均为 0，与考核指标对比均下降 100%。没有发生任何治安、刑事案件和任何消防事故。

（岑溪汽车总站办公室　王昆）

邮　政

【机构概况】 1998 年 8 月邮电分营，成立岑溪市邮政局。2015 年 5 月 1 日起，岑溪市邮政局改为中国邮政集团公司广西壮族自治区岑溪市分公司。2017 年，公司总经理、支部书记何毅清。公司设置一室五部，即综合办公室、市场营销部、金融业务部、渠道平台部、包裹快递部、集邮与文化传媒部；有 17 个支局（所）和 12 个代理金融网点，员工 165 人。业务经营范围是邮政基础业务、邮政增值业务、邮政附属业务、邮购业务，以及国家邮政局批准开办的其他邮政业务，邮政业务信息网络设计、施工服务项目，代办电信各项业务，开办放开经营的电信、信息业及咨询服务业，普通农药（危险化学品除外）化肥、饲料添加剂零售、配送；票务销售代理服务，广告业务，工艺品、日用百货、家用电器、五金交电、电子产品、礼品、办公用品、不再分装包装种子的销售；保险兼业代理业务，设计、制作、代理、发布国内各类广告，预包装食品批发兼零售，礼仪产品销售及配送业务，图书、报刊、电子出版物二级批发、零售、区内连锁经营，邮政物流、电子产品、邮购业务,邮资票品、集邮产品及其他集藏文化产品制作、销售业务,金银制品销售。

【业务经营情况】 2017 年，岑溪市邮政公司经营利润 2048.4 万元,比上年增加 280.5 万元。业务总收入 6178.9 万元，完成计划任务 94.9%，增幅 6.3%,低于全市平均增幅(9.9%)3.6 个百分点。其中:函件业务收入 132.5 万元,同比下降 58.3%;包快业务收入 217.3 万元,同比增长 79.4%;报刊业务收入 208 万元,同比增长 1.2%;集邮业务收入 105.2 万元,同比下降 11.2%;分销业务收入 816.4 万元,同比增长 48.9%;增值业务收入 32.5 万元,同比下降 52.2%;其他商品销售收入 142 万元,同比下降 4.2%;代理金融业务 4086.9 万元,同比下降 5.2%。

【邮路】 全市邮路 9 条,总长 279 千米。城市投递路线 6 条,单程 145 千米。农村投递路线 57 条,单程 1661 千米。

(岑溪市邮政公司)

商贸·旅游业

商业服务业

【商业服务业发展概况】 2017年末，岑溪市有限上第三产业企业179家，其中：批发业6家（新增1家）、零售业61家（新增23家）、住宿业6家（新增5家）、餐饮业16家（新增10家）、重点服务业41家（新增8家）、房地产销售企业49家（新增8家）。第三产业增加值65.74亿元，同比增长9.9%。全市社会消费品零售总额836739.4万元，同比增长14.08%。凡节假日期间组织大型超市开展促销活动和超市庆典大促销活动，实现消费零售额1.3亿元。

【商业中心和市场发展概况】 2017年，岑溪市有农贸市场35个，大型超市4家，包括岑溪市家嘉超市有限公司、岑溪市至佳百货超市有限公司、岑溪市亿佳购物广场有限公司、岑溪市万家惠商贸有限公司。商业网点总面积91.8万平方米。新在建的岑溪市明华农贸市场，位于市汽车站附近的新兴路，占地面积7.2公顷，总投资5亿元，总建筑面积18万平方米，设有1000多个停车位，是一站式购物综合农贸市场。

【食盐专营】 2017年，岑溪市严格执行食盐专营办法，规范食盐经营行为，保证食盐市场供应。经营的盐品主要有低钠盐、海藻盐、精制碘盐等小包装盐，全年盐品销售1300吨。

（市工信局）

供销合作

【机构概况】 岑溪市供销合作社联合社成立于1954年12月16日。2008年，自治区人事厅批准为参照公务员法管理单位。2017年，市供销联社内设办公室、财务审计股、综合业务股和人事股4个职能股室，全系统有直属企业4个：岑溪市土产公司、岑溪市日杂公司、砂砖厂、岑溪市农资公司；基层供销合作社16个，有干部职工355人。党组书记、理事会主任黄波文，党组成员、监事会主任蒙乾文。

【经济指标完成情况】 2017年，全市供销合作社系统商品总购进85633万元，完成任务的106.35%；商品总销售90780万元，完成任务的105.48%；农副产品收购29113万元，完成任务的104.35%；消费品零售额50649万元，完成任务的107.01%；农业生产资料零售27543万元，完成任务的109.73%；利润总额127万元，完成任务的100.79%。

【农资供应】 2017年，全市供销系统销售各类化肥125394吨，销售农药2428.5吨，占市场份额的

71%以上。

【项目建设】 2017年，市供销系统重点建设项目8个。其中：水汶综合性农贸市场建设，占地面积4986平方米，计划投资6000万元，于2016年11月27日开工建设；水汶供销社加油站建设，占地面积0.4公顷，计划投资1400万元于2016年11月30日开工建设；棚户区改造项目2个，诚谏供销合作社旧住宅小区综合改造，投资资金242万元；归义供销合作社棚户区综合改造，投资资金125万元；自筹资金建设安平农产品交易市场，10月建成投入使用；在大业社和筋竹社建设农村综合服务平台2个，通过积极争取上级财政资金，获得综合改革项目财政补助资金50万元，已完成建设任务。归义供销合作社加油站建设，投资812万元，于2017年7月24日开业。

【专业合作经济组织】 通过共同出资、产销合作、项目共建、共创品牌、共享利益等方式，引导农民依托优势产业建立农民专业合作社，2017年，新增农民专业合作社6家，累计发展各类农民专业合作社47家。加强联合与合作，组建6家农民专业合作社联合社（2017年新增2家）。继续开展土地托管规模化服务205.13公顷（2017年新增20公顷）；结合“美丽岑溪·生态乡村”建设，创建大业镇综合服务站、三堡镇平山村综合服务社等25个农村综合服务平台（2017年新增13个）。全市供销系统举办农民培训班2期，培训人员100多人。

（市供销联社）

粮食业

【机构概况】 岑溪市粮食局是全市粮食行政主管部门，实有公务员7人，行政编制已于2010年并入市农业局。下辖岑溪市储备粮管理公司和岑溪市粮油监检站2个直属事业单位。2017年，局长梁小丽。

【粮食储备与供应】 2017年8—9月，在归义、糯垌、南渡3个储备点收购补库粮食2113吨，完成市储备粮轮换入库任务。贯彻落实“以防为主，综合防治”的保粮方针，及时处理隐患，“四无”粮仓合格率保持98%以上，全市储备粮库存数量真实，质量符合要求。全年完成库区粮供应760吨（原粮）。

【储备粮中心库建设】 筹集资金，推进市储备粮中心库项目建设。该项目2016年12月开工，2017年底建成11号仓（仓容5000吨）。整个中心库项目到2017年底完成投资2000万元（含征地拆迁费用）。糯垌收纳库新建一座仓容600吨的仓库，该仓库投资62万元，2017年5月开工，10月份完工通过验收。

【放心粮油工程】 全市有放心粮油配送中心1个，放心粮油连锁中心店1个，连锁经营店5个，总面积460平方米。

（市粮食局办公室）

石油业

【石油企业概况】 2017年，岑溪市有加油站45个，其中：中石化17个（高速路服务区加油站4个），中国石油13个，中海油1个，其他14个。7月，归义供销合作社加油站开业。经营燃气企业有岑溪市南雄液化气有限公司、岑溪市恒荣燃气有限公司、岑溪市恒兴天然气公司，其中岑溪市恒兴天然气公司成立于2017年6月。管道燃气建设累计投入1940万元，乌峡场站设备开始试运行。

【中石化岑溪石油分公司】 1978年9月，成立岑溪县石油公司。1985年，岑溪县石油公司更名为广西壮族自治区石油公司岑溪县公司，人财物和业务经营由梧州石油公司分公司管理，1991 年 11 月改名为广西壮族自治区石油工业总公司岑溪县分公司。1995 年 12 月改称岑溪市石油公司。1998 年 7 月，岑溪市石油分公司由自治区石油总公司统一管理。2000 年 9 月，中国石油化工集团公司重组改制，岑溪市石油经营机构分设中国石油化工股份有限公司广西梧州岑溪分公司和广西岑溪市石油公司。2002 年，实行“地县一体化”改制，取消县级公司法人资格。业务管理由梧州市石油公司直辖。2017 年，公司经理高斌。继续实行“一户一价”营销策略，开发市场，推介客户办卡消费；针对石油市场批零差价大，在天桥加油站和探花加油站开展库出配送业务，销售库出配送 300 吨，库配卡销售 200 吨；全年总销售油品 92069 吨，同比增长 60%，其中：汽油 22018 吨，柴油 70051 吨。

旅游业

【管理机构概况】 2013 年 5 月 30 日，经中共岑溪市委常委会审核批准，原挂牌在市人民政府办公室的岑溪市旅游局单独设置。2014 年 3 月 19 日，经广西壮族自治区公务员局审核批准，岑溪市旅游局为参照公务员法管理的正科级事业单位。2015 年 12 月 31 日，办公地点从城中路 2 号搬迁至新兴路 96 号。旅游局内设办公室、产业市场促进股和监督管理股 3 个股室。2017 年，党组书记、局长陆海玲(女)。

【旅游业概况】 2017 年，全市正常运营的旅游企业 29 家，其中旅游饭店 7 家(三星级饭店 4 家：岑溪市大酒店、榕湖饭店、阿里香大酒店、泰隆大酒店；二星级饭店 3 家：印象 100 时尚酒店、华夏酒店、兴龙大酒店)；星级乡村旅游区 3 个(吉太四星级乡村旅游区、归义阳光生态园四星级乡村旅游区、富宁二星级乡村旅游区)；星级农家乐 8 家(岑溪市赤水山庄四星级农家乐、马路镇露苔体育休闲山庄四星级农家乐、南渡镇天龙山庄四星级农家乐、糯垌聚龙农庄三星级农家乐；二星级农家乐 4 家：吉太老桥西、绿锦豪阁、益记饭店、竹家庄)；旅行社 7 家(大明旅行社、国辉旅行社、国宏旅行社、南宁海外旅行社岑溪分公司、阳光假期旅行社岑溪营业部、梧州市凤凰假期旅行社岑溪分公司、梧州正大国际旅行社岑溪营业部)、收费旅游景区 3 个(天龙顶山地公园、石庙景区、白霜涧景区)，岑溪市旅游餐饮联合会 1 个。

【旅游接待与收入】 2017 年接待国内游客约 326.66 万人次，旅游收入 35 亿元。接待入境游客 1.2 万人次，收入 428.52 美元。

【旅游市场开发】 在广西的南宁、桂林、玉林、梧州以及广东茂名、肇庆、阳江、罗定、湛江等地开展宣传促销活动；利用网络、电视、短信和微信等平台在岑溪周边县市宣传岑溪旅游资源，吸引外地游客，拓宽客源市场。

【旅游区域合作】 与区内的藤县、容县、北流以及广东省茂名茂南区、阳春、新兴、罗定、高州、信宜等地广泛开展区域合作，在旅游宣传、客源互送、线路打造等方面加大合作力度。与信宜市分别在水汶镇、朱砂镇着手共同开展打造旅游小镇前期工作。

【旅游规划与项目建设】 编制《岑溪市糯垌镇古河村旅游扶贫规划》和《岑溪市诚谏镇沙田村、黎垌村、天堂村旅游扶贫规划》，完成天龙顶山地公园创建国家 AAAA 级旅游景区、东山公园·博物馆景区创建国家 AAA 级旅游景区工作，完成马路镇露苔体育休闲山庄和南渡镇天龙山庄创建广西四星级农家乐工作，糯垌镇南方溪园乡村旅游区和归义镇风语山庄乡村旅游区建设工作启动。开发粟米饼以及大果山楂酒等大果山楂系列旅游商品。

【旅游线路开发】 与容县、藤县以及广东罗定市、信宜市、阳春市、新兴市、茂名市茂南区等区域加强旅游合作，开发旅游线路，推出“游天龙品美食，感悟孝道文化——岑溪一日游”“畅游梧州第一峰、体验岭南第一漂、品尝古典三黄鸡——岑溪一日游”“感悟孝道文化、品古典三黄鸡、体验岭南第一漂、畅游梧州第一峰——岑溪两日游”等三条本市旅游线路和策划打造出融“历史文化、长寿孝道文化和美食文化”为一体的“岑溪—容县—梧州”三天两晚桂东南区域性旅游线路；在春节期间，利用诚谏镇黎垌村10公顷油菜花和纯天然的田园山水风光打造“赏鲜花品美食、感受孝道文化——岑溪一日游”旅游线路。“三月三”期间，推出“品美食游天龙顶一日游”“赏花摘果——糯垌安平一日游”等季节性旅游线路。

【乡村旅游建设】 凤语玫瑰庄园地处岑溪市归义镇荔枝村324国道旁，距岑溪市10千米。2017年开始投资建设，总面积1.4公顷，一期投入1700余万元，着力打造成为集玫瑰科研科普、栽培繁育、加工销售、婚纱摄影、餐饮住宿、会务接待、自助采摘、休闲观光于一体的乡村旅游区。南方溪园位于糯垌镇平坡村207国道旁，距离市区21千米，离糯垌高速出口3千米，总规划面积38.67公顷。是围绕“农林山水田园、农事民俗文化、智慧高效农业、生态生产生活”为主题，以“三产融合、生态修复、文化创新”为发展模式，打造集“产业·景观·游憩”为一体的现代智慧农业生态园。已建设有四季花田8.67公顷，主要种植格桑花、向日葵、百日草和茶花等，建设有植物迷宫1.33公顷，主要采用红绒球、红檵木和梦幻朱焦等喜庆植物来打造；建设有水果采摘园1.33公顷，主要种植有砂糖橘、台湾莲雾、澳洲坚果、雪梨、龙眼等；建设有农事文化园2公顷，主要为庆典舞台、农家乐、农家作坊、田园客栈、生态餐厅、农事活动等。露营体育休闲山庄位于马路镇昙容社区，创建工作从2017年3月份开始，设有住宿、餐饮、垂钓、农耕体验等项目，2017年12月底通过自治区评审获得“广西四星级农家乐”称号。天龙山庄位于南渡镇吉太社区，在吉太四星级乡村旅游区内，位于天龙顶山地公园、白霜涧景区和石庙景区的中心点，距离市区约40千米，天龙山庄从2016年6月开始创建，建设有三星级旅游饭店标准的住宿、餐饮、会议室等设施，有垂钓、农耕等体验类活动设施，2017年12月通过自治区级评审获得“广西四星级农家乐”称号。

【旅游行业管理】 在春节、“壮族三月三”和清明节、暑假、中秋、国庆等长假旅游旺季来临之际，召开全市旅游企业工作会议，联合市安监、交通、消防等部门开展联合执法检查。2017年，旅游局联合或单独组织旅游市场执法检查18次，检查旅游企业29家，下达整改通知书13份，规范旅游市场秩序，净化旅游市场环境。

【旅游从业人员培训】 2017年10月26日，在市中等职业学校举办“2017年岑溪市乡村旅游资源开发和运营管理知识培训班”以及“农村党员乡村旅游知识培训班”。邀请广西大学的曾凡军教授和享受国务院特殊津贴专家邓桂林教授，为发展乡村旅游区和农家乐的党员业主讲授乡村旅游的产品创意与服务创新、乡村旅游市场营销和旅游扶贫等相关知识。全市各乡镇政府分管领导、部分村支书和村委会主任、全市发展乡村旅游业的党员业主以及职业中等学校旅游专业的学生等300多人参加培训。

【旅游饭店管理】 2017年，全市有7家旅游饭店，其中三星级旅游饭店4家，二星级旅游饭店三家。旅游饭店管理严格按照《旅游饭店星级的划分与评定》（国家标准），加强对酒店（旅游饭店）的管理。11月，梧州市旅游饭店星评委员会对二星级旅游饭店印象100时尚酒店进行复核工作。在重大节假日前夕对全市7家星级旅游饭店按照星级服务质量标准跟踪监督和进行安全检查；不定期对安全生产责任制、安全管理制度、应急管理情况、经营秩序以及防火、防盗、防中毒等项进行检查。

【旅游安全管理】 与全市 15 家旅游企业签订年度安全目标责任制，制定安全管理制度和应急救援预案。2017 年，开展旅游市场秩序、道路交通、防洪防汛、地质灾害、消防措施、打非治违、食品安全的专项整治活动；下发旅游企业的安全类文件 16 个，检查 16 次，撰写情况汇报及总结 28 个；全年督促整治安全隐患 37 处，整改率 94.8%，达到安全生产零事故工作目标。围绕"安全、质量、秩序、效益"四统一的假日旅游工作目标，在全年各个节假日前，对全市的旅游企业进行一次全面检查，加强旅游市场监管，做好旅游信息发布、游客咨询以及值班工作。

【旅游活动】 3 月 24 日，茂名市旅游宣传推介会在岑溪大酒店举办。三月三期间，举办"壮族三月三·岑溪嘉年华"之"樟木古街旅游节""岑溪市首届画眉争霸赛""岑山溪水好风光"摄影展、山歌比赛等系列活动。5 月 16 日，在市人民广场举办"中国旅游日" 宣传活动，在市中等职业学校举办 2017 年岑溪市"岑山秀水"导游演讲大赛。7 月 1 日，在吉太乡村旅游区举办"岑山溪水"旅游推介会，邀请容县、藤县、苍梧以及广东新兴、信宜、高州、阳春、罗定等地县市区的旅游协会、旅行社等旅游同行 200 多人，到市各景区进行旅游采风踩线。11 月 4 日，由岑溪市旅游局和南渡镇联合举办以"醉美岑溪天龙顶"为主题的"醉美岑溪·天龙杯" 摄影大赛开幕式在吉太四星级乡村旅游区的天龙养生酒店举行。邀请《羊城晚报》、《南方日报》、《南方都市报》、《深圳特区报》、《前海特报》、《深圳商报》、《深圳都市报》、深圳新闻网、深圳广电集团、宏博昌荣传媒等媒体记者以及深圳大芬油画村和香港的艺人等 100 多人出席开幕式。

（市旅游局）

国土资源·建设·环境保护

国土资源管理

【管理机构概况】 岑溪市国土资源局（简称国土局）成立于2002年4月，属岑溪市人民政府主管土地资源、矿产资源的行政职能部门。内设办公室、纪检监察室、人事股、财务股、政策法规与执法监察股、地籍管理股、规划科技和耕地保护股、土地利用管理股、测绘管理股、矿产开发与地质勘查储量股、地质环境股11个职能股室，国土资源局管理的机构有岑溪市不动产登记局、岑溪市测绘地理信息局、岑溪市国大矿业投资管理有限公司，下辖国土资源执法监察大队、矿业开发服务中心、土地整理中心、地产公司、土地收购储备中心、不动产登记服务中心、地理信息测绘中心等7个二层机构。2017年，党组书记、局长黎权祥。岑溪市国土资源局被评为2017年度全区国土资源系统读报用刊工作先进单位。

【国土资源规划】 根据《岑溪市土地利用总体规划（2006—2020年）》调整完善方案（2015年调整）（以下简称《规划》），2020年全市建设用地总规模14588.33公顷，城镇工矿用地规模4973.35公顷，农村居民点用地规模6628.51公顷，交通水利及其他用地规模2986.47公顷。至2016年，全市建设用地总规模14290.94公顷，城镇工矿用地规模3385.51公顷，农村居民点用地规模8184.6公顷，交通水利及其他用地规模2720.83公顷。建设用地总规模、城镇工矿用地规模、交通水利及其他用地规模均控制在《规划》目标范围以内。

【耕地保护】 2017年，梧州市人民政府下达给岑溪市2017—2020年的基本农田保护面积不得少于32055.05公顷，2017年末，实有基本农田保护面积32080.01公顷（基本农田划定数据），实有耕地面积40076.81公顷。

【土地开发整治】 在建项目是岑溪市岑城镇等7个镇耕地提质改造（旱改水）项目，项目实施面积109.04公顷，预计提质改造建成水田面积91.4公顷，项目投资997.38万元。项目分二期实施，其中一期实施面积26.24公顷，涉及归义镇、糯垌镇、三堡镇、安平镇、南渡镇；二期实施82.79公顷，涉及岑城镇、水汶镇、归义镇、糯垌镇、三堡镇、安平镇、南渡镇。一期已经进行工程复核和耕地质量等级评定。

【土地征收】 2017年，国有土地收储计划总面积70公顷，实际收储面积142.17公顷。2017年防洪堤等15个项目征收土地96.17公顷，其中：水田24.66公顷，旱地4.36公顷，林地3.04公顷。年底，共支付项目征地拆迁、地上附着物等补偿款3698.46万元。

【建设用地管理】 全年划拨方式供应国有建设用

地16宗，面积66.06公顷，划拨价款10989.91万元。2017年，开展区域建设用地节约集约利用状况更新评价工作，于11月通过区厅评审。全面摸清、掌握岑溪市区域建设用地集约利用状况，总结岑溪市建设用地集约利用的优势与不足。

【国土资源市场】 2017年，全市公开招拍挂出让工业、商业、旅游、娱乐、商品住宅等经营性用地22宗，面积33.76公顷（其中商业、商品住宅用地29.2公顷），成交价款39760万元。办理转让土地使用权132宗，面积12.31公顷，成交额2608.72万元。

【地质环境管理】 2017年，全市有79个矿山，全部编写有矿山地质环境恢复治理方案，缴存保证金总额3327万元，其中岑溪市级发证矿山缴存2219万元。矿山地质环境恢复治理采用边采矿边治理的方式进行，全年没有因矿山开采发生地质灾害现象。全市有地质灾害隐患监测点45个点，分布在全市12个镇，44个村（社区），落实监测员99人，2017年新增地质灾害隐患点1个。上半年全面完成各镇丘陵地带切坡临坡建房情况调查，调查数据显示，全市切坡临坡地质灾害隐患重点防范户2432户，涉及16118人。建立联保组799个，确定联保组长576人。市政府落实专项地质灾害防治资金，将地质灾害防治经费列入市财政年度预算，安排专款42万元用于地质灾害防治工作。自治区国土资源厅拨款137万元，岑溪市本级配套资金58万元用于治理6个威胁较为严重的地灾隐患点，其中148万元用于岑溪市梨木镇河木中心校和梨木镇梨木二中不稳定边坡治理。

【地籍管理】 完成2016年度土地变更调查与遥感监测工作。全面查清年度土地利用变化情况，掌握真实准确的土地利用基础数据。从2016年12月5日开始，累计对14个镇的212个图斑进行实地核查，按时按质按量完成各阶段工作内容。上报的成果顺利通过各级审查，于2017年8月4日正式启用2016年度土地变更调查成果数据。着手2017年度土地变更调查与遥感监测工作的各项前期工作。12月开展相关前期准备工作，部署第三次土地调查工作。

【不动产统一登记】 主动加强与相关部门沟通协调，着力实现信息互通共享，建立不动产登记信息依法公开查询系统。实现“一个窗口受理”，“一站式”服务，不断提高服务质量，便民利民。重新梳理和整合收费项目及标准，取消重复的收费，严格按照物价规定，应收必收，该免则免，降低群众负担，着力打造全区不动产统一登记试点市（县）名片。截至2017年12月31日，颁发产权证书11682本，其中不动产权证书3892本，不动产登记证明7790本。

【遥感监测图斑处理】 国土部下发的2016年度土地变更调查遥感监测图斑212个，经核实违法用地图斑21个（合并为20宗），合法用地图斑61个，PJ图斑有20个，其余110个图斑为非新增建设用地图斑。国土部下发2016年度矿产卫片疑似违法图斑27个，经核查，属合法图斑7个，属伪变化图斑18个，属违法图斑2个。认真按照2016年度土地矿产卫片执法检查的有关要求做好各项工作，切实开展违法用地、矿产违法图斑的查处、整改，做到查处、整改到位。该项工作已于2017年12月顺利通过上级国土部门的检查验收。

【矿产资源】 岑溪市境内发现有金矿、饰面用花岗岩、铅矿、锌矿、稀土矿等30种矿产。查明有资源储量的矿产有钛铁矿、铜矿、铅矿、锌矿、金矿等27种，查明矿床、矿（化）点153处，其中：中型规模矿床12处（钛铁矿1处、铅锌矿2处、轻稀土矿1处、饰面用花岗岩6处、独居石1处、珍珠岩1处），小型规模矿床124处，矿（化）点17处。岑溪市境内实施矿产资源勘查的探矿权有23个，勘查的矿种为铅锌矿、金矿、银矿等矿产。按勘查程度分勘探20个，普查3个。按矿种分为金矿6个、铅锌矿15个、金银矿2个。勘查区块总面积为272.11平方千米。为搞好资源枯竭矿山的资源接替，在岑溪市佛子冲铅锌矿区的外围和深部实施攻深找盲工作。岑溪市境内开发利用的矿产有铅锌矿（包括银矿、铜矿等伴生矿）、饰面用花岗岩、高岭土、建筑用石料、膨润土、长石、钾长石、萤石、水泥配料用页岩、钛矿等12种矿产资源，矿山总数79个，矿石开采总量580万吨，矿业产值22亿元，矿山就业人数3224人。

【土地资源执法监督】 开展土地违法违规行为专项整治行动，在全市范围内开展打击非法占地、非法买卖土地专项行动，加强与公安、司法、法院、新闻媒体等部门密切的协作，建立联合办案、查案机制，形成国土资源执法监察合力。深入开展打击非法勘查开采矿产资源专项行动、打击非法盗采稀土矿违法行为专项行动、打非治违专项行动，取缔市辖区内的稀土盗采点9个、非法回收尾液4个片区、高岭土盗采点6处、立案查处非法采矿点12个。

（覃伟杰）

城乡建设

【管理机构】 住房和城乡建设局内设机构有：秘书股、财务股、信访法规股、城乡规划建设管理股、工程建设管理股；挂牌单位：人民防空办公室。下属事业单位(6个)：岑溪市建筑设计院、岑溪市建设工程质量安全监督站、岑溪市建设规划室、梧州市基建合同预算审计站岑溪分站、岑溪市建设工程招标投标管理站、岑溪市建筑节能和墙体改革管理办公室。2017年，局长、党组书记蔡耀文。

【城市规划】 2017年，规划编制金海国际、一品尊府、欣建天宸等项目，规划编制中小学教师公租房、学生宿舍、卫生院等公建项目68宗，办理用地规划设计条件168宗以及城区各路段私建的规划设计89宗。新修编的“总规”方案经岑溪市人大审议通过、报请梧州市政府审批的过程中，因城际铁路通过岑溪，规划岑溪、糯垌两个站点，总规发生重大变动，需要相应修改。组织技术人员做好征地界址测设、地形测量、预留地和回建地安排以及地块出让规划设计等工作。全年出具预留地回建地安置方案40份，回建地预留地规划条件149份，完成6个征地地块测量。严格执行“一书两证”制度。发放选址意见书25份、建设工程规划许可证138宗、用地规划许可证47宗。

【城镇化建设】 2017年，项目攻坚年工作中，住建局责任项目7个，按时间节点完成年度项目建设任务，完成投资额53968万元，占年度投资任务104.31%，其中：岑溪市生活垃圾无害化处理设施建设工程项目完成三通一平和施工板房建设，岑溪市农村垃圾专项治理两年攻坚项目大隆、梨木、大业等7个镇级垃圾处理中心和岑城龙登、马路中林、南渡坡舍等20个村级垃圾处理中心的建设全部完成。继续加大招商引资力度，到位资金6.83亿元，占年度任务的113.8%。全市商品房销售面积410235平方米，同比增长40.3%。

明华农贸城建设　　住建局　供

新型城镇化示范项目建设 推进思湖路延长线西段、城北文教区北侧道路、岑溪市城区控制性详细规划编制、市区人行道改造及道路修复、城北路街道综合整治改造等6个新型城镇化示范项目建设工作,这6个项目已全部开工,项目总投资4000万元,年度计划投资2150万元,完成投资2550万元,占年度投资118.6%。

百镇建设示范工程 筋竹镇百镇建设示范工程计划投资2509万元,完成投资2529万元,占总投资100.8%,镇区景观改造工程、道路改造工程、镇区亮化工程等10个建设项目全部完成;水汶镇百镇建设示范工程年度计划投资1120万元,9个建设项目,年度完成投资1200万元,占年度投资107%。

基础便民项目建设 2017年,岑溪市"基础便民"农村改厕改厨总投资1235万元,农村改厨任务6500户,实际完成6781户;农村改厕任务6500户,实际完成6500户;村屯公共照明设施建设试点15个,总投资30万元,已全部竣工投入使用。对全市14个镇282个村(社区)1000多名村干部及建筑工匠,进行城乡规划建设与管理培训。

农村危房改造 2017年,自治区下达给岑溪市农村危房改造任务1120户,经调查核实,上报农村危房改造1120户。其中:建档立卡贫困户531户、低保户131户、农村分散供养五保户161户、贫困残疾人家庭14户、一般贫困户283户。根据《广西壮族自治区人民政府办公厅关于印发2017年广西农村危房改造暨脱贫攻坚建档立卡贫困户危房改造实施方案的通知》(桂政办发〔2017〕137号)精神,岑溪市2017年农村危房改造任务数为291户,提前下达的农村危房改造资金1800万元(详见桂财建〔2016〕232号、桂财建〔2016〕325号)被收回。2017年9月6日将任务调整资金收回将引起的问题上报岑溪市政府、梧州住建委、自治区住建厅,恳请上级部门协调解决资金问题。截至2017年年底,全市农村危房改造1120户全部开工,其中953户已竣工。

【招商引资】 以打包重大公共设施项目、大型商品房项目为强化招商引资工作抓手,开展百汇幸福城、信宇华府、中都郦城等12个项目招商引资工作,招商引资到位资金6.83亿元,占年度任务的113.8%。

【服务企业】 通过为广西岑溪市南雄液化气有限公司和岑溪市城市建设开发有限公司提供服务,提高其经济效益。截至2017年12月底,岑溪市城市建设开发有限公司承建的玫瑰家园二期项目完成商品房销售面积7451平方米,完成销售额2623万元;广西岑溪市南雄液化气有限公司经营收入为1263万元,同比增长22.6%。

【建筑市场管理】 2017年,岑溪市具有房地产开发资质的企业36家,其中1家具备施工总承包二级资质,3家具备房地产开发三级资质,4家具备房地产开发四级资质,28家具备房地产开发暂定资质。全市各施工企业完成总产值3.21亿元,比2016年同期增长0.78%。严格执行《中华人民共和国建筑法》等法律法规,依法对建筑市场进行管理,鼓励企业积极创建文明工地、优质工程。继续关停不符合新型墙体材料改革要求的砖厂,逐步规范市建设工程从建筑技术到建筑材料的节能建设过程。全年发放私建施工许可证23户,建筑面积17467.7平方米,总造价约873.3万元;公建项目施工许可证31个,建筑面积420845.65平方米,总造价约56048.82万元。办理建设工程竣工验收备案11个,建筑面积28.56万平方米。

组建2个检查组对全市公建在建工程项目进行节后复工、"两会"期间、"壮族三月三"、清明节假日、"五一"期间、"安全生产月"、中秋、国庆期间等安全生产大检查,发出工程质量安全隐患限期整改通知书135份、工程质量安全隐患停工整改通知书19份、责令停工整改通知书43份,对检查发现的问题,督促相关建设各方主体在规定时间内整改落实。

【建筑施工安全文明标准示范】 2017年,全市在建工程有1个项目取得2017年自治区建筑施工安全文明标准示范工地称号，有5个项目取得2017年梧州市建筑施工安全文明标准化工地称号，有1个项目获得2017年广西建设工程优质结构奖，有2个项目获得2017年梧州市“云峰杯”优质工程称号。其中：金海国际1#、2#楼及地下室工程获得“自治区2017年上半年建筑施工安全文明标准化示范工地”称号。金海国际1#、2#楼及地下室工程、金桥家园7号楼、欣建国际二期5号楼3个项目获得“梧州市2017年上半年建筑施工安全文明标准工地”，汇洋新城工程、金海国际7#楼工程获得“梧州市2017年下半年建筑施工安全文明标准化工地”。金海国际城8#楼工程获得“2017年广西建设工程优质结构奖”；香港花园商住楼、金海国际城9#楼及地下室工程等2个工程获得“2017年梧州市‘云峰杯’优质工程奖”。

【工程招投标管理】 2017年，分别对岑溪市工农路、南门路改造工程设计施工总承包项目、易地扶贫搬迁安置点项目、岑溪市“十三五”污水处理设施Ⅰ标项目等208个工程进行招标投标管理，其中公开招标110个，邀请招标98个，总金额约7.4亿元；全年办理招标文件备案项目63个，根据《中华人民共和国招投标法》《中华人民共和国招标投标实施条例》《广西壮族自治区房屋建筑和市政工程施工招标文件范本》三个标准文件规范招投标工作，未发现须直接查处的不良招投标现象。

【工程造价管理】 2017年，编制岑溪市城东大桥工程、岑溪市一河两岸新城中心区沿江三路东段基础设施建设工程、岑溪市梨木镇泗祥村2017年公共基础设施建设工程等工程预算89项，岑溪市梨木镇敬老院维修增加工程、岑溪市波塘镇东岸小学围墙工程、岑溪市健身公园公厕改造工程、岑溪市大业镇新村中心小学值班室改造及大门增加工程等工程结算40项。根据建筑材料市场价格变动情况，编制建筑材料市场信息价12期，提供螺纹钢筋、水泥、生石灰等建筑材料含税价格、除税价格等信息供建筑施工企业参考。

（钟金宏）

市政建设和管理

【管理机构设置】 根据岑溪市综合行政执法体制改革试点工作部署，岑溪市市政管理局于2016年6月组建。2017年，局长、党组书记高群明。局内设机构6个：秘书股、财务股、政策法规股、市容环境管理股、园林管理股、市政公用事业管理股。管理的事业单位10个：岑溪市城市管理综合执法大队、岑溪市环境卫生管理处、岑溪市园林管理处、岑溪市市政工程管理处、岑溪市路灯管理所、岑溪市燃气管理站、岑溪市广场管理所、岑溪市公园管理所、岑溪市园林苗圃场、岑溪市市政工程队。

【市政道路及设施建设】 2017年，修补市区破损街道9295平方米，更换排水检查井盖392个，清理排水沉沙井896个，增设排水沉沙井236个，清理排水渠10600多米,修补花坛1550米，路面热沥青灌缝8480多米。

【市容环境卫生管理】 通过新闻媒体滚动播放、发放宣传手册、出动宣传车、执法人员劝导宣传等方式，营造良好市容环境整治氛围；开展市容环境卫生集中整治行动，对中心市场以及水果批发市场周边街道、工农路、永安路、一河两岸等市区重点地段和热点难点问题，由相关市领导带头进行集中整治，对乱搭乱建篷亭、摊档、遮阳篷等进行全面清理；落实市领导包街督促、城区各单位包责任区、与沿街门店签订“门前三包”责任书、组织全市干部职工开展周末大扫除、动员全市干部职工参与市容环境卫生整治；组织开展户外广告、车辆乱停放、建筑渣土、垃圾死角等一系列专项整治；创新城市管理模式，提高城市管理水平。学习借鉴深圳市等城市先进管理模式，实行市容秩序辅助管理、街道清扫保洁、城市绿化和城市照明设施管护政府购买服务。2017年，全市市容秩序和环境卫生明显改善，通过自治区卫生城市复查考评。

【路灯改造和维护】 对工农路、解放大道和义洲大桥路灯进行LED升级改造；安装沿江二路、滨江二路、滨江三路人行道LED路灯。安装一河两岸堤坝洗墙灯和解放大桥七彩瀑布灯饰，对义洲大桥、南门桥和岑溪大桥灯饰进行升级改造，在古塘和探花高速引线增设大型LED字体标语。加强城市照明设施日常管理维护，处理安全隐患1250余次，确保亮灯率97%以上。2017年9月，将交通信号灯的设置和管理维护工作移交公安局交通管理大队；2017年9月通过政府购买服务方式把全市城区城市照明设施管理维护整体承包给相关专业公司。

【城市绿化美化】 在春节等重要时间节点在市区主要地段摆放鲜花3.2万盆；在市区主要街道摆放宝巾花盆景66组；在岑溪大桥、南门桥、义洲大桥和解放大桥悬挂节能自动喷淋宝巾花花箱；对一河两岸沿江三路东段、滨江四路、广南路五谷庙前街心绿地进行绿化升级改造。参加梧州市第十八届宝巾花展暨盆景活动获布置艺术造型一等奖、组织(团体)二等奖。2017年9月通过政府购买服务方式把城区绿化养护承包给相关专业公司。

【城区燃气建设】 城区燃气管道建设项目累计完成投资2940多万元，2017年完成投资1940万元，完成乌峡场站设备安装并开始试运行；完成玉梧大道、文化二路、沿江三路、育才路、思湖路等20.6千米燃气管道铺设，具备初步通气条件。居民小区签约2500多户，配套安装1000多户。

【公园建设和管理】 2017年，对东山公园文体广场进行绿化升级改造；12月10日孔庙举行开业庆典，12月29日，岑溪博物馆·东山公园被梧州市旅游发展委员会评为国家级AAA旅游景区。东山公园的管理维护以及清扫保洁工作由岑溪市公园管理所负责。

【行政执法】 2017年，进一步加大打非治违工作力度，查处违章建筑32起，涉及面积6624平方米，其中处以罚款4起，建筑面积2583平方米，处罚款11.98万元；拆除违章建筑28间，建筑面积4041平方米；查处22起无证经营燃气行为，查扣违法贩运液化气1234瓶。

（市政局）

城市供水

【管理机构概况】 岑溪市水利供水有限公司成立于2008年1月10日，由广西水利电业集团有限公司和岑溪市自来水公司共同投资组建，注册资金360万元。2017年，公司总经理梁战昌。公司内设6个职能部门，员工374人(包括退休人员150人)。下辖2座水厂，日设计供水能力4.2万吨。2017年年末，公司资产总值6758万元，用水户 41368户，DN100毫米以上供水管网总长度170千米，供水水质符合国家生活饮用水卫生标准。售水量1075.65万立方米，经营总收入3383.61万元。

【项目建设】 第一水厂扩建工程项目批复总投资3107.35万元，其中：中央预算内投资2529万元，地方政府投资及企业自筹资金578.35万元。截至2017年底，已完成絮凝沉淀池、反向滤池、清水池主体工程，主要设备采购已按采购合同约定12月到场，完成总投资额的90%。由国债资金投资建设的岑溪市市区供水管网改扩建工程(一期)正式开工建设。主要建设为改扩建第六小学、玉梧大道新兴路口、育才实验学校、南北大道延长线、沿江南路、沿江北路、木埇小学DN100～DN400供水管段共8.8千米。截至2017年底扩建第六小学DN200管375米，木埇小学DN150管1105.6米、DN100管512.5米、DN200管108米，玉梧大道DN400管

330 米，育才实验学校 DN300 管 812 米，沿江南路 DN300 管 1746.6 米，解放大道延长线 DN400 管 200 米，累计完成 5189.7 米，完成总投资额 90%。

【管网维护】 2017 年，测出漏水点 31 处，其中：DN100 管及以上 14 处，DN100 管以下 17 处；全年维修漏水点 292 处，其中：DN100 管及以上 62 处，DN100 管以下 230 处。升级改造市区 DN100～DN250 阀门 15 台。

【供水服务】 提供更多的交费平台，在原有现金交费、银行托收、现金转账、银行代扣水费业务方式基础上，增加自助缴费系统。利用短信告知、LED 屏幕等信息平台，向用户发送用水信息、停水告知、公布水费收取标准，办理业务程序和时限，服务承诺，宣传用水法律法规、政策、办事程序。切实维护消费者合法权益。

【饮水安全】 2017 年初落实安全生产目标责任签订，形成“一岗双责”“管生产必须管安全”的奖惩联挂运行机制。每日对源水、出厂水取样检验，严格把好水质安全关。每年对义昌江、赤水水库的源水，第一水厂、第二水厂出厂水、城区管网水、末梢水水样送检南宁市监测站检验，均达到合格标准。开展创优班组建设、走基层安全行及“安全生产月”系列活动，开展安全生产宣传教育图片巡回展览，悬挂安全生产横幅标语，全年举办全员安全生产教育培训 2 次，开展防汛度汛应急演练、城区供水设备突发事件应急预案桌面演练等 4 次。加大水源监督管理，加强水源保护措施力度，定期深入赤水水库、义昌江两个水厂水源地巡查，随时掌握水源水量、周边植树、河堤卫生、工业污水等一切影响水源水质问题，及时向市政府汇报并协助解决，从源头上保证水质安全。全年供水安全、正常，出厂水合格率 99.5%以上，没有发生水源水质污染及大面积停水事故。全年公司安全生产实现无违章、无罚单、零事故。

（市供水公司）

房地产管理

【管理机构设置】 岑溪市房地产管理局设有秘书股、财会股、开发股、房屋安全鉴定股、住宅维修资金管理股、廉租住房建设管理股、档案室，房地产交易所、房地产监察大队、白蚁防治所、市房地产公司（测绘队）。2017 年，党组书记、局长樊少强。

【廉租房建设】 2017 年，完成廉租房第八期 196 套主体工程建设，总建筑面积 9744.3 平方米，完成室内外装饰装修工程及水电配套设施，累计完成投资 1950 万元。3 月 9 日，通过公开抽签形式确定第七期廉租住房分配名额。再次启动 2016 年未完成的 100 户廉租补贴发放工作。完成对第一批 14 户、第二批 33 户的入户调查、公示、补贴发放等工作。

廉租房第八期工程局部照片　　陈勇　摄

【房地产市场管理】 2017年，办理房地产抵押备案5805宗，建筑面积145.5万平方米，抵押金额38.17亿元;办理二手房交易283宗,面积3.12万平方米,成交金额7754.69万元。商品房网签成交合同备案（含住宅、非住宅)6127套，同比增长35.88%；成交面积62.77万平方米，同比增长24.67%，成交金额227607.59万元，同比增长25.76%。其中:住宅商品房成交5008套,同比增长19.12%，成交面积58.37万平方米，同比增长19.73%，成交金额210890.95万元，同比增长22.38%，成交均价3613元/平方米，同比增长2.23%；非住宅商品房成交1119宗，同比增长266.89%，成交面积4.4万平方米，同比增长175%，成交金额16716.64万元，同比增长93.04%。商品房库存可售面积54.32万平方米,与2016年同比下降8.46%,减少库存面积5.02万平方米。其中,住宅商品房库存可售面积31.64万平方米,比2016年同期减少面积7.71万平方米,同比下降19.59%,消化周期为6.51个月;非住宅商品房库存可售面积22.68万平方米，比2016年同期增加面积2.69万平方米，同比增长13.46%,消化周期61.3个月。商品房消化周期10.39个月。

【房地产开发】 2017年,核发商品房预售许可证22宗,批准预售面积57.75万平方米,同比增长12.46%。其中,住宅商品房4337套,建筑面积50.66万平方米;非住宅商品房3314宗,建筑面积7.09万平方米。

【住宅维修资金管理】 2017年，全市住宅小区归集住宅维修资金1521.54万元，总累计归集7293.2656万元。

（市房产局）

住房公积金管理

【公积金收支、管理】 梧州市住房公积金管理中心岑溪市管理部是正科级事业单位，管理岑溪市辖区内住房公积金。2017年，主任彭健。全市有641个单位建立住房公积金制度，实际参加缴存住房公积金的职工25159人。全年归集住房公积金26500.97万元，职工支取住房公积金17705.52万元,办理个人住房公积金委托贷款572户,发放贷款金额14114.8万元。

（梧州市住房公积金管理中心岑溪市管理部）

环境保护

【管理机构概况】 1981年成立环境保护办公室;1984年与城建局合并为岑溪县城乡建设环境保护局;1990年成立县环境保护委员会;1995年12月1日改名为岑溪市环境保护局。2017年,全局职工85人;党组书记、局长何凡。内设机构:秘书股、管理股、宣传股、财会股、污控股;直属二层单位:环境监测站、环境监察大队。

【主要污染物总量控制】 按照自治区、梧州市污染减排工作总体要求，以及梧州市主要污染物总量减排计划、重点项目工作方案的要求,把污染减排工作内容列入市政府与各镇政府、各相关单位签订的《2017年度环境保护“一岗双责”目标管理责任书》,制定《岑溪市2017年度主要污染物总量减排计划》(岑政办发〔2017〕63号),明确责任,确保污染减排工作真正落实到位，各项任务能够保质保量按时完成。大力推进重点减排项目建设进度：对列入污染减排重点项目的华鸿污水处理厂加强日常监督,建立减排体系自动监测机制;对水汶镇、归义镇污水处理厂进行多次部署,加强日常监督，督促镇政府及运营单位落实措施加快在线监测设备安装调试及验收进度、修复管网,组织完成污水处理厂环保验收。对列入农业源减排计划的五家养殖场进行多次督查,落实减排设施。这五家养殖场均采用高架床生态工艺，建设雨污分流处理系统,无污水排放口,养殖场产生的废弃物全部用于农业综合利用,运到零排放。同时建立完善减排档案。对14个城镇生活垃圾处理情况进行收集汇总,力争能完成上级下达的减排量。严格环评和"三同时"制度,严格环保准入,控制新增污染物,加强建设项目污染物排放总量前置审核,从源头上减轻污染减排压力。依法依规做好污染物排放总量控制指标的可达性分析和审批,严格建设项目的环境准入,坚决遏制高能耗、高排放行业过快增长。严格执行环评制度,分类管理,分类审批。2017年无审批高能耗、高排放项目。2017年二氧化硫排放量803.4281吨,氮氧化物排放总量723.744吨(未包含机动车排放量),化学需氧量排放总量9544.6568吨,氨氮排放总量1051.1881吨,以上为初步数据,最终数据以生态环境部核定为准。

环境执法监管 认真贯彻落实《国务院办公厅关于加强环境监管执法的通知》,以全面推行环境保护"一岗双责"制度为契机,加强部门之间的联动和强化司法保障,严厉打击环境违法犯罪行为,维护环境安全,保障社会和谐稳定,环保部门分别与公安、安监建立联席会议制度和联动机制。加强对通过国家核查核算的重点污染减排项目和污染源重点监控企业环保处理设施运行监管,对污染物排放情况,环保设施运行、记录台账的建立情况进行全面检查,确保重点污染源监控企业污染物排放在控制范围内。全年出动320人次,检查企业25家次,对6家企业下达整改要求,行政处罚3.3万元。

排污许可制度 岑溪市环境保护局按照国家及自治区统一要求,按行业、分阶段核发排污许可证。2017年6月底完成全市造纸行业企业排污许可证核发工作,核发三家造纸厂的排污许可证(广西岑溪光大纸业有限公司、岑溪市同辉纸业有限公司、岑溪市威丞纸业制品厂);年底完成全市制革重点行业企业排污许可证审核工作,未下发制革排污许可证。

淘汰老旧机动车 加强机动车尾气排放污染防治,组织做好机动车污染增量控制,新注册机动车和外地转入机动车执行准入条件,配合公安交警部门加快加大老旧车辆淘汰力度,淘汰2005年前注册运营的达到强制报废年限的"黄标车"。

【环境影响评价】 2017年完成环境影响评价审批建设项目47个,环保"三同时"验收项目21个,核发重点污染源和重点污染物排污许可证4个。

【水污染防治】 印发《岑溪市水污染防治行动2017年工作计划》《岑溪市2017年度主要污染物总量减排计划》《2017年市区集中式饮用水水源保护区环境综合整治攻坚战实施方案》。组织各相关单位召开水污染防治工作推进会,安排部署各相关单位关于水污染防治重点任务的具体工作。成立岑溪市推行河长制工作领导小组,印发《岑溪市全面推行河长制工作方案》。成立岑溪市"十三五"镇级污水处理设施项目建设工作领导小组。11个镇级污水处理设施项目完成立项环评、可研及招投标等前期工作。印发《岑溪市畜禽规模养殖禁养区和限养区划定方案》,编制《岑溪市畜禽养殖污染防治规划(2016—2020年)(送审稿)》和《岑溪市畜禽养殖禁养区关闭或搬迁实施方案(初稿)》。完成主要河流(黄华河、义昌江)沿岸纵深500至2000米畜禽养殖情况摸底排查工作,排查生猪养殖场106个,存栏生猪14047头。申报4个水污染防治行动计划项目储备库建设项目。清理义昌江饮用水水源保护区内堆放的垃圾,设置饮用水水源保护区范围内严禁倾倒、焚烧工业固废和垃圾等废弃物警示牌。计划列入减排重点工程的3家污水处理厂和5家养殖场进行现场调查并收集相关减排资料。完成市区3个集中式饮用水源环境状况评估工作及22个镇级饮用水源和40个农村集中式饮用水水源基础信息调查工作,在集中式饮用水源地设置警示宣传牌、界桩。淘汰落后产能项目广西岑溪市三角淀粉有限责任公司直径1米×4米脱皮笼等38台设备,停产拆除。涉重企业广西岑溪市龙湾矿业有限责任公司和岑溪市永泰矿业有

2017 年 6 月 2 日上午，环保工作人员到现场察看水源二级保护区内垃圾堆放情况

市环保局　供

经现场察看后，6 月 2 日下午，环保局立即安排人员对水源二级保护区内堆放的垃圾进行全面清理

市环保局　供

限公司已购买环境污染责任保险，全市试点企业 50%投保。建成 7 个镇级垃圾处理中心，20 个村级垃圾处理中心已完成 16 个。

【环保专项行动】 制定《岑溪市 2017 年砖瓦行业环保专项执法检查工作方案》，对全市 21 家砖瓦企业进行深入排查，重点对砖瓦行业企业建设项目环评制度执行情况、大气污染防治设施建设和运行情况、大气污染物稳定达标排放情况开展专项执法行动。出动执法车辆 10 车次，人员 40 人次，现场填写污染源现场监察记录 21 份，建立检查台账 21 份。对部分排放口不规范、未能提供环境突发事故应急预案、未能提供近期监督性监测报告的企业作出整改要求，消除安全隐患。

【环境执法监察】 2017 年，出动执法人员 1200 余人次，检查各种企业单位（项目）600 家次，限期整改企业 53 家，48 家已完成整改，责令停产整治企业 19 家，关闭企业 4 家，立案处罚企业 11 家，处罚金额 20.45 万元。

【环境质量】 完成 1—12 月城区环境空气质量监测，获取 343 天有效监测数据，优良天数 342 天，其中优 272 天，良 70 天，轻度污染 1 天（2017 年农历大年初一），环境空气优良率 93.7%；环境空气 PM10 浓度均值 34 微克 / 立方米，达到《环境空气质量标准》规定的二级标准。完成黄华河、义昌江地表水及其出境断面地表水环境质量监测 4 次，水质达标率 100%；完成城区饮用水源水质监测 4 次，市区规划水源地四滩水库水质监测 1 次，水质达标率 77.7%；完成 1—12 月黄华河水质自动监测站上游跨省界入境断面水质检测，13 项水质指标达到地表水环境质量Ⅲ类水质标准；协助梧州市环境监测站完成黄华河桂粤交界水质监控监测 12 次。

（市环保局）

教育·自然科学

教　育

【机构设置】 岑溪市教育局地址:岑溪市城东路1号。2017年,局长陈展涯。局内设机构有秘书股、人事股、计财股、基教股、职成教股、师训股、纪检监察室、督导室、电教股、安稳股。二层单位有教育科学研究所、教育事业管理中心、学前教育管理服务中心、体育艺术教育管理中心、学生资助管理办公室、勤工俭学管理办公室、青少年活动中心、招生办。教育系统有在编在职教职工8405人,其中行政在职人数10人,是局机关人员;全额在编在职教职工8395人。

【教育概况】 2017年,岑溪市有各级各类中小学校453所,在校生140644人(不包幼儿、中职学生)。幼儿园112所,在园幼儿49638人;小学420所,在校学生85404人;中学33所(其中高中1所,高完中8所),初中在校学生37727人,普通高中在校学生18260人;中等专业学校1所,在校学生4062人;特殊教育学校1所,在校学生153人。全市有教师11165人,专任教师9748人。其中:幼儿园专任教师1307人(不含民办学校幼儿园教师),小学专任教师4404人,初中专任教师1957人,普通高中专任教师1804人,中等职业技术学校专任教师243人,特殊教育学校专任教师34人。师生比例,小学1:19,普通初中1:19,普通高中1:10,中等职业技术学校1:17,特殊教育学校1:4.5。每万人口在校生:幼儿园(含学前班)533人,小学894人,普通初中389人,普通高中188人,中等职业技术学校68人。学前教育三年毛入园率89.3%,九年义务教育小学生巩固率99.98%,初中巩固率95.65%,高中阶段毛入学率89.04%。基本办学条件。小学体育运动场馆面积643114平方米,生均面积7.53平方米,教学及辅助用房面积449240平方米,生均面积5.26平方米;初中体育运动场馆面积397362平方米,生均面积10.69平方米,教学及辅助用房面积209462平方米,生均面积5.64平方米;普通高中学校占地面积332807平方米,校舍建筑面积178264平方米,生均面积9.95平方米,中等职业技术学校占地面积380000平方米,校舍建筑面积91663平方米,生均面积22.56平方米。

【教育经费收入与支出】 2017年岑溪市教育经费总收入123626万元,比2016年减少3685万元,减2.89%。其中:财政拨款收入118859万元,比2016年减少3227万元,减2.64%;预算外资金收入4766万元,比2016年减少收入454万元,减8.70%。教育经费总支出123626万元,比2016年减少支出3685万元,减2.89%。其中:财政拨款支出118859万元,比2016年减少支出3227万元,减2.64%;预算外资金支出4766万元,比2016年减少支出454万元,减8.70%。总支出中,人员经费支出 85055 万元，公用经费支出 13296 万元，基建支出 24955 万元，其他支出 320 万元。

【学前教育】 全市公办独立幼儿园 7 所，民办幼儿 105 所，小学附设幼儿班、学前班教学点 329 个，在园幼儿 49288 人。2017 年，新建木埇幼儿园，总投资 490 万元。探索国有民办、民办公助、联合办学、集团化办学等办园模式，2017 年重新确定自治区多元普惠民办幼儿园 9 所，新认定 6 所，全市共有自治区多元普惠民办幼儿园 28 所。至 2017 年底，全市有 3 所自治区级示范幼儿园。

【义务教育】 加快义务教育均衡发展，扩大办学规模，进一步完善乡镇学校办学设施。调整学校布局，撤销南渡镇第三中学，学生分流到南渡中学和南渡镇第一中学，撤销第六小学初中办学，学生分流到市三中。科学划分市区学校招生范围，乡镇中小学按属地管理、就近入学原则，义务教育阶段全部免试就近入学。市直学校重新划定地段，严格按地段招生。落实进城务工随迁子女就读政策，把符合进城务工随迁子女入学条件的学生，全部吸收，小学安排到市直第五小学、第六小学、第七小学、第十小学等学校就读，初中安排到市第五中学、第六中学、第七中学等学校，全年接收进城务工随迁子女 667 人。通过科学划分地段、严格把关进城务工子女就学条件等措施，有效缓解市区小学、初中大班额问题，市第一小学、市第二小学、市第三小学新入学每班学生均控制在 55 人以内。义务教育均衡发展通过国家级督导评估。

【普通高中教育】 推进高中新课程教学改革，完善普通高中教育教学设施，提高岑溪中学、岑溪市二中教育教学质量，推进市一中、市三中的体艺特色办学。继续扩大高中办学规模，2017 年全市高中招生为 6349 人，完成上级下达高中招生任务的 106.7%。高考一本上线 427 人，二本以上上线 3523 人。

【职业教育】 岑溪市中等专业学校的电机电器与维修、模具制造技术两个专业成为自治区级示范性专业，机械加工、电机电器制造与维修两基地成为自治区示范性实训基地，该校的国家级示范校项目建设顺利通过自治区级验收。2017 年完成上级下达职教的招生、送生任务，招生 3012 人，职校在校生 4062 人，完成各类社会培训 15132 人次，高考市职校有 69 人考上二本，名列广西全区县级中职学校第三名。

【教育科研】 与华南师范大学网络教育学院共同设计“信息技术环境下县域义务教育均衡整体解决方案”，构建“华南师大—广西岑溪乡村手机学堂”平台，2017 年同步构建教学视频资源 1000 多个，应用乡村手机学堂平台资源参考备课、协同教学的教师 5000 多人，教学覆盖中小学生超 10 万人。在国家、省、市各类教科研活动大赛，有 56 人获得全国一等奖，有 126 人获得二等奖。全市新申报立项自治区级课题 5 个，申报立项梧州市级 B 类课题 2 个，申报立项梧州市级 C 类课题 7 个，申报立项岑溪市级小课题 165 个。全市课题研究成果获得国家、自治区及市级一等奖 216 人次，二等奖 463 人次。2017 年全市教师在《广西教育》《中学教学参考》《教育艺术》《现代中小学教育》《语文导报》等国家报刊上发表优秀科研论文 72 篇，154 篇论文获区级一等奖和二等奖。

【教育项目】 2017 年，投入教育项目建设资金 4315 万元。其中：农村中小学校舍维修改造、薄改资金项目 37 个，总投资 3825 万元；学前教育项目 1 个，总投资 490 万元，规划新建 1 个幼儿园；此外还有高中学校建设及义务教育均衡发展仪器配备等，教育局统筹安排，整体推进。

【教育惠民】 学前教育免保教费 69.6 万元，受助经济困难幼儿 1484 人。发放义务教育阶段农村家庭经济困难寄宿生生活补助 4252.71 万元，受助学生 73145 人次。落实高中、中职助学金及免学费政策，其中：普通高中国家助学金 1017.6 万元，受助学生 8172 人；普通高中免学杂费 432.79 万元，受助学生 4905 人；中职助学金 83.3 万元，受助学生 833 人次；中职免学费 501.90 万元，受助学生 6692 人次；发放营养餐改善计划补助 144.6 万元，受助小学生 2410 人次。抓好奖学助学及教育扶贫工作，发放贫困大学新生路费、短期生活费补助 753 人，金额 49.8 万元；办理生源地信用助学贷款 9396 人次，金额 6439.14 万元；泛海助学行动受助 175 人，发放金额 87.5 万元；奖学助学协会发放奖学金额 22.10 万元，受助学生 152 人次。

【师资队伍建设】 加强教师队伍建设，合理配置全市教育资源。继续实施校长、教师交流、轮岗、走教、支教等形式，选派 946 名中小学教师在全市范围合理流动，支持薄弱学校发展，促进教育资源均衡配置。及时补充教师，通过招聘、考录、双选等形式补充教师 365 名。全市中小学校中层领导进行竞聘上岗，公开择优选拔 409 位学校中层领导。落实乡村教师生活补助政策，全市获得补助教师 5200 多人，根据艰苦状况，获补教师从每人每月 100 元到 500 元不等，共分 8 个档次，全年发放补助金 1800 多万元，乡村教师生活补助工作做法被教育部评为全国 13 个优秀工作案例之一。加强师资培训。在全市遴选确定 100 名名师培养对象，与华南师大联合开展两期名师培训班。全年组织开展继续教育全员培训、小学教导主任培训、新派作文培训、中小学教师信息提升工程项目、紧缺学科兼职教师与功能室管理人员培训、岑溪市百名名师培养工程等县级培训项目，培训教师（或校长）22714 人（次）。加强师德师风建设。举办“我的教师梦”主题演讲等主题活动，2017 年 3 月退休的波塘镇杨亦小学教师倪华成获第六届全国道德模范提名奖。

【党建工作】 成立岑溪市教育党工委，落实专职党务干部，负责指导全市中小学党建工作。规范党组织隶属关系，明确全市中小学校的党组织关系隶属于市教育党工委，各镇教管办组建教育党委（党总支），负责所辖学校党建工作的开展，逐渐形成“市委统筹、教育党工委主抓、镇教育党委（党总支）主管、镇党委协管”的中小学党建工作新格局。按“两范一提高”活动要求加强中小学校党建规范化建设，打造市三小“先锋引路·美德育苗”等学校党建品牌 16 个，梧州市中小学校党建工作推进会在岑溪市召开，推动全市学校党建工作迈上新台阶。

【德育工作】 加强和改进未成年人思想道德建设，强化团队干部队伍建设，抓好区内外各级团干、少先队干部培训，积极创建“优秀团委”“优秀少先队集体”。在重大节假日积极开展“学雷锋”“青年志愿者”活动，全市成立“雷锋服务站”“学雷锋”“青年志愿者”等活动小组 5272 个。在全市中小学学生开展美德少年评选活动、爱国主义读书教育活动、“小手拉大手建设美丽岑溪”等主题活动，12 月，举办岑溪市中小学生运动会。市一小获全国文明校园荣誉称号，市二小被教育部评为国防教育示范学校，市三小“孝爱育人”德育做法被教育部评为全国中小学德育工作优秀案例，市五中、南渡镇盘古中心小学荣获全区文明校园荣誉称号。

（陈丕烽　林畅华）

自然科学

科技研究和推广

【机构概况】 岑溪市科技局属市政府管理的行政机关，挂牌在市发改局。科技局的管理职责划入岑溪市发展和改革局，其内设机构有科技综合股、科技业务股、技术市场与知识产权股、科学技术普及股。2017 年，局长李泽军（兼任发改局副局长）。

【科技人才队伍建设】 2017年，选派科技特派员技术服务覆盖全部贫困村，建立贫困村科技特派员为纽带的科技服务体系，加强农技推广队伍建设,强化农技推广工作责任制,推动农业科技进村。自治区党委组织部，科技厅认定18名科技特派员,岑溪市级认定贫困村科技特派员36名。

【科技计划项目与经费投入】 2017年，岑溪市科技局实施自治区“岑溪市贫困村科技特派员服务创业基地及科技能力建设示范”项目,投入41万元，完成创建岑溪市马路镇伏六村、糯垌镇塘坡村、安平镇尖峰村3个科技服务点建设和岑溪市三堡镇蒙奇村、安平镇尖峰村2个科技特派员服务创业基地。12月,岑溪市农业科技园区(园区设在岑溪市糯垌镇、安平镇、三堡镇、波塘镇、筋竹镇,其中核心区设在糯垌镇平坡村、古兰村、黄堂村,示范区设在糯垌镇平坡村、古兰村、黄堂村和核心区外的糯垌镇区域和安平镇、三堡镇、波塘镇、筋竹镇。辐射区辐射全市各镇)建设项目已完成各项考核指标,园区柑橘种植示范682公顷、软枝油茶种植示范238公顷,共920公顷。岑溪市本级科学研究与技术开发计划项目经费安排15万元,其中“砂糖橘低产果园改造”“竹基实料新材料研制与开发”“岑溪水果(茂谷柑)标准化生产技术示范基地建设”三项获得立项支持。

【科技研究与项目管理】 支持企业创新，对投入经费研发新产品、新工艺的企业在科研项目上优先支持。如岑溪市中林食品有限公司投入经费研制澳洲坚果饮料、岑溪市悦盛竹业科技有限公司投入经费研制利用竹子制造胶合板等，在技术研究与开发科技经费中给予支持。协助企业申报国家高新技术企业，岑溪市三堡农业科技有限公司获得国家高新技术企业认定。九原生态农业有限公司星创天地获得科技部、自治区科技厅认定,信畅坚果开发有限公司星创天地获得自治区科技厅认定。9月,岑溪市专家对岑溪市科普示范村建设与示范等4个本级科技项目进行材料验收。加强“砂糖橘低产果园改造”“竹基实料新材料研制与开发”“岑溪水果(茂谷柑)标准化生产技术示范基地建设”项目的跟踪管理。

【科技交流与合作】 组团参加广西科技活动周、专利展,展示岑溪市科技成就。以广西农科院、梧州市农科所、当地农技部门、农业龙头企业明申公司为依托,通过多种有效渠道,创造条件,在园区内建设1家梧州软枝油茶种质繁育工程技术研究中心、1家由岑溪市软枝油茶种子园建设的油茶良种培育中心、3个农业标准化生产示范基地(岑溪市辉源公司的梧州贡柑标准化生产技术示范基地、岑溪市软枝油茶种子园的梧州软枝油茶标准化生产技术示范基地、岑溪市糯垌新科柑水果专业合作社的梧州茂谷柑标准化生产技术示范基地)。开展创造发明活动,邀请柳州市集智专利商标事务所、梧州市万达专利事务所及广州市越秀区海心联合专利代理事务所等代理机构与岑溪市的企业对接,加强对企业专利工作的指导和支持。2017年6月，岑溪市人民政府与广西民族大学广西知识产权发展研究院、广西知识产权学会在科技局会议室签订合作框架协议书，合作开展知识产权研究，探索有效地推动岑溪市知识产权发展的途径和方向。

【专利与知识产权】 根据自治区政府、地市政府关于发明创造的工作部署，完成知识产权工作考核任务。引导专利代理机构深入到企业,举办知识产权辅导、挖掘专利申报素材，帮助企业申请专利,2017年，落实专利申请费用及奖励经费预算37万元,专利申请费用及奖励经费按任务完成情况和经费使用情况实行实报实销。通过落实申请资助和授权奖励政策，鼓励发明创造，岑溪市2017年度发明专利申请量171件,专利拥有量35件,科技成果转化3件。

【科学技术普及与培训】 在筋竹、南渡、马路、安平、波塘、梨木等镇举办种养技术培训班11期,培训 1080 人次。同时在岑溪电视台开展《农村科技新视界》电视培训专题栏目，累计播出 1440 分钟。加强科技服务点示范建设，利用科技项目支持新农村建设指导员完善 6 个村级公共服务中心设备设施建设，支出 12.4 万元，开展科技咨询、指导、培训、示范、推广等科技服务活动，依靠科技促进贫困村优势特色产业发展和农民增收致富以及科技惠民。

【科技服务】 建设星创天地。市九原生态农业有限公司、信畅坚果开发有限公司运营的两家星创天地获得自治区科技厅的认定。推进实施科技特派员创新创业行动，引导科技人员深入企业、农村开展科技创新创业活动，探索建立科技人员服务企业和农村的长效机制。选派 36 名科技特派员开展科技下乡二次，深入企业、农村开展先进适用技术、农民转移就业技术、职业技能等培训工作，培养技能型人才 300 多人，提高农村科技服务人员的服务能力和整体素质。特别是实施“岑溪农业科技园区建设”“岑溪市贫困村科技特派员服务创业基地及科技能力建设示范”两个项目后，全市建有 6 个贫困村科技特派员服务创业基地，在农业科技园区建设 11 个科技特派员示范基。

（市科技局）

气　　象

【机构概况】 岑溪市气象局下设综合办公室、防灾减灾科（政策法规科）等内设机构，直属单位为岑溪市气象台（岑溪国家一般气象观测站，设在岑城镇古塘村大坪顶）、岑溪市气象服务与防雷中心，岑溪市人工影响天气办公室在气象局挂靠管理，不单独设置。全局有工作人员 12 人，其中大学本科以上学历 9 人，中级技术职称（工程师）7 人。全市有 38 个自动气象观测站，其中国家级气象观测站 1 个，区域自动气象站 35 个。2017 年，局长黄庆国。

【气候概况】

气温　2017 年，岑溪市年平均气温为 21.2℃，比历年（1981—2010 年）平均气温偏低 0.5℃，月平均气温在 13.5℃～27.4℃之间，12 月平均气温最低，6 月平均气温最高，年极端最高气温 36.0℃（8 月 22 日），年极端最低气温 2.0℃（12 月 19 日）。

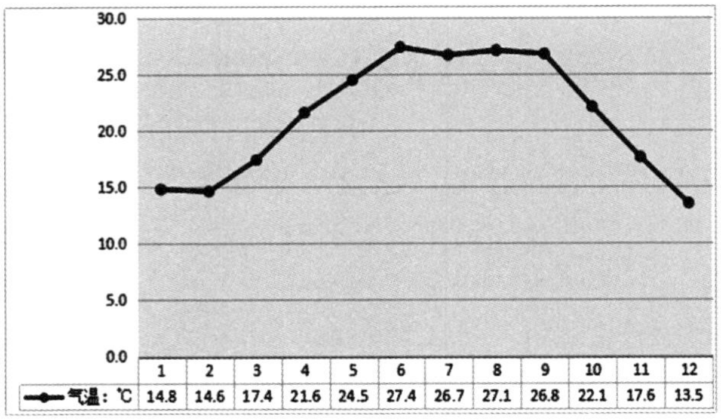

图 1　2017 年岑溪市逐月平均气温折线图

降水　2017 年，岑溪市年降雨量为 1506.9 毫米，与历年平均降雨量持平。

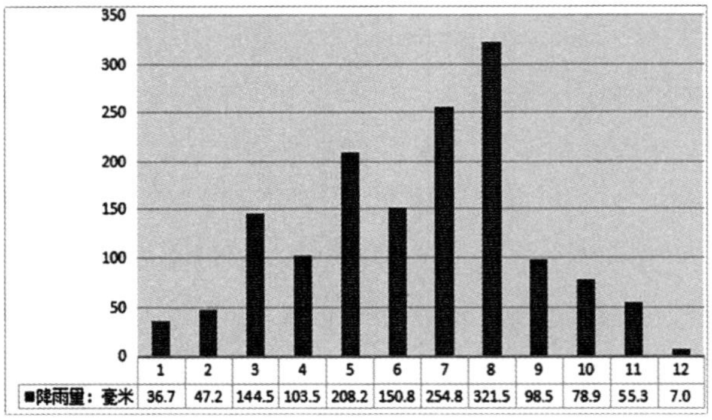

图 2　2017 年岑溪市逐月降雨量条形图

日照时数　2017 年，岑溪市年日照时数为 1643.9 小时，比历年同期平均值偏少 114.4 小时。

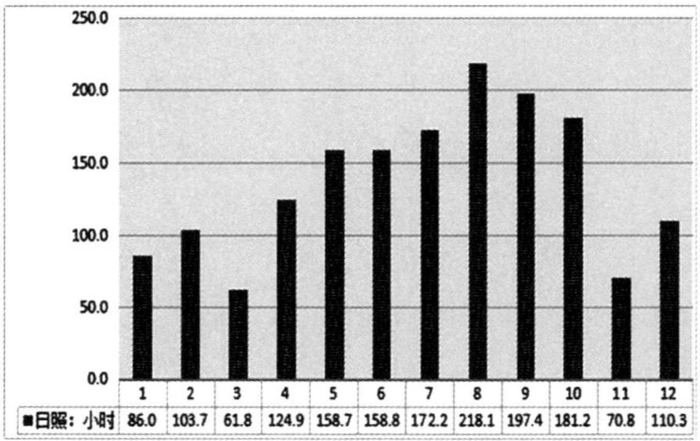

图 3　2017 年岑溪市逐月日照时数条形图

【主要天气过程】

6 月 16 日，受高空槽、切变线和弱冷空气共同影响，全市出现中到大雨，局部暴雨天气。根据全市 36 个自动气象观测站的记录，16 日 8 时至 17 日 8 时累计雨量：50～99.9 毫米有 5 站，25～49.9 毫米有 9 站，25 毫米以下有 22 站，最大降雨出现在筋竹镇马芹村（72.7 毫米）。

7 月 2—3 日，受高空槽及西南季风加强的影响，全市普降暴雨。根据全市 36 个自动气象观测站的记录，2 日 8 时至 3 日 20 时累计雨量：99.9～249.9 毫米有 14 站，50～99.9 毫米有 18 站，25～49.9 毫米有 4 站，最大降雨出现在马路镇昙容村（156.0 毫米）。

23 日 08 时至 24 日 08 时，受 2017 年第 13 号台风“天鸽”的影响，岑溪市出现暴雨，局部大暴雨。根据全市 36 个自动气象观测站的记录，8 月 23 日 08 时至 24 日 08 时累计雨量：100 毫米以上有 8 站，50～99.9 毫米有 20 站，25～49.9 毫米有 7 站，最大降雨出现在大隆镇（151.7 毫米）。在台风主体影响时，岑溪市大部出现 6～7 级大风，阵风 9～10 级，其中最大为岑溪市地面观测站，测得 10 级大风（风速 27.1 米 / 秒）。

27 日 08 时至 28 日 08 时，受 2017 年第 14 号台风“帕卡”的影响，出现大范围暴雨天气。根据全市 36 个自动气象观测站的记录，27 日 08 时至 28 日 08 时累计雨量：50～99.9 毫米有 18 站，25～49.9 毫米有 16 站，最大降雨出现在糯垌镇塘坡村（84.3 毫米）。

【气象服务】 2017 年，做好应对“6·16”“7·2”、强降雨，201713 号台风“天鸽”、201714 号台风“帕卡”等灾害性天气过程的气象保障服务工作。分别发布《气象服务信息》99 期、《春耕春播气象服务专报》8 期、《夏收夏种气象服务专报》5 期、《秋收秋种气象服务专报》4 期、《专项气象服务》13 期、《特色农业（砂糖橘）气象服务》1 期、《农用天气预报》7 期、《重大气象信息专报》4 期，针对暴雨、雷电、高温等气象灾害发布预警信号 116 次，向市领导、市直各单位负责人、各镇班子成员、各中小学校负责人和气象信息员、特色农产品种植大户发送决策气象服务手机短信 64.8 万余条次。全市 14 个镇建有农村气象信息服务站，建立有人数近千名的气象信息员队伍，在 14 个镇政府和新农村示范点、现代特色农业（核心）示范区等地安装 16 块气象信息电子显示屏，在 268 个村（社区）设有气象预警大喇叭，每天通过大喇叭和电子显示屏定时发布两次天气预报，以及不定时发布预警信息。

【科普宣传】 利用“3·23”世界气象日、“5·12 防灾减灾日”和科技活动周、政务公开日、安全生产宣传日、科普大行动等活动，组织科普人员在市区人民广场等繁华地段设立气象科普展板，发放宣传资料 7000 多份，宣传普及气象防灾减灾科普知识。气象宣传稿件采用情况：中国气象报及中国气象网发表 1 篇，自治区气象局门户网站 22 篇，八桂气象文化与党建 2 篇，中国天气网广西站天气新闻 2 篇，梧州市人民政府门户网站 2 篇，岑溪政府门户网站 13 篇，党委、政府信息 2 篇。

（何荣）

水　　文

【机构概况】 岑溪水文站设立于 1972 年 1 月，位于岑溪市思英社区西牛头，地理位置为北纬 22° 55′、东经 110° 59′，是珠江流域西江水系义昌江的重要控制站，属国家基本水文测站。它的前身是平山水文站，设立于 1958 年，位于岑溪县三堡公社平山大队，1972 年 1 月岑溪水文站搬迁到市区犀牛头，隶属岑溪县水电局领导；1994 年 8 月正式改属为广西壮族自治区水文水资源局领导，性质为正科级事业单位（参公）。南渡水文站设立于 1966 年 3 月，站址位于岑溪市南渡镇义新村，隶属广西壮族自治区水文总站；1994 年 8 月正式改属广西壮族自治区水文水资源局领导，性质为正科级事业单位（参公）。2016 年 7 月，岑溪水文站和南渡水文站合并成立具有管理和服务职能的岑溪市中心水文站，办公地址：市区沿江一路水安大厦斜对面，管辖岑溪、南渡2个基本水文站以及3个专用水文站、2个水位站、26个雨量站、6个水质站共39个水文监测站；机构级别定为正科级，计划编制人数7人，设领导职数1正2副。2017年，岑溪市中心水文站共有职工9人，其中，在职在编6人、劳务派遣3人；科级领导一正一副，站长黎海、副站长张钊。中心站共有水文站房面积1113平方米，建设有水位台7座，测流缆道2座等基础设施，配备双轨移动式雷达波自动测流系统、遥测水面蒸发器、水质在线自动监测仪、走航式ADCP、手持ADV等水文监测设备仪器。

【测验项目】 主要有水位、流量、降水量、比降、水质监视等。水位、雨量、蒸发实现自动监测。

【水情服务】 岑溪市中心水文站主要使用水文遥测统一接收平台以及广西中小河流水文预警预报平台实现雨水情的自动监控，值班人员每天对辖区的雨水情进行实时监测分析。2017年，中心站启动四级水文测报应急响应2次，发布洪水蓝色预警2期，水情信息发布率100%，编写重要水情信息专报3期、水情月报6期、水情快报3期、水资源质量月报6期、发送手机短信2355条、开展洪水应急监测29站次。2017年8月24日6时20分，黄华河南渡水文站出现85.1米洪峰水位，超警0.5米，相应流量1560立方米/秒，为常遇洪水。

【站网监测】 岑溪市辖区有水文(位)站7个，雨量站26个，2017年施测流量77站/次，单站测流次数最多的为义昌江岑溪水文站，31次。逻辑分离应急监测与常态监测，流量常态监测一般采用缆道流量仪法、手持ADV、走航式ADCP施测，流量应急监测一般采用走航式ADCP、电波流速仪、雷达波自动测流系统施测，流量测验成果现场通过手提电脑、手机APP实时上传水情中心；基本水文站流量监测以20～30天为周期定期施测，洪水时期加密测验次数；专用水文站定期进行巡测，洪水时期加密测验次数。2017年，出现较大洪水过程6次；黄华河南渡水文站出现超警洪水，超警0.50米，该场洪水施测流量3次。义昌江岑溪水文站年最低水位90.02米，年最高水位93.25米，没有出现超警洪水；年实测最小流量3.75立方米/秒，相应水位90.07米，年实测最大流量300立方米/秒，相应水位93.2米；黄华河南渡站水文站年实测最小流量14.6立方米/秒，相应水位78.52米；年实测最大流量1560立方米/秒，相应水位85.1米。

【水质监测】 岑溪市辖区设有6个水质站，分布在市内的黄华河、义昌江、赤水水库等水域，黄华河水汶水文站断面安装一台水质在线自动监测仪，监测参数为测铜、锌、铅、镉等参数，在线分析仪每天自动监测两次，中心站值班人员可以实时上网查看。6个水质站中，黄华河水汶镇水汶村、水汶镇筋竹河旺田村、黄华河波塘镇、义昌江岑城镇、赤水水库水质站每月采样1次，南渡镇水质站单月采样1次；监测参数有水温、Ph值等24个参数，这些参数由梧州市水环境监测中心实验室完成监测，评价标准执行《地表水环境质量标准》(GB3838-2002)，采用单因子法评价。2017年，在监测的4个重要水功能区中，水质全部符合地表水Ⅲ类标准，达标率100%；监测的2个重点饮用水供水水源地，水质监测评价结果达到集中式生活饮用水地表水源地Ⅲ类标准，达标率100%；赤水水库水质监测评价结果均达到Ⅲ类标准。

(市中心水文站)

防震减灾

【机构概况】 岑溪市地震局设立于2010年3月，2017年1月10日正式确定正科级别事业单位，为市人民政府直属管理的财政全额拨款单位。局长雷夏言。有岗位编制人员4人(局长1人，副局长1人，其他管理岗位2人）。在自治区2017年度县级防震减灾工作评比中，岑溪市地震局获得三等奖。

【防震监测】 2017年3月，广西地震烈度速报与预警系统项目岑溪波塘、大业、南渡、水汶镇4个新建站完成建设，通过自治区地震局验收。地震局定期对“三网二员”进行业务培训，全年开展培训2次，培训人数40人次。抗震设防行政审批进驻市政务服务中心，加强全市建设工程抗震设防要求管理及工程建设场地地震安全性评价工作的监督和管理，全年完成37件抗震设防行政审批，参加工程评审会6次。

【防震应急】 2017年4月18日，岑溪市南渡镇发生2.2级地震。地震发生后，岑溪市地震局立即启动应急响应，根据市委市政府的工作指示，配合梧州市地震局迅速组织工作组开展现场调查复核、震情监测和宣传科普解惑等工作。此次地震无人员伤亡和财产损失情况。2017年，协同教育、民政、科协等部门在全市中小学开展地震应急疏散演练400余场，在“5·12”期间，邀请自治区地震局副局长黄国华，指导岑溪市中小学校地震应急疏散演练。

【防震宣传】 2017年初，制定《岑溪市地震局2017年防震减灾宣传工作实施方案》，更新展板80块，发放宣传画册、彩页、应急知识手册、《条例》等1万余册。在“5·12”“7·28”“科技活动周”“十月科普大行动”等重要时段，协同应急办、科协、科技、教育、民政局等部门开展各项防震减灾科普知识宣传教育活动。与教育局协作，将80块展板在各学校间开展为期6个月的流动展出，广泛宣传防震减灾科普知识。协同市教育局、市科学技术协会开展各级防震减灾示范学校申报工作，2017年，完成创建自治区防震减灾示范学校1所，岑溪市防震减灾科普示范学校2所。截至2017年12月，全市共创建自治区防震减灾示范学校1所，梧州市防震减灾科普示范学校2所，岑溪市防震减灾科普示范学校14所，有4名教师获得“梧州市防震减灾优秀辅导员”称号。

（市地震局）

文化体育

文化新闻出版广播电视

【管理机构概况】 岑溪市文化新闻出版广电体育局内设机构有秘书股(党政办公室)、宣传管理股、公共文化艺术股、文化遗产保护股、文化市场管理股(挂市“扫黄打非”工作领导小组办公室)、体育股、法规股(行政审批办公室、安全生产办公室)、计划财务股,下辖8个二层机构,分别是文化市场综合执法大队(参公单位)、岑溪市广播电视台、岑溪市群众艺术馆、岑溪市图书馆、岑溪市文物管理所、岑溪市体育运动学校、岑溪市电影发行放映公司、岑溪市演出管理站。2017年,局长、党组书记甘卫。

【群众文化活动】 2017年,举办文艺晚会、音乐联谊会、书画作品展、牛娘戏展演、革命歌曲合唱比赛等各项活动151场次,参与活动人员5000多人次,观众15万人次。组织实施2017年广西“戏曲进校园”人才培训,开展全市农村基层文化骨干培训、少儿书画(书法)和广场舞培训。选送现代牛娘戏《鸡环》参加广西第五届基层文艺会演,获二等奖。牛娘戏《鸡宴》参加全区“深入生活 扎根人民”小戏小品创作成果展演,获得评委、观众好评。

【非物质文化遗产保护】 2017年,岑溪市有2个项目、4位传承人获得自治区、梧州市非物质文化遗产项目(传承人)称号。其中《牛娘贺春》《岑溪龙母诞》列入梧州市级非物质文化遗产代表性项目,邓卓全获梧州市级、第五批自治区级非物质文化遗产项目(岑溪抢花炮)代表性传承人称号,甘焕德(岑溪豆腐酿)、李耀光(岑溪山歌)、李开达(岑溪古典鸡传统养殖技艺)获梧州市级非物质文化遗产项目代表性传承人称号。

【电影公益放映】 2017年,在全市256个村放映公益电影3072场,观众10万多人次。

【文化市场监督管理】 在全市开展出版物市场专项整治行动、境外电视网络接收设备专项整治行动。对有线电视小片网进行全面排查,经排查,全市小片网17个,未发现有违法违规播出行为。检查文化市场经营单位900家次,立案查处案件41件。糯垌镇和大业镇被认定为自治区“扫黄打非”工作示范点。

【公共图书管理】 图书馆核定在编人数19人,实际在岗人数19人,其中:中级职称10人,初级职称9人;本科学历3人,大专学历10人,高中以下6人。图书馆新增馆藏2700册,订阅报纸、杂志300多种,全年书、刊总流通9.05万人次4.71万册次,其中图书外借3.58万人次,4.13万册次。开展各项读者活动49场次,参加活动读者6.7万人次,送发科技资料2607份,送书下乡6307册。举办防火安全知识讲座9次，报告会17次，书画培训班10期，校园读书节27次，培训基层业务骨干85人次，提供信息服务1.48万人次；举办展览11次，展出作品8600幅，参观人数4.53万人次；举办读者活动21次，服务宣传32次，为特殊人群服务10次。完成75家农家书屋出版物更新。

【广播电视宣传】 2017年，在电视综合频道、图文频道、电台、岑溪新闻网、岑溪新闻网微信公众号等，制作播出党风廉政建设、三整治一提升、征地拆迁、脱贫攻坚、防灾防涝、森林防火等各类公益性公告、公示、广告2000多条(次)。电视台上送梧州电视台被采用新闻233条，上送广西电视台被采用新闻108条，央视采用17条，岑溪电视台本级用稿2720条。岑溪电台编辑并播出新闻2890条，上送梧州电台用稿135条，上送广西电台用稿88条。

【文物工作】 2017年，组织人员对全市管辖范围内的省级4处文物保护单位、31处市级文物保护单位、93处文物点进行全面的安全生产大检查。检查省级文物保护单位4处、市级文物保护单位31处，文物点93处，检查次数186次，其中交叉检查1次。排查发现隐患4项，无重大隐患，已整改隐患3项，整改率75%。从检查情况看，市级文物尚存隐患：筋竹云龙得中堂主座北面耳房部分墙体出现较大裂痕，瓦面多处漏水，地砖因雨水浸泡、潮湿环境影响发生开裂、破损，急需进行抢修。已将情况上报，相关维修、抢修方案已由区考古所设计完成，待资金落实后作下一步整改。根据《关于开展传统村落及历史文化公园调研的通知》(梧文新广电发〔2017〕30号)精神，与市住建局、相关村落主管单位沟通交流，完成归义谢村，筋竹云龙，水汶石村更山组，马路昙容罗斗坡等4个传统村落的调研。云龙、石村地处边远山区，谢村、罗斗坡相对位于垌面地区。谢村、云龙古村落的古建筑得到维修，基本保存着原有的布局形式和建筑规模，建筑主体结构基本保持原貌。一些古建筑常年受风雨气候的自然侵蚀，存在着较为严重的残损、坍塌情况；一些古建筑缺乏必要的保养管理，被人为拆除、改造；一些古建筑利用不合理，受到人为因素和自然因素的双重损毁；更主要的是面临着古民居的自然老化，许多古建筑无人居住，长期堆放柴草杂物等，遭受害虫蛀食，污染严重，年久失修已处濒危状态，出现不同程度坍塌外，还有些被人为地拆掉建新房。

【新闻出版】 2017年，多次对淫秽色情、暴力、赌博、迷信以及非法出版、侵权盗版、非法销售“六合彩”等进行执法检查，查获5000多册非法出版物。

（市文新广体局　吴文震）

广播电视网络

【机构设置】 广西广播电视信息网络股份有限公司岑溪分公司于2004年7月成立，隶属广西广播电视信息网络股份有限公司。公司主要职能是负责岑溪市辖区范围内的广播电视规划建设、升级改造、运营维护，实现广播电视信号的有效覆盖及安全传输，并依托、利用有线电视网络资源开展宽带、互动节目、专网、智慧乡村、广电云等扩展业务和增值业务。

【网络建设】 从2006年启动有线电视数字化整体转换，至2017年12月31日，岑溪市辖区内有线数字电视用户4万户，城网、农网同传输150套数字电视节目和44套数字广播节目。广西广电网络光纤网覆盖全市各乡镇村。大力推进三网融合，实现从市区到各乡镇、各乡镇到各行政村联网。2017年新增杆路25千米，铺设光缆186千米。从2016年3月推进光纤入户工程至2017年12月31日，乡镇光纤入户4900户。5月份起，广西广电网络公司启动广电云、智慧小区、智慧乡村项目建设。

党史市志编纂

党史资料编纂与研究

【机构概况】 中共岑溪市委党史办公室为独立科级机构，直属中共岑溪市委员会领导，内设党史资料宣传秘书股和党史资料征（收）集编研股，核定编制4人，在职职工4人。

【党史编纂】 开展岑溪新民主主义时期革命遗址遗迹调研工作，补充完善革命遗址遗迹电子图片数据库，数据库图片约200张，编写史料字数约4万字，并于2017年3月出版发行《岑溪市革命遗址遗迹概览》画册500本，全书约3万字，免费发放书籍400多本；在广西县区率先出版发行《中国共产党岑溪市历史纪事（2015卷）》的基础上，年底完成《中国共产党岑溪市历史纪事（2016卷）》的初稿编纂，书稿图片约220张，字数约23万。根据《关于开展加强地方党史工作情况专题调研通知》（桂史发〔2017〕16号），6月完成调研，并形成史料专辑《关于开展加强地方党史工作情况的专题调研——地方党史工作的基本情况、存在的困难及建议》《岑溪市革命遗址遗迹保护工作现状、存在问题及建议——以岑溪市革命烈士林培斌故居为例》《做好新时期党史意识形态工作》《整合党史国史资源 加强党史国史宣传教育》共4份报送自治区党委党史研究室科研管理处。根据自治区党委党史研究室关于开展抗日战争口述资料征集工作的通知，6月完成对本地区曾经采访过的，以及目前仍然健在的抗战老战士名单的统计，并将其口述资料33份整理归集上报。根据关于印发《喜迎十九大共圆中国梦党史国史宣讲活动方案》（桂史发〔2017〕14号），6月完成编写《“喜迎十九大·共圆中国梦”党史国史宣讲稿》、7月完成编写《岑溪百年变迁史纪实》。撰写《不断推进岑溪党史工作 开创党建工作新格局》《努力做好新时期党史基本著作编纂工作》《撸起袖子加油干，岑溪广大干部群众喜盼党的十九大胜利召开》等信息向市委汇报。做好2017年度岑溪市党政重大活动资料文件的收集工作，收集到相关文件资料1000余份。

【社会活动】 协助民政局修改岑溪籍烈士相关材料。到“双报到”联系点樟木社区开展党史文化宣传，到归义、筋竹、糯垌、波塘等镇村开展送史下乡活动，到市二小等中小学开展党史文化进校园活动，发放党史书籍50多册

（中共岑溪市委党史办公室）

市志编纂

【机构概况】 岑溪市市志编纂委员会办公室的前身是中共岑溪县委设立于1981年8月的县志编写领导小组，同年9月，改为岑溪县编修县志委员会，下设办公室（简称县志办），属临时机构；党史、县志一套人马，两个牌子。1984年10月，确定县志办为学术性事业单位，由县政府领导，核定编制5名。1985年1月，县志办公室定为局级单位。1987年5月，增加全额事业编制2名。1995年12月1日，更名为岑溪市志编纂委员会办公室。2007年，列入梧州市公务员法管理的事业单位，并更名为岑溪市市志编纂委员会办公室。2017年，办公室主任杨培龙（任至2017年11月）、陈剑辉（2017年12月5日任职）。

【二轮市志编纂】 推进《岑溪市志（1991—2005）》编修工作，对编修人员完成的初稿，于2月份报送自治区市县志工作处审稿。3月起至9月底，根据自治区市县志工作处的审稿意见，组织修志人员对《岑溪市志（1991—2005）》送审稿进行资料补

充、文稿修改和分纂。完成对《岑溪市志(1991—2005)》全书22篇文稿进行资料补充、文稿修改和分纂工作。12月底,进行《岑溪市志(1991—2005)》评审稿样书印刷。

【年鉴编修】 6月13日,根据工作需要和各单位提出的意见和要求,举办《岑溪年鉴·2017》撰稿人培训班,讲授地方综合年鉴的基本知识与编纂,参加培训150人。5月27日通过市人民政府办公室下发《关于印发岑溪年鉴2017年卷编纂方案的通知》(岑政办发〔2017〕40号)文件,按照年鉴篇目、内容的要求,将岑溪年鉴2017年卷的资料收集、文稿撰写任务分配下达给各镇、各单位。《岑溪年鉴·2017》资料、文稿、图片收集工作于9月完成100%,11月底完成《岑溪年鉴·2017》全书的编纂工作,12月印刷出版。

【信息服务】 安排兼任信息员专门负责地情网站资料收集、上传和网站维护等工作,网站按要求及时进行更新。免费向机关单位发放年鉴书籍400多本,向社会开放查阅史志资料,全年有20多人次来查阅资料;为市内单位提供资料信息。

【向上供稿】 按照梧州市地方志编纂委员会办公室提出的时间节点和志稿质量要求,组织人员按时完成《梧州市志》《梧州年鉴·2017年》中岑溪市资料收集、补充和文稿的撰写、修改工作。按照时间和志稿质量要求,做好《广西年鉴·2017》《广西图鉴·2017》供稿工作,于3月底向自治区地方志办公室报送《广西年鉴·2017》岑溪市文稿,4月底向自治区地方志办公室报送《广西图鉴·2017》岑溪市文稿和图片。按照时间和志稿质量要求,切实做好《广西市县概况(2006—2015)》组稿工作,于5月30日前向梧州市地方志办公室报送《广西市县概况(2006—2015)》岑溪市文稿。

(市志办)

档　案

【机构概况】 岑溪市档案局(馆)为局、馆合一,一套人马,两块牌子机构。有编制15人。内设秘书股、业务股、馆务股、法规宣教股4个机构,对外加挂"岑溪市政府信息公开查阅中心"牌子。岑溪市档案馆是国家一级档案馆,是第一批自治区级中小学档案教育社会实践基地;是岑溪市爱国主义教育基地。2017年,局党组书记、局长程伟华。岑溪市档案局(馆)新办公综合楼建于2011年7月,2012年12月竣工,建筑面积4623平方米,档案库房面积1910多平方米,分为一般库房,特殊藏室和特殊载体档案库房。建设有档案馆专用局域网和档案信息网站,档案目录数据库,有固定档案展示厅4个、面积400多平方米。

【档案资源建设】 2017年,接收市委组织部音像档案800余件、精准扶贫档案2435件、婚姻档案1万余卷,接收社会各界人士捐赠档案10余件。整理2017年市级精准扶贫档案,完成市级2435件纸质档案、300余张照片档案的归档整理上架;加强对市确权办的确权档案进行业务指导,完成"一户一档"材料收集整理87117件,完成农村土地确权档案归档831件。年末,档案馆馆藏档案案卷166193卷,以件为保管单位的档案181028件,录音录像档案79盘,实物档案797件,电子档案5074件62GB。

【档案信息化建设】 2017年,建立数字化档案馆。继续完成120万页纸质档案数字化任务基础,年末完成3000余卷、120万页卷各镇及婚姻等全宗纸质档案扫描、挂接工作,图片总容量900G,在2020年实现全馆纸质档案数字化。推进机关、团体、企事业单位档案数字化,接收各单位符合要求的电子档案;做好"三网三库"信息管理服务平台建设,做好岑溪档案信息网维护工作,争取创建国家级数字档案馆。

【档案执法检查】 2017年10月，结合开展扶贫档案整理督查，分别到14个镇进行档案执法检查，对精准扶贫档案工作督查4次，对土地确权档案督查4次；确定安平镇和安平镇中庆村为精准扶贫档案工作示范点，确定岑城镇为土地确权档案工作示范点。对个别存在问题的乡镇现场把执法检查结果反馈给被检单位，督促存在问题的单位尽快整改，把一些突出问题作为每年档案员业务培训时作为案例提醒以引起重视。通过执法检查和业务培训，不断提高业务水平和执法力度的查处。

【档案利用】 全年接待档案利用者1500余人次，查阅档案1670余卷（件/册），并及时做好档案利用效果反馈。

【档案宣传和培训】 制作《不忘初心 继续前进》中小学档案教育社会实践活动宣传片。组织开展专题展览活动，全年接待各单位、各中小学校参观20余次，2600多人次。上报自治区、梧州市档案局被采用新闻报道11篇，上报岑溪市党委政府宣传报道被采用19篇。举办档案教育进校园活动一次，在城区举办"档案与你相伴"宣传展览活动各一次，举办抗美援朝志愿军林源森个人捐赠档案资料展览，参观爱国主义教育基地人数2600多人次。开展档案业务培训10余次，培训各镇、村档案管理人员1000余人次；举办精准扶贫档案业务培训班3次，参加人员750人次；土地确权档案培训班6次，参加人数365人次。

（市档案局）

【体育】 2017年，举办气排球赛、羽毛球赛、乒乓球赛、足球赛、老年人门球赛、麻将赛等"迎春杯"系列体育比赛，协助市妇联举办三八妇女节趣味运动会，举办"三月三"气排球、足球、抛绣球，举办"中国体彩杯"2017年岑溪市龙舟赛、岑溪市第十三届运动会等体育活动。举办"贺岁杯"、春季联赛、"暑假杯"、秋季联赛等足球比赛583场，参加比赛人数1500人次。开展足球进校园活动，足球协会选派教练员到部分中小学培养学生。2017年1月23日，岑溪市归义镇石坡中心小学被自治区教育厅确认为第二批广西青少年校园足球特色示范学校。

（市文新广体局 吴文震）

卫生和计划生育

医疗卫生概况

【管理机构概况】 岑溪市卫生和计划生育局位于岑溪市广南路中段，于2014年9月由原卫生局和人口与计划生育局合并组建成立运行，内设办公室、规划和信息股、财务股、法制与监督股、体制改革股、疾病预防控制股、医政医管股、中医药管理股、妇幼健康服务股、计划生育管理股等10个机构；定编人数25人，实有人数22人，其中工勤编制4人。2017年，党组书记、局长赖建乔。

【医疗机构概况】 2017年，岑溪市有各级各类医疗机构419家，其中二级甲等综合医院1家、二级甲等中医院1家、二级甲等妇幼保健院1家，疾病预防控制中心1家、卫生监督所1家、精神病专科医院1家，社区卫生服务站1个，镇一级卫生院11家、中心卫生院5家、民营医院3家，村卫生所277个，卫协会卫生所21个、学校厂矿卫生室15个，个体诊所30个，牙科诊所50个。设置病床位3312张。截至2017年10月，有卫生技术人员3419人（其中：正高3人，副高67人，中级687人，初级1833人），执业（助理）医师1072人、护理1478人，其他869人。市直医疗卫生单位2020人，乡镇卫生院、中心卫生院共1046人。

【诊疗情况】 2017年，市、镇医疗机构门诊医疗服务397.3万人次，住院12.17万人次，病床使用率78.62%。

【公共卫生项目建设】 2016年自治区资金补助项目1个，是大隆镇卫生院业务用房建设项目，建筑面积1000平方米，计划投资120万元，基本完工，准备进行工程质量验收。2017年新下达的中央预算内投资项目1个，是市妇幼保健院综合大楼建设项目（二期），建设内容为扩建综合大楼7～12层，建筑面积4000平方米，计划投资1600万元，项目于2017年5月30日开工，已完成主体施工，进入装修阶段。

【国家基本药物试点】 全市政府办基层医疗卫生机构全部实施基本药物零差率销售，16个基层医疗卫生机构和256个村卫生室实现基本药物零差率销售制度全覆盖。四家县级公立医院基本药物配备使用比例均不低于60%，采购金额比例不低于30%。

【基本公共卫生服务项目】 项目内容包括建立居民健康档案、健康教育、预防接种、传染病报告与突发公共卫生事件报告和处理、儿童保健、孕产妇保健、老年人健康管理、高血压与2型糖尿病管理、重性精神病管理、卫生监督协管、中医药健康管理、结核病患者管理、免费提供避孕药具、健康素养促进行动等14项。全市常住人口，以及在现居住地连续居住半年以上的流动人口，均可免费享受基本公共卫生服务，以0～6岁儿童、孕产妇、老年人、慢性病人、残疾人、重性精神病患者等为重点服务人群。规范和落实全市人均50元经费的标准。2017年全市累计建立居民健康档案70.22万人，居民建档率87.31%（按全市常住人口80.43万人计）；规范化电子建档70.22万人，规范化电子建档率为87.31%。

【妇幼健康管理】 完善高危转诊和危重孕产妇的急救网络。2017年，全市活产15274人，产前检查15179人，产前检查率99.38%；孕产妇系统管理13565人，系统管理率88.81%，住院分娩活产15274人，住院分娩率100%，高危孕产妇住院分娩率100%；产后访视14205人，产后访视率93.00%，婴儿死亡76例，婴儿死亡率4.98‰，孕产妇死亡3例，死亡率19.64／10万，无新生儿破伤风发生。民政婚姻登记12540人，婚检12504人，婚检率99.71%。全年进行免费孕前优生健康检查3413对，覆盖率62.85%。

【医药卫生体制改革】 市人民医院、中医院、妇幼保健院、第三人民医院等四家医院，继续稳步推进县级公立医院综合改革试点工作，建立健全相关的方案。四家公立医院2017年1—12月门急诊144.94万人次，同比增加5.11%，出院人次77081人次，同比上升11%；医院药占比平均28.54%，同比下降7.37%；门诊次均费用140.73元，同比上升1.84%；住院次均费用5200.66元，同比上升5.63%，总体医疗费用增幅明显低于GDP增速。按照"基层首诊、双向转诊、急慢分治、上下联动"的要求，出台《岑溪市县域医疗服务共同体工作试点方案》，由人民医院托管归义镇卫生院，归义镇卫生院作为人民医院的分院进行管理。按照"三不变""三统一"的原则，合理调配专家团队，在医疗技术、管理服务进行对口帮扶，建立上下医院双向转诊、优势互补、资源共享的协作机制。2017年11月试点启动，派驻医务人员16人次，进行业务查房122次，教学查房56次，会诊24次，疑难病例或死亡病例讨论9次，门诊诊疗117人次，技能操作培训33人次，开展新技术新项目1项（中西医结合治疗肺炎），专题讲座12次培训116人次。在全市范围内全面开展乡村医生签约服务工作，至2017年12月底，全市签约人数30.40万人，签约率37.66%；对贫困人口5.26万人进行签约，签约率100%，完成常住人口30%以上、贫困人口100%的目标任务。出台实施按病种付费方案，其中有127个病种按病种付费，全面推进按人头付费、病种付费和总额控制等复合付费方式。加强临床路径管理，切实控制医疗费用过快增长。

【中医药工作】 通过举办培训班、研讨会和专题讲座等方式，组织卫计系统人员系统学习《中华人民共和国中医药法》。2017年，开展乡镇卫生院医务人员、村卫生所村医的中医药知识与技能培训3次，培训1101人次。利用讲座、义诊等多种形式开展中医药法宣传，接待问诊群众近1200名，群众接受中医药服务体验210余人次，发放各类宣传册（单）7500余份。2017年10月25日，组织市中医医院医务人员到市第五中学开展"中医中药中国行——中医药文化进校园"活动，有300多学生参加活动。配合做好基本公共卫生服务中医药健康管理服务项目。2017年老年人中医健康管理33310人，管理率48.84%；0～36月龄儿童中医药健康管理25578人，管理率50.76%。开展中医医疗机构传染病防治和感染防控监督执法、中药饮片管理督查，12月12日组织有关专家分别对市中医医院及2家个体诊所开展督查，切实加强和规范中医医疗机构传染病防治和感染防控。组织人员参加梧州市卫生和计划生育委员会、梧州市总工会联合举办的"梧州市第一届中医医师临床技能竞赛"，取得一项团体二等奖、两项个人二等奖、一项个人三等奖。继续巩固全国农村中医药工作先进单位创建成果，参照《岑溪市加强基层中医药工作三年规划（2016—2018年）》《全国基层中医药先进单位评审细则》开展中医药工作，为2018

年岑溪市全国基层中医药工作先进单位复评作准备工作。

【农村医疗卫生】 建立县、乡、村三级医疗保健为基础的医疗保健网，其中农村卫生所277个，卫协会卫生所20个，乡村医生1028个，245个村开展乡村卫生一体化服务。继续加强对乡村医生综合培训，2017年举办岑溪市乡村医生业务培训，300多名乡村医生参加。

【中医特色专科建设】 2017年，完成大业中心卫生院、糯垌中心卫生院、三堡中心卫生院、水汶中心卫生院中医诊疗区（中医馆）项目建设。继续完善建设市中医院中医骨伤科、针灸推拿科、脾胃病科3个省级重点专科。

【爱国卫生】 扎实开展巩固自治区卫生城市复审工作，协调相关部门联合开展一系列专项整治行动，于2017年6月底顺利通过自治区卫生城市复审评估验收。开展爱国卫生月、春秋季除四害、饮用水水质监测、健康教育和健康素养促进项目等各项工作。

【疫情管理与控制】 2017年，全市无甲类传染病发生，报告国家法定乙、丙类传染病16种，共13129例，死亡20例。总发病率1636.36/10万，与2016年同期（9166例）相比上升43.24%。死亡率2.49/10万，与2016年同期（30例）相比下降33.33%。完成各种重点传染疾病的监测任务，强化手足口病防控工作。进一步夯实免疫规划基础，免疫规划疫苗平均接种率96.23%。2017年1—12月累计登记结核病新涂阳病人102人，治愈92人，新涂阳病人治愈率90.20%。

【艾滋病攻坚工程】 按现住址和审核时间定时统计，2017年1月1日至12月31日全市艾滋病感染者/病人新发感染病例50例，与2016年同期46例相比上升8.70%，疫情略有上升。2017年，艾滋病在治病人死亡病例3例，艾滋病抗病毒治疗患者在治死亡率1.04/百人·年，不高于1.5/百人·年。

【手足口病防治】 2017年，全市报告手足口病8113例，其中重症2377例，无死亡病例；报告发病率、重症率分别比2016年同期上升43.98%、142.30%。

【卫生监督执法】 全年出动执法人员860多人次，出动执法车辆220多车次，立案18起，结案18起，罚款11万元。其中医疗卫生执法案件18起（包括“两非”案件1起）、公共场所卫生执法案件1起、餐饮具集中消毒卫生执法案件1起、生活饮用水卫生执法案件1起。

【医患纠纷化解】 2017年，全市的医疗纠纷调处中心接收群众来访380人次，接案件38件，劝退21件，受理医疗纠纷案件17例，移交法院0件，调解成功17例，成功率100%。患方索赔金额218.8万元，医方实际赔付68.16万元。

【行风建设】 2017年立案审查5件，其中扶贫领域立案3件，结案5件，给予政纪处分5人；办理信访案件26件，全部办结并上报；全年对全市16个乡镇卫生院，6个市直医疗卫生单位进行不定期的明察暗访督查10余次。对1个单位2人进行诫勉谈话，组织召开集体约谈会2次，约谈党员干部120多人次。

【卫生应急】 2017年，组织市直医疗卫生单位参加梧州市卫生应急技能竞赛，获两项团体三等奖、一项个人二等奖、两项个人三等奖的优秀成绩。完成“人大、政协会议”“龙舟赛”“石材博览会”等重大活动的医疗卫生保障工作。特别是在防控H7N9、手足口病疫情期间快速响应，及时启动联防联控机制，多部门合力落实防控措施，有效、及时地控制疫情的蔓延。

【医政管理】 严格落实医疗质量和医疗安全核心

制度，严禁使用非卫生专业技术人员，不断规范医疗机构和医务人员的诊疗行为，确保医疗质量安全。各单位选择性开展临床路径试点工作，2017年，市人民医院有14个专业25个病种进入临床路径管理、市中医医院有7个专业8个病种进入临床路径管理，市妇幼保健院有6个专业8个病种进入临床路径管理。市人民医院、中医院、妇幼保健院、市第三人民医院继续开展优质护理服务工作，其中，市人民医院开展优质护理病房21个，覆盖率100%；中医医院开展优质护理病房11个，覆盖率100%；妇幼保健院开展优质护理病房12个，覆盖率100%；第三人民医院开展优质护理病房5个，覆盖率100%。患者对医院护理服务满意度评价市人民医院97.4%（电话回访满意率99.6%）、市中医医院96.1%、市妇幼保健院98.3%、市第三人民医院95%。做好医师资格考试、护士执业资格考试、住院医师规范化培训考试报名工作。2017年参加医师资格考试246人，通过77人；参加护士执业资格考试192人，通过25人；参加住院医师规范化培训考试156人。继续开展公安监管场所医疗卫生专业化建设工作，在岑溪市强制戒毒所成立的岑溪市人民医院古塘病区，由人民医院组建并实施管理；在岑溪市看守所成立的岑溪市中医医院驻看守所卫生所，由市中医医院组建并实施管理。

【医学科技】 全市有省级重点专科3个，分别是市中医院中医骨伤科、针灸推拿科、脾胃病科；1个市级临床重点专科，即市人民医院重症医学科。2017年，岑溪市人民医院获科研项目申报并立项梧州市级科研项目4项。2017年全市医务人员都参加继续教育，全市各级医疗机构参加各类短期学习班1442人次，外出进修86人。

【公共卫生服务】 规范和落实全市人均50元经费的标准。2017年，全市累计建立居民健康档案66.26万人，居民建档率83.04%；规范化电子建档66.26万人，规范化电子建档率83.04%；高血压规范管理率72.85%，糖尿病规范管理率72.06%；0～6岁儿童健康管理率90.38%，65岁及以上老年人管理率60.29%；新生儿访视率96.95%，儿童健康管理率90.38%。早孕建册率97.86%，产妇产后访视率96.75%。

【健康扶贫】 实施健康扶贫攻坚行动计划，启动农村贫困人口大病专项救治工作，实施“光明行动”医疗扶贫工程，提升医疗保障水平，开展源头健康扶贫。指定岑溪市人民医院作为手术定点医院，负责完成全市80名白内障患者的复明手术治疗工作。2017年全市全部疾病建档立卡贫困患者4218人，已经救治4218人，救治率100%；九种大病建档立卡贫困患者72人，救治72人，救治率100%。加强基层医疗卫生机构能力建设，强化对口帮扶和远程医疗协作。各医疗机构设立贫困人口绿色通道、一站式结算综合服务窗口，全市所有贫困患者均可凭身份证和“一卡通”享受住院先诊疗后付费服务，居民基层首诊比例90.13%，先诊疗后付费服务425人。

（市卫计局办公室）

综合性医疗服务

【综合医院概况】 岑溪市人民医院是一家综合性二级甲等医院，地址：岑溪市岑城镇北山路2号。是卫生部国际紧急救援中心网络医院，广西医科大学第一附院技术协作医院，1997年通过国家卫生部综合性“二级甲等医院”及“爱婴医院”评审，成为广西第三家、桂东地区首家达标的综合性“二级甲等医院”。2017年，医院邀请6名省内外有名望的专家、教授到院内授课、培训，选派20名医院业务骨干和专业技术人员到上级医院进修和学习，到外地短期培训有100多人次。人民医院有4人晋升正高职称、26人晋升副高职称，年末有正高5名，副高67名（不包括退休返聘人员）。

【医疗概况】 2017年，门诊80.55万人次，比2016年增加3000人次，住院病人3.86万人次，比2016年3.43万人次增加4300人次，增长率12.53%，手术数6530例，平均住院床日亦逐步下降。2017年1月1日起至2017年12月31日，人民医院诊治手足口病病例8039例，其中住院病例3632人次，重症病例2373例，无死亡病例。加强药品耗材管理，严格控制不合理医药费用增长监测工作，严格控制药品、医用耗材比例，及时调整用药、医用耗材限制方案，合理检查，合理治疗，抗菌药物使用率、药品比例和医用耗材比例逐年下降。全年出院人均费用约5560元，医疗人均费用增长若按梧州市允许每年最低8%增幅算，出院人均费用应达7913.12元，相当于出院人均费用减少1633.12元，相当于同比下降29.37%。药占比由2012年的46.96%降至2017年的32.30%，同比下降了35.33%。

【医疗改革】 2017年11月，按照《岑溪市县域医疗服务共同体工作试点方案》，由人民医院托管归义镇卫生院，归义镇卫生院作为人民医院的分院进行管理。派驻医务人员在归义镇卫生院开展诊疗工作和技术培训，技能操作培训33人次，开展新技术新项目培训1项（中西医结合治疗肺炎），专题讲座12次培训116人次。

【临床路径的管理】 2017年，人民医院有14个专业25个病种进入临床路径管理工作，病种住院患者总人数2961人，进入路径患者总人数2412人，完成路径的人数2302人，出现变异的患者数179人，退出路径病例数110人。25个病种符合进入临床路径标准的患者入组率78.56%（标准 >50%）、入组后完成率94.53%（标准>70%），均符合标准要求。

（市人民医院）

妇幼保健

【机构概况】 岑溪市妇幼保健院始建于1953年。医院占地面积4659平方米，业务用房12428平方米，编制床位350张，开放床位250张。2017年，保健院党委书记、院长罗宗波。有职工553人，其中：高级职称21人，中级职称137人，初级职称225人。设有妇科、产科、新生儿科、儿科、内科、外科、乳腺外科、麻醉科、医技科、检验科及职能部门等31个科室。成立有孕产妇急救中心。有尖端的腹腔镜、宫腔镜、阴道镜、LEEP刀微创设备，有进口的三维彩超、进口数字X光机、CR、DR系统、全自动生化分析仪、全自动化学发光免疫分析仪、全自动血液分析仪、呼吸机、麻醉机、数码胎儿远程监护系统等医疗设备。

【诊疗情况】 2017年，保健院门诊急诊365342人次，住院19408人次。其中产科产妇住院5043人次，剖宫产1119人，剖宫产率22.18%；入院出院诊断符合率96.6%。抢救危重病人872例，抢救成功870例，开放床位250张，病床使用率109.5%。

2017年7月17日，岑溪市妇幼保健院开通“银医一卡通”项目上线运行

市妇幼保健院 供

全院医疗收入 10067.9 万元，其中：门诊医疗收入 3128.8 万元，住院医疗收入 6939.1 万元，药品收入占业务总收入比例控制在 28.1%以下。全年住院分娩孕产妇 5000 人，占全市分娩量的 30%。

【出生人口管理】 2017 年，全市机构发证 15944 份，其中当年活产发证 14464 份。住院分娩活产数 15131 人（是全市医疗机构活产数），当年活产发证率 95.59%，作废证件 27 份，废证率 0.17%。

【“降消”项目】 2017 年，住院分娩活产儿 15247（是辖区内）人，农村户籍活产儿 13577 人，获补助产妇数 5967 人(其中危重补助 126 人)。产科急救中心抢救急危重孕产妇 36 人，抢救成功 36 人。实施增补叶酸预防神经管缺陷项目，全年增补叶酸任务 22520 人，发放 22377 份，完成发放任务的 99.37%，辖区住院分娩围产儿 15340 人，出生缺陷 80 人(大于 28 周)，出生缺陷率 5.22‰。

【“一免二补”幸福工程】 2017 年，民政婚姻登记应检 6270 对，婚检 6252 对，婚检率 99.71%。辖区应筛产妇数 12187 人，产筛 10114 人，产筛率 82.99%；辖区活产数为 15274 人，新筛出报告人数 14415 人，新筛率 94.38%；辖区新生儿听力筛查 14735 人，筛查率 96.47%。政府投入产前筛查资金 101.56 万元、新生儿疾病筛查资金 68.13 万元、新生儿听力筛查资金 73.42 万元。

【地中海贫血防治】 2017 年，孕妇建册 14382 人，筛查率 100%，孕妇地贫筛查阳性 3693 人，地贫筛查阳性率 25.68%；阳性孕妇丈夫筛查 3555 人，丈夫筛查率 96.26%，夫妻地贫双阳 644 对(其中曾经进行过基因诊断 72 对)，地贫基因诊断转诊 642 对，地贫基因诊断转诊率 99.69%，符合农村地贫基因诊断转诊补助率 100%，总计补助资金 13.44 万元。

【预防艾滋病、梅毒、乙肝母婴传播】 2017 年，接受婚前保健 12504 人，艾滋病、梅毒、乙肝咨询率 100%，检测率 100%，接受初次产前保健孕妇 14281 人，咨询率 100%，检测率 100 %，接受乙肝表面抗原检测产妇 15069 人，检测率 100%。

【妇女病普查】 组建免费筛查工作小组深入基层农村，改变传统的坐等服务对象上门要求检查的被动式服务为主动上门提供服务的工作模式。2017 年，完成宫颈癌免费检查 15057 例，乳腺癌免费检查 12657 例。

【盆底功能康复】 开展盆底功能康复工作，全年筛查妇女 2974 人，其中产妇 1646 人。筛查出阳性 2547 人，阳性 85.64%；其中：宫颈疾病 2 人，子宫脱垂 79 人，阴道松弛 831 人，阴道壁膨出 809 人，尿失禁 509 人；盆腹术后 15 人，不孕不育 15 人。年度治疗 961 例，追踪访视 961 人。

【妇幼保健服务】 加强乡镇卫生院妇女儿童保健、妇幼卫生信息、健康教育、“三网”监测、托幼卫生保健管理等业务的指导工作，开展农村妇女免费宫颈癌和乳腺癌防治项目工作。2017 年，全市辖区产妇 15215 人，产前检查 15203 人，产前检查率 99.92%，孕产妇系统管理 13445 人，系统管理率 88.03%。全市辖区活产 15274 人，住院分娩活产数为 15274 人，住院分娩率 100 %，产后访视 15213 人，产后访视率 99.6%。

加强 0～6 岁儿童系统管理，定期做好健康检查，2017 年全市有 7 岁以下儿童 109489 人（包括 3 岁以下），3 岁以下儿童数 50395 人，7 岁以下保健管理 98579 人，保健管理率 90.034%；3 岁以下儿童系统管理 43497 人，系统管理率 86.31%。

【优化服务】 2017 年 7 月 17 日，在全市医疗机构率先使用银医通自助系统，通过银医自助系统的自助设备终端即可实现自助办卡、挂号、门诊缴费、住院押金缴纳、费用查询、门诊及住院清单查询、报告单打印等便捷服务，缩短就医等候时间，简化患者就医流程。4月8日，岑溪市妇幼保健院对计划生育技术服务资源进行优化整合，将保健工作与计划生育技术服务深度融合，为群众提供更好的服务。2017年，岑溪市妇幼保健院与梧州市妇幼保健院签订协议，组成梧州市妇女儿童健康服务联合体，并与4家乡镇卫生院做好对口支援工作。深入开展扶贫攻坚“双联系”活动，落实帮扶人5人，帮扶联系贫困户16户。组织党员到安平镇尖峰村开展“点亮微心愿·共筑脱贫梦”和党员义诊活动。为10户贫困户发放慰问金2400元。为附近村民进行医疗义诊和免费“两癌”筛查。

（市妇幼保健院）

疾病预防控制

【管理机构概况】 岑溪市疾病预防控制中心（简称岑溪市疾控中心）属正科级卫生事业单位，地址北山路1号。负责全市疾病预防与控制、卫生检验与评价、健康教育与促进、应用研究与指导、技术管理与服务、科研与培训相结合的业务技术指导等业务工作。中心下设办公室、质量控制科、检验科、公共卫生科、传染病管理科、免疫规划科、艾滋病管理科、结核病防治科、皮肤性病防治科、社区药物维持治疗门诊、预防医学门诊、健康教育科、财务科13个职能科室。2017年，疾控中心主任梁凤保。

【疫情管理】 中心疫情室落实专人负责疫情报告管理工作，除网络直报外，还设立疫情专机，多方面采集疫情信息。根据《国家疾病监测信息报告管理系统》数据统计，2017年，全市无甲类传染病发生，报告国家法定乙、丙类传染病16种，13129例，死亡20例，总发病率1636.36/10万，死亡率为249/10万，与2016年同期相比报告发病率+43.24%、死亡率-33.33%。全年监测发热病例34780人，未发现可疑发热病例和SARS、禽流感预警病例；监测活禽市场、禽类养殖场外环境标本135份，检出禽流感病毒H7N9（6份）、H5（3份）、H9（8份），向卫计行政部门、畜牧局提出防控工作建议7次，组织开展疫情研判1次、向活禽养殖、销售等禽类接触人员开展健康宣教1次，举办医疗机构、学校H7N9人禽流感防控知识培训3次，组织开展H7N9等高致病性禽流感应急演练1次。发生手足口病8112例，其中重症2377例，无死亡病例，报告发病率、重症率分别比2016年同期上升43.98%、142.30%。共报告处置手足口病暴发疫情3起（其中幼托机构2起、自然村1起），家庭性聚集性疫情260起，学校幼托机构聚集性疫情38起。按照自愿原则，继续推广EV71手足口病疫苗的预防接种，全年累计接种约12518人次，5岁以下儿童一针接种率15.63%，两针接种率11.52%。全市血检流动人口440人，任务数完成率100%，其中阳性3人（2人恶性疟，1人卵形疟，均为外出非洲务工回归人员），血检阳性率0.68%；血检未外出“三热”病人637人，任务数完成率100%，累计血检率0.07%，血检结果全部阴性。按要求对历史上高疟区糯垌镇海杰村大福户和南渡镇苏河村二组进行蚊媒监测调查，5—11月份共捕获蚊子8011只，其中中华按蚊796只，其他按蚊0只；2月份、5月份、12月份分别对输入性疟疾病例疫点岑溪市一小、岑城镇天桥住宅小区、波塘镇大公村平塘组自然村、岑溪市思湖路进行蚊媒调查，分别捕获蚊子74只、54只、20只、4只，未发现按蚊。按要求对3例输入性病例进行流行病学调查、血检及足量规范治疗，对疫点进行媒介调查、喷洒灭蚊，用高效氯氟氰菊酯药物喷洒IRS面积1500平方米。全年举办医疗机构传染病疫情报告相关知识培训班2期，对医疗机构进行工作督导4次，每月至少完成疫情动态分析1次，每日浏览中国疾病预防控制信息系统4次以上，确保传染病疫情的准确、及时发现和有效处置。针对登革热，选取甘冲村作为登革热媒介伊蚊监测点，计算布雷图指数，5—11月份共监测14次。布雷图指数为10～29之间，风险评估为有登革热传播风险或暴发风险。全年我市未报告有登革热病例。

【艾滋病防控】 继续采取综合防治措施加强防控,依托“政府主导、部门协作、公众参与”的工作模式,通过实施宣传、培训、监测、督导、自愿咨询检测、高危人群干预、针具交换、母婴阻断、药物替代治疗等综合措施,有效遏制全市艾滋病由高危人群向普通人群蔓延扩散态势。根据国家艾滋病综合防治信息系统,按现住址和审核时间定时统计(下同),截至2017年12月31日存活HIV/AIDS 423例,其中:HIV 206例,AIDS 217例;死亡276例。报告HIV/AIDS病例56例(HIV 26例,AIDS 30例,其中6例AIDS病例为既往HIV转变),报告的病例数与2016年同期59例(HIV 26例,AIDS 33例,其中13例AIDS病例为既往HIV转变)相比下降5.08%;新发HIV/AIDS病例50例,与2016年46例相比上升8.70%。做好性病门诊就诊者行为干预,全年干预性病就诊者411人,HIV检测408人,性病就诊者检测率99.27%。抓好吸毒人员针具交换,全年累计干预覆盖吸毒人员约1767人次,累计发放注射器26294付,回收注射器约24230付,回收率约92.15%;全年干预暗娼4305人次,首次检测486人,累计检测率80.04%,发放安全套43.05万只,防治艾滋病知识宣传资料4305份,基本覆盖市区娱乐场所及乡镇暗娼潜在场所。根据自治区艾滋病哨点监测要求,中心与市公安局通力合作,于4月份开始展开吸毒人群和暗娼人群哨点监测工作,年底已监测吸毒人员400人、暗娼400人。对所有新进入监管场所的被监管人员按季度常规开展艾滋病病毒抗体常规检测,监测被监管人员2008人。继续做好社区药物维持治疗工作,由于公安部门加强维稳综治力度,严查收押社会吸毒人员,服药人数比2016年大幅度减少,截至2017年12月31日,门诊新入组9人,累计收治病人679人,在治病人143人,全年在治人数246人,保持率93.3%;全年服药44352人次,日均122人次;全年使用美沙酮口服液3074755毫升,人均69毫升,全年无非法药品流失事故,无美沙酮不良事件发生。对入组人员开展HIV抗体、HCV抗体、梅毒抗体检测率分别是92.3%、93.7%、89.3%,其中,HIV阳性率为0,HCV阳性率为29.5%,梅毒阳性率4.68%,HIV阳转率为0,新入组实验室检测率100%。每月不定期进行尿吗啡检测,全年检测1585人次,阳性率25.7%。做好患者及其家属的入组咨询工作,接受社会戒毒防毒咨询,咨询22人次。充分利用“6·26”国际禁毒日“12·1”世界防治艾滋病日平台,联合卫计局、公安局、计生局、妇联,在电视、广播等媒体上进行宣传,联合艾滋病科进行艾滋病的宣传,全年发传单200份,安全套1万个。

【免疫规划】 通过抓好接种运转、监测评估、督导及培训关键环节,把免疫规划管理纳入常态化、规范化、科学化的量化考核管理体系中,进一步健全县、乡、村三级免疫规划信息工作网,不断加强常规冷链运转接种和监测工作,使免疫接种率巩固在较高水平,有效控制传染病的蔓延。全市有93个接种点,每月至少开展1次运转接种工作,2017年,全市出生累计上卡14553人,上卡率15.14‰,免疫规划疫苗除乙脑、A+C群流脑疫苗没有及时提供,接种率较低外,其余疫苗报告接种率95%以上,乙肝首针及时率85%以上。建立预防接种异常反应监测制度和安全注射制度,发现预防接种异常反应及时报告和处理。全年报告预防接种异常反应14人,出现一起预防接种差错。规范疫苗和注射器管理,专人负责,及时做好疫苗和注射器出入库登记,合理做好疫苗的订购计划,加强疫苗储运温度监测,全市各种免疫规划疫苗和注射器的损耗系数均没有超标。进一步加强AFP、麻疹等针对性传染病防控工作,每月、旬开展主动监测,出现疫情启动应急处置措施,严防疫情蔓延流行。无乙脑、流脑、白喉等传染病发生;报告AFP病例4例,无脊灰病例;报告疑似麻疹或风疹病例19例,确诊风疹1例,其他18例均为排除病例,无麻疹病例发生;无针对性传染病流行。及时、科学地预防狂犬病的发生,动物损伤处置室认真负责做好狂犬病暴露者的接诊工作,做好伤者的暴露级别判断和接种前知情同意告知，全年狂犬疫苗接种1万余人次,狂犬免疫球蛋白使用量1676支,全年无医疗差错和投诉事件发生。继续抓好就业健康检查工作,全年到预防医学门诊做健康检查的有3000多人次,发放健康证2856张,无不良事件发生。

【结核病防治】 建立并完善市、镇、村的三级督导制度,提高涂阳肺结核病人发现率和治愈率。全年疾控中心结防门诊有2304名可疑结核病患者就诊排查肺结核，确诊并登记活动性肺结核病人468人，其中：登记新涂阳肺结核病人104人,复治涂阳病人15人；涂阳肺结核病人登记率25.43%。2016年结防所登记肺结核病人418人,系统管理418人,病人系统管理率100%。2017年登记涂阳病人119人,密切接触者119人,筛查密切接触者119人，涂阳病人家属筛查率为100%。全年督导16个镇级卫生院96次，访视病人865人次。全年对106例可疑耐药肺结核患者开展痰培养工作,培养阳性79例,阴性26例,污染1例。开展结核病和艾滋病双重感染防治工作，全年登记肺结核患者468人，筛查HIV315人,HIV筛查率为67.31%,已知HIV阳性1例,初筛HIV阳性1例；对可随访的HIV病人386人进行结核病筛查,问卷调查330人,拍X光片362人,接受X光筛查率93.78%,确诊肺结核病人4例。加强学校结核病防控工作，全年肺结核网络专报系统报告学生结核病病例16例,其中:肺外结核患者2例,活动性肺结核患者14例。在外地就读的当地学生肺结核患者5例，在市内学校就读的学生肺结核患者9例。为做好学校结核病防控工作,对9例患病的学生办理休学治疗。对病例所在8所学校的师生密切接触者进行筛查,进行症状筛查602人,其中PPD筛查188人,X线检查540人,诊断肺结核患者0人,对PPD强阳性的10人进行预防性服药。开展学校结核病防治知识讲座31期,发放结核病防治知识宣传单3000份，发放宣传笔记本2000本,发放宣传相框20幅,有效控制学校结核病疫情扩散。

【健康教育】 开展以艾滋病、结核病、手足口病、地方病、麻风病等重点传染病防治及免疫规划管理为主题的健康知识宣传活动。在“3·24”世界防治结核病日、“4·7”世界卫生日、“4·25”全国儿童免疫接种日、“4·26”全国疟疾日、“5·15”碘缺乏病日、“5.31”世界无烟日、“6·26”禁毒日和“12·1”世界艾滋病宣传日等活动中，先后在市区主要街道和部分乡镇设点宣传17次，发放宣传资料26种13万余份,制作横幅42条,出版宣传板报35期,电视宣传6期15次,市街头义诊近1万人,设置LED显示屏全天循环播放健康教育知识宣传。举办健康知识讲座(培训)18期,配合巩固卫生城市印发《中国公民健康素养66条》12万份,继续配合“健康中国行”健康素养促进行动项目实施方案以及基本公共卫生服务项目指导基层卫生机构开展健康教育工作。

【公共卫生监测检验】 开展食品风险监测、城市及农村生活饮用水监测、地方病监测、职业病监测、营养与食品安全以及健康相关产品卫生监测工作,按收样、留样、送检、评价程序处理样品,及时对检验结果进行评价,评价食品类样品237份、水质类315份、消杀类7份。结合实际情况,全年完成两次(枯水期、丰水期各1次)城市、农村饮用水监测及数据录入工作,监测水样120份,任务完成率109.09%，城市水质合格率81.82%(18/22),农村合格率55.10%(54/98),不合格项目是铅、锰、微生物超标,消毒剂偏低。完成8~10岁儿童碘盐监测200份,合格190份,合格率95%,未发现非碘盐;8~10岁儿童尿碘监测200份,尿碘中位数203.35毫克/升,孕妇尿碘监测104份,尿碘中位数153.65毫克/升。孕妇家庭食用盐采样104份,合格碘盐100份,合格率96.15%,未发现非碘盐。抽查8~10岁儿童200人，未发现甲状腺肿大。全年完成207份各类食品样品采集、检测(或送检)及数据录入工作,工作任务完成率100%。监测样品种类涵盖食品微生物及其致病因子样品120份、食品污染物及有害因素常规监测样品87份,从207份食品样品的监测检验结果来看,合格率90.82%(188/207),不合格的项目主要为糕点检出金黄色葡萄球菌和蜡样芽孢杆菌,果汁、凉拌菜、婴儿配方奶粉检出蜡样芽孢杆菌,面包蛋糕类食品检出蜡样芽孢杆菌、霉菌计数超标,鲜螺检出广州管圆线虫,油条含铝添加剂超标,定型包装饮用水检出溴酸盐超标,花生油黄曲霉毒素B1超标。报告食源性疾病病例642例，其中：人民医院报告394例，中医院报告71例，妇幼保健院报告177例;发现食源性疾病事件(食物中毒)2件,均为人民医院报告,及时进行调查处理并网报和上报食安委。全年新发现职业病人1人,为职业性尘肺Ⅲ期,是广西梧州市远方陶瓷有限公司的员工,企业位于岑溪市筋竹镇新联村,病例已通过全国重点职业病监测信息系统进行网络直报,其单位也落实职业病病人工伤待遇。根据自治区卫计委长寿相关因素调查工作会议要求,于5—6月份,选取长寿老人较集中的南渡、马路、昙容、归义、糯垌、筋竹、梨木、大隆、水汶9个乡镇作为调查点,完成调查百岁老人家系、非百岁老人家系140人,任务完成率100%。

(市疾控中心)

中医药发展

【机构概况】 岑溪市中医医院建立于1976年10月,位于岑溪市大中路9号,是集医疗、预防保健、康复和教研为一体的二级甲等中医医院。医院占地面积12430平方米，建筑面积23302平方米。2017年，院长、党总支书记黄国林。有职工524人,其中卫生技术人员443人,高级职称31人,中级职称114人。开设有内、外、妇产、儿、骨科、肛肠科、脾胃病科、眼耳鼻喉科、皮肤科、急诊科、针灸推拿科、治未病科等临床一级科室。开放病床430张,2017年门诊量201963人次,住院16793人次,手术4673人次。病床使用率96.05%、门诊人均医药费用146.21元/人，住院病人人均医药费用5510.20元/人。

【中医重点专科】 针灸推拿科是岑溪市的省级中医重点专科。运用中医传统诊疗技术与现代康复技术相结合的治疗手段，全面开展颈肩腰腿痛的诊疗，中风后遗症和小儿脑瘫的康复治疗,2017年,收治门诊病人8856人次,住院1038人次。骨科是中西医结合优势科室,是省级重点专科,是全国农村骨伤科重点建设专科，是岑溪率先开展骨病治疗的专科,2017年底,骨科分设一病区、二病区。全年进行四肢关节复杂性骨折手术和内固定手术1437例,进行难度较大的脊柱手术51例,全髋关节置换术71例。脾胃病科是中国初级卫生保健基金会重点帮扶科室和省级重点专科，运用内服、外治、灌肠等特色治疗方法,中西医结合治疗脾胃病科患者,全年门诊人次4107人次,收治住院病人1338例。

【中医适宜技术推广应用】 发挥中医适宜技术推广应用基地作用,组织全市村医、卫生院医师328人分5批次到中医院轮训学习。制订下乡义诊及推广中医适宜技术的计划,全年在14个镇、156个村进行义诊及指导村医开展适宜技术，义诊3813人次。发展中西医结合特色疗法,针灸推拿科运用针灸、推拿按摩、中药热敷、点穴注射、牵引结合运动疗法和神经促进疗法治疗颈肩腰腿痛、中风后遗症以及小儿脑瘫等,中医院骨伤运用小夹板、中药膏外敷、中药外洗结合手术治疗各类骨伤科疾病。

(市中医院)

计划生育

【计划生育管理】 2017年，人口自然增长率9.85‰,控制在11‰以内的责任指标要求。全市区间出生人口14426人,其中,男性7611人,女性 6815 人，出生人口性别比 111.68，控制在 115 以下的责任指标要求；政策外多孩率 6.32%，控制在 7%以下的责任指标要求。推进生育服务证制度改革和妇幼保健计划生育服务及卫生计生综合监督执法资源整合优化。生育登记、再生育审批全部实现到乡镇（街道）办理，统一更新计划生育服务手册和再生育证，推进多证合一，将生育登记服务与母子健康手册发放有机结合，初步实现各级计划生育相关信息数据互联互通，进一步简政便民。2017 年 1～12 月，全市出生人口 14403 人，其中属依法二孩生育 7002 人，占总出生人口 48.61%。

【流动人口管理】 2016 年 10 月 1 日至 2017 年 9 月 30 日全市流动人口总数 87561 人，其中育龄妇女 36124 人，已婚育龄妇女 20512 人。流出人口 82828 人，其中育龄妇女 34204 人，已婚育龄妇女 19136 人；流入人口 4733 人，其中育龄妇女 1920 人、已婚育龄妇女 1376 人。开展流动人口卫生计生关怀关爱专项活动。2017 年 1 月 11 日在三堡、大业等镇走访慰问外地流入岑溪市务工经商及市内外出务工的 5 对夫妇。7 月 6 日在岑溪市第六小学开展流动人口计划生育家庭“三留守”关爱活动主题宣传服务月活动，慰问 30 名“留守”儿童。2017 年春节、中秋节期间慰问流动人口计划生育家庭“三留守”家庭 70 户。

（市卫计局）

卫生计生监督

【机构设置】 2017 年 4 月 7 日，根据岑溪市机构编制委员会（岑编〔2017〕6 号）文件精神，岑溪市卫生监督所和岑溪市人口和计划生育行政执法监察大队进行资源整合，合并成立岑溪市卫生计生监督所，办公地点在原岑溪市卫生监督所（育才路），新设置计划生育综合监督科，执法大队带编制 11 名。2017 年 7 月 13 日，岑溪市人民政府《关于廖峥承等同志任免的通知》（岑政干〔2017〕9 号）文件，廖峥承任岑溪市卫生计生监督所所长，免去岑溪市卫生监督所所长职务。

【卫生行政许可工作】 2017 年，受理、审核发放公共场所卫生许可证 128 家、放射许可证 4 家，全市公共场所卫生许可证持证率 100%，从业人员持健康证上岗达 100%，所有卫生许可行为严格按照规范执行。

【公共场所卫生监督】 按照《公共场所卫生管理条例》的规定和梧州市卫生监督工作计划要求，开展对公共场所的卫生进行监督。2017 年，对全市住宿场所 119 家、理发店 342 家、文化娱乐场所 112 家、沐足场所 54 家、游泳池 7 家进行 3 次检查，监督覆盖率 100%；7 月中旬，对 7 家游泳场所泳池水质进行检测，检测项目为 pH 值、浑浊度、尿素、细菌总数、大肠菌群和游离余氯六项指标。按《2017 年梧州实施国家监督抽检计划的通知》要求，7 月对市游泳池进行水质抽检，抽检泳池水质 7 份，合格 5 份，不合格 2 份，不合格原因是游泳池水游离性余氯过高，抽检浸脚池水余氯 7 份，合格 7 份。对抽检不合格单位给予给予警告处理。检测公共场所 68 间，合格 68 间，公共场所立案 1 起。做好艾滋病防控工作，监督各宾馆、酒店在客房内放置安全套，在宾馆、酒店、歌舞厅、卡拉 OK、酒吧、桑拿、沐足店等娱乐场所在大堂、走道等醒目地方张贴、设置防艾宣传画或警示牌，在方便顾客自取安全套的地方放置宣传资料，提高群众对艾滋病防控知识的知晓率。加强在公共场所经营单位开展灭鼠灭蟑、禁烟监督宣传工作，开展吸烟危害健康的宣传，要求每个公共场所经营单位设置醒目的禁止吸烟警语和标志，在公共场所禁止吸烟。

【生活饮用水卫生监督】 根据《中华人民共和国传染病防治法》及《2017 年梧州实施国家监督抽检计划的通知》，开展生活饮用水的卫生监督和数据上报工作，全面检查各供水单位卫生许可证持证情况、各种规章制度的建立和落实、专兼职卫生管理人员、净化水设施、消毒剂的使用、检验室和检验人员等情况。重点对集中式供水单位的水源防护区、水质消毒、水质检测、突发饮用水污染应急措施、供管水人员健康体检等情况进行认真核查。9月，与岑溪市疾控中心联系共同开展国家双随机监督抽检工作，抽查10家供水单位，有8家办理生活饮用水供水卫生许可证，其中，波塘镇自来水厂和樟木自来水厂原持有卫生许可证已到期，正在续办中。检查92名供水从业人员，均持有效健康合格证上岗。检测出厂10份，末梢水11份，主要检测项目混浊度、色度、溴和味、肉眼可见物、pH值、余氯，经检测全部符合国家饮用水卫生标准。对检查中发现存在问题的单位，卫生监督员现场提出整改意见，下达卫生监督意见书，同时责令限期改进，对短期内无法整改的问题情况进行跟踪检查，及时消除生活饮用水安全隐患。

【学校卫生监督】 加强对市区及镇直中小学的卫生检查，监督检查中学32所，小学26所，监督覆盖率100%，主要检查各中小学有无设立卫生管理领导小组、制订有传染病疫情报告制度、因病缺勤病因追查与登记制度、公共卫生突发事件应急预案、生活饮用水、校医配备、周围环境卫生和每学期出版卫生知识宣传板报等内容。对城区和镇区学校抽取5所中学、5所小学、村级小学48所进行学校教学环境国家监督抽检，抽检结果课桌椅配备符合卫生要求的学校91%，黑板照度符合卫生要求的学校100%，教室采光符合卫生要求学校100%，教室照明符合卫生要求学校100%；使用自建集中式供水学校数3间，水源卫生防护、水质检测合格3间。对存在问题及时向教育部门提出整改意见。

【医疗机构卫生监督】

医疗执业和医疗废物监督 2017年，出动1572人次，全面检查市直、镇直医院和2家民营医院，以及个体诊所、村卫生所，检查内容为医疗机构执业情况、执业人员资质情况、管理制度执行情况、放射诊疗防护情况、医疗废物管理制度和落实、医疗废物的处理情况等。从检查情况来看，各主要医疗机构均建立有各种管理制度，医疗废物做到分类收集及处置登记完整，使用专用包装物及容器，集中存放。各医院和卫生院都与梧州市梧源医疗废物处置有限公司签订合同，由公司派专车上门收集，市直医疗机构每天派人上门收集转运，镇卫生院每二天上门收集转运，村卫生所的医疗废物集中到各镇卫生院集中后转运。配合市卫计局做好全市各级医院、门诊部、个体诊所、村卫生所的校验工作。

打击“两非”专项行动 2017年，出动执法车辆32车次，执法人员155人次，检查各级各类医疗机构66家次，查处未取得母婴保健技术服务执业许可证擅自开展终止妊娠手术案1起，罚款13000元，没收违法所得1911.9元。

【消毒产品卫生监督】 对全市4间生产套装碗和早餐碗的餐具消毒中心进行4次监督检查，监督企业产品自检合格出厂，监督覆盖率100%，国家监督抽检1次，抽检集中消毒餐具37份，合格32份，不合格5份，检验项目为大肠菌群、沙门氏菌，此次检测结果中只有岑溪市东方韵之洁餐具消毒有限公司5份样品的大肠菌群项目检验结果不符合《食(饮)具消毒卫生标准》(GB14934-1994)，已将检测结果进行公示并告知各经营单位，对抽检不合格单位，进行警告，并处罚款5000元的行政处罚。

【计划生育监督执法】 查处计生违法案7件，结案4件，申请法院强制执行1件，追缴社会扶养费2.3万元，其中处理岑溪市纪委交办的计生违法案3起。

【卫生行政执法】 2017年，查处卫生违法案件13起，结案13起，罚没款50194.2元(其中没收违法所得8194.2元)。其中两非案件1起，罚款1.3万元,没收违法所得 1911.9 元。全年没有发生行政复议、错案和信访投诉事件。

【国家“双随机抽检工作】 根据国家“双随机抽检工作方案,完成消毒产品、公共场所、生活饮用水、学校教学环境的双随机监督抽检工作及信息报送工作。

（市卫生计生监督所）

社会事务

民政事务

【管理机构概况】 岑溪市民政局内设办公室、优抚股、救灾救济股、民间组织管理股、退伍军人和军队离退休干部安置办公室、社会救助股、计划财务股、老龄工作管理股、区划地名股、社会福利和社会事务股、基层政权和社区建设股。下辖婚姻登记处、社会福利院、光荣院、老龄工作委员会办公室、城市居民最低生活保障管理所、殡葬事务管理所、救助管理站、社会福利有奖募捐委员会办公室、城乡低收入居民家庭经济状况核对中心9个直属事业单位。2017年,党组书记、局长黄立波。全系统有职工112人,其中民政局机关行政编制13人。

【社会保障和救助】 2017年,全市发放城乡低保资金12347万元,救助68.3万人次,其中农村低保对象63.7万人次。从2017年1月起,城市居民最低生活保障标准由每人每月450元调整为510元,农村居民最低生活保障标准由人均年收入2855元调整为3350元;城市居民最低生活补助标准由平均每人每月300元调整为330元,农村居民最低生活补助标准由平均每人每月140元调整为170元;全市城乡特困人员(含五保户)7078人,发放补助资金2899.2万元。从2017年1月起,农村特困人员标准提高到每人370元/月,城市"三无"人员和农村集中供养特困人员标准提高到每人670元/月。发放城乡医疗救助金490.05万元,救助城乡低保对象等困难群众844人,资助63990名城乡低保对象、城乡特困人员(含五保户)参保资金617.15万元。

【抗灾救灾】 2017年,岑溪市受冰冻、干旱、洪涝、台风等各种自然灾害袭击,全市受灾人口5.31万人;农作物受灾面积760.7公顷,因灾严重倒塌农房39间,直接经济损失11782.45万元,其中农业损失2332万元,投入救灾资金70.1万元,对受灾的14个镇进行救灾救助;投入冬春救助资金213万元,发放大米4671千克,衣被11500套等物资,救助10624人;全市因灾倒房重建16户,完成倒房重建,于8月全部竣工并入住。开展农村住房政策性保险工作,投入资金215.06万元,为190320户农村住房购买保险。全市因灾倒损住户理赔150户,理赔金额28.56万元。

【双拥优抚】 按时足额发放各类优抚对象的抚恤生活补助资金,为3960名优抚对象发放抚恤补助金2186.32万元。做好退役士兵家庭优待金发放工作,按照义务兵家属优待金不低于上年度城镇居民可支配收入的45%标准,为216名退役士兵发放义务兵家庭优待金675万元;做好2016年退役士兵自主就业安置工作,向216名退役士兵发放自主就业金、经济补助金199.8万元。做好退役士兵职业技能培训工作,为195名退役士兵进行

SYB 创业培训和汽车驾驶技能培训。春节和"八一"建军节走访慰问驻梧部队和驻岑部队以及重点优抚对象慰问金、慰问品折款 172.4 万元。在 9 月 30 日全国烈士纪念日，在李植华烈士纪念碑前举行市四家班子领导参加的集体公祭烈士纪念活动。

【社会福利】 有序开展孤儿保障工作，孤儿保障工作实行动态化管理，将符合条件的孤儿全部纳入孤儿保障，为 1617 名孤儿发放基本生活费 1252.5 万元；全年救助生活无着的流浪乞讨人员 2300 人次，救助经费 81.6 万元；为 14688 名残疾人发放"两项补贴"(重度残疾人护理补贴和困难残疾人生活补贴)881.34 万元。

【养老服务和项目建设】 按时发放高龄老人生活补助金，2017 年，为全市 90 周岁及以上的高龄老人 28699 人次，发放老年人生活补助金 262.79 万元；发放老年人优待证 404 本。推动医养结合养老服务社会化试点工作，以岑溪市社会福利院养老中心 1# 养护楼为平台，引进民营资金和社会力量推进"公建民营、民办公助、医养结合"养老服务模式，岑溪市康泰养老服务中心于 2017 年 5 月开业，入住老人 85 人。2016 年投资 2500 万元(中央预算内资金 2050 万元，市财政配套资金 450 万元）兴建的岑溪市社会福利院养老中心 2# 养护楼，2017 年完成主体工作，完成年度投资计划 130 万元。推进总投资 300 万元的马路农村养老服务中心项目，于 2017 年 9 月开工建设。

【婚姻和社团登记】 加强效能建设，提升婚姻登记收养登记服务水平和质量，全年全市办理结婚登记 7983 对，离婚登记 1625 件，办理收养 50 件。加强社会组织管理和监督，2017 年全市登记注册社会组织 240 家，其中 2017 年新增 41 家；对 198 家社会组织进行年度检查，并对 198 家社会组织赋予统一社会信用代码。

【基层政权和社区建设】 做好 2017 年村(社区)"两委"换届选举工作。成立岑溪市 2017 年村(社区)"两委"换届选举工作领导小组，制定实施方案，有序开展换届选举工作。于 6 月 30 日举行岑溪市 2017 年村(社区)"两委"换届选举业务骨干培训班。9 月 6 日为全市村(居)民委员会的换届选举日，按期完成全市 282 个村(社区)换届选举工作，选举产生村(居)委员会主任 282 名、两委成员 1256 名，换届选举结束后，分别举办新任村(居)委会主任，村(居)务监督委员会主任培训班。开展农村社区建设试点工作，完成三堡社区、筋竹社区、糯垌社区、水汶社区农村社区建设试点工作。

【地名普查】 做好岑溪市第二次全国地名普查。加强组织领导，以整理资料，查漏补缺为工作重点，抓住地名考证，地名挖掘等核心内容，按时完成 7296 个地名普查的工作任务，其中：行政区域 19 个，非行政区域 355 个，居民点类 4465 个，群众自治组织 282 个，交通运输设施类 451 个，水利、电力设施类 204 个，纪念地与旅游景点类 62 个，建筑物类 22 个，单位类 861 个，陆地水系类 43 个，陆地地形类 380 个，界线与界桩 43 条(个)，地名标志 109 个。

（黄自强）

就业和社会保障

【人力资源市场建设】 2017 年，做好企业用工信息的收集、整理、发布和农村劳动力开发就业、有序流动、劳务输出、跟踪服务等工作。开展免费职业介绍，按规定为城镇登记失业人员和国有企业下岗职工及农村劳动力提供职业介绍，为求职者进行求职登记，为本市城镇失业人员办理失业登记证，发放就业失业登记证 450 本；做好失业人员职业介绍和就业援助，推荐失业人员到各企业就业，失业人员实现再就业 160 多人。开展"就业援助月""春风行动"专项活动，组织 40 多家企业在市区及各镇举办企业用工现场招聘会11场，提供1200多个新就业岗位，发放宣传资料4.2万多份。

【就业和再就业】 2017年，全市实现城镇新增就业人数7147人，完成目标任务的129.94%；农村劳动力转移就业14310人，完成目标任务的100.6%；下岗失业人员实现再就业1620人，其中，就业困难人员再就业590人，完成目标任务的100.00%。加强失业动态监测和失业预警机制建设，城镇登记失业率1.84%，控制在2.64%以内。

【就业培训与职业技能鉴定】 2017年，坚持技能培训、技能提升和实现就业的工作理念，开展“送技能下乡”培训，建档立卡贫困户120人，计算机操作员短期职业技能培训26人，培训优秀劳务品牌电子设备装接工350人。组织广西第四届农民工技能大赛岑溪初赛，评出一等奖6名、二等奖13名、三等奖10名，授予“岑溪市技术能手”称号68人。

【养老保险】 2017年，全市城镇职工基本养老保险参保64783人，完成目标任务的107.79%，其中：企业职工基本养老保险参保42826人，企业职工基本养老保险中在职职工参保25232人，完成在职职工参保目标任务的100.13%，基金征缴收入20616.69万元，完成目标任务的125.80%。深入贯彻上级文件精神，降低社保缴费比例，减轻企业负担，产业园区企业职工基本养老保险缴费比例从19%降至16%，享受降费企业22户，享受降费企业职工月平均数323人，累计减收养老保险费总额207.6万元。

【失业保险】 2017年，全市失业保险参保20910人，完成工作目标任务的101.01%；失业保险基金征缴收入971.27万元，完成全年目标任务的134.9%。做好企业稳岗补贴和职业技能补贴工作，及时在媒体和社保平台做好宣传，并通知符合条件的企业按时申报，全市有44家企业符合稳岗补贴条件，补贴人数3481人，补贴金额96.26万元。

【医疗保险】 2017年，全市基本医疗保险参保891971人，完成工作目标任务的101.36%，其中，职工基本医疗保险参保37938人，城乡居民基本医疗保险参保人数854033人。城乡居民基本医疗保险参保人数分为两部分，其中，原城镇居民医疗保险参保67498人，原新农合参保人数786535人，参合率98.86%。城镇职工基本医疗保险基金征缴收入12076.15万元，完成全年目标任务的120.82%；城乡居民医保基金总收入50147万元，其中征缴收入12771.5万元。

【工伤保险】 2017年，全市工伤保险参保35040人，完成工作目标任务的100.11%。基金征缴收入883.04万元，完成全年目标任务的176.26%。全面启动推进建筑业参加工伤保险工作，通过到建筑施工工地开展政策宣讲、发放宣传资料等形式督促企业按施工项目办理工伤保险参保手续，切实保障员工权益，参保新开工项目42个，参保人数约900人。

【生育保险】 2017年，全市生育保险参保33622人，完成工作目标任务30000人的112.07%。基金征缴收入481.95万元，完成全年目标任务126.83%。

【机关事业单位养老保险】 2017年，机关事业单位养老保险参保22057人，在职职工参保15595人，占在职职工参保工作目标任务的148.52%，机关养老保险费征缴收入43860.88万元，职业年金征缴收入3300万元。

【城乡居民养老保险】 2017年，全市参加城乡居民基本养老保险人数366712人，参保率101.86%；第三方代扣代缴协议签订人数266623人，签订率99.68%；2017年度已缴费人数240624人，缴费续保率90%；正常享受待遇人数89253人，待遇发放率100%。做好老农保清退排查工作，全市7.4万人参加老农保，其中已退保人数1.3万人，并入城乡居民基本养老保险人数约0.22万人，已清退给个人209.14万元，并入城乡居保68.68万元，资金存放财政专户2167.44万元，录入数据2.7万条。

【城乡居民基本医疗保险制度整合】 根据《国务院关于整合城乡居民基本医疗保险制度的意见》（国发〔2016〕3号）和《广西壮族自治区人民政府关于整合城乡居民基本医疗保险制度的实施意见》（桂政发〔2016〕53号）精神，整合城镇居民基本医疗保险和新型农村合作医疗，建立全区统一的城乡居民基本医疗保险制度，实施“八个统一”：统一管理体制、统一覆盖范围、统一筹资政策、统一保障待遇、统一医保目录、统一定点管理、统一基金管理、统一经办管理。2017年，完成城镇居民基本医疗保险和新型农村合作医疗制度整合，实现基本医疗保险参保891971人，占工作目标任务88万人的101.36%，职工基本医疗保险参保37938人，城乡居民基本医疗保险参保人数854033人，其中：原城镇居民医疗保险参保67498人，原新农合参保人数786535人，参合率98.86%。

【社会保障卡】 根据自治区工作部署，做好社会保障卡发放工作，全市各大金融机构接收社会保障卡47.6万张，完成发放45.8万张。加强定点医疗服务机构的日常稽核工作，做好2017年医保服务协议签订，完成签订服务协议的定点医院22间，定点药店76间，在全市范围内实现社会保障卡“一卡通”医疗结算业务。

【劳动合同和劳动争议仲裁】 2017年，全市企业劳动合同签订310户，企业合同总数9935人。按企业性质划分，内资企业劳动合同签订5535人，港澳台商投资企业签订439人，外商投资企业3419人。劳动合同签订率92.23%。进一步加大集体合同签订和续签工作。全市签订规范化集体合同单位1036家企业，职工18477人。扎实开展劳动人事争议仲裁，受理劳动争议案件753起，其中拖欠工资争议案件604件，工伤待遇争议案件14件，确认劳动关系争议案件22件，解除劳动关系经济补偿39件；其他争议20件；共涉及劳动者921人。结案751件，结案率99.73%，已结案件涉案金额907.47万元。其中，调解、撤诉结案298件，终局裁决261件，终局裁决率34.66%。

【劳动保障监察】 开展劳动保障监察执法工作，开展清理整顿人力资源市场秩序、农民工工资支付、劳动合同签订、非法用工整治等专项检查活动，巡查用人单位375户次，处理拖欠农民工工资案件36件，清欠农民工工资820.97万元，涉及农民工936人。

（市人社局办公室）

灾害事故

【水灾】 2017年，岑溪市受2个台风影响，出现5场暴雨，分别出现在3月18日、7月2日、7月23日、8月23日、8月27日。8月黄华河南渡水文站出现1次超警洪水，超警幅度0.5米。全市受灾人口5.31万人；农作物受灾面积760.7公顷，因灾严重倒塌农房39间，水利设施损坏90处，停产工矿企业26个，道路中断18条次，供电中断17条次，通信中断5条次；转移受灾影响群众5811人，造成直接经济损失14012.5万元，其中：水利设施直接经济损失10261万元，农业损失2332万元。8月23日，第13号台风“天鸽”及强降雨影响最大，造成直接经济损失9197万元。

【救灾抢险】 市防汛抗旱指挥部组织各镇、指挥部各成员单位召开防汛抗旱会商会议19次，及时、准确地分析研判每次台风及强降雨的发展动态及其可能带来的影响，并对每次抗旱减灾及强降雨防范工作进行周密部署，最大程度地减轻台风及洪涝灾害损失。全年启动3次应急响应，派出12个防汛抗旱工作技术指导组和18个防汛抗旱工作督查指导组、共300多人次，深入镇、村、组开展防汛抗旱知识宣传，及时对防汛安全隐患进行检查，督促和指导各镇和相关单位落实责任制和安全防范措施。灾情出现后，派出2046人次，投入资金58.2万元，及时转移受灾群众，抢修道路、供电设施，修复农田水利设施30多处。投入救灾资金70.1万元，对受灾的14个镇进行救灾救助；因灾倒房重建16户，完成倒房重建，于8月全部竣工并入住。

8月25日，水汶镇王强村岭脚河段一艘已靠岸停止作业的砂船，在转移过程中撞到河床礁石，导致砂船动力失衡，被卡在两礁石中间，船上4人被困。接到求救信息后，岑溪市委书记陶辉立即组织公安消防、水利及水汶镇政府等部门单位相关人员，赶赴现场开展救援工作。19时05分，救援队伍赶到现场时，被困4人中2人已自行游泳上岸，船上仍有2人被困。21时10分，2名被困人员已安全救出，未造成人员伤亡。砂船通过绳索暂时固定后，迅速协调水汶镇上游的广东省信宜市相关电站停止排洪，及时对砂船进行处理。

（水利局、民政局）

【火灾】 2017年，全市发生火灾98起，抢险救援58起，出动消防车辆446辆次，警力1680人次，抢救被困人员105人。其中发生森林火灾4起，过火面积24.37公顷，受害面积为5.14公顷，烧毁林木蓄积278.7立方米。

（公安局、消防大队）

【事故】 2017年，全市发生道路交通事故报警案件4356起（比上年增加306起），同比上升7%。死亡95人（其中生产经营性交通事故死亡人数23人），同比下降22%；受伤587人，同比上升2.98%；造成直接经济损失约107.40万元，同比上升3.7%。发生交通肇事死亡逃逸案件6起，侦破6起，侦破率100%。2017年，全市发生生产安全事故18起，死亡25人，同比事故起数、死亡人数分别下降43.75%、37.5%。其中工矿商贸行业发生生产安全事故2起，死亡2人，同比事故起数、死亡人数分别下降77.79%、80%；道路交通生产安全事故16起，死亡23人，同比事故起数、死亡人数分别下降30.43%、23.33%，其中发生一起死亡3人的较大道路交通事故。没有发生农机、工矿商贸、水上交通等生产安全事故。

（公安局、安监局）

各镇概况

岑城镇

【概况】 岑城镇地处岑溪市中部,东邻归义镇,南接大隆镇,东南毗邻梨木镇,西与马路镇相邻,西南接南渡镇,北邻三堡镇、糯垌镇,岑溪市人民政府所在地。镇内矿产有花岗岩、钛铁、稀土等资源,蕴藏量大,品位高。岑城镇交通便利,包茂高速公路、广昆高速公路、洛湛铁路和207、324国道、南环过境公路等交通要道在镇内交会,是大西南各省通往珠江三角洲的主要通道、桂东南的陆路交通枢纽。岑城镇人民政府驻富民社区(城区工农路75号),2017年末,辖建制村14个,社区11个,总人口165313人,其中城镇人口125190人,乡村人口40123人。全镇耕地面积2714公顷,其中水田面积1174公顷。

党委书记李坚志,党委副书记、镇长严伟平,党委副书记、人大主席杨瑞洪。

【基层党组织建设】 岑城镇党委下辖7个党委,16个党总支,91个党支部,有2399名党员。完成25个村(社区)党组织换届。健全基层党组织体系,推进"三会一课"制度落实、社区基层党组织"规范化"建设、农村基层党组织"星级化"管理和"两学一做"学习教育等工作,打造"五个好"党支部。开展"村支部建设年"活动,投入资金32万元,完善探花、木塨、思孟、乌峡等4个村级活动场所。深入推进社区规范化建设,解决富民社区无办公场所问题,完善上奇、龙井、思英、樟木、甘冲、明都6个社区的办公场所规范化建设。打造自治区级五星党组织2个,四星党组织2个,三星党组织3个。指导开展"双联系"活动,促使50个单位与贫困村、278名干部与贫困户建立常态化帮扶关系。深化"双报到"活动,协调解决开展活动遇到的困难问题9个,推动84个机关、企事业单位党组织,3145名在职党员到社区报到开展服务。抓好"两新"组织党建工作,举办4期"两新"党组织书记和党建指导员业务培训班,指导建立16个非公经济党组织,在非公经济党组织设置党员示范区5个。开展"两范一提高""三亮一树"活动,设立党员示范科室21个、党员示范岗135个,推选出2名岑溪市最美党员。

【农林牧渔业】 2017年农林牧渔总产值53007万元。粮食播种面积2318公顷,粮食总产量10500吨。年内猪出栏5.21万头,家禽出栏245.26万羽,年末生猪存栏4.54万头,家禽存栏150.69万羽。肉类总产量8381吨。水产品产量2556吨。完成造林面积433公顷。岑溪市软枝油茶良种繁育产业(核心)示范区通过市级示范园区评审。示范园总规模20.7公顷,其中油茶种子园6.37公顷,油茶采穗圃6公顷,油茶良种繁育1.66公顷,油茶丰产示范林6.67公顷。开展技术培训,培训2500多人次,发放各种资料1万多份。培育新型农业经营主体和新型职业农民,新增农民专业合作社 4 家。

【财税税收】 全年财政税收完成 30201 万元,其中:国税完成 7517.26 万元,地税完成 22628.47 万元,财政完成 55.31 万元。

【旅游产业】 旅游基础设施:东山公园游乐场建成投入使用,孔庙迁建落成并对外开放,汉丁孝子祠、甘乃光纪念馆、樟木古街基础设施进一步完善,全年接待游客 3 万人次。有农家乐 1 家、休闲山庄 15 家。

【重点项目建设】 2017 年全镇重点项目有 13 个,其中 3 个项目列入梧州市攻坚项目,总投资 25.47 亿元,计划投资 9.16 亿元(为“三年一工程”10 月调整后任务指标),实际到位资金 9.77 亿元。招商引资项目有岑溪市甘冲商住区、岑溪市金桥·嘉园、和美岑溪项目、岑溪市花岗岩矿区伴生稀土资源综合回收利用、岑溪市亿佳购物广场、高档针织服装生产项目、花岗岩矿荒料开采、岑溪市国林玻璃纤维制品、岑溪市人和电子产品加工、岑溪市年回收 3000 吨氧化物稀土废料综合利用、岑溪市宜家大酒店等 11 个,总投资 30.99 亿元,全年实际到位资金 10.69 亿元。协助企业办理贷款 2860 万元,协助企业招收工人 150 名,帮助企业解决难题 30 多条。

【基础设施建设】 全年完成“一事一议”项目 21 个,硬化道路 12.67 千米,水渠三面光 600 米,人饮工程接自来水管道 1300 米至木埇村易地扶贫搬迁安置点,在思英安装路灯 70 套,完成紫坭文化舞台和乌峡村舞台建设;“第一公里·桥”项目建成桥梁 4 座,全部竣工验收;继续推进棚户区改造,明都社区钟屋项目完成旧房屋拆除工作,正在硬化道路;樟木社区坡田寨项目已完成排水沟和道路硬化工作,正在进行立面装修、厨房卫生间改造;甘冲九组项目顺利施工,完成 70 户危房改造。南环过境公路、南北大道延长线建成通车。

【生态环境建设】 配合做好市玉梧大道道路改造工程、市管道燃气建设项目、城区雨污分流管网改造项目,新建垃圾池 11 座。做好饮用水水源地养殖污染的整治工作,对畜禽养殖场周边的环境卫生进行彻底整治,检查养殖场所 165 家次。

【脱贫攻坚】 2017 年,实现 119 户 563 人的贫困人口脱贫和贫困村寮田村整村脱贫摘帽。垌尾村、六田村村级公共服务中心建成并投入使用,投资 457.25 万元,硬化贫困村道路项目 9 个,总长 13.69 千米。易地扶贫搬迁木埇安置点安置贫困户 31 户 143 人,通过危房改造解决 31 户贫困户住房问题。全镇 25 个村(社区)均成立村民合作社。根据贫困村产业发展意向和市场导向,先后向贫困户发放大果三华李苗 5000 株、百香果苗 6800 株、软枝油茶苗 6340 株、澳洲坚果苗 354 株,三黄鸡苗 17580 羽,折合人民币 24 万元。雨露计划学历教育补助 116 人次,发放补助 25.35 万元;“两后生”就业技能培训 2 人,发放补助 5500 元;开展农民实用技术培训 2 期,接受培训的贫困人口 96 人。贫困人口患病获得补助报销 127 人,补偿报销金额 148.2 万元,获得大病保险报销 21 人,补偿报销金额 9.8 万元。为 244 户贫困户办理扶贫小额信贷。

【惠民与社会保障】 2017 年完成改厨 300 户,改厕 331 户,危房改造 70 户。五保供养 445 人;城乡居民基本养老保险参保人数 41564 人,参保率 99.61%,养老保险待遇发放 100%。2017 年,发放各项补助 1082.56 万元,其中城乡低保金 605.55 万元,优抚金 167.44 万元,救灾救济款 128.12 万元,一、二级重残护理补贴 101.12 万元,孤儿、老龄补贴 80.33 万元,耕地地力保护补贴资金发放 10358 户共 255.2 万元。

【文化·教育·卫生】 镇内有文化体育和广播电视站 1 个,农家书屋 25 个,小学 28 所,在校小学生 27585 人,教职工 1143 人,卫生院 1 所,卫生技术人员79人，执业（助理）医师27人，注册护士29人，村级卫生所21所，经考核合格乡村医生107人。建成六田村、垌尾村村级公共服务中心，举办文艺骨干培训、硬笔书法培训、绘画培训等培训班12期，举办书画展等小型展览活动4期，宣传栏出版12期。大力推进义务教育均衡发展工作，高分通过义教均衡发展国家检查。投入资金更换破旧桌椅、粉刷教室，美化校园环境，重点营造校园文化，形成一校一品。卫生院联合社保中心深入各村（社区）为65周年以上老年人免费体检，建立健康档案。城乡居民基本医疗保险参保96892人。

【平安岑城建设】 全面开展安全生产大排查、大整治活动，组织专项检查57次，发放整改通知书420份，整顿企业15家。配合市直单位开展打非治违工作。加强对稀土等矿产巡查，打击非法盗采稀土的违法行为。做好森林防火工作，加大森林防火宣传力度，打击破坏森林资源的违法犯罪行为。广西首家镇级社区矫正服务站点落户岑城，广西爱无疆社会工作服务中心通过个案建档、主题活动、法制宣传、志愿服务等多种方式强化社区矫正工作。抓好社会矛盾化解工作，坚持每个月开展一次矛盾纠纷大排查，逢重大节日、重要政治活动开展即时排查，发现矛盾纠纷及时调处，全年接待群众来访21批436人次，排查化解各类矛盾纠纷71件。完成天网安装高清摄像头63个，小天网安装高清摄像头111个，微天网安装高清摄像头286个。

【廉政建设】 落实全面从严治党“两个责任”，抓好扶贫领域监督执纪问责工作。深化理想信念教育和党风廉政教育，加强对《中国共产党章程》、“一准则两条例”的学习，教育引导广大党员干部坚定理想信念，提高党性修养，增强纪律意识，保持廉洁奉公。推进权力运行公开，抓好党务、政务、财务公开制度的落实，切实保障人民群众的知情权、参与权和监督权，把权力运行置于人民群众的监督之下。严格贯彻落实中央“八项规定”和“六项禁令”，杜绝公款吃喝、公车私用，“三公”经费开支比上年大幅下降。2017年，开展谈心交心活动30多人次，召开党风廉政建设专题会议2次，观看廉政电教片2次，剖析典型案例11个。约谈镇村干部37人次，对党员干部警示谈话26人次，纠正苗头性问题6个。坚持以“零容忍”态度惩治腐败，全年立案22件，结案21件，给予20人党政纪处分。

（岑城镇政府办公室）

马路镇

【概况】 马路镇位于岑溪市西南面，东邻岑城镇、西与玉林市容县毗邻、南与南渡镇相接、北与波塘镇相邻。全镇辖2个社区、18个建制村，总人口77939人，其中城镇人口28113人，乡村人口49826人。324国道、容岑一级公路、岑兴高速公路和洛湛铁路、岑茂铁路过境，岑溪火车站坐落马路镇。2017年，完成固定资产投资24亿元，完成规模以上工业总产值49亿元，完成招商引资任务10亿元，培育限上企业4家，农民人均可支配收入9380元。

党委书记陈文强，党委副书记、镇长康永坤，党委副书记、人大主席莫齐冰（2016年7月任职）。

【基层组织建设】 镇党委下辖党组织39个，其中：镇直单位党（总）支部14个，村（社区）党委4个、村（社区）党总支部12个、村党支部4个，非公经济党支部5个。有党员2329名，其中：农村党员1560名，女党员598人，60岁以下党员1698人。圆满完成村“两委”换届选举，选出新一届村“两委”成员169人。整合资金10多万元建设“两新”党组织示范点汇港公司党支部。新建村级公共服务中心2个，完成场所规范化建设2个。指导成立20个村民合作社，发展壮大村级集体经济。

岑溪市水平石材园区　　宋家焕　摄

【农林牧渔业】 2017年农林牧渔业总产值48448万元，年内生猪出栏4.36万头，家禽出栏204.56万羽；年末生猪存栏4.49万头，家禽存栏137.05万羽；肉类总产量6933吨，水产品产量1870吨。

【特色产业】 加快农业产业结构调整，发展现代特色农业种植、良种猪养殖、桂圆肉深加工、三黄鸡种鸡场等基地。其中在马路社区、福塘村、五星村等村发展沃柑、火龙果、大青枣、三华李特色种植。全镇存栏100头以上规模良种猪养殖场50多个，其中存栏300头以上10个。有桂圆肉加工厂100多家，年加工销售桂圆肉3000吨以上。国家级龙头企业古典三黄鸡养殖场坐落马路镇，带动三黄鸡养殖产业发展，逐步形成“一村一品”农业特色产业。岑溪市古典鸡产业（核心）示范区获得第三批广西现代特色农业（核心）示范区四星级称号。成立3家农业专业合作社和3家家庭农场，新增农家乐3家。岭腰村新城自然村入选第三批广西传统村落，昙容社区罗斗坡传统村落列入保护与发展规划。

【财税金融】 全镇财政税收11065.07万元，其中：财政收入22.13万元，地税收入8886.62万元，国税收入2156.32万元。马路镇有广西农商行马路支行、昙容支行两个金融网点。马路支行2017年末存款余额32875万元，贷款余额18081万元；昙容支行2017年末存款会额32052万元，贷款余额9123万元。

【重点项目建设】 南环过境公路实现全线通车。水平石材园区完成征地赔付76公顷，拆迁房屋12户、3265平方米，安置回建地1.7公顷，引进13家企业落户投产。组织辖区企业参展岑溪石材建材博览会，成立石材行业协会，加强指导石材行业发展。鼎立新材料科技产业园征地工作突出难点问题取得重大突破，高性能钕铁硼永磁材料项目实现试投产。西骏新材料有限公司稀土氧化物冶炼分离异地升级技改项目进入鼎立园区，项目总投资3.9亿元。

【基础设施建设】 投资910万元进行马路镇城镇基础设施建设，投资995万元进行镇区旧居综合整治项目建设，完成马路街330户房屋立面改造和街道综合整治。得到项目资金1930万元实施小河流域治理工程，得到项目资金819万元完成建设昙容给水系统扩建工程。完成杨梅小学桥、马路社区仆冲桥、车垌六袍口桥3座“第一公里·桥”建设，投资565万元进行23个“一事一议”项目建设。全年完成改厨500户，改厕500户。全年筹集保洁费46万元，聘请保洁员113人和环卫工人21人长期开展美丽乡村建设工作。

【扶贫与惠民】 实现“一帮一联”全覆盖，开展贫困人口动态调整和“回头看”工作，紧密依靠责任团队，发挥帮扶责任人积极性，将每个月的第一、第三个星期四定为镇扶贫日，高质量推进脱贫攻坚工作。强化帮扶措施，发放三黄鸡鸡苗2.5万羽、百香果苗6560株，为贫困户486户发放扶贫小额贴息贷款2320万元。整合资源完善贫困村基础设施建设，筹资扶贫资金115万元，完成道路硬化、人饮工程等7个项目建设；进行易地扶贫搬迁工程，集中安置14户62人、分散安置12户52人。2017年，全镇脱贫191户833人，伏六村实现整村脱贫摘帽。

【就业与社会保障】 2017年农村劳动力转移新增就业人数1200人，城镇新增就业人数220人。新农保参保31365人；发放城乡低保补助11130260元，低保发放率100%；发放五保供养1786130元；发放优抚补助金1301925元，发放衣物592套，拉舍、棉被426床，大米376袋，花生油296瓶，发放救灾补助金1.8万元。

【文化·教育·卫生】 2017年新建大垌村、永同村村级公共服务中心。年末有农家书屋20个。全镇有初级中学2所，在校学生2849人，教师198人；完全小学9所，教学点35个，在校小学生6600人，教师340人。有卫生院2所，卫生技术人员105人，执业（助理）医师19人，注册护士35人。村级卫生室20个，经考核合格乡村医生33人。城乡居民基本医疗保险70257人，参合率98%以上。

【招商引资】 全年完成招商引资任务10亿元，引进项目17个，到位资金100525万元。17个项目分别是：岑溪均明石业板材厂、岑溪市兴伟石材厂、岑溪市露苔体育休闲山庄、岑溪市马路港利板材厂、岑溪市桂通机动车辆综合性能检测有限责任公司、岑溪市容州石材水平分厂、岑溪市明亮石材厂、岑溪市威丞纸业制品厂、岑溪市马路忠文板材厂、岑溪市昌发木材加工厂、岑溪市天顺石材有限公司、岑溪市福永健石业有限公司、广西百安居建筑材料有限公司、岑溪市新腾飞石业有限公司、岑溪市兴全石材厂、岑溪市嘉美石业有限公司、岑溪市马路名宇石材厂。

南渡镇

【概况】 南渡镇位于岑溪市西南面，总面积245平方千米，洛湛铁路、国道324线和南水二级公路过境。2017年末，辖建制村24个，社区2个，村民小组601个，总人口89662人。其中：城镇人口27047人，乡村人口62615人，少数民族人口779人。全镇耕地面积1917公顷，其中水田面积1471公顷。林业用地面积1.63万公顷，其中有林面积1.61万公顷。地区生产总值25亿元，社会消费品零售总额61295万元，全社会固定资产投资8.4亿元，规模以上工业产值14.57亿元，规模以上工业增加值2.57亿元。城镇居民人均可支配收入13353元，农村居民人均可支配收入11252元。

党委书记韦华金，党委副书记、镇长岑冰（女），党委副书记、人大主席钟柱珍。

【基层党组织建设】 2017年，全镇有基层党组织89个，其中基层党委3个、党总支部18个、党支部68个，党员2343人（其中年内发展党员27名）。全镇26个村（社区）“两委”换届选举均一次性选举成功。开展“南渡镇2017年农村党员大宣教活动”等一系列活动，推行党代表联系群众制度，畅通民情民意渠道。镇党委委员联系党代表28人次，党代表联系党员群众489人次，收到代表意见建议10条。落实“一岗双责”，年内召开专题会议4次，研究部署党风廉政建设和反腐败工作，并与26个村（社区）、18个镇直单位签订责任书，层层落实“两个责任”。建成廉政文化广场、廉政文化展厅、寒山书院等廉政文化示范点，弘扬廉政文化，组织党员、干部在党员活动日前往接受警示教育。开展农村党员大宣教活动，以片区形式开展，将全镇26个村（社区）分为南渡片区、高垌片区、盘古片区、吉太片区4个片区，邀请市委党校、宣传部等宣讲团到各片区授课。宣讲方式实行“三个一”：

一场理想信念主题党课、一次宣誓活动、一次党旗下的承诺。

【农林牧渔业】 2017年,全镇粮食播种面积3636公顷,粮食总产量19182吨。农林牧渔产值45372万元。年内出栏生猪4.14万头,家禽185.8万羽,肉类总产量6657吨;水产品产量1449吨。

网箱鱼养殖　　梁明光　摄

【工业】 全镇有工业企业30家,其中规模以上工业3家。涉及水力发电、竹芒编辑、皮具毛织加工、建材生产、电子加工、木材加工、陶瓷等行业。

【财税金融】 全年完成财税总收入5146.98万元,其中:财政收入38.18万元,地税收入2827.51万元,国税收入2281.29万元。有农业银行、农村商业银行和邮政银行等三家金融网点,金融网点存贷款余额合计1.51亿元,其中农业银行存款余额2.92亿元,贷款余额1400万元;农村商业银行存款余额4.2亿元,贷款余额1.37亿元;邮政储蓄银行存款余额1200万元,贷款余额0元。

【基础设施建设】 完成圆通寺一期项目建设,正在进行二期项目征地;南陆二级公路正在施工,保障房配套设施建设项正在建设中。投入农村垃圾专项治理资金25.14万元,建设垃圾池19座、焚烧炉6个,添置铁皮垃圾箱10个、修缮损坏的垃圾池25个,建设完成六梭村、坡舍村垃圾处理中心。申报筹措"一事一议"、扶贫基础设施、少数民族发展资金等1234.42万元,完成硬化村级道路15千米,"第一公里·桥"项目,建成桥梁8座。

【社会保障与惠民】 发放农村居民最低生活保障1180.74万元、城镇低保299.87万元,发放优抚金136.57万元、农村"五保户"供养219.53万元。发放一、二级残疾人重度护理补贴48.98万元、困难残疾人补贴66.64万元。发放耕地地力保护补贴340.87万元、农机补贴15.04万元。完成危房改造75户,投入农村改厨改厕专项资金1140万元,改厨、改厕1200户。各项涉农补助补贴按时足额发放。

【社会综治】 建立基层矛盾纠纷调处化解"三二一"机制(遇到矛盾纠纷先到村级处理,经过村级三次或三次以上调解仍不成功,由村级调委会在最后一次调解结束后的3个工作日内将该矛盾纠纷调解案卷和汇报材料报镇级调委会,由镇进行二次调解。经过镇级二次调解仍不成功,镇级调委会在最后一次调解结束后的5个工作日内将矛盾纠纷卷宗和汇报材料递交市直相关部门,由分管市领导挂案组织相关部门进行调解),开展信访积案攻坚化解活动,预防和化解社会矛盾纠纷。完善治安监控体系建设,投入25万元在全镇范围内建设天网30个、小天网150个、微天网226个,实现全镇重点区域、主要路段路口全天24小时不间断监控。抓好安全隐患排查治理,检查督查安全生产单位和场所83家次,发现并整改一般事故隐患36项。开展打击"两违一非"(违法用地、违法建筑、非法买卖土地)行动,处理违章建筑7间,取缔1处非法盗采河砂点,抓获犯罪嫌疑人6人。

【扶贫】 全镇有“十三五”贫困村4个，2015年底经精准识别入户评估，精准识别贫困户1002户4319人，2017年按照相关脱贫摘帽标准和程序认定174户788人脱贫。制定完善帮扶人工作制度，抓好贫困户“应纳尽纳”和“双认定”分析工作。按照“两评议、两公示、一比对、一公告”的程序，审定“应纳尽纳”贫困户80户340人，认定返贫退出户25户126人，剔除错评贫困户25户125人。抓好贫困村基础设施建设，投入271.93万元，完成扶贫基础设施建设项目16个，硬化贫困村道路6.43千米，建设挡土墙5处。开展贫困家庭学生核查工作，动员、指导贫困大学生做好“雨露计划”申请工作，至12月底，有253名学生获得52.3万元雨露计划补助金额。加大产业扶贫力度，投入产业扶贫资金34万元，发放砂糖橘果苗7850株、澳洲坚果果苗1500株、百香果苗6237株、三黄鸡2万羽。投入1100万元建设盘古村和雅奏村两个易地扶贫搬迁集中安置点，安排贫困户54户247人入住。

岑溪市2017年第三期(老年人)牛娘戏水袖功培训班　莫恭明　摄

【招商引资】 南渡工作责任团队引进资金5.85亿元，完成市三年一工程办下达任务的103.8%，建设岑溪市石蛙养殖建设项目、岑溪市南渡镇盘古开发区建设项目、岑溪市利保讯电子生产加工项目、岑溪市越野车训练表演基地建设项目及盘古新农村建设项目等。

【文化·教育·卫生】 有文化站1个，公共图书馆1个，藏书7000册。建成村级公共服务中心3个，更新村级文化室、农家书屋24个，免费放映农村公益性电影288场，文艺演出28场。有中学3所，小学27所，教学点36个，幼儿园、托儿所17所，中小学在校生6254人，在职中小学教师616人。义务教育均衡发展工作通过国检。新增农村计划生育奖扶对象13人，全镇参加诚信计生1500对，参加小额贴息贷款计划13人。有卫生院2所(中心卫生院、吉太卫生院)，总诊疗数中心卫生院96795人次、吉太卫生院4200人次；中心卫生院有卫生技术人员91人，执业(助理)医师25人，注册护士28人；吉太卫生院有卫生技术人员7人，执业(助理)医师2人，注册护士2人；村级卫生所26所，经考核合格的乡村医生44人。

【旅游开发】 加大旅游宣传推介力度，大型院线公益电影《那树繁花》在南渡镇取景拍摄。与深圳市赛信传媒有限公司、岑溪市天龙投资有限公司共同举办“醉美岑溪·天龙杯”旅游摄影大赛。成功举办2017广西·岑溪“碧桂园杯”越野汽车场地赛，吸引市内外10多万人到南渡镇观光、旅游。

【竹芒编织产业】 全镇有竹芒编织工艺厂32家，竹芒编专业村2个，从事竹芒编织加工、生产4000多人。全镇竹芒编产值8000多万元，其中出口产值4800多万元。

(李冰、邱勋金、黄明君)

水汶镇

【概况】 水汶镇位于岑溪市南部，总面积215.2平方千米，其中镇区面积4.46平方千米，洛湛铁路、岑水高速公路、国道207线过境。2017年末，辖建制村22个，社区1个，村民小组505个，总人口61999人，其中：城镇人口22989人，乡村人口39010人，有华侨、归侨、侨属、侨眷约3.9万人，素有“侨乡”之称。全镇耕地面积2909公顷，其中水田面积2570.8公顷；全社会固定资产投资17.03亿元，规模以上工业产值8.5亿元，农民人均可支配收入10315元。

党委书记覃华清，党委副书记、镇长欧广明，党委副书记、人大主席黎锋。

【农村基层组织建设】 水汶镇下辖23个村（社区），镇党委下设党委1个，67个党（总）支部，有党员1991人，其中：镇直机关党（总）支部20个，社区党委1个、农村党（总）支部56个，农村党员1524人。2017年有11个党支部升格为党总支，水汶社区党支部升格为水汶社区党委，发展党员26名。2017年，完成全镇23个村（社区）“两委”换届选举工作。开展村级党支部建设年活动，抓好党员发展和培训工作以及开展党员固定活动日活动。村级党组织活动场所不断完善，石村村、三村村、旺田村等3个村级党组织活动场完成规范化建设，云会村、云秀村、尚仁村、兆阳村4个贫困村党组织活动场进行提档升级。选派骨干队伍担任“两新组织”指导员，指导“两新组织”开展各项工作。全镇23个村（社区）制定发展壮大村级集体经济方案，努力壮大村集体收入。继续抓好党建促脱贫攻坚“双联系”活动。开展村级组织“星级化”管理，评选出南禄村等8个三星级以上党组织。

【农林牧渔业】 2017年农林牧渔业总产值45114万元。粮食播种面积3872公顷，粮食总产量为19813吨。农业特色产业进一步发展，推广砂糖橘、百香果、益智等优质水果或中草药种植733公顷。生猪出栏3.99万头，禽186.85万羽；肉类总产量6233吨。水产品养殖面积225公顷，产量1485吨。新培育农民合作示范社21家。创建2个乡镇农业示范区并通过县级验收，其中水汶镇阳光水果产业示范区列为广西第二批广西现代特色农业乡级示范园入围名单。全镇林业用地面积1.49万公顷，其中有林面积1.4万公顷，主要以松木为主。

【工业】 全镇有工业企业200多家，其中规模以上企业1家，年内累计纳税约200万元。2017年全镇工业总产值达85394万元。

【财税金融】 完成财政税收3666.37万元，其中：财政收入9.26万元，国税899.55万元、地税2757.56万元。有金融机构网点3个。邮政储蓄银行年末储蓄存款余额2.5亿元；农村商业银行年末储蓄存款余额5.6亿；农业银行年末存款余额30903万元，贷款余额3140万元。

【文化·教育·卫生】 全镇有中学1所，小学23所，教学点9个，幼儿园、托儿所23所，中小学在校生7086人，在职中小学教师395人；镇文化站1个，公共图书馆1个（藏书4229册），有一支文艺队，自编自演牛娘戏。有卫生院1所，卫生技术人员78人，执业（助理）医师19人，注册护士30人；村级卫生所24所，经考核合格乡村医生58人；新型农村合作医疗参保54477人，参保率98%。

【基础设施建设】 百镇建设示范工程项目完成高速路出入口景点、人行道改造工程。吉水公路扩建项目工程完成兆阳村公路沿线征迁赔付工作，完成村级公益事业建设一事一议财政奖补项目39个，总投资480万元，其中村屯道路硬化项目32个，“第一公里·桥”项目建设桥梁7座。

【社会保障】 全年为符合条件的最低生活保障对象发放低保、五保补助金 532 万元，受益群众 1.2 万人次。全镇城乡居民基本养老保险 26111 人，应发放养老金 6939 人，发放率 100%。

【社会综治】 建立天网覆盖全镇 23 个村(社区)，其中建立有小天网 55 个，微天网 230 个。扎实开展好镇干部职工普法考试工作，全镇参加普法考试人员合格率 100%；开展普法宣传活动，建立健全“法律六进”台账资料。建立社会治安综合治理工作档案、台账，镇派出所干警巡查各村，协助村级做好社会治安管理工作，按要求组织开展集中整治行动。抓好综治责任制的落实，认真开展普法教育，创建“平安水汶”“和谐水汶”和“五无”平安单位，“五无”平安村等活动，全镇 23 个村(社区)被评为平安村，水汶镇被评为梧州市平安镇。

【扶贫与惠民】 实现“一帮一联”全覆盖，开展贫困人口动态调整和“回头看”工作。抓好产业扶贫，推行“5+2”“3+1”特色产业发展模式，免费发放扶贫产业物资如益智苗、百香果苗、鸡苗等合计资金 20.75 万元，扶持云秀村发展特色扶贫产业 33.33 公顷，投入资金 314 万元完成易地扶贫搬迁工程，解决贫困户 30 户 133 人住房保障问题。云秀村提前实现脱贫摘帽，大卫等 10 个村 157 户 744 人实现脱贫。实施防治艾滋病攻坚工程，做好艾滋病防治宣传教育工作，对符合政策规定的母婴健康“一免二补”资金按时足额发放；资助农村义务教育阶段家庭经济困难的寄宿小学生 1086 人，初中生 1546 人。2017 年，完成村级公益事业一事一议财政奖补 39 个项目建设任务。发放农业支持保护补贴 338.09 万元、农机购置补贴 13.67 万元。完成 79 户农村计划生育家庭奖扶。落实全镇 40 户农村危房改造任务。

【招商引资】 完成岑溪市旺田混凝土生产项目(扩建)、岑溪市水汶镇粤桂水电站扩建增容工程、水汶供销社农贸大厦等项目建设，完成招商引资 80677 万元。

【旅游资源】 有著名旅游景点石庙景区、石根山景区、“五世衍祥”牌坊景区，有石栏村、南禄村等特色村落，建筑具有地方特色；水汶镇文化氛围浓厚，颇具地域特色，其中水汶镇龙舟赛历史悠久，素有“龙舟之乡”美名。

【现代特色农业示范区建设】 投资 750 万元在三村村建设阳光水果示范区，该示范区主要种植澳洲坚果、三华李、官溪蜜柚等特色水果，其中：澳洲坚果 13.33 公顷，三华李 6.67 公顷，官溪蜜柚 3.33 公顷。投资 2000 万元在大南村建设水汶镇智顺养殖示范区，建设种猪、母猪养殖间 3000 平方米，产房 1000 平方米、仔猪保温房 1000 平方米、养殖基地 2 万平方米，畜牧产业示范区生猪存栏量 4000 头，年出栏量 1.2 万头，重点发展种养一体生态农业 6.67 公顷。

大隆镇

【概况】 大隆镇位于岑溪市南部，东邻梨木镇，南邻水汶镇，西邻南渡镇，207 国道(南水二级路)、洛湛铁路、岑水高速公路(包茂高速公路 G65)过境。2017 年末，辖建制村 14 个，社区 1 个，村民小组 303 个，总人口 38750 人，其中：城镇人口 14500 人，乡村人口 24260 人。生产总产值 3.95 亿元，同比增长 7.43%；全社会固定资产投资 15.39 亿元，规模以上工业产值 32.38 亿元，规模以上工业增加值 4.49 亿元。城镇居民人均可支配收入 13611 元，农民人均可支配收入 10509 元。

党委书记林翔，副书记、镇长黄秋娜，副书记、人大主席李宗波。

【农村基层党组织建设】 大隆镇党委下设党(总)支部 30 个(其中总支 2 个)，其中农村党(总)支部

15个，镇直单位党（总）支部10个，非公有制经济党支部2个，社会组织党支部3个，共有党员1283人。党员中学历结构情况，大专以上学历244人，占19%，高中学历619人，占47%，初中以下420人，占34%；年龄结构情况，60岁以上326人，占25%，36～59岁的680人，占53%，35岁以下277人，占22%。在农村基层党组织评星定级中，被评为五星级党组织1个（湴河村党支部）、四星级党组织1个（西宁社区党总支部）、三星级党组织3个（大峡村、石脚村和义修村党支部）。在“两新”党组织建设中，建立岑山溪水矿泉水有限公司党支部，下派党建工作指导员1人，完善各项规章制度。

【农林牧渔业】 2017年农林牧渔总产值31566万元。粮食播种面积2310公顷，粮食总产量11203吨。植树造林193公顷。年内生猪出栏2.46万头，家禽出栏74.93万羽，肉类产量3326吨；年末生猪存栏1.71万头，家禽存栏64.94万羽。

【工业】 全镇有工业企业4家，主要工业企业有亿晖电器有限公司、泲石粉加工厂和凤凰山矿泉水厂。沸石加工企业2家，生产线3条，年产沸石粉5000吨，产值350万元。

【财税金融】 完成税收收入1719.9万元。其中：财政收入4.6万元，国税组织收入993.66万元，地税组织收入721.64万元。金融网点1个（农商行），年末储蓄存款余额3.1亿元，贷款余额6600万元。

【文化·教育·卫生】 2017年制作文化宣传专栏13期，开展培训班12期，组织文艺演出5场次。组织宣讲团、文艺队到各村（社区）开展十九大精神“微宣讲”活动15场次。有初级中学1所，小学4所，教学点15处，秋季期中小学教师256人，中小学生3470人；幼儿园3所。卫生院1所，卫生技术人员45人，执业（助理）医师7人，注册护士14人；有病床51张，病床使用率83.49%，总诊疗人数39894人次；经考核合格的乡村医生33人。新型农村合作医疗全镇参合率99.10%，补偿约7万人次共680万元。

【基础设施建设】 全镇“一事一议”项目17个和“第一公里·桥”3座桥梁全部完工，完成42户危房改造。做好吉水路征地工作，协助做好梨木至大隆三级路扩建工程。推进镇区棚户区改造项目和建设镇区给水系统改扩建工程。投入资金50多万元新建湴河村村级公共服务中心。投入8万多元修建那蓬村委村务公开栏。

【惠民与社会保障】 发放耕地地力保护补贴资金206.36万元，惠及农户6382户，发放农机补贴3批67台共5.84万元。城乡居民养老保险参保15762人，参保率100%，发放待遇465.46万元，待遇发放率100%。发放农村低保金268.18万元、城市低保金67.41万元。发放优抚和重度残疾人护理补贴94.3万元。五保供养283人，126.88万元。

【社会综治】 实现网格管理全覆盖，开展安全生产检查，督查单位和场所30家次，发现并整改一般事故隐患2项。抓紧“打非治违”工作，联合综合执法中队、大隆派出所出动执法人员60多人次、执法车辆11辆（次），纠正违法生产销售行为9起，查处非法销售烟花爆竹商店10家，查处违规车辆6辆，拆除违章建筑1间，取缔1处非法盗采稀土点，处置非法占地建筑物17间。派出所立刑事案件20起，法庭受理各类行政案件51起。在上级公安部门指导下破获各类刑事案件11起，逮捕14人，查处各类行政案件30起，抓获各类违法人员62人，送强制戒毒8人，调解各类行政案件8起。

【扶贫】 2017年建成西宁社区易地搬迁点，安置27户入住。投资400多万完成扶贫基础设施项目建设16个。通过责任团队选派扶贫工作队员和镇直单位党员干部挂点帮扶，组织266人参与“双联系”活动。贫困户119户567人脱贫，贫困村那蓬村顺利脱贫摘帽。

【招商引资】 投资9898万元，建设重大项目7个，各个项目均完成年度建设任务。研发项目任务5个，实际完成10个，前期项目任务2个，实际完成5个。培育限上企业任务2家，实际完成培育限上企业任务3家。招商引资全年任务6.6亿，全年到位资金7.08亿元，完成全年任务107%。招商引资外商实际投资额（境外）7.08亿元，引进国内资金（境内）7.08亿元。

（大隆镇政府办公室）

梨木镇

【概况】 梨木镇位于岑溪市东南部，总面积200.3平方千米，县道211线过境。2017年末，辖建制村16个，社区1个，村民小组404个，总人口54254人，其中城镇人口18654人，乡村人口35600人；少数民族人口489人。全社会固定资产投资80898万元，工业总产值18078万元，其中规模以上工业总产值17918万元，招商引资实际投资额（境内）18785万元。全镇耕地面积2537公顷，其中水田面积933公顷；农民人均可支配收入5770元。2017年，被广西壮族自治区环保厅授予“自治区级生态乡镇”称号。

党委书记林晓通，党委副书记、镇长江祚强，党委副书记、人大主席吴宏传。

【农村基层党组织建设】 有基层党组织75个，其中1个党委，17个党总支，57个党支部，党员1580人，2017年发展党员24人。其中白护村党总支部被命名为五星级党组织，梨木社区党总支部、河木村党总支部被命名为四星级党组织，沙琴村党总支部、泗祥村党总支部被命名为三星级党组织。突出组织引领，带头争做脱贫攻坚“宣传员”。全镇落实316名帮扶联系人进村入户开展结对帮扶活动，有针对性地进行易地扶贫搬迁、雨露计划、扶贫小额信贷等扶贫政策宣传，落实惠民、扶贫政策。发挥基层党组织党建示范引领作用，大力推行“党旗领航·电商扶贫”行动，引导辖区内党组织积极参与各项扶贫开发，共享扶贫成果。梨木商会党支部借助“互联网+”网络平台建立农产品销售实体店“通强电商”，破解产业发展销路难题，引领企业和群众共同发展，实现产业发展和脱贫攻坚的双赢局面。引导云开村党总支部通过创建13亩连片百香果种植基地带领群众发展种植，帮助贫困户实现自主创业、产业脱贫。

【农林牧渔业】 2017年农林牧渔总产值34242万元。梨木镇耕地面积2537公顷，其中水田面积933公顷；粮食播种面积2564公顷，粮食总产量12850吨；林地用地面积15948公顷，其中有林面积14298公顷，主要以马尾松为主。年内出栏生猪2.41万头，家禽出栏123.26万羽。肉类总产量4110吨，水产品产量1166吨。

广西岑溪市双源山食品饮料有限公司　　梨木镇政府办公室　供

【工业】 全年工业总产值18078万元，有岑溪市中兴林化有限公司、岑溪市鑫丰胶合板厂、白护新农村超辉皮具厂、岑溪市双源山食品饮料有限公司、长金矿业以及天鹅电站等工业企业。

【财税金融】 完成财税收入1937.86万元，其中财政收入22.3万元，地税收入1713.46万元，国税收入202.1万元，完成任务的100%。有农商行梨木支行、邮政储蓄2个金融网点，年末储蓄存款余额52358万元，贷款余额9796万元。

【基础设施建设】 完成"一事一议"财政奖补项目26个，项目投入资金337.724万元。硬化村屯道路14.68千米，涉及17个村(社区)。投资642.23万元，推进城镇基础设施项目一期工程建设，完成镇区部分街道人行道铺设，完成镇区、塘坎村垃圾处理中心建设，新建垃圾池16个。投入资金96万元建成"第一公里·桥"5座，新硬化村屯道路约30千米。

【社会保障】 2017年城乡居民基本养老保险参保23175人，养老保险待遇发放率100%。农村低保1157户2035人，发放低保金415.14万元，城镇居民低保4户4人，发放金额1.58万元。五保户486人，发放五保供养215.78万元，救灾救助620人，发放物资金额8.2万元，困难残疾226人，发放生活补助13.5万元，重度残疾402人，发放生活补助24.12万元。

【社会综治】 实行矛盾纠纷"三二一"调处机制，开展信访积案攻坚化解活动，化解社会矛盾纠纷39件。抓好隐患排查治理，检查监督安全生产单位和场所350多次，发现并整改存在安全隐患20项。加快天网工程建设，安装大小监控摄像头130多个。深入推进公安"神剑"系列专项行动和"五大战役"行动，全镇刑事、治安案件发案同比下降42%和46%。

【扶贫与惠民】 投入财政扶贫专项资金356.93万元，建设道路、挡土墙等基础设施项目14个。建成大旺、里汉、塘坎3个易地扶贫搬迁点，29户贫困户搬迁入住，12户贫困户自行解决宅基地完成建设并搬迁入住。云开村顺利脱贫摘帽，136户648人实现脱贫。发放低保、优抚安置等民政资金790万元。实现棚户区改造284套、农村危房改造56户。建成沙琴、高益明天等中小学校校舍共2304平方米。成立教育发展基金会，公益热心人士捐款约11万元。建成村级综合服务中心7个，组织开展文艺演出32场，免费放映公益性电影192场，观众1.62万人次。建成镇卫生院综合楼，改善医疗服务条件。全镇发放耕地保护补贴222.4万元，做到100%足额发放；发放农机补贴3.87万元。实施"雨露计划"扶贫培训，62人受益。其中：普通高校本科学历教育22人，每人一次性补助5000元，职业学历教育40人，每人每学期补助1500元。

【招商引资】 2017年完成招商引资任务4个：分别是岑溪市梨木镇天鹅电站增效扩容改造、岑溪市梨木镇上好佳超市、岑溪市永益皮具厂扩建、岑溪市梨木镇龙华家私城，完成招商引资总额67785万元。

【文化·教育·卫生】 有综合文化站，藏书5000余册，村级农家书屋17间，藏书2万余册。有村级文化活动场所17个，村级篮球场17个。建成梨木社区、三益村、大旺村、云开村、里汉村、泗祥村等7个村级公共服务中心。2017秋季期有幼儿园4所，在园幼儿682人，专任教师21人；完全小学17个，教学点14个，义务教育阶段在校学生3476人，学前教育在校生957人。小学专任教师207人，小学适龄儿童入学率100%；梨木中学、梨木二中两所中学，在校学生2046人，在编教师159人。初中适龄人口入学率、小升初升学率、九年义务教育覆盖率均达100%。有卫生院1所，病床50张，卫生技术人员69人，执业(助理)医师11人，注册护士28人；村卫生所17所，经考核合格乡村医生60人。全镇参加城乡居民医疗保险48616人，参合率98.01%。

(潘振开、岑鉴峰)

大业镇

【概况】 大业镇位于岑溪市东部，总面积148.7平方千米，岑罗高速路、国道324线过境。辖建制村14个，社区1个，村民小组324个。2017年末，总人口56749人，其中：城镇人口21801人，乡村人口34948人；少数民族人口1702人。全镇耕地面积2624公顷，其中水田面积1660.07公顷。城镇居民可支配收入13468.8元，农民人均可支配收入11712元。

党委书记黄立平，党委副书记、镇长曾轩，党委副书记、人大主席罗振明。

【农村基层党组织建设】 2017年，大业镇坚持开展党组织星级化管理、软弱涣散党组织整改等活动，培育五星党组织1个、四星党组织1个、三星党组织3个。全镇有党组织71个，党员总数为1529名，年内发展党员33人。推动"两学一做"常态化、制度化，形成长效机制。班子成员带头学习贯彻党的十九大精神，组织宣讲团、文艺队深入各村、企业、车间开展十九大精神"微宣讲"宣讲25场、演出12场。组织全镇1048名党员下载八桂先锋APP，15个村(社区)党支部完成远程教育学习任务；执行"三会一课"制度，全镇52个党支部以召开支委会、上党课、集中缴党费、参加宜居乡村活动等形式多样的"党员活动日"活动520次，镇班子领导上党课30次。深入开展"党旗领航"主题活动，成功打造岑溪市新建球陶瓷有限公司党支部"两新"党建示范点。完成泗龙、古万村服务场所维修项目，大献村公共服务中心建成并投入使用。

【农林牧渔业】 2017年农林牧渔业总产值45430万元。全镇粮食播种面积33176公顷，粮食总产量15754吨。林业用地面积0.99万公顷，其中有林面积0.69万公顷，主要以马尾松、杉木为主。年内出栏生猪2.68万头，家禽169.65万羽，肉类总产量5147吨；水产品养殖面积1913.4公顷，水产品产量158吨。重点抓好大业镇馨桂怡蜜梨产业示范区创建工作，带动大献、板么等村种植蜜梨53公顷；在胜垌村推广坚果间种百香果20公顷，鼓励采用创新方法缩短投资周期，增加农民收益。参加党旗领航·电商扶贫暨第一书记农产品公益巡展，宣传推介该镇大业面条、百香果、馨桂怡蜜梨、玉桂、八角等特色农产品；打造电子商务平台，推进农产品网络销售，拓宽产品销路。

【工业】 全镇有工业企业81家，工业总产值51亿元，其中规模以上4家，实现规模以上工业产值50.2亿元，规模以上工业增加值15.3亿元。新建球陶瓷有限公司、新动力陶瓷有限公司等重点企业发展势头良好，陶瓷工业稳步发展。新建球陶瓷有限公司8000平方米厂房、宿舍扩建已完成，新的生产线投入使用；铨兴机械厂完成厂房、办公楼建设，正在调整试产。

【财税金融】 全镇组织财税收入4755.48万元，其

"养猪达人"吴享杰带领贫困户脱贫致富　程吾桐　摄

中:国税收入1240.82万元,地税收入3496.74万元,财政收入17.92万元。有邮政储蓄银行梧州岑溪邮政局大业邮政支局、农商银行梧州广西岑溪农村合作银行大业网点、中国农业银行股份有限公司岑溪大业分理处3个金融网点,存款余额68644万元,贷款余额10231万元。

【基础设施建设】 筹措财政奖补资金466.58万元,实施村级公益事业建设"一事一议"财政奖补项目29个,硬化道路15.37千米,实施"第一公里·桥"惠民工程项目5个,受益人口5.6万人。整合资金600多万元,对镇区主要街道改造扩建、排污结淤改造、人行道改造、街道路灯亮化,完成人行道铺设2200米,排水渠清淤2200米、破除水泥路基并硬化路面2000米;完成一个镇级、两个村级生活垃圾处理中心建设;完成大业镇生活污水处理厂征地及三通一平工作;给水系统改扩建工程完成投资684万元。

【西部农民创业园】 西部农民创业园累计丈量201.16公顷,累计赔付2833.72亩,其中2017年新增赔付7.8公顷,拆迁厂房、房屋10424平方米;进园大道主路路模已贯通,现正进行路面、排水、桥梁等基础设施建设。落实回建地选址,完成回建地征地2.7公顷。

【社会保障】 2017年城镇人口就业增加80人,农村人口1000人实现转移就业。发放农村、居民最低生活保障资金836.2万元,惠及城乡居民4539人;发放救灾救济金5.78万元、优抚金89.9万元,发放一、二级重度残疾护理补贴、困难残疾人护理补贴60.25万元;城乡居民基本养老保险参保22896人,参保率99.48%,领取待遇的5625人,待遇发放率100%;完成新型农村合作医疗参保52102人,参保率98.68%。

【社会综治】 完善全镇治安防控体系,加强网格化管理。在全镇重要路口、单位完成35个天网高清摄像头安装,新增"小天网"高清摄像头100个,连接镇级综治中心,实现全镇视频监控连片成网,重点地段监控全覆盖。全年排查矛盾纠纷78件,调处78件,调结78件;采取积极措施避免非法赴邕进京上访现象,全年无群体性上访事件发生,做到大事不出镇,小事不出村。按照"党政同责、一岗双责、失职追责"要求,组织开展非煤矿山、建筑施工、陶瓷生产等重点行业领域安全生产专项整治,排查安全隐患18处,全部完成整改,全年无安全生产责任事故发生。进一步规范药店、饮食店、食用油、燃气经营企业的经营行为。联合打非办、国土局取缔非法采砂2处、非法盗采高岭土4处。

【扶贫与惠民】 通过大力推进产业扶贫,为贫困户发放香蜜顺梨果苗3500株,猪苗133头,三黄鸡苗2.3万羽,受益贫困户1031户;投入207.76万元建设扶贫基础设施项目22个,其中,道路硬化10.98千米,挡土墙676.75立方米;古味易地扶贫搬迁集中安置点投入818.96万元建成房屋32栋,安置33户166人;发放补助金99.12万元给分散安置对象11户59人;为贫困户74名学生申请"雨露计划"补助,获得补助11.1万元。2017年有199户959个贫困人口脱贫。农村土地承包经营权确权工作提前超额完成任务,全镇确权9342户,确权土地面积1660公顷,全部完成合同签订及档案资料整理归档。落实各项惠农政策,向8617户农户发放耕地地力补贴255.43万元;向104户农户发放农机购置补贴9.96万元。

【招商引资】 2017年大业责任团队完成全社会固定资产投资36.8亿元;完成招商引资项目到位资金10亿元,占年度投资计划的100%;中宇石化有限公司大业加油站项目完成立项批复,正在筹备征地工作;投资2000万元的兴源燃气站正在施工中。

【文化·教育·卫生】 有文化站1个,公共图书馆15个(藏书2万余册)。有中学2所,小学21所,教学点8个,幼儿园5所,中小学在校生7022人,在职中小学教师 403 人。2017 年,完成古万小学新教学楼、大业中心小学饭堂、宿舍等项目建设。有卫生院 1 所,卫生技术人员 74 人,执业(助理)医师 11 人,注册护士 25 人;村级卫生所 15 所,经考核合格医生 32 人;全镇育龄夫妇签订诚信计生协议 603 人,免费孕前优生健康检查 235 对。

(黄文婷)

筋竹镇

【概况】 筋竹镇位于岑溪市东部,东邻广东省罗定市蓿滨镇,南邻梨木镇,西与大业镇相接,北接诚谏镇,高速 G80 线、国道 324 线过境。镇政府驻地筋竹圩,是抗日将领陈济桓烈士的故居所在地。全镇耕地面积 2405 公顷,辖建制村 17 个,社区 1 个,村民小组 327 个。2017 年总人口 52777 人,其中:城镇人口 23371 人,农业人口 29406 人;少数民族人口 402 人。地区生产总值 556649 万元,农民人均可支配收入 12135 元,比上年增长 9%。

【农村基层党组织建设】 全镇有 61 个党组织,1523 名党员。2017 年,新发展党员 22 名。2017 年下半年,选举出村(社区)“两委”成员 169 名,其中,高中、中专以上学历的 76 人,占“两委”成员人数的 44.94%;35 岁以下年轻干部 26 人,占“两委”成员人数 15.38%。

【农林牧渔业】 2017 年农林牧渔业总产值 57845 万元。粮食播种面积 2982 公顷,粮食总产量 14355 吨;林业用地面积 1.8 万公顷,其中有经济林面积 0.7 万公顷,主要以八角、玉桂为主;年内出栏生猪 2.72 万头,家禽出栏 171.19 万羽,肉类总产量 5193 吨;年末生猪存栏 2.01 万头,家禽存栏 57.04 万羽;水产品养殖面积 2.42 公顷,产量 11169 吨。

【工业】 10 个重点推进项目完成投资 3.29 亿元,超出年度计划投资 27.03%。筋竹镇工作责任团队服务澳利电子电器有限公司等 5 家规上企业(列出规模以上工业企业名称),年内帮助解决生产问题 8 个。规上工业年度产值 86.9 亿元、产业增速同比增长 24.14%。

【财税金融】 全年财税收入 5105.11 万元,其中:财政收入 20.88 万元,地税收入 2341.82 万元,国税收入 1895.91 万元。金融机构网点 4 个,分别是北部湾村镇银行、农村商业银行、农业银行、邮政储蓄银行,年末各项存款余额 6.75 亿元;贷款余额 2.65 亿元。

【基础设施建设】 2017 年实施“一事一议”项目 31 个,总投资 445.89 万元,其中:群众自筹资金 40 万元,财政奖补资金 405.89 万元。年内实现 22 条道路硬化 14847 米,在罗敏村建造 1 个人饮工程,志明村建设 1 个村务党务公开宣传栏。“第一公里·桥”项目任务 6 座,实际完成 10 座,分别为义水村旺冲大庙河桥(涵)、古勒桥、义水小学桥、昙市村榕木桥、罗敏村那排塝桥、横山村汗哗桥、义水村义水桥、昙市村罗敏河桥、石芹村铜称湾桥、石芹小学桥。完成农村改厨改厕 1000 个。建成一个镇级和双担、新联两个村级垃圾处理中心。

【文化·教育·卫生】 镇区设有综合文化站、广播站、文化活动室,有镇文化馆(站)1 个,公共图书馆 19 个,藏书 4 万册。2017 年,建成义水、石芹两个村级公共服务中心,“农家书屋”覆盖率 100%,举办各类文艺演出 65 场,免费放映公益性电影 204 场。筋竹镇严琼敏创作的《妹妹画画》被评为全区优秀童谣一等奖。筋竹中学荣获全市文明校园称号。大力推进医疗卫生事业发展,健全市人口计生服务中心、镇站和村室三位一体的服务网,妇检、药具发放、计生“四术”、随访等基本公共服务覆盖率 100%。全镇有完全中学 1 所,小学 3 所,教学点 24 个,幼儿园 7 所、托儿所 3 所。中小学在校生 6404 人,在职中小学教师 339 人。卫生院 1 所,有卫生技术人员84人，执业（助理）医师12人，注册护士37人；村级卫生所18所，经考核合格乡村医生44人；新型农村合作医疗参保45627人，参保率98.04%。

【就业与社会保障】 2017年，棚户区改造三期补充设计部分开工建设，完成农村危房改造24户。全镇新增城镇就业150人。发放低保、优抚安置等民政资金567.8万元。完成危房改造64户。

【社会综治】 开展信访积案攻坚化解工作，认真落实基层矛盾纠纷调处化解“三二一”机制，排查出各类矛盾纠纷34起，成功调结33起，矛盾纠纷调处成功率97%。抓好隐患排查工作，检查生产单位和场所45家次，发现并整改一般事故隐患598项。与罗定警方达成联防联控（机制），打击边界违法犯罪，全镇刑事、治安案件发案率同比下降23%和18%。

【扶贫与惠民】 加大扶贫专项资金投入，加快贫困村基础设施建设和产业发展，18个村（社区）成立村民合作社，落实易地扶贫搬迁户22户119人，志明村实现整村脱贫摘帽，全镇95户482个农村贫困人口实现脱贫。

【招商引资】 新签约招商引资项目13个，总投资8.7亿元，超额完成年度投资任务的8.75%。

【发展现代特色农业】 新增种植百香果、青枣等优质水果200多公顷。澳洲坚果和肉桂、八角等林下经济作物种植面积扩大到1400公顷。生大新山庄获自治区认定为县级示范区。新培育农民专业合作社10家。建立黄陵、横垌和义水三个柑橘黄龙病防控标准示范园，面积386.67公顷；建立砂糖橘水肥一体化示范基地，面积140公顷。

【新型城镇化建设】 城镇建设投入资金2200万元，完成人民路、幸福路、文化路、兴业街2380米路面铺设、雨污分流管网设施改造和人行道铺装及镇区亮化工程。

【生态乡村建设】 严格执行“水十条”“大气十条”“土十条”，全面推行河长制，地表水和集中式饮用水水源达标率100%。完成植树造林3.67公顷，森林覆盖率保持在75.6%以上。2017年，被授予“自治区级生态乡镇”称号。

（筋竹镇政府办公室）

诚谏镇

【概况】 诚谏镇位于岑溪市东北部，东邻广东郁南县通门镇，北靠梧州市龙圩区广平镇，并与岑溪市安平镇接壤，西与糯垌、归义相邻，南接大业、筋竹镇。全镇辖村民委员会19个，社区居民委员会1个。2017年，总人口52684人，其中城镇人口10131人，乡村人口42550人。耕地面积2888公顷。完成社会固定资产投资11.03亿元；招商引资完成5.58亿元；农民人均可支配收入8299元，同比增长11%。

党委书记蒙阳，党委副书记、镇长刘金继，党委副书记、人大主席黄喜。

【农村基层党组织建设】 2017年，诚谏镇党委坚持党建工作和日常工作有机结合，设立党员示范岗，大力推行“支部先锋”“党员示范”服务模式。同时发挥“两新”党组织示范作用，打造“两新”党建示范点1个，在开展“微心愿”活动中，“两新”组织认领微心愿21个，捐赠价值1.2万元物品。完成美和村和大新村规范化服务场所建设，新建石桥村和长坡村两个村级公共服务中心。全镇党组织60个，其中：下属党委4个，党总支部6个，党员1587名；三星级党组织3个，四星级党组织5个；发展党员28名。

【农林牧渔业】 农林牧渔总产值44822万元。粮食播种面积4121公顷，粮食总产量20314吨。砂糖橘种植面积1632公顷，八角种植948公顷，肉桂种植

诚谏镇顺昌蔬果专业合作社韭菜花包装车间

诚谏镇政府办公室　供

872 公顷，高脂马尾松种植 4348 公顷，软枝油茶 239 公顷。年末生猪存栏 2.76 万头，家禽存栏 59.35 万羽，年内出栏 2.95 万头，家禽出栏 169.04 万羽；肉类总产量 5222 吨，水产品产量 1218 吨。

【特色农业】 大力发展澳洲坚果、韭菜花、百香果种植等农村特色种植项目，全镇种植韭菜花 20 多公顷、百香果 235公顷。大力发展“三甲猪”“龙虎鱼”的养殖和软枝油茶种植等项目，并引进澳洲坚果、香蕉、辣椒等种植项目；大新村 20 公顷韭菜花进入丰产期。陀村、南大、美和等村百香果种植 8.97 公顷。

【工业】 有工业企业 13 个，工业总产值 17.66 亿元，其中规模以上工业企业 2 个，规模以上工业总产值 13.5 亿元。结合“三年一工程”活动，优化企业服务。服务和扶持佛子冲、龙湾、永泰、经成等几大铅锌矿业，联合信访、环保、水利等多部门协调解决多起矿农纠纷，协助阳生、龙湾等矿业完善环境评估等审批工作。

【财税金融】 全年组织财税收入 7343.35 万元，其中：财政收入 1.75 万元，地税收入 5445.69 万元，国税收入 1895.91 万元。全镇一般公共预算支出 6981.75 万元，其中，上解上级支出 4312.38 万元。全镇有邮政储蓄、信用社等金融机构网点 2 个，2017 年存款余额 4.59 亿元，贷款余额 1.19 亿元。

【基础设施建设】 获得中央预算内投资 464 万元的保障性住房配套基础设施建设，建设北东汽车站小区内道路、绿化、亮化等工程，项目已于 2017 年 9 月开工建设。污水处理厂、一河两岸建设用地已完成大部分征地工作。“一事一议”财政奖补项目 15 个，硬化道路 13.6 千米，总投资 336.1 万元，其中财政奖补 299.6 万元，惠及 13 个村（社区），受益人口 3.8 万人；完成 8 座“第一公里·桥”建设任务，投资 156.4 万元，其中财政奖补 147.6 万元，惠及 8 个村（社区），受益人口 6276 多人。

【社会保障】 2017 年城乡居民社会养老保险实际参保 22248 人，参保率 99.83%；年满 60 周岁符合发放养老金人数 5590 人，发放金额 637.26 万元，发放率 100%。农村最低生活保障 4310 人，发放农村低保金 834.8 万元，城镇最低生活保障 286 人，发放城市低保金 94.46 万元，为 86 名处于就业年龄段的智力、精神和重度残疾人提供就业指导服务。全年发放优抚金 114 万元，救灾救济款 17 万元，发放医疗救助 10.7 万元，发放重度残疾补贴 47 万元。危房改造完成 167 户，改厨改厕 300 户。

【社会综治】 加强宣传教育，让防灾减灾知识、森林防火知识、安全生产知识进村入户、进机关、进企业、进校园。开展防汛、防地灾、森林防火、安全生产隐患排查、整改行动。深入开展社会治安综合治理,加强治安防范,及时排查和调处各类人民内部矛盾和纠纷,确保将不稳定因素控制、处理在苗头阶段。2017 年,全镇排查矛盾纠纷问题 45 宗、198 人次,化解成功 45 宗。全年没有进京赴邕非访事件发生。

【扶贫和惠民】 2017 年,发放产业发展补贴 34 万元,发放各类扶贫贷款 11025 万元,用“造血”方式帮助 2017 年全镇贫困户 180 户 875 人如期脱贫,黎垌贫困村脱贫摘帽,易地扶贫搬迁沙田安置点、黎垌安置点都已经搬迁入住。开展“三整治一提升”活动,充分结合“美丽诚谏·宜居乡村”工作,开展综合整治活动,做好街道的管理,美化村容镇貌;全年发放农业支持保护补贴 282.31 万元、农机具购置补贴 6.52 万元。20 个村(社区)的农村土地确权工作已完成相关材料收集、归档和电脑数据库录入,并根据新确权面积,发放地力保护补贴。发放寄宿生补助:小学 386 人,19.3 万元;中学 1247 人,779375 元。

【招商引资】 招商引资完成 5.58 亿元,分别为洪林矿业、绿普生农业、经成矿业、桂圆投资。新华陀村高岭土开采项目引进茂名兴丽公司、盛世星辉公司等企业。

【文化·教育·卫生】 有文化广播电视站 1 个,村级文化活动中心 20 个,图书室 20 个,藏书 10 万余册。有小学 12 所,教学点 15 个,私立幼儿园 5 所,在校生 4353 人,教师 239 人;初中 2 所,在校生 1860 人,教师 138 人。有卫生院 1 所,实有床位 50 张,病床使用率 81.64%,总诊疗 63282 人次,有卫生技术人员 66 人,执业(助理)医师 6 人,注册护士 29 人;医疗卫生机构 20 个,门诊部(所)2 个。经考核合格的乡村医生有 87 人。2017 年新型农村合作医疗参保人数 46267 人,参合率 98.08%。

(诚谏镇政府办公室)

归义镇

【概况】 归义镇位于岑溪市中东部,东连大业镇,西邻岑城镇,南接梨木镇,北邻糯垌镇,东北与诚谏镇接壤。总面积 176 平方千米,岑罗高速路、国道 324 线过境。2017 年末,辖建制村 22 个,社区 1 个,村民小组 545 个,总人口 83461 人,其中:城镇人口 61908 人,乡村人口 21553 人。全镇耕地面积 2849 公顷,其中水田面积 1495 公顷;社会消费品零售总额 72103.9 万元,全社会固定资产投资 44.38 亿元。城镇居民可支配收入 12293 元,农民人均可支配收入 12175 元。

党委书记黄展平,党委副书记、镇长李柯,党委副书记、人大主席杨立云。

【农村基层党组织建设】 归义镇有基层党组织 95 个,其中党委 6 个,总党支部 9 个,党支部 80 个,党员 2079 人。2017 年,发展党员 26 人,五星级党组织 1 个,四星级党组织 4 个,三星级党组织 2 个。5 月,梧州市村“两委”换届在归义镇石坡村作试点。新成立中国共产党归义镇卫生和计划生育服务站支部委员会、中国共产党归义镇国土规建环保安监站支部委员会。

【农林牧渔业】 2017 年,农林牧渔业总产值 50159 万元。全镇粮食播种面积 4127 公顷,粮食产量 20388 吨;全镇林业用地面积 11728.7 万公顷,其中有林面积 10737.7 万公顷,主要以桉树、马尾松为主;年内出栏生猪 4.1 万头,家禽 183.3 万羽,肉类总产量 6471 吨;水产品养殖面积 165 公顷,产量 1633 吨。

【工业】 2017 年全镇工业总产值 1038879 万元,规模以上工业企业 30 余家,规模以上工业产值 102.4 亿元,规模以上工业增加值 30.7 亿元。

阳光生态园游乐场　　　　归义镇政府办公室　供

满意度宣传活动，发放宣传资料2万多份，制作发放宣传小扇子1.5万把，印制宣传画册9000份；张贴“0771-12340”电话号码贴纸1.5万张。2017年，全镇排查矛盾纠纷216起，调处率100%，其中调处成功206起，调处成功率95.4%；完成53个天网、100个小天网、218个微天网建设，211个小天网和微天网监控探头已接入该镇综治中心。

【财税金融】 2017年全年财税收入3959.81万元，其中：财政收入22.29万元，地税收入2611.54万元，国税收入1325.98万元。有银行网点4个：邮政银行1个，存款1.9亿，农商银行2个，存款3.8267亿，贷款2.2317亿；农业银行1个，存款2.6亿，贷款2783万。

【基础设施建设】 2017年全年投资507万元，修建镇区排水渠道1000多米、人行道700多平方米。完成“一事一议”财政奖补项目27个，批复财政奖补金额525.6万元，其中“第一公里·桥”工程完成桥梁2座，总投资54.1万元；危房改造完成74户，改厨完成300户，改厕完成300户，完成任务100%。

【就业和社会保障】 2017年新增就业1440人。其中：城镇新增就业240人，农村劳动力转移就业1200人。城乡居民养老保险参保32453人，参保率97.52%；城乡居民养老保险待遇发放人数7987人，发放率100%；有农村低保3300多户5300多人，比2016年增加700多人，发放低保金额1000多万元。全年发放救灾物资：夹克毛衣722件，拉舍被452床，棉被150床，发放大米8190千克，花生油901瓶。

【社会综治】 2017年筹资40多万元规范化建设调度中心和综治中心，实行逢圩开展群众安全感

【扶贫与惠民】 2017年扶贫项目总投资257.23万元，硬化道路5.12千米，建设挡土墙、围墙共2209.88立方米。全镇发放澳洲坚果苗3750株，软枝油茶苗2000株，砂糖橘苗14005株；为23个村（社区）839户贫困户，发放6500羽扶贫三黄鸡苗。九原生态农业有限公司赠送百香果苗25320株给12个村（社区）116户贫困。全镇建档立卡贫困户获得享受低保政策711户1823人，易地扶贫建成秋风村集中安置点，安置贫困户16户入住，另有3户搬迁户自行解决宅基地获批分散安置。“雨露计划”补助贫困学生111人，发放补助30.6万元。发放农田补贴387.82万元，农机补贴90400元，退耕还林82302元。

【招商引资】 引进国内资金（境内）38964万元。其中：岑溪市泽仁现代商贸物流城37337万元，岑溪市威龙厂房建设项目510万元，岑溪市岑焰瓶装燃气站项目468万元，岑溪市恒丰自保温页岩砌块生产531万元，建设迪凯斯制衣厂118万元。

【文化·教育·卫生】 全镇有文化广播电视站1个，体育站1个，有学校体育场1个，健身公园3个，村级公共服务中心11个，有村级文化活动中心13处，农家书屋23家，藏书3.1万余册，有13支业余文化队伍。有中学2所，小学23所，教学点7个，幼儿园、托儿所13所，中小学在校生6587人，在职

中小学教师294人;有卫生院1所,卫生技术人员85人,执业(助理)医师12人,注册护士33人;村级卫生所23所,经考核合格乡村医生51人;新型农村合作医疗参保74290万人,参保率98.24%。

【石材加工业】 镇内有归义石材加工区、金鸡开发区、金坡开发区三个石材加工园区,其中:归义石材加工区占地30公顷,金鸡、金坡开发区占地13公顷。有石材加工企业80多家,其中投资超千万元的企业有20多家,安排劳动力就业3500多人。2017年12月8日至10日,岑溪市在泽仁商贸物流城,举办第一届梧州·岑溪石材建材博览会。

【泽仁现代商贸物流城建设】 2017年,泽仁现代商贸物流城建设项目完成投资1.76亿元,完成时代广场主体建设,正在进行银湖花园基础建设。2017年4月8日自治区政府主席陈武在泽仁现代商贸物流城调研第三产业发展。

(归义镇政府办公室)

糯垌镇

【概况】 糯垌镇位于梧州市南面、岑溪市境北部,镇境属半平原半丘陵地区。总面积186平方千米,广昆高速公路、国道207线、洛湛铁路过境。2017年末,辖建制村20个,社区1个,村民小组418个,总人口82653人,其中:城镇人口20959人,乡村人口61694人。全社会固定资产投资25.85亿元。全镇耕地面积4011公顷,其中水田面积1600公顷;林业用地面积0.93万公顷,其中有林面积0.93万公顷,主要以油茶、马尾松、桉树、玉桂、八角为主;城镇居民人均可支配收入7438元,农民人均可支配收入8812元。境内矿藏主要有花岗岩、石英矿、重晶矿、铅、铁、钛、稀土等十多种。花岗岩储量9亿立方米。有"抢花炮""龙母诞""牛娘戏"等民间民俗传统活动。

【农村基层组织建设】 有基层党组织82个,其中:党委1个,党总支18个,党支部63个,党员1868人,全年发展党员29个。开展党员信息统计工作,实现党员档案信息数字化;对87个党支部的"三会一课"和党费收缴工作进行专项检查,深入开展"两学一做"学习教育,组织各类党性教育专题宣讲30余次;抓好"百日攻坚"示范点建设工作,建立九原生态农业有限公司党员活动阵地。完成两委换届选举工作。

【农林牧渔业】 农林牧渔总产值52299万元,农林牧渔服务业产值2331万元。生猪出栏4.29万头,禽出栏211.15万羽;肉类总产量6914吨,水产品产量1575吨。

【工业】 全镇工业总产值13.25亿元,同比增长43.2%,有工业企业约103家,其中规模以上工业企业5家,规模以上工业产值58.43亿元。以"三年一工程"活动为抓手,为企业上门服务126次,解决实际问题5件,完成征地面积4.42公顷;石材行业整合初见成效,三兴工业园成为产业集群新亮点,有6家企业进园。深入开展招商引资工作,广西汇城石材有限公司、岑溪市开云石业板材厂、大石冲花岗岩矿等研发项目扎实推进。天马石业岑红牌花岗岩板材获广西名牌产品称号。

【财税金融】 全年财税总收入3995万元,其中:财政收入40.25万元,地税收入2123.87万元,国税收入1431.32万元。金融机构有广西岑溪农村商业银行糯垌支行、广西岑溪农村商业银行新塘支行和梧州邮储银行岑溪市糯垌镇支行。银行各项存款约8亿元、累放支农贷款1.9亿元、存款余额总数5.65亿元、贷款余额1.95亿元。其中农商行糯垌支行各项存款2.8亿元、累放支农贷款1.049亿元,农商行新塘支行各项存款2.97亿元、累放支农贷款3680万元。

【基础设施建设】 推进古河、高棠2个村的村级公

糯垌镇花岗岩荒料开采场一角　　刘兴明　摄

共服务中心建设，推进绿云、新塘2个村级垃圾处理中心建设，完成“改厨改厕”450户。实施“一事一议”项目41个，为群众建成“第一公里·桥”4座，硬化道路19千米，实施人饮工程1个、路灯工程5个。

【农业示范区建设】 糯垌镇有自治区级示范区1个，岑溪市西江果蔬产业（核心）示范区为三星级；岑溪市金元软枝油茶产业示范区、岑溪市龙母种猪产业示范区为县级示范区。西江果蔬产业（核心）示范区是“广西现代特色农业示范区”之一，入驻示范区的梧州明申农业科技有限公司、九原生态农业公司、南方溪园现代智慧农业生态园三家企业已完成基础设施建设，部分种植项目已投产。南方溪园现代项目区总规划面积133公顷，有农林山水田园观赏、农事民俗文化体验、智慧高效农业展示等游玩项目。广西岑溪九原生态农业有限公司自主培育、开发百香果新品种和其他优质水果，百香果的种植面积60公顷，芒果、沃柑等水果约20公顷，九原生态有限公司被国家科学技术部评为第二批星创天地。岑溪市金元软枝油茶产业（核心）示范区建设岑溪软枝油茶良种展示园，油茶良种苗木繁殖圃2公顷，每年繁育岑软2号、岑软3号为主的油茶优良无性系嫁接苗100万株；种植岑溪软枝油茶、岑软2号、3号为主的油茶林33公顷；以核心区为中心向周边村庄和乡镇拓展，形成200公顷辐射区。岑溪市龙母种猪产业示范区是以生产大白、长白及二元杂种猪为主，集种猪繁育、种猪销售、种猪服务、商品猪销售于一体化的生产经营企业，占地面积6.7公顷，总投资1800多万元。种猪场有优质种猪1500多头。

【专业合作社】 2017年建立农民专业合作社2家，分别是岑溪市九原红合作社、岑溪市宏宇合作社。新增注册资本950万元；成立21个村民合作社。

【社会保障】 城乡居民基本养老保险参保34246人，参保率97.8%，领取待遇8627人，养老保险待遇发放率100%；发放城乡低保金1210多万元，5900多人受益，五保户933人，发放五保供养417.5万元，优抚对象296人，发放定补款153.9万元，发放救灾救济金约15万元、残疾人救助85.22万元；落实危房改造项9户，按规定发放危改补助。

【社会综治】 深入调处矛盾纠纷，接待各类信访来访35件，排查各类民间纠纷128件，调解成功126件；加强重点人员及特殊人群稳控，建立完善综治网格化管理制度和“天网”工程，完成党的十九大、全国“两会”等重要时间节点的安保维稳工作。突出抓好矿山、烟花爆竹等危险行业的安全生产监督管理，取缔一批违法生产私炮、线香的小型作坊；严厉打击各类违法犯罪，破获刑事案件36起，其中：涉毒案件4起、涉枪案件4起，打掉涉黑团伙2个，逮捕违法犯罪分子22人。

【扶贫与惠民】 落实34万元产业扶贫项目资金，鼓励贫困户发展三黄鸡养殖等特色产业；围绕“党建＋旅游”发展模式，大力整合农业资源和旅游资源；稳步开展贫困户易地搬迁项目建设，22户房屋建设项目如期推进；严格按照“八有一超”、“两不愁三保障”标准部署扶贫工作，使全镇102户贫困户495人及古河村顺利脱贫。农田补贴面积14013公顷、农机补贴47.4万元、退耕还林179公顷。

【招商引资】 全年招商引资完成8.1亿元。推进广西汇城石材有限公司、岑溪市开云石业板材厂、大石冲花岗岩矿等研发项目。新增工业企业4家，分别是开创石业、永明石业、明天石业、俊伟石业，新增就业300多人。

【文化·教育·卫生】 有文化站1个，公共图书馆1个（藏书3000册）；创建岑溪市级文明村8个，开展各类文艺晚会巡演及文体活动110多场次，广泛宣传党的十九大精神和乡村建设“正能量”。全镇有糯垌中学、糯垌一中两所中学，有在校生2729人。小学有糯垌中心小学、昙海中心小学、糯垌中心小学寄宿部、绿云小学、地麻小学等22所，有在校生6278人，其中在校寄宿生1980人。落实资金2000多万元改善中小学办学条件，均衡教育工作顺利通过国家验收；投入75万元建设教师公租房及学生宿舍。2017年，糯垌中学获得梧州市“第一届文明校园”称号。有卫生院1所，卫生技术人员88人，执业（助理）医师7人，注册护士27人，经考核合格乡村医生64人。完成“孕优”检查235对。新型农村合作医疗参保7.2万人，参保率95%。

【石材产业基地】 糯垌镇有三兴、新塘、龙母三大工业园区，已有天马石业、汇城石业、嘉辉石业、开云石业、永明石业、明天石业和广袤新材料等企业进驻三兴、新塘工业园。新塘石材废料综合利用加工区和龙母木材加工区完成征地工作。

【旅游资源开发和利用】 2017年，投资1.03亿元开发生态旅游资源，“桃花村”“孔雀园”等旅游景点全年接待游客约10万人次，门票收入50多万元。鼓励群众打造乡村农家乐等第三产业发展载体，全镇有聚龙农庄、金海农庄、绿云田园3家农家乐。

（李欢佳）

安平镇

【概况】 安平镇位于岑溪市北部，北与苍梧县新地、藤县同心两镇接壤，东接苍梧县广平镇，南为岑溪糯垌镇，西连岑溪三堡镇。国道207线岑梧二级公路、洛湛铁路永州至岑溪段、岑溪至梧州高速公路过境。2017年末，辖建制村16个，社区1个，村民小组252个，9462户，总人口34380人，其中：城镇人口12834人，乡村人口21546人。地区生产总值38366万元，全社会固定资产投资16.04亿元，耕地面积1623公顷，林业用地面积8800公顷，其中有林面积7500公顷，主要以松树、速生林为主；农村居民人均可支配收入11869元。

党委书记李涛，党委副书记、镇长刘金龙，党委副书记、人大主席韦伟传。

【农村基层党组织建设】 全镇党组织24个、党员总数947人，2017年新发展党员12人。抓实第一责任人职责，抓好“两学一做”常态化制度化的落实，通过抓支部书记这个关键，紧紧把握全年党建工作重点任务，全面推进开展“两学一做”学习教育常态化和制度化，主动给班子成员和全体镇村干部上党课12次。开好“履新第一课”，召开新任村干部培训班，指导各村党支部书记和“两委”干部做好履新学习。全面推行“党员活动日”制度，严格执行“3+X”模式，扎实开展“三会一课”，党委领导分别到各联系的支部上党课4次以上，组建督导组对各支部开展“党员活动日”的情况督查20次。实施先锋联创工程，开展“两范一提高”活动，在服务窗口设立示范岗，选树先进典型，开展“寻找群众身边最美党员”活动，有2名党员被评为岑溪的“最美党员”；完成富宁村村级服务场所规范化建设，尖峰村、三塘村村级综合服务中心建成投入使用，并严格按照“八有”的要求规范党员活动阵地建设。

【农林牧渔业】 2017年农林牧渔总产值38066万元。全镇粮食播种面积1733公顷，粮食总产量8447吨；林业用地面积8803.1公顷。年内生猪出栏3.13万头，家禽出栏163.36万羽；年末猪存栏2.9万头，家禽存栏63.6万羽。肉类总产量5425吨，水产品养殖产量1659吨。

【工业】 全镇规模以上企业5家，规模以上企业总产值161291.1万元，同比增长21.26%。

【招商引资】 引进国内资金（境内）6.62万元。具体项目是：岑溪市通AAA旅游景区公路建设项目、岑溪市县乡联网公路改建工程项目、岑溪市通镇二级公路改建工程项目。

【财税金融】 财税收入2683.89万元，其中：财政完成10.13万元，地税完成1468.64万元，国税完成1205.12万元；金融网点2个（邮政银行和农商行）。

【基础设施建设】 固定资产投资项目入库总额16.04亿元。投资982万元，扩宽硬化镇区7条主要道路、疏通清理5条主要排水渠。投资200万元，完成三塘村易地扶贫搬迁工程。完成16个“一事一议”财政奖补项目建设，“第一公里·桥”惠民工程建成6座桥梁。完成棚户区改造（第二期）100户和危房改造6户。

【文化·教育·卫生】 全镇有初级中学1所，小学5所，教学点15个，在校学生2989人、在职在编教师数135人。有镇文化站、广播电视站各1个，有卫生院1所，卫生技术人员51人，执业（助理）医师10人，注册护士13人，病床45张，总诊疗42324人次。有17个村卫生室，经考核合格乡村医生24人。

【特色农业】 发展特色产业，努力探索“一村一品”“一村多品”模式，推动岑溪市威隆蔬果产业示范区拓展24公顷，带动周边农户192户种植名优蔬果，面积67公顷。宝峰畜牧产业示范区新增养猪场和三黄鸡规模养殖场，2017年获得“三星级梧州市生猪现代生态养场”和“广西现代特色农业乡级示范园”称号；扶持岑溪市润和蔬菜专业合作社和广西悦绿源农业科技发展有限公司，推广朝天椒、桑苗等特色名优蔬菜种植面积200公顷，带动675户农户增收。

【就业和社会保障】 2017年，农村劳动力转移就业新增585人，城镇新增就业85人。城乡低保2994人，发放低保金398.5万元；领取城乡居民养老保险待遇3706人，发放金额432.8万元，待遇发放率100%；城乡居民基本医疗保险参保31656人；特殊困难群体参保率100%。发放优抚金31.8万元，为困难残疾人316人发放困难残疾补助18.96万元。

三塘易地扶贫搬迁点　　钟静芸　摄

【扶贫与惠民】 2017年全镇实现86户376人脱贫，贫困村尖峰村摘帽。投入第一批扶贫产业资金17万元，购买1.39万羽三黄鸡鸡苗，发放给贫困户。免费发放桑苗1.56万株、辣椒苗2.8万株、有机肥7吨、猪饲料250包（15千克/包）给贫困户；协助45名中高职学生申请“雨露计划”补助，2名学生获得2017年春季两后生补助。发放农业支持保护补贴2145818.76元、农机补贴57600元、发放退耕还林政策补助资金5073元。抓医疗扶贫，按时足额发放医疗救助资金20万元，贫困人口新农合参合率100%，并对参加新农合的贫困户给予每人90元的参合补贴。

（安平镇政府办公室）

三堡镇

【概况】 三堡镇位于岑溪市北部，东与糯垌镇、安平镇接壤，南与岑城镇相邻、西接波塘镇、马路镇，北与藤县金鸡镇、同心镇接壤。全镇耕地面积3235公顷，林地面积26891万公顷。辖24个村民委员会，1个社区居民委员会。2017年末，全镇总人口70745人，其中城镇人口31418人，乡村人口39327人。农民人均可支配收入9598元。全镇社会生产总值6.8亿元，同比增长9.85%。2017年被评为自治区级生态乡镇。

2017年，党委书记陈贤东，党委副书记、镇长谢国海，党委副书记、人大主席曾晓娜（女）。

【农村基层党组织建设】 建立定期研究党建、定期汇报、书记述职等制度，形成齐抓共管格局；扎实推进“两学一做”学习教育常态化制度化，带头给党员上党课，把十九大精神传达贯彻落实到每个支部、每名党员；党建引领，助推脱贫攻坚，全镇25个村（社区）全部成立村（居）民合作社；配好班子，建强队伍，在村“两委”换届选举工作中调整6名村支书和10名村主任，优化干部结构。有基层党组织90个，其中党委3个，党总支部17个，党支部70个，党员1991人，新发展党员34人。2017年继续抓好村党组织评星定级工作，有三堡社区1个五星级党支部，月田、平山、新安、蒙奇4个四星级党支部，沙村、河边2个三星级党支部。

【农林牧渔业】 2017年农林牧渔业总产值50360万元。粮食作物播种面积4754公顷，粮食总产量24312吨；林业用地面积25245公顷，其中有林面积24553公顷，主要以马尾松、桉树为主。年内出栏生猪4.14万头，家禽125万羽，肉类总产量5621吨；生猪存栏4.04万头，家禽存栏63.14万羽；水产品养殖面积128公顷，水产品产量1621吨。

【工业】 全镇有工业企业53家，工业总产值4.6亿元，同比增长7%；工业主要以石材加工厂、木材加工厂和电子厂为主，其中规模以上企业4家，分别是岑溪市华达木材综合加工厂、岑溪市恒昌石材有限公司、岑溪市恒兴石材有限公司、岑溪市恒隆石材有限公司。

三堡镇河六村义昌江风光　　三堡镇政府办公室　供

【财税金融】 全镇财税收入4649.12万元，同比增长20.15%，其中：财政收入39.22万元，国税完成1794.66万元，地税完成2815万元。有农商行、农业银行和邮政支局3个金融网点。

【基础设施建设】 2017年全镇固定资产投资16.79亿元。完成“一事一议”建设项目28个，扶贫基础设施项目9个，少数民族发展扶贫资金项目3个，“第一公里·桥”项目5个，硬化道路25条，长17.7千米，路灯项目1个，桥涵5座，受益人口6.5万人，总投资483万元，其中财政奖补资金425万元，群众筹资58万元。完成三堡社区防洪堤亮化、水厂深水井建设等项目建设。完成农村危房改造150户，改厨改厕1200户，棚户区改造三年指标完成量90%。

【文化·教育·卫生】 全年举办文艺演出活动7次，体育比赛活动3次。全镇有农家书屋25家。有幼儿园5所，小学8所，教学点30个，中学2所，中小学在校学生8311人，在职中小学教师473人。小学适龄儿童入学率98.6%，九年义务教育覆盖率98%。有中心卫生院1所，卫生技术人员66人，执业（助理）医师5人，注册护士27人，有床位70张，经考核合格乡村医生38人。全年医疗机构（门诊部以上）完成诊疗6万人次。全镇参加新型农村合作医疗人数63368人，参合率96.53%。

【社会保障】 2017年，发放城乡低保金1344.5万元、优抚金79.3万元、五保户供养14.7万元、残疾人补贴59.5万元。城乡居民基本养老保险参保29039人，参保率97.52%。发放养老待遇100%。

【社会综治】 加强综治信访维稳工作，畅通信访渠道，妥善解决群众合理诉求；加强社会治安综合治理，推进“天网工程”向村屯覆盖，强化反恐反邪教工作，严厉打击各种违法犯罪，有效地维护社会稳定，群众安全感和满意度连续四个季度排名全市前列。全年调处各种矛盾纠纷案件90起，调处成功87起，成功率96.67%；没有发生群体性事件。

【扶贫与惠民】 全镇有贫困户1192户，贫困人口5413人，贫困村4个，贫困发生率7.8%，是全市贫困人口最多的乡镇。2017年，完成210户、981人贫困人口脱贫任务。完成三堡社区梅木榔易地扶贫搬迁安置点建设，安置33户贫困户，贫困人口161人入住。全镇获2017年雨露计划补助623100元，全镇有450户贫困户获得小额信贷资金，贷款总金额2199.5万元。2017年第一批产业扶贫项目，全镇贫困户获得三黄鸡苗1.98万羽，河边村农户获得6500株百香果果苗；2017年第二批产业扶贫项目，全镇贫困户获得10580株百香果果苗。通过入股大型生猪养殖场方式，发展壮大河边、孔龙、荔良、木坪等村的村级集体经济。2017年岑溪市统战部、林业局以及梧州民盟等成员单位及部分干部捐助资金6万多元，捐赠大米、油和家具等实物价值5万多元，资助贫困户。镇商会以及外出知名人士筹集扶贫款20万元。2017年，对种粮农民综合直补1482公顷，发放综合直补资金435万元，农机补贴19万元。

【招商引资】 2017年引进国内资金（境内）6.6亿元，招商项目有广西壮族自治区岑溪市现代化生猪养殖产业化项目、岑溪市良柱花岗岩建设项目、岑溪市恒昌石材建设项目、岑溪市恒磊陶瓷材料建设项目、岑溪市三堡镇三合花岗岩废料综合利用项目。深入开展“三年一工程”，重点抓好振兴石材加工区的建设，进一步完善园区基础设施，推动三家石材加工入园企业（恒昌、恒兴、恒隆）产业升级发展。2017年，岑溪市现代化生猪养殖产业化项目、岑溪市三堡天井冲花岗岩矿项目和三堡镇易地扶贫搬迁工程项目顺利完成建设，岑溪市花岗岩废石加工项目和镇区林业站拆除重建项目已于2017年年底开工建设。

【花岗岩石材开采与加工】 全镇有正常开采的花岗岩矿山7座，分别是恒昌矿、祥云矿、金星矿、铁卢矿、108矿、长鸿矿、中天矿。三家石材加工入园企业（恒昌、恒兴、恒隆）建成厂房3.2万平方米，安装有多片组合锣锯106台，单锯日产量150平方米，年产花岗岩板材320万平方米，年产值约1.22亿元；岑溪市恒磊陶瓷材料有限公司是园区在2017年新引进的陶瓷材料企业，主要利用花岗岩废料生产高档陶瓷原料，实现花岗岩废料的循环利用。该项目建筑面积1.2万平方米，年产高档花岗岩钠钾陶瓷石粉原料约25万吨，每年回收花岗岩废料约40万吨，产值5000多万元，创造税收300多万元，提供就业岗位50余个。

【特色产业】 继车河村双顺米粉合作社通过QS认证后，三堡佳美米粉厂获得QS认证。2017年全镇有三堡米粉生产厂家78家，年总产量4200吨，同比增长59.45%；三堡腐竹生产厂家28家，年产总量420吨，同比增长59%。依托汉世伟生猪养殖项目，新发展规模生猪养殖场7家，岑溪市三堡益发养殖示范园获广西现代特色农业乡级示范园创建入围单位；特种养殖有三黄鸡、黑山羊、果子狸、竹鼠、蛇等。岑溪市"粉红佳人"火龙果观光园种植火龙果5公顷；全镇有砂糖橘106公顷，大果山楂20公顷，百香果40公顷，速生林333公顷。

（三堡镇政府办公室）

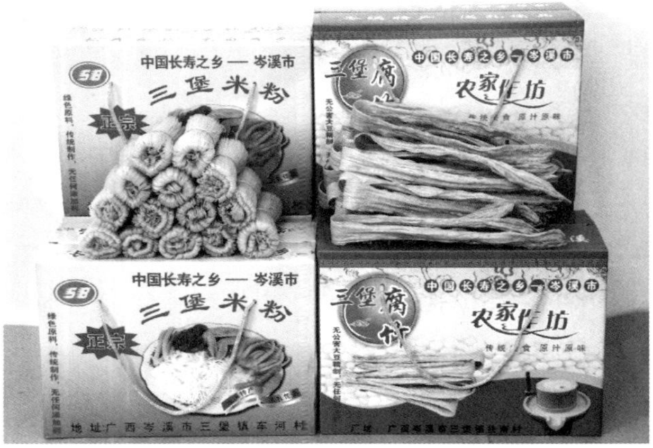

三堡特产——米粉和腐竹

三堡镇政府办公室供

波塘镇

【概况】 波塘镇位于岑溪市西北部，东邻三堡镇，南靠马路镇，西连容县浪水镇，北接藤县金鸡、象棋镇。耕地面积2276公顷，水田面积867公顷，旱地面积1163公顷，林地面积16985公顷。镇政府驻地波塘社区，辖16个村民委员会，1个社区居民委员会，320个村民小组，总人口40057人。农民人均可支配收入10150元，增长6.8%。实现地区生产总值5亿元，增长6.4%。

党委书记谭勇球，党委副书记、镇长韦胜超，党委副书记、人大主席梁景文。

【农村基层党组织建设】 波塘镇党委下设基层党委1个，党总支10个，党支部41个，其中农村党支部28个、机关单位党支部2个、事业单位党支部8个、公有制经济党支部2个、非公有制经济党支部1个，两新组织党支部6个（新龙木材加工厂、强达药材种植专业协会、昌宏木材加工厂、合水木器加工厂、幼儿园、商会）。全镇有党员1354名，其中非公经济党员24个，年内发展党员17人。党员总数中预备党员17名，占党员总数的1.25%；女党员291名，占党员总数的21.49%；少数民族党员2名，占党员总数的0.15%；35岁及以下的党员237名，占党员总数的17.5%；大专以上学历的党员226名，占党员总数的16.69%。

【农林牧渔业】 农业经济以玉桂、八角、柑橘、草寇、三黄鸡、网箱鱼等为主要特色种养产业。2017年，农林牧渔业总产值42060万元。粮食播种面积3027公顷；粮食总产量14662吨。年产桂皮1760吨、桂油74.1吨。网箱养鱼养殖约6120平方米（213个网箱），年产鱼36万千克。年内生猪出栏2.55万头，家禽出栏93万羽；年末生猪存栏1.82万头，家禽存栏38.75万羽。全镇有龙田、蛟塘、南垌、新廉、荔村5个柑橘基地，种植柑橘1000公顷；全镇养殖古典鸡73.3万羽，示范养殖专业户68户；有农民专业合作社48家，合作社会员269人。其中大果山楂生态种植和古典鸡原生态养殖基地获得国家级有机绿色认证。

【工业】 有工业企业56家，主要以砂石场、桂油厂、木材加工厂为主，工业生产总值为3509万元。结合“三年一工程”活动，工作责任团队重点项目建设4个，完成总投资1.67亿元；完成研发项目5个，前期项目2个；服务规上企业7家，服务限上企业6家，固定资产投资18.3亿元；主要招商项目11个，完成投资6.6亿元。

【财税金融】 2017年，财政税收完成2210.49万元，其中地税完成611.57万元，国税完成1598.92万元。有金融机构网点1个，年末各项存款余额4亿元，各项贷款余额0.9亿元。

【基础设施建设】 2017年，完成“第一公里·桥”项目建设4座桥梁，总投资75.95万元；完成扶贫基础设施项目15个，总投入220.53万元；完成23个村级公益事业建设“一事一议”项目，总投入254.8万元，惠及群众740户。农村生活垃圾治理两年攻坚行动稳步实施，建成16个村级垃圾处理设施。加强村级公共服务中心建设，规范服务流程，投入55万元建设大公村村级公共服务中心，投入23万元规范化建设荔村、和村村级服务场所，促进基本公共文化服务标准化、均等化。

【社会保障】 城乡居民养老基本养老保险参保人数16979人，参保率99.18%。全镇城镇低保418户649人，发放低保补助203万元；农村低保2060户3051人，发放低保补助574万元。全面落实“两免一补”政策，全年有1260名学生享受贫困寄宿生生活补助。

【社会综治】 扎实开展信访维稳工作，精准排查和精细化解矛盾纠纷，实现全年信访受理案件稳控率100%，全镇共调解矛盾纠纷22个，调解率100%，调成率100%，做到矛盾纠纷早发现、早报告、早控制，早防止，群众满意度全梧州名列前茅；2017年全镇无发生一起重大治安案件，无发生群体性越级上访事件，反邪教工作实现了“三零”目标和“四个不发生”。

【扶贫与惠民】 2017年初全镇实有贫困户714户2745人，年底完成贫困户133户580人脱贫及贫困村六肥村摘帽工作任务。通过易地扶贫自行解决宅基地建房搬迁24户104人；通过雨露计划，全镇共有98名贫困生获得学历教育补助。全年为贫困户发放澳洲坚果果苗1588株、软枝油茶800株，百香果3334株、砂糖橘1335株、三华李1600株，香蜜顺梨50株，三黄鸡鸡苗19170羽。投入174万元建设波塘电站旧房屋综合改造二期工程，改善117户职工居住环境；完成危房改造97户，帮

2017年7月26日，市委常委、“美丽广西”乡村建设(扶贫)工作队驻岑溪市工作队队长唐峰(右一)在波塘镇慰问困难党员　梁献枚　摄

助住房危险、经济贫困的农户解决最基本的住房安全问题。

【文化·教育·卫生】 加大文化宣传力度，加大社会主义核心价值观宣传，及时更新文化宣传栏，出版了12期宣传栏，其中有宣传卫生、国防知识、科普、种养等；在镇中小学和文化站举办了书画展和纪念建党96周年图片展览等四期，举办了农业、科技、卫生、法制知识培训班、讲座12期。年内每个行政村完成了每年12场公益电影放映任务。并利用春节、“五一”、“五四”、国庆举办文艺晚会，参与群众达8000多人次。有中学1所，学生1522人，教职工106人；完全小学17所，小学教学点5个，学生2853人，教职工165人，其中在编在岗165人。持续推进义务教育均衡发展工作，不断改善办学条件，升级教学软硬件设施，创造良好的教学环境。有卫生院1所，现有职工61人，其中在编在岗42人，聘请日工25人，其中卫技人员43人；现有病床45张。

（波塘镇政府办公室）

荣誉·职称·百岁老人名册

2017年岑溪市获全国荣誉单位一览表

表10

获奖单位	授予单位	荣誉称号	授予时间
市检察院	最高人民检察院	全国检察机关“文明接待室”	2017年10月
市国税局	中央精神文明建设指导委员会	全国文明单位	2017年11月
市司法局	中华全国人民调解员协会	人民调解宣传工作先进集体	2017年11月
归义镇金鸡村	中央精神文明建设指导委员会	全国文明村镇	2017年11月
市第一小学	中央精神文明建设指导委员会	全国文明校园	2017年11月
市工商业联合会	中华全国工商业联合会办公厅	全国县级五好工商联	2017年12月
市公安局梁伟芹家庭	全国妇女联合会	全国“最美家庭”	2017年5月

2017年岑溪市获自治区级荣誉单位一览表

表11

获奖单位	授予单位	荣誉称号	授予时间
岑溪市	广西壮族自治区卫生和计划生育委员会	2016年广西人口计生工作先进单位	2017年2月
市公安局禁毒大队		优秀公安基层单位	
市国税局办税服务厅	自治区妇女联合会	广西三八红旗集体	2017年3月
市第五中学	自治区精神文明建设委员会	自治区文明校园	2017年7月
南渡镇盘古中心小学	自治区精神文明建设委员会	自治区文明校园	2017年7月
三堡镇李锦梅家庭	自治区精神文明建设委员会	自治区文明家庭	2017年7月
三堡市场监督管理所	自治区人社厅、自治区工商局	二等功	2017年12月
市地震局	自治区防震减灾工作领导小组办公室、自治区地震局	全区县级防震减灾工作三等奖	2017年11月
岑溪调查队	广西市县住户调查工作联席会议办公室	广西住户调查工作先进集体三等奖	2017年1月

2017年岑溪市获全国荣誉个人名单一览表

表12

姓名	工作单位	授予单位	荣誉称号	授予时间
陈伟勇	糯垌司法所	司法部	全国模范人民调解员	2017年5月
覃立旺	岑溪市水利供水有限公司	中央宣传部、中央文明办、中央军委政治工作部、全国总工会、共青团中央、全国妇联	全国道德模范提名奖	2017年11月
倪华成	波塘镇杨亦小学	中央宣传部、中央文明办、中央军委政治工作部、全国总工会、共青团中央、全国妇联	全国道德模范提名奖	2017年11月

2017年岑溪市获自治区荣誉个人名单一览表

表13

姓名	工作单位	授予单位	荣誉称号	授予时间
陈远文	市公安局	中共自治区宣传部、人社厅、司法厅法治建设工作领导小组办公室	2011—2015年全区法治宣传教育先进个人	2017年1月
程志昌	市公安局禁毒大队	自治区公安厅	全区优秀基层科所队长	2017年2月
李壬宗	市消防大队	自治区公安厅	十佳消防勇士	2017年2月
罗石深	归义派出所	自治区公安厅	优秀民警	2017年2月
黄　云	市国税局	中共自治区宣传部、人社厅、司法厅法治建设工作领导小组办公室	2011—2015年全区法治宣传教育先进个人	2017年1月
陀彩丽	市委宣传部	自治区精神文明建设委员会	2014—2016年度全区未成年人思想道德建设工作先进工作者	2017年7月
杨华凤	老干局	自治区组织部、自治区委老干局、人社厅	个人二等功	2017年7月
刘永德	市场监督管理局	自治区人社厅、自治区工商局	二等功	2017年12月

2017年岑溪市获高级职称人员名单一览表

表14

姓名	工作单位	专业	职称
黄敞基	市人民医院	经济	高级经济师
甘少海	市水库安全管理站	农业经济	高级农业经济师
莫清丽	市群众艺术馆	艺术	二级演员
黎耀明	市林业局南渡林业工作站	工程	高级工程师
李金凤	市林业技术推广站	工程	高级工程师
唐建妮	市林业技术推广站	工程	高级工程师
邓杰文	市计量检定测试所	工程	高级工程师

续表 14

姓名	工作单位	专业	职称
唐宝荣	岑城镇农机管理服务站	工程	高级工程师
农玉芳	市人民医院	卫生	主任医师
陈　捷	市人民医院	卫生	主任医师
刘远波	市人民医院	卫生	主任医师
李　艺	市人民医院	卫生	主任护师
吕　武	市中医医院	卫生	副主任医师
覃　夏	市人民医院	卫生	副主任医师
吴志宇	市人民医院	卫生	副主任医师
李菊川	市人民医院	卫生	副主任医师
岑惠斌	市人民医院	卫生	副主任医师
冼新宁	市人民医院	卫生	副主任医师
冯小坚	市人民医院	卫生	副主任医师
傅泽坚	市人民医院	卫生	副主任医师
刘光勇	市人民医院	卫生	副主任医师
赵汝旺	市人民医院	卫生	副主任医师
吴志华	市人民医院	卫生	副主任医师
覃勇军	市人民医院	卫生	副主任医师
梁国振	市人民医院	卫生	副主任医师
覃玉华	市人民医院	卫生	副主任医师
莫朗波	市人民医院	卫生	副主任医师
曾明路	市人民医院	卫生	副主任医师
邓卓锋	市中医医院	卫生	副主任医师
黄仕美	市中医医院	卫生	副主任医师
李海梅	市中医医院	卫生	副主任医师
廖菲芸	市中医医院	卫生	副主任医师
陈思任	市中医医院	卫生	副主任医师
韦　棋	市中医医院	卫生	副三任医师
李宏梅	市妇幼保健院	卫生	副主任医师
李观葵	市妇幼保健院	卫生	副主任医师
赖飞翔	市第三人民医院	卫生	副主任医师
萧　锋	市人民医院	卫生	副主任技师
覃泽义	市人民医院	卫生	副主任技师

续表 14

姓名	工作单位	专业	职称
梁振宁	市人民医院	卫生	副主任药师
曾伟勇	市人民医院	卫生	副主任药师
黄庆全	市中医医院	卫生	副主任药师
李　雁	市人民医院	卫生	副主任护师
韦　玲	市人民医院	卫生	副主任护师
梁　滟	市人民医院	卫生	副主任护师
刘海连	市人民医院	卫生	副主任护师
周洁丽	市人民医院	卫生	副主任护师
陈春燕	市人民医院	卫生	副主任护师
杨　梅	市妇幼保健院	卫生	副主任护师
黄琼兰	市中医医院	卫生	副主任护师
李燕梅	市中医医院	卫生	副主任护师
王　丹	岑溪市第一中学	教育	高级教师
覃　波	岑溪市第一中学	教育	高级教师
李惠结	岑溪市第一中学	教育	高级教师
蒙泽妙	岑溪市第一中学	教育	高级教师
严海葵	岑溪市第一中学	教育	高级教师
雷丽琼	岑溪市第一中学	教育	高级教师
岑兴华	岑溪市第一中学	教育	高级教师
黄　婵	岑溪市第一中学	教育	高级教师
莫　丽	岑溪市第一中学	教育	高级教师
邓　博	岑溪市第一中学	教育	高级教师
戴光全	岑溪市第二中学	教育	高级教师
黎宗南	岑溪市第二中学	教育	高级教师
林小坚	岑溪市第二中学	教育	高级教师
廖淑娟	岑溪市第二中学	教育	高级教师
陈绿波	岑溪市第二中学	教育	高级教师
何　艳	岑溪市第二中学	教育	高级教师
欧继福	岑溪市第二中学	教育	高级教师
李发强	岑溪市第二中学	教育	高级教师
吴家耀	岑溪市第二中学	教育	高级教师
陈　明	岑溪市第二中学	教育	高级教师

续表 14

姓名	工作单位	专业	职称
黄大涛	岑溪市第二中学	教育	高级教师
李泽明	岑溪市第二中学	教育	高级教师
甘保明	岑溪市第二中学	教育	高级教师
许德新	岑溪市第二中学	教育	高级教师
黄妍玲	岑溪市第三中学	教育	高级教师
林孟贤	岑溪市第三中学	教育	高级教师
吴健珍	岑溪市第三中学	教育	高级教师
黎福友	岑溪市第三中学	教育	高级教师
覃梦萍	岑溪市第三中学	教育	高级教师
黄　梅	岑溪市第三中学	教育	高级教师
韦　勇	岑溪市第三中学	教育	高级教师
陈若英	岑溪市第三中学	教育	高级教师
黄展灿	岑溪市第三中学	教育	高级教师
陈继业	岑溪市第三中学	教育	高级教师
唐明勇	岑溪市第三中学	教育	高级教师
潘　新	岑溪市第三中学	教育	高级教师
盘美达	岑溪市第五中学	教育	高级教师
梁　波	岑溪市第五中学	教育	高级教师
梁位源	岑溪市第五中学	教育	高级教师
李远献	岑溪市第五中学	教育	高级教师
梁宝勇	岑溪市第五中学	教育	高级教师
杨勇波	岑溪市第六中学	教育	高级教师
廖珊萍	岑溪市第六中学	教育	高级教师
梁　良	岑溪市第六中学	教育	高级教师
封　洁	岑溪市第六中学	教育	高级教师
李小红	岑溪市第七中学	教育	高级教师
谢文权	岑溪市昙容中学	教育	高级教师
陈健明	岑溪市昙容中学	教育	高级教师
周健燕	岑溪市昙容中学	教育	高级教师
岑兴桂	岑溪市安平镇太平中心小学	教育	高级教师
黄国耀	岑溪市安平镇太平中心小学	教育	高级教师
戴　敏	岑溪市安平中学	教育	高级教师

续表 14

姓名	工作单位	专业	职称
冯　涛	岑溪市安平中学	教育	高级教师
陆　海	岑溪市波塘镇中心小学	教育	高级教师
黄泽宇	岑溪市波塘镇中心小学	教育	高级教师
倪永志	岑溪市波塘镇中心小学	教育	高级教师
胡　勇	岑溪市波塘中学	教育	高级教师
陈　燕	岑溪市波塘中学	教育	高级教师
陈　涛	岑溪市波塘中学	教育	高级教师
叶旭池	岑溪市岑溪中学	教育	高级教师
刘健宏	岑溪市岑溪中学	教育	高级教师
罗韶梅	岑溪市岑溪中学	教育	高级教师
陈琦展	岑溪市岑溪中学	教育	高级教师
唐嫣婷	岑溪市岑溪中学	教育	高级教师
邓德敏	岑溪市岑溪中学	教育	高级教师
陈春平	岑溪市岑溪中学	教育	高级教师
杨益秀	岑溪市诚谏镇第二中学	教育	高级教师
陈　苒	岑溪市诚谏镇第二中学	教育	高级教师
陈　满	岑溪市诚谏中学	教育	高级教师
陆绍杨	岑溪市诚谏中学	教育	高级教师
梁并艺	岑溪市诚谏中学	教育	高级教师
赵丕丽	岑溪市大隆镇西宁中心小学	教育	高级教师
潘　平	岑溪市大隆中学	教育	高级教师
梁　鹏	岑溪市大隆中学	教育	高级教师
周国裕	岑溪市大隆中学	教育	高级教师
冼　抒	岑溪市大隆中学	教育	高级教师
周　琴	岑溪市大隆中学	教育	高级教师
曾彩丽	岑溪市大隆中学	教育	高级教师
高庆波	岑溪市大隆中学	教育	高级教师
陈鹏程	岑溪市大隆中学	教育	高级教师
李志成	岑溪市大业镇第二中学	教育	高级教师
黎楚耘	岑溪市大业镇第二中学	教育	高级教师
黄雪艺	岑溪市大业镇第二中学	教育	高级教师
梁培波	岑溪市大业镇第二中学	教育	高级教师

续表 14

姓名	工作单位	专业	职称
李飞宁	岑溪市大业镇中心小学	教育	高级教师
韦日文	岑溪市大业中学	教育	高级教师
杨　帆	岑溪市大业中学	教育	高级教师
吴　瑜	岑溪市大业中学	教育	高级教师
陈　文	岑溪市大业中学	教育	高级教师
陈妙荣	岑溪市第十小学	教育	高级教师
罗永贞	岑溪市第一小学	教育	高级教师
陈健忠	岑溪市归义镇第一中学	教育	高级教师
梁庆燊	岑溪市归义镇第一中学	教育	高级教师
黎　勤	岑溪市归义镇第一中学	教育	高级教师
梁庆军	岑溪市归义镇第一中学	教育	高级教师
陈永勇	岑溪市归义镇第一中学	教育	高级教师
吴汉光	岑溪市归义镇第一中学	教育	高级教师
钟仿志	岑溪市归义镇第一中学	教育	高级教师
李远才	岑溪市归义镇新圩中心小学	教育	高级教师
吴凯军	岑溪市归义镇新圩中心小学	教育	高级教师
黄军容	岑溪市归义中学	教育	高级教师
吴艺芳	岑溪市归义中学	教育	高级教师
王　珍	岑溪市归义中学	教育	高级教师
梁相宁	岑溪市归义中学	教育	高级教师
甘桂新	岑溪市归义中学	教育	高级教师
黄子金	岑溪市归义中学	教育	高级教师
陈发莉	岑溪市归义中学	教育	高级教师
陈彩玲	岑溪市归义中学	教育	高级教师
苏　健	岑溪市归义中学	教育	高级教师
蒙燕萍	岑溪市筋竹中心小学	教育	高级教师
陈坚武	岑溪市筋竹中学	教育	高级教师
黄　毅	岑溪市筋竹中学	教育	高级教师
陈洪锦	岑溪市筋竹中学	教育	高级教师
冯汉锋	岑溪市筋竹中学	教育	高级教师
梁怡斐	岑溪市梨木第二中学	教育	高级教师
廖光燕	岑溪市梨木第二中学	教育	高级教师

续表 14

姓名	工作单位	专业	职称
陈伟莉	岑溪市梨木第二中学	教育	高级教师
卢子宙	岑溪市梨木第二中学	教育	高级教师
黄立全	岑溪市梨木第二中学	教育	高级教师
李德锋	岑溪市梨木第二中学	教育	高级教师
赖丰雷	岑溪市梨木中心小学	教育	高级教师
周　丹	岑溪市梨木中学	教育	高级教师
张丽华	岑溪市梨木中学	教育	高级教师
黄伟全	岑溪市梨木中学	教育	高级教师
赖炳涛	岑溪市梨木中学	教育	高级教师
杨发强	岑溪市马路中学	教育	高级教师
林　翔	岑溪市马路中学	教育	高级教师
朱振柏	岑溪市马路中学	教育	高级教师
胡　红	岑溪市南渡镇第一中学	教育	高级教师
梁　路	岑溪市南渡镇第一中学	教育	高级教师
罗静桢	岑溪市南渡镇第一中学	教育	高级教师
杨伟技	岑溪市南渡镇第一中学	教育	高级教师
岑月凤	岑溪市南渡中心小学	教育	高级教师
陈　冰	岑溪市南渡中心小学	教育	高级教师
李芳葵	岑溪市南渡中心小学	教育	高级教师
黎　波	岑溪市南渡中心小学	教育	高级教师
陈大幸	岑溪市南渡中学	教育	高级教师
覃　华	岑溪市南渡中学	教育	高级教师
陈履猛	岑溪市南渡中学	教育	高级教师
陈一源	岑溪市南渡中学	教育	高级教师
廖蒙军	岑溪市南渡中学	教育	高级教师
刘荫孟	岑溪市南渡中学	教育	高级教师
苏建金	岑溪市南渡中学	教育	高级教师
陈丽妮	岑溪市糯垌镇第一中学	教育	高级教师
钟智华	岑溪市糯垌中心小学	教育	高级教师
林菊妍	岑溪市糯垌中心小学	教育	高级教师
林伟东	岑溪市糯垌中学	教育	高级教师
赖　平	岑溪市糯垌中学	教育	高级教师

续表 14

姓名	工作单位	专业	职称
林凯峰	岑溪市糯垌中学	教育	高级教师
蒋辉耀	岑溪市糯垌中学	教育	高级教师
易坚林	岑溪市糯垌中学	教育	高级教师
梁秋枫	岑溪市糯垌中学	教育	高级教师
郭　森	岑溪市糯垌中学	教育	高级教师
廖东光	岑溪市糯垌中学	教育	高级教师
蒋楚文	岑溪市三堡镇第一中学	教育	高级教师
覃绍娟	岑溪市三堡镇第一中学	教育	高级教师
李　孟	岑溪市三堡镇中心小学	教育	高级教师
秦在剑	岑溪市三堡镇中心小学	教育	高级教师
卢胜才	岑溪市三堡镇中心小学	教育	高级教师
李晓东	岑溪市三堡中学	教育	高级教师
钟波辉	岑溪市三堡中学	教育	高级教师
钟　凤	岑溪市三堡中学	教育	高级教师
覃锦源	岑溪市三堡中学	教育	高级教师
赖　婷	岑溪市实验小学	教育	高级教师
黄禹富	岑溪市实验小学	教育	高级教师
梁　锦	岑溪市水汶华侨中学	教育	高级教师
黄尚文	岑溪市水汶华侨中学	教育	高级教师
黄灿才	岑溪市水汶华侨中学	教育	高级教师
邓　婵	岑溪市水汶华侨中学	教育	高级教师
植昌松	岑溪市水汶华侨中学	教育	高级教师
杨　煜	岑溪市水汶华侨中学	教育	高级教师
梁英兰	岑溪市水汶镇中心小学	教育	高级教师

（此表由市人社局提供）

2017年百岁老人一览表

表15

姓名	家庭住址	出生日期	性别	年龄(岁)
刘瑞芳	岑城镇垌尾村独州1组	1910.10.13	女	107
刘松英	岑城镇甘冲社区滨江二路	1911.03.05	女	106
黄盛清	岑城镇龙井社区龙塘4组	1911.07.22	女	106
梁桂英	岑城镇垌尾村独州3组	1915.02.10	女	102
杨英兰	岑城镇玉梧大道东	1916.07.03	女	101
刘用群	岑城镇甘冲社区滨江一路	1916.10.23	女	101
梁耀英	岑城镇山心村11组	1917.05.10	男	100
刘叔英	马路镇义垌村石坡8组	1911.03.22	女	106
杨汉华	马路镇善村村谷堆6组	1914.05.06	女	103
刘子英	马路镇善村村谷堆3组	1914.09.18	女	103
张结华	马路镇荔王村15组	1915.03.01	女	102
谢月英	马路镇大和村民和3组	1915.08.02	女	102
钟德清	马路镇义垌村蕾坪2组	1915.08.19	女	102
廖志芬	马路镇大和村六合1组	1915.12.02	女	102
李旭英	马路镇大和村路台1组	1916.03.01	女	101
王惠英	马路镇义垌村义垌3组	1915.12.10	女	102
吴桂英	马路社区培东8组	1917.02.07	女	100
覃洁英	马路镇昙雅村昙雅5组	1917.02.02	女	100
苏葵秀	马路镇岭腰村岭腰2组	1917.04.09	女	100
杨达祥	马路镇善村村平塘9组	1917.05.26	男	100
覃结英	马路镇义垌村义垌8组	1917.08.08	女	100
秦妙英	马路镇和平村和平1组	1917.08.01	女	100
廖秀英	马路镇昙容社区主义5组	1917.07.30	女	100
欧远成	南渡镇旺练村16组	1905.12.06	男	112
黎桂芳	南渡镇西竹村勒竹9组	1907.03.16	女	110
唐惠祥	南渡镇古太村底寨2组	1910.01.26	男	107
成美才	南渡镇西兰村新丰14组	1911.03.16	男	106
莫桂芬	南渡镇平石村石壁10组	1911.11.06	女	106
莫友梅	南渡镇南渡社区南安街	1913.02.01	男	104
苏树莲	南渡镇六丰村古榄10组	1913.07.02	女	104
李桂芬	南渡镇六四村12组	1915.02.12	女	102

续表 15

姓 名	家庭住址	出生日期	性别	年龄(岁)
廖桂华	南渡镇义新村新村 3 组	1915.05.04	女	102
罗葵英	南渡镇六丰村丰田 8 组	1915.08.30	女	102
陈少连	南渡镇泊口村 8 组	1915.11.26	女	102
黄瑞华	南渡镇杨冲村谢村 5 组	1916.01.19	女	101
张瑞贞	南渡镇盘古村根山 5 组	1916.04.19	女	101
黎瑞葵	南渡镇吉太社区七块田 5 组	1916.04.20	女	101
周淑华	南渡镇古太村底寨 3 组	1914.09.01	女	103
石彦华	南渡镇西竹村勒竹 2 组	1916.10.10	女	101
欧进华	南渡镇六丰村丰田 8 组	1917.02.20	女	100
李清葵	南渡镇六丰村丰田 11 组	1916.08.19	女	101
杨伯华	南渡镇社垌村 6 组	1917.03.19	女	100
陈桂英	南渡镇西兰村西兰 3 组	1917.04.25	女	100
蒙洁松	水汶镇大南村垌尾组	1907.10.12	女	110
黄茂祯	水汶镇南禄村竹 2 组	1913.06.07	男	104
陈锦华	水汶镇曾子村塘冲组	1914.04.12	女	103
梁旭芳	水汶镇竹兰村冲口组	1914.09.12	女	103
覃洁英	水汶镇西河村蛇鉴组	1914.10.10	女	103
潘兆文	水汶镇南禄村壮一组	1915.02.22	男	102
梁茂雄	水汶镇旺田村南联组	1915.05.09	男	102
刘金章	水汶镇王强村河坝屋	1915.06.10	男	102
谢桂英	水汶镇竹兰村中湾组	1917.05.22	女	100
覃锦仲	水汶镇水汶社区文化路	1917.07.05	男	100
李秀莲	水汶镇太云村𪾢西组	1917.08.25	女	100
潘维英	水汶镇良乃村坑一组	1917.08.24	女	100
黎达明	大隆镇六各村岭岗组	1915.03.12	男	102
刘桂芬	大隆镇那蓬村大湾组	1916.03.11	女	101
黄彩英	大隆镇大峡村红卫二组	1916.03.02	女	101
李凤兰	大隆镇义修村岭脚口组	1916.10.05	女	101
赖秀兰	大隆镇西宁村水坡三组	1917.01.09	女	100
林美芳	大隆镇河口村阳教坡	1917.02.05	女	100
诸葛玉英	大隆镇那蓬村大湾组	1917.05.05	女	100
程雪莲	大隆镇溢河村溢河一组	1917.04.18	女	100

续表 15

姓 名	家庭住址	出生日期	性别	年龄(岁)
廖寿兰	梨木镇梨木社区红亮组	1912.06.15	女	105
黄桂青	梨木镇沙琴村同古二组	1912.08.15	女	105
黄日英	梨木镇河木村石一组	1914.09.02	女	103
赖恒梅	梨木镇水井村水尾组	1915.02.15	女	102
潘裕珍	梨木镇三益村塘科组	1915.11.23	女	102
陈秀英	梨木镇平田村田坑组	1916.08.05	女	101
王秀英	梨木镇南沙村大枉二组	1916.10.15	女	101
杨进英	梨木镇高围村三哨组	1916.08.09	女	101
黄杏英	梨木镇泗祥村龙吉组	1917.02.25	女	100
徐振连	梨木镇大旺村古榄组	1917.06.14	女	100
王秀兰	梨木镇平田村河口组	1917.12.07	女	100
卢桂英	大业镇同福村大枉组	1907.03.28	女	110
黄瑞英	大业镇大业社区马亮组	1915.03.04	女	102
黎佰英	大业镇新村村文二组	1917.04.10	女	100
黄秀英	大业镇新村村江二组	1917.02.06	女	100
唐现英	大业镇板么村下二组	1917.05.13	女	100
程伦锦	大业镇思回村九份组	1917.07.02	男	100
潘凤英	大业镇新村村长浩组	1917.07.22	女	100
梁维柱	大业镇同福村葵中组	1917.12.03	男	100
邓桂英	筋竹镇横山村 14 组	1910.04.15	女	107
钟连英	筋竹镇昙市村 13 组	1914.01.06	女	103
崔美英	筋竹镇筋竹社区塘面 4 组	1911.03.12	女	106
韦品贞	筋竹镇中围村清水组	1916.05.02	女	101
邓树新	筋竹镇横垌村河 1 组	1917.03.05	男	100
何进英	筋竹社区阳和 3 组	1917.11.22	女	100
陈洁芳	诚谏镇河三村住市区升平街	1915.01.19	女	102
陈夔华	诚谏镇思和村光珠组	1916.01.25	男	101
胡秀兰	诚谏镇新华村林贞组	1915.11.17	女	102
覃沛英	诚谏镇大良村蓓黎组	1915.06.20	女	102
张桂清	诚谏镇南大村南上组	1915.10.15	女	102
李树坤	诚谏镇沙田村瓦下组	1915.12.30	女	102
陈亚英	诚谏镇永安村上一组	1916.05.27	女	101

续表 15

姓 名	家庭住址	出生日期	性别	年龄(岁)
李瑞华	归义镇新圩社区东街	1911.11.02	女	106
吴秀连	归义镇双贵村断河 2 组	1914.07.06	女	103
唐瑞奇	归义镇永义村 8 组	1916.02.12	女	101
李月森	归义镇石坡村 5 组	1916.01.25	女	101
麦秀兰	归义镇赤黎村 1 组	1916.07.02	女	101
周月英	归义镇保太村阳地 1 组	1917.06.12	女	100
谢富华	归义镇秋风村 1 组	1917.08.14	女	100
蒋国英	糯垌镇糯垌社区	1912.09.29	女	105
陈少英	糯垌镇新塘村 19 组	1913.04.08	女	104
黄永英	糯垌镇塘坡村 11 组	1913.09.15	女	104
梁柱成	糯垌镇糯垌社区南二组	1914.02.10	男	103
龚献珍	糯垌镇海杰村孔杰 3 组	1914.05.07	女	103
林群英	糯垌镇新塘村 26 组	1915.08.04	女	102
廖旭光	糯垌镇塘坡村 10 组	1916.01.15	男	101
黎均贤	安平镇成美村 3 组	1912.10.29	男	105
袁秀贞	安平镇古益村 7 组	1913.11.01	女	104
覃志英	安平镇同心村 1 组	1916.02.25	女	101
黄 英	安平镇同心村 2 组	1916.05.10	女	101
李美英	安平镇太平社区爱群 13 组	1916.05.16	女	101
李振英	安平镇富罗村 4 组	1917.04.21	女	100
唐洁英	安平镇同心村 2 组	1917.05.06	女	100
钟秀珍	三堡镇木坪村林坡 2 组	1911.10.19	女	106
陈秀连	三堡镇三堡社区二街	1914.12.01	女	103
钟佳才	三堡镇富冲村大州 1 组	1915.05.13	男	102
梁汉芬	三堡镇简塘村连笃 2 组	1916.02.04	女	101
钟煜芳	三堡镇美术村留社上组	1915.08.12	女	102
覃昭明	三堡镇车河村下车组	1916.10.08	男	101
钟琼贞	三堡镇荔良村上荔组	1917.01.05	女	100
祝善秀	三堡镇扶南村龙德 2 组	1917.06.15	女	100
刘振枚	波塘镇合水村田 3 组	1916.09.10	女	101
黎秀贞	波塘镇荔村村 3 组	1917.10.01	女	100

文　献

"美丽岑溪·宜居乡村"活动指导意见

（摘自岑办发〔2017〕4号）

广西与全国同步全面建成小康社会，重点在农村，关键在农民。根据中央、自治区及梧州市相关文件精神，结合我市实际，坚持创新、协调、绿色、开放、共享发展理念，深入开展"美丽岑溪"乡村建设活动，全面改善农村人居环境，提升农民群众生活水平，是加快推动我市城乡发展一体化、提高脱贫攻坚工作成效的重要举措，是顺应全市广大农民群众新期盼。按照《"美丽广西"乡村建设重大活动规划纲要（2013—2020）》部署，2017年至2018年，在持续推进"美丽岑溪·清洁乡村""美丽岑溪·生态乡村"活动基础上，集中开展"美丽岑溪·宜居乡村"活动，大力打造"美丽岑溪"乡村建设升级版。

一、活动目标

宜居乡村活动是"美丽岑溪"乡村建设重大活动承前启后的重要阶段，重点实施"产业富民""服务惠民""基础便民"三个专项活动，力争到2018年底，"产业富民"实现全市农业结构优化升级，农业质量效益和竞争力显著提升，农村一二三产业融合发展水平明显提升，链条完整、功能多样、业态丰富、利益联结紧密的产业新格局基本形成，农村新型经营主体和集体经济不断壮大，农村产业竞争力明显提高，农民群众收入持续增加；"服务惠民"实现全市所有行政村都建有村级综合服务中心，就业、社保、教育、卫生、文体、法律等农村基本公共服务全覆盖，公共服务共建能力和共享水平明显提升，农村社会事业管理不断加强，农村精神文明建设不断深化，农村国防教育得到加强，中国梦和社会主义核心价值观更加深入人心，农民群众多样化文化生活需求日益满足，获得感显著增强；"基础便民"实现农村厨房、厕所等基本生活设施明显改善，"楼上住人楼下养畜"的人畜混居现象得到有效治理，实现人畜分离，农村垃圾治理、道路通行、饮水安全、村屯特色、住房安全和能源利用水平进一步提升，农村供电、通信和公共照明保障能力显著增强，农村生产生活条件明显改善，传统村落、特色村镇得到有效保护和发展，乡村文明得到进一步传承和弘扬，农村人居环境质量大幅提升。

持续开展清洁乡村和生态乡村活动，逐步拓展和深化活动内容，推动农村环境综合整治工作提档升级。在清洁乡村和生态乡村原有建设任务基础上，深入贯彻《广西壮族自治区乡村清洁条例》，健全完善乡村保洁机制，加强乡村保洁员队伍建设，大力实施农村垃圾治理两年攻坚行动，全面开展乡村水环境综合整治，纵深实施清洁田园"十大工程"和推广清洁生产"十大技术"，大力实施化肥零增长行动，进一步提升绿化示范村屯建设水平，不断巩固提升清洁乡村和生态乡村活动成果，推动农村环境综合整治常态化、制度化、法治化开展。

二、主要任务

（一）开展“产业富民”专项活动

以促进农民增收致富为出发点和落脚点，着力构建农村产业体系、生产体系、经营体系，提高农村产业质量效益和竞争力。围绕“制定1个村级经济发展计划、培育1个带动农户增收的新型农业经营主体、打造1个现代农业生产示范基地、发展1个村级集体经济项目、建设1个农村电子商务服务点”的“五个一”目标，深入推进农村产业规模化、标准化、组织化、市场化、品牌化“五化”建设，大力实施“产业富民和村级集体经济谋划、种植业结构调整和三品提升、生态养殖、林下经济提升、新型经营主体、农旅结合休闲农业、科技推广和改革创新、农产品保鲜加工和冷链物流、电子商务、社会化服务提质”十项进村行动。引导农民开展“小块并大块”等土地流转工作。加快农业结构调整、拓展农业多种功能，发展农业新型业态，推进农业与旅游休闲、文化创意、健康养生等深度融合，发展观光农业、体验农业、创意农业等新型业态。强化农民专业合作社和家庭农场基础作用，鼓励农民专业合作社发展农产品加工、销售，拓展合作领域和服务内容，支持龙头企业发挥示范引领作用，带动农户和农民专业合作社发展适度规模经营。大力发展农产品电子商务，推进现代信息技术应用于农业生产、经营、管理和服务，完善配送及综合服务网络，促进农村产业转型升级和提质增效。

力争到2018年底，全市“一村一品”“一镇一业”的农村产业格局初步形成，产业对农村发展支撑作用显著增强，全市农村居民人均可支配收入年均增长9%以上，全市所有行政村基本实现“五个一”目标，农民收入稳定增加，农村活力显著增强。

（二）开展“服务惠民”专项活动

从解决农民群众最关心最直接最现实的利益问题入手，更好满足农民群众多样化公共服务需求，不断推动城乡基本公共服务均等化。以增强农村基层党组织政治功能和服务功能为目标，完善乡村公共服务载体（平台），以节约资源和方便村民为前提，整合现有村级公共服务中心、农村社区服务站、村级组织活动场所、村级政务服务中心、村小学旧校舍等资源，建设村级综合服务中心，明确建设标准，明确服务功能，落实人员经费，重点做好“村级就业、社保经办、教育助学、卫生健康、群众文化体育、法律”六项服务，努力让农民群众办事不出村。健全农村就业信息综合服务体系，帮助贫困家庭子女、未升学初高中毕业生、农民工和残疾人免费接受培训并实现就业；全面推进全民参保计划，加快推进农村低保制度与脱贫攻坚政策有效衔接，逐年提高全市农村低保平均保障标准，缩小农村低保标准与扶贫标准的差距；实施农村困境儿童生活、医疗、康复、教育、服务、监护和安全保护等分类保障；继续实施教育助学“一个都不能少”计划，对在我市农村义务教育阶段公办学校和接受政府委托、承担义务教育任务的农村民办学校就读的家庭经济困难寄宿生给予生活补助。加强行政村卫生室建设，推行乡村医生签约服务，提供基本医疗和基本公共卫生服务，提高农村群众健康水平。打造乡村多功能文化阵地，加强乡村文化队伍建设，加强农村国防教育，提高农村精神文明建设水平，丰富乡村精神文化生活。大力推进农村公共法律服务体系建设，全面建立和规范村（居）人民调解委员会，及时化解民间矛盾纠纷。建立完善一村一法律顾问制度，提高农民群众法律意识，引导农民群众通过合法途径解决纠纷。健全完善村级法律援助联系制度，全面落实法律援助工作。

力争到2018年底，实现全市村级综合服务中心建设全覆盖，行政村的就业服务、儿童福利督导员配备、基础教育阶段农村家庭经济困难在校（园）在籍学生资助、对农村建档立卡扶贫对象接受中等以上教育的学生补助、建档立卡贫困家庭“两后生”技能培训服务、村卫生室建设、人民调解和法律援助全覆盖；开展乡村医生签约服务覆盖面达100%；广播综合覆盖率和电视综合覆盖率达到95%以上。

（三）开展“基础便民”专项活动

以乡村规划为引领，着力加强农村基础设施和公共服务设施建设，稳步提升我市农村人居环境水平。大力推进“三改六提三增”工程（“三改”：实施农村改厕、改厨和改圈工程；“六提”：统筹推进农村垃圾治理、道路通行、饮水安全、村屯特色、住房安全和能源利用水平提升工程；“三增”：增强农村供电能力、通信能力、公共照明能力），全面改善农村生产生活条件。深化乡村规划建设体制改革试点工作，推进乡土特色建设示范和传统村落保护发展，做好古树名木和大树的保护管理，严禁砍伐和买卖，禁止乡村大树古树移植进城，使之成为彰显特色、凝结乡愁的文化载体，打造“美丽岑溪·宜居乡村”风景线。加强贫困村基础设施建设，大力推进贫困村道路硬化、饮水安全、电力保障、危房改造、广播电视等项目建设，因地制宜解决贫困村通路、通水、通电、通互联网和住房等问题。

力争到2018年底，完成1.3万户农村厕所改造，农村无害化卫生厕所普及率达90%以上；完成1.3万户农村厨房改造，农村清洁厨房普及率达到60%以上；实施农村畜圈改造，“楼上住人楼下养畜”人畜混居改造完成率达到50%以上；全市90%以上村庄的生活垃圾得到有效治理；完成7个脱贫摘帽贫困村农村饮水安全巩固提升工程；完成农村公路整治隐患里程45.2千米；完成7个镇20个村垃圾处理中心建设；完成1个水库移民村屯容貌整治工程、2个乡土特色示范建设和6个“绿色村屯”创建；完成569户2617人的易地扶贫搬迁入住目标，基本完成2600户农村危房改造任务；完成新增沼气管道化用户400户，新增社会化管理沼气集中供气用户（托管服务）签约率达60%；完成新建与改选变电站1座，新增及更换配电变压器152台，新建及改造输电线路约504.3千米，一户一表改造17961户；完成14个自然村公共照明建设试点；完成所有行政村宽带信息网络覆盖等。

三、工作要求

（一）坚持以人为本，农民主体。始终把维护发展农民群众切身利益放在首位，把群众认同、群众参与、群众满意作为根本要求，充分尊重农民意愿，尊重农民选择，农民群众不欢迎的事情不要干，农民群众不满意的事情要整改。坚持做实基层一线、做强基础工作，推动人往基层走、物往基层用、钱往基层花、劲往基层使，真正把老百姓最期盼、最关注、最紧迫的问题解决好，把实事好事办到老百姓的心坎上。充分尊重群众首创精神，调动群众的主动性和创造性，使广大农村群众拥护、支持并投入到宜居乡村活动中。

（二）坚持城乡一体，统筹发展。建立以工促农、以城带乡的长效机制，统筹推进新型城镇化和农村综合改革，把基础设施建设和社会事业发展的重点放在农村，推动基础设施建设和公共服务向农村延伸覆盖，着力解决农村基础设施薄弱、公共服务供给不足的问题，加快补齐农村发展短板，促进城乡经济社会一体化发展，让农民群众在开展宜居乡村活动中有更多获得感，努力形成以工促农、以城带乡、工农互惠、城乡一体的新型工农、城乡关系和城乡经济社会发展一体化新格局。

（三）坚持因地制宜，分类指导。全面贯彻中央新精神新要求，牢固树立创新、协调、绿色、开放、共享五大发展理念，结合我市实际情况和农民群众实际需要，因地制宜、因村施策，使宜居乡村活动开展既能很好贯彻中央、自治区及梧州市相关精神，又能体现我市特色。各地要根据自身发展基础、人口规模、资源禀赋、民俗文化等方面的差异，充分考虑群众承受程度，制定符合自身实际的具体方案，加强分类指导，确保干一项成一项，办一件是一件。项目建设力求贴合本地实际、符合农民需求、彰显农村特色，切实避免盲目攀比、贪大求全、增加群众负担等现象，坚决杜绝花架子和各种形象工程。

（四）坚持整合资源，统筹推进。整体谋划“产业富民”“服务惠民”“基础便民”的项目布局，整合人、财、物等资源、协同推进项目建设。尤其要处理好重点工作和面上推进、新增建设项目和原有建设项目、宜居乡村活动与清洁乡村及生态乡村活动、群众需求与部门职能、阶段目标与长期任务、牵头单位与配合单位等几个关系，放大宜居乡村活动的整体效益。各部门要加强政策扶持和指导督查，形成上下联动、分工协作、共同推进的工作格局。

（五）坚持与脱贫攻坚紧密结合，协同推进。充分发挥基层党组织的战斗堡垒和贫困村党组织第一书记、“美丽广西”乡村建设（扶贫）工作队的桥梁和纽带作用，主动对接宜居乡村活动和脱贫攻坚工作，做到方向同向、目标同心、行动同力，形成两项工作互促共进的良好局面。在宜居乡村活动项目安排上，要向贫困村倾斜，尽可能降低对贫困村群众自筹资金的要求，重点加强贫困村路、水、电等基础设施建设，改善贫困群众基本生活条件。加大对贫困村产业扶持力度，特别是对资源条件好、发展潜力大的贫困村实施整体规划开发，拓宽贫困群众增收致富渠道，努力以宜居乡村活动明显成效助力打赢脱贫攻坚战。

四、保障措施

（一）强化组织领导，完善工作机制。宜居乡村阶段“产业富民”“服务惠民”“基础便民”三个专项活动，分别由分管农业、人力资源和社会保障、住房城乡建设部门的副市长专责协调，由市农业局、市人力资源和社会保障局及市住房和城乡建设局分别牵头实施。建立市统一指导，“三民”牵头单位、配合单位、各镇具体负责、组织实施，村屯具体落实的工作机制，一级抓一级，层层抓落实。对宜居乡村工作系统谋划、统筹协调、整体推进、督促落实。建立宜居乡村活动考核评价体系，将宜居乡村活动各项工作纳入各级党政干部综合考核的范畴，作为评价党政领导班子政绩和干部选拔任用的重要依据，作为拨付该项活动以奖代补资金的主要依据。建立健全各级党政部门、事业单位、国有企业与村结对共建机制。充分发挥共青团、妇联、总工会、工商联等群团组织以及农村基层党组织、贫困村党组织第一书记和广大“美丽广西”乡村建设（扶贫）工作队员在乡村建设中的重要作用。

（二）强化农民主体地位，调动群众积极性。深化拓展“一组两会”（在村屯成立党小组、户代会和理事会）工作方法，集思广益，群策群力，以多数农民群众的共同需求为导向，建立健全乡村建设民主决策机制，充分依靠农民群众的智慧和力量建设美好家园。坚持“一线工作法”，发动群众、组织群众、依靠群众，引导广大农民群众积极投身宜居乡村活动。完善项目建设推进机制，发挥村务监督委员会、村民理事会等村民组织的作用，引导村民全过程参与项目规划、建设、管理和监督。完善村务公开制度，推行项目公开、合同公开、投资额公开，接受村民监督和评议，确保项目建设公开透明、公正操作，取得实效。

（三）强化机制创新，提供财力保障。完善政府主导、农民参与、社会支持的投入机制。按照基本公共服务均等化要求，把宜居乡村活动纳入政府公共财政预算覆盖范围，建立稳定投入机制，不断增加投入。充分发挥财政资金“以奖代补”激励作用，不断调动和激发群众参与的积极性和创造性。创新资金统筹整合模式，各级涉农资金按照渠道不乱、用途不变、注重实效的原则，突出当地特点，切合农村实际，集中投放，形成合力，提高使用效率。发挥财政资金“四两拨千斤”的杠杆作用，采用PPP模式等市场化手段，撬动金融资本、社会和城市工商资本投向乡村建设。完善“一事一议”财政奖补机制，探索采取竞争性立项等办法，解决项目建设资金来源渠道单一问题，使宜居乡村活动的资金投入更有保障。

（四）强化督促检查，严格问责问效。将宜居乡村活动推进情况纳入绩效考核内容，制定考核办法，研究建立宜居乡村活动推进信息统计和评价机制，加大考核督查和追责问责力度。突出问题导向，研究解决各种问题，市乡村办要会同农业局、人力资源和社会保障局和住房城乡建设局以及其他配合实施部门组织开展经常性的督促检查，层层传导压力，推动问题整改。岑溪市“美丽岑溪”乡村建设领导小组依据目标完成情况和工作效果，对工作进度快、成效好的单位加大资金和项目支持力度，对组织不力、工作落后的单位，进行通报批评和媒体曝光，使督查考评、问责问效成为推进活动常态化开展的重要抓手，确保活动扎实有效开展。

（五）强化宣传教育，营造良好氛围。充分发挥报刊、广播、电视、网络等主流媒体的作用，以群众喜闻乐见的形式，持续开展丰富多彩、生动活泼的宜居乡村建设宣传教育活动，总结宣传先进典型，推广先进经验做法，加深广大干部群众和社会各界对宜居乡村建设活动的认识、理解和支持，形成全社会关心、支持、参与和监督宜居乡村活动的良好氛围。通过规划公示、招商引资、项目共建等途径，广泛动员和引导工商企业、民营企业家、乡贤名流、爱心人士等参与支持宜居乡村建设，使活动开展参与面更广，多方面结合更深，推进成效更实。

“产业富民”专项活动工作指南

根据《自治区党委办公厅、自治区人民政府办公厅关于印发〈“美丽广西·宜居乡村”活动指导意见〉及三个配套文件的通知》（桂办发〔2016〕60号），广西与全国同步全面建成小康社会，坚持创新、协调、绿色、开放、共享发展理念。为了大力推动“产业富民”工作的开展，培育各具特色的支柱产业，以促进农民持续增收和农业现代化为目标，结合岑溪实际，制定我市“产业富民”实施方案。

一、基本思路与工作目标

（一）基本思路。市、镇两级成立“产业富民”专项活动领导小组及办公室，落实职责分工，制定年度详细计划和目标，并成立市级专家组和培训组，负责全市的各产业技术指导和相关人员（含农民）的培训。为加快传统农业向现代农业转变，推进农业供给侧结构性改革，健全农村产业体系、生产体系和经营体系，加强农村产业规模化、标准化、组织化、市场化、品牌化“五化”建设，发展农产品冷链物流、保鲜加工和精深加工，做大休闲农业和生态经济，完善农村生产服务，促进农村一二三产业融合发展，提升产业竞争力和效益，持续增加全市农民收入。

（二）产业富民目标。不断增强产业对农民增收致富的重要支撑作用，到2018年底，农村产业结构得到优化升级，“一村一品”“一镇一业”“一镇多业”的产业格局基本形成，产业对农民增收致富的支撑作用显著增强，全市各镇农村居民人均可支配收入年均增长9%以上，全市行政村基本实现“五个一”目标：

——制定1个村级经济发展规划。结合我市“美丽广西”乡村建设规划纲要和“十三五”发展要求，根据各村资源禀赋，突出特色优势，广泛听取群众意见，每个行政村制定1个村级经济发展计划，选择发展1个以上优势特色产业，制定行政村经济发展规划（2017—2018年），突出打造“一村一品”，为产业富民打好基础、谋划长远。

——培育1个带动农户增收的新型农业经营主体。在全市70%以上的行政村发展或引进1个以上能够带动农民增收的龙头企业（或专业合作社、家庭农场、种养大户等），推广“新型经营主体＋基地＋农户”等模式，提高组织化程度，扩大经营规模，覆盖和带动行政村60%以上农户增收。

——打造1个现代农业生产示范基地。在全市行政村引进新品种新技术和新型经营主体等，对原有生产基地优化提升，每个行政村至少发展1个50亩（自治区要求100亩）以上的标准化、生态化种植基地或达到规模养殖标准的养殖基地；或建设1个达到一定收入的休闲农业、乡村旅游点，或建设1个农产品加工、冷链物流项目。依托有条件的行政村或几个村，创建1个镇级现代特色农业示范园区，提高产业发展质量和效益，成为带动农民增收富民的重要来源。

——发展1个村级集体经济项目。根据各村不同的情况，选定发展项目，争取全市所有的行政村每年有5000元以上的集体经济收入。

——构建1个农村电子商务服务点。大力发展“互联网＋农业”，推进农村电子商务建设，建设覆盖市镇村的三级农村电子商务服务体系，完善物流、快递等配套设施和功能，健全上下游服务链，建设一批具有当地特色的农村电子商务服务基地，全市85%以上的行政村有电子商务服务点。

到2020年底，全市农村产业结构更加优化，现代农业生产基地进一步扩大，农民增收更加稳定、生活更加富裕，农村居民人均可支配收入比2010年翻一番以上。

二、主要任务

结合各村实际，围绕“五个一”目标，深入推进“五化”建设，实施“十项进村行动”，促进产业转型升级和提质增效。

（一）实施产业富民规划谋划进村行动。结合岑溪市“十三五”发展需求，各挂点村组长及挂点村干部，与各村委干部深入调查研究，广泛动员群众，凝聚各方智慧，分析农业农村发展新形势新任务新要求，宣传落实农村政策，对农村产业进行重新审视、重新谋划，按照市场导向、因地制宜、突出特色、合理布局、注重实效的原则。以村为单位，用1个月左右时间，帮助每个行政村选定1项以上特色明显的富民产业，制定行政村经济发展规划（2017—2018年），统一布局、统一规划、统一实施。产业选择应宜农则农、宜渔则渔、宜牧则牧、宜林则林、宜游则游；规划要长短结合，具有前瞻性、指导性、针对性和可操作性，确保“产业富民”和集体经济谋划进村率100%。继续采取“公司（合作社）+基地+农户”的模式，大力发展粮食、生猪、水产、家禽、水果五大主导产业，建立一批特色农产品生产基地。基本形成以安平、糯垌、马路等镇主导，以养殖三黄鸡为主体的畜禽养殖业产业带；以大隆、南渡镇沿线长廊为主导，以养殖网箱鱼为主体的水产养殖业产业带；以筋竹镇公路沿线长廊为主导，以种植砂糖橘为主体的水果基地产业带；以糯垌、归义镇沿线长廊为主导，以花卉种植基地为主体的花卉种植产业带；以水汶、岑城镇沿线长廊为主导，以生猪养殖为主体的生猪养殖业产业带，同时在糯垌镇建设软枝油茶繁育基地和龙母种猪场项目基地。

【责任主体：各镇人民政府。牵头单位：市农业局、财政局，配合单位：市发展和改革局、市旅游局、市扶贫开发办公室和农口系统其他部门】

（二）实施种植业结构调整和“三品”提升进村行动。加快转变农业发展方式，提升种植业规模化、组织化、标准化水平。在种植水稻的有条件的农村，积极发展富硒水稻、优质稻种植；在水果种植区，大力推进水果基地建设，在蔬菜、茶叶、食用菌、中药材等作物种植地区，突出引进推广一批农作物新品种，突出标准化生产和“三品一标”认定，突出实施化肥农药零增长行动，突出农产品质量安全体系建设，突出推进农业有机固废弃物循环处理利用，建设一个标准化生产基地或示范园区。到2020年底，全市种植业增加值年增长4.6%以上。继续组织农业产业化龙头企业和农民专业合作组织开展无公害农产品生产基地建设，争取更多批基地获得产地认定和产品认证。

【责任主体：各镇人民政府。牵头单位：市农业局、市水果局；配合单位：市农口系统各部门、市科技局等】

（三）实施生态规模养殖进村行动。以生态循环理念引领优势特色养殖业发展，以企业、合作社的规模化集约化经营带动农户，全面推广应用“微生物+”生态养殖模式，通过生态养殖，生产无公害、绿色、有机水产品和禽畜产品，提升养殖业竞争力。突出抓好种养循环技术推广，因地制宜推广生猪“微生物+全封闭高架网床”等4种生态养殖模式、肉牛肉羊“微生物+饲草料”生态养殖模式和渔业6种生态养殖技术模式。到2018年，全市畜禽养殖场生态养殖比率达50%，每个适合发展养殖的镇创建至少一个生态养殖助农增收合作社示范点，全市打造2个生态养殖助农增收示范村。到2020年，全市畜禽养殖场生态养殖比率达90%。大力培养农村生态养殖技术能人和带头人。积极发展养殖业循环经济，通过建设有机肥厂、大型沼气池等多种途径，对养殖场固液废弃物进行环保处理，有效疏通养殖废弃物还田渠道，加快种养融合、循环发展，逐步实现农村养殖“零排放”和“零污染”。

【责任主体：各镇人民政府。牵头单位：市水产畜牧兽医局、市扶贫开发办公室；配合单位：市发展和改革局、市环境保护局、市农业局、市林业局、市财政局、市农机局等】

（四）实施林下经济提升进村行动。总结推广和拓展提升我市林下经济发展模式，实施林下经济精品示范基地建设工程，制定建设标准，实施自治区林下经济示范项目，重点建设和提升一批仿原生态中药材种植基地、一批种养结合的多品种林下经济综合性示范基地，在有条件的农村建设一批富有区域特色的林下种植养殖基地。2017—2018年，我市新建不少于2个示范基地，每个种植基地的面积不少于200亩，每个林下养殖基地产值100万元以上。有序推进集体林权证发放查漏补缺纠错工作，着力解决林权抵押贷款的抵押物不足、森林资产评估不畅通等问题，扩大林权抵押贷款规模，将更多森林资源转化为农民的家庭财产。

【责任主体：各镇人民政府。牵头单位：市林业局；配合单位：市农业局、市水产畜牧兽医局等】

（五）实施新型经营主体进村行动。加大对龙头企业、农民专业合作社、家庭农场、专业大户等新型经营主体的培育扶持力度，组织引导更多新型经营主体进入农村、带动农户，构建农户与新型经营主体的利益联结机制，改变农民单打独斗闯市场的状况。重点实施农民专业合作组织和家庭农场能力建设补助资金项目，实施龙头企业成长计划，培育壮大一批农业产业化龙头企业和林业、水产畜牧重点龙头企业，加强龙头企业“产—加—销”一体化建设，带动产业和农户发展。鼓励支持新型经营主体积极参与发展村级集体经济。开展新型职业农民示范培育和现代青年农场主培养。加强对具有专业技术的外出务工人员返乡创业的培训和扶持力度，支持返乡创业人员成立企业主体，领办合作社，组建家庭农场，带动村民致富。全市85%以上的行政村和70%左右的农户有新型经营主体覆盖带动。

【责任主体：各镇人民政府。牵头单位：市农业局；配合单位：市人力资源和社会保障局、市林业局、市水产畜牧兽医局、市农机局等】

（六）实施农旅结合休闲农业进村行动。挖掘休闲农业与乡村特色旅游资源，完善提升休闲农业与乡村旅游扶贫发展规划。在有条件的乡村开发休闲农场、观光农园、休闲农庄等休闲农业项目，鼓励城镇周边发展休闲农业、都市农业，加大对设施农业、棚室蔬菜的投入；利用各类自然和人文旅游资源发展生态旅游、体验旅游、度假旅游和健康养老、休闲养生产业，打造一批特色休闲农业与乡村旅游品牌产品和精品线路。加强休闲农业与乡村旅游基础设施和公共服务设施建设，强化旅游营销体系建设。整合中央、自治区有关专项资金支持贫困村休闲农业与乡村旅游基础设施建设。到2018年，全市重点推动1个贫困村（自然村或屯）发展休闲农业与乡村旅游，建设成自治区级以上休闲农业与乡村旅游示范点，新创建2家星级农家乐、星级乡村旅游区和一批休闲农业试点。

【责任主体：各镇人民政府。牵头单位：市农业局、市旅游局；配合单位：市发展和改革局、市财政局、市林业局、市水利局、市水产畜牧兽医局、市民政局、市水库移民工作管理局、市扶贫开发办公室等】

（七）实施科技推广和改革创新进村行动。以现代特色农业示范区为平台，引领农村先进适用技术推广应用，打造农村改革先行区。到2017年年底，基本建成自治区级示范区1个、县级示范区2个、乡级示范区3个，使示范区成为发展优势产业、推广先进技术、发挥科技人才作用的示范区，成为体制机制改革、培育新型经营主体、产业融合发展的示范区，成为农民增收、农村和谐、城乡发展一体化的示范区。2018年进一步巩固和提升。

【责任主体：各镇人民政府。牵头单位：市农业局；配合单位：市财政局、市林业局、市水产畜牧兽医局等】

从市、镇二级集中选聘科技特派员，精准对接全市的贫困村的产业发展需求，及时指导和帮助解决农村产业发展中的技术难题。鼓励科技特派员采取资金、技术入股等形式到贫困村发展产业项目，或领办、创办、协办各类专业合作社及涉农企业，加强农业科技成果的转化与应用推广示范，大力推广应用各类新技术新成果。每年培训农村技术骨干、新型农业经营主体骨干和农民500人次以上，推广应用与集成示范新品种、新技术10项以上。到2018年年底，主要农作物新技术覆盖率达90%以上。

【责任主体：各镇人民政府。牵头单位：市科技局；配合单位：市农口系统各部门】

深入推进农村土地产权制度改革，抓好农村集体资产股份权能改革、土地承包经营权抵押、林权抵押和水利、供销、农垦等改革试点。到2017年年底，基本完成农村土地承包经营权确权登记颁证工作。加快农村土地有序流转，探索农村土地入股、土地托管、代耕代种等经营模式，鼓励发展订单农业、“公司+基地+农户”等生产模式，创新生产经营方式和社会化服务，为提升产业竞争力，增加农民经营性收入和财产性收入创造条件。

【责任主体：各镇人民政府。牵头单位：市农业局；配合单位：市农口系统各部门】

（八）实施农产品保鲜加工和冷链物流进村行动。在水果、蔬菜等大宗农产品生产基地或有需要的行政村，加快农产品分拣包装、保鲜储存、加工和冷链物流设施建设，拉长产业链，增加农产品附加值。开展粮食、水果、油茶、林产、水产等精深加工，加强农产品加工技术研发体系建设，建设一批优势特色农产品加工技术集成基地，培育一批全国和全区农产品加工品牌。2017—2018年，通过争取自治区财政预算专项资金、整合其他资金、吸引社会资金等途径，争取在农产品主产区的镇、村或生产基地，以供销合作社和其他农业经营主体为承建主体，根据产业发展情况，分类建设一批示范地头冷库，帮助农户解决果蔬保鲜问题。加快农贸市场规划建设，鼓励支持企业开设鲜活农产品直销网点。鼓励物流企业与农村专业合作社、涉农企业合作，发展农产品冷链物流，为特色农产品提供包装、仓储、运输的标准化、定制化服务，促进农产品进城销售。继续促进农民专业合作社和农业产业化龙头企业，依托本市优势特色农业产业，抓好桂圆肉、米粉、砂糖橘、岑溪古典鸡等农产品的加工和销售。

【责任主体：各镇人民政府。农产品加工牵头单位：市工业和信息化局；农村冷库建设牵头单位：市供销合作社联合社；配合单位：市农业局等农口系统各部门，市商务局、市财政局等】

（九）实施电子商务进村行动。依托区内外电商平台和村级综合服务中心，通过试点示范带动，培育和聚集更多农村电商经营主体，建设农村电子商务服务和支撑体系，推动以农产品、农特产品为主的网络销售，建立农村物流配送体系，发展农业生产资料电子商务，打造农村电商产业，加速农产品流通。重点推进“三有一能”建设（“三有”：市有县域电子商务公共服务中心或电子商务集聚区，镇有电子商务工作站，村有电子商务服务点；“一能”：农村居民能通过电子商务销售自产产品、购买生产生活资料），加快提升农村电子商务服务能力水平。自2017年起，农村电子商务交易额年均增长20%以上。到2018年年底，85%以上的行政村有电子商务服务点，农村居民能通过电子商务销售自产产品、购买生产生活资料。到2020年年底，90%以上的行政村建立农村电商服务体系。

【责任主体：各镇人民政府。牵头单位：市商务局；配合单位：市农业局、市林业局、市水产畜牧兽医局、市供销合作社联合社、市扶贫开发办公室等】

（十）实施社会化服务提质进村行动。培育农村社会化服务组织，完善农村服务平台，提升农业社会化服务水平。鼓励各级供销合作社和其他新型经营主体探索开展土地托管、代耕代种代收等农村社会化服务模式，推进育苗育种、科学施肥、病虫害防治等专业化服务。全面推广农村金融改革“田东模式”，加快构建农村金融组织、信用、支付、保险、抵押担保和村级服务“六大体系”。培育农机合作组织和农机作业公司，发展壮大生产全程机械化社会化服务。支持建设水稻工厂化育秧中心、集中育秧中心，新建集水稻耕种收、烘干一体化的全程机械化示范基地。到2018年年底，全市农作物耕种收综合机械化水平达60%左右，其中水稻耕种收综合机械化水平达75%以上。到2020年年底，全市农作物耕种收综合机械化水平达65%左右，其中水稻耕种收综合机械化水平达80%以上。

【责任主体：各镇人民政府。牵头单位：市农机局、市供销合作社联合社、市水利局、人民银行、市人力资源和社会保障局；配合单位：市农口系统各部门、市财政局等】

三、实施方式

（一）坚持统一规划、分类指导、分阶段实施。围绕"五个一"目标和"十项进村行动"，在调查研究的基础上制定技术标准，确定一批特色种植、生态养殖、林下经济、休闲农业、乡村旅游、农产品加工、冷链物流、农村电商等项目，分类指导、分步实施。"产业富民"专项活动分成三个阶段推进：一是计划制定与试点确定阶段（2017年1—2月），组织各级干部和科技人员进村，研究制定村级经济发展计划（2017—2018年）。二是全面推进阶段（2017年3月—2018年12月），既要下大力气抓试点村屯，又要全面推进面上实施，在全市范围开展"五个一"工作和"十项进村行动"，加快农村"一村一品"建设和产业转型升级、提质增效。三是验收阶段（2019年1—3月），对"产业富民"专项活动进行工作验收和评价。

（二）坚持以项目为抓手推进实施。"产业富民"专项活动要落实到具体的项目上。各级各部门要集中力量，整合资源，狠抓项目的策划和实施。市政府统筹抓好特色种植、生态养殖、林下经济、休闲农业、乡村旅游、农产品保鲜加工、冷链物流、集体经济、农村电商等覆盖乡村的重点项目，并在年度投资计划安排上重点支持，在科学制定计划的基础上实施一批特色项目，优先安排覆盖村屯多、受益群众多、群众积极性较高、经济社会效益明显的项目。各类项目都要优化设计，强化科技创新和机制创新驱动，突出融合发展。要严格按照国家和自治区相关建设标准精心实施，严格项目实施和管理，对项目的实施主体、推进力度、实施方式和时间节点进行跟踪督查，年中抽验，年底总验，确保按时按质按量完成项目建设任务。

（三）坚持以镇为责任主体推进实施。在市各相关部门的具体指导下，以镇为基本责任单位进行实施。市将"产业富民"工作任务、项目建设内容、规模计划分解落实到镇。在各业务部门负责规划、设计、质量监督的基础上，将项目建设的责任落实到镇，镇党政主要领导是"产业富民"专项活动的第一责任人，对各类建设的进度、质量、安全、资金管理使用和目标实现负主要责任。各镇要进一步将责任分解落实到部门、到单位、到乡村、到人，做到任务明确、责任清楚、奖罚分明。

（四）坚持专业技术队伍和群众参与推进实施。对现代农业产业基地、生态养殖、林下经济等项目，要采取群众投工投劳和专业技术人员指导相结合的方式；对于乡村旅游、农产品保鲜加工、冷链物流、农村电商等项目，主要由项目业主、合作社或企业组织实施。要充分尊重村民意愿、听取村民意见，调动和发挥群众的主观能动性、积极性，自力更生参与产业项目的制定、选点、实施，让群众直接从产业发展中受益。要及时总结宣传各地的好典型、好经验、好做法，营造齐力抓"产业富民"工作的浓厚氛围。

四、示范建设

（一）分级分类抓好示范点建设。2017—2018年，在全市选择20～30个自然村、每个镇两个村打造自治区级、市级、县级"产业富民"示范村，包括特色种植、生态养殖、林下经济、休闲农业、乡村旅游、农产品加工、冷链物流、农村电商各类产业及集体经济发展项目等类型。要及时总结示范点经验，以点带面，全面铺开。要注意与"服务惠民""基础便民"结合，整村推进，形成"一村一品"特色。

（二）示范村屯选择。示范自然村建设要与精准脱贫结合，由镇统一向市相关部门申报。各镇重点选择不同区域、不同类型、群众积极性高、有资源条件和产业基础、基层组织能力较强并有代表的自然村作试点，可采取竞争方式确定试点村屯。

（三）示范项目申报。示范自然村项目包括特色种植、生态养殖、林下经济、休闲农业、乡村旅游、农产品加工、冷链物流、农村电商等各种类型，以镇级为单位逐级向岑溪市、梧州市、自治区相关部门申报。

（四）示范项目实施管理。市各有关部门要在调查研究的基础上，参照国家有关项目建设质量标准及实施管理规定，分别确定各项目的建设标准、实施方案和项目验收办法。各类项目要落实技术和项目质量负责制，落实和培训各类项目的技术人员，由技术人员签订技术和质量责任状，分片指导和管理项目施工，严格执行技术标准。项目工程、物资招标投标工作必须做到公平、公正、公开。在确保质量的同时，要千方百计加快项目实施进度。强化项目后续管理，确保发挥效益。

五、工作要求

（一）提高认识，统一思想。各级各有关部门要深刻认识开展“产业富民”专项活动的重大意义，以高度的历史责任感和强烈的时代紧迫感，扎扎实实推进各项工作。要弘扬实事求是的科学精神，结合实际，精心组织；弘扬与时俱进的创新精神，敢于实践、大胆创新；要弘扬敢打硬仗的拼搏精神，真抓实干，狠抓落实，确保完成“产业富民”专项活动各项目标任务。

（二）加强协调，形成合力。各部门和单位要根据各自工作职责加强与各镇沟通和指导服务，既要明确分工、落实责任、各司其职，又要相互配合、共同协作、形成合力。市人民政府要加强组织领导和督促检查，镇人民政府根据市有关部门的指导意见，与“产业扶贫”相结合、相衔接，制定本辖区的实施方案，统筹抓好“产业富民”专项活动各项工作；科学安排产业工作队进村帮扶，做到镇有工作组、村有工作队，充分调动驻村干部的积极性和创造性，把主要精力花在帮助群众发展产业、脱贫致富上，深入一线推进“产业富民”各项工作。要广泛动员企业和社会各界力量进村入户，凝聚起推动“产业富民”开展的强大正能量。

（三）拓宽渠道，多方筹资。市财政局要积极筹措资金，采取多种补助方式，发挥财政资金扶持和杠杆作用，撬动金融资本、工商资本、民间资金等下乡发展产业。市发展改革局、工业和信息化局、科技局、国土资源局、旅游局及农口系统各部门要加大支持力度，积极筹措资金推进农业农村发展。银行金融机构要加大金融支农力度，创新农村信贷、保险、抵押等金融服务产品和方式，提高对富民产业项目的贷款额度；要创新落实好扶贫小额信用贷款政策，盘活、用活资金。要进一步加大招商引资力度，狠抓农业招商引资项目落地，引进更多工商资本、民间投资参与项目建设。

（四）发挥优势，补足短板。结合各镇优势和各村特色，精心谋划和认真选好村屯1～2个主打产业，尤其要科学选定品种好、品质优、有市场、效益高的最适合村屯发展的优势特色产业。对于已有一定产品规模，但农产品保鲜加工、冷链物流、农村电商跟不上的村屯，要千方百计补上短板，拉长产业链、增加附加值，不断提高农民收入水平。

（五）突出重点，抓住关键。发展现代种植业的，重点要帮助经营主体解决生产用地，抓好土地确权和流转，注重解决生产基地灌溉设施和用水等瓶颈问题；发展生态养殖的，要帮助经营主体选好养殖项目和场地，解决好用地、用电、用水和道路、环保等问题；发展休闲农业的，要帮助经营主体搞好规划、设计，理念要新、标准要高；发展农产品加工的，要帮助企业研发引进、适销对路的产品、解决用地“三通一平”等实际问题；引进新型经营主体的，要重点建立“公司＋农户＋基地”“合作社＋农户＋基地”等生产发展模式，指导帮助村屯发展土地入股、土地托管、订单农业等模式，构建与农户的利益联结、互惠互利的长效机制。在生产过程中，要切实抓好种子种苗供应、科技服务指导、产品销售服务等关键环节，确保产业加快发展、取得良好效益。

（六）落实政策，助推增收。各镇各部门要全面贯彻落实国家和自治区在税收、金融、土地、人才、用水、用电等方面支持农业农村发展的优惠政策，确保各项政策措施落地生效。特别是要把对合作社、农业企业等新型经营主体的财政扶持资金，不折不扣落实到村、到主体；把扶持种植、养殖等生产基地和示范区创建的各项政策落实到村、到基地、到示范区；积极扩大农业政策性保险的覆盖面，把各类生产基地优先纳入保险范围；加大村级农村电商示范点政策扶持，推进农村电商加快发展。要加强对惠农强农富农政策落实情况的跟踪督查，政策落实好、“产业富民”工作进展好的要进行表彰，并在下一年度建设资金安排等优先支持；落实不好的要通报批评、严肃问责。

（七）强化考评，严格验收。各镇人民政府在落实责任、完善机制、强化协调服务的同时，要把“产业富民”工作纳入各级各相关部门绩效考评内容。加强督查指导，采用平时检查和年终抽查相结合的办法，自上而下逐级开展督查，及时发现和解决工作出现的困难和问题，及时发出通报，鼓励先进、鞭策后进。要制定“产业富民”专项活动工作验收标准，并严格按标准进行验收。验收工作先由镇人民政府对所辖行政村开展“产业富民”专项活动情况组织全面自查，将自查报告上报市人民政府，由市人民政府审核后统一上报。

六、验收标准

“产业富民”专项活动工作按《“产业富民”专项活动验收标准》（见附件）进行验收。

附件（略）

“服务惠民”专项活动工作指南

一、工作目标

以增强农村基层党组织政治功能和服务功能为目标，以实现城乡基本公共服务均等化为引领，以建设村级综合服务中心（简称“一个中心”），做好就业、社保、教育、卫生、文体、法律六项服务（简称“六项服务”）为重点，抓好“服务惠民”工作，确保实现“农村基本公共服务全覆盖、农民群众办事不出村”的目标。

到2018年年底，全市282个行政村实现如下目标：

——村级综合服务中心建设全覆盖；

——行政村就业服务全覆盖；

——城乡居民养老保险参保率90%以上，城乡居民医疗保险参保率95%以上，60周岁以上参保老年人100%享受养老待遇；

——符合救助条件的建档立卡贫困户或非贫困户，经本人及其家庭成员自愿申请，按程序100%纳入最低生活保障范围；

——依托乡村儿童之家等设施开展困境儿童保障工作，行政村村级儿童福利督导员配备全覆盖；

——实现基础教育阶段农村家庭经济困难在校（园）在籍学生资助全覆盖，对农村建档立卡扶贫对象接受中等以上教育的学生补助实现全覆盖，对参加技工学校就读的53个贫困村建档立卡贫困家庭“两后生”技能服务实现全覆盖；

——行政村100%建立村卫生室，并至少配备有1名乡村医生；

——以镇为单位开展乡村医生签约服务覆盖面100%，农村常住居民家庭户签约率60%以上；

——每年至少组织1场文艺演出，平均每月放映1场免费电影；

——广播综合覆盖率和电视综合覆盖率达到95%以上；

——行政村人民调解和法律援助全覆盖，行政村法律顾问覆盖面达到60%。

二、主要任务

主要任务是“建好一个中心，做好六项服务”。

（一）建设村级综合服务中心

一是明确建设标准。村级综合服务中心按照有人员、有场地、有设备、有流程、有网络、有经费的“六有”标准进行规范化建设。每个服务中心有1名以上协管员（可由村干部兼任）；有相对独立的服务场所；有必要的办公条件和设备；有统一规范的办事流程；有上下连通的网络（村级信息网络依托现有已经连通的新农保或新农合的网络进行升级改造);有必要的经费保障。中心建成后,统一悬挂"××市××镇××村综合服务中心"牌子。

二是整合各项建设。在全市组织开展村级综合服务中心建设工作,以增强农村基层党组织政治功能和服务功能为目标,完善乡村公共服务载体(平台),坚持节约资源和方便村民原则,整合已有的村级公共服务中心、"农事村办"站点、农村社区服务站、村级组织活动场所、村级政务服务中心、村卫生室、村小学旧校舍、农家书屋等资源,建设村级综合服务中心。部分无基础设施或现有基础设施确实无法满足村级综合服务中心建设需要的行政村,可通过申报自治区文化厅村级公共服务中心、自治区民政厅农村社区服务站项目等方式新建。到 2018 年年底,实现全市所有行政村村级综合服务中心全覆盖。

三是明确服务功能。村级综合服务中心要制定管理规定,明确向村民提供就业、社保、教育、卫生、文体、法律等为重点的基本公共服务,足额配备协管员和相关办公设施,安装相关业务信息系统,张贴各项服务项目办事流程,确保各项服务功能有效实现。

四是落实经费保障。村级综合服务中心的日常运行管理和协管服务采取政府购买服务方式解决,所需资金按 2∶3∶5 比例分担,并按年度拨付各项目主管部门。由项目主管部门与各镇人民政府签订经费保障合同,各镇人民政府与所辖行政村村委签订协管协议,按协议约定的协管事项支取协管报酬。

【责任主体:各镇人民政府;牵头单位:市人力资源和社会保障局;配合单位:市委组织部,市教育局、市民政局、市司法局、市卫生和计划生育局、市文化新闻出版广电体育局、市残疾人联合会、市扶贫开发办公室】

(二)做好就业、社保、教育、卫生、文体、法律六项服务

一是做好村级就业服务。全面推进就业信息综合服务体系建设,2018 年年底前,将城镇就业服务延伸到全市所有行政村,建成覆盖全体农村劳动力的资源状况信息库。以"服务到村、信息到户、调查入户"为目标,通过定期编制《岑溪市企业用工信息手册》,推广微信、手机 APP、网站和网络电视等"互联网+就业"服务新模式,并专设包括残疾人等特殊群体在内的就业信息栏目,将就业服务延伸到村。村协管员收集居民求职意愿筛选推荐岗位,让广大农民群众不出村就能享受就业服务。协管员入户调查农村劳动力资源状况和流动变化情况,整理上报,提高劳动力资源动态管理水平。

2017 年年底前,在《广西企业用工信息手册》的基础上,编制《岑溪市企业用工信息手册》,发放到村级综合服务中心,实现通过微信服务和手机 APP 等方式查询招聘信息,基本完成农村劳动力资源信息库采集、核验工作。2018 年年底前,建成完善精确的农村劳动力资源信息库,就业服务覆盖所有行政村。

【责任主体:各镇人民政府;牵头单位:市人力资源和社会保障局;配合单位:市残疾人联合会、市扶贫开发办公室】

二是做好社会保障经办服务。全面推进全民参保计划,深入开展有针对性的社会保险政策法规宣传,保持农村居民基本养老保险参保率在 90% 以上、基本医疗保险的参保率在 95% 以上。对农村特殊困难人员实行动态跟踪掌握,确保他们按时足额享受基本养老保险、医疗保险和大病保险等待遇。通过开展社保经办各项便民利民服务活动,全面实现城乡居民社会保险"三到位"服务和"四个不出村"。"三到位"服务,即经办服务延伸到村、政策宣传深入到户、社保卡发放到人。"四个不出村",即在全市所有村级综合服务中心建立养老保险、医疗保险、最低生活保障经办业务,通过协管员收集、初审参保材料,报送各镇审批并反馈信息,实现村民参保登记不出村;通过签订三方代扣代缴协议,从参保人银行存折(银行卡、社保卡)扣除社保费,实现缴费续保不出村;通过在每个行政村设立 1 个金融便民服务网点(设立 POS机等),实现领取待遇不出村;推广岑溪社保局微信服务公众号手机APP,实现信息查询不出村。

【责任主体:各镇人民政府;牵头单位:市人力资源和社会保障局;配合单位:市民政局、市卫生和计划生育局、市残疾人联合会】

围绕精准脱贫目标,按照“低保政策兜底一批”要求,加快推进农村低保制度与扶贫开发政策有效衔接,将符合救助条件的建档立卡贫困户全部纳入农村低保范围。逐年提高农村低保平均保障标准和人均补助水平,确保农村低保标准逐步达到扶贫标准。同时,在自治区确定的低保补助标准的基础上适当提高当地农村低保补助水平,切实保障低保家庭的基本生活,充分发挥农村低保制度对脱贫攻坚的兜底作用。

以儿童利益最大化为核心,针对农村困境儿童生活、医疗、康复、教育、服务、监护和安全保护等方面的突出问题,进行分类保障,促进困境儿童健康成长。到2018年年底,配合构建市、镇(社区)、村(居)农村困境儿童保障工作网络,已建成儿童之家的行政村100%配备村级儿童福利督导员,开展困境儿童保障政策宣传等工作,调查登记困境儿童家庭基本情况,指导监督家庭依法履行抚养义务和监护职责,告知或协助困境儿童及其家庭申请相关社会救助、社会福利等保障,落实儿童人身安全受到威胁或侵害的强制报告责任,并积极协助各镇人民政府、民政、妇联和教育、卫计、人社等部门及公安机关、残联组织开展困境儿童保障工作。

【责任主体:各镇人民政府;牵头单位:市民政局;配合单位:市人力资源和社会保障局、市卫生和计划生育局、市妇女联合会、市残疾人联合会、市扶贫开发办公室】

三是做好教育助学服务。以教育助学“一个都不能少”为目标,2018年年底前,对我市建档立卡贫困户适龄在园幼儿100%按照每生每年1500元标准核拨保教费(保育费和教育费)补助资金;对在我市农村义务教育阶段公办学校和接受政府委托、承担义务教育任务的农村民办学校就读的家庭经济困难寄宿生,100%按小学阶段每生每年1000元、初中阶段每生每年1250元的标准给予生活补助。2018年年底前,对就读全市普通高中的建档立卡等家庭经济困难学生(含非建档立卡的家庭经济困难残疾学生、农村低保家庭学生、农村特困救助供养学生)100%免除学费、课本费和住宿费等学杂费。对因免除学杂费导致学校收入减少的部分,由财政按照享受免学杂费政策学生人数和免学杂费标准补助学校,以保障学校正常运转。免学杂费补助标准:自治区示范性普通高中每生每学年2000元(城市学校)和1800元(农村学校),非自治区示范性普通高中每生每学年1600元(城市学校)和1400元(农村学校)。在全市开展扶贫助学活动,从2015级学生起,以学生所读专业的学制为补助年限,对接受中、高等职业学历教育的我市农村建档立卡贫困户学生每生每学期补助1500元(扶贫巾帼励志班每生每学期补助200元);从2016年开始,对当年参加全日制普通高校本科学历教育并取得学籍的我市农村建档立卡贫困户学生,每生一次性补助5000元;对参加市技工院校结对帮扶53个贫困村建档立卡贫困家庭“两后生”为期一学年的中期就业技能培训的农村建档立卡扶贫对象,给予扶贫培训生活费补助每人每学年5500元,职业技能培训费补助每人每学年6500元。

【责任主体:各镇人民政府;牵头单位:市教育局;配合单位:市人力资源和社会保障局、市扶贫开发办公室、市残疾人联合会】

四是做好卫生健康服务。通过政府投资建设,行政村全部建有村卫生室(镇卫生院所在地的行政村除外)并配备乡村医生,为居民提供基本医疗和基本公共卫生服务。以镇为单位开展乡村医生签约服务,农村居民以户为单位与乡村医生签订服务协议,约定服务内容、方式、期限和权利、义务等款项。乡村医生在镇卫生院的指导下和服务团队的支持下,定期为签约居民提供基本医疗服务、基本公共卫生服务,集预防、保健、康复、健康评估与管理为一体的综合性、连续性服务,以及特色便民服务。

2018年年底前，行政村100%建有村卫生室，并至少配备1名乡村医生；以镇为单位开展乡村医生签约服务覆盖面100%，农村常住居民家庭户签约率60%以上。到2020年，力争签约服务覆盖至全体农村居民，建立健全农村常见病、多发病在村级首诊、分级诊疗的服务新模式。每个行政村配备1名康复协调员，与乡村医生等人员采取入户或集中访问的方式，开展残疾人康复需求登记、初步评估、转介和信息上报等残疾人康复服务工作。

【责任主体：各镇人民政府；牵头单位：市卫生和计划生育局；配合单位：市残疾人联合会】

五是做好群众文化体育服务。积极培育和践行社会主义核心价值观，深入推进农村精神文明创建工作，以乡风民风美起来、人居环境美起来、文化生活美起来为目标，以“好家风好家训”为重点，继续巩固和发展乡村文化阵地、开展群众喜闻乐见的文体活动，不断提高农村社会主义精神文明建设水平。采取各级财政投入解决大部分、行政村集体收入和社会筹资解决小部分的办法，在行政村建设和完善文化广场、文化活动室、农村党员远程教育播放室、篮球场、舞台、村史展览室、农家书屋、宣传文化栏等场所，打造乡村多功能文化阵地，加强乡村演出队、宣传队、体育队等一线队伍建设，广泛开展电影播放、文艺演出、体育比赛、民间和民族文化活动、文化宣传等群众喜闻乐见的有益活动，不断丰富乡村精神文化生活，增强社会主义精神文明建设实效。到2018年年底前，100%行政村完善农村党员远程教育播放室；计划每年支持建设500个村级篮球场，到2018年年底，实现85%以上行政村建成篮球场；除此以外，确保每个行政村每月至少放映1场电影，各镇负责组织行政村每年至少组织1场文艺演出。继续完善镇级广播电视发射台站建设，使覆盖地群众可以免费收看收听到自治区及梧州区市、岑溪市的6套调频广播以及中央、自治区及梧州市、岑溪市的10套电视节目。到2018年年底前，广播综合覆盖率达到97%，电视综合覆盖率达到98.5%。

【责任主体：各镇人民政府；牵头单位：市文化新闻出版广电体育局；配合单位：市委组织部、市委宣传部】

六是做好法律服务。大力推进覆盖农村居民的公共法律服务体系建设，全面建立和规范村级人民调解委员会，实现村级人民调解委员会全覆盖。村级人民调解组织每月至少开展1次矛盾纠纷排查，每年民间矛盾纠纷调解率达到100%，调解成功率达到95%以上。建立完善一村一法律顾问制度，引导群众通过合法途径表达利益诉求，解决矛盾纠纷。2018年年底前，141个村聘请法律顾问，2020年年底前，全市实现一村一法律顾问全覆盖。持续开展“法律援助进万村”活动，健全村级法律援助联系点和联络员工作制度，每年每村开展一次法律援助宣传活动，协助各级法律援助机构为困难群众及特殊群体提供法律援助，帮助有法律援助需求的困难群众申请法律援助，做到应援尽援。

【责任主体：各镇人民政府；牵头单位：市司法局；配合单位：市教育局、市文化新闻出版广电体育局、市综治办、市法制办、市信访局】

除了重点做好以上六项服务外，其他能通过村级综合服务中心开展的涉农服务项目都尽可能地逐步纳入该中心统一办理，以最大限度方便老百姓办事。

三、示范建设

各镇人民政府在开展村级综合服务中心建设过程中，首先要打造一批示范村，以点带面，促进“服务惠民”专项活动又好又快发展。各镇要制定示范村建设计划，合理选择不同地区、不同类型的行政村作为示范点，加强指导，分类建设。每个镇的示范村建设率不低于30%，并于2017年6月底前完成。示范村可区分现有基础设施条件较好、条件一般和条件较差等三个类型，按照“六有”标准开展规范化建设。按照村级综合服务中心服务功能要求，配备协管员，配置办公设施，接通网络，安装相关业务信息系统，张挂各项服务项目办事流程，制定中心管理规定，悬挂中心牌子，实现“六项服务”落地，真正起到示范作用。

四、实施方式

（一）科学谋划，严密组织。市“服务惠民”专项活动专责小组各成员单位，要按照自治区“服务惠民”工作指南明确的工作目标和任务，合理安排年度工作任务下达到各镇人民政府，由各镇人民政府负责具体计划和组织实施。各镇人民政府、各有关部门要以自治区《“美丽广西”乡村建设重大活动规划纲要（2013—2020）》和《“美丽广西·宜居乡村”活动指导意见》为指导，按照自治区“服务惠民”工作指南及部门实施方案的要求，结合本地实际制定“服务惠民”专项活动工作方案和具体的工作计划，集中力量，采取措施抓好落实。

（二）整合资源，分类建设。村级综合服务中心根据全市行政村现有基础设施条件和现有公共服务项目情况，以整合为主、新建为辅进行规范化建设。行政村已建有村级公共服务中心、“农事村办”站点、农村社区服务站、村级就业社保服务站、村级组织活动场所、村级政务服务中心、村级卫生室等场所的，原则上利用现有场所和条件进行整合，不再新建；服务项目布局应因地制宜合理安排，能集中的就集中，宜分散的则分散。行政村现有基础设施确实无法满足村级综合服务中心建设需要的，可通过申报新建村级公共服务中心方式进行建设。

（三）明确分工，合力推进。市“服务惠民”专项活动专责小组由市人力资源社会保障局牵头，市委组织部、市委宣传部，教育局、民政局、司法局、文化新闻出版广电体育局、卫生和计划生育计局、扶贫开发办公室、法制办、信访局、妇女联合会、残疾人联合会等部门根据各自职责开展工作，既各负其责，又相互配合，形成合力，共同推进工作落实。各部门根据各自职责制定服务项目的实施方案，并报专责小组备案。专责小组通过建立和落实专责小组全体会议制度、专项会议制度、牵头单位协调会议制度、信息通报制度，加强成员单位之间的工作联系，研究解决各种问题。各成员单位按照各自的工作职责和任务分工，指导、服务地方政府完成村级综合服务中心建设和各服务项目实施。各成员单位每月定期向专责小组报送工作进展及开展服务情况。

（四）压实责任，强力推进。各镇人民政府和驻村工作队、村“两委”都要明确责任，尽职尽责抓工作落实。市人力资源和社会保障局负责统筹推进“服务惠民”专项活动，审核、汇总各镇上报项目，并向全市相关主管部门申请项目和资金，协调解决相关问题，督促推进项目落实，并向市人民政府汇报工作落实情况。各镇人民政府是“服务惠民”工作的责任主体，负责制定工作方案并组织实施，指导基层开展服务活动，协调解决基层实际困难和问题。着力做好“服务惠民”工作宣传，组织各行政村发动群众参与村级综合服务中心建设，督促指导行政村开展惠民服务；驻村工作队负责组织村“两委”开展调查摸底情况，详细掌握行政村各种公共场所和公共服务现有情况，指导行政村按照计划完成各项建设任务。村“两委”负责征求村民意见，提出村级综合服务中心建设和服务项目需求，发动带领群众参与建设，反映中心建设和服务项目各种情况和问题。

（五）筹措资金，加强保障。“服务惠民”专项活动经费由自治区、梧州市、岑溪市三级政府共同分担，筹措办法另行规定。

五、工作要求

（一）统一建设标准。全市村级综合服务中心按照“六有”标准进行规范化建设，为惠民服务搭建一个良好的工作平台。市“服务惠民”专责小组按照“简单明了易操作”原则，制定各服务事项统一的办事流程和验收标准。各镇人民政府要严格按照统一的“六有”标准、统一的办事流程和统一的验收标准推进工作。各地要根据经济社会发展，适应村民需求，适时调整、充实、拓展惠民服务项目和服务功能，引导更多的公共服务项目在村级综合服务中心落地，为群众提供更多的惠民服务，促进乡村居民公平享受基本公共服务。

（二）统一建设行动。各镇人民政府按照自治区“宜居乡村”的工作部署和“惠民服务”的建设标准及要求，在全市所有行政村同步推进村级综合服务中心建设，同步开展示范村建设，同步实现惠民服务项目落地。在2018年建成“一个中心”、提升“六项服务”的基础上，继续做好巩固提高工作，到2020年村级综合服务中心进一步完善，服务项目有所拓展，服务功能不断增强，惠民服务更加简便、快捷、高效。

（三）统一办事流程。村级综合服务中心统一实行“对外一个窗口受理、内部分流专人办妥”的简易流程，即“群众办事—值班协管员受理—分派协管员专人代为办理直至办妥”。各部门应简明扼要告知所办事项需要其本人提交的证件、材料等，制作成图板并在相关服务窗口张挂上墙。镇级组织制定服务项目表，注明服务项目名称、服务内容、服务窗口地点、服务时间、协管员姓名及电话或手机号码等内容，并制作成图板张挂上墙。村级综合服务中心除公布本工作指南明确的重点服务项目外，应结合行政村日常服务工作，把相关服务工作列入服务项目表一并公布。各地可将办事流程、服务项目表印制成小册子或单行张发送群众，以便群众按图找人办事。

（四）加强宣传，扩大影响。各镇人民政府、各相关部门应充分利用广播、电视、报纸、宣传栏、政府网站、短信、微博、微信等宣传平台，采取多种形式，大力开展宣传活动，广泛宣传“服务惠民”专项活动的重要性和现实意义、惠民服务的项目和标准、专项活动的进展和经验做法，营造各级各部门重视支持，群众关心拥护开展专项活动的良好氛围。

（五）建好队伍，加强培训。采取村干部兼职、政府购买服务等办法，配好配强村级综合服务中心协管员。加强协管员队伍教育，解决好协管员工资待遇问题，保持协管员队伍稳定。对不胜任服务岗位工作的要及时调整；服务岗位空缺要及时补充。加强协管员队伍业务建设，采取集中培训、以会代训、业务指导等形式，对协管员进行职业道德教育、业务技能培训，不断提高其服务水平。

（六）加强督查，严格考核。建立督查工作机制，定期对“一个中心”建设和“六项服务”落实情况进行督促检查，及时发现问题并限期整改。充分发挥绩效考核的激励、导向、约束和监督作用，将各项工作目标任务纳入当地政府及各有关部门年度绩效考评体系，实施绩效考评，并落实强化考核结果使用。建立工作进度报送制度，按时向上级报送工作进展情况。市“服务惠民”专责小组加强对各镇人民政府工作的督促指导，帮助解决相关问题；及时总结推广各地好的经验和做法。

六、验收标准

“服务惠民”专项活动工作按《“服务惠民”专项活动验收标准》（见附件）进行验收。

附件（略）

“基础便民”专项活动工作指南

一、工作目标

（一）总体目标

计划利用2年时间（2017—2018年），“基础便民”实现农村厨房、厕所等基本生活设施明显改善，“楼上住人楼下养畜”的人畜混居现象得到有效治理，实现人畜分离，农村垃圾治理、道路通行、饮水安全、村屯特色、住房安全和能源利用水平进一步提升，农村供电、通信和公共照明保障能力显著增强，农村生产生活条件明显改善，传统村落、特色村镇得到有效保护和发展，乡村文明得到进一步传承和弘扬，农村人居环境质量大幅提升。

（二）项目建设目标

1. 实施农村厕所改造13000户，农村无害化卫生厕所普及率达到90%以上。

2. 实施农村厨房改造13000户，农村清洁厨房普及率达到60%以上。

3. 实施农村畜圈改造，“楼上住人楼下养畜”人畜混居畜圈改造完成率达到50%以上。

4. 完成自治区农村垃圾专项治理两年攻坚工作，实现全市90%以上村庄的生活垃圾得到有效治理。

5. 完成农村公路整治隐患里程45.2千米。

6. 完成7个脱贫摘帽贫困村农村饮水安全巩固提升工程项目;完成7个镇20个村垃圾处理中心建设。

7. 完成1个水库移民村屯容貌整治工程、2个乡土特色示范建设项目和6个“绿色村屯”创建工作。

8. 完成569户2617人的易地扶贫搬迁入住目标,基本完成2600户农村危房改造任务。

9. 完成新增沼气管道化用户400户,新增社会化管理沼气集中供气用户(托管服务)签约率达60%。

10. 完成新建与改造变电站1座,新增及更换配电变压器152台,新建及改造输电线路约504.3千米,一户一表改造17961户。

11. 完成所有行政村宽带信息网络全覆盖。

12. 完成14个自然村公共照明建设试点。

二、工作任务及部门职责

“基础便民”专项活动的主要任务是:全面推进“三改、六提、三增”工程(即363工程)。

(一)“三改”:是指实施农村改厕、改厨、改圈改造工程(其中:农村厕所、厨房的改造,可按照“群众自愿、补贴基本、经济可行”的原则,由农民根据自身条件选择基本型、舒适型或小康型的建设类型)。

1. 改造农村厕所。以改善居住条件、预防疾病传染、提高宜居水平为目标,按照“统一标准、统一设计、统一生产”的要求,以建设和完善“两池一洗”(化粪池、便池、冲洗设备)为主要内容,对1.3万户农村厕所实施无害化卫生厕所改造,引导农村户厕进院入户,因地制宜选择标准化的无害化处理设备或设施。用水条件较好的村屯,倡导建设水冲式厕所,推广使用三格化粪池;不具备单户建设化粪池的农户,可以选择建设联户共用的无害化化粪池。沼气池较普及的村屯,积极开展利用旧病沼气池实施无害化卫生厕所改造。干旱缺水的村屯,可以选择建设节水型无害化卫生厕所或者增加负压式节水冲洗装置,或者建设村屯无害化公共厕所。使用公共厕所的村屯或者乡村旅游景区景点,要组织实施公共厕所无害化改造,并将公共厕所的卫生管理纳入日常规范管理。新建或改造无害化卫生厕所的农户,在保障“两池一洗”设施建设的基础上,农户可按舒适型或小康型改造厕所,铺装瓷砖、增加采光通风、添置卫浴设备,提高舒适程度,同时规范使用卫生厕所,形成良好的卫生习惯。鼓励引导扶持培育三格化粪池、便池、冲洗设备标准化或一体化设备生产企业,建立健全公共厕所、沼气池全托管,以及“以商(业)养公(益)”等企业化管理机制。

【牵头单位:市住房和城乡建设局、市卫生和计划生育局;配合单位:市林业局、市能源办、市水库移民工作管理局、市扶贫开发办公室、市旅游局、市财政局】

2. 改造农村厨房。以建设干净整洁卫生、满足基本功能、管线安装规范、烟气排放良好的清洁厨房为目标,对1.3万户农户厨房实施以“改灶、改台、改柜、改管、改水”为主要内容的改造,按照“五改”标准,以及缺什么、补什么的要求建设农村清洁厨房,整体提高农村厨房卫生整洁程度。改灶,即改用节能灶具,增加排烟装置;改台,即对厨房灶台、案台铺装瓷砖,增加通风、采光;改柜,即将厨房敞开式橱柜改为密闭式橱柜;改管,即将厨房的电线、燃气管线、沼气管线等进行固定、归整;改水,即改造厨房上下水道、储水池、洗菜池等设施,做好厨房排水与化粪池或村屯排污系统的连接。对于已具备基本功能,但设施布局不当、摆放凌乱、整体较差的厨房,应参照农村清洁厨房的基本要求进行归整,达到干净、明亮、整洁的基本要求。经济条件较好的农户要在实施“五改”的基础上,可以增加瓷砖铺装面积、选用成品厨具橱柜、提高舒适整洁程度,彻底解决黑、脏、乱问题。

【牵头单位:市住房和城乡建设局、市卫生和计划生育局;配合单位:市林业局、市能源办、市水库移民工作管理局、市扶贫开发办公室、市旅游局、市财政局】

3. 改造农村畜圈。针对“楼上住人楼下养畜”

的人畜混居现象进行治理，以屋外建设独立畜圈为主，完善储粪房、沼气池或储液池配套设施，加强粪污处理力度和资源化利用。通过改造，基本实现人畜分离，减少蚊蝇、恶臭，降低人畜共患病风险，提高村民生活环境宜居舒适程度。到2018年，完成农村“楼上住人楼下养畜”人畜混居畜圈改造完成率达到50%以上；到2020年，基本消除“楼上住人楼下养畜”人畜混居现象。

【牵头单位：市水产畜牧兽医局；配合单位：市水库移民工作管理局、市扶贫开发办公室、市财政局】

（二）“六提”：即统筹推进农村垃圾治理、道路通行、饮水安全、村屯特色、住房安全、能源利用水平6项提升工程。

1.农村垃圾治理水平提升工程。开展农村垃圾专项治理两年攻坚，完成7个镇片区处理中心和20个村级处理设施建设，实现全市90%以上村庄的生活垃圾得到有效治理，农村垃圾处理长效机制不断健全；积极开展非正规垃圾堆放点排查整治工作和农村地区工业危险废物排查工作；开展农业生产废弃物资源化利用试点，组织建设1个秸秆养分还田试点村；组织建设农村垃圾户用处理沼气池5座和中小型有机垃圾沼气化项目3处。

【牵头单位：市住房和城乡建设局；配合单位：市环境保护局、市农业局、市林业局、市能源办、市水产畜牧兽医局】

2. 农村道路通行水平提升工程。以改善群众出行条件和便捷程度为目标，按照村村通硬化路的要求，加快农村道路基础设施全面改造，统筹推进农村公路安全生命防护工程，完成农村公路整治隐患里程45.2千米；组织实施“一事一议”资金补助200个以上自然村的屯内道路硬化项目。

【牵头单位：市交通运输局、市扶贫开发办公室；配合单位：市水库移民工作管理局、市财政局】

3. 农村饮水安全巩固提升工程。重点解决脱贫摘帽贫困村的贫困人口，以及饮水保障程度低的群众饮水困难问题。因地制宜采取适当新建、升级改造、改进工艺、管网延伸、联网并网等方式，实施农村饮水安全巩固提升工程项目，有条件的村屯尽量通过整村或联村推进的方式实施集中式供水。到2018年底，全市农村自来水普及率达到78%以上，水质达标率和供水保障程度较大幅提高。实施农村污水处理设施建设，到2018年底，完成11个镇级污水处理厂建设。

【牵头单位：市水利局、市住房和城乡建设局；配合单位：市扶贫开发办公室、市发展和改革局、市财政局、市卫生和计划生育局、市环境保护局】

4. 村屯特色建设水平提升工程。深化乡村规划建设体制改革试点，开展乡土特色建设示范、传统村落保护发展、水库移民村屯容貌整治、“绿色村屯”创建等工作，推进特色村屯建设，打造“美丽广西”宜居乡村风景线。到2018年底，完成2个自治区级传统村落保护发展规划、2个村屯乡土特色示范建设；完成1个水库移民村屯容貌整治工程；创建6个广西“绿色村屯”。

【牵头单位：市住房和城乡建设局；配合单位：市乡村办、市林业局、市环境保护局、市水库移民工作管理局】

5. 农村住房安全水平提升工程。加大农村危房改造工作力度，优先解决脱贫摘帽贫困村建档立卡贫困户的安全住房需求。到2018年底，基本完成569户2617人的易地扶贫搬迁入住任务；完成2600户的农村危房改造任务。

【牵头单位：市住房和城乡建设局；配合单位：市水库移民工作管理局、市扶贫开发办公室】

6. 农村能源利用水平提升工程。实施农村能源利用提升改造，增加农村燃气供给，改造沼气管理模式，扩大太阳能使用范围，提高清洁能源利用水平。到2018年底，扩大农村沼气社会化服务和市场化运营水平，开展“全托管”服务体系建设试点工作，新增沼气管道化用户400户，完成签约率60%。通过先建后补或以奖代补形式鼓励开展光伏发电精准扶贫项目，增加贫困人口收入。

【牵头单位：市能源办；配合单位：市林业局、市发展和改革局、市扶贫开发办公室】

（三）“三增”：即增强农村供电能力、通信能力、公共照明能力工程。

1. 增强农村供电能力工程。实施新一轮农村电网改造，由岑溪市水利电业有限公司实施农村电网改造升级项目建设。新建与改造变电站1座，新增及更换配电变压器152台，新建及改造输电线路约504.3千米，一户一表改造17961户。到2018年底，完善农村配电网架，提高供电可靠率，确保满足农村居民的生产生活用电需求。

【牵头单位：市发展和改革局；配合单位：市水利电业有限公司】

2. 增强农村通信能力工程。实施宽带通信村村通工程，加强通信基站和网络建设，推动光缆入村入屯入户，提高宽带通信网络覆盖能力，提升宽带接入速率，加强贫困村屯信息网络基础设施建设，到2018年底实现行政村宽带信息网络全覆盖。

【牵头单位：市工业和信息化局；配合单位：各基础电信运营商】

3. 增强农村公共照明能力工程。按照"简洁、实用、满足需要"的要求，在全市各行政村所在村屯实施农村公共照明试点示范。完成14个村屯公共照明设施建设试点，增加农村公共照明覆盖范围；结合光伏发电项目，在具备条件的地方，充分利用闲置公共空间，引入市场化机制；推广使用新型节能照明灯具，鼓励和引导农村居民参与路灯建设。

【牵头单位：市住房和城乡建设局；配合单位：市林业局、市能源办、市财政局】

4. 在推进"基础便民"工程建设的同时，要制定土地、财税等优惠政策，扶持培育广西农村环境治理标准化设备生产企业和农村基础设施运营管理维护的服务企业，建立健全农村环境卫生、基础设施建设和管理维护的长效机制，以及农村农民购买服务的契约机制。

【牵头单位：市乡村办；配合单位：市发展和改革局、市工信局、市财政局、市国土资源局、市环境保护局、市住房和城乡建设局、市交通运输局、市水利局、市农业局、市林业局、市卫生和计划生育局、市扶贫开发办公室、市水产畜牧兽医局】

三、示范建设

"基础便民"工程各子项目实施单位，要选择不同区域、不同类型、不同条件、基础条件好、群众积极性高的村屯，实施整村推进，分别建设一批便于学习借鉴、适合推广应用的示范项目，打造出一批"责任落实好、管理规范好、工程质量好、环境保护好、制度建立好"的示范村屯，通过示范带动、以点带面、连线成片，形成集群效应，打造乡村建设特色风景。在打造各类示范村屯的基础上，以自然村为单位，重点创建以下五类建设范例：

（一）无害化卫生厕所建设范例。按照农村户厕卫生规范要求，全村所有农户家庭都有无害化卫生厕所，要求厕屋清洁无臭、粪渣定期清掏、排放干净有序、形成管理公约。

（二）农村清洁厨房建设范例。按照广西农村清洁厨房标准要求，全村所有农户家庭厨房建设全部达标，要求厨房清洁整齐、布局合理、排放良好，并且实现长期保洁。

（三）人畜分离独立畜圈建设范例。村内所有"楼上住人楼下养畜"人畜混居现象得到全部治理，整村实现人畜分离；建设的独立畜圈全部达到验收标准，生态养殖效果显著。

（四）沼气改造利用建设范例。经过改造，全村所有沼气全部能够正常利用，具备条件的沼气池均与农户厕所联通，能够处理人畜粪便和有机垃圾，实现沼气管道化和集中化托管，改造使用功效高于当地平均水平。

（五）农村公共照明建设范例。实施村屯公共照明补助建设项目，具备条件的村屯采用光伏发电装置，主要村道、公共场所全部安装有新型节能路灯，全村公共照明实现全覆盖，并且形成村民自我维护的长效管理机制。

四、实施方式

（一）科学合理谋划。按照自治区《"美丽广西·宜居乡村"活动指导意见》，以及国家、自治区相关工作部署及要求，分类制定项目计划和管理办法，市财政局落实配套资金，明确资金使用方向、资金管理、使用要求等。"基础便民"工作领导小组办公室要将年度项目计划报梧州市级人民政府审核，由梧州市相关部门集中报送自治区相应主管部门审批。各部门要结合精准扶贫、危房改造和生态养殖专项工作实施农村改厕改厨改圈，合理制定年度工作计划，充分发动农民群众，发挥主人翁精神，确保按期完成改造任务。

（二）多方筹措资金。积极争取自治区“基础便民”专项补助资金，全部统筹以后仍然不足的部分通过其他渠道进行筹措，要扩宽筹资思路，适度利用银行贷款，加大社会引资力度，积极采取市场化方式开展融资，增加资金投入量。此外，还应积极发动群众参与，形成多元化的筹集资金模式，确保“基础便民”相关项目的顺利实施。

（三）统一建设标准。在实施“基础便民”工程中，要严格按照国家或自治区相关建设规范标准执行，各单位要遵照制定的标准，根据实际情况合理选择建设方式。

（四）优化项目设计。在项目安排上按照轻重缓急原则，优先安排涉及群众较多、群众积极性较高的村屯，重点建设受益面广、受益人口多、带动作用大、社会经济效益明显的项目。在项目设计上，要以乡村建设规划为指导，按照不同地方实际和经济社会发展水平、农民的收入水平等因素，进一步优化“基础便民”工程设计方案，因地制宜采取经济适用、技术合理、安全可靠、施工方便的技术方案，尽量使用当地建筑材料，降低建设成本。在满足技术标准的前提下，尽量少占耕地、少拆迁，减少投资量。

（五）分类组织推进。各部门要统筹项目建设进度，签订项目建设责任状，实行责任包干制，落实领导责任及实施责任。项目建设全面实施清单管理和标准件建设，科学安排工期，细化工程进度。“三改”项目要按照“统一设计、统一标准、统一生产”的要求实施，制定“两池一洗”“五改”的技术标准，组织相关企业提供标准化的设施设备。做好入户调查、项目审核和补助公示，发动农民以自建或联建为主开展项目建设，必要时根据群众意愿组织专业队伍或农村工匠承包建设。涉及公共设施建设项目，根据各类项目的建设要求，按照规定的程序组织实施。项目完工后，要及时组织验收，及时兑现补助资金。

五、组织保障措施

（一）明确部门职责。市人民政府是“基础便民”工作的责任主体，负责宣传发动，组织群众积极参与，具体实施项目建设，并按规定整合和管理各行业建设资金；制定便于操作的管理办法、专项资金的管理使用办法等，规范各项程序，指导基层开展工作，协调解决困难和问题。镇人民政府负责组织发动各村群众，召开会议，宣传政策，参照“一事一议”方式商讨确定施工地段，审核公示各项资金补助情况，协调处理供料、供电、供水等问题及工程管理等事项。驻村工作队负责指导村委会开展项目建设，参与项目调查及审核工作，及时完成上级交办工作。村委会负责带领群众筹资投劳、协助施工，处理纠纷、质量监督等事项。“基础便民”专项活动工作领导小组，由市住房和城乡建设局牵头，通过建立工作领导小组全体会议制度、专项会议制度、牵头单位协调会议制度、信息通报制度，加强成员单位之间的工作联系。市发展和改革局、市水库移民工作管理局、市能源办、市财政局、市环境保护局、市交通运输局、市水利局、市农业局、市林业局、市卫生和计划生育局、市旅游局、市扶贫开发办公室、市水产畜牧兽医局、市工业和信息化局等领导小组成员单位，要按照各自的工作职责和任务分工，推进项目实施，并每月定期向工作领导小组办公室报送工作进展及项目进度信息。

（二）加强项目监管。依法依规强化项目监管，严把工程质量关。项目建设过程要做到“五公开”：即资金补助和筹集公开，项目建设标准和投资总额公开，招投标公开，项目申报和审核公开，确定工程队公开。监管做到“四到位”：即政府监管到位、群众监督到位、专业抽检到位、施工自查到位，发挥各级工程质量监督机构的作用，组织受益群众、村民代表、理财小组、村务监督委员会全程参与监督。资金管理做到“三规范”：即规范资金筹集、补助和拨付方式；在资金筹措上，对批准实施的项目，应由市财政配套的，市财政局要足额筹措；在资金补助方式上，依照程序合理确定改造对象、改造内容及相应的补助额度，确保精准补助；在资金拨付方式上，市财政局要按施工进度分批划拨项目资金，确保资金使用安全高效。

（三）发动社会参与。积极动员社会力量，采用多种方式引导企业参与“基础便民”工程。一方面，发动企业参与研发标准化、规范化、模块化的“三改”设施设备；另一方面，引导企业参与相关工程建设，推广使用一体化设备和先进技术，培育具有广西特色、面向农村的环保产业。各部门可探讨专业企业打包建设、项目建设运营全托管、承包项目运营等市场化方式，鼓励企业或个人出资进行改造后的检查维修、定期养护、粪渣制肥等后续工作，探索试点由专业企业承包经营、运行维护、资源利用等，形成管收用并重、责权利一致的长效管理机制。

（四）创新活动机制。引入新机制、新办法推动项目建设，充分挖掘当地人力资源，以专业队伍、建筑工匠为主力，农民投工投劳，能人带头、工匠领衔，鼓励村民自发组建劳务队伍、农民成立工程承包施工队参加项目建设。市发展和改革局、财政局要牵头完善农村小型基础设施建设项目的农村农民自建机制，具备条件的项目要推行采用报账制的方式，减少项目立项、设计、环评、招投标、财评等众多环节，降低行政成本。充分利用“一事一议”政策，采取“以奖代补”等方式，发挥好财政资金的杠杆作用。鼓励群众通过支持建设用地、配合拆迁、投工投劳、自筹资金等方式参与项目建设。

（五）加强督查考评。建立督查工作机制，定期对“基础便民”工程的组织管理、资金筹措、形象进度、质量安全、群众满意度等进行督促检查。建立绩效考评机制，将“基础便民”工程纳入绩效考评范围，对提前完成重点任务的给予绩效加分，对没有完成重点任务的给予绩效扣分，并强化考核结果使用。建立工作进度月报制度，及时报送“基础便民”工程好的经验和做法。

（六）加强宣传引导。充分利用网络、电视、报刊和宣传标语等媒介，广泛宣传“基础便民”工程的重要性、意义、进展和经验做法，发动和引导群众积极参与，引导社会力量共同参与。大力开展农村精神文明教育，引导农民群众养成健康、良好的卫生习惯，增强卫生意识，营造良好氛围。强化镇、村管理干部和农民工匠的技术培训和技术指导服务工作，不断提升“基础便民”工程的服务质量和管理水平。

六、政策措施

“基础便民”专项活动建设项目涉及面广、内容多，特别是厕所、厨房、畜圈改造应用的设备产品需求量大，自治区和具备条件的市要制定各项政策激励措施，加大招商引资力度，引导本地企业转型转产，或引入区外企业落户当地，提供符合标准、质优价廉、便于维护的产品。

（一）奖补政策

1. 农村厕所改造户均奖补 1200 元。

2. 农村厨房改造户均奖补 700 元。

3. 建设屋外独立畜圈的户均奖补 1000 元。

各单位要对建档立卡贫困户改厕改厨改圈的资金予以适当倾斜。上述资金来源为自治区“基础便民”专项资金、市县财政预算，整合现有相关项目资金，以及扶贫相关资金等。

（二）用地政策。支持区内外企业打造农村厕所厨房设备制造、运营维护产业集聚区和生产基地。对纳入自治区层面统筹推进重大项目的新建改厕改厨标准化设备生产项目，新增建设用地指标按照“集中统筹、分级保障”的原则予以优先保障。新建改厕改厨标准化设备生产项目用地，在确定土地出让底价时可按不低于所在地土地级别相对应国家工业用地出让最低价标准的 70%执行。对符合用地报批条件的，开辟建设用地预审和用地报批“绿色通道”，积极保障项目的用地需求。

（三）金融政策。鼓励金融机构创新金融产品和服务，建立绿色融资通道，积极为节能环保企业提供固定资产贷款、项目融资贷款、融资租赁、票据贴现等服务。将符合相关规定的新建和改造农村厕所厨房标准化设备设施的企业，纳入自治区中小企业发展基金的支持范畴；推进知识产权金融发展。

（四）财税政策。按照税制改革的方向和要求，统筹研究相关财税支持政策，鼓励投资新建乡村污水处理、农村垃圾处理、沼气综合开发利用、节能减排等标准化或一体化设备生产等项目。符合条件的新建项目，享受《国务院关于大力推进大众创业万众创新若干政策措施的意见》的政策。全面落实国家关于环境保护、资源综合利用等税收优惠政策，用好用足企业研发费用加计扣除、高新技术企业所得税减按15%税率征收、小型微利企业结构性减税等政策；农村厕所成套设备生产企业用电自投产起五年内，给予大工业用电政策优惠。结合精准贫困和能源改造，对实施光伏扶贫和路灯改造企业补贴上网电价，按国家税收优惠政策执行减免税收。支持社会资本以PPP等模式参与农村改厕改厨改栏以及光伏发电扶贫、路灯改造等项目，同级财政安排必要的财政补助资金和贷款贴息资金。

（五）市场推广政策。按照广西农村改厕改厨设备采购标准的指导意见，发挥政府采购支持农村改厕改厨标准化产品推广应用作用，有关财政专项资金在同等条件下对采购目录内的产品项目优先支持。加大监管力度，制定完善并严格执行产品标准，对产品质量达不到要求的企业，停止在专项资金补助、政府采购、金融信贷等方面的支持，其产品或服务不列入政府采购目录。

七、实施步骤

（一）前期工作阶段。2017年1月—6月。各相关单位要做好项目的摸底工作，制定工作方案，明确工作任务及实施计划，完成项目预算、财审、招投标等前期工作。

（二）实施建设阶段。2017年7月—2018年9月。所有项目要在2017年7月—9月份开工建设，2018年10月份全面竣工。

（三）验收总结阶段。2018年10月—12月。10月份完成项目验收工作，总结经验，11月份对存在问题的项目进行整改，12月份对存在问题的项目进行复验。

八、验收方式及标准

"基础便民"专项活动工作按《"基础便民"专项活动验收标准》（附件1）进行验收，农村改厕、改厨、改圈项目建设按各自项目建设验收标准（附件2、3、4）进行验收；其余项目建设按各相关部门制定的验收标准进行验收。

岑溪市加快推进供给侧结构性改革的实施方案

（摘自岑发〔2017〕3号）

为全面贯彻中央关于加快推进供给侧结构性改革的重大决策部署，贯彻落实《自治区党委、人民政府关于加快推进供给侧结构性改革的实施意见》（桂发〔2016〕19号）和《梧州市委、市人民政府关于印发〈梧州市加快推进供给侧结构性改革的实施方案〉的通知》（梧发〔2016〕25号）精神，提高供给体系质量水平，推动我市经济转型发展、提质增效，特制定本实施方案。

一、总体要求

（一）指导思想

全面贯彻落实党的十八大以来历届全会、中央经济工作会议以及习近平总书记系列重要讲话精神，主动适应引领经济发展新常态，牢固树立创新、协调、绿色、开放、共享五大发展理念，扎实推进"去产能、去库存、去杠杆、降成本、补短板"五大任务，优化存量，引导增量，主动减量，促进经济发展向集约高效、创新驱动转变，推动产业、企业和产品向中高端迈进，努力实现由低水平供需平衡向高水平供需平衡的跃升，为与全国全区同步全面建成小康社会、基本建成山水宜居的桂东南副中心城市提供强大支撑。

(二)基本原则

坚持统筹部署与精准施策相结合。贯彻落实中央"三去一降一补"工作总体部署,加强系统谋划和总体设计,找准影响要素资源配置效率的突出问题,以精准识别引导精准施策,量化任务,细化措施,提高政策措施的针对性和有效性。

坚持供给侧改革与需求侧管理相结合。在适度扩大总需求的同时,从供给侧发力,从生产领域扩大有效供给,加强中高端产品和优质服务供给,化解过剩产能,减少无效和低端供给,不断增强持续增长动力。

坚持培育发展新动能与改造提升传统动能相结合。把创新驱动发展作为推进供给侧结构性改革的关键支撑,深入开展大众创业万众创新,加快技术、产品、业态、商业模式等创新。坚持优化存量、引导增量、主动减量相结合,改造提升传统优势产业,培育发展新兴产业,加快实现动能转换。

坚持市场主导与政府引导相结合。充分发挥市场在资源配置中的决定性作用,运用市场机制,更好发挥企业主体作用,实现优胜劣汰和市场出清,提高生产端资源配置效率和公平性。更好发挥政府作用,强化政府组织引导和协调服务,加强政策引导,完善配套政策。

坚持重点改革攻坚与稳妥有序推进相结合。贯彻落实上级部署,加快行政审批、投资、价格、国企、财税、金融、社保等重点领域和关键环节改革,加快形成有利于效率提升、可持续发展的长效机制,促进市场准入更加开放公平,创新活力进一步迸发。把握好工作节奏和政策配合,重视补短板兜底线,保持社会和谐稳定,确保各项工作有序推进。

(三)工作目标

打好供给侧结构性改革攻坚战,通过5年努力,使去产能、去库存、去杠杆、降成本、补短板工作取得明显实效。供给结构对需求变化的适应性和灵活性明显提高,企业生产经营环境明显改善,生产经营成本和盈利水平回归合理,政策体系和长效机制进一步完善,要素配置效率明显提升,创新能力稳步提高,新的发展动能持续壮大,形成多层次、高质量的供给体系,在更高的水平上实现新的供需平衡。

去产能方面。继续退出一批低端低效产能。力争到2017年底,全市国有关停企业全部出清。到2018年底,国有特困企业基本脱困。到2019年底,过剩产能有效压减,"僵尸企业"基本出清。到2020年底,全面完成自治区、梧州市下达的淘汰落后产能任务。(该专项工作由工信局牵头负责)

去库存方面。力争到2017年底,全市新增商品房得到有效控制,有效住房需求持续扩大,商品房库存消化周期进一步缩短。到2020年底,住房供给结构明显优化,商品房库存保持在合理区间,形成市场总量基本平衡、结构基本合理、房价与消费能力基本适应的住房供需体系。(该专项工作由住建局、房产局牵头负责)

去杠杆方面。推动企业上市(挂牌),促使企业融资渠道更加多样,融资成本进一步下降。力争到2020年底,全市上市(挂牌)企业有新的突破,直接融资占社会融资规模比重提高到30%以上。政府性债务规模控制在自治区下达的限额范围内。金融风险得到有效管控。(该专项工作由金融办牵头负责)

降成本方面。力争到2017年底,采取降本增效措施为全市企业每年直接减负4000万元以上,企业综合成本比2015年下降5%以上。到2020年底,实体经济企业负担全面减轻,企业提供有效供给的能力明显增强,综合实力明显提高。(该专项工作由工信局牵头负责)

补短板方面。力争到2017年底,居民收入增长8%以上,城乡发展差距缩小,基础设施更加完善,就业、教育、医疗、文化、社保、住房等公共服务体系更加健全。到2020年,民生、重大基础设施、公共服务等发展短板基本补齐,现行标准下农村贫困人口全部脱贫,贫困村全部摘帽。(该专项工作由发改局牵头负责)

三、重点任务和政策措施

(一)积极稳妥去产能,优化产业结构

1. 加快淘汰落后产能。分解落实自治区、梧州市下达的淘汰落后产能任务。继续开展对高耗能、高污染行业专项整治，加快淘汰规模小、能耗高、排放大、污染重的企业。对技改后主要技术指标仍不达标的生产设备予以淘汰。（工信局牵头，发改局、环保局等配合）

2. 防止新增过剩产能。落实国家产业政策，加强项目准入管理和行业规范管理，防止新增过剩和落后产能。加大环保、能耗、质量、标准、安全等各种门槛准入、制度建设和执法力度，严禁钢铁、电解铝、水泥、平板玻璃等产能严重过剩行业违规建设新增产能项目。（发改局牵头，工信局、环保局、市场监督管理局、安监局等配合）

3. 推进“僵尸企业”分类处置。全面摸清“僵尸企业”情况。结合国企改革，抓紧制定分类处置“僵尸企业”方案，在妥善安置下岗职工的基础上，通过消化一批、整合一批、淘汰一批，有序引导“僵尸企业”平稳退出，尽可能多兼并重组、少破产清算。推动有实力的企业低成本重组扩张。（工信局、国资公司牵头，财政局、发改局、人社局等配合）

4. 转移消化过剩产能。积极参与“一带一路”、中国—东盟自贸区、珠江—西江经济带和粤桂黔高铁经济带建设，鼓励有条件的企业通过各类区域合作平台“走出去”，开展境外投资活动，通过开展产业对接和产能合作转移部分过剩产能。（商务局牵头，发改局、工信局、投资促进局等配合）

5. 改造提升传统优势产业。实施工业提质行动，推动石材、铅锌矿、林产林化、陶瓷、纺织服装、家电等重点产业技改升级，延长产业链，促进产品升级换代，提高产业发展质量和效益。（工信局牵头，园区管委会、发改局、市陶瓷办、投资促进局、科技局等配合）

实施现代特色农业提升行动，提高砂糖橘、澳洲坚果、百香果、特色蔬菜、淮山、软枝油茶、食用菌、古典三黄鸡、网箱鱼等优质农产品供给质量，抓好特色农产品生产基地和现代农业示范区建设，开发长寿食品，打造农产品品牌，争取新增一批“三品一标”产品。（农业局牵头，水产畜牧兽医局、水果局、林业局、科技局、市场监督管理局等配合）

6. 培育发展新兴产业。培育壮大稀土新材料产业，引进培育风力发电等新能源产业，推动竹子资源开发利用，鼓励发展节能环保、先进装备制造业、新一代信息技术和大健康等产业。（工信局牵头，发改局、林业局、科技局、投资促进局、园区管委会、市稀土办等配合）

（二）着力化解房地产库存，促进房地产业健康发展

1. 推进农业转移人口落户城镇。持续推进户籍制度改革，制定切合我市实际的农业转移人口落户标准和办法，完善配套措施，逐步促进符合条件的农业转移人口落户城镇。（公安局牵头，发改局、国土资源局、人社局、教育局、卫计局、住建局、房产局等配合）

2. 释放居民自住和改善性住房需求。落实国家、自治区、梧州市及我市出台的房地产调控政策和去库存政策。借鉴区内各地去库存的好经验好做法，研究制定切合我市实际的购房补贴政策，释放居民自住性和改善性住房需求。鼓励和引导支持农民工购房，采取公共租赁住房、租赁补贴等方式改善农民工居住条件。（住建局、房产局牵头，财政局、国税局、地税局、人民银行岑溪支行等配合）

3. 加快棚户区改造和公共租赁住房货币化安置。继续推进棚户区改造货币化安置，进一步提高货币化安置比例。打通商品住房与保障性住房通道，通过市场方式筹集棚户区改造安置房源，逐步消化存量商品住房。推进公租房货币化保障，加大公租房分配入住力度。根据保障家庭收入水平，探索推行公租房租赁补贴政策，形成实物安置和货币保障相结合的梯度保障模式，满足不同中低收入人群的住房需求。（市棚改办、房产局牵头，住建局、发改局、财政局等配合）

4. 加大公积金支持住房消费力度。全面落实住房公积金异地贷款政策，满足外来缴存职工购房需求。多渠道筹集贷款资金，满足职工住房贷款需求。按照国家有关地级市统筹使用资金的规定，引导缴存职工向同城公积金中心申请贷款。依据规定进一步放宽公积金提取条件，简化业务手续，提高服务效率和水平。（梧州市住房公积金管理中心岑溪管理部牵头，财政局、人民银行岑溪支行等配合）

5. 加快化解商业地产库存。根据商业地产库存量，严控商业地产开发规模，对已缴清土地出让金的待开发商业用地，在符合规划和有关条件下，经审批可转型为商品住房用地；对已建在建的商业地产，可依法依规改变建筑使用功能，用于教育培训、文化、旅游等经营性、公益性用途。严控新增建设用地指标，探索研究商业用房购房者的户籍迁移、子女就学、医保社保迁移等政策。（国土资源局牵头，住建局、教育局、人社局等配合）

6. 发展住房租赁市场。鼓励房地产开发企业开展住房租赁业务，引导开发企业从传统的开发销售向租售并举转变。逐步建立购租并举的住房制度。完善住房租赁支持政策，制定支持住房租赁消费的优惠政策措施，引导城镇居民通过租房解决居住问题。完善租赁管理政策，加强住房租赁市场管理，规范市场行为，稳定租赁关系。结合推进新型城镇化和户籍制度改革进程，适当放宽户籍、住房、财产和收入等准入条件，逐步扩大公共租赁住房保障范围。（房产局牵头，住建局、财政局、公安局等配合）

7. 规范房地产市场。严肃查处房地产企业无照经营行为、不正当竞争行为和合同格式条款违法行为，查处违法发布房地产广告行为，规范房地产行业。调整用地供应结构和建设规划，优化土地供应结构，合理安排土地供应规模，建立房地产去库存与房地产开发建设用地挂钩制度，实行差异化供地政策。根据库存量，适当控制新增建设用地指标，调整土地用途、规划条件，转型开发国家、自治区支持的养老、文化、体育、旅游等产业。优化房地产规划布局，完善城市配套设施，优化房地产开发项目周边配套功能。加强城市公共资源均等化配置，为居民购房创造可能和条件。（房产局牵头，住建局、国土资源局、市场监督管理局等配合）

（三）防风险去杠杆，促进财政金融平稳健康发展

1. 降低企业杠杆率。鼓励企业通过股权等方式融资，降低企业杠杆率和负债率。支持符合条件的企业实现上市（挂牌）融资，鼓励社会资本设立创业投资和股权投资等基金，支持符合条件的企业运用多样化的债券品种进行融资，提高企业的直接融资比例。（市金融办牵头，财政局、发改局、人民银行岑溪支行、银监办等配合）

2. 优化信贷投向。发挥金融信贷的导向作用，通过优化投向结构，切实提高资金使用效率。实施好差别化信贷政策，加强金融机构支持重大战略实施、重大工程建设、新兴产业发展的力度，对产品有竞争力、有市场、有效益的企业给予大力支持。对长期亏损、失去清偿能力和市场竞争力的企业及产能严重过剩行业，按照相关监管要求做好资产保全，稳妥有序推动企业重组整合或退出市场。（市金融办牵头，人民银行岑溪支行、银监办等配合）

3. 加强金融风险监测预警、管控及化解。强化金融机构风险管理，防止过度授信、多头融资和资金空转放大杠杆，积极盘活金融机构存量资产，妥当处置不良资产。完善工作机制，强化地方监管职责，积极应对和妥善处置各类金融风险。加强民间融资动态监测和风险预警，防范互联网金融风险，严厉打击非法集资等金融领域违法犯罪。加快社会信用体系建设，努力营造诚实守信的社会环境。（市金融办牵头，发改局、公安局、人民银行岑溪支行、银监办等配合）

4. 加强政府债务管理。对政府债务实行规模控制和限额管理，进一步健全风险预警机制。市、镇政府新发生或有债务严格限定在依法担保的范围内，主要负责人根据担保合同依法承担相关责任。完善政府债务统计报告制度，加快建立权责发生制的政府综合财务报告制度和政府债务管理责任追究制度。（财政局牵头，有关部门配合）

5. 推广应用 PPP 模式。根据我市实际，引导和鼓励各类社会资本参与传统基础设施领域、公共服务领域的政府和社会资本合作。建立完善 PPP 项目库。探索完善相关行业领域的 PPP 实施细则。加大财政扶持力度，营造良好的政策环境。扎实做好项目前期论证，规范 PPP 操作流程，确保招标采购过程公平、公正、公开。合理制定和优化价格机制，提高社会资本投资回报率，增强项目吸引力。（市金融办牵头，财政局、发改局、住建局、市政管理局、投资促进局等配合）

（四）多措并举落实降本减负政策，优化企业发展环境

1. 降低制度性交易成本。进一步取消、接收、下放和调整行政审批事项，抓好中介服务事项清理，加强事中事后监管和服务，深入推进权责清单“两单融合”，切实提高行政权责运行透明度和规范性。全面实行企业“六证合一、一照一码”和个体工商户“两证整合”登记模式，加快推进全程电子化登记、“全城通、就近办”登记。深化行政执法综合改革试点，完善执法体制，合理配置执法资源，提高执法能力和水平。推进贸易投资自由化，激发市场主体活力，打造优质的投资环境。（编委办牵头，发改局、市场监督管理局、市政局、商务局、投资促进局等配合）

2. 降低企业税费负担。全面清理规范涉企收费。减免一批涉企行政事业性收费项目以及涉企经营服务性收费、中介服务收费项目，停免征部分政府性基金，实施涉企收费清单管理，建立企业收费负担投诉举报体系。全面推开“营改增”改革，为企业减负松绑。支持房地产去库存，按照有关税收政策调整房地产企业所得计税毛利率，适当调整房地产企业土地增值税预征率，落实缓缴税款政策。（物价局、财政局牵头，国税局、地税局、工信局等配合）

3. 降低企业用能综合成本。积极争取自治区电价相关优惠政策支持，合理降低工商业用电价格。大力推进电力直接交易，争取大业陶瓷集中区纳入全区直供电试点。推动符合准入条件的用电大户申报电力直接交易用户，为企业争取更多的直接交易电量配额，帮助企业降低用电成本。（物价局、水利电业公司牵头，工信局、发改局等配合）

4. 降低企业用地综合成本。深化土地利用体制机制改革，创新土地利用新机制，推进土地集约节约利用，降低企业用地成本。（国土资源局牵头，工业园区管委会配合）

5. 降低企业物流综合成本。加快推进物流基础设施建设，提高物流信息化水平。落实优惠政策范围，积极发展多式联运。大力发展第三方物流、电子商务物流、冷链物流、农产品物流。全面规范货运站、铁路经营性收费项目，禁止指定经营、强制服务、强行收费行为。严格执行鲜活农产品“绿色通道”政策。加大不停车电子收费系统（ETC）推广力度。（商务局、物价局牵头；财政局、交通运输局等配合）

6. 降低企业人工成本。落实自治区阶段性降低社会保险费率政策，企业缴纳的基本养老保险缴费比例由 20%降低至 19%。对因生产经营困难暂时无力缴纳基本养老保险费的企业，可依法依规缓征单位应缴部分。继续实行失业保险支持企业稳岗政策，继续实施失业、生育、工伤保险降费政策。降低缴纳住房公积金成本。按规定落实对企业的职业培训补贴。（人社局牵头，有关部门配合）

7. 降低企业融资和财务成本。落实国家有关贷款利率政策，引导金融机构根据贷款基准利率合理定价，主动降低利率水平，与企业共渡难关。落实小微企业流动资金贷款无还本续贷政策，减轻小微企业还款压力，降低高息“过桥”融资成本。积极拓展企业融资渠道，推动“惠企贷”“政银保”“银税合作”等产品，提高企业低成本资金可获得性。规范银行经营行为，主动挖掘减费让利空间。（市金融办、人民银行岑溪支行牵头，工信局、银监办等配合）

8. 鼓励企业内部挖潜。加快推进“互联网 +”行动，鼓励提高技术创新和科技研发能力，优化产品结构，改进生产工艺，提高产品质量，降低企业生产成本。引导企业创新企业管理和营销模式，帮助企业挖潜降本增效。（工信局牵头，发改局等配合）

(五)加快发展补齐短板,增强公共产品和服务供给

1. 补齐民生短板。坚持以人民为中心,持续推进民生改善,突出抓好脱贫攻坚工程实施,统筹做好就业、社会保障、教育、文化、卫生健康等社会托底工作,努力增进人民福祉。

全力打赢脱贫攻坚战。全面实施精准扶贫、精准脱贫,突出因村因户因人施策,加大扶贫资金、项目和政策等投入力度,确保到2020年全市现行标准下农村贫困人口实现全部脱贫,贫困村全部摘帽。(扶贫办牵头,有关部门配合)

坚持教育优先发展战略。加快教育基础设施建设,提升各层次教育办学质量,深入实施城乡教师支持计划,逐步破解“就学难”问题。大力发展普惠学前教育,推进义务教育均衡发展,加快普及高中阶段教育,建立完善现代职业教育体系,努力办好特殊教育。到2020年,学前教育三年毛入园率达90%,九年义务教育巩固率达95%,高中阶段教育毛入学率达90%。(教育局牵头,有关部门配合)

推进健康岑溪建设。继续深化医药卫生体制改革,健全基本医疗卫生制度,充实基层医疗队伍,完善基层医疗卫生基础设施,全面推广分级诊疗。提高新农合基本医疗保障水平,确保参合率保持在98%以上。提高重大突发公共卫生事件应急处置能力,提升妇幼健康服务水平。推进第三人民医院整体搬迁等重大卫生项目建设。逐步缓解“看病难、看病贵”问题。(卫计局牵头,有关部门配合)

增强文化服务供给。加快推进文化体制改革创新,丰富公共文化产品和服务供给,加快完善覆盖城乡的现代公共文化服务体系,推动文化与三次产业融合发展,不断培育发展新兴文化业态。(文新广体局牵头,有关部门配合)

加强就业和社会保障。完善落实就业创业扶持政策,以创业带动就业,不断健全覆盖城乡的公共就业创业服务体系,着力解决结构性就业矛盾。加强职业技能培训,建立覆盖城乡全体劳动者的技能培训制度。抓好全民参保计划,全面实施城乡居民基本医疗保险和新型农村合作医疗,建立统一的城乡居民基本医疗保险制度和社会保障制度。加强社会救助体系建设,提升社会救助能力,保障弱势群体权利。(人社局牵头,卫计局、民政局等配合)

扩大保障性住房有效供给。建立健全购租并举的住房供应体系,不断扩大棚户区改造、公共租赁住房等保障性住房有效供给。创新公共服务供给方式,增强供给能力,促进公共服务供给社会化、多元化。(住建局牵头,房产局等配合)

2. 补齐基础设施短板。实施基础设施建设攻坚战,进一步完善交通、城镇、能源、水利等基础设施体系。

交通方面。配合做好北玉梧城际铁路、洛湛铁路电气化改造工程经岑溪段各项工作。推进罗岑铁路复工建设。抓好南环路等重大交通项目建设。改扩建一批县乡联网公路,统筹推进农村公路、扶贫道路、生态乡村道路、安保工程及运输站场渡口码头建设。深入开展农村群众出行“第一公里·桥”攻坚战,提升农村桥梁综合通行保障能力。完善城乡交通网络,提高农村客运通达率。做好通用机场前期工作。(交通运输局牵头,发改局、市铁路办、公路管理局等配合)

城镇农村方面。全面实施城市规划建设管理提升百项工程,提升城市品位和综合实力。继续以“百镇建设”工程为示范,引导其他镇突出特色、有序发展,支持推进特色小镇建设,改善道路、供水、供电、排水、绿化、亮化等基础设施。实现镇级污水处理设施全覆盖。开展农村垃圾整治两年攻坚行动,完善农村保洁长效机制。巩固提升清洁乡村、生态乡村建设成果,逐步开展好宜居乡村、幸福乡村活动,建设美丽岑溪。(住建局牵头,市政管理局、发改局、交通运输局、水利局、环保局、国土资源局、林业局、乡村办、水利电业公司、各镇政府等配合)

水利方面。抓好丹竹水库等重大水利工程建设。逐步改善城镇供水设施,提高城乡供水能力。加强农田水利设施建设,加固、维修病险老化水利工程,继续实施一批中小型农田水利重点县项目,加快小型农田水利体制改革，持续推进高效节水灌溉工程建设。提高防汛抗旱能力。完善气象、水文、水情汛情监测预报预警基础设施。加强义昌江、黄华河等重点流域综合整治，提高防洪减灾能力。（水利局牵头，发改局、住建局、市政管理局、国土资源局、环保局、气象局、水利供水公司等配合）

能源方面。加快推进西气东输岑溪支线管道和天然气市政管道铺设，争取尽快用上管道天然气。继续实施农网改造升级工程。鼓励发展分布式光伏发电，争取自治区支持符合条件的风电企业在我市投资开发风电资源。（发改局牵头，住建局、市政管理局、投资促进局、水利电业公司等配合）

3. 加强生态建设和环境治理。严格划定生态红线和用途管制，加强生态空间管护，严守资源环境生态红线。实施退耕还林、珠江防护林工程，加强对自然保护区、森林公园、风景区的保护。深入实施大气、水、土壤污染防治行动计划。加强环境监管，依法实施排污许可制，规范企事业单位排污行为。培育发展生态经济，加快发展生态工业、生态种养、生态林业和生态服务业。增强应对气候变化能力。保持森林覆盖率在73%以上，市区空气质量优良天数比例90%以上，地表水质量达到或好于Ⅲ类水体比例96%以上。全面完成自治区下达的节能减排降碳的目标任务。（环保局牵头，发改局、工信局、农业局、林业局等配合）

四、保障措施

（一）加强组织领导

将供给侧结构性改革纳入党委全面深化改革的重要内容，市政府建立推进供给侧结构性改革部门联席会议制度，发改局负责相关工作的总协调，相关部门抓紧制定出台专项工作方案。各项重点任务的牵头单位和配合单位，要结合实际，研究制定具体实施内容、细则和配套政策。确保组织到位、责任到位、资金到位、措施到位，有序推进各项工作。

（二）明确责任分工

工信局、住建局、金融办、发改局作为各专项行动的牵头部门，负责牵头制定各专项行动具体实施方案，对落实相关专项行动负总责；各项重点任务的牵头单位、配合单位负责研究制定各领域重点任务的实施内容、细则和配套政策并组织实施，对落实相关任务负具体责任。牵头单位、配合单位要各司其职，相互配合，全力落实各项工作安排。努力形成齐抓共管、整体推进的工作格局。

（三）强化督查考核

把推进供给侧结构性改革列为市委、市政府重点督查事项和目标考核内容。市委督查室、市政府督查室要加强对工作落实情况的督查，建立台账、全程督导、定期通报。各单位要紧盯供给侧结构性改革中的关键环节和难点问题，加强跟踪督办，坚持紧抓不放，确保各项改革部署落地生根。对工作推进不力的要通报批评、严肃问责、限期整改。

（四）积极营造氛围

充分利用报刊、广播、电视、互联网等新闻媒体，广泛宣传推进供给侧结构性改革的重大意义、目标任务和政策措施，做好政策解读，回应社会关切，及时总结推广好经验好做法，营造全社会共同推进供给侧结构性改革的浓厚氛围。

2017年岑溪市政务服务和公共资源交易工作要点

（摘自岑政办发〔2017〕32号）

2017年是实施“十三五”规划的重要一年，是供给侧结构改革的深化之年。我市政务服务和公共资源交易工作，按照自治区、梧州市、我市全面深化改革的决策部署，继续深入开展“高标准、高品质、高效能”创建活动，加强政务服务和公共资源交易管理体制改革，奋力推进政务服务、政务公开、政府信息公开、电子政务和公共资源交易各项工作取得新进展，为营造“三大生态”、实现“两个建成”目标创造良好的政务环境，以新姿态、新作为、新业绩迎接党的十九大胜利召开。

一、深入推动全区政务服务一体化体系建设

（一）按照国家构建政务服务一体化体系的总体要求，积极配合自治区推动全区政务服务一体化体系建设。积极配合推动全区各级各部门各系统政务服务和公共资源交易工作互联互通、共建共享、便民便利、公开公正，推进全区基本公共服务协同共进、资源共享。通过全区一体化网上政务服务平台、实体政务大厅、移动客户端、自助终端等多种形式，构建全区一体化政务服务体系，为企业和群众提供一站式办理的政务服务，实现政务服务事项就近能办、同城通办、异地可办，实现为民服务便利化、均等化、快捷化。

（二）围绕"一窗进出、双线协同、三向联办"提高政务便利化水平。努力实现企业和群众在一个窗口把事情办完；逐步强化政务服务中心实体建设和网上政府服务工作，使"网上政府"建设水平不断提高；配合推进政务服务事项跨地区远程办理、跨层级联动办理、跨部门协同办理，促进全区政务服务和公共资源交易工作转型升级。

（三）深入开展"高标准、高品质、高效能"创建活动，重树新理念，开拓新局面。结合实际和重点工作谋划与推出具体抓手，结合我市"三整治一提升"活动，通过行政效能专项整治，融入队伍建设和素质提升转变来增强作风能力，强化组织领导和协同共建提高服务质量与政府形象，努力实现"服务标准进一步明确、服务品质进一步提升、服务效能进一步提高"的创建目标。

二、不断提升政务服务规范化、制度化和法治化水平

（一）加强基础设施建设，推动政务服务向基层延伸。按照《广西政务服务"十三五"规划》的要求，扩建市、镇两级政务服务中心，增大场地面积，加强政务服务监管体系建设，最大限度满足企业群众办事需要。探索共建共享新模式，强化乡镇公共服务能力，整合镇直各单位政务服务资源，进一步发挥乡镇、村（社区）政务服务中心作用。整合基层公共服务和行政审批职责，公开办事依据和标准，精简程序和环节，规范自由裁量权，方便群众办事，打造综合、便民、高效的政务服务平台，实行"一窗进出""一站式服务""一网通办"。

（二）切实做好行政审批事项承接、下放、监管、服务各项工作。要提高简政放权、放管结合、优化服务的"含金量"，加大重点领域、关键环节放权力度，完善协同配套措施。各业务部门要加强与自治区、梧州市各部门的沟通，确保放得下、接得起、管得好、服务优。

（三）全面梳理和公开公共服务事项，切实方便企业群众办事创业。配合建立全区统一的公共服务事项目录库，完善公共服务办事流程，制定公共服务事项办事指南，实行动态调整，及时向社会公布，接受社会监督。推动公共服务事项全部进驻政务服务中心办理，实行"一窗进出"。精简办事程序，取消无法律法规依据的证明和盖章环节，进一步减少由申请人提供的证明材料，缩短办理时限，提高办事效率。

（四）做好两个规划宣传贯彻落实。积极配合宣传贯彻落实《广西政务服务"十三五"规划》和《广西政府系统电子政务发展"十三五"规划》，结合实际制定具体方案，落实责任，提出时间表和路线图，将两个规划的目标任务和要求转化为具体工作安排和项目扎实推进，确保两个规划贯彻落实。

（五）加强政务服务制度化建设。完善本级政务服务投诉处理制度。严格执行首问负责、限时办结、责任追究、一次性告知和否定报备等制度。配合推行"一站式服务"，实行并联办理、上门办理、预约办理、自助办理、同城通办、委托代办等服务，通过事后回访制度强化监管，提高群众满意度。

三、深化拓展政务公开的广度和深度

（一）强化重点领域政务公开。按照国务院办公厅2017年全国政务公开工作要点的部署，强化财政预算、公共资源配置、重大建设项目批准和实施、社会公益事业建设等重点领域政务公开，以公开助力稳增长、促改革、调结构、惠民生和防风险工作大局。

（二）完善政务公开配套措施。按照“五公开”（行政决策公开、执行公开、管理公开、服务公开、结果公开）要求全面推进政务公开工作。扩大公众参与，完善重大政策预公开，让公众更大程度参与政策制定、执行和监督；完善征地信息公开、审计信息公开相关制度，建立政府信息公开在线申请渠道；完善政务舆情回应机制，提升回应效果；逐步在本级政府网站提供在线服务。

（三）规范政府信息依申请公开工作。进一步完善政府信息依申请公开的受理、审查、处理、答复程序等相关规章制度，积极稳妥做好政府信息依申请公开工作。

（四）建立健全主动公开目录。推进主动公开目录体系建设，进一步明确各领域“五公开”的主体、内容、时限、方式等。2017 年各镇各部门应在梳理本机关本系统应公开内容的基础上，制定本机关本系统的主动公开基本目录，进而形成较为详细、有较强操作性的政务公开工作方案。

（五）丰富政务公开日活动内容。结合政务公开形势发展，进一步丰富政务公开日活动形式和内容，加强和网络媒体的沟通，提高社会公众参与度，扩大政务公开日活动的影响力。

四、持续强化公共资源交易平台改革

（一）形成规范统一的公共资源交易平台体系。2017 年 6 月前，建立起本级公共资源交易平台。按照“应进必进”“能进必进”原则，拓展平台交易范围，推动各类公共资源进入统一平台集中交易、集中监管。完善公共资源交易管理制度。建设完善符合全区统一标准的评标专家库，加强评标专家管理，推动电子化异地评标。创新服务方式，进一步优化交易服务流程，切实降低企业交易成本。强化公共资源交易宣传，提高公共资源交易监管水平，不断提升全区各级公共资源交易服务水平。

（二）配合推进全区公共资源交易信息化建设。运用“互联网 +”思维，以信息化建设促进公共资源交易管理全过程的管理创新，推动公共资源交易执行、服务、管理、监督由传统方式向信息化方式转变，配合推进自治区公共资源交易电子服务系统、电子交易系统和电子监管系统的建设，满足公共资源交易“事中”环节的交易执行、公共服务和监督管理工作，初步实现自治区、市、县三级平台的公共交易信息的互联互通和信息资源共享。

五、全力推进网上政府服务

（一）配合推进全区一体化网上政务服务工作。按照“互联网 + 政务服务”总体部署，推进网上政府服务建设，采取统分方式全力配合推进全区一体化网上政务服务平台建设。跨层级、跨部门、跨地区的信息系统和通用业务办理信息系统及数据总库由自治区政府办公厅牵头负责；专业（行业）业务办理信息系统及行业数据分库由自治区各职能部门牵头负责、我市配合，统一标准、统一建设、统一应用。严格按照既定目标和任务分工，加快建设，确保在年底前建成全区一体化网上政务服务平台，推进网上办事，提供一站式服务，凡与企业生产经营、居民日常生活密切相关的服务事项，都要实行网上受理、网上办理、网上反馈、网上投诉，最大程度利企便民。积极配合全区各行业电子证照分库和全区电子证照总库建设，逐步实现跨部门、跨地区、跨层级的信息资源互认共享，打破信息孤岛，变“群众跑腿”为“信息跑路”，变“群众来回跑”为“部门协同办”，变被动服务为主动服务，实现政务服务“一窗进出、双线协同、三向联办”。

（二）强化政府网站工作。在 2017 年 10 月下旬前完成政府网站改版工作；改革完善政府网站工作体制机制，进一步加强政府网站信息内容建设；充分发挥政府网站政务公开和政务服务主窗口、主渠道的作用，推进政府网站内容保障的标准化建设，全面、及时公开相关政务信息；强化政策解读，加强互动交流，及时回应关切；建立政府网站日常监测及抽查制度，提高政府网站的服务能力，维护政府网站的权威性。加快推进政府网站及外网应用向电子政务外网的迁移和集约。

六、优化再造行政权力运行流程及监管

（一）全面完成本级行政机关行政权力运行流程优化工作。政务服务监督管理部门承担行政权力运行监督管理工作，切实加强对行政权力运行的协调指导和监督管理。制定《岑溪市优化行政权力运行流程工作方案》和《优化行政权力运行流程实施指南》，组织开展对市、镇两级行政权力运行流程优化工作，力争 2017 年全面完成市、镇两级行政权力运行流程编制工作并公开发布，实现全区范围内行政权力“同一事项、同一标准、同一编码、上下对应、有效衔接”。

（二）建立重点领域行政权力运行流程动态优化机制。在政务服务、城市管理综合执法、相对集中行政许可权改革、企业投资建设项目、政府投资项目并联审批等重点领域，建立行政权力运行流程再编制、再审核的动态优化机制，进一步减少办事环节，简化办事程序，降低行政成本，提高行政效率，提升人民群众对改革的获得感。

（三）建立健全行政权力运行监管制度体系。加强调查研究，加快制定行政权力运行监督管理制度，加快形成行政权力运行监管制度保障体系，以刚性制度管权限权，让权力在阳光下运行。

（四）大力推进行政权力网上运行并积极配合监管平台建设。积极配合推进行政权力网上运行监管平台建设工作，全力推进行政权力网上运行监管平台应用，对行政权力的设立、取消、调整、下放和承接实行动态化、标准化、信息化管理，做到依法确权、科学分权、公开示权、规范用权、有效控权。推动行政权力运行全过程网上留痕、可追溯、可核查、可考评。推进行政权力网上运行监管与各部门核心业务工作、政务服务事项办理、公共资源交易、绩效考评管理深度融合。

岑溪市工业集聚区污水集中处理设施建设实施方案（摘要）

根据《梧州市水污染防治行动计划工作方案》（梧政办发〔2016〕14 号）和《梧州市工业集聚区污水集中处理设施建设实施方案》（梧政办发〔2017〕180 号）的要求，为加快推进我市工业集聚区污水集中处理设施建设，顺利完成“水十条”工作任务，结合我市实际情况，制定本方案。

一、总体要求和建设目标

（一）总体要求

根据《梧州市水污染防治行动计划工作方案》和《梧州市集中式污水处理设施专项检查整治工作方案》要求，需强化经济技术开发区、高新技术产业开发区、出口加工区等工业集聚区污染集中治理，集聚区内工业废水必须经预处理达到集中处理要求，方可进入污水集中处理设施。新建、升级工业集聚区应同步规划、建设污水和垃圾集中处理等污染治理设施。

（二）建设目标

一是自治区级及以上工业集聚区污水集中处理设施建设工作，必须在 2017 年底前全部完成；二是有序开展自治区 A/B 类工业集聚区污水集中处理设施建设工作，按照规划或环评要求建设，并于 2018 年底前完成建设工作；三是其他类别工业集聚区污水集中处理设施建设要与园区同步建设。逾期未完成的，一律暂停审批和核准其增加水污染物排放的建设项目，并按照有关规定撤销或提请撤销园区资格。

二、工业集聚区概况

据调查，截至 2017 年 1 月，我市有三个工业集聚区，分别为岑溪家电产业园（自治区 A 类）、岑溪鼎立新材料科技产业园区（梧州市级类）、陶瓷产业园大业集中区（梧州市级类）。

三、工业集聚区污水集中处理设施建设要求

根据《水污染防治行动计划实施情况考核规定（试行）》（环水体〔2016〕179 号）要求，工业集聚区应按照规划或环评批复要求建设污水集中处理设施，且需安装在线监控设施，并与环保部门联网。根据以上要求，未按照规划或环评批复要求建设污水集中处理设施、污水集中处理设施建成但未通过验收、污水集中处理设施未安装在线监控设施或在线监控设施未联网等情况均视为未完成

污水集中处理设施建设工作。

四、工业集聚区污水集中处理设施建设现状

岑溪市家电产业园：污水经市政管网收集后提升到广西华鸿岑溪污水处理厂进行达标处理排放；岑溪鼎立新材料科技产业园区：园区目前只有一家企业入园，企业正在厂房建设中，目前无污水排放；陶瓷产业园大业集中区：生活污水和工业废水均由各单位自行处理后排放。

五、存在问题

（一）工业集聚区污水处理厂及配套管网建设的成本高、耗时长，所需资金量大，工业集聚区存在融资困难问题，直接导致污水处理厂或管网建设滞后。

（二）按照规划或环评要求，工业集聚区均需单独建设污水集中处理设施，但工业集聚区由于入驻企业少污水产生量小，或企业产生的污水主要为生活污水，实际上主要依托城镇污水厂进行处理，不符合规划或环评的要求。

六、下一步工作任务

（一）规划和环评批复要求建设污水集中处理设施的，应按照规定进度完成。

（二）未按照要求自建或接入要求的污水处理厂的，需要开展调整规划环境影响评价或出具污水处理厂能够接纳工业集聚区污水的证明文件等。

（三）已完成污水集中处理设施建设的，应提交污水接入证明、管网布设图等证明材料。

（四）未完成园区建设的，应加快园区建设进度并同步建设污水集中处理设施。

七、工作要求

（一）各有关镇政府、市工业园区管委会主要负责人在工业集聚区污水处理设施建设中，要亲自抓、负总责；市直各有关部门要认真按照职责分工，切实做好相关工作，推进污水集中处理设施建设，确保任务全面完成。

（二）各有关镇政府、工业园区管委会、住建局是工作实施的责任主体，需按照各部门的职责分工做好相关的工作，并在每月 1 日前报送进展情况至市环保局和工信局，由其汇总上报梧州市环保局和工信局，直至建设任务完成。

（三）各有关镇政府和市直有关单位需根据市政府与各镇、各单位签订的 2017 年度环境保护“一岗双责”目标管理责任书要求，按期按质完成目标任务，切实落实“一岗双责”责任制，配合梧州市对我市工业集聚区污水集中处理设施建设工作的年度考核，考核结果向社会公布，作为干部综合考核评价的重要依据。

（四）对未通过年度考核的，市政府将约谈相关镇政府和有关部门负责人，提出整改意见，予以督促；逾期未完成的，一律暂停审批和核准其增加水污染物排放的建设项目，并依照相关规定启动行政责任追究机制，追究相关人员责任。

岑溪市畜禽规模养殖禁养区和限养区划定方案（摘要）

随着我市畜禽规模养殖业的发展，畜禽规模养殖产生的环境污染问题日渐突出。为切实减轻畜禽规模养殖业污染，突出做好重点区域、重点流域的环境保护工作，保护生态环境，保障人民群众身体健康，促进我市畜禽规模养殖业可持续健康发展，根据《中华人民共和国环境保护法》《中华人民共和国畜牧法》《畜禽规模养殖污染防治条例》等有关规定，结合我市实际，特制定本方案。

一、指导思想

全面贯彻党的十八大以及十八届三中、四中、五中、六中全会精神，以生态文明建设重要理论为指导，坚持发展是第一要务，着力提高发展质量和社会效益，以保护生态环境、城乡饮用水源安全为出发点，以全面推进“美丽岑溪·生态乡村”工作、改变城乡风貌为落脚点，以改善生态环境质量和促进畜禽养殖业可持续发展为工作目标，以推进禁养区、限养区划定为手段，优化畜禽养殖业生产布局，推进畜禽养殖业与生态环境保护全面协调发展,保障城乡居民生活、生产用水安全和生态安全,推进全市生态文明建设。

二、划定原则及依据

(一)划定原则

1. 坚持依法保护生态环境和城乡饮用水源安全的原则。

2. 坚持生态环境保护与畜禽养殖业健康协调发展的原则。

3. 坚持维护群众合法权益,改善生态环境质量的原则。

4. 坚持执行动物防疫条件的原则。

(二)划定依据

根据《中华人民共和国环境保护法》、《中华人民共和国水污染防治法》、《中华人民共和国畜牧法》、《中华人民共和国动物防疫法》、《中华人民共和国水法》、《畜禽规模养殖污染防治条例》、《广西壮族自治区实施〈中华人民共和国城乡规划法〉办法》、《广西壮族自治区实施〈中华人民共和国土地管理法〉办法》、《广西壮族自治区城乡容貌标准》、《广西畜禽规模养殖污染防治工作方案》、《饮用水水源保护区划分技术规范》(HJ/T338—2007)、《畜禽养殖污染防治技术规范》(HJ/T81—2001)、《动物防疫条件审查办法》(中华人民共和国农业部令2010年第7号)、《梧州市水污染防治行动计划工作方案》和《岑溪市水污染防治行动计划工作方案》等有关法律、法规、规章、政策和技术规范。

三、划定类型

(一)畜禽养殖禁养区

畜禽养殖禁养区是指按照法律、法规、规章等规定,在指定范围内禁止规模化养殖畜禽的区域。

(二)畜禽养殖限养区

畜禽养殖限养区是指按照法律、法规、规章等规定,限定畜禽养殖数量,禁止新建、扩建规模化畜禽养殖场的区域。

四、划定区域

(一)禁养区范围

1. 饮用水源保护区、风景名胜区、自然保护区的核心区及缓冲区、基本农田保护区。

2. 城镇居民区、工业园建成区、文教科研区、医疗区等人口集中区域及周边距离500米范围内区域。

3. 距离动物屠宰加工场所、动物和动物产品集贸市场500米范围内区域。

4. 距离国道、省道、高速公路、铁路等主要交通干线两侧各500米范围内区域。

5. 距离境内主要江河(黄华河、义昌江)干流沿岸两侧各500米范围内区域。

6. 法律、法规规定的其他禁止养殖区域。

7. 现有种畜场、种禽场不列入禁养区范围。

(二)限养区范围

1. 饮用水源保护区、风景名胜区、自然保护区的禁养区外延500米范围内区域。

2. 城镇居民区、工业园区建成区、文教科研区、医疗区等人口集中区域及其周边禁养区外延500米范围内区域。

3. 境内主要江河(黄华河、义昌江)干流沿岸两侧禁养区外延500米范围内区域;境内其他江河沿岸两侧各500米范围内区域。

4. 根据城镇发展规划和区域污染物排放总量控制要求,应当限制畜禽养殖的其他区域。

5. 现状环境质量已经无法满足环境功能区要求,应当限制养殖总量的区域。

6. 法律、法规规定的其他限养区域。

五、划定的具体范围

(一)畜禽规模养殖禁养区具体范围

1. 水库及饮用水源保护区禁养区范围。各中(小)型水库及集中式生活饮用水地表水源地畜禽规模养殖禁养区范围:义昌江、黄华河饮用水水源保护区、泗滩水库饮用水水源保护区、塘坪水库、赤水水库饮用水水源地水源保护区集中式生活饮用水地表水源地库区。

2. 城镇居民区、文化教育科学研究区等人口集中区禁养区范围。岑城镇、马路镇部分划入岑溪市中心城区的建设用地范围及其他人口集中的区域,涉及岑城镇的上奇社区、明都社区、思英社区、甘冲社区、新兴社区、城厢社区、富民社区、义洲社区、龙井社区、樟木社区、孝坊社区、古塘村、探花村等13个社区(村)。

3. 重点流域禁养区范围

(1)黄华河。黄华河沿河两岸两侧500米直线距离范围。涉及波塘镇的西岸村、东岸村、杨亦村、双门村、新廉村、波塘社区、荔村,马路镇的伏六村、水平村、车垌村、荔王村、岭腰村,南渡镇的西竹村、义新村、南渡社区、都雅村、高垌村、泊口村、雅奏村,大隆镇的义修村、湴河村、合和村、车滩村、河口村、南和村,水汶镇的西河村、翰田村、水汶社区、石村。

(2)义昌江。义昌江沿江两岸两侧500米直线距离范围。涉及三堡镇河六村、荔良村、车河村、美术村、三堡社区、简塘村、扶南村、新安村、平山村,岑城镇的六田村、甘冲社区、思孟村,归义镇的谢村、保太村、双贵村、金坡村、荔枝村、美伦村、思塘村,大业镇的同福村,梨木镇的白护村、平[illegible]村。

4. 主要交通干线禁养区范围。辖区内主要交通干线:洛湛铁路、马玉铁路、G65包头—茂名高速公路、G80广州—昆明高速公路、G207锡林浩特—海安公路、G324福州—昆明公路、S50岑溪—筋竹高速公路等7条交通干道两侧500米范围内区域为畜禽规模养殖禁养区。

5. 风景名胜区、自然保护区(小区)、森林公园禁养区范围。风景名胜区、旅游度假区、森林公园、文物历史遗迹保护区,以及自然(湿地)保护区的核心区及缓冲区。主要包括以下范围:天龙顶山地公园、白霜涧漂流景区、仙石山石庙景区、凤凰海山水休闲度假区、山地农庄度假区。

6. 法律、法规规定的其他禁养区范围。法律、法规规定的其他禁养区域,如基本农田,文物、古迹等需要保护的区域。

7. 现有种畜场、种禽场不列入禁养区范围。

(二)畜禽规模养殖限养区具体范围

1. 城镇居民区、文化教育科学研究区等人口集中区限养区范围。岑城镇、马路镇人口集中区禁养区外延500米直线距离范围内区域(除禁养区外)。

2. 水库及饮用水源保护区限养区范围。各中(小)型水库及集中式生活饮用水地表水源地畜禽规模养殖禁养区范围:义昌江、黄华河饮用水水源保护区,泗滩水库饮用水水源保护区,塘坪水库、赤水水库饮用水水源地水源保护区集中式生活饮用水地表水源地库区保护范围外延500米直线距离范围内区域(除禁养区外)。

3. 重点流域限养区范围。

(1)黄华河。黄华河沿河两岸禁养区外延500米范围内区域。

(2)义昌江。义昌江两岸禁养区外延500米范围内区域。

(3)岑溪市辖区内其他主要流域。白板河、古益河、大业河、落洞河等主要河流两岸500米范围内区域。

4. 风景名胜区、自然保护区(小区)、森林公园限养区范围。岑溪市天龙顶山地公园、白霜涧漂流景区、仙石山石庙景区、凤凰海山水休闲度假区、山地农庄度假区保护范围外延500米范围内区域为限养区。

5. 法律、法规规定的其他限养区范围。

六、目标要求

(一)禁养区内禁止新建、扩建畜禽养殖场、养殖小区。禁养区内现有的畜禽养殖场、养殖小区,由市人民政府依法责令停止违法行为、拆除或关闭,争取在2017年底基本实现禁养目标。

(二)限养区内禁止新建、扩建畜禽养殖场、养殖小区。限养区内原有的畜禽养殖场、养殖小区要逐步削减畜禽饲养总量,严格落实污染防治措施,实现污染物达标排放。到2017年底未实现达标排放的,由市人民政府组织整治,经整治仍未达标的限期关停或搬迁;争取在2018年底,限养区内畜禽养殖场、养殖小区实现污染物达标排放。

七、分类管理

(一)畜禽养殖禁养区管理。划定为畜禽养殖禁养范围的区域严禁新建、扩建畜禽规模养殖场、养殖小区。划定方案公布前在禁养范围内已建成的畜禽规模养殖场、养殖小区,根据国家法律、法规要求逐步退出畜禽养殖,并拆除养殖设施。

（二）畜禽养殖限养区管理。划定为畜禽养殖限养范围的区域限定畜禽养殖数量，严禁新建、扩建畜禽规模养殖场、养殖小区。划定方案公布前在限养区范围内已建成的畜禽规模养殖场、养殖小区，根据国家法律、法规要求逐步调减畜禽养殖数量或退出畜禽规模养殖。

八、相关说明

（一）畜禽养殖禁养区是指按照法律、法规、行政规章等规定，在指定范围内禁止任何单位和个人养殖畜禽的区域。

（二）畜禽养殖限养区是指按照法律、法规、行政规章等规定，限定畜禽养殖数量，禁止新建、扩建规模化畜禽养殖场的区域。

（三）规模畜禽养殖场（养殖小区）规模标准按《广西畜禽规模养殖污染防治工作方案》（桂政办发〔2015〕133号）执行。

（四）有关功能区域的核定由相关部门解释。

（五）禁养区划定后原则5年内不做调整。

九、本方案自公布之日起施行。

附件：

1. 岑溪市旅游景区名录（略）

2. 岑溪市重要饮用水源和农村集中式饮用水源取水点名录（略）

3. 岑溪市产业集聚区名录

附件3

岑溪市产业集聚区名录一览表

表16

序号	名称	地点	发展产业	占地面积	总体规划
1	家电产业园	上奇社区紫垠村	家电、电子、五金	总规划面积5.9平方千米，已开发面积约3500亩	是以发展家电、电子、五金为主导产业的产业园区。园区水、电、路、绿化、电信等各项基础设施和配套设施完善。是我市职业教育中心产业工人的培训基地，每年可为外来企业提供充足劳动力资源，有力地促进外来企业的稳步发展
2	思英服装加工区	岑城思英	服装纺织加工	规划开发面积250亩，建筑面积约6万平方米	发展服装纺织加工为主导产业的产业园区
3	梧州市陶瓷产业园大业集中区	筋竹、大业、归义、马路、糯垌、安平	外墙砖、内墙砖、地面砖及工艺陶瓷等	集中区规划总面积18710亩，基本完成首期开发面积约3500亩	计划总投资60亿元，规划建设陶瓷生产线120条，安排就业3.6万人，主要产品有外墙砖、内墙砖、地面砖及工艺陶瓷等产品
4	石材加工区	马路义垌、糯垌三兴、三堡振兴、马路水平、糯垌新塘、波塘南垌村	石材	马路义垌已征地300亩、糯垌三兴已征地500亩、三堡振兴已征地530亩、马路水平规划征地1360亩、新塘已征地500亩、波塘南垌村计划用地152亩	整合石材加工企业，改变石材行业经营分散、规模小、加工技术落后的局面，恢复昔日岑溪石材辉煌而打造的多元化、集约化、规模化、集团化的综合性石材加工基地

续表 16

序号	名称	地点	发展产业	占地面积	总体规划
5	泽仁现代商贸物流园	归义	城市商贸物流基地	规划用地约 2250 亩，已竣工总面积56476.96平方米	规划建设主要内容为建设大中型商贸专业市场、仓储物流区、产品展示区、配送中心、金融服务区以及配套建设行政办公、星级酒店等生活休闲配套设施，项目总投资 30 亿元以上。项目于 2012 年 8 月份开工，一期工程已竣工并已经招商运营；二期工程正在进行，已列为岑溪市归义城中村棚户区改造项目
6	广西鼎立新材料科技产业园	昙容	稀土资源	规划用地约 1000 亩	计划总投资 10 亿元人民币，分三期建设，建设周期为 3 年。项目第一期规划用地 200 亩，计划建设年产 2000 吨高性能钕铁硼永磁材料、2000 吨稀土金属和 5000 吨钕铁硼废料综合处理等项目
7	农民创业园核心园区	大业		规划总占地 8000 亩	计划总投资约 10 亿元。通过新技术、新工艺的引进、吸收和示范，加强产品综合竞争力，突出"工业、产业、示范"三大功能，努力建成创业示范性强、带头作用好的创业园，拉动岑溪市整体经济的快速发展
8	糯垌木材加工区	岑溪	木材	规划面积 725 亩	改变岑溪市木材行业经营分散、规模小、加工技术落后的局面，促进岑溪市木材多元化、集约化、规模化、集团化发展的的综合性木材加工基地
9	粤桂(岑溪)农副产品加工商贸示范基地	筋竹镇望闾村	农副产品深加工	规划面积 1000 亩，已完成征地 877 亩	提升岑溪农副产品知名度和品质化优势
10	南渡镇竹芒编织产业培育基地	南渡镇西竹村	竹芒编织	规划面积 500 亩	提高工艺品艺术水准和观赏价值，增加竹芒工艺品种和适用范围，进一步开拓海外市场的基础上，建设成为岑溪市农副产品出口加工基地

岑溪市开展一村(社区)一法律顾问工作实施方案

(选自岑政办发〔2017〕124号)

为贯彻落实党的十九大会议精神，加快推进法律普及和法律服务进村(社区),运用法治思维和法治方式创新基层治理，根据自治区司法厅和梧州市司法局的工作部署,结合我市实际情况,特制定本工作实施方案。

一、指导思想、基本原则和主要目标

(一)指导思想

以习近平总书记系列讲话为指导，深入贯彻落实党的十九大会议精神,以建设法治岑溪、和谐岑溪为目标,建立完善一村(社区)一法律顾问制度,通过为全市所有村(社区)配备至少一名法律顾问的方式,推进法律服务进基层,增强广大基层干部群众的法律意识,促进村(社区)组织民主决策,依法办事,引导群众通过合法途径表达诉求,解决矛盾纠纷,保障群众合法权益,维护基层和谐稳定,进一步推动法治岑溪建设。

(二)基本原则

1. 党委领导,协同推进。一村(社区)一法律顾问工作在党委的统一领导下,由政府负责,各相关部门积极配合。明确市、镇、村(社区)责任,组织引导社会力量，依托法律专业人才开展法律服务进村(社区),为基层组织和干部群众提供法律服务。

2. 促进法治,服务民生。把法治思维和法治方式融于基层治理的各个方面，满足群众对法律知识和法律服务的基本需求,维护群众合法权益。

(三)主要目标

1. 法律顾问制度在全市所有村(社区)实现全覆盖,解决基层组织基本的公共法律服务需求,群众不出村(社区)即可享受到免费的、专业的法律服务。全市282个村(社区)2015年已经完成30%以上村（社区),2016年完成50%以上的村（社区),2017年完成80%以上的村(社区),包含全市贫困村,争取2018年实现全覆盖。

2. 基层干部的法律意识显著增强，逐步养成知法守法、依法办事的良好习惯,依法调处各种矛盾纠纷。

3. 基层自治管理明显改善，形成以法治思维和法治方式管理村(社区)公共事务,化解基层矛盾纠纷,维护村(社区)群众合法权益和社会和谐稳定的新格局。

二、职责分工

市司法局具体组织实施一村(社区)一法律顾问工作,组织、宣传、政法、民政、教育、财政、审计、农业等相关部门积极配合,各镇党委、政府负责协调和落实各项工作任务,各村(居)委会积极配合,形成推动一村(社区)一法律顾问工作的合力。

(一)市司法局

1. 负责全市开展一村(社区)一法律顾问工作的组织和实施工作，协调相关部门解决工作中的问题和困难。

2. 根据村(社区)和律师、基层法律服务工作者数量,进行法律服务资源配置,制定实施方案。

3. 进行财政负担的经费测算，向市政府申请财政经费。

4. 负责按合同约定向律师事务所、基层法律服务所支付村(社区)法律顾问费用的工作。

5. 对村(社区)法律顾问专项经费使用情况组织实施绩效自评,会同市财政局、市审计局进行绩效考核和财政审计。

6. 组织开展村(社区)法律顾问、村(社区)干部、司法所人员业务培训工作。

7. 指导村(社区)与律师事务所或基层法律服务所、司法所三方签订法律顾问协议。

8. 指导各村(社区)建立完善向律师事务所、基层法律服务所购买法律服务有关制度。

9. 对全市一村(社区)一法律顾问工作进行检查督导,指导各司法所对村(社区)法律顾问工作进行评估。

（二）各镇党委、政府

1. 负责本镇开展一村（社区）一法律顾问工作的组织和领导，加强监督、指导本镇相关部门全面、及时推进工作。

2. 对本镇村（社区）情况进行摸底，为法律服务资源配置提供准确的基本情况。

3. 会同市司法局组织村（社区）与律师事务所或基层法律服务所、司法所三方签订法律顾问协议。

4. 协调解决村（社区）法律顾问工作中出现的具体问题。

5. 会同市司法局对村（社区）法律顾问工作开展评估检查。

6. 指导村（社区）为村（社区）法律顾问开展工作提供便利。

（三）市财政局

1. 负责将专项工作经费列入财政预算及时下达到市司法局，确保市司法局能够按照合同约定向律师事务所、基层法律服务所支付村（社区）法律顾问费用。

2. 会同市审计局、市司法局对上一年度专项经费使用情况进行绩效考核和财政审计。

（四）市审计局

会同市财政局、市司法局每年 3 月底前对上一年度专项经费使用情况进行绩效考核和审计，督促、指导市司法局加强对专项经费使用情况的审计检查。

三、法律顾问的配置和工作职责

（一）法律顾问的配置

1. 按照属地管理、就近服务、提高效率的原则，原则上由本市管辖范围内律师事务所的执业律师、基层法律服务所的执业基层法律服务工作者担任村（社区）的法律顾问。当本市执业的律师及执业基层法律服务工作者人员不足时，可报请上级司法行政机关协调本市管辖范围外的律师事务所、基层法律服务所的执业律师及执业基层法律服务工作者担任村（社区）的法律顾问。

2. 市司法局采用政府购买法律服务的形式，统筹调配和组织执业律师、执业基层法律服务工作者参加一村（社区）一法律顾问工作，确保每个村（社区）配备 1 名法律顾问。

3. 律师事务所、基层法律服务所统筹安排所属律师、基层法律服务工作者担任村（社区）的法律顾问，原则上一名律师或基层法律服务工作者担任法律顾问的村（社区）数量不得超过 5 个。

（二）法律顾问工作职责

1. 为村（社区）管理提供法律意见。协助起草、审核、修订村（社区）自治组织章程、村规民约以及其他管理规定，引导村（社区）依法管理；为村（社区）换届选举工作提供法律意见。

2. 为村（社区）重大项目谈判、签订重要经济合同和其他重大决策提供法律意见。对村（社区）提出的具体法律服务需求，法律顾问应及时回应；对可能影响社会稳定或涉及村（社区）重大利益的事项，应及时向市司法局报告。

3. 每个月到村（社区）现场工作时间不少于 1 次（累计不少于 5 小时），现场为群众解答日常生产生活中遇到的法律问题，提供法律意见，引导该村（社区）群众依法、理性反映诉求，按法律途径维护合法权益。现场工作时间应当提前告知村（社区）群众。

4. 开展法制宣传。每年至少到村（社区）为村干部、群众各举办 1 次法制讲座（可形式多样），普及日常生产生活涉及的法律知识，增强基层干部群众的法律意识，帮助树立正确的权利义务观念，依法办事，依法维权。具体日期由法律顾问与村（社区）组织商定后提前公告，并做好登记统计上报。

5. 为化解村（社区）矛盾纠纷工作提供法律意见；参与调处涉及村（社区）的重大群体事件。

6. 建立和完善相关工作台账，以便村（社区）和司法所检查评估。

7. 接受群众委托代为起草、修改有关法律文书和接受村（社区）或群众委托参与诉讼活动的，应酌情减免服务费用（按不高于广西律师、法律工作者服务收费标准的 80%收费）；提供需另行收费的法律服务，须报市司法局备案。

四、建立健全工作机制

（一）实行业务培训制度。市司法局要认真做好村（社区）法律顾问的培训工作，编制培训大纲，及时组织开展有关国家政策、社情民情及法律业务的培训，不断提高村（社区）法律顾问的大局意识、责任意识、服务意识以及服务基层、服务人民群众的技能和水平。

（二）实行工作台账制度。村（社区）法律顾问要制作工作台账，详细记录法律服务的时间、对象、内容和结果。工作台账要做到一村一卷、一事一记、一次一记，由村（社区）法律顾问、服务对象、村（社区）组织代表及司法所分别填写，并交司法所保管，以备检查和评估。市司法局、各司法所、律师事务所和基层法律服务所都要建立村（社区）法律顾问工作专项档案，把相关工作材料及时归档保存。

（三）实行联络员制度。各司法所应指定 1 名联络员具体负责一村（社区）一法律顾问工作情况的收集、整理、报送。各镇也应指定一名人员担任该项工作的联络员。

（四）实行评估检查制度。各镇党委、政府和市司法局每年要对一村（社区）一法律顾问工作进行年度评估检查。

1. 检查督导。市司法局要采用专项调查、基层走访、查阅档案资料、听取工作汇报等形式，不定期对全市一村（社区）一法律顾问工作进行检查督导。各镇司法所要通过对辖区实地检查、台账检查、听取村（社区）组织和群众意见，及时发现村（社区）法律顾问工作存在的问题，提出改进的意见和建议。遇重大问题、突发事件要及时上报当地政府、上级部门。法律顾问在工作中违反职业道德、执业纪律的，市司法局要根据相关法律法规规定出具调查报告，建议市司法局或市律师协会给予行政处罚或行业处分。检查评估结果要及时向本级政府及上一级司法行政部门报告，并向有关镇政府通报。

2. 成效评估。市司法局分别制定评估指标体系和评估实施方案。每年由市司法局牵头分半年度和一年度进行评估，通过检查工作台账、听取村（社区）和群众意见等形式，对村（社区）法律顾问工作进行评估，以便决定是否按照合同约定的比例向各律师事务所、基层法律服务所支付费用。同时，市司法局根据评估结果提出是否继续聘用意见：对按工作职责要求完成任务的，提出继续聘用的建议；对出色完成任务的，可以采取以案定补等形式给予适当奖励；对没有按工作职责要求完成任务的，由市司法局及时提出改进意见，视情况提出是否继续聘用的意见。

3. 总结汇报。司法所每月主动到村（社区）收集汇总数据、案例每季度按时上报市司法局。村（社区）法律顾问工作期满一年时，各司法所要把一年来该项工作开展情况进行总结，并报市司法局和镇政府。对村（社区）法律顾问工作推进迟缓、实施不力的，将予以通报批评。

（五）实行法律顾问费用分期支付和评估后支付制度。由市司法局根据各村（社区）法律顾问履行一村（社区）一法律顾问合同情况，分三期支付到各律师事务所、基层法律服务所账户。首期 30% 在签约后一个月内支付，第二期的 30% 在第一次评估（半年度评估）后支付，余下 40% 在第二次评估（年度评估）后支付。检查评估结果中村（社区）法律顾问职责、工作日志与台账两项得分总和在 60 分以上的，当期村（社区）法律顾问工作补贴全额支付，得分在 40～59 分的，村（社区）法律顾问工作补贴按当期 50% 支付，得分在 30～39 分的，村（社区）法律顾问工作补贴按当期 25% 支付，得分在 10～29 分的，（社区）法律顾问工作补贴按当期 10% 支付，得分低于 10 分的，不支付。

（六）实行经费保障制度。建立政府购买村（社区）法律顾问的法律服务经费保障机制，村（社区）聘请法律顾问具体应支付的服务费由村（社区）与律师事务所、基层法律服务所以书面合同形式明确，由市财政统一安排每个村（社区）每年不少于 3000 元的专项经费。自治区、梧州市给予我市的一村（社区）一法律顾问的专项经费补贴，按区、市相关规定执行。

五、加强组织领导，确保各项工作取得实效

（一）加强指导和协调。由市司法局牵头会司市委宣传部、市委政法委、市民政局、市财政局等部门建立联席会议制度，及时研究解决工作中遇到的困难和问题。监督、指导村（社区）法律顾问专项经费落实到位。

（二）加强检查督导。各镇政府要把开展一村（社区）一法律顾问工作纳入绩效依法治理和依法行政工作的监督内容。各司法所要配合各镇对该项工作开展情况加强检查和督导。

（三）加强舆论宣传。各镇要深入各村宣传开展一村（社区）一法律顾问工作的重要意义，争取广大群众理解和支持，广泛动员律师、法律工作者积极参与这项工作。市司法局要加强对开展一村（社区）一法律顾问工作动态和信息的收集与总结，充分利用报纸、电视、互联网等媒体及时深入宣传村（社区）法律顾问工作，引导全社会形成学法、用法、守法的风气，为建立一村（社区）一法律顾问制度营造良好的氛围。

岑溪市加快特色旅游发展实施方案

（选自岑政办发〔2017〕128号）

为贯彻落实《中共广西壮族自治区委员会 广西壮族自治区人民政府关于加快旅游业跨越发展的决定》（桂发〔2013〕9号）、《广西壮族自治区人民政府办公厅关于加快县域特色旅游发展的实施意见》（桂政办发〔2017〕93号）等文件精神，大力推进我市发展全域旅游、特色旅游，加快我市旅游业转型升级，促进岑溪经济社会发展，结合我市实际，特制定本方案。

一、指导思想

全面贯彻十九大精神，深入贯彻习近平新时代中国特色社会主义思想，打造特色突出、品牌形象鲜明、旅游产业集聚、生态环境优良的全域旅游新形象，在新的起点上加快推进我市旅游业跨越式发展，为壮大我市经济规模提供有力支撑。

二、目标任务

到2020年，我市旅游综合实力明显增强，旅游发展质量全面提升，以创建自治区级全域旅游示范县、特色旅游小镇和星级乡村旅游区（农家乐）建设为重要抓手，在全市形成示范带动效应，促进岑溪特色旅游跨越式发展。

——旅游产业地位稳步提升。到2018年末，年旅游人数达到400万人，年旅游总消费突破40亿元；到2019年末，年旅游人数达到500万人，年旅游总消费突破50亿元；到2020年末，年旅游人数达到600万人，年旅游总消费突破60亿元，形成行业与旅游融合发展机制。

——旅游发展实现提质增效。2018年，将博物馆·东山公园和石庙景区打造成国家AAAA级旅游景区，创建1家广西星级乡村旅游区和1家星级农家乐；2019年，将白霜涧景区打造成国家AAA级旅游景区，将天龙顶山地公园打造成自治区生态旅游示范区，创建1家广西星级乡村旅游区和1家星级农家乐；到2020年，我市广西星级乡村旅游区达到6家，星级农家乐达到10家；积极推进南渡镇创建旅游型特色小镇；打造以西江果蔬产业（核心）示范区为中心，南方溪园、古河桃花村、孔雀园、聚龙农庄等为一体的休闲农业旅游圈；打造以吉太为中心，以天龙顶山地公园、石庙景区和白霜涧景区为一体，集山地休闲和自然风光的生态旅游带；把我市创建成自治区级全域旅游示范县。

——旅游服务水平全面提高。2018年，新成立旅行社（旅行社营业部）1家，新创建星级旅游饭店1家，新建旅游厕所10座；2019年，新成立旅行社（旅行社营业部）1家，新创建星级旅游饭店1家，新建旅游厕所8座；到2020年，全市星级旅游饭店总数达到8家，旅行社（旅行社营业部）总数达到9家；在全市建成5个以上旅游咨询服务中心和服务点，旅游厕所数量突破35座；将南渡镇高创越野车运动基地打造成星级汽车旅游营地；将天龙顶山地公园打造成智慧旅游景区。

——建设好广西旅游东大门。加大岑罗高速筋竹停车区的旅游咨询服务中心建设力度；协助自治区旅游发展委员会建设自驾游汽车驿站；加强桂粤合作，将我市打造成广西的旅游宣传高地和桂东南岭南风情生态旅游圈旅游集散地。

三、重点工作

（一）实施自治区全域旅游示范县创建工程，实现我市旅游业跨越发展。大力推进全域旅游建设工作，推动我市创建自治区全域旅游示范县工作。发挥A级景区景点、星级乡村旅游区和星级农家乐的示范带动作用，筑点连线、连线成面，促进全市旅游整体发展。

（二）创新升级山地运动、长寿养生、休闲度假品牌，提高核心竞争力。升级以天龙顶山地休闲旅游度假区为代表的山水观光、运动体验旅游品牌，打造以天龙顶山地公园、石庙景区和白霜涧景区为一体的A级景区旅游圈。促进山水观光旅游向运动体验、文化教育、长寿养生、休闲度假旅游等综合型旅游转变。大力推进健康产业、长寿养生等养生旅游项目建设。

（三）实施"产业+旅游"战略，促进产业融合发展。

1. 农业与旅游融合。积极推进田园综合体、现代农业庄园、乡村旅游示范点、星级乡村旅游区（农家乐）等休闲农业和乡村旅游品牌创建，打造休闲农业与乡村旅游集聚区；促进农特产品向旅游商品转化，重点打造糯垌镇古河桃花村—南方溪园—西江果蔬产业（核心）示范区—聚龙农庄—安平镇富宁乡村旅游区的精品休闲农业旅游线路。

2. 水利与旅游融合。大力开发水上休闲运动旅游产品，积极完善水上旅游娱乐设施，将白霜涧、归义阳光农业园、赤水山庄、黄华河流域、义昌江流域等水上旅游区纳入我市旅游线路。

3. 林业与旅游融合。以生态公益林、国有林场、森林公园等为重点，大力开展我市林业自然资源旅游，创建森林资源生态化保护开发富民新模式。积极创建森林旅游示范点、AAAAA和AAAA森林景区、生态旅游教育基地、森林健康养生基地、森林人家等森林旅游项目，促进吉太森林公园等资源景区化、特色化开发，推动林业与旅游融合发展。

4. 文化与旅游融合。提升南渡民俗文化旅游节、"壮族三月三"等节庆活动品质；培育和建设本土牛娘剧、农耕文化、竹芒编、庙会等文化生态基地，开发文化旅游综合体。

5. 康疗养生与旅游融合。积极建设天龙顶养生养老度假基地，开发长寿养生旅游产品和中医药旅游产品。

6. 体育与旅游融合。依托本地资源开发山地自行车、汽车越野、探险、攀岩、漂流、水上运动等户外体育运动项目，重点打造"南渡镇体育旅游特色小镇"并将其纳入旅游线路中。

7. 教育与旅游融合。结合岑溪旅游开发打造天龙顶文化体育教育训练基地，增设一批教育培训项目，促进教育与旅游业融合。

（四）完善旅游产业要素，壮大旅游产业规模。

1. 培育核心旅游吸引物，打造特色旅游景区。以创建国家A级景区为抓手，丰富旅游配套要素，培育旅游新业态；按照广西星级乡村旅游区标准引导各乡村旅游区完善旅游设施和提升旅游服务质量。

2. 提升旅游住宿品质，发展特色旅游住宿业态。争取到2020年新创建1家四星级以上旅游饭店，全市星级旅游饭店达8家；引进经济型旅游饭店，提升商务旅游住宿接待设施的整体品质和集聚规模；大力发展具有本地特色民宿。

3. 丰富旅游餐饮业态，培育地方特色餐饮品牌。建设美食一条街，打造地方特色餐饮集聚区；鼓励特色旅游小镇、旅游景区和乡村旅游区开发特色餐饮，挖掘地方特色风味小吃和美食佳肴，推出绿色生态、药膳养生、民族特色等菜系，培育地方特色餐饮品牌；举办具有地方特色的美食旅游节庆活动，提高岑溪美食文化知名度。

4. 开发特色旅游商品和长寿食品，完善旅游购物设施。大力扶持特色旅游商品研发、生产和销售企业(机构)发展,开发特色鲜明、类型多样的旅游商品;依托城区建设特色旅游购物街区;加大干米粉、腐竹、龙眼干、淮山、玉桂、坚果、百香果、粟米、蜂蜜、砂糖橘、古典三黄鸡等长寿食品产业的扶持力度,打造我市特色长寿旅游食品品牌。

5. 培育南渡、筋竹、水汶等镇发展旅游型特色小镇。实施"一镇一特、一村一品"工程,以传统村落、历史文化名村、特色产业等为依托,打造旅游度假、长寿养生、体育运动、田园休闲、中医药养生、民族文化、物产传承等多种类型特色旅游小镇村落,完善特色小镇的旅游集散、旅游基础设施和公共服务等配套设施建设。

6. 完善旅游配套,提升旅游公共服务水平。一是改造升级通往各旅游景区、乡村旅游区的道路,2020 年前完成水汶—吉太二级公路道路扩建工程;二是全力推进"厕所革命",通过财政奖补、企业运作、一厕多能等方式大力推进旅游厕所建设和管理,市政涉旅场所应按照标准改造和新建体现地方特色的旅游厕所;三是完善旅游公共信息咨询平台,建立旅游咨询服务数据库和网络;四是全面完善辖区内高速公路和旅游干线公路上的旅游交通标识,交通集散地、星级饭店、国家 A 级旅游景区、乡村旅游区、旅行服务商经营场所等涉旅场所应设置的旅游标识系统;五是建立"五位一体"的旅游安全保障机制,加大安全监管力度。

7. 加强资源保护,营造"全景皆美"的旅游环境。切实加强区域内河流、水库、森林、湿地、山地等生态环境和遗址遗迹、传统村落、古建筑、非物质文化遗产等人文资源保护;加强环境治理,完善旅游景区、旅游村镇的垃圾和污水处理设施。

8. 优化旅游市场环境,培育市场主体和企业。一是规范旅游市场秩序。二是培育旅游市场主体和旅游企业,积极引进大型旅游企业,培育本地旅游企业;建立促进中小旅游企业发展的激励机制,引导中小旅游企业向经营专业化、服务细微化方向发展。

(五)扩大旅游宣传推广,构建开放的全域旅游营销格局。

1. 塑造岑溪特色旅游品牌新形象。培育具有我市特色的旅游景区品牌、节庆品牌、特色旅游商品品牌等,打造特色鲜明的全域旅游目的地形象。制作一批实用性强、携带方便、传播性广的旅游电子书、高清广告宣传片等宣传促销材料;扩大旅游宣传推广的渠道,利用网络、微信等新媒体平台实施精准营销。建立"政府—企业 / 行业协会—个体经营者—游客"四位联动的立体营销体系。

2. 深化协作构建旅游合作新格局。深化区域旅游协作,依托包茂高速、广昆高速、深岑高速等开展与珠三角地区、西南中南地区的旅游宣传推广与线路合作，打造桂东南岭南风情生态旅游圈重要旅游集散地和高速公路三小时自驾游特色旅游圈，同时加快与周边桂粤两地市县的旅游资源合作开发、市场拓展和人才流动。

(牵头单位:旅游局,责任单位:市委宣传部、发改局、财政局、公安局、国土资源局、住建局、农业局、林业局、水利局、环保局、交通运输局、民政局、文新广体局、安监局、司法局、市场监督管理局、水产畜牧兽医局、水果局,投资促进局、国资公司、各镇人民政府。)

四、保障措施

(一)强化组织保障

将发展特色旅游工作作为市政府重点工作,纳入全市总体战略目标。建立市政府主要领导亲自挂帅的特色旅游发展工作组织领导机构，落实联席会议制度,定期听取和研究工作推进情况,及时研究破解特色旅游发展中的重大问题。各镇、各部门要高度重视,按照本实施方案要求,结合本辖区、本部门、本单位实际,研究制定更加具体的实施方案,明确目标,落实责任,形成齐抓共管、协同作战、合力推进的好局面,确保特色旅游发展工作高效务实推进。

(二)强化政策支持

1. 强化财政投入。多渠道筹措旅游发展专项资金，对通过国家 A 级景区评定委员会评定的创建

AAAA级景区补助50万元、AAA级景区补助20万元、AA级景区补助5万元;对新评定为四星级的酒店补助20万元、三星级酒店补助3万元;对新评定的五星级乡村旅游区补助50万元、四星级乡村旅游区补助25万元、三星级乡村旅游区补助10万元、二星级乡村旅游区补助2万元;对新评定的五星级农家乐补助20万元、四星级农家乐补助5万元、三星级农家乐补助3万元;对新建的AAA级以上旅游厕所补助5万元,新建的AA级旅游厕所补助3万元。实行一次性补助,补助资金主要用于景区基础设施建设、改造、维护及旅游宣传促销等。

2. 拓宽融资渠道。财政部门要制定促进旅游投融资的具体方案,与投资集团、银行等金融机构签订战略合作协议,搭建旅游投融资平台;通过以奖代补等政策,鼓励社会资本参与旅游开发经营,采取政府和社会资本合作(PPP)模式引导社会资本参与旅游基础设施建设。综合运用贷款贴息、经费补助和奖励等多种方式支持旅游业发展。

3. 强化沟通对接。旅游、发改等部门要做好国家、自治区、梧州市重点项目申报和资金争取工作。加强城市总体规划、城镇发展规划、土地利用总体规划和旅游产业规划等的衔接工作,规划、建设、交通、通信、供水、供电、环保等基础设施和公共服务设施,应兼顾旅游业发展的需要。国土资源部门要统筹保障我市旅游发展用地供给需求,在年度建设用地供应计划适当增加旅游业发展用地,列入市层面的旅游重大项目要予以保障用地指标。旅游扶贫村、重点旅游项目配套的旅游基础设施和公共服务设施应适当给予用地保障。旅游、财政等部门要实施好自治区、梧州市和我市出台的相关旅游发展优惠政策。

4. 强化人才培养。依托高等院校、旅游人才培训基地、行业协会等,定期组织人才学习和培训,培养旅游管理、产品开发、市场营销、乡村旅游经营等方面人才,提高旅游从业人员管理水平和服务素质。

(三)强化督查考核

积极落实特色旅游发展工作目标责任制,将发展特色旅游作为各镇、各部门的重要发展目标和考核内容,纳入各镇和各职能部门的绩效考评体系中,旅游、绩效部门要制定量化的考核标准。

岑溪市人大常委会关于我市脱贫攻坚工作情况的专题调研报告

市人大常委会专题调研组

2017年10月20日

为推进我市脱贫攻坚工作的深入开展,根据市委主要领导的指示,并结合市人大常委会2017年主要工作安排,市人大常委会组成专题调研组,对我市脱贫攻坚工作情况开展专题调研。通过调研,深入了解我市脱贫攻坚基本情况、工作进度、主要做法和成效,以及存在的问题提出了一些改进扶贫工作的建议意见供参考。现将有关调研情况报告如下:

一、我市脱贫攻坚基本情况及工作进度

(一)基本情况及目标任务

2015年,我市精准识别出"十三五"贫困村53个,贫困户12299户,贫困人口54056人。经过一年的努力,2016年全市脱贫摘帽14个贫困村,脱贫人口1555户7100人。贫困人口由2015年底的12299户54056人降至目前的10774户46956人。

2017年,我市计划脱贫6400人1409户,奋斗目标脱贫9850人2126户;计划脱贫摘帽9个贫困村,目标脱贫11个贫困村。根据我市实际,每镇安排1个村共14个贫困村列为今年预脱贫村核验。到今年年底,预脱贫户的"八有一超"和预脱贫村的"十一有一低于"各项指标均达标。

(二)2017年工作进度

1. 贫困户脱贫摘帽进度。按照贫困户脱贫摘帽"八有一超"标准,截至7月中旬,今年预脱贫

2126户9850人口中，有稳定收入来源且吃穿不愁的2062户，达标率为96.99%；有住房保障的1961户，达标率为92.24%；有基本医疗保障的2126户，达标率为100%；有义务教育保障的2124户，达标率为99.91%；有安全饮水的2126户，达标率为100%；有路通村屯的2096户，达标率为98.59%；有电用的2125户，达标率为99.95%；有电视看的2054户，达标率为96.61%；年人均纯收入超过国家标准的2008户，达标率为94.45%。在实际工作中，难度较大的指标主要有住房保障和年人均纯收入两项。

2. 贫困村脱贫摘帽进度。按照贫困村脱贫摘帽"十一有一低于"标准，截至7月中旬，今年预脱贫的14个贫困村中，有特色产业达标的14个村；有住房保障达标的6个村；有基本医疗保障达标的12个村；有义务教育保障达标的14个村（没有因贫辍学）；有安全饮水达标的14个村；有路通村屯达标的14个村；有电用达标的14个村；有基本公共服务达标的8个村；有电视看达标的10个村；有村集体经济收入达标的4个村；有好的"两委"班子达标的14个村。难度较大的主要是有村集体经济收入、有住房保障、有基本公共服务等指标。

二、我市脱贫攻坚主要做法及成效

（一）早谋划、早部署，明确目标任务。年初，我市根据自治区的指导意见，制定了今年脱贫攻坚工作计划，并在5月初召开年度脱贫攻坚工作推进大会，对全市脱贫攻坚工作作出具体部署，市委陶辉书记也作了"真重视""真扶贫""真脱贫"的总指示。同时，我市印发了年度脱贫攻坚工作实施方案，明确了今年的目标任务、工作思路、工作重点和工作措施。各镇各部门按照各自的任务和分工，也做了详细周密的计划。

（二）加强帮扶队伍建设，形成整体合力。今年我市共调整选派了4170名帮扶联系人分赴各镇、村做好"一帮一联"工作，确保贫困户帮扶联系人全覆盖。此外，我市还成立了14个镇重点工作责任团队，每个责任团队都安排有2名以上处级领导作为督办、责任领导。从而为脱贫攻坚工作开展提供了组织和力量保证。

（三）完善机制，提高工作实效。一是完善部门挂镇领导挂村帮扶机制。全市14个镇每个镇安排5～8个市直单位、每个贫困村安排市直1个以上单位挂点帮扶。二是完善帮扶队伍管理机制。贯彻执行《岑溪市脱贫攻坚精准帮扶工作队员管理办法》和《岑溪市处级干部精准帮扶工作职责和要求》，从领导到一般干部，都明确了帮扶职责和开展工作的具体要求。三是完善脱贫攻坚督查机制。制定了《岑溪市脱贫攻坚督查巡查工作方案》，从市扶贫开发领导小组成员单位中抽调20人组成督查组，定期不定期对脱贫攻坚各项工作进行"滚动式督查"。四是完善脱贫攻坚工作协调机制。各镇、各专责小组由去年的周例会改为每2周召开1次例会，及时研究协调解决工作中的突出问题。五是建立红黑榜通报制度。通报结果作为年度扶贫成效考核的重要依据，并与绩效挂钩。

（四）加大投入，为脱贫攻坚提供资金保障。截至今年6月底，我市2017年财政扶贫专项资金投入共计15465.26万元，其中中央资金3009.3万元，自治区资金2033万元，梧州市本级资金230.68万元，本级配套资金192.28万元，新增政府债券用于扶贫额度10000万元。

（五）培育产业，拓宽增收致富渠道。大力发展特色种植业、养殖业、林业和林下经济产业，积极发展农林产品加工业和农村现代服务业。一是增强传统产业效益。重点发展三黄鸡、生猪养殖、网箱养鱼等特色养殖。二是坚守粮食、蔬菜、水果、家禽、生猪、中药材等主导产业，拉动贫困户增收。三是加快新型农业经营主体培育。今年1—6月新增农民专业合作社13个、家庭农场6个。四是积极探索推行龙头企业带动，同时积极创建桂东农产品交易中心和桂东生鲜电商产业园，打造"互联网＋电商"平台，采取"公司＋基地＋电商＋农户（贫困户）"模式，确保贫困户增收增效。五是加大农业与服务业的融合发展，大力发展休闲农业与乡村旅游。

（六）大力实施扶贫项目建设。一是加大基础设施建设。今年安排道路交通、安全饮水、公共服务等基础设施项目共 79 个，目前已开工项目 75 个，完工 50 个；危房改造 1200 户，目前已开工 450 户，完工 89 户；实施解决 202 户贫困户有电视看，目前完成 147 户；"第一公里·桥"惠民工程 25 个，已全部完成项目建设。二是推进易地扶贫搬迁项目建设。2016 年实施易地扶贫搬迁贫困人口 312 户 1507 人，目前已搬迁入住 131 户 644 人。2017 年上级下达我市易地扶贫搬迁任务为 308 户 1418 人，目前完成 309 户 1492 人搬迁计划的批复，确定了 14 个统筹安置点建设（其中：续建安置点 5 个，新建安置点 9 个），并已全部落实了选址。

（七）加大宣传力度，营造浓厚氛围。各贫困村通过文艺演出、横幅标语、广播宣传等形式营造脱贫攻坚氛围。市扶贫办和教育部门联合做好雨露计划专题宣传。在岑溪电视台开辟"脱贫攻坚在路上"专栏，并做好精准扶贫攻坚简报编印工作，加大宣传力度。主动与中央及地方各级新闻媒体对接，选送和报道我市脱贫攻坚工作亮点、做法和成效，增强宣传氛围。进一步深化"脱贫攻坚政协委员在行动"等岑溪特色活动，鼓励和支持包括政协委员在内的各界社会人士参与"三个帮""五个一"行动，并在结对帮扶、捐资助学、产业扶持、创业就业等方面为我市脱贫攻坚"补篮"。

（八）加大教育扶智力度，提高贫困人口素质和致富能力。一是加大对"雨露计划"的宣传力度，及时为 738 名在读的高、中等职业技术学校贫困生办理了"雨露计划"补助申报手续，共补助金额 110.7 万元；二是搞好"两后生"实用技术培训，共为 26 名符合条件的"两后生"办理补助 7.15 万元。

三、我市脱贫攻坚工作存在的主要困难和问题

（一）扶贫工作存在"上热下冷"现象。中央作出全面打赢脱贫攻坚战重大决策部署后，各级党委、政府高度重视，层层加温加压，到了县、乡一级更是集中人力、物力、财力开展脱贫攻坚，可谓是热火朝天。但是，一些贫困村、贫困户视被评为扶贫对象为光荣，一些贫困群众"不怕穷"，脱贫的内生动力不足。存在"等、靠、要"思想，对扶贫工作有的不积极配合，有的伸手要钱要物，有的甚至要挟扶贫工作队员，认为是政府要我脱贫，你们比我还着急，主动脱贫的意识不强。

（二）大部分贫困村没有支柱产业，村集体经济收入少，产业扶贫投入不足，效果差。由于贫困村大都地处边远山区，生产生活环境恶劣，村民发展经济的意识差。因此无论是村集体经济或村民发展经济的能力都比较弱。我市贫困村集体经济收入每年在 1 万元以下的占贫困村总数的一半多，且近三分之一的贫困村没有集体经济收入。要实现村级集体收入达到 2 万元以上的目标难度大。以发放扶贫果苗、扶贫鸡的方式进行帮扶，由于贫困户的后续投入不足、种养技术低下等原因，产业扶贫的效果不理想。

（三）贫困户住房保障问题仍然突出。一是现有住房是否属危房鉴定难；二是部分贫困户建房用地落实难；三是部分贫困户自筹资金难。

（四）扶贫工作队员素质参差不齐，不能适应扶贫工作的高要求。由于扶贫工作的档案台账规范化管理要求非常严格，作为扶贫工作主力军的镇、村干部无论是在能力上、精力上都难以适应，吃不消。扶贫表册过多，台账资料要求过于形式化，致使第一书记和扶贫工作队员的大部分时间和精力都用于整理台账资料，没有时间和精力到贫困户去开展实质性的帮扶。

（五）扶贫工作中出现的一些新情况新问题没有得到及时解决。如一些贫困人口入户问题、基础设施工程由村委承建问题、项目用地问题等等。由于政策规定不明确，仅是在会议上布置如何处理，而直接办理的人一般是不参加会议的，认为办理没有依据。因此，实际操作起来困难重重。

（六）易地搬迁工作由于受选址、用地、资金拨付政策变化以及农村习俗等因素的影响工程建设，进度缓慢，入住率低。

四、推进我市脱贫攻坚工作的意见和建议

（一）切实解决脱贫攻坚"上热下冷"的问题。一是要解决扶贫对象落后的观念，解决一些群众内生动力不足、安于现状的问题。扶贫先扶志，治家先治愚。要加大宣传教育的力度，克服贫困村、贫困户等、靠、要的思想，让“要我脱贫”变为“我要脱贫”的自觉行动。二是要落实教育扶贫政策，并加大农民实用技术培训力度，提高扶贫对象的素质。三是要加大对自我脱贫的政策和资金的扶持力度，建议出台对贫困户主动脱贫的奖补政策，激发扶贫对象自我脱贫的潜能。四是对有能力脱贫又不支持配合脱贫攻坚工作的要有一定的惩罚性措施。

（二）因地制宜及早谋划，加大产业扶持投入的力度。增强贫困村、贫困户的造血功能。贫困村贫困的根本原因是没有产业支撑，群众增收门路少，而要形成产业，也需要一定的时间培植。建议对每个贫困村的产业发展先调查摸底，做好规划，发展产业一定要坚持因地制宜原则，充分考虑该村的自然条件、市场、技术、耕作习惯等各种因素确定产业发展方向，要充分发挥村经济合作社和能人带头的作用，要加大对发展村集体经济的投入、扶持力度，确保村级集体经济收入达标，并以此带动村民发展经济。

（三）切实解决好扶贫工作计划滞后的问题。由于基础设施建设和易地搬迁、危房改造等需一定的建设工期、种养业需要一定的成长周期，培植产业也需要一定的时间。扶贫各项计划下达迟、资金物资到位慢，严重影响扶贫工作的开展。建议每年的扶贫各项计划要在年前下达，扶贫资金、物资要提前到位，要简化程序，缩短各项审批和前期工作程序，使项目实施有充足的时间。对出现的新情况、新问题，扶贫领导小组要及时帮助解决。

（四）加大定点帮扶的力度，提高帮扶的质量。帮扶单位一是要在人力、物力和财力上给予帮扶，特别是在发展产业和村集体经济以及基础设施项目上发挥自身的优势，既要出谋献策，也要出钱出力。二是在建档立卡、档案台账的整理上给予指导帮助，解决镇村干部在整理材料上能力和精力不足的困难。

（五）克服形式主义，减轻基层负担，增强帮扶效果。要认真落实国务院扶贫办关于进一步克服形式主义减轻基层负担的通知精神，克服层层加压加码，层层提高工作要求和工作难度，报表多、检查多、会议多的做法。要简化扶贫资料台账，减少各项扶贫表册，确保驻村第一书记和扶贫工作队员有更多的时间及精力去抓产业发展和扶贫工作落实，并有针对性开展帮扶工作，让贫困户真正得到实质性帮扶，有效杜绝“材料帮扶”和“数字脱贫”现象。

岑溪市人大常委会关于全市园区建设工作情况的调研报告

市人大常委会专题调研组

2017 年 10 月

为了推动我市社会经济的发展，加快我市工业化和城镇化进程，推动我市工业园区的产业建设，培育新的经济增长点。根据市委的部署和市人大常委会 2017 年工作安排，市人大常委会组成专题调研组，对我市工业园区建设情况进行了专题调研。通过调研，深入了解我市工业园区建设的做法、取得成效以及存在的问题和困难，并针对性地提出了一些建议意见供参考。现将调研情况报告如下：

一、我市园区建设的基本情况

我市的园区建设从 2006 年 6 月开始，经过十年的发展，已成为承接东部产业转移的重要基地，是全市工业发展的重要载体。我市的园区由岑溪市工业集中区、梧州市陶瓷产业园大业集中区和岑溪市农民创业园三大部分组成。

（一）岑溪市工业集中区

岑溪市工业集中区由岑溪市家电产业园和思英服装加工区组成，园区内水、电、路、绿化、电信等各项基础设施和配套设施比较完善，是自治区 A 类产业园区。

1. 岑溪市家电产业园

岑溪市家电产业园位于岑城镇上奇社区紫坭村，园区总体规划面积5.9平方千米，于2006年7月开始建设，已开发面积约3500亩，建成单层、多层工业厂房29万平方米，是以发展家电、电子、五金为主导产品的工业园区。截至2017年7月，共入园企业33家。目前，代表企业有优耐电子（岑溪）有限公司，其2016年完成税收入库120万元，2017年1—7月完成税收入库89万元。

2. 思英服装加工区

思英服装加工区位于岑城镇思英社区，规划开发面积250亩，于2007年10月开始建设，目前已建成工业厂房多幢，建筑面积约6万平方米，是以发展服装纺织加工为主导产业的加工区。初始入园企业3家，目前仅有中兴纺织服装有限公司一家企业正常生产。

（二）梧州市陶瓷产业园大业集中区

梧州市陶瓷产业园大业集中区规划总面积18710亩，分筋竹、大业、归义、马路、糯垌、安平6个片区，于2009年7月开始建设。首期开发面积约3500亩，已基本完成配套基础设施，已建成陶瓷生产线21条。入园企业9家，目前正常生产企业6家，停产企业2家，中途停建企业1家。代表企业是岑溪市新建球陶瓷有限公司，该公司2016年完成税收入库574万元，2017年1—7月完成税收入库247万元。

（三）岑溪市农民创业园

经国家发改委等11个部门2012年9月12日批复，岑溪市列为开展西部地区农民创业促进工程试点县。据此，我市于2013年4月开工建设农民创业园。创业园规划面积15730亩，以大业园区为核心，同时在8个镇布局七个农民创业培育基地，最终形成“一个核心，七个基地”的农民创业体系。

1. “一个核心”即农民创业核心园区。位于大业镇及筋竹镇，规划面积10000亩，目前已完成征地2500多亩。进园大道2016年开始动工，进展缓慢。

2. “七个基地”即新材料产业培育基地、石材产业基地、林产林化产业培育基地、电子信息产业基地、商贸物流培育基地、农产品深加工基地、竹芒编织产业及生态旅游与休闲养生基地。

（1）新材料产业培育基地位于马路镇，即广西鼎立新材料科技产业园，由上海鼎立科技发展（集团）股份有限公司负责项目的投资、开发、建设、招商及运营，主要是利用稀土为主要原料的新材料生产。项目于2012年11月开工建设，规划用地1000亩，已完成征地915亩，基础设施和配套设施已基本完成，钕铁硼项目现进入设备安装试产阶段。

（2）石材产业基地位于马路、糯垌、三堡3个镇，即石材加工区，包括马路义垌、马路水平、糯垌三兴、三堡振兴四个石材加工区和新塘花岗岩废料综合利用加工区。开发、建设情况总体良好。

（3）林产林化产业培育基地位于糯垌镇，即龙母木材加工区，规划面积725亩，目前已完成征地739亩。

（4）电子信息产业基地位于岑城镇、归义镇，目前尚未开展相关工作。

（5）商贸物流培育基地位于归义镇，主要是建设泽仁现代商贸物流园。规划用地2250亩，分三期实施。项目于2012年8月开始建设，一期工程已竣工并进行招商运营，二期工程正在进行中。

（6）农产品深加工基地位于筋竹镇、安平镇。筋竹镇正在推进粤桂（岑溪）农副产品加工商贸示范基地，规划面积1000亩，已完成征地877亩，项目前期工作已完成。

（7）竹芒编织产业及生态旅游与休闲养生基地位于南渡镇，规划面积500亩，目前尚未开展相关工作。

二、我市园区建设存在的主要问题和困难

（一）规划布局方面。我市现有产业园区数量多，布局分散，执行规划的统筹力度不够。部分园区规划面积过大，但可开发利用面积小；部分园区规模较小，不能适应工业规模化集约化发展的要求，导致单位面积的开发建设成本高；规划的前瞻性、实用性和严格按照规划布局方面做得不够，所有园区基本上都缺少一整套高标准园区总体规划和控制性详细规划，存在由建设牵着规划走或项目牵着规划走的现象，导致现有产业分布相对分散，彼此关联度小，集聚程度低，难以形成有效的产业链。没能从全市经济一体化的角度统筹各园区，没有形成一种区域经济的整体合力，没能凝聚更强的招商比较优势。

（二）项目用地方面。这是园区发展面临的最大问题。一方面是耕地红线绝不能碰，另一方面是项目建设必须用地；一方面用地指标短缺，全市土地利用规划能直接保障工业用地面积的不多，另一方面，工业用地集约化程度不高，实际供地率偏低，影响了全市其他项目用地和年度用地指标的争取；一方面是有项目进来急需建设但无地可供，另一方面是原有项目已取得用地指标的但没有实施，造成指标闲置；再加上征地越来越难、平整土地越来越少、征地成本越来越高，尤其是林地报批费用大幅度增加。据了解，我市工业用地的供地价格都比周边县市区高，我市供地均价每亩维持在15万~20万左右，而藤县是8万~15万左右，北流市则是10万左右。此外，一些园区主要是石材加工区，除糯垌三兴石材加工区外，其他几个加工区都是由个体来投资开发的，既存在一旦资金链断裂项目无法推进的危险，又存在地价偏高的必然；一些园区为推进项目建设进度，未取得用地指标就开工建设，存在法律和政策风险。

（三）基础建设方面。基础设施和公共服务配套不够完善，主要涉及园区内的水、电、路及绿化、亮化工程，企业用电得不到有效保障是存在的最普遍问题。园区的公共服务配套设施几乎是空白，职工生活区、文化体育娱乐活动场所严重缺乏。园区环保设施不完善，各个园区都没有建设污水处理厂和垃圾中转站，园区内的废水和垃圾得不到规范处理。

（四）发展环境方面。一是群众认识不到位，部分群众在征地拆迁、项目建设等方面不能积极配合，阻力较大；二是服务企业意识不到位，一些部门存在着工作效率低、服务企业不到位的现象；三是金融支持方面，商业银行由于授权授信和地方金融生态环境的影响，园区内新办企业很难得到商业银行的信贷资金支持，企业资金链比较紧张；四是招商引资难度增大，国家调整相关工业投资政策，清理税收优惠政策，加强土地管理，依托资源和优惠政策招商受到影响，同时园区土地出让基准价高于周边，这些因素加大了园区招商引资的工作难度；五是我市关于园区发展的政策保障还没有完善出台，名优产品的包装推介机制以及企业之间、部门之间、企业与部门之间的互联互通、协作共赢等机制还没有形成。

（五）管理机制方面。我市刚开始设立工业园区管委会，但人员还没有配置齐全，国城工业区开发有限公司和工业园区管委会还没有办理相关职能移交，实际工作中还存在责、权、事相分离的问题。同时，管委会是尚未列入参公的事业编制单位，管委会以后的工作任务会越来越繁重和复杂，要做好做强园区的工作，不仅需要专业技术人才，还需要财务、管理型的人才，目前园区的事业编制体制很难吸引和留住人才。另外，园区管委会作为事业单位，尚未开展公车改革，职工没有车补，管委会公车难以落实。目前园区的建设任务越来越重，私车公用现象越来越严重，存在较大安全隐患，不利于工作的开展。园区管理体制有待健全，快捷的园区工作运行机制没有形成。

三、对园区发展的意见建议

（一）调整园区发展规划，优化园区布局。规划布局是事关园区长远发展的首要问题，所以要重新确定工业园区发展的总体思路、高起点、高标准搞好园区总体发展规划。围绕岑溪市城市总体规划，在园区发展规划工作中，根据规划先导，分步实施，发挥优势，突出重点提升竞争力的原则，围绕集聚化、规模化、特色化、城市化的园区建设目标，统筹规划、科学论证、合理调整工业园区产业布局。建议根据我市土地利用实际，压缩原来部分园区过大的规划面积，归并分散园区，以岑溪市工业集中区为基础，以岑溪市工业园区为整合主体，用“一区多园”模式归并整合目前我市的各类园区、基地，形成“一区七园”产业布局。在完善园区总体规划的基础上，相应编制园区特色产业发展规划，产城融合发展规划等专项规划。特别是要重点做好有发展空间和潜力的广西鼎力新材料科技产业园、西部岑溪大业创业园、岑溪现代商贸物流城（归义）、粤桂（岑溪）绿色健康产业园（筋竹）、石材产业园的马路水平、糯垌三兴、三堡振兴石材加工基地的规划工作。在园区建设规模上，要一次规划，留足余地，分步实施，总体上要能满足发展需要，确保园区建设有足够的发展空间，充分体现园区发展规划的超前性、严肃性。

（二）创新措施，解决制约发展的土地难题。必须在土地使用上转变观念，要牢固树立经营土地的理念，真正变“管好土地”为“用好土地”。一是市政府要根据工业用地市场化配置的要求，建立相应的工业储备用地机制，通过置换、平整、开发、项目运作、集中流转等方式，尽可能的储备更多的土地。园区的土地征收、开发要控制在政府手里，不宜交由个体或私营企业来开发；二是建立多形式的供地体系，除了以公开“招拍挂”方式直接出让土地使用权给入园企业外，也可以采取直接协议租赁或以公开“招拍挂”方式租赁供地，还可以由园区公司通过“招拍挂”等方式取得土地使用权后，可直接协议出租给入园企业使用。三是创新土地供应新模式，包括探索实行先租后让供地、弹性年期供地、分期供地、试行特殊用地租赁、允许现状供地、产业导向供地和允许集体经营性用地建设工业企业等。四是完善土地节约集约利用新机制，高度重视节约用地，提高土地利用率，严格把关企业用地，充分考虑单位面积投资强度和产出水平。五是合理确定供地价格，对入园企业，要敢于让利，以优于或等于周边地区的供地价格吸引企业入园。六是建立用地退出机制，未按供地合同的约定开发建设、违反合同的约定条款的，供地方可解除供地合同，无偿收回工业用地土地使用权；其他行为与供地规定不符的，也要选择用地退出。七是积极争取用地指标，清理闲置用地，努力寻求用地指标置换的办法。

（三）加大投入，提升园区基础设施和配套设施的水平。在投入上，一是建立多元化长效投入机制。园区内基础设施建设，市财政纳入年度预算，城建每年可列支一部分资金用于园区基础设施建设。同时，场地出租、标准厂房租赁收益、园区企业年新增税收地方所得留成部分中拿出一定比例用于园区发展，逐步实现以园养园。二是争取中央、自治区和梧州市相关部门的支持，将园区基础设施和配套设施建设的重大项目，比如污水处理厂、公租房等列入补助项目，争取项目资金的支持。三是坚持“谁投资、谁受益，谁开发、谁经营”的原则，大力吸纳社会民间资本参与园区基础设施建设，大力发展 PPP 模式及为园区内企业服务的中介组织，实行以商养园、以商促园。在建设上，按园区规划实现“五通一平”，配套建设文化教育体育、医疗卫生、商贸物流、公共交通、餐饮娱乐等设施，完善园区综合服务功能，提升园区基础设施配套水平和承载力、竞争力。

（四）致力打造园区发展的良好环境。一是正确引导园区周边群众支持园区发展，树立“发展园区，造福家乡”的理念，营造良好的社会环境；二是在服务企业中做到“真帮实扶”，继续推行重点企业、重点项目领导包抓、部门帮扶，同时要着力提高办事效率和服务水平；三是加大财政金融资源对园区企业的支持力度，组织开展银企对接活动，切实为企业排忧解难，支持企业经营发展；四是积极帮助理顺电力管理体制，可以允许多家供电企业对园区供电，争取以园区为单位能够使用直购电，降低企业用电成本；五是完善园区发展机制，对园区企业产品，根据需要进行统一策划包装、集中宣传推介，助推园区企业产品抢占市场。

（五）以改革创新举措推动招商引资实现新突破。要认真分析招商引资面临的新形势，进一步创新招商理念、招商方式、招商手段，以改革创新举措推动产业链招商实现新突破。加强园区招商引资工作，进一步加大产业招商力度，组织开展好重点招商引资活动；要加大目标责任制考核权重，重奖招商引资有功之臣；

要制定出台鼓励返乡创业与招商重大项目支持服务政策，特别对招商入园企业，要敢于让利，提高园区招商引资竞争力；突出产业招商、做好择商选资，紧盯行业领军企业，锁定重点区域，坚持高端切入，优选、承接一批优势项目，以提升产业集聚能力为重点，以发展深加工为取向，大力引进大的战略投资者，注重培育成长性强的企业，积极承接国内外产业转移大项目，确保园区经济持续良好的发展。

（六）强化园区服务管理，为园区发展提供有力保障。市工业园区管委会设立以后，要迅速进入角色，开展好园区服务管理工作。园区管委会以专职服务好入园企业为出发点，进一步理顺管委会的机构编制、职责范围、管理权限，选配一批懂经营、会管理的干部充实园区管理队伍，建议把工业园管委会列为参公事业管理单位，落实工作用车，充分发挥其服务和管理职能作用，真正实现入园项目、入园企业的全程监督管理、“一站式”跟踪服务，做到简化审批流程，提高入园企业项目决策和办事效率。园区管委会要相应出台一整套的管理制度，将工作人员行为规范、工作规范纳入制度化的管理轨道。待条件成熟时，可以在园区设立工商、税务、就业、土管、建设、环保、安监等办事机构，实行合署办公，工作职能由园区统一管理，开通行政审批绿色通道，为园区发展提供有力保障。

经过重新规划、整合后的岑溪工业园区，将是一个“以发展特色产业园区为主基调，既抓园区经济总量扩张，又抓特色产业引领；既抓基础设施提升，又抓园区招商新突破；既抓园区规范管理，又抓园区高效服务；突出主导产业，配套发展上下游产业，提升工业园区竞争力、吸引力，使工业园区成为我市全面建成小康社会的重要载体”。岑溪工业园区的发展目标，是建成自治区重点产业园区。我们相信，有市委、市政府的正确领导，有各部门、各单位的通力协作，更有全市人民的鼎力支持，我们岑溪市实现工业强市的目标一定能够很快实现！

岑溪市人大常委会关于我市宜居乡村工作情况的专题调研报告

市人大常委会专题调研组

2017 年 12 月

“宜居乡村”工作是改善我市人居环境，涉及民生的一项重大惠民工程。“宜居乡村”工作做得好坏是直接关系到全市人民的居住环境的好坏，关系到市民的身心健康、生产发展、生活水平的提高，关系到社会和谐稳定，关系到子孙后代持续发展的一个重大课题。

根据市委陶辉书记的指示，并结合市人大常委会 2017 年主要工作安排，市人大常委会制定调研工作方案，成立了以徐伟舜副主任为组长的专题调研组，于 2017 年 11 月下旬至 12 月下旬，对我市的“宜居乡村”工作情况进行了调研。调研组召开了“宜居乡村”工作情况座谈会，听取了市委常委、副市长唐峰代表市政府所作的关于我市开展“宜居乡村”工作情况的汇报，并就相关问题进行了座谈、交流；实地检查了“产业富民”“服务惠民”“基础便民”等相关的项目，并深入部分镇、村听取人大代表、干部、群众的意见和建议。现将有关调研情况报告如下：

一、我市“宜居乡村”建设工作基本情况

自从美丽乡村建设“宜居乡村”专项活动开展以来，市政府始终把改善我市人居环境作为一项重要的民生工程来抓，在具体推动工作中坚持高起点谋划、高标准推进、高效率实施，做到有序有力有效推进“宜居乡村”建设工作。

（一）围绕“五个一”，有序推进“产业富民”。在“制定 1 个村级经济发展计划”方面，目前已完成 256 个，完成率 100%；在“培育 1 个带动农户增收

的新型农业经营主体"上,已完成180个,完成率100%;在"打造1个现代农业生产示范基地"方面,完成了256个,完成率100%;在"发展1个村级集体经济项目"上,已完成115个,完成率100%;在"建设1个农村电子商务服务点"方面,已完成218个,完成率100%,实现产业富民有基础。

(二)围绕"一中心六服务",有序推进"服务惠民"。目前,全市已建成"村级综合服务中心"187个,落实中心协管员160人;全市14个镇已全部实现就业信息联网,为全市农村劳动力提供就业岗位3340个,创业培训服务累计6300余次;全市城乡居民基本养老保险参保率达到97.49%,新型农村合作医疗参合率达到98.86%;组织申请农村义务教育阶段家庭经济困难寄宿生生活费补助33726人、申请金额1955.5万元,已发放了22494人共1300万元;组织文艺演出154场次,免费放映电影2325场次,广播综合覆盖率和电视综合覆盖率100%。行政村卫生室100%配备,配备乡村医生256个,乡村医生覆盖率100%,聘请事项法律顾问60人,开展矛盾纠纷排查1765次,调解成功率98%,实现服务惠民有成效。

(三)围绕"三改六提三增",有序推进"基础便民"。全市计划实施农村改厕6500户、改厨6500户(没有改圈任务),已完成改厕5414户、改厨5306户;农村垃圾专项治理两年攻坚项目7个镇级片区垃圾处理中心项目建设已完成,20个行政村垃圾处理中心项目建设已完成18个,2017年易地扶贫搬迁计划建房378套,移民搬迁1418人。目前全市所有安置点已开工建设,已完成住房建设152栋,搬迁入住130户598人,完成农村公路整治隐患里程11.5千米,完成输配电线路284千米、一户一表改造6126户,村屯公共照明设施建设试点15个已完工,实现基础便民有底气。

二、我市"宜居乡村"建设的主要工作做法和成效

一是突出资源整合,实现资源共建共享。把乡村建设与新农村建设、脱贫攻坚、旅游开发、风貌改造等活动有机结合起来,通过项目带动、资源揉合、协同推进,最大限度发挥资源整合效应。同时,通过财政投入、挂点单位支持、社会各界捐助、受益群众出力的办法,积极筹措乡村建设资金,为宜居乡村建设活动提供有力保障。如波塘镇六肥村整合资金1300多万元完善基础设施和建设特色农业示范基地,农民人均纯收入从原来的1213元增加到3670元。

二是突出示范引领,实现引领带动触动。突出示范村建设因地制宜,注意保留乡村风情,强化规划引领,突出项目整合,每年建设一批乡村建设示范点,通过以点带面、打造亮点,带动更多的村民参与乡村建设,打造具有岑溪特色的乡村风貌。如产业带动型的糯垌镇平坡村和安平镇富宁村、生态旅游型的南渡镇吉太三江口自然村。

三是突出优先产业扶贫,实现产业扶贫脱贫。做到统筹推进扶贫开发和宜居乡村建设,把乡村建设活动资金项目向脱贫村倾斜,通过规划指导、政策激励、财税扶持、示范带动等措施,坚持把乡村建设重点放在脱贫村,把扶贫易地搬迁新村建设成为乡村建设示范村,以乡村建设推动脱贫攻坚,以脱贫攻坚促进乡村建设。如马路镇五星村把脱贫攻坚和乡村建设统筹推进,立足林下三黄鸡养殖和特色蔬菜种植两大基础产业优势,带动全村经济发展,实现脱贫攻坚和乡村建设工作同推进、享共赢。

四是突出基础建设,实现乡村宜居宜业。深入贯彻实施《广西壮族自治区乡村清洁条例》,健全乡村保洁机制,加强乡村保洁员队伍建设,做到宜居乡村与清洁乡村、生态乡村活动一同部署、一起检查、一体推进,努力实现习近平总书记提出的"望得见山、看得见水、记得住乡愁"美丽乡村的要求。目前,全市282个行政村及自然村已建有垃圾池1960个,村级专(兼)职保洁员5654人,购置垃圾运输车973辆、垃圾箱2865个,建成镇级垃圾焚烧炉19座,做到垃圾不出村、不出镇。

三、我市"宜居乡村"建设存在的困难和问题

(一)产业富民方面。村级集体经济发展不平衡,有的村是空壳村,现代农业生产示范基地建

设、品牌建设意识薄弱，有相当部分的村还是以种植水稻和传统的经济作物为主，很少种植新、特、优的品种；农产品加工能力薄弱，农产品处于加工产业链下游的较多。龙头企业、专业合作社或种养大户带动和辐射作用发挥有限，持续增收能力不强

（二）服务惠民方面。部分群众对养老保险存在观望情绪，个别律师和基层法律服务工作者参与一村（社区）一法律顾问工作的积极性和主动性还不够；基层人才队伍紧缺，现阶段 14 个镇 282 个行政村没有专职的从事和熟悉政策的社保经办人才，大部分工作依靠村干部去开展，有部分村干部已上了年纪，无法适应工作强度。

（三）基础便民方面。个别镇对改厕改厨工作重视力度不够，政策宣传不到位，业务知识不够熟悉，有的农户改厕改厨按农村风俗习惯需择日开工建设等导致项目进度缓慢。“十三五”期间需建设污水处理厂的镇共 11 个，部分镇存在着选址困难、征地困难等问题，地方财力有限，资金压力很大。

（四）其他方面。一是资源整合难，田地山林都分散到农户，给农林项目集约经营带来很大阻力；二是个别项目投资巨大，根本不可复制；三是个别项目，特别是民营、民间投资项目未经报批、规划、环评，严重缺乏监管，对生态环境造成很大破坏；四是一些项目在建设过程中不注意保护生态，特别是对本地树种的保护利用，盲目追求外来树种，影响整体美观。

四、对我市“宜居乡村”建设的意见和建议

宜居乡村建设要依照习总书记提出的“实施乡村振兴战略要物质文明和精神文明一起抓，特别要注重提升农民精神风貌。要坚持农业农村优先发展，按照产业兴旺、生态宜居、乡风文明、治理有效、生活富裕的总要求，建立健全城乡融合发展体制机制和政策体系，加快推进农业农村现代化”总体要求去推进，使我们岑溪的宜居乡村建设工作做得更好、更有成效。针对存在的困难和问题，提出如下的意见和建议：

（一）要制定一个长远规划，谋划好从宜居乡村建设到幸福乡村建设总体思路。

（二）要出台政策文件，确保项目用地、特别是大的集约经营用地。

（三）要严格执行准入制度，监管制度，确保项目的可行、可持续，不破坏生态环境。

（四）加大宣传力度，持续开展“小手拉大手”活动，营造参与乡村建设浓厚氛围。通过中小学校主题班（队）会、环保小卫士评选等形式，积极组织开展“小手拉大手”“随手捡”等活动，引导广大青少年学生从自身做起，养成日常良好卫生习惯。

（五）极探索田园综合体建设，开启美丽乡村新模式。依托已建成的西江果蔬产业（核心）示范区，重点支持以农民合作社为主要载体，采取“公司 + 基地 + 专业合作社（村集体经济组织）+ 农户”模式，实施“订单导向、电商驱动、一村一品”发展战略，推进打造集循环农业、创意农业、农事体验于一体的田园综合体。

（六）加强乡镇污水处理厂、垃圾集中无害化处理等基础设施建设，建立运营管理长效机制。积极探索和创新农业面源污染治理模式，减少农业面源对生态环境的污染。

（七）继续推进保洁常态化，夯实乡村建设牢固基础。继续开展督查，做好日常督查工作，督促保洁费收取工作。要提高农村垃圾处理的科技含量和效率。加强对保洁队伍的教育管理工作。

（八）加快“第一公里·桥”惠民工程建设，实现桥连心真惠民。加强与乡村建设和扶贫、旅游、新农村建设等部门项目的整合力度，注重项目施工、监理、验收等环节，做到高质量建设，从根本上消除群众出行“第一公里”遇到的“险、难、阻”问题。

岑溪市人大常委会关于水果种植推广情况的专题调研报告

市人大常委会专题调研组

2017 年 6 月 30 日

根据市委主要领导的指示和市人大常委会工作安排，为探索出一条适合我市发展的特色水果种植新路子，市人大常委会于 3—4 月份组成专题调研组，对我市水果种植推广情况开展专题调研。调研组由常委会副主任胡六才、谢梅担任组长，常委会办公室、财政经济委员会、农业农村与环资城建工委等相关委室主任（主任委员）担任副组长，部分常委会委员、人大机关工作人员及部分市、镇人大代表为成员，市农业局、林业局、水果局等相关部门单位领导及技术人员参与了调研。调研组先后深入到筋竹、大业、糯垌、安平、三堡、波塘等镇召开调研座谈会，并深入到部分水果种植地进行了实地调研。调研组听取了相关镇水果种植情况的介绍，以及水果种植大户、销售大户、有关部门、专家的意见建议，深入了解我市水果种植的品种及其特性、市场销售、技术服务等情况，以及存在的问题和今后发展水果产业的一些举措。现将有关调研情况报告如下：

一、我市的自然和气候条件以及耕种习惯对水果产业发展的影响

岑溪市地处广西东南部，位于东经 110°43′10″~111°22′10″，北纬 22°36′40″~23°12′42″，属南亚热带季风气候。全年气候温和，夏长冬短，光照充足，雨量充沛。年均日照 1787.1 小时，年均气温 21.4℃，最冷一月份平均气温 12.3℃，最热七月份平均气温 28.1℃，>0℃的活动积温达 78776℃，≥10℃的活动积温达 7119℃，无霜期 >334 天，年均降雨量 1441.8 毫米。土壤类型是以土层深厚、疏松肥沃、土壤肥力中等的红壤土为主。这样的气候和土壤条件十分有利于水果的生长和发育。岑溪农民素来以勤劳著称，有精耕细作的习惯，种植水果等经济作物的热情高涨。这样的气候、土壤和耕作习惯为水果产业发展奠定了坚实的基础。

二、当前我市种植水果品种的现状及其特性

近年来，我市种植的水果种类主要有柑橘（主要以砂糖橘、沃柑、贡柑、茂谷柑、千金橘等品种为主）、百香果、澳洲坚果、龙眼、荔枝、梨（香蜜顺梨、岭南状元贡梨等）、蕉（粉蕉、香蕉）、番石榴、大青枣、李（三华李、米李）、水蜜桃等等。其中，尤以砂糖橘（包括其他柑橘）、百香果、澳洲坚果、梨（香蜜顺梨、岭南状元贡梨）等水果最受关注，且种植规模大，它们的种植现状和优缺点表现如下：

（一）砂糖橘

我市砂糖橘栽培始于上世纪九十年代末，率先由筋竹镇农民引进栽培成功，之后经历了十多年的辉煌，涌现出众多种植大户和成功致富典型，为岑溪农村经济的发展和繁荣贡献巨大，成为岑溪一张饮誉广西、扬名全国的响当当的名片，获得过“中国绿色生态砂糖橘之乡”“全国绿色食品原料（砂糖橘）标准化生产基地”“广西砂糖橘之乡”“广西名牌产品”的称号。巅峰时期全市砂糖橘面积达到 13 万亩，年产量 11 万吨，年产值 5 亿元，已成为我市农村经济发展的支柱产业。但近年来，曾经风无限光的砂糖橘产业遭受了黄龙病的肆虐，该病发展蔓延迅猛，相当部分橘园被毁。

尽管目前黄龙病在我市呈蔓延发展态势，并在部分区域造成比较严重的损失，但在我市发展砂糖橘（包括其他柑橘）产业具有许多有利条件：一是自然气候条件优越。我市属柑橘生长最适宜区，在此气候条件下，砂糖橘表现出生长健壮，早结丰产，稳产高产，外观色泽艳丽，汁多味甜化渣，品质上乘的良好园艺性状，赢得了客商及消费者对岑溪砂糖橘的高度评价。二是市场成熟、销售网络已具规模。经历了近 20 年的发展，我市成就了辉煌的产业——广西最大的砂糖橘生产基地，特别是筋竹砂糖橘市场知名度较高，每年果熟时节，

全国各地客商云集，前来采购，丰厚的商家信息及巨大的销售网络为岑溪砂糖橘及其他水果的销售奠定了良好的基础。三是采后商品化处理能力强。全市果品采后商品化处理生产线有60多条，仅筋竹镇便有23条，每小时处理量达115吨，对于提升柑橘商品质量有雄厚的基础。四是有一套成熟的技术体系，并为技术人员和广大果农所掌握。经过近20年的生产实践和栽培管理及技术培训，我市科技人员、广大果农积累和掌握了一套成熟的砂糖橘优质高产技术体系，果农种植和管理砂糖橘驾轻就熟，这是其他水果类所没有具备的。综上所述，砂糖橘（柑橘）产业是一个成熟的产业，其作为我市农村的支柱产业已经形成，在防控好黄龙病的前提下，在若干年内这个支柱地位没有别的水果品种可以替代。

（二）百香果

早在上世纪九十年代，我市农业局已经开始引种百香果，但由于品质不佳和当时人们生活水平普遍不高而没有得到发展。近年来，由于良种的引进，加之种植百香果具有见效快、效益好的特点，百香果推广种植迅猛发展，初步估计，目前全市种植面积已超万亩。该果属多年生常绿攀缘性藤本水果，适应性、抗虫抗病性强，粗生快长易管理，不择土质，耐热耐寒，能经受 -3.4℃的低温，四季可种，成本低，投产早，高产稳产，市场前景广阔。一般种后半年可投产，当年种亩产可达1.5吨以上，一次种植可连收多年，果实耐贮运、市场容量大，销路广，经济效益高。百香果汁是一种纯天然“绿色”果汁饮料，色、香、味俱佳，营养丰富，有良好保健功效，是当之无愧的“果汁之王”。百香果风险分析：一是易得根腐病，种植第一年一般没事，第二年起如管理不善会出现死苗现象；二是目前百香果加工企业少，消化能力有限，加之周边地区也遍地开花种植，容易出现产品过剩，相关专业人士建议，在没有建成一定规模的百香果加工企业之前，不宜盲目扩大种植规模。

（三）澳洲坚果

我市引种澳洲坚果始于2001年，率先由市科技局从广西热带作物研究所进行引进试种，2002年起市内岑城，三堡、归义、糯垌、梨木等镇陆续有群众种植。经过十余年的引种试验和推广，全市坚果种植面积近万亩，表现优良的品种有桂热1号、695、788、OC、900、A16等。我市自然气候条件十分适宜发展坚果生产，如果品种选择正确，经营技术管理到位，定能发挥其丰产效益，并将成为我市推进生态与民生林业的又一致富树、生态树。存在问题主要是坚果品种繁多，优劣不一，鱼龙混杂，部分果树不结果而成为风景树的原因主要是品种或种苗选择不当或管理不善造成。如有些果园选择了不适宜的品种或品种不纯的种苗，有些果园则因不懂得如何适时施肥与保花保果而招致失败。另一方面，当前我市澳洲坚果产业尚处于初级阶段，以干果生产为主，对经济的带动能力不强，特别是深加工明显滞后，产品销售以初级产品（食用干果）为主，产品结构单一，产业链短，增值潜力未充分挖掘。坚果油、坚果饮料是很好的配套产品，但其加工技术尚不成熟。综上所述，在我市发展种植澳洲坚果具有优越的自然条件，并逐渐获得群众认可与社会各界好评。发展坚果产业要获得成功，关键要做到：一要定规划定规模；二要选对品种；三要保证种苗供给与质量；四要推广先进种植与管理技术，按标准进行栽培管护；五要提升加工水平，形成产业链。

（四）梨（香蜜顺梨、岭南状元贡梨）

香蜜顺梨、岭南状元贡梨同属砂梨系统，系南方早熟梨。其中，香蜜顺梨由香港赞品国际有限公司董事长林朝辉先生于2015年1月引入岑溪市筋竹镇栽培种植，并建立了30亩示范基地；岭南状元贡梨由岑溪市岭南状元贡梨合作社于2012年引入我市大业、筋竹等地种植，面积3000亩左右。这两个品种植株生长健壮，叶片大，叶厚，叶色深绿，抗性好；果大、果皮色泽金黄，果形美观，肉质细嫩、汁多化渣，品质上乘；坐果率高，可自花授粉结实，丰产期年亩产可达4000多千克，易种易管，丰产性好，且种后2～3年结果，成熟期为7月上旬，上市早，市场竞争力强。加之岑溪各地梨品种资源丰富，群众有种梨习惯，也有利于该品种的推广种植。但南方早熟梨对低温有一定的要求，需要一定的“需冷量”才能进行花芽分化，如果冬季温度过高，“需冷量”达不到要求，会影响果树花芽分化，影响坐果率。所以种植推广香蜜顺梨和岭南状元贡梨宜选择在具有明显小气候的山区、半山区种植，更能取得高产优质和好的经济效益。

三、我市水果产业发展存在的共性问题

（一）水果种植没有规划、规模种植少，自发性、随意性大。政府或相关主管部门对水果产业发展没有统一的规划，都是由群众自发种植为主，种植分散，且有的是跟风种植，如百香果等。

（二）我市砂糖橘虽已形成了支柱产业，但由于受黄龙病、黄化病的侵害，种植面积正在萎缩，比鼎盛时期面积减少了1万～2万亩。虽然前几年市政府已投入资金进行治理，但由于没有实行集中连片整治，成效不大。

（三）扶持政策作用不明显，以果苗扶贫的效果不理想。政府对水果产业进行金融扶持和技术扶持的力度不足。近年结合扶贫工作开展，政府向广大贫困户发放了各种扶贫果苗，但由于贫困户自身经济基础差，技术和管理水平低下，加之种植规模不大，他们舍不得更多的投入，出现只种不管或疏于管理的现象，种植效益不理想。而且，政府采购的果苗优劣不一，部分果苗（如坚果苗）农户种后不挂果，成为风景树。

（四）技术服务不到位。相关主管部门由于技术力量和培训资金投入不足，加之种植分散，难以组织有效的技术培训和服务，而且各级举办的各类技术培训班次数有限，难以满足生产发展的需要，种植户掌握的种植技术不多。

（五）培育市场的力度弱。除筋竹砂糖橘市场外，全市没有像样的水果专业市场。

四、我市水果产业发展的意见建议

（一）种植水果品种的建议

1. 巩固砂糖橘这个支柱产业。坚定发展砂糖橘等柑橘生产的信心，下定决心、集中力量向黄龙病宣战，并从砂糖橘种、产、销等环节进行集中整治，搞好砂糖橘二次创业，再创岑溪砂糖橘辉煌。

2. 推广百香果、澳洲坚果、梨（香蜜顺梨、岭南状元贡梨）、龙眼、三华李、番石榴、大青枣等多种水果协调发展。

3. 结合乡村游，种植原生态的有乡土特色的水果。如桃、李、山楂、青梅、杨梅、柿子等。

（二）发展水果产业采取的措施

1. 统一规划，规模种植。要根据自然条件、市场需求、种植技术等因素，结合乡村旅游的发展，做好水果产业发展的规划，并在规模种植和一村一品，一镇一业上下功夫。这样可以有利于政策扶持、技术指导和市场的培育。其中低丘、坡地以发展砂糖橘、坚果、三华李等水果为主；水田、旱地以种植百香果、大青枣、番石榴等短平快水果为主；高寒山区或半山区以种植香蜜顺梨、岭南状元贡梨、柿子等为主。

2. 采取强力措施巩固砂糖橘这个支柱产业。要开展一次全市性的黄龙病普查，摸清底数、分类处置，整村推进，坚决全面实施黄龙病综合治理防控措施；要抓好柑橘无病苗圃基地建设，确保果农种植无病苗木；要切实加强管理，实施健身栽培，增施有机肥料，提高果树营养水平，促使树势健壮，减轻果树黄化率；要加强果树修剪，并加强病虫防治，保持果园持续优质高产；要出台有关政策和激励机制，加快再创砂糖橘辉煌的步伐。如：对成片全园清除病树重新建园种植者，对新垦建园规模种植者进行扶持和奖励，对积极进行黄龙病综合治理技术培训和技术普及的科技人员及有功人士进行奖励等；要加强果形、品质及农药残留等质量管理，维护和提升岑溪砂糖橘品牌。

3. 样板引导，以点带面。对新推广的品种，要选准优质苗木，先建立样板点、试种成功后再全面推广种植。

4. 培育市场，实现线上、线下销售并重。一是要在水果生产大镇或集中种植区域建设水果交易市场，方便果农销售和客商采购；二是要大力扶持发展电商、微商，扩宽产品销售渠道。

5. 建立水果产品深加工企业。引进或建立百香果果汁加工企业和坚果油、坚果饮料加工企业，提高水果市场容量和增加附加值。

6. 出台、完善相关产业扶持政策。为鼓励规模、专业种植，高，市政府及相关部门要加大土地流转力度，鼓励和引导种植户实行规模种植。只有规模（每户 10 亩以上）种植，才会使之成为家庭主业，才会在人力、物力、财力上加大投入，才能出成效。要集中物力和财力扶持种植大户，对贫困户的扶持要引导他们加入合作社的方式进行扶持。

7. 加强技术服务指导，提高技术覆盖率。一是建立农技员联系种植大户制度，加强技术指导；二是建立信息平台，定期发布种植技术信息；三是按农事季节组织开展有针对性的、适时的、多层次、多形式的技术培训，把科学种植技术普及到广大果农中去；四是建立各类水果种植微信群，为广大果农提供信息技术服务和经验交流平台；五是增加水果生产管理与培训经费的投入。

附　录

2017年岑溪市主要经济指标一览表

单位:万元

表17

指标	全年任务总量	2017年(当年价)	
		实际数	同比增长%
1. 生产总值	3200000	3125570	10.6
第一产业增加值		365664	4.5
第二产业增加值		2102484	12.1
#工业增加值		1956417	12.9
#规模以上工业增加值	1890335(10.5%)	1919128	13.7
#建筑业增加值		146067	2.5
第三产业增加值	664000(11%)	657421	9.9
2. 农林牧渔业总产值	642400(4.2%)	638791	4.5
农业总产值		295932	4.7
林业总产值		109185	13.4
牧业总产值		177673	0.3
渔业总产值		27408	3.7
农林牧渔服务业总产值		28592	4.7
3. 工业产值			
#规模以上	636300	6303950	19.3
规模以下		98128	
4. 固定资产投资	3055000(12.5%)	3085797	13.7
(1)基本建设		1773002	31.3
(2)更新改造		703266	-17.7
(3)房地产		134557	-3.5
(4)其他投资		609529	64.4
#建筑安装工程		1836160	12.5
商品房销售面积(平方米)		411614	40.8
5. 外贸出口总额☆		10731	
外贸进口总额☆		2487	

续表 17

指标	全年任务总量	2017 年（当年价）	
		实际数	同比增长%
6. 实际利用外资（万美元）☆	101.96	5925	
7. 实际利用市外境内资金☆	1019600	1074100	
8. 财政收入	203800（3.3%）	182135	-8.7
#财政		50030	-14.1
地税		83489	-6.7
国税		48616	40
9. 社会消费品零售总额		836729	14.1
10. 农村居民人均纯收入（元/年）			
11. 全体居民人均可支配收入（元）		22320	9.2
12. 农村居民人均可支配收入（元）		13353	9
13. 城镇居民人均可支配收入（元）		30910	8
14. 在岗职工平均工资（元）			
15. 全市金融机构存款余额		1992798	10.2
16. 全市金融机构贷款余额		1483249	14.2

城镇化率 52.05%，全区 49.21%。人均 GDP38647 元，增速 10.2%。单位 GDP 能耗 0.4581 吨标煤/万元，降 2.57%。
注：增长速度为不变价，表中数据除有☆的项目外，均由统计局提供

2017 年岑溪市各镇财政收入完成情况表

表 18　　单位：万元

单位	实际完成数	财政	地税	国税
岑城镇	30201.04	55.31	22628.47	7517.26
马路镇	11065.07	22.13	8886.62	2156.32
南渡镇	5146.98	38.18	2827.51	2281.29
水汶镇	3666.37	9.26	2757.56	899.55
大隆镇	1719.90	4.60	721.64	993.66
梨木镇	1937.86	22.30	1713.46	202.10
大业镇	4755.48	17.92	3496.74	1240.82
筋竹镇	5105.11	20.88	2341.82	2742.41
诚谏镇	7343.35	1.75	5445.69	1895.91
归义镇	3959.81	22.29	2611.54	1325.98
糯垌镇	3595.44	40.25	2123.87	1431.32
安平镇	2683.89	10.13	1468.64	1205.12
三堡镇	4649.12	39.22	2815.00	1794.90
波塘镇	2677.35	11.90	1112.54	1552.91
合计	88506.79	316.12	60951.11	27239.55

（此表数据由市财政局提供）

2017年岑溪市各镇主要禽畜生产情况表

表19

乡镇	猪出栏(万头)	家禽出栏(万只)	肉类总产量(吨)	禽蛋(吨)	蜂蜜(吨)	水产品产量(吨)
岑城	5.21	245.26	8381	458	17	2556
马路	4.36	204.56	6933	405	16	1870
南渡	4.14	185.87	6657	310	12	1449
水汶	3.99	186.85	6233	163	12	1485
大隆	2.46	74.93	3326	191	11	1618
梨木	2.41	123.26	4110	159	11	1166
大业	2.68	169.65	5147	158	11	1538
筋竹	2.72	171.19	5793	163	13	1169
诚谏	2.76	169.04	5222	163	15	1218
归义	4.10	183.30	6471	151	12	1633
糯垌	4.29	211.15	6914	192	13	1575
安平	3.13	163.36	5425	175	12	1659
三堡	4.14	125.00	5621	188	11	1621
波塘	2.50	87.55	3670	113	11	1854
合计	48.89	2300.97	79903	2989	177	22411

(此表数据由市统计局提供)

2017年岑溪市城乡居民基本养老保险情况简表

表20 单位:人

乡镇	应参保人数	已实现参保人数	参保率%	正常领取待遇人数	待遇发放率%
安平镇	14387	13487	93.74%	3706	100%
波塘镇	17120	16979	99.18%	4579	100%
岑城镇	41728	41564	99.61%	7820	100%
诚谏镇	22285	22248	99.83%	5590	100%
大隆镇	15762	15762	100.00%	4083	100%
大业镇	23015	22896	99.48%	5625	100%
归义镇	33278	32453	97.52%	7987	100%
筋竹镇	23636	23634	99.99%	5019	100%
梨木镇	23250	23175	99.68%	5614	100%
马路镇	31369	31365	99.99%	7600	100%
南渡镇	36972	33753	91.29%	9015	100%
糯垌镇	35017	34246	97.80%	8627	100%
三堡镇	29777	29039	97.52%	7450	100%
水汶镇	26146	26111	99.87%	6939	100%
合计	373742	366712	98.12%	89654	100%

(此表数据由市人社局提供)

2017 秋季岑溪市中学学生教师人数表

表 21　　单位：人

学校	学生		教师	
	初中	高中	总数	高级职称人数
岑中		3596	290	43
市一中	935	3601	316	14
市二中	931	3495	289	17
市三中	1018	3388	293	18
市五中	2854		191	10
市六中	2703		184	7
市七中	1341		97	2
市八中	349		25	1
马路中学	1248		88	8
昙容中学	1601		108	5
南渡中学	1313	460	109	7
南渡一中	1367		91	7
吉太中学	110		8	2
水汶中学	1944	579	159	10
大隆中学	971		65	3
梨木中学	1112		78	3
梨木二中	942		68	2
大业中学	1463		102	5
大业二中	967		68	4
筋竹中学	1808	394	138	4
诚谏中学	901		67	4
诚谏二中	959		71	6
归义中学	1423	872	143	3
归义一中	1029		69	3
糯垌中学	1369		99	6
糯垌一中	1380		97	1
安平中学	1342		99	4
三堡中学	1262		84	3
三堡一中	1301		94	3
波塘中学	1518		104	5
合计	37461	16385	3694	210

（此表由市教育局提供）

索　引

说　明

一、本索引是《岑溪年鉴（2018）》的内容分析索引。正文中凡具有检索意义的完整资料，都可以通过本索引进行检索。

二、本索引按汉语拼音字母（同音字按声调）顺序排序。类目、分目、次分目作索引款目用黑体字排印，其余款目均用宋体字排印。

三、索引款目后的数字表示内容所在页码，数字后的拉丁字母（a、b）表示栏别（即版面的1、2栏）。内容有交叉款目，为便于读者检索，在本索引中重复出现。

四、阿拉伯数字开头的款目排在索引末尾。

A

艾滋病防控　190a

艾滋病攻坚工程　185a

爱国卫生　185a

安平镇　222b

安全生产基本情况　130a

安全生产监督管理　130a

安全生产领域改革工作　131a

安全生产宣传教育培训　131a

安全生产专项整治　130a

安全隐患整改　131a

安置帮教　90a

案件管理　85b

案件审理　86b

B

百企扶百村活动　74a

帮扶困难职工　69a

保健食品化妆品安全监管　122b

保密工作　38b

边邻　23a

编制管理　46b

编制管理机构　44b

便民码头和渡船建设　151b

标准化监督管理　121b

波塘镇　226b

不动产统一登记　161b

C

财税金融 101b,204a,206a,208b,210a,212a,213b,215b,217a,219a,220b,223a,225a,227a
财政扶贫资金管理 104b
财政改革 105a
财政概述 101b
财政监督管理 104a
财政审计 123a
财政收支 102a
财政税收 202a
财政支出管理 103a
参政议政 63a,63b,73b,74a
残疾人联合会 75b
残疾人维权 76b
测验项目 176a
岑城镇 201a
岑溪概貌 23a
岑溪工业园区 148a
岑溪汽车总站 153a
岑溪市畜禽规模养殖禁养区和限养区划定方案（摘要） 273b
岑溪市妇女联合会 71a
岑溪市工业集聚区污水集中处理设施建设实施方案(摘要) 272a
岑溪市归国华侨联合会 73a
岑溪市红十字会 76b
岑溪市绩效考评 62a
岑溪市加快特色旅游发展实施方案 281a
岑溪市加快推进供给侧结构性改革的实施方案 263b
岑溪市开展一村(社区)一法律顾问工作实施方案 278a
岑溪市人大常委会 2017 年 1—10 月工作情况报告(摘要) 11a
岑溪市人大常委会工作报告(摘要) 9a
岑溪市人大常委会关于全市园区建设工作情况的调研报告 287b
岑溪市人大常委会关于水果种植推广情况的专题调研报告 294a
岑溪市人大常委会关于我市脱贫攻坚工作情况的专题调研报告 284b
岑溪市人大常委会关于我市宜居乡村工作情况的专题调研报告 291b
岑溪市人大常委会主要领导人名录 35b
岑溪市人民代表大会 49b
岑溪市人民政府 51
岑溪市人民政府主要领导人名录 36a
岑溪市文学艺术界联合会 74b
岑溪市总工会 68a
产品营销 113b
产品质量监督 121b
产业扶贫培训 97b
常务委员会议 58a
车辆管理服务、交通违法查处 84a
诚谏镇 216b
城区燃气建设 165a
城市公共交通 152a
城市供水 165b
城市规划 162a
城市建设 37a
城市绿化美化 165a
城乡建设 162a
城乡居民基本医疗保险制度整合 199a

城乡居民养老保险 198b
城乡生态发展 31a
城乡住户一体化调查 125a
城镇化建设 162b
筹建食品安全检验检测中心 121b
出入境管理 82b
出生人口管理 188a
储备粮中心库建设 156b
创建金融支持现代农业示范基地 110a
创先争优 69b
创先争优活动 48a
创新业务 112a,114b
存贷款情况 109b,111b,113b,112a,112b,113a,114a

D

“打非治违”专项行动 130b
打击传销 121a
大隆镇 209b
大事记 15
大巡访工作 83b
大业镇 213a
代表活动 50b
贷款项目 111b
贷款业务 113b
档案 181b
档案管理 65a
档案利用 182a
档案信息化建设 181b
档案宣传和培训 182a
档案执法检查 182a
档案资源建设 181b
党风廉政建设 48b,60a,94b
党风廉政建设民意调查 129a
党建工作 172a
党建载体创新 39b
党建助脱贫 99a
党内民主建设 32b
党史编纂 180a
党史市志编纂 180a
党史资料编纂与研究 180a
党外代表人士队伍建设 42b
党委机关概况 37a
党校 48b
党员队伍建设 40b
党政机关 37
道路交通设施建设 84a
道路运输行业管理 151b
德育工作 172b
地方水电工程 139b
地方税务 107a
地籍管理 161a
地名普查 197b
地税收入 107b
地税征管 108b
地质环境管理 161a
地中海贫血防治 188a
第三产业提速发展 37a
电力工业 145b
电力供应 146a
电商扶贫 100a
电影公益放映 178b
电子政务 57a
电子政务外网运维管理 57b
动物卫生监督 142b

动物疫病防控 142a
动植物资源 28a
队伍建设 61a,91a
队伍教育管理 95a
对外经济贸易 101a
对外贸易概况 101a

E

二轮市志编纂 180b

F

发展基层民主 32b
发展社会事业 37b
发展现代特色农业 216a
法治 78
法律服务 90a
法律援助 90b
法院 86a
法制队伍建设 79b
法治政府建设 31b
防洪工程建设 139b
防空警报和疏散演练 95b
防汛抢险 139a
防灾减灾宣传工作 73a
防震监测 177a
防震减灾 176b
防震宣传 177b
防震应急 177a
房地产管理 166b
房地产开发 167a
房地产市场管理 167a
纺织工业 145a
放心粮油工程 156b
非公经济人士理想信念教育实践活动 43a
非媒矿山攻坚克难专项行动 150b
非物质文化遗产保护 178a
分类经济 96a
扶贫 207a,210b
扶贫产业 98b
扶贫和惠民 218a
扶贫和助残 76a
扶贫基础设施建设 98b
扶贫开发 97a
扶贫开发概况 97a
扶贫与惠民 204b,209a,212a,214b,216a,219b,221b,224a,225b,227b
服务发展大局 78a
服务企业 163b
服务社会 63b,73b
妇女病普查 188b
妇幼保健 187b
妇幼保健服务 188b
妇幼健康管理 184a
附录 298

G

改革创新扩大开放 30b
改善民生 31a,37b
概况 23,140a,153a,201a,203b,205b,208a,209b,211a,213a,215a,216b,218b,220a,222b,224a,226b,70a

干部队伍建设　92b
干部教育培训　40b,64a
干部培训　49a
岗位练兵　94b
港澳台侨统战　44a
高效农业示范　133a
个体私营企业　96b
各镇概况　201
耕地保护　160b
工程造价管理　164b
工程招投标管理　164b
工会活动　69b
工会组织建设　68b
工伤保险　198b
工商业联合会　74a
工业·信息产业　144
工业　206a,208b,210a,212a,213b,215a,217a,218b,220b,223a,224b,227a
工业概述　144a
工业集中区主要经济指标　148a
工业经济基本情况　144a
工业项目投资　144b
工业园区建设　148a
工作亮点　56a
公安　80b
公安消防大队　94a
公共场所卫生监督　193b
公共图书管理　178b
公共卫生服务　186a
公共卫生监测检验　191b
公共卫生项目建设　183b
公积金收支、管理　167a
公路概况　150a
公路管理　152a
公路建设　150a
公路绿化　152b
公路养护　151a,152b
公路运输量　151b
公民无偿献血和器官捐献　77b
公务员队伍建设　64a
公务员招录　40b
公务员职务与职级并行　40b
公园建设和管理　165a
公证业务　90b
公众评议意见建议和整改　61b
共青团岑溪市委员会　70a
供电服务　147b
供售电量　146b
供水服务　166a
供销合作　155b
固定资产投资管理　116b
固定资产投资审计　123a
关爱行动　70b
关爱农村妇女儿童　72a
管理机构　138a,150a,162a,95b
管理机构概况　123b,136b,146a,148a,157a,160a,165b,167b,178a,183a,189a,196a,97a
管理机构设置　144a,164b,166b
管网维护　166a
光彩事业和慈善事业　43b
广播电视网络　179b
广播电视宣传　179a
广告管理　120a
广西岑溪农村商业银行股份有限公司　114a
归侨侨眷权益维护　73b
归义镇　218b

规范性文件及其他公文审查　80a
规模以下工业抽样调查　128b
桂林银行股份有限公司岑溪支行　114a
国防动员　94a
国家“双随机”抽检工作　195a
国家基本药物试点　183b
国家税务　105a
国税稽查　106b
国税收入　105a
国税征管　105b
国土资源·建设·环境保护　160
国土资源管理　160a
国土资源规划　160a
国土资源市场　161a
国有企业　96a
国有资本经营预算收支　102b
国有资产管理　117a
国有资产监督管理　117a

H

海外联谊　73b
航务管理　151a
“红盾护农”　121a
红火蚁防治　134a
后勤和装备建设　93b
“互联网＋”新业态　132a
互联网金融业务　112b
户政管理　82a
花岗岩石材开采与加工　225b
化工产业　145a
环保专项行动　169b
环境保护　167b
环境影响评价　168b
环境执法监察　169b
环境质量　169b
环境综合整治　35a
会计管理　104b
会议服务　49a
惠民与社会保障　202b,210b
惠农项目　134b
行业扶贫和社会扶贫　100b
婚姻和社团登记　197a
火灾　200b
货币信贷　110a

J

机构　65a
机构编制　44b
机构概况　42b,46b,47b,59b,61a,62b,136a,101b,105a,107a,111b,112b,113a,113b,114a,114b,116a,117a,117b,119a,123a,124b,129b,130a,132a,140b,152a,153b,155b,156a,172b,174a,175b,176b,180a,180b,181b,187b,192a,63a,63b,65b,68a,71a,73a,74b,75a,75b,76b,79b,80b,89a,92a,94a,56a,84b
机构设置　41b,48b,49b,58a,109b,115b,170a,179b,193a,72b,74a,78a
机关党建　47b
机关事务管理　56a
机关事业单位工资制度改革　64b
机关事业单位养老保险　198b
机械电子产业　145a

基本公共卫生服务项目　183b
基本建设项目资金管理　103b
基层党组织建设　201a
基层妇联组织建设　72a
基层基础建设　79a,91b
基层科协和协会建设　72b
基层调解　89a
基层统战　43b
基层应急管理能力建设　57a
基层政权和社区建设　197a
基层组织建设　203b,205b,70a
基础设施建设　202a,204b,206a,208b,210b,212a,214a,215b,217b,219a,220b,223a,225a,227a
基础设施项目建设　30a
疾病预防控制　189a
集体企业　96b
计划编制与组织实施　116b
计划管理　116a
计划生育　192b
计划生育管理　192b
计划生育监督执法　194b
计量管理　121b
纪律检查与行政监察　59b
纪律审查　60b
技改增效扩容　146a
技术创新　145a
绩效督查　62a
绩效工作宣传　61b
绩效考评　61a
价格成本调查　119a
价格管理　117b
价格监测　118a
价格监督检查　118b
价格认证　118b
监督工作　50a
监所检察　85a
检察　84b
检察队伍建设　86a
检察技术　85b
检务保障　85b
减免税　108a
简况　23b
建材产业　145a
建设非公经济服务平台　43a
建设用地管理　160b
建置沿革　25a
建筑施工安全文明标准示范　163b
建筑市场管理　163b
健康扶贫　186b
健康教育　191b
“降消”项目　188a
交通运输　150a
交通运输和邮政　150
教育　170a
教育·自然科学　170
教育扶贫　100a
教育概况　170a
教育和就业　76b
教育惠民　171b
教育经费收入与支出　170b
教育科研　171b
教育项目　171b
接待工作　65b
结核病防治　191a
巾帼脱贫行动　71b

金融风险监测评估　110b
金融业机构　109a
金融秩序维护　111a
金融综述　109a
筋竹镇　215a
进出口企业　101b
进出口商品　101b
禁毒工作　82a
经济案件侦查　81b
经济发展　96
经济管理和监督　116
经济和社会发展　30a
经济社会调查与监测　124b
经济实绩　55b
经济调研和监测预测　116b
经济责任审计　123a
经济指标完成情况　155b
经济作物　133b
经营指标完成情况　145b
精神文明建设　34a
精准识别动态管理　97b
救灾抢险　199b
就业和社会保障　197b,219a,223b
就业和再就业　198a
就业培训与职业技能鉴定　198a
就业与社会保障　205a,216a
就业指导和服务　69b
捐助和救援　77a
军事　92
军事训练　92b
军转干部安置　64b

K

开展千村万户文艺惠民工程　74b
刊物出版　75b
康复工作　76a
抗旱救灾　139a
抗灾救灾　196b
科技服务　174a
科技计划项目与经费投入　173a
科技交流与合作　173b
科技人才队伍建设　173a
科技信息化建设　84a
科技研究和推广　172b
科技研究与项目管理　173a
科普活动　73a
科普宣传　175b,75b
科学技术普及与培训　173b
科学技术协会　72b
科研成果　49a
课题研究　75b
控告申诉检察　85b
矿产资源　26b,161b

L

劳动保障监察　199b
劳动合同和劳动争议仲裁　199a
老干部工作　46b
老干部活动　47a
离退休干部“两项建设”　46b

梨木镇 211a
理论学习 41b
立案和信访 87a
联谊与扶贫 59b
廉洁征兵 93b
廉政建设 203a
廉政宣传教育 60b
廉租房建设 166b
粮食产量抽样调查 128a
粮食储备与供应 156b
粮食生产 133a
粮食业 156a
“两学一做”学习教育 39a
林业 136b
林业成果 137a
林业改革 138a
林业有害生物防治 138a
临床路径的管理 187a
领导干部队伍建设 40a
领导名录 35
流动人口管理 193a,82b
路灯改造和维护 165a
路桥危改工程 152b
路政管理 151a,153a
落实国家水库移民政策 140b
旅游安全管理 159a
旅游产业 202a
旅游从业人员培训 158b
旅游饭店管理 158b
旅游规划与项目建设 157b
旅游行业管理 158b
旅游活动 159a
旅游接待与收入 157b
旅游开发 207b
旅游区域合作 157b
旅游市场开发 157b
旅游线路开发 158a
旅游业 157a
旅游业概况 157a
旅游资源 28a,209b
旅游资源开发和利用 222a

M

马路镇 203b
“美丽岑溪”活动 135a
“美丽岑溪”乡村建设活动 38b
“美丽岑溪·宜居乡村”活动指导意见 242a
免疫规划 190b
面积 23a
民事行政检察 85a
民事商事审判 86b
民营企业扶贫攻坚 43a
民政事务 196a
民主党派 62b
民主党派参政议政 33a
民主法治建设 31b
民主监督工作 59a
民族宗教 44a
木材加工企业管理 138a

N

纳税服务 106a,109a

南渡镇 205b
内控管理与风险防范 112b
年鉴编修 181a
农产品安全监测 134a
农产品生产者价格调查 128a
农村党员培训情况抽样调查 126b
农村基层党组织建设 209b,211a,213a,215a,216b,218b,222b,224a,226b
农村基层组织建设 208a,220b
农村能源生态建设 138a
农村实用技术培训 72b
农村土地确权登记 134b
农村信用建设 110a
农村医疗卫生 185a
农村饮水安全工程 139b
农机安全监督 136a
农机管理与服务 136b
农机培训 136b
农机推广与补贴 136a
农机专业合作社 136a
农林牧渔业 201b,204a,206a,208a,210a,211b,213a,215a,216b,218b,220b,223a,224b,226b
农林水利 132
农民工监测调查 126a
农民培训 133b
农网改造升级建设 146b
农业 132a
农业保险 133a
农业病虫害防治 134a
农业产业扶贫 134b
农业产业化 133b
农业机械化 136a
农业科技 135a
农业区划 135a
农业示范区建设 221a
农业示范园区建设 134b
农业执法 134a
农业转型发展 30b
农资供应 155b
糯垌镇 220a

P

盆底功能康复 188b
棚户区改造 148b
批零住餐抽样调查 128b
平安岑城建设 203a
普法宣传 90a
普惠金融 112a,114b
普通高中教育 171a

Q

其他专项行动 83b
企业概况 111b
企业审计 123b
企业文化 114b
气候概况 174b
气象 174a
气象服务 175a
侨联建设 74a
侨务工作 65b
桥梁建设 150b
桥隧养护 152b

青年志愿者服务　71a
青少年科技活动　73a
青少年思想政治教育　70a
全市机构概况　44b
全体委员会议　58a
群众文化活动　178a
群众性精神文明创建　34a

R

人才队伍建设　41a
人才交流与服务　65a
人畜共患病防控　142b
人大信访工作　51a
人防教育　95b
人工增殖放流　142a
人口、民族和语言　29b
人力资源管理　63b
人力资源市场建设　197b
人民防空　95b
人民武装部　92a
人事任免　51a
荣誉·职称·百岁老人名册　229

S

三堡镇　224a
三大纠纷调处　80b
森林防火　137b
森林资源管理　137a
商标管理　120a
商贸·旅游业　155
商业服务业　155a
商业服务业发展概况　155a
商业中心和市场发展概况　155a
少先队工作　70b
社会保险基金收支　103a
社会保障　209a,212a,214a,217b,221b,225a,227a
社会保障和救助　196a
社会保障卡　199a
社会保障与惠民　206b
社会服务　63a
社会福利　197a
社会活动　180b
社会科学界联合会　75a
社会事务　196
社会团体　68
社会文化发展　34a
社会治安综合治理　79a
社会主义核心价值观宣传教育　42b
社会综合实力　30a
社会综治　225a,206b,209a,210b,212a,214a,216a,217b,219a,221b,227b
社区矫正　89b
涉枪涉爆违法犯罪专项行动　83b
神剑2号3+X专项行动　82b
审计　123a
审计成果　123a
审判机关机构概况　86a
审判监督　87b
生活饮用水卫生监督　193b
生态环境建设　202b
生态环境质量　34b
生态建设示范　35a

生态文明建设 34b
生态乡村建设 216b
生态养殖认证 141b
生态资源保护 34b
生育保险 198b
失业保险 198a
师资队伍建设 172a
石材产业基地 222a
石材加工业 220a
石油企业概况 156b
石油业 156b
实施“科普惠农兴村计划” 72b
实施全民科学素质行动计划纲要 72b
食品安全监管 122a
食品工业产业 145a
食品药品安全宣传教育 122b
食品药品稽查 122a
食盐专营 155a
市场行政执法 120b
市场监督管理 119a
市场主体登记管理 119b
市领导大接访活动 66b
市区绿化 138a
市人大常委会会议 50a
市人民政府常务会议 51b
市容环境卫生管理 164b
市十六届人民代表大会第二次会议 49b
市十六届人民代表大会第三次会议 50a
市委办公室机构设置 37a
市委政法工作 78a
市政道路及设施建设 164b
市政建设和管理 164b
市志编纂 180b
事故 200b
事业单位法人登记管理 46b
事业单位机构设置和调整 45b
事业单位人事制度改革和管理 64b
手足口病防治 185b
双报到活动 48b
双拥工作 93b
双拥优抚 196b
水产畜牧兽医业 140b
水产畜牧业生产 141a
水产品质量安全监管 142a
水电管理机构概况 145b
水果生产和管理 135b
水果专业合作社 136a
水行政执法 140a
水库除险加固 139a
水库移民扶助项目 140a
水库移民工作 140a
水库移民培训 140a
水力发电 145b
水利 138b
水利固定资产投资 139a
水利管理机构概况 138b
水情服务 176a
水文 175b
水汶镇 208a
水污染防治 168b
水灾 199b
水质监测 176b
税收信息化建设 106b
税制改革 108b
司法改革 88b
司法公开 87b

司法行政 89a
司法救助 87b
司法政务管理 88a
思想建设 63a
思想学习 62b
思想政治建设 47b,92b,94b
诉讼服务中心建设 87b

T

特色产业 204a,226a
特色农业 217a,223b
特载 1
特种设备安全监管 121b
特种养殖 141a
提案工作 59a
体育 182b
调查研究 129b
调研工作 59a
调整电价 147b
统计 123b
统计法制建设 124a
统计服务 124b
统计基础建设 124a
统计信息化建设 124b
统计制度改革 124a
统一战线 42b
统战理论研究和信息宣传 44a
投资开发和经济协作 97a
突发事件处置 57a
屠宰管理 143a
土地开发整治 160b
土地征收 160b
土地资源执法监督 162a
团建工作 70b
脱贫攻坚 202b

W

外国和港澳台商投资企业 96b
外事工作 65b
外事侨务工作 65a
外资利用 101a
网络建设 179b
网络金融业务 112a
网络舆情引导 42a
“网上政府”建设 57a
为民服务 91b
维护妇女儿童合法权益 71b
维护青少年合法权益 70b
维护社会和谐稳定 78b
卫生行政许可工作 193b
卫生行政执法 194b
卫生和计划生育 183
卫生计生监督 193a
卫生监督执法 185b
卫生应急 185b
未成年人思想道德教育 34a
位置 23a
文献 242
文化·教育·卫生 202b,205a,207a,208b,210a,212b,214b,215b,218a,219b,222a,223a,225a,228a
文化市场监督管理 178b

文化体育　178
文化新闻出版广播电视　178a
文明家庭活动　71a
文史资料工作　59b
文物工作　179a
文艺创作活动　74b
文艺队伍建设　75a
文艺工作成果　75a
五大战役　83a
武装部正规化建设　93b
武装工作　48b
物价　117b

X

西部农民创业园　214a
现代特色农业示范区建设　209b
现代远程教育　41a
现金管理　111b
乡村旅游建设　158a
向上供稿　181a
项目建设　138b
项目建设　156a,165b
消毒产品卫生监督　194b
消防救援　94a
消费维权　121a
小额贴息信贷扶贫　100a
小面额人民币“精准投放　定点回笼”试点　110a
新的社会阶层人士统战　43b
新闻出版　179b
新型城镇化建设　216a
新型农业经营主体助脱贫　99b
新引进项目　101a
信访　65b
信访督查督办　66b
信访事项处理　66a
信访问题排查调处　66a
信访信息　67a
信息产业　148b
信息服务　181a
信息化建设　88a
刑事案件侦查　81a
刑事检察　84b
刑事审判　86b
行政单位设置与调整　45a
行风建设　185b
行政区划　24b
行政审判　87a
行政事业审计　123a
行政诉讼和行政复议　80a
行政执法　165b
休闲农业与乡村旅游助脱贫　99b
宣传　41b
宣传工作　42a
学前教育　171a
学习交流活动　74a
学校卫生监督　194a
巡察工作　60b

Y

烟草销售　129b
烟草专卖　129b
烟草专卖管理　130a

烟花爆竹转型升级　131b
阳光家园计划　76a
养老保险　198a
养老服务和项目建设　197a
养殖场污染减排　141b
遥感监测图斑处理　161b
药品医疗器械安全监管　122a
野生动植物保护　137b
业务概况　115a,115b
业务经营情况　154a
“一帮一联”帮扶工作　98a
“一免二补”幸福工程　188a
医患纠纷化解　185b
医疗保险　198b
医疗低保扶贫　100b
医疗改革　187a
医疗概况　187a
医疗机构概况　183a
医疗机构卫生监督　194a
医疗卫生概况　183a
医学科技　186a
医药工业产业　145a
医药卫生体制改革　184a
医政管理　185b
移民维稳工作　140b
移民资金管理　140b
义务教育　171a
议案、建议办理　51a
易地扶贫搬迁　100a
疫情管理　189a
疫情管理与控制　185a
饮水安全　166a
营林生产　137a
营运情况　153b
应急管理　56a
应急管理交流合作　57a
应急管理体系　56b
应急管理宣教培训及应急演练　56b
应急救援及救护 77a
应急平台建设　56b
优化服务 188b
优化离退休干部服务　47b
邮路　154b
邮政　153b
渔政执法　141b
预防艾滋病、梅毒、乙肝母婴传播　188a
预防职务犯罪　85a
预审和监管工作　82b
月度劳动力调查　126b
运政管理　152a

Z

灾害事故　199b
泽仁现代商贸物流城建设　220a
站网监测　176a
招商引资　101a,163a,205a,207a,209a,211a,212b,214b,216a,218a,219b,222a,223a,225b
诊疗情况　183b
诊疗情况　187b
镇商会换届　44a
征兵工作　92b
征求意见协商会　59a
征信管理　110b
政法队伍建设　79a

政府采购 55b
政府法律事务 80b
政府法制监督 79b
政府法治 79b
政府非税收入管理 103a
政府工作报告 1a
政府机构 51b
政府网站管理 57b
政府性基金收支 102b
政府职能转变 33b
政协助脱贫 99a
政治文明建设 31b
支付结算平台建设 111a
执法监督 79a
执法监督检查 95a
执法检查 50b
执行工作 87a
值守应急 56a
职务犯罪侦查 84b
职业教育 171a
制定绩效考评工作方案 61b
治安管理 81b
中共岑溪市委员会 37a
中共岑溪市委员会主要领导人名录 35b
中国电信股份有限公司岑溪分公司 148b
中国工商银行岑溪市支行 111b
中国建设银行股份有限公司岑溪支行 113a
中国联合网络通信有限公司岑溪市分公司 149b
中国民主同盟岑溪市总支部 62b
中国农业发展银行岑溪市支行 111b
中国农业银行股份有限公司岑溪市支行 112b
中国人民财产保险公司岑溪支公司 114b
中国人民银行岑溪市支行 109b
中国人民政治协商会议岑溪市委员会 58a
中国人民政治协商会议岑溪市委员会主要领导人名录 36b
中国人寿保险岑溪支公司 115b
中国移动通信集团广西有限公司岑溪分公司 149a
中国邮政储蓄银行股份有限公司岑溪市支行 113b
中国致公党岑溪市委员会 63a
中石化岑溪石油分公司 156b
中医适宜技术推广应用 192b
中医特色专科建设 185a
中医药发展 192a
中医药工作 184b
中医重点专科 192b
重大活动安全保卫 83b
重大举措和工作部署 53b
重大事项决议决定 50a
重大项目建设 116b
重点税源管理 105b
重点税源监控 108a
重点项目建设 202a,204a
重点项目前期工作 117a
重要会议 38a,68a
重要决策 38a
竹芒编织产业 207b
主要畜禽监测调查和生猪调出大县调查 129a
主要经济指标 123b
主要农产品中间消耗调查 128b
主要天气过程 175a
主要污染物总量控制 167b
住房公积金管理 167a
住宅维修资金管理 167a

抓服务稳工业　30b
专利与知识产权　173b
专题教育活动　38a
专项统计调查　123b
专项资金审计　123b
专业合作经济组织　156a
专业合作社　221b
专业技术人员情况　64b
自然环境　26a
自然科学　172b
自然灾害　134a
自然资源　26a
自有资金项目建设　147a
自治区、梧州市对岑溪市核验考评情况　62a
综合性医疗服务　186b
综合医院概况　186b
组织　39a
组织机构概况　39a
组织建设　48a,62b,63b,76b

数字索引

1 月　15a
2 月　16a
3 月　16b
4 月　17a
5 月　18a
6 月　18a
7 月　18b
8 月　19a
9 月　20a
10 月　20b
11 月　21a
12 月　21b
2017 年岑溪市城乡居民基本养老保险情况简表　300
2017 年岑溪市各镇财政收入完成情况表　299
2017 年岑溪市各镇主要禽畜生产情况表　300
2017 年岑溪市主要经济指标一览表　298
2017 秋季岑溪市中学学生教师人数表　301
2017 年百岁老人一览表　238
2017 年岑溪市获高级职称人员名单一览表　230
2017 年岑溪市获全国荣誉单位一览表　229
2017 年岑溪市获全国荣誉个人名单一览表　230
2017 年岑溪市获自治区级荣誉单位一览表　229
2017 年岑溪市获自治区荣誉个人名单一览表　230
2017 年岑溪市四大班子主要领导　35b
2017 年岑溪市政务服务和公共资源交易工作要点　269b